365일 기도로 세계 품기(2021)

세계를 품는 기도 정보

365일 기도로 세계 품기(2021)

초판 1쇄 인쇄 2021년 4월 23일
초판 1쇄 발행 2021년 4월 26일

만든이: 성남용
엮은이: 성남용
펴낸곳: 한국선교KMQ

편집위원: 박춘금, 이정희, 정형남, 최선희, 한용승, 허요셉
편집코디: 최선희
교정: 전은옥
북디자인: 이지온

출판신고 2017년 6월 14일 제2017-000025호
홈페이지 http://kmq.kr
이메일 kmqdesk@gmail.com
전화 070-5222-3012

Copyright ⓒ by N.Yong SUNG. All rights reserved.
이 책의 저작권은 성남용에게 있습니다.
이 책은 저작권법에 의해 보호를 받는 저작물이므로 무단전재와 무단복제를 금합니다.

ISBN 979-11-973435-1-3 03230
* 독자의 의견을 기다립니다.

값 15,000원

365일 기도로 세계품기 2021

성남용 엮음

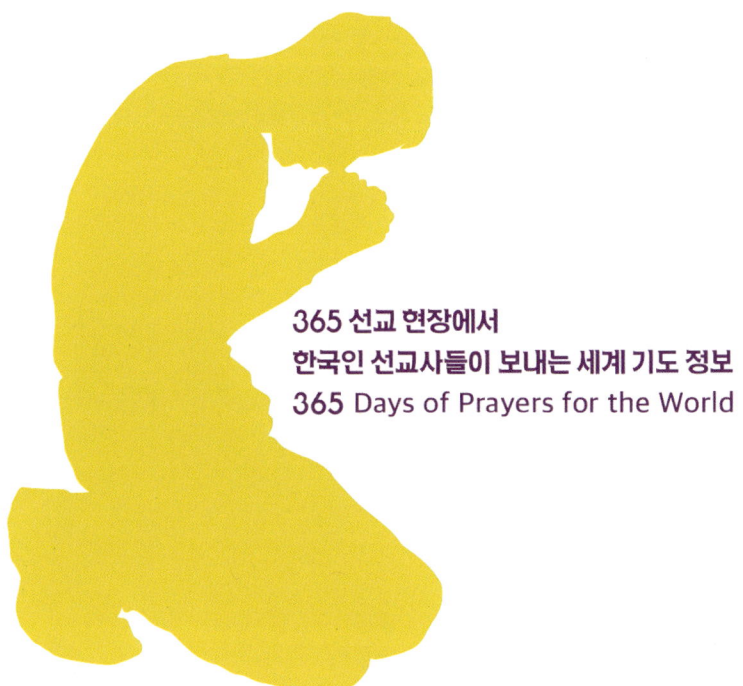

365 선교 현장에서
한국인 선교사들이 보내는 세계 기도 정보
365 Days of Prayers for the World

목 차

	서문			17
	일러두기			21
Day 001	1월	1일	세계	23
Day 002	1월	2일	동아시아	24
Day 003	1월	3일	대한민국	25
Day 004	1월	4일	대한민국-디아스포라	26
Day 005	1월	5일	대한민국-고려인	27
Day 006	1월	6일	대한민국-조선족	28
Day 007	1월	7일	대한민국-이주민	29
Day 008	1월	8일	북한(조선민주주의인민공화국)	30
Day 009	1월	9일	대만	31
Day 010	1월	10일	몽골	32
Day 011	1월	11일	일본	33
Day 012	1월	12일	일본-홋카이도	34
Day 013	1월	13일	일본-혼슈, 규슈, 시코쿠	35
Day 014	1월	14일	일본-오키나와	36
Day 015	1월	15일	일본-재일 조선인	37
Day 016	1월	16일	일본-이주민	38
Day 017	1월	17일	중국	39
Day 018	1월	18일	중국-광서(장족 자치구)	40
Day 019	1월	19일	중국-신장 위그르족 자치구(위구르족)	41
Day 020	1월	20일	중국-영하 지역(회족)	42
Day 021	1월	21일	중국-티베트	43
Day 022	1월	22일	중국-서남지역 소수민족	44
Day 023	1월	23일	중국-홍콩	45
Day 024	1월	24일	중국-화교	46
Day 025	1월	25일	동남아시아	47
Day 026	1월	26일	동티모르	48
Day 027	1월	27일	라오스	49
Day 028	1월	28일	말레이시아-서말레이시아	50
Day 029	1월	29일	말레이시아-동말레이시아	51
Day 030	1월	30일	말레이시아-타밀	52

Day 031	1월	31일	**미얀마**	53
Day 032	2월	1일	**미얀마**-라카인	54
Day 033	2월	2일	**미얀마**-로힝야	55
Day 034	2월	3일	**베트남**-북부	56
Day 035	2월	4일	**베트남**-남부	57
Day 036	2월	5일	**브루나이**	58
Day 037	2월	6일	**싱가포르**	59
Day 038	2월	7일	**인도네시아**	60
Day 039	2월	8일	**인도네시아**-자바	61
Day 040	2월	9일	**인도네시아**-술라웨시	62
Day 041	2월	10일	**인도네시아**-수마트라	63
Day 042	2월	11일	**인도네시아**-보르네오 깔리만딴	64
Day 043	2월	12일	**인도네시아**-파푸아	65
Day 044	2월	13일	**인도네시아**-발리	66
Day 045	2월	14일	**캄보디아**	67
Day 046	2월	15일	**캄보디아**-소수 종족과 인종	68
Day 047	2월	16일	**태국**	69
Day 048	2월	17일	**태국**-북부	70
Day 049	2월	18일	**태국**-남부	71
Day 050	2월	19일	**태국**-남부 빠따이 말레이	72
Day 051	2월	20일	**태국**-무슬림	73
Day 052	2월	21일	**필리핀**	74
Day 053	2월	22일	**필리핀**-비사야스	75
Day 054	2월	23일	**필리핀**-민다나오	76
Day 055	2월	24일	**필리핀**-마귄다나오	77
Day 056	2월	25일	**인도양에 있는 해외 영토들**	78
Day 057	2월	26일	**남아시아**	79
Day 058	2월	27일	**네팔**	80
Day 059	2월	28일	**네팔**-타루	81
Day 060	3월	1일	**네팔**-네와르	82
Day 061	3월	2일	**몰디브**	83
Day 062	3월	3일	**방글라데시**	84
Day 063	3월	4일	**방글라데시**-치타공 힐트랙	85
Day 064	3월	5일	**방글라데시**-짜끄마	86
Day 065	3월	6일	**방글라데시**-무슬림	87

Day **066**	3월	7일	**부탄**	88
Day **067**	3월	8일	**스리랑카**	89
Day **068**	3월	9일	**스리랑카**-타밀	90
Day **069**	3월	10일	**아프가니스탄**	91
Day **070**	3월	11일	**아프가니스탄**-우즈베크	92
Day **071**	3월	12일	**아프가니스탄**-하자라	93
Day **072**	3월	13일	**아프가니스탄**-투르크멘	94
Day **073**	3월	14일	**인도**-힌디권	95
Day **074**	3월	15일	**인도**-카슈미르, 펀자브	96
Day **075**	3월	16일	**인도**-중서부 구자라트	97
Day **076**	3월	17일	**인도**-카르나타카, 고아	98
Day **077**	3월	18일	**인도**-따밀어권, 말라이얄람어권	99
Day **078**	3월	19일	**인도**-텔루구어와 오디아어 지역	100
Day **079**	3월	20일	**인도**-뱅갈리, 아삼미스, 미조, 아오, 카시, 니시	101
Day **080**	3월	21일	**인도**-티베트 난민	102
Day **081**	3월	22일	**파키스탄**-수도권, 서북부 카슈미르, 길기트발티스탄	103
Day **082**	3월	23일	**파키스탄**-서부 발루치스탄주	104
Day **083**	3월	24일	**파키스탄**-남부 신드주	105
Day **084**	3월	25일	**파키스탄**-중부 펀자브주	106
Day **085**	3월	26일	**중앙아시아**	107
Day **086**	3월	27일	**조지아(그루지야)**	108
Day **087**	3월	28일	**아르메니아**	109
Day **088**	3월	29일	**아제르바이잔**	110
Day **089**	3월	30일	**압하지야**	111
Day **090**	3월	31일	**우즈베키스탄**	112
Day **091**	4월	1일	**카자흐스탄**	113
Day **092**	4월	2일	**키르기스스탄**	114
Day **093**	4월	3일	**키르기스스탄**-남부 오쉬와 페르가나 분지	115
Day **094**	4월	4일	**타지키스탄**	116
Day **095**	4월	5일	**타지키스탄**-우즈베크	117
Day **096**	4월	6일	**투르크메니스탄**	118
Day **097**	4월	7일	**서아시아**	119
Day **098**	4월	8일	**레바논**	120
Day **099**	4월	9일	**레바논**-난민	121
Day **100**	4월	10일	**바레인**	122

Day	날짜	지역	쪽
Day 101	4월 11일	**사우디아리비아**	123
Day 102	4월 12일	**사우디아라비아**-카울란	124
Day 103	4월 13일	**사우디아라비아**-메카	125
Day 104	4월 14일	**시리아**	126
Day 105	4월 15일	**흩어진 시리아 난민들**	127
Day 106	4월 16일	**아랍 에미레이트**	128
Day 107	4월 17일	**예멘**	129
Day 108	4월 18일	**예멘**-후티 반군	130
Day 109	4월 19일	**오만**	131
Day 110	4월 20일	**요르단**	132
Day 111	4월 21일	**요르단**-난민과 이주민	133
Day 112	4월 22일	**이라크**	134
Day 113	4월 23일	**이라크**-쿠르디스탄	135
Day 114	4월 24일	**이라크**-디아스포라/난민	136
Day 115	4월 25일	**이란**	137
Day 116	4월 26일	**이란**-아제르바이잔	138
Day 117	4월 27일	**이란**-쿠르드	139
Day 118	4월 28일	**이란**-질라키	140
Day 119	4월 29일	**이스라엘**-유대인	141
Day 120	4월 30일	**이스라엘**-아랍인	142
Day 121	5월 1일	**이스라엘**-디아스포라	143
Day 122	5월 2일	**팔레스타인**-서안 지역	144
Day 123	5월 3일	**팔레스타인**-가자 지구	145
Day 124	5월 4일	**카타르**	146
Day 125	5월 5일	**쿠르드**	147
Day 126	5월 6일	**쿠웨이트**	148
Day 127	5월 7일	**키프로스**(사이프러스)	149
Day 128	5월 8일	**북키프로스**	150
Day 129	5월 9일	**터키**-튀르크인	151
Day 130	5월 10일	**터키**-교회와 그리스도인	152
Day 131	5월 11일	**터키**-쿠르드인	153
Day 132	5월 12일	**터키**-소수 민족	154
Day 133	5월 13일	**북아프리카**	155
Day 134	5월 14일	**리비아**	156
Day 135	5월 15일	**모로코**	157

Day	월	일	지역	페이지
Day 136	5월	16일	모로코와 북아프리카의 베르베르	158
Day 137	5월	17일	사하라 아랍 민주 공화국	159
Day 138	5월	18일	알제리	160
Day 139	5월	19일	이집트	161
Day 140	5월	20일	이집트-누비안	162
Day 141	5월	21일	이집트-베두인	163
Day 142	5월	22일	이집트-난민들(수단, 에티오피아, 에리트리아 등)	164
Day 143	5월	23일	튀니지	165
Day 144	5월	24일	마데이라, 아소르스 제도(포르투갈령)	166
Day 145	5월	25일	세우타(스페인령)	167
Day 146	5월	26일	카나리아 제도(스페인령)	168
Day 147	5월	27일	동아프리카	169
Day 148	5월	28일	남수단	170
Day 149	5월	29일	르완다	171
Day 150	5월	30일	마다가스카르	172
Day 151	5월	31일	모리셔스	173
Day 152	6월	1일	부룬디	174
Day 153	6월	2일	세이셸	175
Day 154	6월	3일	소말리아	176
Day 155	6월	4일	소말리아-라한웨인	177
Day 156	6월	5일	수단	178
Day 157	6월	6일	수단-푸르, 베자, 누바	179
Day 158	6월	7일	에리트레아	180
Day 159	6월	8일	에티오피아	181
Day 160	6월	9일	에티오피아-오로모	182
Day 161	6월	10일	에티오피아-소말리	183
Day 162	6월	11일	우간다	184
Day 163	6월	12일	지부티	185
Day 164	6월	13일	케냐	186
Day 165	6월	14일	케냐-소말리	187
Day 166	6월	15일	코모로	188
Day 167	6월	16일	탄자니아	189
Day 168	6월	17일	탄자니아-동부 해안 지역	190
Day 169	6월	18일	탄자니아-잔지바르	191
Day 170	6월	19일	레위니옹(프랑스령)	192

Day	날짜	지역	쪽
Day 171	6월 20일	마요트(프랑스령)	193
Day 172	6월 21일	서아프리카	194
Day 173	6월 22일	가나	195
Day 174	6월 23일	감비아	196
Day 175	6월 24일	기니	197
Day 176	6월 25일	기니-마닝카	198
Day 177	6월 26일	기니비사우	199
Day 178	6월 27일	나이지리아	200
Day 179	6월 28일	나이지리아-하우사 풀라니	201
Day 180	6월 29일	나이지리아-비아프라	202
Day 181	6월 30일	나이지리아-카누리 예르와	203
Day 182	7월 1일	니제르	204
Day 183	7월 2일	니제르-제르마	205
Day 184	7월 3일	니제르-투아레그	206
Day 185	7월 4일	라이베리아	207
Day 186	7월 5일	말리	208
Day 187	7월 6일	말리-밤바라	209
Day 188	7월 7일	모리타니	210
Day 189	7월 8일	모리타니-무어	211
Day 190	7월 9일	베냉	212
Day 191	7월 10일	부르키나파소	213
Day 192	7월 11일	부르키나파소-줄라	214
Day 193	7월 12일	세네갈	215
Day 194	7월 13일	세네갈-월로프	216
Day 195	7월 14일	시에라리온	217
Day 196	7월 15일	카메룬	218
Day 197	7월 16일	카메룬-풀라니	219
Day 198	7월 17일	카보베르데	220
Day 199	7월 18일	코트디부아르	221
Day 200	7월 19일	코트디부아르-줄라	222
Day 201	7월 20일	토고	223
Day 202	7월 21일	남아프리카	224
Day 203	7월 22일	나미비아	225
Day 204	7월 23일	남아프리카 공화국	226
Day 205	7월 24일	레소토	227

Day 206	7월 25일	말라위		228
Day 207	7월 26일	말라위-무슬림 야오		229
Day 208	7월 27일	모잠비크		230
Day 209	7월 28일	보츠와나		231
Day 210	7월 29일	앙골라		232
Day 211	7월 30일	에스와티니(구. 스와질란드)		233
Day 212	7월 31일	잠비아		234
Day 213	8월 1일	짐바브웨		235
Day 214	8월 2일	대서양에 있는 영국 해외 영토들		236
Day 215	8월 3일	중앙아프리카		237
Day 216	8월 4일	가봉		238
Day 217	8월 5일	상투메 프린시페		239
Day 218	8월 6일	적도 기니		240
Day 219	8월 7일	중앙아프리카 공화국		241
Day 220	8월 8일	차드		242
Day 221	8월 9일	차드-바가라		243
Day 222	8월 10일	콩고 공화국		244
Day 223	8월 11일	콩고 민주 공화국		245
Day 224	8월 12일	동유럽		246
Day 225	8월 13일	루마니아		247
Day 226	8월 14일	몬테네그로		248
Day 227	8월 15일	몰도바		249
Day 228	8월 16일	벨라루스		250
Day 229	8월 17일	보스니아 헤르체고비나		251
Day 230	8월 18일	북마케도니아		252
Day 231	8월 19일	불가리아		253
Day 232	8월 20일	세르비아		254
Day 233	8월 21일	슬로바키아		255
Day 234	8월 22일	슬로베니아		256
Day 235	8월 23일	알바니아		257
Day 236	8월 24일	우크라이나		258
Day 237	8월 25일	체코		259
Day 238	8월 26일	코소보		260
Day 239	8월 27일	크로아티아		261
Day 240	8월 28일	폴란드		262

Day 241	8월 29일	헝가리	263
Day 242	8월 30일	서유럽	264
Day 243	8월 31일	네덜란드	265
Day 244	9월 1일	독일	266
Day 245	9월 2일	독일-이주민	267
Day 246	9월 3일	룩셈부르크	268
Day 247	9월 4일	리히텐슈타인	269
Day 248	9월 5일	벨기에	270
Day 249	9월 6일	스위스	271
Day 250	9월 7일	아일랜드	272
Day 251	9월 8일	영국	273
Day 252	9월 9일	영국-스코틀랜드	274
Day 253	9월 10일	영국-이주민	275
Day 254	9월 11일	오스트리아	276
Day 255	9월 12일	오스트리아-난민과 이주민	277
Day 256	9월 13일	프랑스	278
Day 257	9월 14일	프랑스-이주민	279
Day 258	9월 15일	남유럽	280
Day 259	9월 16일	그리스	281
Day 260	9월 17일	그리스-레스보스섬	282
Day 261	9월 18일	모나코	283
Day 262	9월 19일	몰타	284
Day 263	9월 20일	바티칸시국과 산마리노	285
Day 264	9월 21일	스페인	286
Day 265	9월 22일	스페인-이주민	287
Day 266	9월 23일	안도라	288
Day 267	9월 24일	이탈리아	289
Day 268	9월 25일	이탈리아-이주민	290
Day 269	9월 26일	포르투갈	291
Day 270	9월 27일	북유럽	292
Day 271	9월 28일	노르웨이	293
Day 272	9월 29일	스웨덴	294
Day 273	9월 30일	핀란드	295
Day 274	10월 1일	덴마크	296
Day 275	10월 2일	아이슬란드	297

Day	날짜	국가/지역	쪽
Day 276	10월 3일	**라트비아**	298
Day 277	10월 4일	**리투아니아**	299
Day 278	10월 5일	**에스토니아**	300
Day 279	10월 6일	**러시아 연방공화국**	301
Day 280	10월 7일	**러시아**-서부지역(카렐리야, 코미, 칼미크, 크림, 칼리닌그라드)	302
Day 281	10월 8일	**러시아**-북캅카스(7개 이슬람 자치 공화국)	303
Day 282	10월 9일	**러시아**-볼가강 유역 튀르크	304
Day 283	10월 10일	**러시아**-핀위그르계 민족들	305
Day 284	10월 11일	**러시아**-시베리아(알타이, 부랴트, 투바, 하카스)	306
Day 285	10월 12일	**러시아**-극동(사하 공화국, 하바롭스크 시)	307
Day 286	10월 13일	**북미**	308
Day 287	10월 14일	**미국**	309
Day 288	10월 15일	**미국**-원주민	310
Day 289	10월 16일	**미국**-소수 이민자들	311
Day 290	10월 17일	**미국**-한인들	312
Day 291	10월 18일	**미국**-아프리카계	313
Day 292	10월 19일	**미국**-라티노 공동체	314
Day 293	10월 20일	**캐나다**	315
Day 294	10월 21일	**캐나다**-퀘벡	316
Day 295	10월 22일	**캐나다**-원주민과 이누이트	317
Day 296	10월 23일	**캐나다**-이주민과 난민	318
Day 297	10월 24일	**중미**	319
Day 298	10월 25일	**과테말라**	320
Day 299	10월 26일	**니카라과**	321
Day 300	10월 27일	**멕시코**	322
Day 301	10월 28일	**벨리즈**	323
Day 302	10월 29일	**엘살바도르**	324
Day 303	10월 30일	**온두라스**	325
Day 304	10월 31일	**코스타리카**	326
Day 305	11월 1일	**파나마**	327
Day 306	11월 2일	**남미국가연합**	328
Day 307	11월 3일	**가이아나**	329
Day 308	11월 4일	**베네수엘라**	330
Day 309	11월 5일	**볼리비아**	331
Day 310	11월 6일	**볼리비아**-산타크루즈	332

Day 311	11월	7일	볼리비아-라파즈	333
Day 312	11월	8일	브라질	334
Day 313	11월	9일	브라질-동북부	335
Day 314	11월	10일	브라질-모레노	336
Day 315	11월	11일	브라질-아마존 강변마을	337
Day 316	11월	12일	브라질-열대 우림	338
Day 317	11월	13일	수리남	339
Day 318	11월	14일	아르헨티나	340
Day 319	11월	15일	에콰도르	341
Day 320	11월	16일	우루과이	342
Day 321	11월	17일	칠레	343
Day 322	11월	18일	콜롬비아	344
Day 323	11월	19일	파라과이	345
Day 324	11월	20일	페루	346
Day 325	11월	21일	프랑스령 기아나	347
Day 326	11월	22일	카리브	348
Day 327	11월	23일	그레나다	349
Day 328	11월	24일	도미니카공화국	350
Day 329	11월	25일	도미나카 연방	351
Day 330	11월	26일	바베이도스	352
Day 331	11월	27일	바하마	353
Day 332	11월	28일	세인트 루시아	354
Day 333	11월	29일	세인트빈센트 그레나딘	355
Day 334	11월	30일	세인트키츠네비스	356
Day 335	12월	1일	아이티	357
Day 336	12월	2일	앤티가 바부다	358
Day 337	12월	3일	자메이카	359
Day 338	12월	4일	쿠바	360
Day 339	12월	5일	트리니다드 토바고	361
Day 340	12월	6일	카리브에 있는 프랑스 해외영토들	362
Day 341	12월	7일	카리브에 있는 영국 해외영토들	363
Day 342	12월	8일	버진아일랜드(미국령)	364
Day 343	12월	9일	카리브에 있는 네덜란드 해외영토들	365
Day 344	12월	10일	푸에르토리코(미국령)	366
Day 345	12월	11일	오세아니아	367

Day 346	12월	12일	호주	368
Day 347	12월	13일	호주-원주민(눙아)	369
Day 348	12월	14일	뉴질랜드	370
Day 349	12월	15일	태평양에 있는 해외 영토들	371
Day 350	12월	16일	바누아투	372
Day 351	12월	17일	부건빌	373
Day 352	12월	18일	솔로몬 제도	374
Day 353	12월	19일	파푸아뉴기니	375
Day 354	12월	20일	피지	376
Day 355	12월	21일	뉴칼레도니아(프랑스령)	377
Day 356	12월	22일	나우루	378
Day 357	12월	23일	마셜 제도	379
Day 358	12월	24일	미크로네시아 연방	380
Day 359	12월	25일	키리바시	381
Day 360	12월	26일	팔라우	382
Day 361	12월	27일	괌, 북 마리아나제도, 아메리칸 사모아	383
Day 362	12월	28일	사모아	384
Day 363	12월	29일	통가	385
Day 364	12월	30일	투발루	386
Day 365	12월	31일	프랑스령 폴리네시아	387

지역 찾기(가나다) 388

서문

365일 기도로 세계 품기 (2021)

    기도와 함께 선교가 시작된다. 그래서 선교는 기도다. 하나님께서는 우리에게 먼저 기도로 열방을 품게 하시고, 가서 복음을 전하게 하신다. 그러니까 가서 전하는 것보다 기도가 우선이다. 먼저 교회와 집에서 기도해야 현장에서 선교가 일어난다. 성경에 이런 예가 많다. 안디옥 교회가 금식하며 기도했을 때, 그 교회의 선교가 시작되었다(행 13:1-3). 바울이 기도로 마게도나 환상을 보았을 때(행 16:9), 그에게 유럽 선교의 문이 열리기 시작했다. 가지 않더라도, 사역 현장의 선교사들을 기도로 도울 수 있다. 여호수아가 아말렉과 싸울 때, 모세와 아론과 훌이 기도로 그 싸움에 참여했다(출 17:8-13). 골방에서 기도의 손이 들려 있었을 때, 전쟁터에서 여호수아가 승리했던 것을 보면, 성도의 기도가 얼마나 중요한지 알 수 있다. 그래서 바울 사도는 성도들에게 자주 자신의 선교 사역을 위한 기도를 요청했다(롬 15:30, 고후 1:11, 골 4:3, 살전 5:25, 살후 3:1).

    하지만 선교 현장의 형편을 모르면 구체적으로 기도할 수 없다. 그래서 '365일 기도로 세계 품기(2021)' 기도 책자를 만들었다. 이제 성도들은 이 책을 통해 매일 기도로 세계 선교에 참여할 수 있게 되었다. 지난 10년 동안, 우리는 매일 새벽, 365일 기도로 세계 품기(2011) 기도 책자와 함께 세계 선교를 위해 기도해 왔다. 기도하면서 느꼈던 아쉬움이 있었다. 그래서 거의 모든 부분을 새롭게 하여 2021년 개정판을 만들었다. 책을 만들면서 중점을 두었던 몇 가지가 있다. 첫째, 선교적 필요와 과제를 현장 선교사들이 직접 기술했다. 둘째, 기도 제목도 현장 선교사들이 직접 만들었다. 셋째, 미전도 종족을 대폭 추가했다. 국가명, 지역, 지도, 인구, 언어, GDP 등이 기도 책자에 담겨있다. 인구는 Worldometers를, GDP는 세계은행 통계를, 가장 중요한 종족과 언어와 지도는 Joshua Project를 주로 사용했다.

세계를 5개 권역(아시아, 아프리카, 유럽, 아메리카, 오세아니아)으로 나누어 정리했다. 1) 아시아(동아시아, 동남아시아, 남아시아, 중앙아시아, 서아시아), 2) 아프리카(북아프리카, 동아프리카, 서아프리카, 남아프리카, 중앙아프리카), 3) 유럽(동유럽, 서유럽, 남유럽, 북유럽), 4) 아메리카(북미, 중미, 남미, 카리브), 5) 오세아니아(오스트레일리아 & 뉴질랜드, 멜라네시아, 미크로네시아, 폴리네시아). 서아시아와 북아프리카의 중동은 아시아와 아프리카 권역에 포함했다. 주권국의 해외 영토는 본국과 구분하여 독립적으로 기술했다. 미국이나 유럽 국가에 속한 해외 섬나라들은 함께 묶어서 정리했다.

2021년 4월 현재 세계 인구는 7,857,800,000명이다(Worldometer). 언어는 7,117개가 있고, 이 중에서 3,982개는 문자가 있다(Ethnologue 23rd edition). 종족은 구분 기준에 따라 다른데 Joshua project는 17,413 종족으로 구분했다. 세계 인구 중에 3,268,845,000명(41.6%)이, 구분된 종족의 7,413개 종족(42.5%)이 미전도 종족에 해당한다. Joshua Project는 이들을 복음화하기 위해서는 68,294명의 선교사가 더 필요하다고 했다. 세계의 다종족 국가들은 다음과 같다. 1) 인도 2,717, 2) 파푸아뉴기니 884, 3) 인도네시아 789, 4) 미국 596, 5) 중국 544, 6) 나이지리아 537, 7) 파키스탄 512, 8) 멕시코 331, 9) 방글라데시 331, 10) 브라질 323이다.

이 기도 책자는 각 지역을 대표하는 365명의 선교사들과 함께 만들었다. 권역별 책임자들이 현장 선교사들을 잇는 중간 역할을 했다. 아시아는 조명순, 최종국, 최재영, 박춘금, 중동은 정형남, 허요셉, 아프리카는 강병권, 장두식, 한용승, 유럽은 이용범, 채희석, 류창현, 한평우, 김현배, 아메리카는 이재환, 박기호, 강성철, 장은경, 오세아니아는 이근택 선교사 등이 권역별 책임자들이었다. 이들의 협력이 없었다면, 이 책자는 나올 수 없었을 것이다. 특별히 한용승, 정형남, 허요셉, 박춘금, 최선희 선교사는 이 책의 편집 위원이 되어, 함께 책의 방향을 정했고, 교정과 수정에도 많은 수고를 했다. 하나님께서 저들의 눈물과 땀을 아신다.

각 지역의 선교적 필요와 과제, 그리고 기도 제목은 그 지역 담당 선교사들이 만들었다. 약 300여 선교사가 함께 이 책을 쓴 것이다. 그러니까 이 책은 집단 영성과 집단 선교 지성의 결과물이다. 우리 선교사들이 느끼는 선교적 필요와 과제에 따라 각 지역의 기도 제목을 만들었다. 기도 제목은 크게 1) 정치와 경제, 2) 종교와 문화, 3) 교회, 4) 선교 등 4가지 영역을 중심으로 만들었다.

세계에는 많은 나라와 민족, 사람과 언어가 있다(계 7:9). 모르는 나라들도 많다. 아는 나라들도 있다. 이런 지식에는 층위가 있다. 먼저 머리로 기억하는 지식이 있다. 학습을 통해서 얻게 되는 지식이다. 두 번째는 가슴에 담아두는 지식이 있다. 머리의 지식이 강렬하게 나 자신과 만나면서 흘러내려 가슴을 뜨겁게 하는 지식이다. 이런 지식이 우리를 감동하는 사람으로 살게 한다. 세 번째는 애간장을 녹이는 지식이 있다. 우리의 손과 발을 움직여 행동하게 하는 지식이다. 이 지식이 우리를 선교에 참여하게 한다. 나라와 지역들의 선교적 필요와 과제, 기도 제목을 만들 때, 우리는 애간장을 녹이는 지식으로 만들고자 했다. 간절한 선교적 열정을 담은 지식이다. 이 책과 함께 기도하는 독자들에게도 우리의 이런 간절한 기대가 그대로 전달되어, 읽고 기도하면서 어떤 형편으로든 선교에 참여할 수 있기를 기대한다.

'365일 기도로 세계 품기(2021)'는 한국교회의 자신학(self theologizing)과 자선교학(self missiologizing)에 대한 노력의 한 열매이기도 하다. 한국선교가 시작된 지 100년이 넘었다. 한국교회는 세계 선교의 앞선 주자들과 함께 그 역할을 감당할 만큼 사역 기반이 넓어졌다. 이제는 선교 현장에 있는 우리 선교사들이 선교의 필요성과 과제를 진단하고, 열방의 민족들을 위한 기도 제목을 내놓을 수 있게 되었다. 성도들은 '365일 기도로 세계 품기(2021)'와 함께 열방의 나라와 족속들을 위해 기도로 선교에 동참할 수 있다.

예배와 선교는 서로 연결되어 있다. 예배에서 주의 영광을 보면, 선교를 통해서 열방에 그 영광을 전하게 된다. 그러니까 선교하는 교회는 예배가 살아있는 교회이며, 교회의 예배가 살아있으면 선교하는 교회가 된다. 말세의 징조들이 많다. 대부분은 우리가 수동적으로 견뎌내야 하는 것들이다. 하지만 모든 민족에게 천국 복음을 전파하는 일은 우리가 능동적으로 참여하며 그날을 준비할 수 있다(마 24:14). 이 기도 책자는 성도들을 열방을 품고 기도하는 후원 선교사로 깨어 있게 할 것이다. 모든 민족을 제자 삼으라는 예수님의 명령에 따라, 한 사람이라도 더 새벽을 깨워 열방을 품고 기도할 수 있게 되기를 열망한다.

성남용 목사

일러두기

이 책에 사용된 국가명과 기타 통계에 대한 설명은 다음과 같다.

1. 국가명 한글 표기는 국립 국어원의 표준국어대사전 한글 표기 기준을 따랐다.

2. 국가명 영문 표기는 영문 약칭 대신 공식 국가명을 따랐다.

3. 세계 지역 구분은 아시아, 아프리카, 유럽, 아메리카, 오세아니아의 순서로 하였다. (중동은 서아시아로, 캅카스는 서북 아시아에 위치하지만 러시아에 속하여 있기에 북유럽으로 분류하였다).

4. 각 지역 내의 국가, 그리고 국가 내에서의 구분은 한글 초성의 순서에 따라 배열하였다. 단, 특정 국가의 상황에 따라 국가 내에서의 구분은 한글 초성의 순서가 아닌, 자체적으로 정한 순서를 따르도록 허용하였다.

5. 각국의 국내 총생산(GDP)과 1인당 GDP는 세계은행(World Bank)의 자료를 인용했으며, 해당 국가의 자료가 없을 경우 생략했고, 통계가 정확하지 않을 경우에는 세계은행 또는 국제통화기금(IMF)에서 발표한 해당 연도의 추정치로 표시하였다. GDP 뒤 괄호 안에 백분율로 표시된 수치는 미국의 GDP와 비교한 것이다.

    예: 14,342,903(US$/백만) (60%)는 미국의 GDP를 100%로 산정했을 때, 해당국의 GDP가 미국 GDP의 60%에 해당한다는 의미이다.

6. 각국의 인구는 월드오미터(Worldometers)와 조슈아 프로젝트(Joshua Project)의 통계를 이용했다.

7. 각국의 공용어는 조슈아 프로젝트와 위키백과(Wikipedia) 등을 참고했으며, 최대 3개 언어까지만 표시하였다.

8. 각국의 지도는 조수아 프로젝트, 국토지리정보원, 위키미디어 커먼스(Wikimedia Commons) 등 인터넷을 통해 공개된 지도를 이용하였다.

9. 각국의 종족 수는 해당 국가의 고유 종족의 수가 아니라, 다양한 이유로 해당 국가에 거주하는 체류자, 이민자, 난민 등을 포함한 해당 국가 내에 거주하는 종족의 수를 나타낸 것이다. 조슈아 프로젝트의 통계를 이용하였다.

10. 각 국가를 위한 기도는 선교적 필요와 과제, 그리고 기도 제목으로 구분하였다. 기도 내용은 개별적인 제목을 붙여 구분하지 않았지만, 대략 (1) 정치, 경제, 사회를 위하여 (2) 종교적 상황을 위하여 (3) 교회를 위하여, 그리고 (4) 선교를 위한 기도의 순서로 기술하였다.

11. 보안상의 이유로 제공자의 신분을 밝히기 어려운 경우, 무명으로 표시하는 대신 편집부에서 정한 이름을 제공자에게 부여하여 표시하였다.

세 계

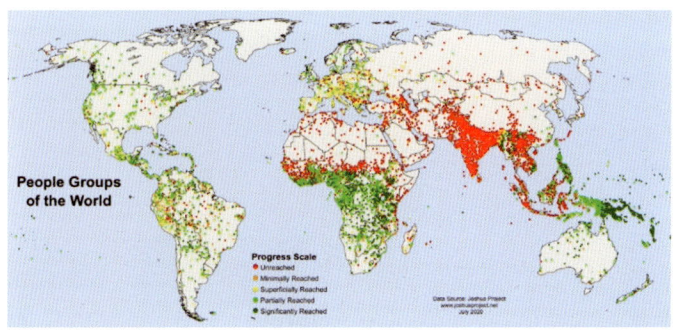

선교적 필요와 과제

세계 인구 78억 명의 33%는 기독교인들이다. 이 중 예수님의 제자는 10% 정도로 추산된다. 39%는 복음을 들을 수 있는 환경에 살지만 응답하지 않고 있고, 28%는 복음을 들을 수 없는 곳에서 살고 있다. 전 세계 언어 종족 그룹 17,400여 개 중, 미전도 종족이 7,400여 개(42.5%, 32억 3천만 명)이다. 미전도 종족이 가장 많은 국가는 다음의 5개 나라다. 인도: 2,717 종족 중 미전도 종족이 2,445(90%); 파키스탄: 512 종족 중 미전도 종족이 504(98%); 중국: 544 종족 중 미전도 종족이 443(81%); 방글라데시: 331 종족 중 미전도 종족이 299(90%); 네팔: 285 종족 중 미전도 종족이 275(96%)이다. 10/40 Window 지역에 가장 큰 50여 개의 미전도 종족 인구는 14억 7천 5백만 명(세계 인구의 20%)인데, 이 중 47개 미전도 종족 그룹은 접근이 제한된 나라에 살고 있다. 전방 개척 종족 그룹(Frontier People Groups)은 4,751개로, 18억 5천만 명(25%)이 있는데 이 중 힌두교도(1,858개 그룹, 40%)와 무슬림(2,125개 그룹, 45%)이 전체 85%를 차지한다. 민속 종교는 414개 그룹(9%), 불교 222개 그룹(5%), 기타 132개 그룹(3%)이 있는데, 주로 남아시아에 72%, 중앙아시아에 10%, 중동에 5.5%. 그리고 다른 지역에 퍼져있다.

기도 제목

1) 전 세계 33%의 기독교인들이 복음을 전하는 자들이 되게 하시고, 세계 교회들도 한마음으로 복음을 전하며, 하나님의 완전한 사랑과 평화와 공의의 통치가 이루어지게 하소서.
2) 세계 미전도 종족 32억 3천만 명과 10/40 창에 속한 14억 7천 5백만 명을 위해 선교 사역자들을 보내주셔서 복음을 전하게 하시고, 주님을 모르는 이들이 복음에 반응하게 하소서.
3) 18억 5천만 명의 전방 개척 종족(무슬림, 힌두교도, 불교도, 토속 종교 등) 그룹에서 내부자 운동이 일어나 마지막 때에 모든 종족과 백성, 모든 언어와 방언의 사람들이 주께 돌아오도록 하소서.
4) 한인 선교사들이 사역 현장에서 그리스도 예수의 이름을 드높이며, 현지 제자들을 복음 사역들로 세워 주님의 교회를 왕성하게 부흥시킬 수 있도록 역사하소서.

강승삼

Day 2   1월 2일   East Asia

동아시아

대한민국
북한
대만
몽골
일본
중국

선교적 필요와 과제

동아시아 지역은 세계에서 가장 첨예한 정치적 문제를 안고 있는 지역이다. 이 지역의 특징 중 하나는 서로가 애증 관계에 있다는 점이다. 대만과 중국, 몽골과 중국, 북한과 한국, 일본과 한국, 중국과 한국 등 이들 나라는 역사적으로 정치적인 민감한 이슈들을 서로 만들고 부딪히면서 흘러온 역사가 지금까지 이어지고 있다. '복음' 만이 동아시아에 진정한 평화를 가져올 수 있는 단초가 될 것이다. 동아시아 지역에서 활동하는 선교사는 2020년 1월 KWMA 발표에 따르면, 약 7,800명이다. 이는 전체 파송 활동 선교사의 27% 정도에 해당한다. 상당수의 선교사가 이곳에서 활동하고 있는데, 한국 선교의 역할은 더 활성화될 필요가 있다. 2020년을 지나면서 한국 선교는 새로운 국면에 접어들었는데, 동아시아 지역에서도 지금까지와는 다른 새로운 도전이 요청되고 있다. 중국과 북한은 모든 종교를 억압하지만 대만, 몽골, 일본, 한국은 종교 자유를 보장한다. 이러한 나라들은 기독교가 뿌리내려갈 수 있는 환경이지만 나라마다 민족 신앙과 혼합된 전통 신앙이 있다. 비록 각 나라 기독교인의 증가가 정체되거나 하향 곡선을 그리고 있다고 해도 그 나라 성도들의 역할을 격려하며 기도해야 할 것이다.

기도 제목

1) 유사 문화권의 강점을 살려서 사역하게 하시고, 정치적으로 복잡한 관계가 얽힌 지역이지만 지속적으로 한국 선교사들의 섬김이 지혜롭게 이어지게 하소서.
2) 세속주의의 영향으로 종교에 관심이 없는 사람들이 증가하고 있는데, 이들이 유일하신 하나님만이 구원의 길임을 인식하게 하소서.
3) 자유로운 목소리를 낼 수 있는 국가들이 자국의 복음화를 위해 노력하고, 수많은 미전도 종족이 있는 중국의 기독교인들이 중국 변방과 내지에 있는 다른 종족들에게 전도하게 하소서.
4) 이 지역에서 30년 이상 사역해 온 한국 선교사들이 현지 사역자들을 세워 그들과 협력하게 하시고, 동아시아 각국 기독 지도자들과 한국 선교사들이 실제적인 협력을 하게 하소서.

조명순

Day 3　　1월 3일　　　　　　　　Republic of Korea

대한민국

언어: 한국어
종족: 한민족 외 22개 이상 종족 이주민
인구: 51,270,000명
GDP: 1,642,383(US$/백만) (7.66%)
1인당 GDP: 31,762(US$)

선교적 필요와 과제

서구 선교에 비해 짧은 기간(지난 30년)에 선교사 파송 대국이 된 대한민국은 1990년의 1,000명 선교사 파송 시대에서 2020년에는 171개국에 약 29,000명(28배 성장)을 파송했다. 그러나 선교의 질적 향상과 전략 선교 그리고 최전방으로의 집중화는 가속화될 필요가 있다. 중국 정부의 선교사 추방과 코로나 사태 등은 선교사 재배치 및 선교의 새로운 패러다임 창출을 요구하고 있다. 이전에는 땅끝으로 가는 선교였지만, 이제는 다문화 가정, 유학생, 외국인 노동자 형태로 땅끝에서 미전도 종족들이 한국으로 들어오고 있다. 약 200만 명 이상의 선교 대상이 바로 우리 이웃이다. 이는 현대 선교가 From Everywhere To Everywhere로 변화되었음을 보여준다. 강제 귀국 또는 자발적 철수를 한 선교사들과 교회 내 외국인 사역부가 연합해 한국 내 타 문화권 사역이 활발하게 이루어지고 있다. 최근 K-Drama와 K-Pop 열풍으로 한국 선교사들이 좋은 이미지로 현지인들에게 다가갈 수 있게 되었다. 한국 내 다양한 종교적 배경을 지닌 사람들이 회심하여 자신의 동료에게 그리스도를 전하는 재생산 선교가 되어야 한다. 호기를 맞이한 한국 선교가 위험성도 인식한 지혜로운 선교를 할 수 있기를 바란다.

기도 제목

1) 이념, 지역, 학연 등으로 인한 사회적 분열 및 정치적 혼란으로 인한 경제적인 손실이 심화되지 않고, 북한의 핵 문제 등 모든 외교적인 문제들에 지혜롭게 대처하게 하소서.

2) 교회 내 분열과 문제적 이슈로 교회에 대한 사회의 부정적 이미지가 커지고, 비대면 예배 장기화로 교인 수가 감소하고 있는데, 위기 속에서 교회가 영적 욕구를 잘 충족하게 하소서.

3) 너무나 많은 이단 정죄 현상으로 교단 내 상처가 회복되고, 분열된 교회의 실추된 이미지 회복을 위해 회개와 변혁이 이루어지고, 통일 한국을 준비하는 교회가 되게 하소서.

4) 비대면으로 할 수 있는 선교 정거장(You Tube, Zoom 등)을 만들어 다양한 선교 콘텐츠를 모두가 즐기고, 선교 인공 지능 비서와 함께 일할 수 있는 내일의 선교를 개척하게 하소서.

한정국

Day 4　　1월 4일　　　　　　　　　　　Korean Diaspora

대한민국-디아스포라

인구: 7,493,587명(180개국)
종족: 한민족
언어: 한국어
종교: 기독교, 불교, 기타
복음화율: 총 6,051 교회(미주 73%)

선교적 필요와 과제

한인 디아스포라 해외 이주 역사는 160년 전에 시작되었다. 첫 번째 시기는 1860년-1910년으로, 가난을 극복하기 위해 중국, 러시아, 하와이, 멕시코, 쿠바로 이주하였다. 두 번째는 1945년까지 일제 강점기에 만주와 일본으로 이주했고, 세 번째는 광복 후부터 정부가 이민 정책을 수립한 1962년까지 고아와 미혼 여성들이 미국과 캐나다로 이주했다. 네 번째는 1962년 이후로 유럽, 중남미, 동남아시아로 이주하여 한인 사회를 형성했다. 한인 디아스포라는 전 세계 180개국에 7,493,587명이 거주하며, 2017년보다 0.85% 증가하였다. 지역별 거주 현황은 동북아시아 3,286,363명(43.86%), 북미 지역 2,788,732명(37.21%), 유럽 687,059명(9.17%), 남아시아 태평양 592,441명(7.91%), 중남미 지역 103,617명(1.38%), 중동 241,498명(0.33%), 아프리카 10,877명(0.15%) 순이다. 국가별 현황은 미국 2,546,982명(33.99%), 중국 2,461,386명(32.85%), 일본 824,977명(11.01%), 캐나다 241,750명(3.23%), 우즈베키스탄 177,270명(2.37%), 베트남 172,684명(2.31%) 순이다(조선족 및 고려인 포함). 전 세계 한인 디아스포라 교회는 총 6,051개로, 미주 한인 디아스포라 교회 4,421개(73%)와 미주를 제외한 82개국에 1,630개 교회가 있다(기독교 박해 지역과 선교 보안 지역은 통계에서 제외).

기도 제목

1) 코로나19와 급변하는 사회, 정치적 변화에 한인 디아스포라들이 한민족 정체성을 회복하고, 현지 사회에 선한 영향력을 나타내며, 차세대 지도자들이 배출되게 하소서.
2) 해외에 있는 한인 디아스포라 교회가 교회 부흥에만 초점을 맞추는 것이 아닌 이웃을 사랑하고 복음을 전하는 통전적 선교를 하는 교회가 되게 하소서.
3) 한인 디아스포라 교회와 선교지의 작은 교회들이 말씀과 예배로 견고히 서고, 기도와 선교 영성을 회복하고, 교파를 초월하여 한인 디아스포라 사회의 구심점 역할을 감당하게 하소서.
4) 한인 디아스포라 교회가 선교적 교회로 거듭나고, 한국 교회와 한인 선교사가 선교의 허브 역할을 통한 선교적 사명을 감당하게 하소서.

전호중

Day 5   1월 5일   Koreyskiy

대한민국-고려인

인구: 500,000명
종족: 한민족
언어: 러시아어
종교: 러시아 정교회
복음화율: 1% 미만

선교적 필요와 과제

'고려인(高麗人, 러시아어: Корё-сарам)'은 구 소비에트 연방 붕괴 이후 독립 국가 연합 국가들에 거주하는 한민족을 이르는 말이다. 이들 국가로는 러시아, 우즈베키스탄, 카자흐스탄, 타지키스탄, 투르크메니스탄, 키르기스스탄, 우크라이나, 몰도바 등이 있다. 약 50만 명의 고려인들이 중앙아시아를 중심으로 거주하고 있고, 남부 러시아의 볼고그라드 부근, 코카서스, 남부 우크라이나에도 많은 고려인 공동체가 존재한다. 이들 공동체는 19세기 말의 극동 러시아에 거주하던 고려인에 기원한다. 1989년 구소련의 개방과 개혁 정책 이후 한국 교회와 선교 단체의 북방 사역이 시작되었다. 특히 중앙아시아의 문이 열리자마자, 한국과 미국의 한인 선교사들은 우리 동포 '고려인 Koreyskiy'을 대상으로 활발하게 교회를 개척했다. 초창기 선교사들은 러시아어를 모국어로 하는 고려인과 러시아인을 주 사역 대상으로 삼았고, 고려인 중 한국어를 아는 통역자를 세워 사역을 시작했다. 이들 고려인은 다른 어떤 소수 민족보다도 빠르게 복음을 접했고, 이제는 더 이상 미전도 종족이 아니다. 이들 교회를 통해 그들이 이방 민족으로 생각하는 중앙아시아 민족인 튀르크인을 향한 사역 전환이 필요하다.

기도 제목

1) 중앙아시아에 정착한 고려인들이 소수 민족으로서 자부심을 갖고, 새로 지정된 현지 공용어를 적극적으로 배우며 자신의 나라로 인식하고 적응하며 살아가게 하소서.
2) 이슬람권인 중앙아시아에서 살아가고 있는 소수의 고려인 크리스챤들이 종교적인 어려움을 잘 극복하고, 담대한 믿음을 지키며 살아가게 하소서.
3) 140년 동안 이방인, 소수 민족으로 살아야 했던 고려인들의 아픔을 가슴으로 공감하며 고려인들을 주님의 사랑으로 보듬으며 미약한 고려인 교회를 말씀으로 무장시키게 하소서.
4) 고려인과 러시아인 교회들이 자신들이 이방 민족으로 생각하는 중앙아시아 튀르크 민족과 러시아에 복음을 전하는 통로가 되게 하소서.

박춘금

Day 6   1월 6일   Korean in China

대한민국-조선족

인구: 200만 명
종족: 한민족
언어: 중국어, 한국어
종교: 무종교, 대승불교, 기독교
복음화율: 500여 개의 교회

선교적 필요와 과제

조선족(朝鮮族)은 중화인민공화국 정부 공인 한족 외 55개 소수 민족 중 하나로, 대개 구한말과 일제 강점기에 한반도에서 간도 및 중국 각지로 이주해 정착한 한민족의 후손들을 일컫는 말이다. 20세기 말 한국교회의 중국 선교는 곧 조선족 선교였다. 조선족 선교로 중국 선교의 거점을 확보하였고, 중국 선교를 경험하며 배웠다. 또한 탈북자 사역을 비롯한 북한 선교도 조선족 선교가 없었다면 불가능했을 것이다. 조선족은 중국 내부에서 대우가 나은 편에 속하는 소수 민족이고, 생활 수준은 상류층이며, 조선족 자치주도 중국에서 최초로 만들어진 자치주이다. 그러나 중국이 70년대 이후 개혁 개방을 추진하면서, 연길을 비롯한 조선족 자치주는 고도의 발전에서 소외되었다. 연변 경제의 저발전으로 인한 실업, 저소득, 생활 수준의 저하는 중국의 대도시와 한국과 같은 국외로의 인구 이동을 유발하였다. 동북 삼성에서 대도시의 조선족 교회는 그래도 명맥을 유지하고 있다. 그러나 이농 현상으로 피폐화된 농촌 교회는 말할 것도 없고 대부분 지역의 조선족 교회는 존립하기도 어려운 처지에 있다. 디아스포라인 조선족을 통해 중국과 북한 선교의 역할을 다시 찾을 수 있어야 한다.

기도 제목

1) 이농향도로 농촌 교육이 부실해지자 자녀 교육을 목적으로 대도시로 인구 이동이 가속화되고 있는데, 교육의 평준화가 이루어지게 하소서.
2) 연변 지역에 있는 500여 개 교회 중 80%-90%가 농촌교회로, 변화되는 환경을 맥없이 바라볼 뿐 어떤 대응책을 내지 못하고 있는데, 교회가 변화에 적극적으로 대처하게 하소서.
3) 조선족 교회가 건강한 교회로 회복돼 북한 선교와 중국 선교를 위해 준비된 공동체가 되고, 좋은 조선족 사역자들을 일으켜 주소서.
4) 조선족 교회가 선교에 헌신하도록 이끌어주고, 선교 훈련을 시키며 파송하며 후원하는 일에 섬기는 자로서 통로가 되게 하소서.

박춘금

Day 7　　1월 7일　　　　　　　　　　　　Migrants

대한민국-이주민

인구: 2,500,000명(4.9%)
종족: 다민족
언어: 다언어
종교: 다종교
복음화율: 5%

선교적 필요와 과제

2020년 2월 말 국내 체류 이주민은 약 250만 명으로, 이 중 등록 외국인은 1,279,904명이다. 이는 대한민국 국민의 4.9%에 해당하는데, 우리나라 인구 비례로 볼 때, 다문화 국가에 거의 진입했음을 뜻한다. 국내 다문화 사회를 이루는 주된 유형과 통계를 보면, 이주 노동자 563,448명, 결혼 이주자 167,398명, 외국인 유학생 182,487명, 탈북민 33,670명, 난민 3,406명, 기타 363,165명이다. 1980년대부터 시작된 다문화 열풍은 초기 시행착오와 문제점이 있었지만, 지금은 정부와 지방 자치 단체의 적극적인 대응으로 다문화 사회가 정착돼가고 있다. 다문화 사회화 초기에는 한국 교회가 이주민에게 도움을 주었지만, 이제는 정부와 민간 차원에서 체계적인 복지 혜택을 제공함으로써 교회가 할 수 있는 일이 제한되고 있다. 이제 교회는 정부나 민간단체가 할 수 없는 영적 부분에 초점을 맞춰 이주민 복음화와 제자화를 통해 영혼 구원에 힘쓰고, 이주민들이 역 파송 선교사로서 자국민 선교를 할 수 있도록 훈련하고 후원하는 일에 집중해야 한다. 또한 다문화 가정 자녀 2만 명 시대에 복음화율이 5% 미만에 그치고 있다는 점을 유의해 다문화 2세대 복음화와 신앙 교육에도 적극적으로 대처해야 한다.

기도 제목

1) 단일 문화에 익숙한 한국 사회가 다문화 사회에 빠르게 정착하고, 다문화에 수용적인 나라가 돼서 법적인 제도와 전반적인 상황들이 이주민 정착과 선교에 용이하게 되게 하소서.
2) 생계 문제로 입국한 이주민들이 복음을 통해 하나님의 자녀가 되어 구원의 복을 누리게 하시고, 특히 무슬림 이주민들이 복음으로 변화되게 하소서.
3) 한국 교회가 '나그네'를 보호하고 공의로 보살피라는 하나님의 마음을 되새기며, 이주민들을 하나님의 사랑과 그리스도의 복음으로 섬기는 이주민 사역자들과 교회들이 많아지게 하소서.
4) 이주민을 위한 맞춤형 신앙 교육과 영육 문제에 적극 대응하는 선교 전략과 선교 사역이 이루어지고, 제3 국가에 역 파송 선교사가 되며, 현지 선교사들의 헌신된 동역자가 되게 하소서.

송윤선

Day 8 1월 8일 Democratic People's Republic of Korea

북한(조선민주주의인민공화국)

언어: 조선어(한국어)
종족: 한민족 외에 4개 소수 종족 이주민
인구: 25,779,000명
GDP: 36,778(US$/백만) (0.17%)
1인당 GDP: 1,300(추정치 US$)

선교적 필요와 과제

북한은 세계 유일의 분단국가이면서 19년 연속 기독교 박해 순위에서 1위를 차지하고 있다. 이 나라는 세계 10위 종교로 인정된 김일성 주체사상 종교가 있고, 20만 명 넘게 정치범 수용소에 가두고 상상 이상의 인권 탄압을 하는 나라이자, 전 세계를 상대로 핵 위협의 공포를 조장하는 나라이다. 북한 정부의 감시하에 형식상 유지되고 있는 교회로 봉수교회와 칠골교회가 있다. 이런 북한을 위해 선교하는 것은 너무나 당연한 하나님의 뜻이다. 이사야 61:1-2, 누가복음 4:18-19에서처럼 "주 여호와의 영이 내게 내리셨으니 이는 여호와께서 내게 기름을 부으사 가난한 자에게 아름다운 소식을 전하게 하려 하심이라 나를 보내사 마음이 상한 자를 고치며 포로된 자에게 자유를, 갇힌 자에게 놓임을 선포하며 여호와의 은혜의 해와 우리 하나님의 보복의 날을 선포하여 모든 슬픈 자를 위로"해야 한다. 어쩌면 땅끝이며, 마지막 남은 미전도 종족인 북한을 위해 선교에 총력을 기울여야 한다. 무엇보다도 김정은 우상화 중단, 핵 위협 중단, 정치범 수용소 운영 중단을 위해 기도해야 할 때이다. 또한 장마당 활성화를 통한 개혁 개방 정책이 신속하게 이뤄지도록 기도해야 한다.

기도 제목

1) 공산당만을 위한 정치가 아닌 정말 주민들의 삶의 질을 높이는 정치가 이루어지고, 중국에 있는 탈북자들이 예수님을 만나 참된 자유와 평강을 누리게 하소서.
2) 김일성 주체사상 종교가 무너지고, 오직 하나님만 섬기는 나라가 되고, 봉수교회와 칠골교회에서 예배하는 자들에게 성령의 강력한 역사로 믿음을 갖는 기적이 일어나게 하소서.
3) 박해 속에서도 오직 하나님만 바라보며 믿음의 경주를 하는 지하교회 성도들을 지켜주시고, 억류된 선교사들(김정욱, 김국기, 최춘길, 고현철, 김원호, 함진우)이 풀려나게 하소서.
4) 북한 선교를 위한 네트워크가 잘 구축돼 연합과 협력을 통해 효과적인 선교가 이루어지고, 이와 관련 있는 사역자들이 성령 충만과 담대함으로 끝까지 잘 감당하게 하소서.

서정호

Day 9   1월 9일   Republic of China

대만

언어: 대만어
종족: 35
인구: 23,817,000명
GDP: 586,104(IMF/US$/백만) (2.74%)
1인당 GDP: 24,878(IMF/US$)

선교적 필요와 과제

대만은 "세상에 있는 나라, 그러나 세상에 없는 나라"라고 한다. 내부적으로는 엄연히 존재하지만, 외교적으로는 중화민국(中華民國)이라는 국가적 위치를 인정받지 못하고 있기 때문이다. 중국과 대만은 '하나의 중국' 노선을 놓고 팽팽한 긴장 관계에 있다. 현재 대만과 수교 관계를 유지하고 있는 나라는 17개국에 불과해 경제 성장이 쉽지 않다. 대만에서 종교란 하나의 문화요소일 만큼 종교성이 매우 강하다. 대만 인구의 약 87%가 종교를 가진 것으로 추정되며, 도교, 불교, 기독교를 위주로 다양한 종교가 분포해있다. 인구로 보면 약 1,000만 명 이상이 민간 신앙을 믿고 있고, 불교 약 500만 명, 기독교 신자가 약 150만 명에 달한다. 생활의 안위와 평안을 바라는 기복 신앙이 뿌리 깊게 자리 잡고 있다. 개인주의가 심하고, 국가 특성상 기술 장려보다는 다른 국가 기업들의 하청을 받아 생산하는 시스템과 대부분 수입에 의존하기 때문에 장년층은 물론이고 젊은이들의 도전 의식이 약하다. 이러한 문화는 기독교에도 지대한 영향을 끼치고 있다. 이들의 신앙생활은 성도 간의 사랑과 교제보다는 자신의 생활을 중요하게 여긴다. 기도와 복음전도가 많이 필요한 국가이다.

기도 제목

1) 정치와 경제가 하루 속히 안정되고, 청년들이 개인주의, 물질주의에서 벗어나 적극적인 신앙생활을 하게 하소서.
2) 민간 종교와 혼합주의 사상, 우상숭배를 배격하고 하나님만 섬기는 자녀가 되고, 종교적 습관에서 벗어나 온전히 하나님을 예배하게 하소서.
3) 교회가 토속적이고 세속 종교의 문화에 젖어 들어가는 것이 아니라 대만의 빛과 소금이 되어 죽어가는 영혼들을 구원하는 방주 역할을 하게 하소서.
4) 대만 교회들이 선교적 교회가 되어 선교 기관과 연합하여 중국과 중화권의 전방위 개척을 도우며, 최소 전도 종족에게 선교하는 교회가 되게 하소서.

김하원

Day 10　　1월 10일　　　　　　　　　　　　　Mongolia

몽골

언어: 몽골어
종족: 28
인구: 3,279,000명
GDP: 13,853(US$/백만) (0.06%)
1인당 GDP: 4,295(US$)

선교적 필요와 과제

몽골 복음주의협의회에서 발표한 2020년 통계에 의하면, 몽골의 기독교인은 46,331명으로 전체 국민의 1.41%이다. 전국적으로 교회 수는 586개이며, 안수 받은 현지인 목사들은 420명이다. 공산주의였던 몽골은 구소련 개방화의 물결을 타고 1990년에 민주주의 체제를 선택했다. 세계 각국에서 선교사가 들어온 지 30년이 지났다. 1990년 초기부터 2006년까지의 교회 부흥은 세계가 놀랄 정도의 급성장세였으나 2006년 이후 몽골 교회 성장은 답보 상태에 있다. 그럼에도 불구하고 몽골 선교의 미래는 긍정적이다. 그 이유는 현재 몽골 복음주의협의회인 몽골 현지인들의 토착 교회가 조직되어 자치, 자립, 자전의 의지를 표명하고 있기 때문이다. 또한 현지인 목회자들이 공식적으로 "Vision 2010" 이라는 구호를 정해 인구 10%를 복음화하려는 목표를 세우는 열정도 보이고 있다. 몽골 선교가 답보 상태를 극복하고 계속 발전하기 위해서는 하나님 앞에 무릎 꿇는 기도 운동이 일어나야 한다. 교회 지도자를 양성하는 신학교마다 신학생들이 줄어들고 있는데 다시 회복되어야 한다. 교회가 자립하여 자생력 있는 교회가 되고, 몽골의 여러 종족뿐만 아니라 중앙아시아와 시베리아 지역 선교도 감당해야 한다.

기도 제목

1) 몽골의 수많은 부정부패가 줄어들고, 경제가 성장해서 빈곤층의 삶이 개선되고, 경제적으로 힘든 교회들이 건강하게 서게 하소서.
2) 라마 불교나 샤머니즘의 문화를 혼합해서 믿는 교인들이 변화되고, 술 중독과 실업 문제로 가정불화가 많은 몽골에 하나님의 통치가 임하게 하소서.
3) 교회마다 다음 세대 젊은이들이 많아지고, 성도들이 가난한 환경이나 타종교 도전 앞에서 강하고 담대한 믿음으로 전도하는 일에 힘쓰게 하소서.
4) 선교를 방해하는 영적인 세력, 정치적인 세력, 비윤리적인 악한 세력들이 사라지고, 아직도 교회가 세워지지 않은 마을에 복음이 전해지고, 몽골 교회가 선교하는 교회가 되게 하소서.

연경남

Day 11   1월 11일   Japan

일본

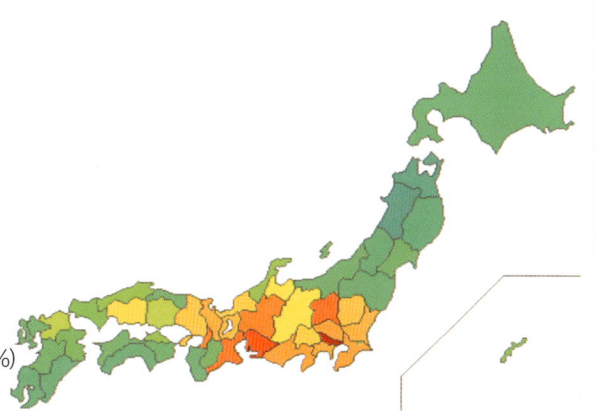

언어: 일본어
종족: 36
인구: 126,477,000명
GDP: 5,081,770(US$/백만) (23.71%)
1인당 GDP: 40,247(US$)

선교적 필요와 과제

일본은 4개의 큰 섬인 혼슈, 홋카이도, 시코쿠, 규슈, 그리고 오키나와를 비롯해서 3,000여 개의 작은 섬으로 이루어진 나라이다. 산이 많아 국토의 13% 정도만 경작할 수 있다. 버블 경제가 있었다고 해도 여전히 경제 강국이며, 정치적으로는 의회민주주의 입헌군주제 국가체제이다. 낮은 출산율과 고령 인구 증가는 사회적, 경제적으로 중요한 영향을 끼치고 있다. 2011년 동북부 지역에서 일어난 '동일본 대진재'를 비롯해 크고 작은 자연재해가 이어지고 있어 잠재된 위기가 있는 나라이다. 코로나 팬데믹으로 2020년 올림픽이 연기되면서 사회적으로 불안하고, 2020년의 자살 비율도 높아지고 있어 사회적 문제가 되고 있다. 헌법으로 종교의 자유가 있고 무종교라고 주장하는 이들이 반 이상이 넘지만 대부분 우상 숭배, 조상 숭배의 성격을 가진 불교 또는 다신교적 신도 예식에 노출되어 있다. 황제나 귀족 가문이 있어서 보이지 않는 신분적 질서가 있다. 한국 선교사는 1980년대부터 본격적으로 일본에 파송되어 현재는 파송 국가 3, 4위에 랭크되는 선교지이다. 1%가 넘지 않는 복음화율은 우리에게 선교적 과제를 주고 있다. 또한 신학생 감소로 목회자 없는 교회와 목회자 고령화 문제가 심각하다.

기도 제목

1) 코로나19로 20대와 30대 젊은 여성 연령층에서 자살자들이 증가하고 있는데, 이들이 수고하고 무거운 짐을 맡아주시는 예수 그리스도를 만나게 하소서.
2) 일본 내 기독교인들이 신도나 창가학회 같은 일본적 성향의 종교와 타협하지 않고 온전한 믿음으로 더욱 견고해지게 하소서.
3) JECA(일본복음주의교회연합/Japan Evangelical Church Association)의 전도 협력 위원회와 전도 지원 위원회가 코로나19로 어려워진 교회들을 지혜롭게 돕게 하소서.
4) 역사적, 정치적인 관계 때문에 일본 선교에 대한 선입관이 있는데, 선교지 일본에 대한 바른 이해를 한국 교회가 갖게 하시고, 협력 선교와 전략 선교가 이루어지게 하소서.

일본선교네트워크

Day 12 1월 12일   Hokkaido

일본-홋카이도

인구: 5,300,000명
종족: 일본
언어: 일어
종교: 신도, 샤머니즘
복음화율: 1.1%(일본 전체)

선교적 필요와 과제

일본의 행정 구역은 토도호후캔(都道府県)으로 명칭되는데, 동경도(都), 홋가이도(道), 오사카부(府), 교토부(府), 그리고 43개의 현(県)이 그것이다. 지역적으로 크게 경제적 편차가 없는 나라이지만, 각각의 독특함을 유지하고 있다. 그러나 교회 개척 상황과 한국 선교사의 분포는 큰 차이가 있다. 홋카이도는 한국인에게도 겨울 눈 축제를 포함 유명 관광지로도 알려진 곳이다. 외국인만이 아니라 일본인들 사이에서도 가보고 싶은 여행지로 뽑히는 지역이다. 인구는 약 530만 명이고, 그중 200만 명 정도가 현청(우리식으로 표현하면 도청)이 있는 삿포로에 살고 있다. 세워진 교회 수는 400개 정도인데, 교회가 미개척된 지역도 상당히 많다. 한국 선교사는 20명 정도가 활동하고 있으며, 교회 개척과 협력 사역이 주를 이루고 있다. 자연이 빼어나고, 아름다운 곳이지만, 겨울이 길고, 인구가 적은 곳이 많다. 특히 홋카이도 북쪽은 교회 개척이나 순회 전도 사역이 필요한 곳이다. 이미 개척된 교회들도 고령화된 목회자의 뒤를 이을 사역자가 절대적으로 부족하다. 지역적으로 소외되어 있어서 목회자 부족 현상은 가속화되고 있다.

기도 제목

1) 일본 최대 관광지이지만 코로나로 인해 심각한 경제 위기를 겪고 있는데, 이를 잘 극복하게 하소서.
2) 일본인 고유의 종교인 신도와 자연환경의 영향을 받은 샤머니즘의 영향이 강한데, 이것에서 벗어나게 하소서.
3) 홋카이도 성서학원 신학교에 좋은 헌신자들을 보내어 주셔서 잘 훈련받고 교회를 잘 섬기게 하시고, 비대면 시기에 교회들이 믿음으로 잘 극복하게 하소서.
4) 교인들의 고령화가 심한데, 전도의 문이 열려 어린이로부터 청장년들의 복음화가 이루어지고, 한인 선교사의 적극적 배치로 교회가 없는 지역에 전도소가 세워지게 하소서.

박영기, 일본선교네트워크

Day 13　1월 13일　　Honshu, Kyushu, Shikoku

일본-혼슈, 규슈, 시코쿠

인구: 121,800,000명
종족: 일본
언어: 일어
종교: 신도, 불교
복음화율: 1.1%(일본 전체)

선교적 필요와 과제

대부분 일본인이 사는 지역으로, 혼슈, 시코쿠, 규슈의 3개가 중심 섬인데, 편의상 동경을 중심으로 '관동', 오사카를 중심으로 그 아래의 지방을 '관서'로 나누기도 한다. 관동 지역은 도호쿠(6개 현), 간토(6개 현과 동경도), 쥬부(9개 현)를 포함한다. 관동 지역의 중심지인 수도 동경은 일본의 심장부로, 인구 밀도도 높은 지역이다. 왕실이 있고, 신도의 중심인 신사 가운데 주요한 신궁들이 이곳에 몰려 있다. '3·11동일본 대진재'는 아직도 국가적 복구와 치유가 이어지고 있으나, 끝이 요원하다. 관서 지역은 오사카부와 교토부를 포함한 긴키 지역의 5개 현과 주고쿠, 시코쿠의 9개 현, 규수의 7개 현이 포함된다. 오랫동안 왕실이 있던 교토는 일본인의 마음의 중심이라고 할 만큼 자부심을 지닌 도시이다. 대부분의 도시에는 교회들이 있지만 인구 대비 교회 수는 턱없이 부족하다. 7개 현이 있는 규슈 지역은 에도시대에 가톨릭의 시작점으로, 수많은 사람이 희생당했던 유적들이 흩어져 있다. 원폭이 떨어진 나가사키도 이 지역에 포함된다. 규슈 지역은 일찍부터 외국인들이 드나들어서 서구 문물이 일본으로 유입되는 창구 역할을 했다. 그런 점에서 자부심과 상처가 공존하는 지역이다.

기도 제목

1) 오랜 경제 침체와 코로나로 인한 올림픽 연기, 지역 축제가 멈추면서 개인 파산이 늘어나고 있는데, 경제적 어려움 때문에 극단적인 선택을 하지 않게 하소서.
2) 일본인들에게 종교는 필요 없다는 인식이 많지만 그럼에도 불구하고 불안정한 사회 분위기 속에 이단과 사이비 종교들이 발흥되지 않게 하소서.
3) 교인 수 감소와 성도의 고령화, 코로나로 인한 온라인 예배가 쉽지 않은 상황이지만, '살아남는다'는 인식보다는 삶으로 증언하는 적극적인 신앙인들이 일어나게 하소서.
4) 인구 20만 명이 되는 도시에 교회가 한두 개만 있는 곳이 비일비재하고, 한국에서 파송된 선교사들이 지역적 쏠림 현상이 심한데, 선교사들이 골고루 흩어져 사역하게 하소서.

일본선교네트워크

Day 14 1월 14일   Okinawa

일본-오키나와

인구: 1,399,000 명
종족: 오키나와, 일본
언어: 오키나와, 일어
종교: 신도(70%), 불교(28%)
복음화율: 1.1%(일본 전체)

선교적 필요와 과제

규슈와 타이완 사이에 위치하며, 동서로 1,000km, 남북으로 400km의 넓은 지역 안에 160여 개 섬으로 구성되어 있다. 약 48개의 섬에 사람이 거주하고 상당수 섬은 무인도이다. 아열대 기후로 연평균 22.4도, 한겨울에도 10.3도 이상의 기온을 유지하며 강수량이 많다. 일본에 편입되기 전에는 류큐 왕국이라는 독립된 땅이었다. 해상 중개 무역으로 부유하고, 독자적인 국가였지만 일본의 사쓰마 번의 침공을 받고 300년간 지배를 받았다. 2차 대전 당시, 일본과 미국의 격전지였고, 패한 일본은 오키나와를 미군정하에 내 주었다. 1972년 일본 본토 복귀라는 수순을 통해 오늘날 일본 내의 오키나와가 되었지만 아직까지 정치적인 문제들을 안고 있다. 일본 내 많은 역사가들이 오키나와 역사를 별도의 역사로 봐야 한다고 주장한다. 일본 개신교는 1859년 미국 선교사 햅번, 브라운, 벌벳 선교사의 입국으로부터 시작되었다는 것이 정설이다. 그보다 13년 앞서 1846년 5월에 류큐(오키나와)에 영국 의료 선교사 B.J. 베텔하임이 가족과 함께 들어와서 약 8년간 활동했던 시기를 시작으로 보는 견해도 있다. 복음화율은 일본의 타지역보다는 높은 편으로, 오키나와현 11개 시에는 대부분 교회가 세워져 있다.

기도 제목

1) 일본 내 편입과 배제를 반복적으로 경험한 까닭에 마음에 앙금이 많은데, 예수 그리스도 안에서 치유되게 하소서.
2) 섬 특유의 민간 신앙으로 인해 조상 제사나 묘지 관리를 중요시하고 가족묘에 들어가야 안식을 취한다는 믿음이 있는데, 진정한 안식은 오직 하나님 안에만 있다는 것을 알게 하소서.
3) 타지역에 비해 교회 개척이나 복음화율이 높지만 좀 더 적극적으로 복음을 전하게 하시고, 오키나와 사회에 깔려 있는 한과 상처들이 회복되게 하소서.
4) 이들의 슬픔을 알고 위로할 수 있는 사역자들이 세워지고, 잦은 태풍으로 인한 피해와 마음 속에 남아 있는 앙금과 상처들이 말씀으로 회복되게 하소서.

일본선교네트워크

Day 15 1월 15일   Korean in Japan

일본-재일 조선인

인구: 28,000명
종족: 한민족
언어: 한국어, 일어

선교적 필요와 과제

1910년 경술국치를 당해 '대한제국 신민(臣民)은 대일본제국의 신민'이라는 미명하에 일본의 산업 전선과 전쟁의 도구로 강제 이주하게 되었다. 그로부터 35년이 지난 1945년 해방 당시 일본에 약 240만 명의 조선인이 있었고, 95%는 한반도 남쪽 출신들이었다. 미군정 히에서 140만 명 정도가 조국으로 돌아갔고, 나머지는 일본에 남았다. 6.25사변 발발로 조국이 2개로 분열되자, 일본은 어느 쪽도 국교가 없다는 이유로 국가로 인정하지 않았고, 계속 '조선인'이란 이름으로 불리며 차별과 천대의 대상이 되었다. 이들은 스스로의 정체성을 지키겠다는 의지로 민족의 언어와 문화를 지키며 살리려고 노력하였다. 여기에 북한이 막대한 자금을 제공했고 이것이 현재 조총련 학교들이 전국에 100여 개나 있게 된 이유다. 재일 조선인은 역사의 소용돌이 속에서 어쩔 수 없이 오게 된 사람들로, 그 후손들은 분단된 조국 앞에 방황하며 어디에서도 환영받지 못하는 처지가 되었다. 북한의 일본인 강제 납치 사건 이후, 사립학교 지원과 의무 교육 보조금이 끊기자, 일본 정부의 비인간적인 정책에 집단 항의하고 있다. 최근 법무성이 발표한 조총련 인구는 28,000명으로, 이는 무국적자를 제외한 숫자이다.

기도 제목

1) 북한과의 관계 개선이 없는 한, 조총련계에 대한 사회적 차별과 불이익에서 벗어날 수 없는데, 사립학교법에 상당한 지원과 혜택이 생길 수 있도록 길을 열어 주소서.
2) 북한의 주체사상과 일본의 물질주의 영향에서 벗어나 영적 각성이 일어나게 하소서.
3) 조총련에는 아직 한 개의 교회도 없는데, 100여 개의 학교를 가진 조총련 사회에도 교회가 속히 개척되게 하소서.
4) 현재 조총련 학교를 통한 복음화를 위해 15년 이상 영어 교사로 사역하며 복음 전파를 위한 접촉을 계속하고 있는데 복음의 열매가 나타나게 하소서.

김신호

Day 16 1월 16일   Migrants

일본-이주민

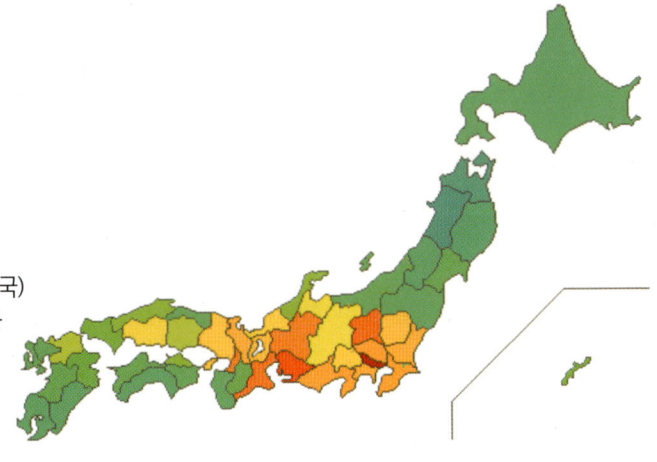

인구: 2,885,904명(198개국)
종족: 이시아인 84%, 기타
언어: 다언어
종교: 다종교

🟢 선교적 필요와 과제

2020년 일본 법무부의 이주민 통계에 따르면, 합법적인 비자를 받고 전 세계 198개국에서 온 외국인들이 2,885,904명으로 집계되었다. 아시아에서 온 이들이 전체 84%를 차지하며, 그중 중국인이 786,830명으로 가장 많다. 이는 사유 재산 소유를 원하는 중국의 부유층이 경제 대국 일본의 안정된 사회 질서와 의료 교육 등의 혜택을 찾아 들어왔기 때문이다. 더불어 일본 정부도 중국 자본을 끌어들여 부족한 일손을 채우려는 의도가 맞아떨어졌다. 한국인은 463,000명 정도로 중국에 이어 두 번째인데, 한일 병탄으로 인한 강제 징용과 노동으로 오게 된 구세대와 유학이나 취업, 파견 인력으로 체류하게 된 신세대들로 구성돼 있다. 3위인 베트남은 420,000명이 조금 넘는데, 베트남 젊은이들이 재팬 드림을 추구한 결과이다. 4위는 필리핀으로 282,000명이며, 오끼나와와 가깝다는 지정학적 이유와 일본의 부와 안정을 찾은 결과이다. 브라질은 211,000여 명으로, 1908년 브라질의 이민 역사와 관련 있으며, 현재는 역이민이 일어나고 있다. 미국인은 재일 미군을 제외하고 약 6만 명 정도가 체류하고 있다. 그 외에도 네팔, 인도네시아, 타이, 페루, 인도, 미얀마, 스리랑카 등 각국에서 이민자들이 들어왔다.

🟢 기도 제목

1) 농촌 지역에 유입된 직업 훈련생들의 언어와 문화 적응에 대한 돌봄 정책이 마련되고, 이들이 일본인에 비해 적은 수당을 받고 살아가고 있는데 이에 대한 차별이 개선되게 하소서.
2) 일본의 우상적인 문화에 동화되지 않고, 이방인으로서 자국 언어로 복음을 들을 수 있는 기회가 주어지게 하소서.
3) 영어, 중국어, 필리핀어, 스페인어, 베트남어 등을 사용하는 교회들이 개척되었는데, 이 교회들이 하나님의 은혜로 자립하게 하소서.
4) 한국에 있는 은퇴 및 철수한 선교사들이 이곳에 있는 자기 선교지의 사람들을 위해서 복음을 전하고 교회를 개척하게 하소서.

김신호

Day 17 1월 17일 People's Republic of China

중국

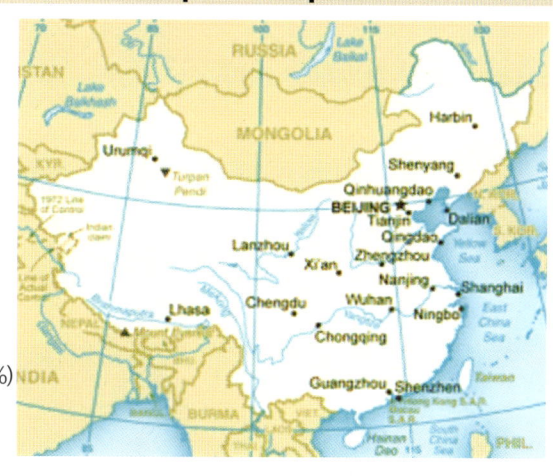

언어: 중국어
종족: 544
인구: 1,439,324,000명
GDP: 14,342,903(US$/백만) (66.94%)
1인당 GDP: 10,262(US$)

선교적 필요와 과제

중국(중화인민공화국)은 56개 민족(한족+55개 소수 민족)으로 구성되어 있고, 4개의 직할시와 5개 소수 민족 자치구, 2개의 특별 행정구가 있다. 전체 인구는 14억 명 이상이며, 한족이 92%를 차지하고 있다. 소수 민족 중에는 라마 불교를 중심으로 한 장족(藏族-디베트족)과 이슬람교를 중심으로 한 위그로족과 회족(回族) 등의 10개 민족, 광서의 장족(壯族) 등이 있다. 중국 정부는 국가의 정식 종교로 도교, 불교, 이슬람교, 천주교 그리고 기독교 등 5대 종교를 인정하고 있다. 기독교는 1807년에 처음으로 전파되었고, 1865년 허드슨 테일러가 내지 선교를 시작하면서 복음이 더욱 확산되었다. 1949년 중국 공산당 통치가 시작되면서 국가에 등록한 삼자교회와 그렇지 않은 가정교회(= 지하교회, 처소교회)로 구분되었다. 2018년 2월 1일부터 시행한 '신종교사무조례'를 근거로 정부가 모든 종교를, 특히 기독교를 강력히 통제하고 있다. 이 조례가 전국에 지속적으로 강력히 시행되면서, 현재 중국교회는 전방위적으로 엄격한 통제와 엄청난 시련을 겪고 있고, 선교사들이 대거 추방당했다. 변화된 중국 선교 환경에 적합하게 업그레이드된 형태의 선교 방법으로 다가가야 한다.

기도 제목

1) 시진핑 장기 집권으로 사회 전반의 강력한 통제, 경제 발전에 따른 상대적 빈곤감 확산, 신강 지역의 인권 문제, 산아제한에 따른 심각한 사회적 문제 등이 잘 해결되게 하소서.

2) 민간 신앙의 담이 허물어지고, 물질만능주의와 인본주의와 진화론적 사고의 허구가 드러나고, 2018년 2월 1일부터 시행되는 '신종교사무조례'로 인한 종교 박해가 멈추게 하소서.

3) 교회 지도자와 성도들이 신종교사무조례로 인한 핍박을 잘 견디고, 그리스도의 몸으로서 교회관이 견고하게 세워지고, 말씀을 잘 가르쳐서 창궐하는 이단에 미혹되지 않게 하소서.

4) 도시 가정교회를 주축으로 진행되던 선교 중국의 불길이 멈추지 않고, 중국교회가 세계선교에 기꺼이 참여하고, 세계선교에 헌신하는 주의 청년들이 도처에서 일어나게 하소서.

김종구

Day 18 1월 18일   Guangxi

중국-광서(장족 자치구)

인구: 16,000,000명
종족: 장족, 한족, 야오족, 마오족,
      중족 외 7종족
언어: 중국어(Cantonese)
종교: 도교, 이슬람, 가톨릭, 정령숭배
복음화율: 2.03%

선교적 필요와 과제

광서장족자치구(廣西壯族自治區)는 산과 언덕이 많고, 산간 지역은 전력과 수도 시설이 미비하다. 5,000만 명 중 장족만 1,600만 명으로 중국 소수 민족 중 가장 많다. 이들 대부분이 이곳에 살고 경제적으로 가장 부유한 민족 중 하나이다. 성(省) 전체에 35개의 대학이 있고, 수도인 남령(南寧)은 7개의 4년제 대학이 있는 교육 도시이다. 청년들의 무질서한 이성 교제로 사회적 문제가 양산되고, 서양 유학생들이 중국 종교에 심취하는 일도 많다. 광서성은 가장 대표적인 정령 숭배 지역으로, 청개구리를 신봉하고, 비를 관장한다고 생각하는 우뢰(雨雷) 신을 믿고, 집마다 신당을 두고, 부락신, 자연신, 조상을 숭배한다. 한족과 장족 외에도 요족, 묘족, 마로족, 모남족, 회족, 경족, 이족, 수족 등이 살고 있다. 특히 이 지역에 150만 명의 요족과 마로족의 90%에 해당하는 17만 명이 거주하고, 7만여 명의 모남족이 살고 있는데, 이들 소수 민족에 대한 집중 선교가 필요하다. 이들 소수 민족 지역은 대부분 종족 무지(people Blindness) 현상 지역으로, 선교 변두리에 놓여 있다. 지역과 종족에 대한 무관심으로 잘 알려지지 않았기 때문에 선교적 필요성이 더욱 큰 지역이다.

기도 제목

1) 이 지역에 팽배한 물질만능주의와 무분별한 이성 교제로 인한 사회 문제, 지역 불균형 발전이 해결되고, 정부 관료들과 소수 민족 지도자들에게 바른 의식과 지혜를 부어주소서.
2) 복음의 방해 요소인 오래된 관습과 정령과 우상들이 성령의 능력으로 깨지고, 각 신의 능력 대결의 현장에서 하나님의 역사가 드러나도록 말씀과 성령의 능력을 부어주소서.
3) 가정교회 지도자들에게 하나님의 마음을 주셔서 교회 등록 문제와 직업과 목양을 병행하는 일을 믿음으로 결단하고, 장족 청년대학생들이 복음화되어 고향 땅을 복음화시키게 하소서.
4) 타지역에 비해 선교적으로 변방에 해당하는 장족을 가슴에 품고, 그들의 언어를 배우고 헌신하는 복음 사역자들과 장족 단체들이 많이 세워지게 하소서.

김종구

Day 19　1월 19일　　　Xinjiang Uyghur

중국-신장 위구르 자치구

인구: 12,000,000명
종족: 위그르
언어: 중국어
종교: 이슬람
복음화율: 4.24%

선교적 필요와 과제

2019년도 위구르족 인구는 1,200만 명으로 신장 인구(약 2,480만 명)의 50% 정도를 차지한다. 이들은 태어나면서부터 무슬림이라고 스스로 말해왔다. 하지만 2000년대 이후 위구르족 내에도 기독교인들이 있다고 스스로 말하고 있다. 1980년대 중반부터 위구르족을 향한 현대 선교가 진행되었지만, 주님께로 돌아온 위구르인은 0.01%에 머물고 있다. 2009년 위구르족의 폭동 사태 이후 중국 공안에 의한 위구르족 감시는 더욱 철저해졌다. 최근 위구르인들이 교화 목적으로 구금 시설에 강제 수용되고 있는데 그 숫자를 100만 명으로 추정한다. 이와 비슷한 시기에 신장 내의 외국인 선교사들의 거주 허가와 비자 발급이 급격하게 어려워졌고, 2018년 대부분의 선교사들이 비자발적 철수를 한 상황이다. 현재 신장 위구르 자치구는 외국인에 대한 비자 발급 및 거주 허가를 제한하고 있어 선교사들의 접근이 용이하지 않는 상황이다. 위구르어 성경은 신약 전체와 구약 일부가 번역되었는데, 그나마 인쇄된 성경은 현재 위구르인들에게 전달되지 못하고 있다. 중국 정부의 위구르족 탄압 중에서도 위구르 그리스도인들의 신앙을 견고히 하기 위해 지도자의 훈련과 교육이 필요하다.

기도 제목

1) 중국 정부가 이슬람 근본주의자를 축출한다는 명목으로 위구르족에 대한 감시와 핍박의 수위를 높이고 있는데, 중국 정부의 위구르족에 대한 인권이 개선되게 하소서.
2) 종교적 불안을 겪고 있는 위구르인들이 참 진리 되시는 예수님을 만나게 하소서.
3) 중국 정부의 감시와 핍박 중에 있지만 예수 그리스도를 구주로 고백하는 위구르 신자들이 그리스도 안에서 믿음을 든든히 지켜나가게 하소서.
4) 다시 위구르족 선교를 할 수 있는 길이 열리고, 아직 완역되지 않은 위구르어 성경이 완전하게 번역되고, 위구르 신자들에 의해서 복음이 계속 위구르족 안으로 흘러가게 하소서.

류스데반

Day 20　1월 20일　　　Ningxia Huizu

중국-영하 지역(회족)

인구: 6,180,000명
종족: 회족, 터키인, 페르시아인,
　　　아랍인, 한족 외 10개의 소수 민족
언어: 중국어
종교: 이슬람
복음화율: 3.84%

선교적 필요와 과제

이곳은 이슬람교를 신봉하는 10개의 소수 민족이 있는데, 두 부류로 나눌 수 있다. 한 부류는 신강 지역의 위구르족 중심이고, 다른 한 부류는 회족을 중심으로 한 9개 소수 민족들이다. 특별히 회족은 중국 전역의 31개 성(省), 자치구(自治區), 현(縣) 등에 분포돼 있어 소수 민족 중 분포도가 가장 넓다. 영하 회족 자치구에는 약 3,000개가 넘는 청진사(淸鎭寺)와 지도자에 속하는 아옹이 4,000여 명 이상이 있다. 이곳을 이슬람의 특별 경제지대(Special Economic Zone-SEZ)로 만들어 지역의 경제 발전과 중동 이슬람의 재력을 이용한 개발에 대해 논의하기도 했다. 2002년부터 아랍 국가들의 경제 지원으로 사원과 초등학교 등이 세워졌지만 아직은 중국에서 가장 가난한 지역 중 하나다. 이곳에서는 회족들의 특별한 음식과 풍습, 예의, 풍속과 예술 등을 볼 수 있다. 중국 중앙에 위치한 데다 이슬람 동진의 최전방이기 때문에 중국교회가 깨어 기도하며 복음화하는 일과 이슬람의 동진을 막는 일에 힘써야 할 것이다. 자치구 전 인구의 2.8% 정도가 기독교인이다. 이슬람이 2/3 이상인 지역에 교회가 위치하고 있어 큰 압박을 받고 있고, 중국 공산당 정부의 통제가 가해지고 있다.

기도 제목

1) GDP가 중국의 다른 성에 비해 아주 낮은 편인데, 이들이 가난을 잘 극복하게 하시고, 경제적 지원을 빌미로 접근하는 이슬람 국가들의 영향권에 들어가지 않게 하소서.
2) 자치구 인구의 2/3가 이슬람교를 믿는 회족으로, 이슬람이 강력하게 진을 치고 있고, 퇴폐 문화가 번성한 이곳에 복음의 강력한 역사가 일어나게 하소서.
3) 영하 회족 자치구의 성도들과 교회가 이슬람과 정부의 압박과 통제를 이겨내고, 복음의 열정을 갖게 하시고, 교회들이 바른 진리를 잘 가르쳐서 성도들이 이단에 미혹되지 않게 하소서.
4) 장기 체류하며 사역할 수 있는 환경이 열리고, 이단(바하이, 구원파, 동방번개파)에 대한 선교적 대안이 마련되고, 회족 가운데 세워진 교회들이 이슬람권에 선교사를 보내게 하소서.

하윤조

Day 21   1월 21일   Tibet

중국-티베트

인구: 2,869,590명
종족: 티배트
언어: 화어, 중국어 (51종 사용)
종교: 불교, 정령숭배, 마법,
       예언 등 혼합종교
복음화율: 0.04%

선교적 필요와 과제

티베트 불교는 마법과 예언, 정령 숭배 , 토착 신앙 번교(笨敎), 밀교인 신비주의 사상 등이 혼합된 종교이다. 티벳 불교의 3가지 목적은 탄트라(기도와 명상), 순례를 통한 공덕 쌓기, 생활 속에서 신들, 영들을 달래는 일이다. 지속적인 능력 전도와 치유 사역, 제자 훈련이 절실히 필요하다. 최근 한족 가정교회와 운남성 리수족(傈僳族) 교회 전도자들이 수백 명의 티베트족들을 제자 양육하고 있다. 성경 스토리텔링 캠프, 음악, 춤 교육, 중국어, 영어, 한국어 교습, 티베트 수공예품 제작 등 다양한 접근을 통해 도시로 온 학생들에게 복음을 전하고 이들을 중심으로 한 가정교회 개척이 필요하다. 티베트 언어와 문화 이해 없이, 사랑과 겸손한 섬김 없이, 기도와 성령의 능력 없이 선교의 열매를 기대하기는 힘들다. 다양한 방식의 복음 전도와 제자 훈련 자료를 만들고 그 자료를 사용해서 복음 전도할 티베트 사역자 훈련과 양성이 절실히 필요하다. 외국 선교사와 현지 가정교회 전도자들 간의 긴밀한 연합과 24시간 기도 운동과 선교 동역이 필요하다. 가난하고 복음에 소외된 미전도 미접촉 종족(UUPG)이 인도, 네팔, 중국 티베트 지역에 널리 분포되어 있다. 비즈니스(BAM) 사역과 구제, 의료 사역이 필요하다.

기도 제목

1) 이제까지 밝혀진 36계파, 51종의 언어 사용 종족들 모두가 참된 기독교인의 삶을 살도록 촉구하는 그리스도의 담대한 군사들을 많이 보내주소서.
2) 기도와 복음 전도로 모든 티베트 지역의 견고한 진(신비주의, 세속주의, 두려움들)이 무너지고, 티베트인들과 라마승들의 영적인 눈이 열려 하나님의 살아계심을 체험하게 하소서.
3) 성도들이 성령의 능력과 사랑, 믿음으로 종교적인 갈등과 핍박을 이겨내고, 사역자들이 티베트 불교 세계관을 잘 이해하여 능력있게 교회 개척 사역을 하게 하소서.
4) 사천성 거주의 유목민들을 위해 만든 마가복음(구어체 성경)이 온전히 전달돼 복음의 확산이 이루어지고, 문맹인들을 위한 구어체 티베트 복음 자료 제작이 잘 진행되게 하소서.

윤사랑

Day 22　1월 22일　　Sichuan, Guizhou, Yunnan

중국-서남지역 소수민족

인구: 4,000,000명
종족: 이족, 장족
언어: 250여 개의 민족 언어
종교: 불교, 토템이즘
복음화율: 1.5-5%

선교적 필요와 과제

중국 서남부의 귀주성, 사천성, 운남성은 소수 민족이 집중적으로 분포된 지역이다. 귀주성의 소수 민족 대부분은 산지에 살며, 고유의 원시 신앙이 있다. 보통화(漢語)를 구사하지 못하는 비율이 30%에 달하며, 소수 민족의 60% 정도는 문맹이다. 복음의 장애물은 이들 삶 깊숙이 자리잡은 고유 신앙과 높은 문맹률 그리고 교통의 불편 등으로 접근이 쉽지 않다는 점이다. 운남성의 소수 민족은 불교와 토테미즘 등이 주요 종교지만, 동남아 국가와 접경 지역에 위치한 일부 소수 민족은 100년 이상 기독교 역사를 가진 민족들도 있다. 그래서 이들은 외국인이나 기독교에 대해 호의적인 경우가 많다. 사천성의 소수 민족은 성 전체 인구의 4%로 400만 명이며, 그중 210만 명은 이족(彝族), 120만 명은 장족(藏族)으로 복음 전파에 어려움이 많다. 2008년 대지진으로 북천(北川)의 강족(羌族) 자치현이 폐허가 되었다. 서남 지역은 복음화율이 1.5~5% 정도로 매우 낮다. 대부분 미전도 종족들이 분포하고 있는데, 전통적 신앙 때문에 복음 전도가 쉽지 않다. 동남아 여러 나라와 국경을 접하고 있는 운남성은 지리적 특성상 선교 중국의 길을 열어 가는데 중요한 의미를 지니고 있으므로 집중 공략이 필요하다.

기도 제목

1) 빈번한 자연재해로 인한 가난 문제가 해결되고, 동시에 부유한 지역에 만연되고 있는 향락 문화와 국경 지역의 마약 문제가 해결되게 하소서.
2) 산지에 사는 소수 민족이 불교와 전통적이고 원시적인 신앙에서 벗어나게 하시고, 종교를 중심으로 형성된 강한 부족 공동체에 복음의 역사가 일어나게 하소서.
3) 운남성 교회들이 든든히 세워져 세계선교에 사용되게 하시고, 종교사무조례로 인해 핍박이 심한 사천성 교회들을 지켜주시고, 귀주성 산속 소수 민족들에게 복음이 전해지게 하소서.
4) 귀주성의 250여 개의 민족 언어가 잘 분류돼 문맹률이 높은 이들에게 그들의 언어로 선교가 이루어지고, 운남성 교회에서 선교 지원자가 배출되고, 선교 훈련 센터가 세워지게 하소서.

서에스라

Day 23 1월 23일   Hong Kong

중국-홍콩

인구: 7,450,000명
종족: 중국인
언어: 중국어, 영어
종교: 도교, 불교, 무교
복음화율: 12%(복음적 기독교인 4%)

선교적 필요와 과제

홍콩은 1840년~1842년의 제1차 아편전쟁 후 중국(청나라)과 영국 사이에 체결된 난징조약, 1856년~1860년에 제2차 아편전쟁 후 1차 베이징조약이 체결되어 영국에 귀속되었고, 1898년 제2차 베이징조약에 따라 99년간 즉 1997년 6월 30일까지 조차(租借)하기로 했다. 1997년 7월 1일 중국의 주권 회복과 더불어 홍콩특별행정구가 설치되면서 홍콩은 중국의 '1국가 2체제' 하에서 중국 공산당 정부의 관리와 무관할 수 없게 되었다. 2020년 5월 28일, '홍콩국가 보안법'이 압도적 다수(찬성 2,878표, 반대 1표, 기권 6표)로 통과되면서 '1국가 2체제'는 외형적인 것에 불과하게 되었다. 이로 인해 철저히 보장되던 홍콩에서의 종교의 자유가 심각한 손상을 입을 것으로 예측된다. 그동안 홍콩은 대륙 종교의 발전과 활동에 있어 기지로 사용되었고, 긴밀한 협력 관계를 바탕으로 교류했는데, 이제 중국 공산당의 위협과 제약을 받는 상황에 직면하게 된 것이다. 종교의 자유를 구가하며 대륙의 기독교 발전에 큰 역할을 감당하던 홍콩 교회가 중국 공산당의 통제와 관리 체제에 들어가지 않고, 이곳에 근거지를 둔 선교 단체들이 많은 제약과 보안 문제로 활동을 멈추거나 위축되지 않도록 기도가 시급하다.

기도 제목

1) 홍콩 민주주의가 중국 정부의 보안법 시행으로 인해 흔들리지 않게 하시고, 강압적인 중국 공산당 정부로 인해 홍콩 주민들의 삶이 피폐해지지 않고, 정서적으로 회복되게 하소서.
2) 도교와 불교, 무교가 90% 이상이고 우상 숭배가 심하고 기독교는 4%로, 종교의 자유는 있지만 복음화율이 낮은 이 땅에 복음의 역사가 일어나고, 참된 복음이 들려지게 하소서.
3) 중국의 '신종교사무조례'가 홍콩에도 적용될 때 이 어려움을 지혜롭게 잘 이겨내게 하시고, 코로나19가 속히 종식되어 마음껏 복음을 전하고 주님을 찬양할 수 있게 하소서.
4) 중국 공산당 관리하에 놓이게 되어 어려운 상황이지만 홍콩교회가 기도하며 굳건한 믿음으로 견뎌내고, 홍콩 복음화에 힘을 쏟고, 중국 선교뿐만 아니라 세계선교의 기지가 되게 하소서.

홍콩정, 빌리온선교회

Day 24 1월 24일 Overseas Chinese

중국-화교

인구: 50,000,000명(2020)
종족: 중국인
언어: 중국어, 영어, 기타
종교: 불교, 기독교, 기타

선교적 필요와 과제

화교들이 기본적으로 고국을 떠난 이유는 생활의 향상과 1949년 중국의 공산화로 인한 정치적인 이유 때문이다. 후자의 경우, 1978년 중국이 개혁 개방을 선포하기 전, 중공 '죽의 장막' 시절에 떠난 사람들은 어느 나라든 정착해야 했다. 그런데 그들이 정착한 나라(지역)에서 신분의 안정성 보장 여부에 따라 생활상은 달라졌다. 화교들이 거주하는 나라에서 화교에 대한 긍정 또는 부정적 대우가 정착에 직간접인 영향을 미쳤다. 그 결과 상처 입은 화교와 동화된 화교가 나타났다. 예를 들어, 한국은 박정희 군사 정부 시기부터 화교에 대한 차별로 재이민을 택하면서 국내에는 소수의 화교들만이 남게 되었다. 한편, 이민 2세 3세의 경우에는 이민 1세대와는 다른 양상이 나타난다. 정체성 유지가 화교 사회의 과제라고 할 수 있다. 찬란한 역사와 문화 계승자인 중국인들의 사고방식을 먼저 이해하고, 그들의 신뢰를 얻기까지 인내하며 섬기는 것이 필요하다. 이를 위해 언어는 그들과 일할 수 있는 수준까지 향상시키는 것이 좋다. 한국인과 한국 교회의 방식을 내려놓고, 중국인과 중국 교회의 입장에서 배우는 자세로 섬기는 태도가 필요하다.

기도 제목

1) 각 나라에서 소외당하고 열악한 생활권에 있는 화교들이 현지에 잘 적응하고, 선교사들과 만남을 통해 기독교 문화권으로 진입하고 목회적 돌봄을 받으며, 주님께 나아가게 하소서.
2) 국내외 사역자가 부족한 화교 교회에 적합한 사역자와 선교사가 연결되고, 하나님의 전폭적인 인도하심 아래 믿지 않는 화교 사회에 복음의 영향력이 미치게 하소서.
3) 구(舊)이민자인 화교들과 신(新)이민자인 대륙 사역자와의 문화적 충돌없이 서로 존중하고 젊은 신이민자 사역자들이 기존의 화교 교회의 아름다운 전통을 계승 발전시켜 나가게 하소서.
4) 현지 화교 교회와의 관계를 잘 정립하고, 해외 화교를 선교 대상으로 여길 뿐 아니라 현지 선교의 교량 역할과 선교 협력자로 동역할 수 있는 동역자로 인식하고 세우게 하소서.

劉傳明

Day 25　1월 25일　　　　Southeast Asia

동남아시아

동티모르, 라오스
말레이시아
미얀마, 베트남
브루나이
싱가포르
인도네시아
캄보디아
태국, 필리핀
인도양에 있는 해외 영토들

선교적 필요와 과제

동남아시아는 모리슨(Morrison) 선교사가 "나는 갠지스 강(Ganges)을 넘어 모든 나라들(all the countries), 아시아적 선교(Asiatic Missions)를 위해 조직화된 협력(organized co-operation)을 원한다."고 외쳤듯이 중국과 인도를 넘어서서 우리의 선교적 관심과 협력이 필요한 지역이다. 1827년 런던선교사회 첫 여성 선교사로 파송 받은 뉴월(Newell)은 말라카에 여자학교를 설립했으며, 1829년 구츨라프(Karl Gutzlaff) 선교사와 결혼한 후에 태국으로 가서 최초로 태국어로 성경을 번역하였다. 그녀는 1831년 아이를 낳다 주님께 돌아갔고, 다음 해 1832년 그녀의 남편 구츨라프는 우리나라에 도착한 최초의 개신교 선교사가 되었다. 그 사랑과 아픔의 흔적을 가진 이곳에 아세안(ASEAN)이 결성되어 협력을 추구하고 있으나 필리핀 남부와 태국 남부, 인도네시아 아쩨 등 무슬림들의 투쟁을 비롯하여 많은 종족 갈등이 있다. 이곳은 불교 문화권의 대륙 동남아와 이슬람 문화권을 가진 도서 동남아로 구분된다. 힌두교와 남방 불교를 비롯하여 술탄 제도를 중심으로 한 이슬람의 영향, 서구 식민 시절의 기독교 등의 영향을 따라 마을 중심의 불교나 이슬람을 형성하고 있으나 샤머니즘에 융화되어 민속 불교와 민속 이슬람으로 발전하여 자리하고 있다.

기도 제목

1) 민족주의에 따른 분쟁들이 다양한 형태로 표출되고 있는 이 땅에 하나님 나라의 통치와 의의 실현을 통해 각 지역의 갈등이 치유되게 하소서.
2) 불교, 이슬람교, 샤머니즘과 같은 거짓된 종교들이 사라지고 예수님을 증언하는 참된 진리가 이 땅에 뿌리 내리게 하소서.
3) 기복 신앙의 기독교나 식민 지배의 부정적 기독교가 아니라 예수님의 진정한 섬김과 사랑의 모습을 가진 토착 교회가 마을마다 세워져서 영혼을 살리게 하소서.
4) 동남아시아를 존중하는 마음으로 한국 교회가 겸손한 동역을 함으로써 동남아 교회의 선교적 역량이 깨어나게 하소서.

최종국

Day 26 1월 26일 Democratic Republic of Timor-Leste

동티모르

언어: 테툼어, 포루투칼어
종족: 24
인구: 1,319,000명
GDP: 1,674(US$/백만) (0.01%)
1인당 GDP: 1,294(US$)

선교적 필요와 과제

동티모르는 발리와 호주 사이에 있는 작은 티모르섬의 동쪽 지역으로, 우리나라 강원도 크기이다. 2002년에 인도네시아의 24년간의 지배로부터 독립하였다. 인프라 부족으로 국내 제조업체들은 규모가 아주 영세하며 대부분의 생필품은 수입에 의존하고 있다. 테툼어와 포르투갈어가 공용어로 채택되었지만, 공용어로서 자리매김하지 못하고, 실질적인 업무에는 인도네시아어와 영어가 사용되고 있다. 교과서는 포르투갈어로 배포되는데, 일반 국민들은 테툼어를 사용한다. 아이들이 많지만(15세 이하 인구가 전체 인구의 52%) 전문 교사가 부족하여 제대로 된 교육을 하기 어려운 상황이다. 훈련된 전문 교사의 부족과 뿌리내리지 못한 공용어로 인해 교육에 어려움이 많은 실정이다. 포르투갈의 영향으로 국민의 97.6%가 가톨릭을 신봉하고 있으나 무속 신앙과 정령 신앙 등 토착 신앙이 공존하고 있다. 사람들은 주술사가 자신들의 병을 고친다고 믿으며, 주술사가 준 돌, 나무 조각, 동물의 뼈 등을 몸에 지니고 다닌다. 주술사 주문에 따라 동물을 잡아 피를 뿌리고 산신제를 올리고 나면 신부가 미사를 올리기도 한다. 개신교는 인도네시아에서 온 종교라는 인식이 있어 복음 전파와 교회 성장에 어려움이 있다.

기도 제목

1) 가난으로 인해 교육에 투자할 여력이 없는 이 땅에 인프라가 구축되고, 산업 경제가 살아나고, 기독교 교육이 활발하게 일어나게 하소서.
2) 가톨릭과 혼합하여 사람들을 묶고 있는 토속 신앙의 견고한 진이 무너지고, 개신교에 대한 잘못된 인식이 교정되어 복음에 대해 열린 마음을 갖게 하소서.
3) 독립 투쟁을 겪으면서 받은 상처와 아픔이 복음으로만 치유될 수 있음을 깨닫고, 이를 위해 교회가 잘 준비되고 사용되게 하소서.
4) 이 나라의 경제와 교육을 실질적으로 도울 수 있는 신실한 하나님의 사람들을 보내 주시고, 복음을 가슴으로 이해할 수 있는 테툼어 성경이 번역되게 하소서.

박연화

Day 27 1월 27일 Lao People's Democratic Republic

라오스

언어: 라오어
종족: 127
인구: 7,276,000명
GDP: 18,174(US$/백만) (0.08%)
1인당 GDP: 2,535(US$)

선교적 필요와 과제

공산 국가로 국교가 없으며, 정부가 인정하는 5대 종교는, 불교, 기독교, 가톨릭, 이슬람교, 바하이교 등이다. 기독교인은 통계적으로 약 3%(개신교)인데, 대부분이 LEC(라오복음교단)이고, 소수 일부 감리교, AOG, 안식교 등을 포함한다. 또한 로마 가톨릭이 약 0.6%를 차지한다. 그러나 LEC가 공산주의 치하에서 구조적으로 집단 지도 체제의 형태를 지향하고 있다. 교단 운영이 민주적이기보다는 일부 유력 실권자들에 의해 좌지우지 되고 있다. 더욱 염려스러운 점은 일부 LEC가 지향하는 신앙 지도 원리가 다분히 신사도주의적인 경향을 띠고 있어, 많은 기도가 필요하다. 일당 독재 체제하에서 일부 소수 집단에 의한 부와 기회의 폭식이 심각하다. 특히 중국의 일대일로 정책이 라오스 정부와 공조하면서 중국 세력이 라오스 전국을 장악해 나가고 있고, 중국 투자가 확장되면서 라오스가 거의 중국의 위성국가로 함몰되어 가고 있다.

기도 제목

1) 독재 체제로 인해 부의 불평등이 심하고, 상대적, 절대적인 빈곤으로 위축돼 있는 라오스 서민들의 삶이 회복되고 향상되게 하소서.

2) 종교의 자유가 있지만 유독 기독교에 대해서만 박해와 구금, 추방 등이 집행되고 있는데, 신앙을 지키는 성도들이 위축되거나 물러서지 않고 믿음 안에서 든든히 서게 하소서.

3) LEC 교회 구조가 사람 중심의 권력 지향적인 구조가 아니라, 하나님 앞에서 말씀 중심으로 든든히 세워지고, 성도들의 삶이 선한 영향력을 미치는 건강한 교회가 되게 하소서.

4) 박해와 코로나 정국 같은 어려운 시기에 다양한 형태로 사역을 시도하는 모든 선교사가 선교의 본질을 놓치지 않게 하시고, 이 땅의 미래를 책임지는 젊은 일꾼들이 일어나게 하소서.

라지연

Day 28 1월 28일 Western Malaysia

말레이시아-서말레이시아

언어: 말레이어
종족: 182
인구: 32,366,000명
GDP: 364,702(US$/백만) (1.7%)
1인당 GDP: 11,414(US$)

선교적 필요와 과제

말레이시아는 입헌 군주제의 정치 형태를 유지하며, 9개 각 주는 술탄에 의하여 5년에 한 번씩 호선으로 선출된다. 동남아시아의 대표적인 이슬람 국가로, 이슬람이 61%, 불교 21%, 힌두교 6.5%, 기독교 9% 그리고 기타 정령 숭배 종교가 있다. 다민족 국가로서 다양한 언어와 문화, 종교가 혼재해 있다. 그러므로 선교 훈련의 장으로 삼거나 선교 자원을 많이 키워낼 수 있는 가능성이 많은 나라이다. 특별히 서말레이시아는 말레이 종족이 주류로, 기독교 복음화율은 2% 이내인 미전도 종족에 속한다. 이슬람의 '샤리아 법'을 적용하여 결혼, 상속, 배교 등을 엄격히 다루고 있다. 특히 조호, 트렝가누, 끌란탄, 뻐를리스와 같은 주에서는 금요일을 휴일로 정해서 무슬림들의 신앙을 더욱 강화하는 등 술탄의 영향력이 크게 행사됨을 알 수 있다. 이슬람으로의 개종은 허용되지만, 이슬람에서 타종교로의 개종은 배교로 간주되어 법으로 아예 차단하고 있고, 무슬림에 대한 어떠한 전도 행위도 엄격하게 금지하고 있다. 교회 구성원이 대부분 원주민 부족, 중국 또는 인도 소수민족으로, 차별과 탄압의 대상이 되고 있다. 2020년에 오픈도어선교회는 기독교 박해국 40위에 말레이시아를 두고 있다.

기도 제목

1) 정치와 사회의 혼란과 부패로 술탄 중심의 이슬람화가 강화되고 있는데, 종족 간의 분열이 중단되고 정치, 사회적으로 안정되게 하소서.
2) 이슬람으로 개종할 때 제공되는 각종 특혜로 말미암아 이슬람화가 강화되고 있는데, 이를 막아주시고, 아직 남아있는 40개 미전도 종족들에게 복음이 전해지게 하소서.
3) 성도들이 말레이 종족 가운데 들어가 믿음으로 기도하고, 말씀으로 축복하며, 복음을 나누는 교회들로 성장하고 성숙하게 하소서.
4) 다민족 국가로서 다양한 언어와 문화, 종교가 혼재돼 있음을 이점으로 삼아, 선교 훈련의 장들이 펼쳐지고, 선교 자원들을 키워내는 선교 중심지가 되게 하소서.

Peter Kim

Day 29　1월 29일　Eastern Malaysia

말레이시아-동말레이시아

인구: 6,500,000명
종족: 말레이, 중국인, 인도인, 기타
언어: 말레이어
종교: 이슬람, 불교, 기독교
복음화율: 사라왁 42%, 사바 26.6%

선교적 필요와 과제

19세기 중반 이후 영국의 식민지 통치를 받아왔는데, 보르네오섬에 있는 사라왁과 사바가 1963년 영국 보호령으로 있다가 독립, 말레이시아에 합병되었다. 많은 천연자원이 있음에도 불구하고 서말레이시아 연방 정부로부터 낮은 로열티로 받기 때문에 경제적 발전에 저해가 되고 있다. 동말레이시아는 개발되지 않은 지역들이 많다. 서말레이시아에 있는 많은 무슬림 공무원들이 동말레이시아로 파송돼 적극적인 무슬림 포교 활동을 펼치면서 많은 개종이 일어나고 있다. 오랫동안 관습적으로 원주민이 사용해온 땅에 대한 권리가 쉽게 영농 회사들에 넘겨져서 원주민들이 땅에 대한 권리를 점점 잃어가고 있다. 땅에 대한 분쟁 소송이 주 정부와 원주민, 영농 회사와 원주민 사이에 끊임없이 발생하고 있다. 부족 사회의 세계관과 문화가 깊게 뿌리 내리고 있기 때문에 부족 사회의 관점에서 하나님 나라의 관점으로 변화가 잘되지 않는다. 오지 마을들은 아직도 부족을 이루고 살고 있어서 변화 속도가 느리다.

기도 제목

1) 서말레이시아에 대한 차별 의식이 많고, 무슬림 위주 정책으로 많은 부분에서 뒤쳐져 있는데, 하나님의 공의로 통치하는 지도자들을 세우셔서 함께 성장하는 나라가 되게 하소서.
2) 잠자는 교회가 깨어나며, 헌신된 성도들이 연방 정부의 무슬림 포교 활동에 따른 회유 혜택을 버리고 복음을 지켜나가게 하소서.
3) 교회가 자립하는 것을 방해하는 가난의 영이 파쇄되고, 부족의 문화와 관습과 세계관에서 벗어나 십자가의 신앙, 자기를 부인하고 주님을 따르는 자들이 일어나게 하소서.
4) 오지 사역을 하는 사역자와 이들을 후원하는 교회가 다시 일어나게 하시고, 도시 선교 사역의 비전이 열리고, 전도와 양육에 균형 있게 힘써 교회가 성장하게 하소서.

Barnabas & Grace

Day 30　　1월 30일　　　　　　　　　　　　　　　　　Tamil

말레이시아-타밀

인구: 2,000,000명
종족: 타밀
언어: 타밀어
종교: 힌두교
복음화율: 5%

선교적 필요와 과제

타밀족들의 말레이시아 이민 역사는 영국이 말레이시아를 식민 지배하던 때부터다. 동인도 회사가 남인도 타밀나두 지역의 적극적인 이민 장려 정책으로 많은 타밀족들(특히 뜨루나루벨리 지역-기독교 분포율이 높은 지역)이 말레이시아로 이주하게 되었다. 이민자 중 극히 일부는 상층 계급(카스트)의 기술자, 교사, 관리직이지만, 절대다수는 본토에서 가난한 하층 계급의 문맹자들이었다. 이들은 주로 철도 공사, 주석 채취, 벽돌 공장, 고무나무 농장, 차밭 등 고된 일에 투입돼 타국에서 힘든 이민 생활을 시작하였다. 상대적으로 낮은 교육 수준과 도덕 수준과 위생 관념으로 인해 사회적인 지위는 그리 높지 않다. 타밀족은 말레이시아 전체 인구의 7%에 불과하지만, 사회 전반에 걸친 조직 폭력 및 각종 범죄, 알코올 및 마약 중독, 높은 실업률과 낮은 교육열, 미혼모, 자살률 등은 그 수치가 아주 높아 깊은 관심이 필요하다. 낮은 교육 수준으로 학교를 떠난 젊은이들 10명 중 4명은 범죄 및 폭력에 노출돼 있는데, 부모의 의식 전환이 필요하다. 인도의 모디 총리 취임 후, 힌두교 단체와 연계하여 힌두교 정체성 강화를 추구하는 단체들의 활동이 커지고 있다.

기도 제목

1) 타밀족들 스스로 낮은 자존감, 패배의식, 가난에서 벗어나 삶의 질이 개선되고, 인도인 정당인 MIC 당이 진정으로 타밀인들의 필요를 대변하는 정당이 되게 하소서.
2) 위축된 타밀 교회들이 복음 사역에 새로운 방법들로 도전하고, 비공개 타밀 기독교인들이 용기를 가지고 믿음을 고백하게 하소서.
3) 복음주의적인 타밀 교회들이 연합하고, 교회 지도자들이 영적으로 깨어 목양에 전념하고, 타밀족들이 복음을 통해 죄악에 묶인 신분으로부터 자유함을 얻게 하소서.
4) 타밀 교회들 가운데 선교 운동이 일어나며, 많은 지역 교회들이 선교에 동참하고, 인도 본토와 특별히 본토 타밀족 7500만 명을 선교하는 비전을 품게 하소서.

남재성

Day 31   1월 31일   Republic of the Union of Myanmar

미얀마

언어: 미얀마어
종족: 135
인구: 54,410,000명
GDP: 76,086(US$/백만) (0.36%)
1인당 GDP: 1,408(US$)

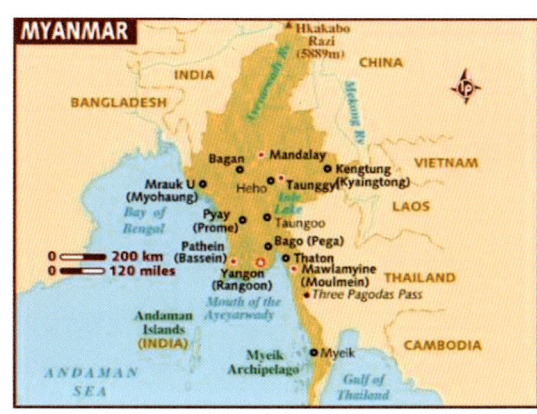

선교적 필요와 과제

미얀마는 7개의 Division(주로 버마족 거주)과 7개의 State(7개 주류 종족 거주) 등 14개의 주로 이루어져 있다. 친주, 까렌주, 까친주 등의 지역엔 기독교인들이 많이 거주하고 있다. 불교도들이 많이 거주하는 7개 Division과 샨, 야카인, 몬, 까야, 등의 4개 state 등, 11개 주는 미전도 종족 군과 더불어 미전도 지역으로 남아 있다. 그러므로 미전도 종족 및 미전도 지역에 대한 돌파가 함께 이루어져야 한다. 문제는 19세기 서구 열강의 영토 확장으로 인한 인도차이나반도의 소승 불교(티라와다)권 침탈 시, 주류 종족인 불교도들을 통치하고자 소수 종족(기독교 종족)을 등용시켰는데 이러한 역사적 배경으로 인해 기독교에 대한 반감이 내재돼 있다는 점이다. 이는, 서구 열강의 침탈 시, 3M[군대(military), 상인(merchant), 선교사(missionary)]이 함께 들어와 일정 부분 강압적으로 기독교를 전파한 결과이기도 하다. 그래서 미얀마 개신교 역사가 207년째인데도 극소수 종족은 말할 필요도 없고, 8대 주류 종족 중 불교도 군에 속하는 5개 종족들이 아직도 1% 미만의 미전도 종족군에 속해 있다. 그러므로 종족별, 지역별로 선택과 집중의 원리에 따라 불교도들에 대한 집중적인 복음 전파가 요구된다.

기도 제목

1) 민주주의 제도가 제대로 정착돼서 정치적 안정과 경제 발전을 꾀하고, 이를 토대로 사회적 안정이 이루어져 불교의 영향이 최소화되게 하소서.
2) 정령 숭배(낫)가 결합된 불교 신앙이 사회, 문화, 교육을 통해 삶의 저변에 깊이 뿌리 내려 있는데, 이를 극복할 수 있는 변화의 계기를 주소서.
3) 주 종족인 불교도 버마족과 7대 종족 중 야카인, 샨, 몬족, 까야 등의 종족들의 복음화를 위해 기존의 소수 종족 교회들이 일어나게 하소서.
4) 미전도 종족 군에 속하는 불교도(약 90%) 주 종족인 버마족과 야카인, 샨, 몬, 까야 족 등을 향한 선교가 선택과 집중의 원리에 따라 제대로 이루어지게 하소서.

육대주

Day 32   2월 1일   Rakhine

미얀마-라카인

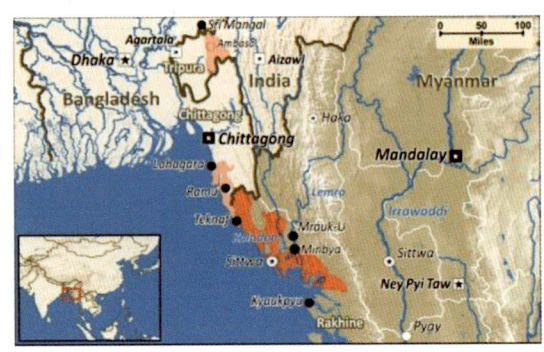

인구: 2,000,000명
종족: 리카인을 포함한 8개 종족
언어: 리카인
종교: 소승불교

선교적 필요와 과제

야카인(라카인, Rakhine, Arakan) 종족은 미얀마 서북부 해안가에 사는 고대 불교 왕국을 이루었던 종족이다. 야카인 주(State)에는 야카인족을 포함한 8개 종족이 살고 있다. 야카인족의 특징은 배타성이 매우 강하다는 점이다. 야카인족 약 200만 명 중, 기독교 인구는 0.01%밖에 되지 않는다. 지금까지도 타종교가 접근하기 힘든 강한 소승 불교도 종족이다. 19세기 영국 지배 때에 많은 선교사가 들어와 복음을 전했으나 야카인족은 기독교를 전혀 받아들이지 않았다. 야카인 주에서 함께 살고 있으면서 복음을 받아들인 소수 종족 '마라' 친 종족이 "오랫동안 야카인 족에게 복음을 전하고자 했지만 하나의 교회도 세울 수 없었다"라고 말할 정도로, 복음의 수용성이 없으며 지극히 폐쇄적인 미전도 종족이다. 불심이 강하여 기독교를 포함한 타 종교의 접근을 용납하지 않고 있다. 미얀마에서 가장 거친 종족이요, 불심이 강한 종족인 야카인족에게 선교하러 시골로 들어갈 때는 신변의 위험까지도 각오해야 한다. 농업과 어업 중심의 낙후 된 지역인 야카인 주의 가장 큰 문제점은 정치적 불안정이다. 독립을 외치는 야카인 종족 극단주의자들과 강경한 이슬람 로힝야 종족 등이 정부군과 분쟁 중에 있다.

기도 제목

1) 야카인 종족 극단주의자들, 이슬람 로힝야 종족 등의 정부군과의 분쟁이 평화롭게 해결되게 하소서. 이들 사이에 하나님의 사랑으로 평화를 만들어가는 사람을 일으켜 주소서.
2) 로힝야(무슬림) 족과의 분쟁의 이면에 종교적 갈등이 내재돼 있는데, 사람의 힘으로는 어찌할 수 없는 이 상황을 십자가의 평화의 복음으로 새롭게 변화시켜 주소서.
3) '땅곡'이라는 도시에 있는 야카인 교회와 양곤 주변의 가난한 지역에서 가정(개척) 교회를 섬기는 사역자들과 성도들이 연합하여 더 많은 야카인 종족 교회가 세워지게 하소서.
4) 거칠고 불심이 강한 야카인 사람들에게 복음을 전할 수 있는 선교사들을 보내 주시고, 사역자들의 안전을 지켜주소서.

육대주

Day 33 2월 2일   Rohingya

미얀마-로힝야

인구: 477,000명
종족: 로힝야
언어: 로힝야
종교: 이슬람
복음화율: 0.003%

선교적 필요와 과제

아웅산 수치 여사의 노벨 평화상 박탈 거론까지 야기하게 된 로힝야 종족은 미얀마의 라카인 주에 거주하면서 라카인 종족과 끊임없이 갈등 관계를 지속하고 있다. 라카인 주는 미얀마의 서해안에 있고, 북쪽으로는 친주, 동쪽으로는 마궤 구, 바고 구, 에야와디 구 등 3개 버마족 집거지들과 접하고 있고, 서쪽으로는 뱅골만, 북서부는 방글라데시 치타공과 인접해 있다. 라카인 주에 살고 있는 주 종족인 라카인 종족은 아라칸의 후예로 자긍심이 대단하고 아주 호전적이다. 로힝야 종족과 라카인 종족 갈등의 가장 중요한 원인은 미얀마는 크고 작은 130여 개의 종족이 서로 어우러져 살고 있는데, 모두가 로힝야 종족을 미얀마의 소수 종족으로 보고 있지 않다는 점에 있다. 그들은 로힝야 종족이 방글라데시와 인도에서 불법적으로 미얀마의 라카인 국경을 넘어왔거나 또는 영국 식민지 시절 미얀마의 분할 통치를 위해 강제로 이주해 온 것으로 본다. 따라서 미얀마 사람들은 로힝야 종족이 자신들의 국경 밖으로 나가는 것만이 문제의 해결책이라고 생각한다. 로힝야 족은 무슬림 종족들인데, 어려운 상황에 처한 그들을 향한 난민 사역이 진행되면서 이들에게 복음을 전할 수 있는 기회가 점차 열리고 있다.

기도 제목

1) 미얀마 정부가 갈등 관계에 있는 로힝야 종족 문제를 인도주의적인 차원에서 잘 해결할 수 있도록 지혜를 주소서.
2) 역사적으로 뿌리 깊은 미움과 갈등 관계에 있는 라카인 종족과 화해와 용서의 분위기가 조성되게 하소서.
3) 약 1000명 정도 되는 크리스천들이 빛과 소금으로 살게 하시고, 난민 캠프마다 교회가 세워질 수 있게 하소서.
4) 무슬림을 믿는 이 종족이 어려운 상황에서 복음의 문이 열려 선교 활동이 더욱 부흥할 수 있게 하소서.

최훈재

Day 34　2월 3일　Northern Vietnam

베트남-북부

언어: 베트남어
종족: 118
인구: 97,339,000명(베트남 전체)
GDP: 261,921(US$/백만) (1.22%)
1인당 GDP: 2,715(US$)

선교적 필요와 과제

베트남 정부의 공식 통계에 따르면 개신교 신자는 960,558명(2020년)이다. 그러나 실제 각 공인 교단 및 비공인 교단의 보고를 통합하면, 150만~180만 명이 된다. 인구 대비 복음화율은 아직 2% 미만이다. 이는 베트남에 집중적인 선교가 필요함을 의미한다. 베트남은 사회주의 공화국이다. 9,700만 명 국민 중에 540만 명의 당원을 가진 공산당이 국가의 중요한 정책을 결정하는 나라이다. 경제 개방 후 매년 7% 고도성장을 하는 경제 개발 국가로, 산업화, 도시화가 급속하게 진행되고 있다. 동남아에서 대학 과정에 한국어 학과나 세종학당이 가장 많이 개설된 국가이고 코로나19 직전까지만 해도 한국인이 가장 많이 여행가는 국가이기도 하다. 2016년 베트남 종교법 개정으로 외국인들도 종교 시설이 아닌 곳에서도 종교 모임을 할 수 있게 되었다. 2003년 이후 지금까지 10개의 개신교단이 공인을 받았고 한인 교회도 42곳에서 허가를 받아 예배를 드리고 있다. 북부의 대표적인 교단인 베트남 북부 복음성회 총회는 62년의 역사에 현재 1,000개 교회, 12만 성도의 교세를 갖고 있으며, 교단소속 북부 복음성회 신학교가 하노이에 있다. 베트남 전체 53개 소수민족 가운데 20개 종족이 미전도 종족으로 남아있는데, 대부분이 북부에 분포하고 있다. 타이 족, 므엉 족, 자오 족, 따이 족, 싼찌 족이 대표적인 미전도 종족이다.

기도 제목

1) 베트남에 부는 경제, 사회의 발전과 개방의 물결이 북부 베트남 상황을 좀 더 자유롭고 유연성 있게 만들어 복음화에 도움이 되게 하소서.
2) 사이비 종교와 이단들이 북부 산악 지역에 있는 소수 민족 교회에 접근해 교인들을 미혹하고 분열시키고 있는데, 미혹되지 않고 잘 대처하게 하소서.
3) 현재 교단을 초월해 교회가 1,408개, 교역자 3,138명, 교인 231,118명이 있는데, 현지 교회와 한인 교회가 제도와 법적인 제한 속에서도 잘 연합하여 든든히 서게 하소서.
4) 교단별로 운영되고 있는 신학교가 성경과 신학뿐만 아니라 성령이 충만한 학생들을 훈련하고, 현지 교단의 교회 개척 사역에 한인 교회가 협력하여 효과적인 선교 사역을 하게 하소서.

이모세

Day 35　2월 4일　Southern Vietnam

베트남-남부

언어: 베트남어
종족: 118
인구: 97,339,000명(베트남 전체)
GDP: 261,921(US$/백만) (1.22%)
1인당 GDP: 2,715(US$)

선교적 필요와 과제

베트남 교회는 복음이 들어온 기점을 1911년으로 잡고 있다. 1975년 이전 월남이라고 불리웠던 남부 지역은 북부지역보다 교회의 뿌리가 더 깊고 활발하다. 사회주의 체제와 경제적 개방 사이에서 종교적인 긴장감이 존재한다. 정부 발표에 의하면, 공인된 종교 인구는 16개 종단 1,320만 명으로 전체 인구 대비 13.7%에 불과하다. 그러나 조상 숭배를 포함한 실제적인 종교 인구는 90% 이상이다. 한국 교회는 월남전 때 베트남을 알게 되었고, 베트남과 수교(1992.12.22) 이후 한인 선교사들이 현지 교회와 협력하며 교회 성장과 부흥에 기여하고 있다. 베트남 남부 복음 성회 총회는 110년 선교 역사에 2,700여 개 교회, 1,200여 명의 목회자, 100만 명 가까운 교인이 있는 중심 교단이다. 공인 교단과의 협력과 소수 종족 지원 사역 등을 통해 선교적 돌파구를 마련해야 한다. 경제적인 교역 규모의 확대 및 한류(음식, 문화, 한국어) 트렌드를 선교 기회로 활용하는 안목이 필요하다. 제4차 산업 혁명 및 코로나19 이후 시대에 적합한 사역 유형의 연구가 필요하다. 현지 교회와의 가시적 협력과 현행법 하에서 시도되고 있는 현지 교회 개척 사역에 협력을 아우르는 통합적 시각을 가지고 유대를 강화할 필요가 있다.

기도 제목

1) 개방 초 권력에 의한 부를 형성하는 자가 많았다면, 지금은 경제 발전으로 새로운 중산층이 증가하고 있는데, 이런 변화가 종교 정책의 변화를 가져오는 계기가 되게 하소서.
2) 조상 숭배를 포함한 실제적인 종교 인구는 90% 이상으로, 사회주의 제도권에서 이례적으로 종교성이 높은데, 이것이 복음을 수용하는데 유용한 토양이 되게 하소서.
3) 공인교단 소속교회, 가정교회, 소수종족 처소교회들이 각각의 형편에서 복음으로 예배 부흥과 교회 성장이 일어나게 하시고 교단마다 교회 지도자 훈련이 왕성하게 이루어지게 하소서
4) 현지 선교사들의 동반자 선교 환경이 열리고, 사역 전문성과 투명도가 높아지고, 현지 교단이 40만 명의 베트남 교포 사회와 잘 협력하여 해외 선교까지 잘 감당하게 하소서.

심바울

Day 36 2월 5일 State of Brunei the Abode of Peace

브루나이

언어: 말레이어
종족: 24
인구: 438,000명
GDP: 13,469(US$/백만) (0.06%)
1인당 GDP: 31,087(US$)

선교적 필요와 과제

브루나이는 보르네오섬 북단에 동말레이시아와 국경을 접하고 있다. 국토는 우리나라 경기도의 절반 정도 되는 크기이다. 인구는 약 43만 명으로, 말레이계 65%, 중국계 11%, 기타 24%로 구성되어 있다. 이슬람 절대 세습 왕정 체제로서 국민들은 세금을 내지 않으며 교육비를 내지 않고도 대학 교육까지 받을 수 있다. 이처럼 놀라운 복지 혜택을 누릴 수 있는 것은 해저의 원유와 천연가스 생산이 엄청나게 많기 때문이다. 그러나 이 자원은 20-30년 후 고갈될 것으로 예상되고 있어 새로운 경제 정책을 구상 중이다. 수니파 이슬람을 국교로 하고 있으며, 2019년 4월부터 시행된 이슬람법인 샤리아가 민법에 우선해 모든 생활의 기준이 되고 있다. 이슬람으로 개종은 허용되나 이슬람에서 타종교로의 개종은 배교로 간주하여 엄하게 차단하고 있으며, 무슬림에 대한 어떤 전도 행위도 금지되어 있다. 정부에서 허락한 곳에서만 모여 예배드릴 수 있고, 배포를 목적으로 한 기독교 문서 수입은 금지되어 있고 거리나 쇼핑몰 같은 공공장소에 성탄절 장식을 하는 것도 금지되어 있다. 전도와 선교의 길이 차단되어 있는 브루나이에 복음의 문이 열리는 것이 필요하다.

기도 제목

1) 왕실 정부가 자원의 고갈을 앞두고 새로운 경제 정책을 세워갈 때 지혜를 주시고, 이러한 부요함이 왕정을 위함이 아니라 국민을 위해 바람직하게 사용될 수 있게 하소서.
2) 이슬람 중심의 샤리아법 시행이 중단되고 종교의 자유를 보장하는 나라가 되게 하소서.
3) 소수의 복음주의 그리스도인들에게(5.3%) 용기를 주시고, 이들이 브루나이 땅에 진리의 빛을 밝히는 기드온의 삼백 용사가 되게 하소서.
4) 신변의 위협을 무릅쓰고 복음을 전하는 선교사들을 지켜 주시고, 국경을 접하고 있는 동말레이시아 크리스천들을 통해 복음이 들어가게 하소서.

John Kim 외 1인

Day 37　2월 6일　Republic of Singapore

싱가포르

언어: 영어, 말레이어
종족: 51
인구: 5,851,000 명
GDP: 372,063(US$/백만) (1.74%)
1인당 GDP: 65,233(US$)

선교적 필요와 과제

다민족, 다언어, 다문화로 어우러진 동남아시아의 도시 국가이다. 지리적, 문화적, 경제적 여건에서 국가 경쟁력을 갖추고 있다. 이런 여건이 선교에도 반영되어 세계 각 나라의 선교 단체들마다 싱가포르에 국제 본부 사무실을 두고 있다. 또한 싱가포르 정부에서 인정하는 공용어가 영어, 만다린어, 말레이어, 인도 타밀어 등으로, 싱가포르인들이 복음으로 무장되고 선교에 헌신하게 된다면, 열방에 나아가 각 민족의 언어로 복음을 전할 수 있는 탁월한 여건을 갖추고 있다. 이 땅의 선교적 접근은 다양한 민족 가운데 문화적 교차와 혼합 사이에서 존재하는 어느 특정 민족을 선교의 대상으로 삼고, 그들의 문화와 언어를 가지고 복음을 전하고 선교의 사명을 감당하는 선교가 이루어져야 한다. 다수의 한인 교회가 있으며, 일정 수의 한인 선교사들이 선교 행정, 선교 훈련, 민족별 사역에 헌신하고 있다. 한인 교회와 한인 선교사가 헌신적으로 싱가포르 교회를 섬기고, 싱가포르의 선교 자원과 더불어 국제 선교 단체들과 함께 협력한다면, 21세기 세계선교에 귀한 역할을 감당하게 될 것이다.

기도 제목

1) 국민들이 경제 성장의 성취감에 도취되거나 이 세상의 편안함에만 젖어 있지 않고, 영적 갈증을 느끼며 주님께 돌아오는 역사가 일어나게 하소서.
2) 종교의 자유를 인정하고 있지만 무슬림에게 복음을 전하는 것을 법으로 금지하고 있는데, 이주 노동자를 포함해 모든 민족과 소수 종족에게 복음이 전해지게 하소서.
3) 싱가포르 각 신학교에서 영어와 중국어 과정을 통해 믿음과 성령이 충만한 목회자와 선교사들이 배출되어 중국, 호주와 동남아 각 나라의 영적 지도자가 되게 하소서.
4) 싱가포르 교회의 인적 자원과 물적 자원이 선교 행정과 선교 훈련에 동원되어 하나님의 선교를 위해 귀하게 쓰임 받게 하소서.

김정배

Day 38   2월 7일   Republic of Indonesia

인도네시아

언어: 인도네시아어
종족: 789
인구: 273,524,000명
GDP: 1,119,191(US$/백만) (5.22%)
1인당 GDP: 4,136(US$)

선교적 필요와 과제

1만 8천여 개의 섬들로 이루어져 있으며, 인구는 2억 7천만 명으로 세계에서 4번째로 인구가 많은 나라이다. 수도 자카르타가 있는 자바섬은 전체 인구의 절반 이상이 모여 사는 곳으로, 정부는 인구 분산과 국토의 균형적인 발전을 위해 수도를 자바에서 동부 깔리만딴으로 이전하기로 하였다. 1945년 네덜란드로부터 독립을 선언했으나 네덜란드의 거부로 1949년에 독립을 승인받았다. 정부는 '다양성 속의 통합'을 표어로, 언어, 민족, 종교의 다양성을 관용하는 정책을 펴고 있다. 이슬람이 전체 인구의 82.1%로 세계에서 무슬림이 가장 많은 나라이지만 국교는 아니다. 무종교는 공산주의자로 간주되므로, 이슬람, 개신교, 로마 가톨릭, 힌두교, 불교, 유교 중 반드시 하나를 선택하여 신분증에 기재해야 한다. 이슬람은 16세기에 무역상을 통해 들어와 토착 종교와 융합해 현지화됨으로써 대세를 이루었고 대체로 온건하다. 그러나 20-30%로 추산되는 이슬람 근본주의자들은 타종교에 대해 매우 배타적이다. 특히 기독교에 대해 강한 혐오감을 드러내 그들을 살해하고 교회를 방화해 수천 명의 인명 피해와 수만 명의 피난민을 내기도 했다. 기독교 신자들에 대한 폭력 사건이 연평균 200-300건 씩 증가하고 있다.

기도 제목

1) 수도 이전으로 인해 섬들로 이루어진 전 국토의 균형적인 발전과 다양성의 통합을 이루고, 만연한 부정부패가 종식되며, 빈부 격차를 줄이는 기회가 되게 하소서.
2) 이슬람 근본주의자들의 교회와 기독교인들에 대한 적대감과 폭력 사건이 그치고, 일상에서 진정한 종교의 자유가 보장되는 나라가 되게 하소서.
3) 복음주의 기독교인이 비록 소수(3.19%)이지만, 이슬람 근본주의자들의 핍박을 선으로 이기며, 복음의 빛을 비추는 기드온의 300용사가 되게 하소서.
4) 이슬람 미전도 종족에 복음의 문이 열리고, 재정과 안전이 요구되는 항공 선교 사역을 주님께서 인도하소서.

박연화

Day 39　2월 8일　　　　　　　　　　　　　　　　　　　　　Java

인도네시아-자바

인구: 160,000,000명
종족: 자바, 순다, 마두라 외 기타 종족들
언어: 인니어, 자바어, 순다어, 마두라어 외 기타 종족어
종교: 이슬람(93.68%), 개신교(3%)

선교적 필요와 과제

자바섬은 세계에서 13번째(인도네시아에서 5번째)로 큰 섬으로, 인도네시아 인구의 60%(약 1억 6천만 명)가 거주하는 인구 밀집 지역이다. 주요 종족은 자바족(약 7천 5백만 명), 순다족(약 3천 8백만 명) 그리고 마두라족(약 7백 6십만 명)이며, 그 외에 여러 족속이 있다. 자바는 정치, 경제, 교육 그리고 문화적으로 인도네시아 전체에 강력한 영향력을 행사한다. 인도네시아 정부는 수십 년 전부터 주민들을 자바섬 외부로 이주시키는 인구 분산 정책을 펴고 있다. 이로 인해 수많은 자바 무슬림들이 인도네시아의 여러 기독교 지역으로 이주해 이슬람 사원을 세우고 그들을 이슬람으로 개종시키고 있다. 이슬람 단체들은 자바의 주요 도시와 마을에서 이슬람 기숙학교를 세워서 자녀들에게 이슬람 신앙을 가르치고 있고, 타종교 건물은 들어서지 못하도록 방해하고 있다. 자바의 많은 도시에는 네델란드 선교사들에 의해 기독교로 개종한 자바족과 순다족들이 있고, 이들에 의해 세워진 전통 언어를 사용하는 교회들과 다른 섬에서 이주해 온 종족과 중국 화교 기독교인들에 의해 세워진 교회들도 많이 있다. 자바섬 복음화는 인도네시아 전체를 선교하는 지름길이며, 이슬람 확대를 막는 방패막이가 될 것이다.

기도 제목

1) 과격 이슬람 단체가 이슬람 국가 설립을 위해 헌법 개정을 시도하고, 기독교를 탄압하는데, 국가 설립 이념인 '빤짜실라'를 지키는 운동을 통해 이 일들이 저지되게 하소서.
2) 이슬람의 다음 세대 교육은 교회가 흉내낼 수 없을 만큼 강력하고 지속적인데, 성령님의 강력한 역사로 이들 다음 세대가 복음을 접하게 하소서.
3) 자바에서 성장하고 있는 교회들이 불신 영혼의 구원과 비기독교 지역 전도를 위해 힘쓰게 하소서.
4) 신학교 졸업생들이 자바섬과 인도네시아 전역의 미전도 족속을 대상으로 선교하고, 교회 개척 훈련과 생활비와 사역비 지원에 모든 선교사와 지역 교회가 협력하게 하소서.

하영광

Day 40   2월 9일   Sulawesi

인도네시아-술라웨시

인구: 20,226,000명
종족: 부기스, 마까사르, 또라쟈 외 기타 종족들
언어: 인니어, 부기스어, 마까사르어,
　　　또라쟈어 외 기타 종족어
종교: 이슬람(78.9%), 개신교(17.6%), 카톨릭(1.40%),
　　　불교, 유교 및 토속종교

선교적 필요와 과제

술라웨시는 이슬람이 90% 이상을 차지하지만, 내용적으로 볼 때 북부의 머나도에는 90% 이상이 기독교인이고, 남부와 중부의 경계에 위치한 또라쟈에도 80% 이상이 기독교인이다. 이에 인도네시아 정부는 기독교인이 다수인 지역에 정책적으로 많은 무슬림들을 이주시켜 그들의 세력을 늘리고 있다. 또라쟈 지역에도 이전에는 이슬람 사원이 별로 없었는데, 현재는 이슬람 신학교와 무슬림 상인들이 그 지역을 조금씩 장악하는 중이다. 기독교 지역의 입지는 줄어드는 반면, 이슬람 지역의 기독교인의 이동은 쉽지 않다. 특히, 남부 술라웨시의 주요 종족인 부기스 종족과 마까사르 종족이 주로 거주하는 지역은 기독교인과 교회가 거의 없다. 중국인들과 중국인 교회들이 교회 건축을 시도했지만, 주민들의 반대에 부딪혔고 조심스럽게 가정에서 소그룹으로 예배를 드리고 있다. 부기스 종족은 술라웨시 최대 종족으로 인구가 580만 명에 이른다. 남부 모든 지역에 부기스 종족이 살고 있고, 역사적으로 기독교에 대해 아주 배타적인 태도를 취한다. 마까사르 종족은 마까사르 도시를 중심으로 사는데, 아직까지 이 종족 출신의 목회자나 교회가 없는 상황이다. 이 종족들은 수백 년 동안 기독교에 배타적이다.

기도 제목

1) 새로 선출된 마까사르의 시장이 무슬림이지만 교회와 좋은 관계를 유지하고, 코로나 팬데믹으로 어려워진 지역 경제 상황이 호전되게 하소서.

2) 과격파 무슬림으부터 교회가 테러를 당하고 기독교인들이 순교하는 일이 일어나고 있는데, 기독교인들이 선으로 악을 이겨내며, 과격파 무슬림들의 테러가 그치게 하소서.

3) 주민들의 반대로 교회 건물을 짓지 못하면서 가정에서 소그룹으로 모이게 된 가정 교회가 무슬림들에게 복음을 전하는 출구 전략이 되고, 복음을 위해 교회가 하나되게 하소서.

4) 부기스, 마까사르 종족 가운데서 사역자들이 세워지게 하시고, 현지인 상황화 사역자들이 발굴되고, 헌신되어 무슬림을 향한 복음 사역에 새로운 돌파구가 열리게 하소서.

금대현

Day 41   2월 10일   Sumatra

인도네시아-수마트라

인구: 67,495,000명
종족: 아체, 바딱, 미낭까바우 외
언어: 인니어, 아체어, 바딱어 외
종교: 이슬람(90.2%), 개신교(5.81%), 불교(1.77%)

선교적 필요와 과제

한반도 면적의 2.2배로, 인도네시아 서쪽 끝에 있는 세계에서 6번째로 큰 섬이다. 패트릭 존스턴은 '세계교회의 미래'에서 "수마트라는 지상에서 가장 큰 미복음화된 섬"이라고 소개했다. 북부, 중부, 남부로 크게 3지역으로 나뉘고, 10여 개의 종족군으로 구성돼 있다. 북부 수마트라 아체주 지역은 2004년 쓰나미로 20만 명 이상이 희생된 아체 종족이 있다. 아직도 이슬람의 샤리아법을 사용하는 강성 이슬람 종족이다. 그 바로 아래에는 기독교인이 많은 바딱 종족 지역이 있고, 서쪽 니아스섬에도 많은 기독교인이 있다. 중부 수마트라 지역의 중서부 지역에는 미낭까바우 종족이 있고, 중동부 지역에는 말레이 종족이 있다. 중남부에는 정글 속에 사는 아낙달람 종족이 있다. 남부 수마트라 지역에는 소수 미전도 종족들이 많이 있다. 그중 서쪽에 벙쿨루 종족군(무꼬무꼬, 쁘깔, 벙쿨루, 르장)과 내지 쪽으로 무시 종족군(무시, 라와스, 름박, 빨렘방, 스까유, 아밥)과 빠스마 종족군(빠스마, 까우르, 끼낌, 린땅, 스믄도)이 있고, 내지 동쪽에는 오간 종족군(오간, 꼬무링, 블리데, 르마땅, 에님, 람방, 쁘느삭)이 있다. 남쪽으로는 람뿡주에 람뿡 종족군(와이까난, 라나우, 숭까이, 아붕, 뿌비안, 쁘시시르)이 있다.

기도 제목

1) 다른 종교의 활동을 보장하는 정부 정책에 불만을 표출하는 아체 종족이 외부 세계와 문화 교류를 활발히 하게 되고, 복음 전도의 문이 더 넓게 열리게 하소서.
2) 아낙달람 종족을 제외하고 모든 미전도 종족들이 무슬림이고, 이 중 아체 종족과 미낭까바우 종족이 강성 무슬림인데, 이 지역에 성령의 능력으로 부흥 운동이 일어나게 하소서.
3) 아시아 최대 교인 수와 인적, 물적 자원을 가지고 있는 바딱 종족 교회에 인도네시아의 모든 미전도 종족 전도에 대한 책임 의식을 갖는 영적 각성 운동이 일어나게 하소서.
4) 모든 미전도 종족들 가운데 사역자들이 배치되고, 현재 배치되어있는 사역자들에게 구령의 열정과 용기를 주셔서 담대히 복음을 전하게 하소서.

김병선

Day 42 2월 11일 Borneo Kalimantan

인도네시아-보르네오 깔리만딴

인구: 16,460,000명
종족: 말레이, 다약 외 기타 종족들
언어: 인니어, 다약어, 말레이어 외 기타 종족어
종교: 이슬람(78.89%), 개신교(9.54%), 가톨릭(7.4%)

선교적 필요와 과제

깔리만딴은 세계에서 3번째로 큰 보르네오섬 남쪽 지역에 속해 있다. 최근에 정부는 수도를 인구 밀도가 높은 자바에서 동부 깔리만딴 주로 이전하기로 결정했다. 서부 깔리만딴 주에는 중국계 인도네시아인들이 많은데, 주청사 소재지인 뽄띠아낙 시를 비롯해 큰 도시 주민 30-40%가 중국계이며 대부분 기독교인이다. 주지사에 중국계 기독교인이 당선된 적도 있고, 지역 경제도 많이 발전된 편이다. 내륙에는 깔리만딴 원주민으로 다약족이 있는데, 기독교가 오래전에 들어가 교회가 많지만, 아직도 미신을 믿는 사람이 많다. 형식적인 기독교인이 많아 목회자 재교육과 평신도 교육과 제자 훈련 사역이 매우 필요하다. 신학교와 기독교 학교가 많지만, 양질의 교수 확보와 재정 운영에는 어려움이 있다. 대표적인 미전도 종족으로는 해안가에 거주하는 말레이종족과 남부 깔리만딴 주와 그 일대에 거주하는 반자르족이 있는데, 99%가 이슬람으로, 각각 3-4백만 명에 이른다. 반자르족이 있는 남부 깔리만딴 주는 인도네시아 3대 강성 이슬람 지역으로 알려져 있다. 이주 정책에 따라 자바 무슬림들이 많이 들어오는데, 원주민들과 땅의 소유권 및 경제적 혜택으로 인해 갈등과 마찰이 종종 일어난다.

기도 제목

1) 수도 이전으로 깔리만딴 복음 사역이 활성화되고, 종족 간의 갈등과 마찰에 교회가 중재자 역할을 감당할 수 있게 하소서.
2) 말레이족과 반다르족을 비롯한 이슬람 종족에 복음이 전해지고, 이를 위해서 교회가 토착 신앙을 버리고 말씀으로 새로워지게 하소서.
3) 다약종족 교회의 목회자들과 평신도들이 재교육을 통해 영적으로 성장하고 제자로 세워지게 하소서.
4) 신학교 교육이 활성화되어 많은 청년 사역자들이 세워지고, 목회자 재교육의 길이 열리고, 이 일에 중국계 교회가 기쁘게 헌신하고 동참할 수 있게 하소서.

안성원

Day 43　2월 12일　Papua

인도네시아-파푸아

인구: 5,502,000명
종족: 다니, 센터니 외 270개 종족
언어: 인니어 외 270여 종족어
종교: 개신교(65.48%), 가톨릭(12.35%),
　　　이슬람(15.88%), 토속신앙

선교적 필요와 과제

파푸아는 과거 이리안자야란 이름으로 알려졌으나 2002년 파푸아로 변경되었다. 뉴기니섬 서반부로 인도네시아 영토에 속하며 파푸아뉴기니와는 다르다. 1969년에 인도네시아에 합병되었으나 본토와 문화적, 인종적 차이로 통합을 이루는데 어려움이 있고, 현재 자치주로 인정되고 있다. 세계 최대급 금광과 다양한 자원을 보유하고 있다. 해안가 도시를 제외한 많은 지역이 산과 늪지대로 도로와 통신망이 부족하다. 정부가 공무원과 교사, 의사와 간호사를 파견하지만 오래 있지 못하고 떠나기 때문에 행정, 학교 교육, 의료 시설 등이 부족한 곳이 많다. 정부 지원금이 들어오면서 바깥 세계와 접촉도 늘어났는데, 이로 인해 노동 가치에 혼란을 주고 의존도를 높인다는 우려의 목소리도 있다. 많게는 십여만 명, 적게는 수백 명이 되는 종족들이 270여 개나 된다. 1855년에 첫 선교사가 들어온 후 부족어 성경이 번역되고 교회가 세워졌지만, 아직도 복음을 듣지 못한 부족이 많다. 복음이 전해졌어도 토속 신앙 영향으로 신령과 진리로 예배하는 부족 교회는 소수다. 이주 정책에 따라 인구 밀도가 높은 자바 무슬림들이 파푸아로 들어오고 있다. 선교 단체들이 접근하고 있지만 많은 일꾼과 교회의 참여가 필요하다.

기도 제목

1) 하나님을 경외하는 지도자들이 세워지고, 오지에 도로와 통신망이 구축되어 사람들이 성실하게 일하고 노동의 대가를 보상받을 수 있는 시장경제가 열리게 하소서.
2) 바깥 세계와 접촉이 늘면서 젊은이들의 가치관에 갈등과 혼란이 가중되고 있는데, 학업이나 일자리를 찾아 도시로 나온 청년들이 하나님 안에서 자신의 정체성을 찾게 하소서.
3) 부족 교회가 복음을 깨달아 가는 과정을 통해 토속 신앙의 틀을 벗어 버리고, 이주 무슬림에게 복음을 전하는 일에 열심을 내게 하소서.
4) 긴 시간을 요하는 성경 번역 사역에 현지인 번역자와 선교사, 지역 교회가 잘 연합하게 하시고, 오지 선교의 발이 되어주는 항공 선교가 안전하게 이뤄지게 하소서.

박연화 외 5인

Day 44　　2월 13일　　　　　　　　　　　　　　　　　　Bali

인도네시아-발리

인구: 4,362,000명
종족: 발리
언어: 인니어, 발리어
종교: 힌두교(83. 46%),
　　　이슬람(13.37%), 개신교(1.66%)

선교적 필요와 과제

발리섬의 기독교 인구는 약 4%이나, 토착민의 복음화는 0.5% 미만에 그치고 있다. 대다수 교회가 도시에 집중돼 있고, 힌두인들 90%가 사는 시골에는 소수의 작은 교회만 존재한다. 시골 전도 사역이 어려운 이유로, 지역 사회의 저항, 종교적인 핍박, 현지 목회자 가족 생계의 어려움, 강한 힌두 공동체의 결속력 등을 들 수 있다. 발리 힌두교는 인도 힌두교와 불교, 조상 숭배, 샤머니즘이 혼합된 모습을 갖고 있다. 이들은 병에 걸리거나 우환이 있으면, 무당과 같은 힌두 치료사를 찾는다. 때문에 현지인 기독교 사역자들 중에는 치유 사역을 통해 전도를 시도하는 경우가 있고, 힌두인들이 개인적인 치유 경험을 통해 개종하기도 한다. 그러나 개종해 세례까지 받았어도 가족의 핍박과 부모로부터 재산 상속을 받지 못한다는 이유로 다시 힌두교로 돌아가는 경우가 많다. 1990년에 힌두 상위 계층어로 신구약 성경이 완역됐지만, 그 언어를 이해할 수 있는 사람이 소수(3~4%)에 불과해, 80% 이상 사용하는 평민어 성경 번역이 시급하다. 다른 섬에서 온 정착민들은 전체 인구의 약 15%(65만 명)로, 종교는 기독교지만 제대로 된 신앙적인 양육을 받지 못하고 도덕적으로 무방비 상태라 교회 개척과 양육, 도덕 교육이 필요한 상황이다.

기도 제목

1) 코로나 이후 경제가 다시 활성화되게 해주시고, 소수 기독인들이 무슬림과 힌두교인들에게 차별받고 있는데 공정한 사회가 되고, 부정부패가 사라지게 하소서.
2) 발리는 인도네시아가 이슬람화될 때에도 힌두교가 살아남을 정도로 종교성이 강한 곳이지만, 이들을 지배하는 힌두의 영, 조상신, 샤머니즘 등이 복음의 능력 앞에 무너지게 하소서.
3) 강한 힌두교 공동체 안에 있는 시골 교회가 자립할 수 있는 길이 열리고, 사역자가 많이 부족한데, 이곳을 위해 헌신된 일꾼들을 보내주소서.
4) 교회 개척과 성경 번역, 선교사와 지역 교회와의 협력을 통해 많은 힌두인들과 이주해 온 무슬림들 그리고 명목상 기독교인들이 그리스도를 만나고 말씀으로 삶이 변화되게 하소서.

최재영

Day 45 2월 14일   Kingdom of Cambodia

캄보디아

언어: 크메르어
종족: 44
인구: 16,719,000명
GDP: 27,089(US$/백만) (0.13%)
1인당 GDP: 1,643(US$)

선교적 필요와 과제

캄보디아의 주 인종인 크메르인은 수천 년 동안 힌두교와 소승 불교를 그들의 문화와 역사, 세계관 형성의 배경으로 삼아왔다. 그러나 1923년 1월, 미국 C&MA 선교사들이 입국하면서 새롭게 변화되기 시작했으며, 1993년 1월부터는 한국 선교사들이 캄보디아 개신교 선교에 동참하고 있다. 캄보디아 개신교 선교의 지난 100여 년을 돌아보면, 프랑스 식민 통치와 정치, 경제, 사회적 배척 그리고 '킬링필드'라 불리는 극심한 핍박 등으로 캄보디아 개신 교회는 부흥다운 부흥을 경험하지 못했지만, 1970-80년에는 순교자를 배출한 아름다운 역사도 있다. 캄보디아 개신 교회 미래를 위해 요청되는 과제는 크게 4가지다. 첫째, 캄보디아 개신교회는 2021년 현재 약 1.2%로, 이념과 세대 차이로 분열된 교회와 교단과 선교 단체가 하나되어야 한다. 둘째, 캄보디아 개신 교회는 자립, 자치, 자전에 대한 철저한 준비와 함께 이에 대한 실행의 단계로 나아가야 한다. 셋째, 민족 의식, 주인 의식과 역사 의식에 입각한 교육 훈련을 통해 에스라와 느헤미야 같은 민족 지도자를 배출해야 한다. 넷째, 캄보디아에 주재하는 한국인 선교사는 개인주의 사역을 벗어나 협력과 연합 배경의 공동 사역을 지향해야 한다.

기도 제목

1) 취약해진 인권과 도시와 농촌의 지역 차이, 빈부 격차와 계층의 차이, 세대 차이라는 장벽을 넘어 복음 전파의 기회이자 성경적 세계관 형성의 통로를 열어 주소서.
2) 물질 만능주의와 포스트 모더니즘으로 캄보디아 종교가 도전을 받고 있는데, 기독교가 유일한 구원의 통로로, 캄보디아 역사와 사회의 증거로 드러나게 하소서.
3) 여러 계파로 나뉜 캄보디아 개신 교회가 하나되고, 역사 의식, 민족 의식과 주인 의식이 깃든 기독교 교육과 인재 양성에 힘쓰게 하소서.
4) 캄보디아에 주재하는 서구권 선교사와 한국인 선교사가 공식적, 정기적인 만남을 통해 캄보디아 개신교 선교의 물꼬가 트이게 하소서.

장완익

Day 46 2월 15일   Minority in Cambodia

캄보디아-소수 종족과 인종

인구: 659,077명
소수 인종: 210,795명 (베트남인: 78,090명,
   중국인: 94,450명, 라오인: 13,636명,
   타이인: 6,650명, 기타: 17,969명),
   소수 종족: 448,282명 / 전체 인구의 4.2%
종교: 불교
복음화율: 별도의 통계는 없으나 크메르족
(복음화율 0.3%)보다 높음.

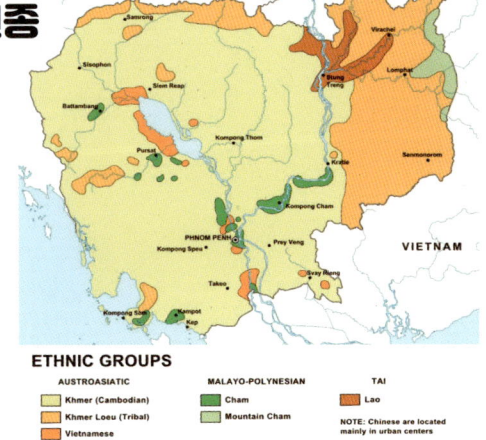

선교적 필요와 과제

캄보디아의 주 인종은 크메르족이며, 전체 인구의 95%(2019년 인구 통계)-85%(실제 추산)를 차지하고 있다. 그리고 약 5%-15%에 해당하는 소수 인종과 종족은 중국, 베트남, 태국과 라오스 등 인근 국가의 주 인종인 경우도 있다. 하지만 짬(Cham)족 등 국가 배경이 없는 소수 종족 또는 현대 문명과 동떨어진 채 깊은 산 중에 거주하는 산족(mountain tribe)도 있다. 캄보디아에 주재하는 대부분의 외국인 선교사들은 크메르족을 대상으로 사역하고 있으며, 소수의 선교사가 일정 거점 또는 국경 지대에 거주하면서, 소수 인종과 종족을 위한 사역을 펼치고 있다. 중국인(94,450명, 실제 추산 50-100만 명)과 짬족(17,969명, 실제 추산 20-30만 명) 등은 프놈펜과 지방 중소 도시에서 크메르족과 함께 캄보디아 사회를 구성하고 있으며, 베트남인(78,090명, 실제 추산 50-100만 명), 라오인(13,636명), 타이인(6,650명)은 자체 공동체를 구성하는 경향이 강하다. 이들에 대한 전문적이고 효과적인 사역이 필요하다.

기도 제목

1) 중국인이 캄보디아 내 주요 상권(商圈)을 갖고 있는데, 화교권 선교 커뮤니티가 세워지며, 이 일에 중국 사역의 경험이 있는 선교사가 앞장서게 하소서.
2) 똔레삽과 국경 지역에 거주하는 베트남인(78,090명, 실제 추산 50만-100만명)에게 복음을 전하기 위해 베트남인 선교 커뮤니티가 세워지게 하소서.
3) 짬족 등은 과거의 화려한 역사를 등진 채, 국가 없는 민족으로 살아가는데, 이들에게 복음을 전할 전문 선교 커뮤니티가 세워지게 하소서.
4) 라오스와 태국에 주재하는 한인 선교사 사이에 종족별-지역별 선교 협력이 이루어지고, 인도차이나 한인선교사대회가 이런 필요를 충족하는 연구 개발과 네트워크를 발전시키게 하소서.

장완익

Day 47 2월 16일   Kingdom of Thailand

언어: 타이어
종족: 113
인구: 69,800,000명
GDP: 543,650(US$/백만) (2.54%)
1인당 GDP: 7,808.20(US$)

선교적 필요와 과제

태국의 정치 체제는 입헌 군주제로 아직까지 국왕이 국민들의 절대적인 신임 속에서 정치와 군사에 막강한 영향력을 끼치고 있다. 모든 국민은 자의적 선택으로 원하는 종교를 가질 수가 있지만 사회 자체가 불교 문화권이다. 기독교는 전체 인구의 1% 미만으로, 인도차이나반도에 속한 나라 중 가장 적은 숫자이다. 감사하게도 최근 20년 사이에 기독교가 급성장하며 과거에 없었던 교회 부흥의 역사가 서서히 일어나고 있다. 최근 중부 지역에 속한 펫차부리주에서는 태국인들의 회심이 강력하게 이루어져 한 번에 천 명이 넘는 회심자들이 강물에서 줄지어 침례(세례)를 받는 등 구원의 역사가 일어나고 있다. 이는 태국기독교총회(CCT)와 태국복음회주의협의회(EFT)와 남침례교단 그리고 독립교회가 연합과 협력 사역에 주력해 백만 영혼 구원이라는 동일한 목표로 나아가고 있기 때문이다. 또한 북태 중심 도시인 치앙마이에서 시작된 도시 성시화 기도 운동(Holy City Movement)이 북부 도시와 중부 그리고 남부에 이르기까지 확장되고 있어 기도 운동을 통한 지역 교회 부흥에 대한 더 많은 기대감을 고취하고 있다.

기도 제목

1) 하루속히 바른 지도자들이 세워져서 태국 경제가 성장하고, 정치적으로 안정되어 인도차이나 번영에 중심지 역할을 할 수 있게 하소서.
2) 기독교인이 소수에 불과하지만 사회 속에서 소외되고 위축된 삶이 아니라 소금과 빛으로의 삶을 살게 하시고, 강한 믿음을 주셔서 하나님의 나라를 확장할 수 있게 하소서.
3) 태국의 5,500여 교회가 지역별로 잘 연합하여 기도 운동을 일으키게 하시고, 성령 충만한 목회자와 지도자들이 세워져서 교회와 성도의 수가 배가되는 역사가 일어나게 하소서.
4) 앞으로 태국교회가 불교권과 힌두교권인 인도 전 지역에 선교사를 파송하여 전도하게 하시고, 인도인 제자들을 세워서 교회를 개척하고 이슬람 선교의 교두보를 확보할 수 있게 하소서.

김농원

Day 48 2월 17일   Northern Thailand

태국-북부

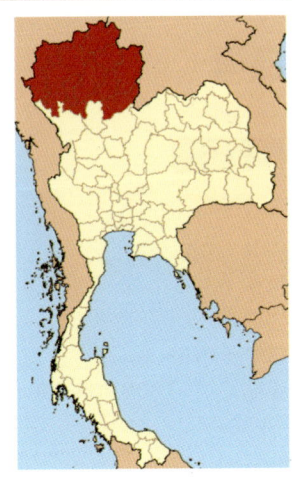

인구: 6,342,000명
종족: 카렌, 몽, 라후, 외 4개 종족
언어: 타이, 란나
종교: 불교(96.23%), 기독교, 이슬람(0.31%)
복음화율: 3.43%

선교적 필요와 과제

치앙마이, 치앙라이 최북단은 라오스 문화와 전통이 가미된 란나(Lanna) 왕국으로 번영을 누려오다가 버마족에 의하여 멸망되어 귀속되었다. 북부 지역은 모두 9개의 도로 구성되어 있고, 이 중 치앙마이, 치앙라이, 메홍손 등 3개의 도에 교회가 집중되어 있다. 3개 도에 약 23만 명 정도의 기독교 인구와 2,300여 교회가 있다. 태국 전체에 있는 모든 교회가 5,500개라고 볼 때, 거의 50%가 넘는 교회가 이 3개 도에 집중되어 있다. 태국 북부는 많은 산족들이 널리 분포되어 있다. 산족들이 사는 지역에는 조상신과 자연신 숭배가 만연하다. 주술적인 종교적 행사가 행해지고 있다. 그들은 불교의 가르침을 따르는 종교심보다는 막연한 편안함과 마음의 수양에 비중을 더 두고 있다. 이 지역은 복음의 수용력이 타이족보다 뛰어나다. 따라서 선교사들의 사역이 집중된 지역이고, 나름대로 현지인들에 의하여 기독교 문화가 잘 형성돼 있다. 이곳에도 거짓 복음을 전하는 단체나 이단들이 들어와서 활동하고 있다. 주로 기존 교회 성도들과 젊은 층을 중심으로 포교하고 있으며, 사회봉사 단체로 위장하거나 물질적인 도움을 주면서 접근해 유인하고 있다.

기도 제목

1) 란나(Lanna) 왕국의 후손이라는 전통적인 사고방식과 문화적인 자존감이 높은 이들이 예수 그리스도만이 참된 진리가 되시고 문화를 재창조하시는 분임을 알게 하소서.
2) 막연히 신을 믿고 있는 이들의 마음 속에 인간이 어디에서 와서 어디로 가는지에 대한 깨달음을 얻게 하시고, 길과 진리와 생명이 되신 예수님께로 돌아오게 하소서.
3) 목회자들이 하나님께서 맡겨 주신 양 떼들을 잘 돌보게 하시고, 복음으로 성도들을 잘 양육해 그리스도의 제자로 삼아 복음 전하는 사명과 교회를 세우는 사역을 잘 감당하게 하소서.
4) 성시화 기도 운동으로 선교사로 헌신한 젊은이들이 중국, 라오스, 캄보디아, 인도 등에 흩어져 복음을 전하고 있는데, 교회가 지속적으로 선교사를 발굴해 세계선교에 동참하게 하소서.

김농원

Day 49 2월 18일 Southern Thailand

태국-남부

인구: 8,500,000명
종족: 빠따니 말레이
언어: 타이, 오랑 아슬리
종교: 불교(75.45%), 이슬람(24.33%)
복음화율: 0.21%

선교적 필요와 과제

태국 남부는 말레이시아 반도의 윗부분에 위치한 곳으로 약 850만 명의 인구가 여러 민족(빠따니 말레이, 태국, 중국, 인도, 바다 집시족 등)으로 구성되어 있다. 남부에 위치한 몇몇 도들은 원래 이슬람 왕국이었기 때문에 언어, 민족, 종교, 문화 등이 일반적인 태국과는 전혀 다르다. 이들은 개인적 친분과 의리를 중요시 여기며, 자신의 의사를 분명하게 표하는 강한 지역성을 가지고 있다. 60% 이상이 무슬림으로 일부는 근본주의적인 성향을 보이기도 하지만, 말레이시아와 국경을 마주한 쏭클라, 싸뚠, 빠따니, 얄라, 나라티왓을 제외하고는 불교가 뿌리 깊게 정착되어 있다. 한편 이곳은 이슬람 분리 독립을 주장하며, 물리적인 테러가 끊임없이 일어나는 곳이기도 하다. 특히 태국 남부에 빠따니, 얄라, 나라티왓 등의 지역은 아직도 계엄 지역으로 지역민들과 선교사들에게 모두 위험한 상태이다. 최근 들어 전도를 통한 교회 개척이 활발하게 진행되고 있다.

기도 제목

1) 이슬람 분리 독립 주장으로 인해 일부 지역이 계엄 지역으로 선포되어 지역민들과 선교사들에게 위험한 상황인데, 남부가 정치적으로 평안하고, 복음이 뿌려질 토양으로 기경되게 하소서.
2) 기독교가 극소수이다 보니 사회, 정치적으로 영향력이 거의 없는 편인데, 복음의 능력이 이 지역의 교회와 성도들을 통하여 드러나게 하소서.
3) 태국 남부에 복음이 전해지지 않은 곳이 많고, 교회가 없는 곳이 대부분인데, 복음이 곳곳에 전해지고, 더 많은 곳에 교회가 설립되게 하소서.
4) 타지역에 비해 사역하는 선교사의 수가 적은데, 일꾼이 부족한 이곳에 복음을 전할 일꾼을 속히 보내 주소서.

임태호

Day 50 2월 19일 Pattani Malay

태국-남부 빠따니 말레이

인구: 1,527,000명
종족: 빠따니 말레이
언어: 빠따니 말레이
종교: 이슬람
복음화율: 0.01%

선교적 필요와 과제

빠따니 말레이족은 주로 말레이시아와 국경을 두고 있는 싸뚠, 빠따니, 얄라, 나라티왓 등에 살고 있다. 빠따니 말레이족이 사는 지역은 97% 이상이 무슬림이다. 이들은 원래 이슬람 세계의 일원으로 태국과 별개의 국가와 정치 체계를 가지고 있었다. 그러나 18세기 말에 태국에 병합되었고, 태국 정부의 타이화 정책에 대한 강한 반발을 표출해 왔다. 차별적인 경제 및 교육, 그리고 종교 정책으로 인해 태국 정부에 대한 적대적 의식이 커서 독립 국가 설립을 위한 무장 분리주의 운동이 일어나 현재 진행 중이다. 특히 빠따니, 얄라, 나라티왓 등 3개 도는 현재까지 계엄 지역으로 특별 관리를 받고 있는 형편이다. 태국 정부와 빠따니 말레이족들이 화해하고 상생의 길을 찾아 이들에게 평화가 찾아오도록 기도가 필요하다. 감사하게도 무슬림 배경 신자(MBB; Muslim Background Believer)들이 모인 교회들이 늘어가고 있다. 태국 남부에서 철수했던 OMF도 다시 돌아왔고, 그 외에 많은 선교 단체들이 태국 남부의 무슬림을 선교하기 위해 애쓰고 있다. 그 외에도 태국인 그리스도인들이 이들에게 복음을 전하는 일에 동참하고 있다.

기도 제목

1) 불안정하고 위험한 상황 속에서도 그리스도 안에서 주어지는 평안을 갈구하게 하시고, 무장 이슬람 분리주의 운동으로부터의 안전하게 하소서.
2) 복음에 대해 매우 강하게 반발하고 있는데, 이슬람 내부에서 복음에 대해 열린 마음을 갖게 하소서.
3) 무슬림 배경을 지닌 신자들을 통해 복음이 지역 사회에 자연스럽게 전해지고, 성령의 능력이 더해져 선교사들이 지혜롭게 행동하며, 선교사들과 MBB들의 안전을 지켜 주소서.
4) 민족, 언어, 문화가 다른 이들에게 복음을 전하는 일이 쉽지 않지만, 성령님의 특별한 도움으로 인해 복음의 역사가 일어나고, 더 많은 일꾼이 세워져 복음 사역에 동참하게 하소서.

임태호

Day 51 2월 20일   Thai Muslim

태국-무슬림

인구: 약 3,000,000명
종족: 빠따니 말레이, 짬, 후이, 타이,
      우루두, 로힝야 등
언어: 빠따니 말레이, 태국어
종교: 무슬림

선교적 필요와 과제

태국 남부 총인구 수가 약 850만 명인데, 이 중 25%가 무슬림이다. 태국 남부에 있는 무슬림들은 원래 불교도이었다가 결혼 등의 이유로 개종한 사람들, 빠따니 말레이족으로 태어나 태생부터 무슬림인 사람들, 소수이지만 중국계 무슬림과 바다 집시족, 미얀마에서 건너온 로힝야(Rohingya)와 기타 등으로 구성되어 있다. 이들 대부분은 수니파 무슬림들이다. 남부 무슬림들은 주로 말레이시아와 국경을 맞대고 있는 싸뚠, 쏭클라, 빠따니, 얄라, 나라티왓에 거주하고 있지만, 그 외에도 남부 전역에 흩어져 살고 있다. 빠따니 말레이 지역은 인구의 90% 이상이 무슬림인 지역이기 때문에 이슬람 색채가 더 강하게 표출되고 있고, 심지어 태국으로부터 분리 독립을 요구하며 무장봉기를 하고 있다. 태국 남부에서 이슬람은 불교와 기독교에 비해 비교적 빠른 속도로 그 수가 증가하고 있다. 또 조직적인 포교 활동을 통해 태국 남부뿐 아니라, 태국의 수도인 방콕에도 이미 약 80만 명의 무슬림이 거주하고 있으며, 북동부와 북부 지역, 심지어 태국 북부의 높고 깊은 산족에게까지 이슬람 선교사를 파송하여 포교에 힘쓰고 있다. 이제 태국에서 남부만이 아닌 곳곳에서 무슬림을 발견할 수 있다.

기도 제목

1) 말레이시아 국경에 가까운 도의 독립 운동이 하나님의 뜻대로 잘 정리되고, 태국 정부의 세심한 배려와 남부 무슬림들의 요구가 잘 합의돼 안전과 평안이 찾아오게 하소서.
2) 기독교, 불교, 그리고 이슬람교 사람들이 서로 존중하고 평화를 유지하며 정치적 갈등이 종교적 갈등으로 비화되지 않게 하소서.
3) 무슬림들에 대한 오해와 편견을 버리고, 그리스도의 사랑을 실천하며 섬김으로 복음을 전할 수 있게 하소서.
4) 이슬람의 확장세보다 더 발 빠른 선교가 이뤄지고, 말레이시아와 국경을 마주한 최남단 지역들뿐 아니라 남부 전역과 태국 전역에서 무슬림들에게 복음을 전할 일꾼들을 보내 주소서.

임태호

Day 52　2월 21일　Republic of the Philippines

필리핀

언어: 따갈로그어, 영어
종족: 200
인구: 109,581,000명
GDP: 376,796(US$/백만) (1.76%)
1인당 GDP: 3,485(US$)

선교적 필요와 과제

7,100개의 섬으로 이루어진 필리핀은 스페인 320년, 미국 44년, 일본으로부터 3년의 식민지 역사를 가진 나라다. 지리적으로는 환태평양 지진대에 위치해 있고, 해마다 태풍이 지나가는 중심 노선에 자리잡고 있기에 태풍, 홍수 등 자연재해가 극심하다. 하지만 코로나 팬데믹 이전까지 매해 1인당 GDP 성장률이 6-7%에 달해 아시아 국가 중 중국 다음으로 경제 성장을 계속해 왔다. 종교적인 특색은 스페인 통치하에 받아들인 가톨릭이 민속 가톨릭화 되어 국민 80%를 넘었다. 남부 민다나오섬을 중심으로 자치 정부를 만들고자 하는 무슬림이 5% 정도를 차지하고 있다. 개신교는 1898년 미국의 식민 통치가 시작되면서 공식적으로 받아들였고, 현재 인구 10-12%를 차지하고 있지만 사회 전반에 끼치는 영향은 크지 않다. 목회자의 교육 환경이 열악하고, 교회 자립도도 매우 약한 편이다. 가톨릭 국가라서 산아 제한에 크게 영향을 받지 않아 인구 성장률이 높고, 1억 천만 인구 중 30대 전후 젊은층이 50%를 차지하며, 이들 중 천만 이상이 200개국 나라들에서 해외 근로자로 활동하여 전 국민 생산량의 절반 이상을 벌어들이고 있다. 필리핀 젊은이들을 제자 훈련 시키면 오지와 동남아 선교의 교두보 역할을 감당할 수 있다.

기도 제목

1) 나라를 이끌어가는 대통령과 리더들이 하나님을 두려워할 줄 아는 사람들로 선출되어 부정부패에서 벗어나 정의와 공의로 나라를 이끌어 가게 하소서.
2) 명목상 기독교인들이 성령에 의해 새롭게 되고, 예수 그리스도를 삶의 왕으로 인정하고 말씀을 읽고, 배워서 제자로서의 삶을 살게 하소서.
3) 시골 교회의 자립과 지도자들이 잘 훈련되어 이단 교회를 구분할 수 있게 하시고 지역 사회에 영향력을 미칠 수 있는 교회로 이끌어 가게 하소서.
4) 필리핀 전역에 문서 선교, 방송 선교, 인터넷 선교의 문이 열리게 하시고, 선교사들을 보내는 나라가 되게 하소서.

황태연, 이정희

Day 53　2월 22일　　　　　　Visayas

필리핀-비사야스

인구: 20,601,000명
종족: 17종족
언어: 영어, 시부아노 외
종교: 가톨릭, 샤머니즘
복음화율: 8.2%(개신교)

선교적 필요와 과제

필리핀 중부에 위치해 있고, 16개의 도와 큰 섬 6개, 중간 정도의 섬 4개, 그리고 100개가 넘는 작은 섬들로 이루어져 있다. 인구는 20,601,000명 정도이다. 언어로는 필리핀 전역에서 쓰는 영어나 따갈로그어(Tagalog)가 있지만, 실생활에서는 각각 자기 지방어를 쓰고 있다. 비사야스 지역은 환태평양 화산대와 지진대가 있어 해마다 발생하는 인명 피해와 재산 손실과 농작물 피해로, 주민들의 삶의 질이 떨어져 있다. 정치적으로 공산주의 반군의 활동이 활발하여 경찰과 군인 지역민과 기독교 사역자들과 성도들도 희생되는 일도 있다. 이러한 자들은 고향을 떠날 수밖에 없어 객지로 방황하기도 한다. 가톨릭은 1521년 세부섬에 스페인의 마젤란과 함께 들어왔고, 1899년 첫 미국 개신교 장로교 선교사 Dr. and Mrs. James B. Rodger 목사가 입국하여 복음 전파가 시작되었다. 1901년 두마게티시에 실리만 대학이 설립되면서 복음 전파의 거점이 이루어졌고, 그 후 일로일로에 필리핀 센터럴 크리스챤 대학을 세워 교육을 통한 복음 전파가 가능해졌다. 하지만 아직도 민간인들 사이에서는 강한 샤머니즘과 애니미즘과 미신과 주술 등이 현재까지도 행해지고 있어 바른 신앙 교육이 시급하다.

기도 제목

1) 반군과 군경 분쟁이 수습되어 자유로운 사역이 가능해지고, 빈번한 자연재해로 어려워진 주민들에게 복음 전파 사역이 지혜롭게 이루어지게 하소서.
2) 토속적인 미신과 이단의 거짓 가르침, 기복 신앙이 정화되고, 가톨릭교회의 우상 숭배와 우월주의적인 신앙이 바른 신앙으로 돌아와 구원에 이르게 하소서.
3) 현지 교회들이 선교사가 사역하던 교회를 이양받아 잘 지도하고 책임 의식을 갖고 복음 사역을 스스로 감당하게 하소서.
4) 외진 섬과 산지에서 사역하는 목회자들에게 신학 교육과 목회 훈련의 기회가 주어지고, 생활이 안정돼 사역에 집중해서 모든 섬 지역에 복음이 전해지게 하소서.

지영구

Day 54　2월 23일　　　　　　　　　　　　Mindanao

필리핀-민다나오

인구: 26,000,000명
종족: 49
언어: 씨부아노, 따갈로그, 영어

선교적 필요와 과제

필리핀 남부에 위치한 남한 크기의 민다나오는 지리, 언어, 문화, 종교적으로 루손 지역(Luzon, 수도 마닐라)과는 구별된 특징을 지닌다. 16세기부터 스페인(가톨릭, 1521-1898)과 미국(개신교, 1898-1946)의 식민지 정책과 필리핀 정부(1947-현재)가 이슬람 탄압 정책을 강하게 시행했다. 그 반발로 이슬람 독립 국가를 주장하는 극단적인 무슬림 단체의 테러와 납치 등으로 일부 도시가 폐허가 됐고, 가톨릭교회에 폭탄 테러가 이어지면서 불안, 갈등, 대립이 심화되고 있다. 오랫동안 무슬림 분리주의자들의 자치구 보장과 민다나오 독립 요구로 갈등과 전쟁이 지속되던 중, 2019년 2월에 필리핀 정부와 모로 이슬람 해방전선(MILF: Moro Islamic Liberation Front) 사이에 평화 협정을 맺어 방사모로 이슬람 자치 지역 과도기 정부(BTA)가 수립 되었다(무슬림 650만 명). 기독교인과 무슬림이 과거의 오해와 편견, 상처를 씻어내며 신뢰와 존중을 기반한 대화와 연합 활동이 필요하다. 미전도 종족으로 분류된 13개 무슬림 종족들을 위한 선교가 현지 교회에 의해 집중적으로 시행되어야 한다. 아울러 포스트 코로나와 4차 산업 혁명의 뉴노멀(new normal) 시대에 맞는 선교 패러다임 전환(미디어, 소그룹 제자 훈련 등)이 필요하다.

기도 제목

1) 코로나로 인한 경제적 어려움을 극복하고, 거듭된 강진으로 피해 입은 이재민들이 정상적인 삶을 회복하고, 이슬람 자치 지역 과도기 정부가 순조롭게 운영되게 하소서.
2) 이슬람 분리주의자들의 테러가 중단되고, 기독교인이 지난 역사의 과오를 회개하고 그리스도의 사랑으로 그들을 포용하며 섬기게 하소서.
3) 현지 교회들이 사역과 재정의 의존에서 벗어나 독립성을 갖고 사역하며, 지역(Barangay, 바랑가이)마다 교회가 개척되며, 교회들이 연합하여 무슬림 지역에 복음을 전하게 하소서.
4) 평신도 제자화를 통한 선교적 교회가 세워지고, 청소년 복음화를 위한 전문적인 교육 사역과 해외 근로자를 위한 선교 훈련과 파송이 이루어지게 하소서.

이승준

Day 55 2월 24일 Maguindanao

필리핀-마귄다나오

인구: 1,600,000명
종족: 마귄다나오
언어: 마귄다나오, 따갈로그, 영어
종교: 이슬람, 정령숭배
복음화율: 0.1%(복음적 기독교 0.04%)

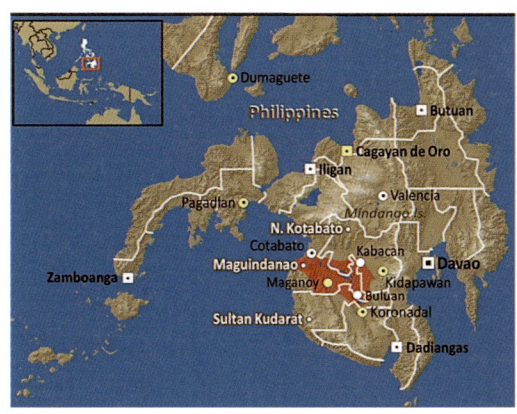

선교적 필요와 과제

마귄다나오 무슬림은 중부와 남부 민다나오에 집중되어 있다. 이들은 '범람원의 사람들'이라는 뜻이 있으며, 순니 무슬림의 전통을 따른다. 13개의 필리핀 무슬림 소수 민족 중 가장 큰 집단(약 160만 명)으로, 정치, 종교, 사회적으로 영향력이 크다. 민다나오 이슬람 자치구(ARRM) 본부가 오랫동안 있었기 때문에 필리핀 무슬림의 구심점이 되기도 한다. 그들은 스페인과 미국의 오랜 식민지 시대에 정복되지 않은 종족으로 자부심이 대단하다. 이들의 신앙 체계는 정령 숭배 신앙과 이슬람 신앙을 통합한 '민속 이슬람'에 가깝다. 최근 몇 년 동안 중동 이슬람 교육을 받은 이슬람 교사 유입이 잇따르고, 이슬람 학교의 설립으로, 정통 이슬람의 실천을 한층 증가시켰다. 현재 일부 선교 단체와 교회들이 NGO 지역 개발 사역과 교육 사역 등을 하고 있다. 그럼에도 불구하고 대부분의 민다나오 주재 선교사들과 현지 교회들이 무슬림 사역에 동참하기보다는 비무슬림 사역에 집중한 교회 사역을 하고 있다. 현지 신학교도 이슬람과 관련된 과목을 전혀 가르치지 않기 때문에 목회자들에게 무슬림 사역이 관심 대상이 되지 못하고 있다. 선교사와 선교 단체, 현지 교회의 사역의 패러다임 전환이 필요한 시점이다.

기도 제목

1) 마귄다나오 지역에 있는 방사모로 무슬림 민다나오 자치구(BARMM)의 원활한 운영으로 낙후되고 소외된 필리핀 무슬림들이 안정된 생활을 하게 하소서.
2) 무슬림 반군들(MNLF, MILF, BIFF 등)의 무장 투쟁 중단과 기독교와 무슬림의 공존을 위한 평화 운동이 활성화되게 하소서.
3) 마귄다나오 종족 입양을 위한 현지 교회의 적극적인 참여와 기존 사역들을 위한 실제적인 연합 사역이 이루어지게 하소서.
4) 마귄다나오 무슬림 배경 신자(MBB)들을 위한 맴버 케어와 훈련, 그리고 현지 교회들이 무슬림 사역에 동참하도록 깨우는 역할을 하게 하소서.

이승준

Day 56　　2월 25일　　Overseas territories in Indian Ocean

인도양에 있는 해외 영토들

호주의 크리스마스 섬: 2,000명
코코스제도: 600명
허드맥도널드제도: 무인도
영국의 인도양 지역: 3,000명
프랑스의 생폴 섬: 496명
암스테르담 섬: 310명
케르켈린제도: 50-100명
크로제 섬: 18-30명

선교적 필요와 과제

인도양에 위치한 이 작은 이 섬들은 중국계, 말레이계 등 아시아인들이 주를 이루고, 불교와 이슬람이 주요 종교이다. 지리적으로는 동남아에 가까이 있으나 서구 식민지 시절 영국과 네덜란드, 프랑스 등의 영향을 따라 호주 연방에 편입되었다. 차고스 제도의 7개 섬과 주변의 56개 섬은 여전히 영국의 해외 영토이다. 기상 관측 등 연구소 기능을 하는 암스테르담섬과 100명 정도의 연구 인력이 상주하는 케르겔렌 제도는 프랑스령이다. 호주를 비롯한 서구 강대국들의 통치 영역에 속해 있지만 이들을 위한 지원과 배려는 매우 빈약한 가운데 있다. 외로운 망망대해에 홀로 서 있는 이 섬들은 자기들의 지리적 위치나 인종에 상관없이 서구 강대국들에 의해 자기와는 잘 어울리지 않는 이름표들을 달고 있다. 크리스마스섬 등에서 무슬림 비율이 증가하면서 교회에 대한 폭탄 테러가 발생하는 등 종교적 갈등이 높아지고 있는 상황이다.

기도 제목

1) 망망대해의 파도를 헤치고 살아가야 하는 이들이 만물의 창조자를 아는 믿음으로 인해 영적으로 보호받는 나라가 되게 하소서.
2) 테러를 자행하는 무슬림들에게 복음이 증거되고 기독교인의 출산율 증가를 통해 건강한 사회 구조가 형성되게 하소서.
3) 호주와 영국의 통치 아래 있는 교회들이 서구의 쇠퇴하는 기독교의 흐름이 아닌, 영적 회복과 각성 운동으로 새롭게 변화되게 하소서.
4) 다양한 인종이 어울려 살아가는 이들에게 교회가 중심이 되어 사람 낚는 어부들이 될 수 있게 하소서.

최종국

Day 57　2월 26일　Southern Asia

남아시아

네팔
몰디브
방글라데시
부탄
스리랑카
아프가니스탄
인도
파키스탄

선교적 필요와 과제

세계 복음화의 가장 큰 도전은 남아시아 지역이다. 다른 지역보다 미복음화된 개인과 종족 그룹이 더 많다. 종족, 언어, 종교, 사회적 복합층과 카스트 제도 등은 세밀한 접근과 연구 조사를 필요로 한다. 남아시아의 그룹은 크게 세 가지로 분류된다. (1) 드라비디안 종족 이전 그룹은 힌두 카스트 제도에 속하지 않은 종족 그룹으로 빌, 문다-산탈, 오라온, 콘드, 브라후 종족 등이다. (2) 드리비디안 종족은 인도 대륙의 두 번째 정착 그룹이다. 이들이 오늘날 남아시아의 대다수 종족을 구성한다. 말라얌, 타밀, 텔레쿠, 칸나다 언어를 구성하는 종족들이다. (3) 인도 아리안 종족은 3000년 전 북서부 지역에서 인도 대륙으로 유입하였다. 이 그룹은 힌두 종교와 인도 지역을 지배하는 사회 지배층을 형성하고 있다. 또한 인도 경계선 외부의 종족 그룹으로는 페르시아-메대 종족 그룹, 티베트-히말리안 그룹, 동남아시아 그룹 등이 있다. 이 지역에서 가장 복음이 필요한 종족 그룹은 무슬림과 힌두권, 그리고 타밀 분리주의 그룹과 긴 내전을 통해 승리한 스리랑카의 불교도 그룹인 싱할라가 있다. 이 외에 무슬림이 절대적인 구성원을 차지하는 몰디브 종족과 네팔과 히말라야 산 속의 많은 종족들이 있다.

기도 제목

1) 반외국인 정서가 강력한 이곳에 토착민 선교사들이 세워지게 하시고, 디아스포라 남아시아 크리스천들이 본국으로 선교사를 보내는 운동을 하게 하소서.
2) 그리스도인과 교회들이 예배와 증인이 되는 상황화 접근을 통해 토착인으로 받아들여지고, 남아시아에 속한 자국민들로 인정받게 하소서.
3) 현재 인도의 대다수 그리스도인이 낮은 카스트 그룹에 속해 있는데, 가장 특권층인 카스트 그룹에도 복음을 전할 수 있는 길이 열리게 하소서.
4) 반외국인, 반개종 정서로 선교사 추방이 빈번한데, 전방 개척 선교 사역이 전략적으로 이루어져서 정보 및 자료 수집 공유와 전략적 협력을 강화하는 네트워크 연결이 잘 되게 하소서.

최재영

Day 58　2월 27일　The Federal Democratic Republic of Nepal

네팔

언어: 네팔어
종족: 285
인구: 29,137,000명
GDP: 30,641(US$/백만) (0.14%)
1인당 GDP: 1,071.10(US$)

선교적 필요와 과제

중국(티베트)과 인도 사이에 산으로 둘러싸인 히말라야산맥의 국가로, 전체 인구는 29,137,000명(49위)이며, 285종족 가운데 96.5%인 275종족이 미전도 종족이다. 인도 아리안계가 80.6%, 티베트 버마계가 18.8%이며, 공용어로 네팔어를 사용하고 있다. 종교는 힌두교가 87%를 차지하고 있는데, 정령 숭배와 불교가 엉켜있는 혼합주의 양상을 띤다. 불교 인구는 7%로 티베트 버마계 종족 가운데 라마 불교가 지배적이며, 부처가 바로 네팔에서 태어났다. 이슬람교는 4%, 기독교인은 가톨릭을 포함해 1.3%에 불과하다. 인도와 네팔에서 힌두인들의 비율이 너무 크기 때문에 정치 도구화가 오래 지속될 것이다. 주변 강대국인 인도에 속국처럼 지배당하는 분위기에 살고 있다. 고립된 자급 경제로 주요 외화 수입원이 관광과 농업, 구르카 용병에 의존하고 있다. 특히 구르카 용병은 세계적으로 정평이 나 있고, 영국, 인도, 싱가포르, 말레이시아에서 활동하고 있다. 외국에 나가 있는 네팔 근로자들이 인기 있는 직업군에 속한다. 한국에도 네팔 출신 근로자들이 일하고 있다. 수도인 카트만두의 한국어학원들이 설립되어 파견 근로자들에게 한국어를 강습하고 있다.

기도 제목

1) 정치적으로 안정되고, 도시 빈민들이 코로나 위기를 극복하게 하시고, 종교적 자유가 공정하게 이루어지고, 대학 교육을 받은 젊은이들이 일할 수 있는 일자리가 창출되게 하소서.
2) 절대다수 힌두인들이 종교를 정치화하지 않게 하시고, 우상 숭배가 만연한 곳에 주의 복음의 씨앗이 뿌려져 힌두교와 카스트 제도하에서 억눌린 영혼들이 예수께로 나오게 하소서.
3) 복음이 전해진 곳에 영적 환경이 변화되고 치유되게 하시고, 작은 교회들이 연합하여 부흥의 전진 기지가 되고, 목회자와 성도들이 복음 중심의 삶을 살아가게 하소서.
4) 복음 전파가 미미한 미전도 종족들에게 선교적으로 다가가게 하시고, 외국에 사는 네팔 군인과 근로자들에게 복음이 전해져 귀국 후에 그들이 기독교 지도자로 세워지게 하소서.

김성욱

Day 59   2월 28일   Tharu

네팔-타루

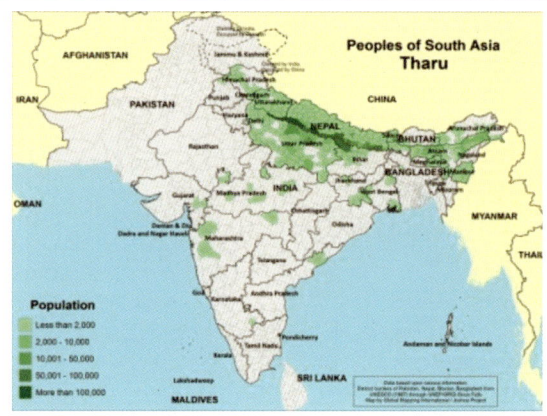

인구: 1,730,000명
종족: 타루족
언어: 타루어 외
종교: 힌두교, 불교, 정령숭배
복음화율: 0.51%

선교적 필요와 과제

네팔 인구의 6.6%를 차지하는 173만 명의 타루 종족은 네팔 종족 가운데 미전도 종족으로, 정치 사회적으로 소외되고 고립된 종족이다. 이들은 주로 네팔 서남부의 산악 지역을 중심으로 분포하고 있다. 타루 언어를 사용하는 몇 부족을 제외하고 여러 지역에 흩어져서 살고 있는 타루족은 동네마다 서로 다른 방언을 사용하고 있다. 네팔 정부에서 그들이 살던 지역인 치트완(Chitwan)을 국립 공원화하면서 그 지방에서 소수 민족들이 축출당하고 강제 이주 당하는 어려움을 겪기도 하였다. 얼마 전까지 타루족은 외부와 접촉보다는 동족 중심의 사회를 구성하고 동족 결혼 제도를 유지하였다. 이들은 숲을 배경으로 이동 농법으로 경작하고 있다. 벼농사를 위주로 다양한 곡물, 옥수수, 렌틸(lentils)콩 재배와 야생 동물 사냥을 통해 식생활을 이어가고 있다. 오늘의 글로벌 시대에도 불구하고 타루 종족은 외부와의 접촉보다는 종족 중심의 사회를 영위하고 있다. 힌두교와 불교 외에도 자연환경에 따라 전통 종교로 숲속의 신들을 숭배하며 살고 있으며, 부유한 자들 가운데 일부다처제도 관습적으로 시행되고 있다.

기도 제목

1) 네팔과 인도의 힌두 사회 속에서 하나님의 공의와 은혜가 소수 민족인 타루 종족에게 임하게 하소서.
2) 전통적인 힌두교가 대부분인 타루 종족에게 복음 전도가 활발하게 일어나게 하소서.
3) 네팔의 기독교가 부흥함에 따라 소수 민족인 타루 종족 교회가 부흥케 하소서.
4) 미전도 종족 중심의 선교가 활성화되어 타루족의 선교가 지속적으로 이루어지게 하소서.

김성욱

Day 60   3월 1일   Newar

네팔-네와르

인구: 1,261,000명
종족: 네와르
언어: 네팔리(Nepali),
       네와르(Newar, Nepal Bhasa)
종교: 힌두교
복음화율: 0.91%

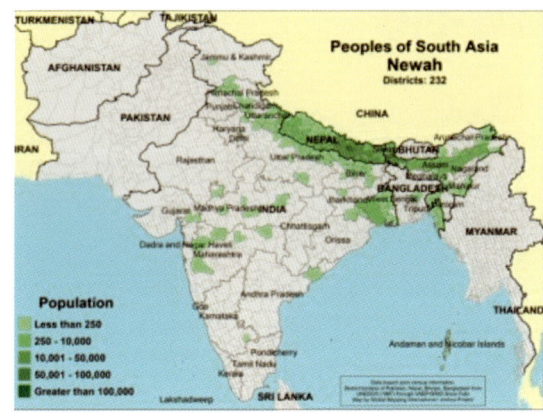

선교적 필요와 과제

네와르(Newar) 또는 네와(Newah)족이라 한다. 주로 카트만두 계곡 주변에 거주하지만, 인도(165,000명), 부탄(3,600명), 방글라데시(1,300명) 등에도 살고 있다. 네와르어는 산스크리트어나 힌디어처럼, 데바나가리(devanagari) 문자를 쓴다. 다수(83.2%)가 힌두교도지만, 교리보다 불교와 혼합된 힌두 전통을 중요시하고, 힌두교와 불교 상징물들이 많이 세워져 있다. 다신론적 믿음을 가지고 있지만, 시바(shiva)신을 주로 섬기고, 악령, 혼령, 귀신, 무당 등도 믿는다. 카스트에 기반한 사회 구조로, 동일 카스트 안에서 결혼하며, 부모가 자녀의 배우자를 정한다. 카스트를 거스르는 혼인은 잘 받아들여지지 않는다. 소년들은 아버지의 직업을 승계한다. 카트만두 계곡이 인도와 티벳을 잇는 주요 무역 통로이므로, 상업에 종사하는 이들이 많다. 수도라서 공무원들이 많고, 에베레스트 입구에 위치해 관광업에도 많이 종사한다. 자신들이 네팔의 문화, 종교, 문명을 책임지고 있다는 자부심이 크다. 최근 사회 전반에 변화의 물결이 거센데, 그들의 언어가 사라지고 있는 것이 한 예다. 17세기에 가톨릭이 들어왔으나 기독교인은 1%도 되지 않고, 교회도 거의 없다. 이들을 위한 사역자도 거의 없는 미전도 종족이다.

기도 제목

1) 네와르족이 자부심을 갖는 자신들의 종교와 전통문화가 변화의 물결에 흔들리고 있는데, 이런 변화의 기회를 통해서 복음을 듣고 반응하는 사람들이 많아지게 해 주소서.
2) 힌두교와 불교, 그리고 이들을 혼합한 전통문화가 네와르족의 영적 세계를 지배하고 있는데, 네와르족이 복음을 들을 수 있는 환경이 만들어지게 하소서.
3) 세워진 작은 교회들이 성장하게 해 주시고, 소수의 그리스도인들이 담대하게 복음을 전하게 해 주소서.
4) 창의적인 방식으로 네와족에게 복음 전할 방법을 찾게 하시고, 네와족을 품고 기도할 기도 사역자들, 복음의 씨앗을 심으며 사역할 선교사들을 보내주소서.

YSung

Day 61　3월 2일　Republic of Maldives

몰디브

언어: 디베히어
종족: 7
인구: 541,000명
GDP: 5,729(US$/백만) (0.03%)
1인당 GDP: 10,790.50(US$)

선교적 필요와 과제

인도양의 1200개의 작은 섬과 산호로 구성되어 있고, 약 54만 명의 인구로 구성된 소국이다. 인구 밀도가 세계에서 2위가 되는 수도 말레에 대다수 인구가 밀집되어 있다. 포르투갈, 화란, 영국의 지배를 받은 몰디브는 1887년에 영국의 보호령이 되어, 영국의 승인 하에 이슬람 술탄을 세웠고, 1953년에 영국은 몰디브 공화국을 세웠으며, 1954년에 술탄은 절대적 권력을 가지게 되었다. 1965년 몰디브는 독립국이 되어 이슬람 술탄의 정치 체제를 가졌고, 1978년에 대통령제로 전환하여 선출된 압둘 가윰이 30년 장기 집권을 하였다. 2013년 압둘 가윰의 사촌 야민 압둘 가윰이 피선되어, 사우디아라비아의 재정 지원을 얻는 정책을 펼치고 있다. 또한 극단적 이슬람 세력의 진지가 되어 200명의 몰디브인들이 이슬람 극단세력 IS에 가입해 시리아 내전에 참여하기도 했다. 몰디브에서 가장 가까운 위치에 있는 스리랑카에 약 4천 명의 몰디브인들이 거주하고 있다. 이들이 몰디브를 떠난 큰 이유는 높은 실업률과 지속적인 빈곤 때문이다. 몰디브인의 99%는 이슬람이며, 스리랑카의 75%는 불교이다. 정치적, 경제적, 종교적 이유로 인해 두 나라 국민 사이에는 마찰이 발생하고 있다.

기도 제목

1) 이슬람 무장 단체가 지닌 문제들이 몰디브인들에게 성경을 통해 참된 의로움과 거룩함을 추구하는 동기가 되고, 그리스도를 따르는 강력한 제자 훈련 운동이 일어나게 하소서.
2) 이슬람 외 다른 종교로 개종하면 시민권을 박탈당하는 상황과 배신에 대한 위험 때문에 기독교인들끼리 교제를 두려워하고 있는데, 신자들이 박해를 잘 이겨내게 하소서.
3) 기독교 행사에 타종교인을 초청하거나 기독교 문서를 배포하는 것도 금지하는 등 사탄의 강력한 진지와 같은 곳에 극적인 변화가 일어나게 하시고, 차별법이 폐지되게 하소서.
4) 디아스포라 몰디브인들에게 복음을 듣는 기회가 주어지고, 몰디브 모국어로 성경과 복음 문서가 보급되어 그리스도를 따르는 공동체 교회가 세워지게 하소서.

최재영

Day 62 3월 3일 People's Republic of Bangladesh

방글라데시

언어: 벵골어
종족: 331
인구: 164,690,000명
GDP: 302,571(US$/백만) (1.41%)
1인당 GDP: 1,855.70(US$)

선교적 필요와 과제

기독교인은 통계적으로 방글라데시 전 인구(Worldometer 2020년 12월 현재 164,689,383명)의 0.3%(Joshua Project 통계, 현지에서는 약 백만 명으로 추산) 정도로 파악되며, 가톨릭, 침례교, 하나님의 성회 등이 주류 교단을 형성하고 있다. 무슬림의 개종과 지속적 전도 및 기독인 자연 출산 영향으로 기독교인들이 연 3.6%씩 증가하고 있다. 인구의 86.9%가 되는 무슬림들의 직간접적인 영향으로 기독인들은 자신들의 분명한 정체성을 드러내지 못하고 상호 충돌이 없기를 바라는 신앙 형태를 보인다. 비록 소수 종교인으로서 단결된 모습은 보이지만, 사회 전반적인 영역에 협력과 영향력이 그리 크지 않다. 이러한 상황 가운데서 이슬람교와 힌두교의 영향으로 인해 혼합된 기독교 복음의 각성과 정화 작업이 요청된다. 이를 위해 말씀 운동과 훈련이 각종 신학교와 교회에서 이뤄져야 한다. 90.3%의 미전도 종족(총 331종족 중 299종족)의 복음화에 대한 거룩한 부담이 있다. 이를 위해 교회/교단의 연합 선교 전략에 동역이 요청된다.

기도 제목

1) 정부의 부패와 부정이 청산되고, 생업의 기회가 청년들에게 공평히 적용되고, 진행되고 있는 사회 전반적 인프라 구축을 통해 복음 전파가 더 가속화되게 하소서.
2) 무슬림들과 15세 이상의 26.1%의 문맹자들에게 지식의 필요를 채우고, 국제 지도자로 유도하는 문화 교육 프로그램을 제공하여 기독교에 대한 우호적인 접촉이 되게 하소서.
3) 기독인들이 정체성을 회복하고, 사랑의 실천자로 서게 하시고, 변화된 삶과 말씀을 이웃에게 나누게 하소서.
4) 선교사들의 협력 사역을 통하여 건전한 교회가 설립되고, 신실한 목회자와 평신도가 세워지고, 수적으로 질적으로 성장하여 서남아시아 국가에 선교하게 하소서.

이계혁

Day 63 3월 4일 Chittagong Hilltracks

방글라데시-치타공 힐트랙

인구: 33,405,000명
종족: 짜끄마, 착, 무르족 외
언어: 짜끄마어 외
종교: 불교, 힌두, 무슬림,
복음화율: 3.3%

선교적 필요와 과제

Joshua Project 2020년 통계에 의하면, 기독교인은 짜끄마(Chakma 족: 434,000명)의 15.13%, 착(Chak족: 3,000명)의 0.73%, 그리고 무룽(Mru족: 32,000명)의 4.38%로 파악되고 있다. 치타공 힐트랙에 있는 이 세 종족은 주 종교가 불교이며, 미전도 종족으로 남아 있다. 이러한 상황 가운데서 교회는 불교를 신봉해온 이들에게 복음을 전해야 하는 강력한 도전에 직면해 있다. 특히 혼합된 복음에서 성경적 복음으로 전환이 요청된다. 이 과제를 위해 여러 신학교와 교회의 역할이 절실하게 필요한 상황이다. 3개의 미전도 소수 종족에 쏟은 수고가 종족 복음화로 열매맺기를 기도하자. 이를 위해 30여 교회의 지도자들과 성도들이 주체적으로 참여하는 현지 교회들의 연합이 강력히 요청된다. 선교사는 현지 교회 앞에 영적 부흥과 각성을 위한 불쏘시개로서의 역할을 잘 감당해야 한다.

기도 제목

1) 1997년 힐트랙 토착인과 정부 간 서명한 토지에 대한 거주와 권리 보장을 위한 평화협정이 제대로 지켜지지 않는 상황인데, 토착인들과 정부 간의 참된 평화가 정착되게 하소서.
2) 헌법에 명시된 종교의 자유가 이뤄지게 하시고, 다양하고 독특한 전통문화와 종교가 평화로운 복음증거를 막지 않도록 하소서.
3) 교회 사역자들이 단순한 직업인이 아니라, 하나님의 소명을 받은 사명자임을 깨닫게 하소서.
4) 방글라데시 교회가 주인 의식으로 각성하여, 유사 문화권인 서남아시아 일대 선교에 동참하게 하소서.

정익모

Day 64 3월 5일   Chakma

방글라데시-짜끄마

인구: 434,000명
종족: 짜끄마족
언어: 짜끄마어
종교: 불교
복음화율: 15.13%

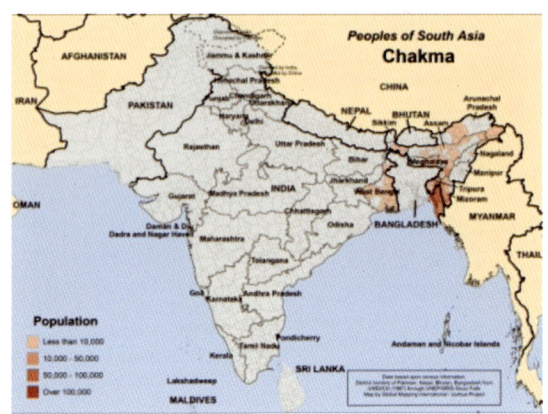

선교적 필요와 과제

약 430,000명의 짜끄마 부족민은 방글라데시 동남쪽 산지 지역에 살고 있다. 미얀마 계통의 인종으로 자기들만의 언어와 글자를 가지고 있다. 이들 중에 거의 90% 이상이 불교도이다. 짜끄마 부족이 사는 지역은 이전부터 항상 독립을 꿈꾸며 살아왔기 때문에 1970년대 중반부터 독립을 열망하는 게릴라군이 형성되어 정부군과 크고 작은 마찰을 빚고 있다. 특히 정부의 지원을 받는 UPDF(United People of Democratic Front)와 부족민을 대변하는 JSS(Jonno Sonhoti Somity), 이 두 단체 모두 부족민들을 위하지 않고, 납치와 돈을 요구하는 등 평화를 깨는 일에 앞장서고 있다. 많은 무슬림 벵골족 사람이 정부 정책으로 이곳으로 이주해왔고 방글라데시 정부군도 함께 주둔하였다. 이로 인하여 원주민이 땅에 대한 권리를 보장받지 못하고, 정부에 의해 강제 이주를 당하는 일들이 일어나면서 더욱 위기감과 갈등이 야기됐다. 영국과 미국 침례교 선교사들에 의해 복음을 받아들였으나 그들이 철수한 후 대부분이 다시 불교로 돌아갔다. 이후 정치, 사회적 문제로 선교사가 거주하지 못하고 소수의 현지 목회자와 단체들만 사역하고 있는데 이들을 중심으로한 전도 방법을 모색해야 할 때이다.

기도 제목

1) 1997년 맺은 정부와의 평화 협정이 잘 지켜지고, 이주해 온 무슬림 벵골족 사람들과 원주민들이 서로 평화롭게 권리를 누리며 안전한 삶을 살아가게 하소서.
2) 약 90%가 불교도인 짜그마족이 전도자들이 전하는 복음에 귀를 기울이고 마음을 열어 길과 생명이신 주께 돌아오게 하소서.
3) 여러 교회가 하나 되어 지역에 빛과 소금이 되며, 구원의 방주로서 사명을 잘 감당하고, 청소년들에게 복음을 증거하게 하소서.
4) 여러 선교 단체가 지역 교회와 하나 되어 청소년과 목회자들을 훈련하고 양육하여 효과적인 사역을 펼칠 수 있게 하소서.

이경엽

Day 65　3월 6일　　　　　　　　　　Bangladesh Muslim

방글라데시-무슬림

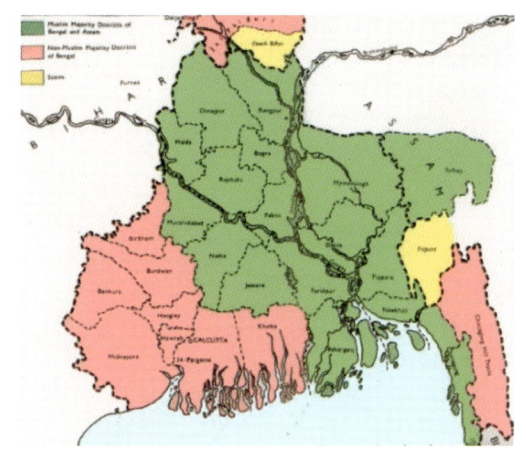

인구: 150,000,000명(86.6%)
종족: 벵골인
언어: 벵골어
종교: 이슬람

선교적 필요와 과제

현 정부는 세속주의 노선을 지향하고 있다고 하지만, 헌법에는 이슬람의 핵심적인 정신이 명확하게 드러난다. 교육 정책에도 이슬람 편향적인 교육 과정이 드러나고 있다. MBC(무슬림 배경 기독교인)들은 이슬람과의 혼합주의적인 모습을 보인다. 경제적으로 각종 대규모 프로젝트와 고속도로 건설이 진행되고 있어 국민들의 사기가 진작되고 있지만, 정부 관료들의 부패는 경제 개발의 큰 방해 요소로 작용한다. 먼저 무슬림 배경의 기독교인들이 혼합주의적 신앙에서 벗어나 무엇이 성경적 복음인지 알도록 가르치는 것이 필요하다. 이를 위해 십자가 신학을 바르게 가르치는 신학교와 바른 복음을 전하는 교회의 역할이 무엇보다 중요하다. 인프라 구축 사업이 시행되면서 국가적인 발전 전망이 보이지만 부정부패가 사회 전반에 만연하여 있다. 이를 개선하기 위해서는 교회가 도덕성을 지닌 정직한 성도가 되도록 가르치고 양육해야 한다. 통신 수단을 통한 복음 전파에 교회 및 교단이 연합하여 선교 전략을 수립할 필요가 있다. 현상 유지에만 급급한 현지 교회가 미래의 선교 비전을 가질 수 있도록 가르치고, 격려하고, 모범을 보이는 성숙한 선교사가 더 많이 필요하다.

기도 제목

1) 종교의 자유가 이뤄지고, 무슬림에 치우치지 않은 정당한 교육 정책이 실현되고, 국내외 여행이 원활해져 복음 전파가 활발해지고, 관료들의 부정부패가 근절되게 하소서.
2) 무슬림과의 혼합 노선을 취하는 손쉬운 타협이 아닌, 순수한 복음으로 무슬림의 강력한 도전과 핍박 그리고 MBC를 재개종시키려는 세력에 견고하게 맞서게 하소서.
3) 교회가 고난과 도전을 이기는 능력을 받고, 성도의 제자화를 선교 우선순위로 두고 준비하게 하소서.
4) 이전에 뿌려진 복음의 터를 회복하고, 차세대를 양육하고, MBC의 제자화를 이루게 하시고, 담대하게 기독 신앙을 변증할 수 있는 능력을 주소서.

Ayub

Day 66　3월 7일　　The Kingdom of Bhutan

부탄

언어: 종카어
종족: 76
인구: 772,000명
GDP: 2,447(US$/백만) (0.01%)
1인당 GDP: 3,243(US$/2018)

선교적 필요와 과제

남아시아의 히말라야 산맥 한가운데에 자리잡은 강력한 불교 국가로, 북쪽은 중국의 티베트, 다른 면은 인도와 국경을 접하고 있다. 티베트 태생이 인구의 약 50%, 네팔인 35%, 토착민과 소수 민족이 15%를 차지한다. 공용어는 종카어(Dzongkha)이지만, 한때 영국의 보호국이었기 때문에 학교, 대학, 정부 관리들 사이에서 영어가 널리 사용되고 있다. 티베트를 점령한 중국과는 적대적이지만, 인도와는 좋은 관계를 유지하고 있다. 인도로부터 매년 무상으로 경제 지원금을 제공 받고 농작물이나 생필품도 인도를 통해 수입한다. 국법으로 종교의 자유를 표방하지만, 불교 이외의 다른 종교를 가진 사람은 차별받기 쉽다. 2.5%에 불과한 기독교인에 대해 배척 사례가 보고되고 있고, 개종, 성경 출판, 기독교 건물 건축이나 선교 활동이 금지되어 있다. 따라서 가정 교회 형태로 예배하고 교제하는데, 문제는 신학 훈련을 받은 목회자가 드물어 혼합주의나 기복주의 신앙으로 빠질 가능성이 다분하다. 기독교가 전파되면서 문화와 생활에 긍정적인 변화도 이끌고 있는데, 가난한 사람들에게 큰 부담이 되었던 49일 불교식 장례 의식 대안으로 간단한 기독교식 장례가 소개되어 일부 지역에서 적극적으로 시행하고 있다.

기도 제목

1) 가난해서 인도에 절대적으로 의존하고 있지만 영적 가난함은 오직 복음으로만 해결될 수 있음을 왕과 의회 그리고 부탄인들 모두가 깨닫게 하소서.
2) 불교도들에게 복음을 전하는 것이 불법이므로 복음을 듣지 못하는 이들이 많은데, 유일한 구원자이신 예수님을 자유롭게 믿고 영접하는 길이 열리게 하소서.
3) 부탄에 있는 목회자들이 더욱 믿음으로 교회를 섬기고, 신학생들이 바른 신학에 기초한 목회자가 되어 부탄으로 돌아가서 가정교회를 잘 세우게 하소서.
4) 기독교 NGO들이 인도의 국경 도시인 자이가온을 오가는 부탄인들에게 적극적으로 복음을 증거하고, 젊은이들이 국경 도시를 방문할 때마다 복음을 듣게 하소서.

김광배

Day 67 3월 8일 Democratic Socialist Republic of Sri Lanka

스리랑카

언어: 싱할라어, 타밀어
종족: 174
인구: 21,414,000명
GDP: 84,009(US$/백만) (0.39%)
1인당 GDP: 3,853(US$)

선교적 필요와 과제

"인도양의 진주"인 스리랑카는 솔로몬 왕이 다시스로부터 수입한 상아, 공작새, 귀금속을 생산한 나라이다. 아랍 상인들에게는 해양 실크로드로 "세렌딥"으로 불렸다. 스리랑카인의 99%는 종교가 자신의 삶에서 중요하다고 믿는다. 그러나 종교와 문화를 보존하려는 노력에도 불구하고 알코올 중독, 마약, 자살, 폭력 및 강간의 증가는 스리랑카의 종교적 신념 체계의 위기를 드러내고 있다. 심각한 소득 불평등과 일자리 부족으로 해외에서 일자리를 찾고 있다. 종족 간 갈등으로 1983년부터 2009년까지 발생한 내전은 종교적, 인종적 분열을 심화시켰고, 다수 종족인 싱할라족의 불교는 국가 종교로서 보호 장려되며, 소수 종교에 대한 억압과 폭력과 박해는 끊임없이 발생하고 있다. 따라서 기독교는 종족 간의 갈등과 분열을 치유하며, 모든 종족을 제자화하기 위해 모든 마을마다 전략적이고 계획적인 방식으로 복음을 전하고 교회를 세우는 선교적 과제를 갖고 있다. 교회와 선교 지도자들은 종족을 넘어서 적극적인 협력과 갱신된 관계를 통해 스리랑카 교회 전체를 선교 동원하며, 제자 삼는 선교 과제를 완수하기 위한 동기부여가 필요하다. 스리랑카에서 교회 개척 운동은 여전히 시급성을 갖는다.

기도 제목

1) 해외에서 일하는 스리랑카 노동자들을 향한 복음 전도의 문이 열리고, 건강한 토착 교회가 세워져 공동체 이슈에 대해 복음적 사회 참여가 이루어지게 하소서.
2) 종교적 박해와 치유 사역과 물질적 축복만을 강조하는 왜곡된 복음에서 영적으로 승리하고, 기독교 세계관의 패러다임과 선교 퍼스펙티브가 정립되게 하소서.
3) 다원 종교 사회 속에서 소수 기독교가 복음을 변증하고, 기독교 세계관을 실천해 갈 기독교 지성인을 배출하고, 제자도 훈련을 통한 변혁 세력을 준비하게 하소서.
4) 코로나19로 인한 비대면 사역을 위해 필요한 훈련과 온라인 사역 접근을 위한 장비가 준비되고, 종족 그룹과 모든 지역에 교회 개척 목표가 시행되게 하소서.

최재영

Day 68　3월 9일　Tamil

스리랑카-타밀

인구: 3,800,000명
종족: 타밀족
언어: 타밀어
종교: 힌두교
복음화율: 7%(스리랑카 전체)

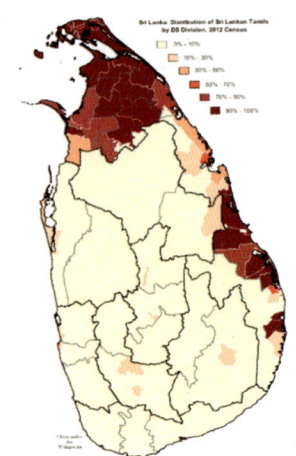

선교적 필요와 과제

스리랑카 타밀은 스리랑카 전체 인구 중 18%를 차지한다. 스리랑카 타밀인의 70%는 북부와 동부 지역에 거주한다. 기원전 2세기 인도에서 건너온 종족으로, 고대 쟈프나 왕국의 거주민으로 힌두교 신앙인이다. 스리랑카 기독교인 중 타밀족이 가장 많다. 식민지 기간에 쟈프나 지역에서 미션 스쿨이 집중적으로 개발되어 서구 교육을 받은 학생들이 배출되고, 인도, 말레이시아, 싱가포르 등 지역에 식민지 정부 공무원으로 등용되었다. 1948년 독립 후 스리랑카는 다수 종족 싱할라족과 소수 종족 타밀족 사이에 긴장 관계가 형성돼 종족 내전으로 종국을 맞이하였다. 내전으로 인해 1/3이 인도, 호주, 유럽, 캐나다 등의 나라에 난민으로 이주하였다. 이들이 직면한 박해와 차별은 자신을 스리랑카인 정체성보다는 타밀인 정체성을 강조하게 했다. 스리랑카 타밀의 80%는 힌두교도이고, 다음으로 가톨릭이며, 마지막으로 소수 기독교인이다. 스리랑카에는 스리랑카 타밀과 인디언 타밀이 있다. 인디언 타밀은 19세기 타밀나두에서 스리랑카 차 플랜테이션의 노동자로 이주해온 자들이다. 그 외에 타밀어를 사용하며 이슬람 신앙을 가진 무슬림이다. 이들은 타밀 종족이지만 종교적 분리 그룹으로 무슬림으로 구별된다.

기도 제목

1) 스리랑카 타밀인들이 오직 한 분 참되신 창조주 하나님을 아는 믿음의 자리에 나아오고, 다신론을 수용하는 힌두교 신앙 체계 안에서 참되신 한 분 하나님을 믿게 하소서.
2) 해외 디아스포라 스리랑카 타밀 크리스천들이 본국의 복음화를 위한 선교 동원이 활발히 일어나고, 신학적으로 건전한 신앙을 전달하는 통로 역할을 하게 하소서.
3) 종족의 벽을 비롯해 싱할라족 불교도와 타밀족 무슬림에게도 복음을 전하는 선교 사역자들이 일어나고, 언어와 종족, 종교의 장벽에 복음의 다리를 놓는 타밀 교회가 세워지게 하소서.
4) 타밀 교회 지도자 양성과 목회자 신학 훈련을 통해 선교적, 통합적, 지성적인 역량을 갖춘 지도자가 배출되고, 건강한 타밀 토착 교회가 세워져 커뮤니티 발전 역할을 감당하게 하소서.

최재영

Day 69　3월 10일　Islamic Republic of Afghanistan

아프가니스탄

언어: 파슈토어, 다리어
종족: 72
인구: 38,929,000명
GDP: 19,101(US$/백만) (0.09%)
1인당 GDP: 520(US$)

◆ 선교적 필요와 과제

1973년 아프간 자히르왕이 쫓겨난 후, 1979년에 이란 팔레비 왕조처럼 공화국이 세워졌다. 국제 사회와 교류했고, 현대화와 여성 참정권과 교육이 보장되었다. 1978년 쿠데타로 세워진 공산 정부 안에서 다시 쿠데타가 일어나자, 1979년 소련이 침공하여 새 지도자를 세웠다. 이때 미국, 파키스탄 등의 지원을 받은 무자히딘이 소련과 전쟁을 벌였다. 1989년 소련이 철수했고, 1992년 이슬람 국가가 세워졌다. 혼란기를 거쳐, 1996년 탈레반 신정 국가가 세워졌다. 알카에다와 손을 잡자, 2001년 미국이 탈레반을 축출했고, 2004년 투표를 통해 이슬람 공화국이 세워졌다. 파슈툰(32%), 타지크(27%), 우즈베크(11%) 등의 종족들이 권력을 분점하여, 정부 구조가 취약하다. 건재한 탈레반이 현재 나라의 17-18%를 관할하고 있으며, 48%에서는 지배권을 다투고 있다. 그들은 정부의 부패와 무능, 외세 배격 등을 내세우며 영향력을 유지한다. 외국의 원조와 세계 시장의 90%를 차지하는 아편이 경제적 기반을 이룬다. 두려움과 공포로 영역을 넓히고 있는 이슬람 테러 단체 다에시(아프간 IS)도 있다. 0.1%의 기독교인이 있지만, 신앙을 드러낼 수 없다. 위험하기 때문에 당연히 직접적인 선교 사역도 어렵다.

◆ 기도 제목

1) 2020년 2월에 미국과 탈레반이 맺은 평화 협정과 2021년 1월 현재 진행되는 아프간 정부와 탈레반의 협정이 잘 마무리되어 40년 전쟁이 끝나고 복음에 열린 문화로 변화되게 하소서.
2) 이슬람이 종족 문화화되어 개종이 거의 불가능한데, 이제 3백만 명의 난민들이 새롭게 정착하며 새로운 질서가 만들어질 때, 아프간에 종교와 양심의 자유가 주어지게 하소서.
3) 지금은 예배할 교회가 없고, 성도들이 예배할 자유도 없지만, 이 땅에 예배와 신앙의 자유가 주어져, 숨어 있던 성도들도 마음껏 예배할 교회들이 많이 세워지게 하소서.
4) 이 땅을 품고 기도하는 기도 선교사와 직간접적으로 복음을 전하며 교회를 세울 수 있는 선교사들을 많이 보내 주셔서 복음의 불모지가 복음이 비옥한 땅이 되게 하소서.

조성헌, YSung

Day 70　3월 11일　　Southern Uzbek

아프가니스탄-우즈베크

인구: 4,358,000명
종족: 우즈벡
언어: 남우즈벡, 다리어
종교: 이슬람
복음화율: 0.01%

선교적 필요와 과제

러시아가 37년(1839-1876) 전쟁을 통해서 중앙아시아를 정복했다. 그 후 우즈베키스탄의 북부 우즈베크족과 아프간의 남부 우즈베크족은 문화가 달라졌다. 같은 언어를 쓰지만 남 우즈베크어는 단어, 문법, 문자(아랍)가 북부와 다르다. 우즈베크족은 아프간의 북서 지역에 밀집해 있다. 남부와 북부를 잇는 교통 요지이며, 소련과 탈레반의 이동 루트였던 쉐벨간(Shebergan)과 마이마나(Maymana) 지역에 많이 산다. 우즈베크족(11.2%)은 아프간의 3대 종족이다. 종족에 대한 자부심과 종족 내 단결력이 강하다. 소련과 싸웠던 무자히딘 출신 장군 도스툼(Abdul Rashid Dostum)이 종족의 주요 지도자다. 2016년 그가 정부의 제2 부통령이었을 때, 범죄 혐의로 나라 안팎의 거센 비판을 받았다. 그 후 1년 이상 터키에 도피해 있었지만 기소되지 않았고, 2020년 7월 복권되어 정부군의 원수로 추대되었다. 지금도 파슈툰족과 타지크족 정부와 함께 협조하면서도 독자적인 군사력과 자치권을 갖고 있다. 종족 간에는 우즈베크어를 쓰지만 공용어인 다리어도 사용한다. 복음서가 아프간 남우즈베크어로 번역되었고, 예수 영화도 만들어졌다. 하지만 우즈베크 종족 가운데 기독교인은 0.01%에 불과하다.

기도 제목

1) 부족 간의 협력 필요성과 탈레반의 위협 등으로 인해 정부 구조가 취약한데, 우즈베크족이 정의와 공의에 기반한 조정자가 되어, 아프간이 복음에 열린 자유로운 나라가 되게 하소서.
2) 지금은 우즈베크족 가운데 예수님을 그리스도로 고백한 사람들이 거의 없는데, 난민 출신 우즈베크인들 가운데 복음을 듣고 믿는 자들이 많이 나오게 하소서.
3) 나라 안팎의 우즈베크인들이 복음을 듣고 건강한 교회를 세우게 해 주시고, 성령께서 우즈베크족의 마음을 열어주셔서 복음의 문이 활짝 열리게 하소서.
4) 다리어 성경과 인터넷 방송 등을 통해 예수님을 믿는 자들이 있게 하시고, 이 땅을 품고 기도할 기도 선교사와 복음을 전해 교회를 세울 열정적인 선교사들이 일어나게 해 주소서.

허보통, YSung

Day 71 3월 12일   Hazara

아프가니스탄-하자라

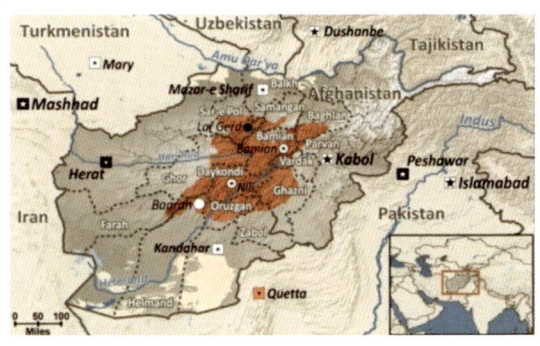

인구: 3,891,000명
종족: 하자라
언어: 다리어, 하자라지, 파스토
종교: 이슬람
복음화율: 0.03%

선교적 필요와 과제

몽골과 튀르크의 혼혈족이다. 중부 지역의 바미얀(Bamyan)이나 마자르이(Mazari Sharif) 등이 주요 도시다. 상대적으로 개방적이어서 여성이 비교적 자유롭다. 아프간의 장과 같은 도시들이다. 거친 산이 많은 아름다운 산악 지대다. 종족 언어인 하자라지(Hazaragi)가 있지만, 다리어와 유사하여 다리어를 더 많이 쓴다. 민족적 편견과 종교적으로 이단 취급을 받는 시아파 무슬림이기 때문에 많은 박해를 받아왔다. 19세기 전까지, 하자라족은 가장 큰 종족이었다. 세 차례의 봉기가 실패한 후(1888-1893), 60%의 하자라족이 죽임을 당하거나 이란이나 파키스탄 퀘타 지역 등으로 쫓겨나 현재는 전체 10%의 4대 종족이다. 탈레반이 권세를 잡았을 때도, 이들에 대한 인종 청소형 학살이 계속되었다. 하자라족 난민들이 많다. 하지만 2021년 현재 제2 부통령(Sarwar Danish)이 하자라 출신이다. 디아스포라와 난민으로 이란(392,000), 파키스탄(263,000), 유럽 등에도 흩어져 있다. 기독교인 인구가 0.03%에 불과하지만, 아프간 주요 종족 중에서는 그 비율이 가장 높다. 복음에 가장 우호적인 반응을 보이고, 복음을 중심으로 한 모임도 은밀하게 시작되고 있다.

기도 제목

1) 지금도 탈레반의 위협과 핍박을 받는 하자라족 사람들이 아프간에 새로운 문화의 통로 역할을 하는데, 이들이 아프간을 복음으로 변화시킬 중추 세력이 되게 하소서.
2) 하자라족 난민들이 새롭게 정착하면서 이들이 종교와 양심의 자유를 획득할 수 있는 기회를 얻게 하소서.
3) 하자라 난민들과 하자라 디아스포라들이 온라인 모임, 인터넷 방송 등을 통해 잘 양육되게 하시고, 이들이 아프간 전역에 교회를 세우는 중추적 역할을 하게 하소서.
4) 디아스포라 하자라족과 본토의 하자라족들을 위한 교회들이 많이 세워지고, 이들을 품고 기도할 기도 헌신자들과 선교사들이 많이 세워지게 하소서.

허보통, YSung

Day 72   **3월 13일**   **Turkmen**

아프가니스탄-투르크멘

인구: 2,171,000명
종족: 투르크멘
언어: 투르크멘, 다리어, 파스토
종교: 이슬람
복음화율: 0.00%

선교적 필요와 과제

터키의 투르크족과는 다르지만, 투르크메니스탄의 투르크멘족(5백만 명)과 같다. 투르크메니스탄 국경 도시 앤코이(Andkhoy), 모가브(Morghab) 등에 살며, 투르크메니스탄과 검은 사막, 칼라쿰(Karakum)을 공유하고 있다. 가부장적 씨족 사회. 아프간의 5대(5.6%) 종족이다. 이슬람이 문화화되어 개종이 어렵다. 마술, 악마의 눈(evil-eye, al-ayn) 같은 샤머니즘적 요소가 가미된 순니 무슬림이다. 다른 부족들처럼, 투르크멘족도 북부동맹의 무자히딘이 되어 탈레반과 싸우고 있다. 어릴 때부터 무기에 익숙하다. 고품질 양털과 카펫은 세계적으로 유명하다. 카펫의 십자가 문양은 10세기 후반 이슬람이 들어오기 전, 네스토리우스파 기독교의 흔적이다. 투르크멘어는 터키어와 아제르바이잔어와 가깝다. 동족 간에는 투르크멘어를 쓰지만 공용어인 다리어도 사용한다. 복음서가 투르크멘으로 번역되었고 예수 영화도 만들어졌지만, 아직 투르크멘족 가운데 믿는 자는 없다. 투르크메니스탄의 투르크멘족이 중앙아시아 무슬림 중에서 가장 복음화되어 있지 않은 것처럼, 아프간의 투르크멘족도 아프가니스탄의 다수 종족 중에 가장 복음이 전해지지 않은 복음화율 0%의 미전도 종족이다.

기도 제목

1) 투르크멘족에 정치 사회적 변화가 일어나고 있는데, 복음이 전파될 수 있는 변화도 함께 일어나게 하소서.
2) 지금은 온전한 미전도 종족이지만 4세기에 전해졌던 복음의 불길이 다시 살아나게 하시고, 황무지 같은 사람들의 마음이 부드러워져 복음에 반응하게 해 주소서.
3) 투르크멘족에게 복음을 전할 전도자들을 보내주셔서 이 땅에 투르크멘족들을 위한 교회가 세워질 수 있게 하소서.
4) 다리어로 번역된 성경과 인터넷 방송 등을 통해 투르크멘족들이 복음을 듣게 하시고, 이 땅의 사람들을 품고 기도하며 직접 교회를 세울 수 있는 선교사들을 보내주소서.

허보통, YSung

Day 73 3월 14일   Republic of India

인도-힌디권

언어: 힌디어
종족: 2,717
인구: 1,373,945,000명(인도 전체)
　　　(힌디어 인구 743,040,000명)
GDP: 2,875,142(US$/백만) (13.42%)
1인당 GDP: 2,104.10(US$)

선교적 필요와 과제

인도의 힌디권에는 인도 전체 13억 8천만 명의 40%에 해당하는 5억 5천만 명 가량의 인구가 있다. 델리를 위시한 북인도에 속한 9개 주가 힌디권에 속한다. 힌디권의 복음화율(로마 가톨릭 포함)은 1% 미만이다. 힌디권의 복음 전도에 제약을 주고 있는 것은 카스트 제도로, 그들은 태어나서 죽을 때까지 자신이 속한 계급에서 떠나지 못한다. 하층 카스트에 속한 힌두들(아웃 카스트=불가촉천민)의 유일한 소망은 사후에 높은 카스트로 다시 태어나는 것이다. 그런데 인도 그리스도인의 80%가 낮은 하층계급에 속해 있으므로 힌두들은 기독교를 천민층의 종교로 인식해 개종하지 않으려 한다. 인도는 힌두교, 불교, 자이나교, 시크교 등 4개 종교의 발생지이며, 이슬람교, 기독교, 배화교(조로아스터교), 유대교 등 외래 종교가 공존하는 나라이다. 1971년부터 선교사 비자 발급이 어려워 효과적 선교가 잘 이루어지지 않고 있다. 힌디권 교회의 문제점은 집단 개종으로 숫자는 증가했지만, 개인의 영적 신앙이 매우 불안하다는 점이다. 힌디권은 시골뿐만 아니라 도시도 빈곤과 질병과 주택과 교육 문제가 심각한 수준에 있다. 교회 또한 극빈자층이 대부분이라서 교회의 자립이 어려운 상황이다.

기도 제목

1) 정부 고위 공직자들의 부패가 근절되고, 빈곤이 퇴치되게 하시고, 최근 빈번하게 발생하고 있는 낙살라이터(마오이스트)들의 테러 공격에서 이 지역들을 보호해 주소서.
2) 힌디권 교회와 지도자들이 극단적인 힌두들의 공격을 받아 핍박받고 있는데, 기독교 개종을 강력하게 반대하는 힌두 민족주의가 속히 사라지게 하소서.
3) 힌디권 지역에 많은 교회가 설립되고, 영적으로 부흥되고, 선교적으로 깨어나게 하시고, 교회와 지도자들이 효과적으로 사역을 감당할 수 있게 하소서.
4) 힌두권의 9개 주에 살고 있는 힌두 미전도 종족의 복음화를 위한 적절한 전략과 리더십을 가진 사역자들이 많이 일어나게 하소서.

조은호

Day 74   3월 15일   Kashmiri, Punjabi

인도-카슈미르, 펀자브

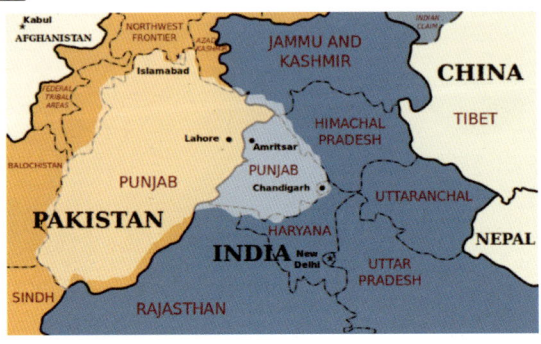

인구: 37,141,070명
종족: 556
언어: 카쉬미르어, 펀자비어, 영어
종교: 이슬람, 시크교
복음화율: 0.7%

선교적 필요와 과제

카슈미르는 인도에서 유일하게 힌두교가 아닌 이슬람 신자가 다수여서 비극적인 고난과 분쟁을 겪고 있다. 이 분쟁은 파키스탄과 인도가 카슈미르 소유를 놓고 싸운 1947년 인도 분할 이후로 거슬러 올라간다. 무슬림이 현저히 많은 이곳에 지배자였던 힌두교 지도자는 이 주를 인도와 합병시키는 쪽을 선택했다. 그러나 이곳을 인도 통치로부터 독립 혹은 파키스탄으로 합병하려는 반군 활동으로 인해 테러와 폭력이 끊이지 않고 있다. 인도는 이 지역에서 파키스탄과 무력 충돌을 벌인 뒤, 작년 8월 잠무-카슈미르주의 자치권을 박탈하고 테러 위험을 막겠다며 집회와 시위 금지, 인터넷 핸드폰 등 통신망 폐쇄 조치를 취했다. 펀자브주는 인구 3100만 명이며, 종족은 517개가 있으며, 기독교는 1.2%를 차지하고 있다. 이곳은 시크 교도의 고향으로, 인도에서 시크 교도가 다수를 이루는 유일한 지역이다. 시크교는 힌두교와 이슬람교가 혼합된 새로운 종교(대략 15세기 후기에 발생)로 교리와 문화가 독특하다. 곡창 지대로 유명한 펀자브 농민들은 최근 중앙 정부에서 제정한 농업개혁법을 반대해 수십만 명이 델리로 나가 고속도로를 점령하는 등 치열하게 시위를 벌이고 있는데 정부와 입장 차이로 협상에 어려움을 겪고 있다.

기도 제목

1) 카슈미르에서 테러와 폭력이 근절되고, 위정자들에게 지혜와 공의가 발휘되게 하시고, 농업개혁법으로 인한 펀자브 농민들과 정부 대립이 지혜롭게 해결되게 하소서.
2) 증오, 유혈, 격변에 지친 많은 무슬림들이 예수 안에서 평화, 희망, 생명을 발견하고, 펀자브 지역에 부흥이 일어나 시크 교도들이 마음을 열고 예수님을 구주로 받아들이게 하소서.
3) 개종으로 인해 가족과 공동체와 마을에서 쫓겨난 신자들이 믿음으로 승리하고, 이단들이 출몰하여 성도들을 미혹하고 있는데, 교회가 진리 위에 바로 서서 말씀으로 잘 양육하게 하소서.
4) 카슈미르 골짜기에서 사역하는 자들의 안전을 지켜주시고, 그들이 지혜롭게 사역을 감당하고, 펀자브 신학교 졸업생들이 교회가 없는 지역으로 들어가 교회 개척 사역에 헌신하게 하소서.

김유니스

Day 75　3월 16일　Gujarati

인도-중서부 구자라트

인구: 130,398,600명
종족: 683
언어: 구자라트 외
종교: 힌두, 불교, 이슬람
복음화율: 0.5%

선교적 필요와 과제

구자라트 개신교 선교 역사는 윌리엄 캐리의 구자라티 성경 번역 이후(1820년), 세람포르에서 수학한 침례교 선교사 C.C. Aratoon이 수라트에 정착하면서(1813년) 시작되었다. 1970년 이후에 각 주요 교단이 서양 선교의 우산 아래서 나오게 되었다. 그러나 여전히 몇몇 대도시와 남부 구자라트를 제외한 곳에는 교회가 거의 세워지지 않았고, 최근 들어 서부 중소 도시에 자국민 선교사들이 복음을 전하고 있다. 구자라트는 언어와 지방색, 외진 위치와 무더운 날씨, 그리고 강한 힌두교(약 90%)를 배경으로 만들어진 반개종법으로 인해 기독교 복음화율은 0.5% 정도에 불과하다. 강화된 비자법은 그나마 미미했던 외국 선교사들의 활동을 더 어렵게 하고 있다. 주류 힌두교의 강한 지지를 받는 BJP 인도 인민당이 장기 집권해 일상은 안정적이다. 반면에 기독교, 무슬림, 하층 카스트, 이주 노동자, 여성과 어린이 등 소수의 사회적 하층 계층과 집단은 그늘 속에 살고 있다. 약 620여 개에 달하는 미전도 종족에게 복음이 전해져야 하며, 이를 위해 현지 교회의 정비와 성장 부흥이 매우 시급하다. 요원해 보이는 자립, 자전, 자치의 날을 위해 세계 교회의 기도 협력과 인적 물적 자원을 동원하는 것도 현실적 과제 중 하나이다.

기도 제목

1) 하나님께서 정치 사회 지도자들의 마음을 녹이셔서 기독교, 무슬림, 하층 카스트, 이주 노동자, 여성과 어린이 등의 계층과 집단에도 자유, 평등, 분배의 정의가 실현되게 하소서.

2) 양심과 신앙의 자유를 가로막는 반개종법이 철폐되어 누구나 구원의 하나님을 기쁨으로 섬길 수 있게 하소서.

3) 하나님의 자비와 긍휼하심이 화석화되고 분열된 교회 위에 부어지고, 하나님의 사랑이 박해와 가난 가운데 있는 성도들을 위로하시고, 천국 소망으로 충만하게 하소서.

4) 복음을 전혀 들어보지 못한 사람들(50%)에게 하나님의 마음을 가진 일꾼들을 보내주시고, 교회가 세워지고 사역자가 양성돼 구자라트가 2% 이상 복음화되게 하소서.

THOMAS LEE

Day **76**   3월 17일   Karnataka, Goa

인도-카르나타카, 고아

인구: 65,184,000명
종족: 1,005
언어: 카나다, 꽁까니
종교: 힌두교
복음화율: 2-5%

선교적 필요와 과제

고아(언어:꽁까니) 주는 예수회 신부 사비에르(1506~1552)가 아시아 선교의 교두보로 활발하게 사역한 곳으로, 열병으로 사망한 그의 시신이 안치되어 있다. IT산업의 발전과 함께 급속히 발달하고 있는 카르나타카(언어:카나다)의 주도인 '벵갈루루'는 인도 전역에서 유입되는 다양한 계층과 종교 그리고 민족들이 공존하는 곳이다. 현대 산업 도시의 특성상 카스트의 억압과 힌두 국교화를 추구하는 BJP 인도 인민당 세력이 비교적 약한 반면, 개신교 교회가 두드러지게 성장하고 있는 곳 중 하나이다. 위에 언급한 주는 다른 주들과 비교할 때 상대적으로 기독교 비율이 높은 곳이다. 안정적인 일자리와 기본적인 교육과 의료 혜택을 바라며 도시로 유입된 인구의 급격한 증가로 여러 가지 사회 불안과 갈등이 유발되고 있다. 상대적으로 약자로 분류되는 여성과 아동 그리고 빈민층들에 대한 대책이 인도의 경제 발전과 도시화 속도를 따라가지 못하고 있는 실정이다. 현재 많은 선교사와 단체들이 이미 복음화된 민족과 지역에 편중돼 중복적인 사역을 하고 있는데, 복음의 사각지대인 티베트족과 이슬람 포함한 고아들과 카르나타카에 있는 수많은 미전도 종족에게 관심을 돌릴 필요가 있다.

기도 제목

1) 교회가 사회적 약자인 여성과 아동, 빈민층들의 피난처가 되며, 이들을 위해 자유와 평등과 사회적 정의를 외치는 선지자적 역할을 감당하게 하소서.
2) 민주주의를 표방하는 인도 정부와 의회 정치가 진정으로 종교의 자유를 보장하고, 인간의 기본권을 옹호하는 참된 의회 민주주의가 실현되게 하소서.
3) 인도 교회가 선교사 의존에서 벗어나 자치, 자립, 자전을 하며, 현대식 대형교회가 아닌 역동적으로 흩어지는 가정교회를 지향하는 건강한 교회로 거듭나게 하소서.
4) 주류 힌두교도의 그늘에 가려 복음의 사각지대에 있는 티베트 민족, 이슬람 고아, 그리고 카르나타카 지역의 미전도 종족들을 품는 총체적인 선교가 일어나게 하소서.

사무엘

Day 77 3월 18일   Malayalam, Tamil

인도-따밀어권, 말라이얄람어권

인구: 93,730,150명
종족: 131
언어: 따밀어, 말라이얄람어 외
종교: 힌두(56%), 이슬람(24.5%)
기독교(19%)
복음화율: 18.38%

선교적 필요와 과제

예수님의 제자 도마가 52년경 인도 남부로 와서 복음의 씨앗을 뿌린 후, 현재 인도의 그리스도인 대부분이 이 지역에 산다. 이 중 타밀어를 사용하는 사람들이 다수다. 복음화율은 평균 이상이지만 타밀어권 그리스도인들은 소수에 불과하다. 따밀라두주와 함께 인도 남부의 바이블 벨트를 형성하는 케랄라주는 4천만여 명의 주인구 중 96%가 말라얄람어를 구사하고 있다. 종교는 힌두교(56%)가 다수를 차지하고, 이슬람(24.5%)이 뒤를 잇고, 인도의 다른 주와는 비교될 정도로 높은 기독교(19%)인들을 보유하고 있다. 그러나 기독교(교회)가 오랫동안 서양의 종교로 인식됐기 때문에 역사적으로 깊게 뿌리 내리지 못하고 있고, 많은 인도인에게 반인도(anti-Indian)적인 종교 단체로 간주된다. 역사적으로 케랄라주에서 기독교는 선한 영향력을 끼쳐왔다. 인도에서 문자 해독률과 교육수준이 가장 높고, 여성의 인권과 지위에 가장 호의적인 주가 된 것도 기독교의 영향력 때문이라고 여긴다. 이곳에 기반을 두고 활동하는 선교 단체, NGO와 교단들이 많다. 카스트 가치관으로 여전히 사회적 장벽이 높기 때문에 왕성하게 복음을 전하는데 방해되는 요소들을 근본적으로 해결해야 하는 시급한 과제가 남아 있다.

기도 제목

1) 코로나19 팬데믹 상황이 심각한데, 전국적인 확산이 멈추고, 정치 지도자들과 현장 의료진들에게 지혜와 새 힘을 부어주소서.
2) '반개종법'으로 종교적 자유가 차단된 상황인데, 정부의 박해를 피하게 하시고, 카스트제도의 높은 장벽이 무너지고 복음이 사회 모든 계층에 확대되게 하소서.
3) 타밀어권 교회들이 협력 사역을 통해 선교적인 역량을 확대하고, 말라얄람어권 교회 내에 사역자들이 그리스도 안에서 동등한 일꾼들로 잘 동역하게 하소서.
4) 선교단체, NGO, 교단들이 말씀과 성령충만함으로 사회적 장벽을 넘어 왕성하게 복음을 전하게 하소서.

김광배

Day 78 3월 19일 Telugu, Odia

인도-텔루구어와 오디아어 지역

인구: 99,968,920명
종족: 393
언어: 델루구어, 오디아어 외
종교: 힌두교
복음화율: 2.0%(인도 전체)

선교적 필요와 과제

텔루구어는 안드라 프라데쉬주(8,400만 명)와 텔랑가나주(3,964만 명) 사람들이 사용하고 있다. 2014년 힌두교 정당(BJP: 인도인민당) 집권 이후, 기독교 사역자에 대한 핍박이 시골 및 도시에서 증가하고 있다. 이 정당의 목표는 힌두 민족주의와 힌두뜨와(Hindutva) 이념 아래 전 인도에 힌두교 제국을 건설하는 것이다. 기독교인(전 인구의 2.0%)은 다수 종교인 힌두교인(전 인구의 80%)에게 자유롭게 복음을 전하기가 점점 어려워지고 있다. 오디샤주(인구 4,100만) 지방 정부는 반개종법(Anti Conversion Law)을 만들어 타종교로 바꾸는 것을 금지하고 있다. 이 법안은 기독교 선교에 있어서 커다란 장애물이다. 2008년에 힌두 극단주의자들에 의해 기독교인 수백 명이 목숨을 잃는 사건이 발생했는데, 이 사건 이후 반개종법이 더욱 강화돼 복음 전파가 쉽지 않은 상황이다. 지역 교회와 선교 단체가 연합하여 하나님 나라의 큰 비전 안에서 인도 복음화를 위해 기도하고 사랑으로 섬기는 헌신이 필요하다. 또한 현지 목회자의 사역과 그리스도인들의 신앙 성장을 위한 현지어로 된 성경 묵상집 및 성경 사전 및 주석 보급, 성경 번역 사역의 진전, 전도 및 제자 양육 교재 개발 등이 절실히 필요한 상황이다.

기도 제목

1) 코로나 사태로 경제 사회 등 모든 영역이 어려운 현실에 처해 있는데, 코로나가 속히 종식 경제가 회복되게 하소서.
2) 힌두 집권당(BJP)인 정부가 힌두 민족주의와 힌두뜨와 이념을 내세워 기독교와 이슬람을 핍박하고 있는데, 종교의 자유가 이 땅 가운데 펼쳐지게 하소서.
3) 35세 이하가 인도 전 인구의 70%에 해당하고, 15세 이하가 35%를 차지하고 있는데, 지역 교회가 다음 세대 사역에 관심 갖고 섬기게 하소서.
4) 지역 교회가 복음화율이 낮은 지역과 서남아시아 및 무슬림권 중동에 대해 선교 지향적인 교회가 되고, NGO, 의료, 구제, 학교 사역 등을 통해 효과적으로 복음을 전하게 하소서.

이주상

Day 79   3월 20일   Bengali Nissi, Khasi, Asssamese, Mizo, Ao

인도-벵갈리, 아삼미스, 미조, 아오, 카시, 니시

인구: 228,613,180명
종족: 196
언어: 뱅갈리, 아삼미스, 미조, 아오, 카시,
      니시 외
종교: 힌두교, 이슬람, 불교, 기타
복음화율: 0.6%

선교적 필요와 과제

벵갈리(웨스트 벵갈)는 인구가 93,239,044명이고, 주도는 콜카타이며, 종족 집단이 634개나 된다. 힌두교 72.5%, 이슬람 25.2%, 기독교 0.6%에 불과하다. 200여 년 전 윌리엄 캐리가 벵갈족을 개척하고, 성경 번역으로 사회 경제적 변화를 이룩하였으나 현재 그 유산은 거의 남아 있지 않다. 기독교인은 인구의 1% 미만으로 61만 명 정도 되지만 명목상 기독교인이 많다. 현대화가 실패하면서 일어난 경제 침체와 강력한 마르크스주의 운동으로 인해 정치적 불안정과 무력 충돌로 쇠퇴의 길을 걷고 있다. 가난, 인구 과잉, 오염 때문에 도시는 큰 도전을 직면하고 있다. 웨스트 뱅갈에는 복음을 듣지 못하고 사역이 시작되지 않은 67개 종족 집단이 있다. 무슬림은 거의 2천만 명에 달하며, 100만 명이 넘는 힌두교 종족 집단이 20개나 된다. 아삼, 미조람, 나갈랜드, 메갈라야 등 지역은 기독교가 주를 이루고 있으나 전통적인 보수 교회의 모습을 유지하고 있어 젊은이들이 적응하지 못하고 있다. 높은 교육 수준에 적합한 직업을 구하지 못해 방황하는 젊은이들이 늘어나고 있고, 마약과 알코올 의존도가 점차 심해지고 있다. 그 틈을 타 이단들이 침투하여 여기에 미혹된 사람들이 늘어남에 따라 교회에서의 문제가 심각한 상황이다. 차세대를 이어나갈 훈련된 교회 지도자 배출이 시급하다.

기도 제목

1) 높은 실업률, 부패의 만연, 낙후된 기반 시설, 마약 거래, 빈번한 인신매매, 에이즈 노출 등 총체적 난국에 빠진 이곳이 복음으로 변화돼 소망의 지역이 되게 하소서.

2) 웨스트 뱅갈에 세속주의 정권이 들어섬으로써 복음 전파가 용이하게 되었는데, 이 기회를 잘 살리게 하시고, 동북부의 종족 갈등이 완화되게 하소서.

3) 각 지역에 필요한 성경 번역이 속히 진행되고 하시고, 콜카타로 밀어닥친 이주자 공동체를 섬길 사역자와 동북부 교회 젊은이들을 말씀으로 인도할 지도자가 세워지게 하소서.

4) 교회와 선교 단체가 깨어서 힌두와 무슬림 선교를 감당하고, 미전도 종족에게 복음을 전할 수 있도록 재정적인 지원과 더불어 많은 헌신자가 세워지게 하소서.

변상이

Day 80　3월 21일　　　　　　　　　Tibetan Refugees

인도-티베트 난민

인구: 180,000명
종족: 티벳족
언어: 티벳어,
종교: 불교(99%)
복음화율: 1.28%

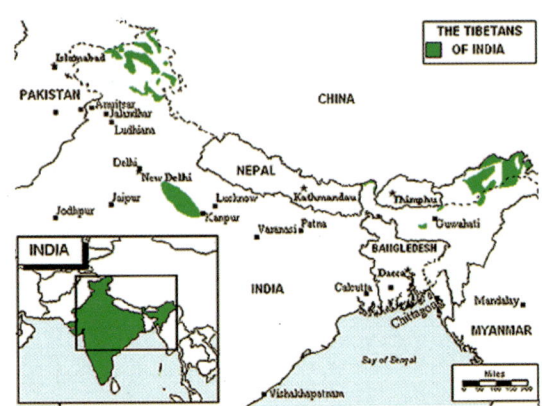

선교적 필요와 과제

티베트 불교의 영적 지도자 '달라이 라마'가 중국 정부의 탄압을 피해 인도로 망명한 1959년이 제1차 티베트 난민 발생 시점이다. 그리고 달라이 라마의 노벨 평화상 수상 소식에 고무된 수많은 티베트인들이 히말라야 설산을 넘어 인도로 넘어오기 시작한 1989년이 제2차 티베트 난민 발생 시점이다. 제1, 2차 난민 형성기를 거치며 현재 약 180,000명의 티베트 난민들이 3세대와 4세대를 주축으로 인도의 북부(다람살라: 4만 명)와 남부(카르나타카: 6만 명), 그리고 네팔과 서구권 전역에 흩어져 디아스포라 공동체를 형성하며 살고 있다. 다람살라(맥그로드 간즈)에 위치한 '티베트 임시 망명 정부'는 민주적 의회 정치에 기초하여 종교와 정치를 분리하였다. 그러나 달라이 라마(2020년 83세)는 여전히 그들의 절대적인 영적-정신적 지도자이다. 티베트인 난민촌이 형성된 곳이면 어디나 거대한 불교 사원과 수많은 승려를 중심으로 자신들의 토속 종교(번교)와 불교적 색채가 강한 티베트 전통문화를 고수하며 살고 있다.

기도 제목

1) 중국 정부의 엄격한 감시와 통제로 사실상 외부와의 접촉이 차단된 티베트 지역에서 도망쳐 나온 티베트인들은 하나님께서 허락하신 귀한 영혼임을 깨닫고 그들에게 복음을 전하게 하소서.
2) 티베트 라마 불교가 전 세계 곳곳에 명상 센터를 세워가며 현대인의 세계관에 영향을 끼치고 있는데, 그들의 높아진 사상과 견고한 영적 진들이 진리의 말씀으로 무너지게 하소서.
3) 티베트 민족 선교가 곧 미전도 종족 복음화의 지름길임을 생각하며, 주께 헌신된 티베트인들이 교회가 되어 히말라야산맥 골짜기에 거주하는 미전도 종족을 찾아다니게 하소서.
4) 티베트 난민을 대상으로 하는 선교는 아직도 땅을 기경하며 씨를 뿌리는 단계로, 이를 위해 헌신된 일꾼들이 부족한 상황인데, 추수할 일꾼을 보내주소서.

사무엘

Day 81   3월 22일   Islamic Republic of Pakistan

파키스탄-수도권, 서북부 카슈미르, 길기트발티스탄

언어: 우르두, 펀자브어, 영어
종족: 512
인구: 220,893,000명
GDP: 278,222(US$/백만) (1.3%)
1인당 GDP: 1,284.70(US$)

선교적 필요와 과제

파키스탄은 다양한 종족과 언어로 이루어진 인구 2억 명이 넘는 이슬람 공화국이다. 근본주의 이슬람 강성 국가로, 인도로부터 자신들만의 이슬람 국가를 세우기 위해 독립하여서 소수 종교와 종교인들에 대한 차별과 테러가 있어 왔다. 특히 종교 지도자들의 힘이 과도하게 실리는 정치를 펴고 있는데, 종교 지도자들이 정부를 압박하거나 대중을 선동하는 일을 멈출 필요가 있다. 이 땅은 지난 수 세기 동안 테러와의 전쟁을 치러오고 있다. 특히 인도와 영토 분쟁을 겪는 카슈미르 지역에서 발발한 수차례 전쟁으로 민간인들과 군인들의 인명 피해가 심각하다. 자주 일어나는 폭탄, 자살 테러로 인해 많은 사상자가 나왔고, 아픔이 있다. 지금은 정부군이 몇 년에 걸쳐 와지르스탄과 서북부 지역의 탈레반을 향해 대대적인 대 테러 근절 작전을 펴서 어느 정도 안정을 찾은 상태이다. IMF 구제 금융 상황이라 경제난이 심각하고 높은 물가 상승과 새 정부가 실행하는 세금 및 부정부패 척결 등으로 인해 반정부 시위가 연일 계속되고 있다. 테러를 지원하는 단체들의 자금 유입을 봉쇄하기 위해서 수년째 NGO의 해외 유입 자금까지 통제하고 있다. 이 때문에 교회의 자립이 더욱 필요하다.

기도 제목

1) 경제난으로 인한 물가 상승 및 부정부패 척결 등의 문제로 인한 갈등과 영토 분쟁을 겪는 카슈미르 지역의 문제 등을 정치적으로 잘 해결하도록 위정자들에게 지혜를 주소서.
2) 이슬람 근본주의자들과 소수 종교 사이에 평화를 지키게 하시고, 소수 종교에 대한 차별이 사라지고 교육의 기회와 직업의 기회가 그들에게도 주어지게 하소서.
3) 테러 자원금 유입을 막기 위해 정부가 해외 유입 자금을 봉쇄하고 있는데, 이 기회에 교회와 기관들이 자립하고, 외부의 물질적인 도움에 의존하지 않고 독자적으로 잘 서게 하소서.
4) 수도권을 중심으로 학교와 학원, 비즈니스를 통한 선교 사역이 활발히 이뤄지고, 안전상의 문제로 선교사들이 거주하는 못하는 지역은 선교 병원들을 거점으로 복음이 전파되게 하소서.

신순이

Day 82 3월 23일   Baluchistan

파키스탄-서부 발루치스탄주

인구: 12,340,000명
종족: 발루치 외 139
언어: 발루치어 외
종교: 이슬람
복음화율: 0%

선교적 필요와 과제

파키스탄 남서부 지역에 있는 주로, 주도(수도)는 퀘타이다. 서쪽으로는 이란과 북서쪽으로는 아프가니스탄과 이웃해 있다. 발루치스탄은 발루치족이 사는 땅이라는 뜻이다. 오늘날 발루치스탄은 파키스탄령 발루치스탄과 이란 시스탄 발루치스탄주로 나뉜다. 발루치스탄은 주로 건조한 사막 지대이며, 남쪽으로 바다와 접해 있다. 그러나 경제적으로나 인프라적인 면에서 많이 낙후된 지역이다. 이 지역은 이슬람 근본주의, 분리주의, 탈레반들이 모두 모여 있어 위험한 지역으로, 무장 독립운동이 벌어지는 곳이라 납치 등 치안이 불안하다. 이란 고원에 자리하고 있어 높고 험준한 불모지이지만 광물 등 천연자원이 풍부하다. 발루치족들은 자신들이 거주하고 있는 파키스탄, 이란에서 독립해 민족국가를 세우겠다는 염원으로 독립운동을 펼치고 있다. 전통적으로 유목민인 발루치 종족의 땅이지만 넓게 흩어져 있으며, 9세기에 이슬람으로 개종했다. 아프가니스탄 남부와 국경을 맞대고 있어 아프가니스탄의 주 종족인 파탄(파슈툰)족이 많이 거주한다. 교육의 기회가 많지 않은 발루치족에 비해 파탄족 사람들이 정치적으로나 경제적으로 힘을 가지고 있어 종족 간에 갈등이 상당하다.

기도 제목

1) 중앙 정부가 발루치스탄에서 나는 풍부한 지하자원을 가져가면서 아무런 혜택을 주지 않는다고 주장하는 분리주의에 의해 테러가 자주 발생하고 있는데, 정치적으로 안정되게 하소서.
2) 교육의 기회가 많지 않은 발루치족과 상대적으로 정치적, 경제적으로 힘이 있는 파탄족 사이에 종족 갈등이 심한데, 중앙 정부가 적극적으로 나서서 종족 갈등을 해결하게 하소서.
3) 최대 미전도 종족인 발루치 종족 안에는 아직까지 보고된 기독교인 수가 없는데, 모바일이나 인터넷을 이용한 미디어를 통한 복음 전파와 성경 번역과 오디오 성경이 잘 보급되게 하소서.
4) 창의적인 방법들을 통해 이 지역에 복음이 전파돼 개종자들이 나오고, 그들을 양육하여 재파송할 수 있는 여건들이 준비되게 하소서.

신순이

Day 83   3월 24일   Sindh

파키스탄-남부 신드주

인구: 42,000,000 명
종족: 329
언어: 신드어, 우르드어
종교: 이슬람
복음화율: 0.3%

선교적 필요와 과제

파키스탄 인더스강 하류에 있으며, 남으로는 아라비아해와 접해 있어 일찍이 문화적으로 상업적으로 발달했다. 파키스탄 최대 도시인 카라치는 전국에서 일자리를 찾아온 사람들로 인해 인구 2천만 명이 넘는 대도시로, 신드주 전체 인구가 4200만 명임을 고려하면 절반의 인구가 카라치에 거주하고 있다. 카라치는 1947년 영국으로부터 독립한 후부터 1959년까지 파키스탄의 수도였다. 파키스탄 최대 무역항이자 증권 거래소가 있는 경제 중심지이지만 급속한 인구 증가를 인프라나 공공 서비스가 따라가지 못해 상하수도, 학교, 병원 등이 부족해 도시 문제가 되고 있다. 특히 전국에서 일자리를 찾아 사람들이 몰려들어 높은 인구 밀도와 물 부족, 매연과 교통 체증이 심하다. 정치적 보복으로 살상과 테러가 자주 일어났고, 강도 사건도 빈번했으나 현재는 어느 정도 안정을 찾았다. 다양한 이슬람 종파를 비롯해 신드 내륙에 주로 분포하는 약 10% 힌두교인들이 있다. 타지역에 비해 수피 이슬람이 강세이다. 이슬람이 전체 인구의 95%를 차지하는 이곳은 민속 이슬람도 강해서 삐르(이슬람 무당, 영험한 사람)를 신봉하고, 삐르 사원(Shrine)에 가서 기도하고 성지 순례를 하기 위해 전국에서 찾아오기도 한다.

기도 제목

1) 공무원들의 부정부패가 척결되고, 위정자들이 다양한 종족, 부족한 인프라, 심각한 물가 인상, 높은 실업률, 높은 인구 밀도, 종교 간 갈등 등의 문제를 잘 해결해 나가게 하소서.
2) 이슬람 무당(삐르)을 신봉해 삐르 사원을 찾는 사람들 안에 내재된 두려움과 근심을 주님께서 기쁨과 평안으로 변화시켜주소서.
3) 기독교 지도자들이 선교적인 생각과 목표를 가지고 파키스탄 복음화에 힘을 쏟고, 여러 기독 단체가 연합하여 총체적인 선교를 하게 하소서.
4) 모바일을 사용하는 인구가 많은데 미디어를 활용한 복음 콘텐츠들이 잘 보급되고, 가정에 보급된 TV를 통해 기독교 방송 채널들이 효과적으로 복음을 전하는 통로가 되게 하소서.

신순이

Day 84   3월 25일   Punjab

파키스탄-중부 펀자브주

인구: 110,000,000명
종족: 334
언어: 펀자비
종교: 무슬림
복음화율: 1.7%

선교적 필요와 과제

펀자브 지역 전체 인구는 1억이 넘는 가장 큰 주이며, 1200만 명의 인구가 있는 라호르는 파키스탄 제2의 도시로 풍부한 문화유산을 지니고 있다. 라호르는 도시 특성상 분지로, 공장 지역이 많고 인구가 많아 공기가 좋지 않다. 겨울에는 매연으로 인한 심한 안개 현상으로 항공기 이착륙이 어렵고 불편하다. 파키스탄은 "신성 모독 법"이 존재하는데, 이 법은 이슬람이나 꾸란, 선지자 무함마드를 모욕하는 사람은 무기 징역 혹은 사형에 처할 수 있다는 법이다. 이 법의 수정을 발의한 국회의원은 살해 위협을 당하고, 소수 종교 담당 장관이던 샤바즈 바띠는 암살을 당했고, 신성 모독 법을 수정 완화할 필요가 있다고 말한 펀자브주 주지사 살만 타씨르(2011년)는 자기 경호원에게 살해당하기도 했다. 파키스탄에서는 가문의 명예와 가족의 명예를 중요하게 생각하는 "이즈뜨"라는 말이 있는데, 부모가 반대하는 사람과 교제 혹은 결혼하거나 행실이 바르지 못하면 딸이나 누이를 그 친족들이 명예 살인을 한다. 여성뿐만 아니라 그 여성과 결혼한 남성도 명예 살인의 피해자가 된다. 최근 이슬람 배경에서 개종하는 사람들(MBB)과 힌두교 배경에서 개종하는 사람들이 증가하고 있어 고무적이다.

기도 제목

1) 신성 모독 법은 소수 종교인을 탄압하고 억울하게 사형 언도를 받게 하는 등 잘못 사용되고 있는데, 이 법을 수정하고자 하는 움직임이 일어나게 하소서.
2) 이슬람의 가치관이나 명예를 사람의 생명보다 우위에 놓는 사고방식이 바뀌고, 죽고 사는 것이 다 알라의 뜻이라고 여기는 이슬람의 숙명론과 생명 경시 현상이 사라지게 하소서.
3) 오랜 기독교 역사에 비해 율법적인 가르침에 머물거나 은사를 쫓는 신앙인이 많은데, 그리스도의 은혜의 법을 제대로 알고, 율법의 멍에에서 벗어나 말씀 위에 믿음을 세워가게 하소서.
4) 이슬람 배경에서 개종한 사람들과 힌두교 배경에서 개종한 사람들이 증가하고 있는데, 이들을 대상으로 한 선교 활동이 더욱 활성화되고, 구체적인 신앙 훈련들이 잘 준비되게 하소서.

신순이

Day 85 3월 26일 Central Asia

중앙아시아

조지아(그루지야)
아르메니아
아제르바이잔
압하지야
우즈베키스탄
카자흐스탄
키르기즈스탄
타지키스탄
투르크메니스탄

선교적 필요와 과제

중앙아시아는 구(舊)소련으로부터 1991년 독립된 5개 나라(우즈베키스탄, 카자흐스탄, 투르크메니스탄, 키르기즈스탄, 타지키스탄)로 구성되어 있고, 약 100개의 종족이 문화의 다양성을 가지며 무슬림(대부분 민속무슬림)이라는 종교적 일체성을 가지고 있다. 중앙아시아는 동투르크스탄(동돌궐)이라 불렸으며, 실크로드를 통해 동-서양을 연결하고, 문화, 사상, 경제뿐만 아니라 기독교, 불교, 조로아스터교, 이슬람 등의 종교를 전달한 곳이기도 하다. 특히 기독교는 페르시아와 시리아에서 온 네스토리안 선교사들의(A.D 431-1600) 활약이 괄목했다. 그들의 선교는 매우 전략적이고 헌신적이었으며 중국, 한국, 일본으로까지 전파되었다. 이곳은 정치, 군사, 경제, 언어, 문화적으로 러시아의 영향을 많이 받는다. 경제 인프라가 부족해서 매년 나라마다 수십만에서 수백만 명의 노동자들이 러시아 등으로 이주하고 있다. 중앙아시아 이슬람은 민속 이슬람(Folk Islam)이 대부분으로, 무속 및 민간 신앙이 이슬람 사상과 혼합돼 있다. 상대적으로 중동에 비해 종교 탄압과 테러가 많지 않다. 따라서 중앙아시아 교회와 선교 단체가 믿음의 선배들의 역사적-선교적 교훈을 물려 받아서 선교의 깃발을 들어야 할 때이다.

기도 제목

1) 코로나19로 인해 해외 이주 노동자가 본국으로 들어오고 있는데, 일자리가 창출돼 경제가 안정되고, 중앙아시아 정치가 민주적으로 개선되게 하소서.
2) 국민 대부분이 무슬림으로, 다른 종교를 무시하고, 국가마다 법에 기독교에 대한 불합리한 내용이 많이 들어 있는데, 기독교에 대한 시각이 변하게 하소서.
3) 순교자의 피 위에 세워진 중앙아시아 교회에 살아있는 말씀이 선포되고, 교회마다 연합하여 기도 운동이 일어나고 영적 리더십이 바로 세워지게 하소서.
4) 러시아 지역 곳곳에 형성된 디아스포라들이 모국교회와 연결하여 전도와 선교가 전략적으로 일어나고, 교회들이 연합하여 디아스포라 선교 훈련원이 세워지게 하소서.

바울과 바나바

Day 86　3월 27일　　　　　　　　　　Georgia

조지아(그루지야)

언어: 그루지야어, 오세트어
종족: 40
인구: 3,990,000명
GDP: 17,743(US$/백만) (0.08%)
1인당 GDP: 4,769(US$)

선교적 필요와 과제

40개의 종족으로 구성된 조지아(그루지야/러시아 발음)는 동방 정교회 국가로, 모든 타 종교를 이단으로 여기고 있다. 종교의 자유를 법적으로 허용하고 있으나 조지아인에게 있어 개신교는 자신들에게서 뻗어 나간 역사적 산물로만 여겨 모든 개신교 사상을 무시하거나 심지어 물리적인 압박 및 핍박도 서슴지 않는다. 물론 이들에게도 성부 하나님, 성자 예수님, 성령 하나님의 신앙이 존재하지만 4세기에 기독교를 세계에서 2번째로 국교로 받아들인 순수한 신앙은 어느새 사라지고, 전통과 관습에 가려진 변질된 신앙관을 가지고 있다. 한 예로, 특화된 13개 성인의 이름으로 기도를 마치는 행위이다. 이런 상황에서 조지아 선교는 무엇보다 오랜 전통과 관습 등의 행위에만 치중한 정교인들에게, 믿음을 통한 구원과 구원의 결과로서의 행함에 대하여 바르게 가르칠 필요가 있다. 성경 말씀을 가르치고, 읽게 하는 사역이 우선적으로 시급하다. 개신교로 개종한 거의 대부분 초교파 개교회 사역자들이 한마음으로 연합해, 끊임없이 물질로 현지인들을 유혹하는 이단, 특히 여호와증인의 막강한 세력에 대항하고, 성경 말씀을 바르게 가르쳐 순수한 영혼을 빼앗기지 않도록 해야 한다.

기도 제목

1) 불법 선거로 시위가 장기화되면서 그 여파로 사회적 불안감이 큰데, 정국이 안정적으로 회복되고, 코로나로 하락한 화폐 가치로 인한 생활고를 잘 이겨내게 하소서.
2) 말씀보다 오랜 전통만을 고집하며 살아온 조지아인에게 성경이 가르치는 복음을 전하고, 배척과 따돌림에 절망하지 않고, 장기적인 안목으로 지혜롭게 사역하게 하소서.
3) 십자가를 세울 수 없고 문을 잠그고 예배 모임을 해야 하는 소규모의 현지 교회 목회자들이 물질의 유혹을 이겨내고 신실함으로 영적 부흥을 일으키게 하소서.
4) 지리적, 정치적, 종교적, 여러 면으로 주변 국가와 우호적인 상황에 있는 조지아가 유럽과 아시아 선교의 거점 지역 역할을 감당하는 미션 스테이션이 되게 하소서.

김의택

Day 87   3월 28일   Republic of Armenia

아르메니아

언어: 아르메니아어
종족: 18
인구: 2,964,000명
GDP: 13,673(US$/백만) (0.06%)
1인당 GDP: 4,623(US$)

선교적 필요와 과제

AD 301년 세계에서 가장 먼저 기독교를 국교로 받아들인 나라로, 예수님 부활 승천 후, 12제자 중 다대오와 바돌로매가 이곳에서 복음을 전하다가 순교했다고 전해진다. 가톨릭이나 동방 정교회, 개신교와 다른 아르메니아 사도 교회라는 독특한 교단이 있고, 국민의 95%기 그 신도들이다. 1700년이 넘는 역사를 가진 아르메니아 사도 교회는 전통이나 예배 의식이 동방 정교회와 유사하며, 사제들은 국가 공무원 신분이고, 교회 또한 국가 기관이다. 그러다 보니 개신교를 이단으로 규정하고 이 땅에서 외국인이 선교하는 것을 금지하며, 위반 시 종교법에 따라 처벌을 받거나 추방을 당하게 된다. 종교 개혁 없이 국가 기관으로 유지된 탓에 복음의 씨앗이 상실되고 교회의 전례가 그 자리를 차지하므로 복음의 회복이 절실한 상황이다. 사제는 아르메니아어로 '테르테르'라 하는데 '테르'는 주님(Lord)이라는 뜻으로 예수님을 호칭할 때도, 자신들에게도 '테르테르'라고 한다. 한국에서 파송된 선교사는 두 가정으로, 은퇴를 앞두고 있는데 후임자 찾기가 어렵다. 신천지를 비롯해 안상홍 증인회, 안식일교회, 박옥수 구원파 등 사이비 이단이 활개를 치고 있어 문제가 되고 있다.

기도 제목

1) 남으로는 이란, 동서로는 터키와 아제르바이잔으로 둘러싸여 이슬람 세력과 싸우다 많은 피해를 입었는데, 세계 여러나라와 인도적 지원과 바람직한 교류가 이루어지게 하소서.
2) 개신교를 이단으로 규정하고 있기 때문에 아르메니아 선교 상황이 아주 열악한 형편인데, 이런 어려움을 견뎌내고 맡은 사명을 잘 감당하게 하소서.
3) 선교사들의 사역을 통해 성실한 현지 사역자, 평신도와 교회가 세워져 상실된 복음이 회복되고, 은퇴를 앞둔 선교사들의 후임자가 세워지게 하소서.
4) 아르메니아의 복음 회복을 위해 기도하고 파송하는 교회가 많이 생기고, 아르메니아에 침투한 한국 이단들이 아르메니아의 영혼들을 유혹하지 못하게 하소서.

박희수

Day 88   3월 29일   Republic of Azerbaijan

아제르바이잔

언어: 아제르바이잔어
종족: 39
인구: 10,140,000명
GDP: 48,048(US$/백만) (0.22%)
1인당 GDP: 4,794(US$)

선교적 필요와 과제

카프카즈(영어로 코카서스) 지역에 위치해 있으며 구소련에서 1991년 독립한 신생 독립국이다. 전체 인구는 약 1천만 명이며, 투르크 계통 언어를 사용하는 아제리 민족이 92%로 다수를 차지한다. 7세기 이후부터 이슬람화 되었는데, 전체 인구의 96%가 이슬람이며, 이란과의 역사적 영향으로 시아파 무슬림들이다. 20세기 구소련에 편입되면서 공산주의 영향을 많이 받았다. 1991년 독립 이후 급속한 세속화가 진행되고 있다. 이슬람, 공산주의(국가 관리주의), 세속화가 아제르바이잔이 복음화되지 못하도록 둘러싸고 있다. 본래 사람들은 친절한 편이지만, 역사적으로 외세 핍박을 많이 받아 외국인들을 경계하고 신뢰하지 않는 편이다. 터키어와 러시아어를 능숙하게 구사하는 사람이 많아 카프카즈와 터키, 이란 지역에 복음을 나눌 수 있는 잠재력을 가지고 있다. 이란 북부에 사는 아제리 민족은 2천 5백만 명~3천만 명 정도로, 아제르바이잔 안에 사는 아제리인보다 외부에 사는 아제리인이 훨씬 더 많다. 국가의 감시와 사회 편견 등으로 선교 활동에 제약이 많지만, 점점 복음을 듣는 사람들이 증가하고 있어 이들이 헌신하여 주변 민족과 흩어진 디아스포라에게 복음을 나눠주는 날이 오기를 고대해 본다.

기도 제목

1) 세계적 유가 하락으로 인해 경제적 어려움이 지속되고 있는데, 경기가 회복되고, 최근에 발발한 아르메니아와의 전쟁으로 인한 상처가 잘 회복되게 하소서.
2) 이슬람 극단주의 세력 확산을 방지하기 위해 정부의 감시와 관리가 심해 그 여파로 기독교 활동도 제약을 받고 있는데, 종교적 관용 정책이 제대로 시행되게 하소서.
3) 어려운 상황 가운데서 조금씩 성장하는 교회에 신실하고 역량 있는 교회 지도자들이 세워지고, 가정 교회마다 겪는 분열과 불신, 재정 사용의 문제가 해결되게 하소서.
4) 전 세계 각지에 흩어져 있는 디아스포라가 복음을 듣고 제자화되어 주변에 선한 영향력을 끼치는 민족이 되게 하소서.

안드레이

Day 89 3월 30일 Republic of Abhaziya

압하지야

언어: 압하스어, 러시아어
종족: 압하스인, 조지아인,
     아르메니아인 등
인구: 246,000명

선교적 필요와 과제

압하지야는 최후로 남겨진 비접촉 미전도 종족 중의 하나다. 이들은 모세와 여호수아 시대에 저주와 멸절의 대상이었던 가나안 7족의 대표인 헷 종족의 후예다. 가나안에서 내쫓긴 후 현재의 터키, 예전 히타이트 제국(자신들이 정복한 헷 왕국에서 따옴)의 영토에서 지하 도시를 건설해 은신해 살다가 지금의 북서 캅카스 지경까지 옮겨왔다. 캅키스로 이주한 헷 종족의 후예들은 압하지야를 중심으로 아드게이, 아바진, 체르케시아 등으로 흩어졌다. 천혜의 자연과 기후를 가진 대륙과 문명의 통로로, 수많은 제국이 거쳐 가면서 학살과 강제 이주를 당해야만 했다. 터키로부터 시작해 시리아, 요르단, 이집트에 이르기까지 80만에 이르는 디아스포라가 있고, 북캅카스에는 10만 명 정도가 남아있다. 중동에 흩어진 디아스포라는 이슬람을 신앙하고, 캅카스에 남은 이들은 주로 정교를 배경으로 하나 이들의 내면은 가나안 우상 종교의 뿌리가 그대로 이어지고 있다. 현재는 소련 붕괴 후 1992~3년의 조지아로부터의 분리 독립 전쟁을 거쳐, 2008년 8월의 러시아-조지아 5일 전쟁 후 러시아를 비롯한 몇 나라의 독립 승인을 받았으나 UN을 비롯한 국제 사회에서는 미승인국으로 남아 있다.

기도 제목

1) 흑해 최고의 휴양지이자 동서 문명, 남북 해양과 대륙 세력의 교차지인 이곳이 러시아와 구소련 교회의 해외 선교와 기독교 지도자들을 세우는 기반이 되게 하소서.
2) 의료 센터, 양계와 온실 등의 농장, 문화 센터 등의 선교 기지가 세워져 치료하고, 먹이고, 가르침으로 압하지야 민족과의 접촉점을 마련하게 하소서.
3) 압하지야 종족 가운데 청년과 어린이들이 제자로 세워져 이들을 통해 압하지야 민족이 자립적인 신앙생활을 하며 교회를 세워가게 하소서.
4) 압하지야 제자들을 통해, 중동에 산재한 이슬람 신앙인들이 이 땅으로 돌아와 중동 선교의 씨앗이 되게 하소서.

우이스라엘

Day 90   3월 31일   Republic of Uzbekistan

우즈베키스탄

언어: 우즈베크어, 러시아어
종족: 59
인구: 33,469,000명
GDP: 57,921(US$/백만) (0.27%)
1인당 GDP: 1,725(US$)

선교적 필요와 과제

1991년 소련에서 독립한 우즈베키스탄은 카리모프 대통령이 2016년에 사망하기까지 오랫동안 독재 체제 하에 있었다. 가장 심각한 인권 탄압과 부패한 나라들 가운데 하나로 꼽히기도 했다. 2018년에 샤브카트 미르지요예프가 대통령에 취임한 이후, 자유 시장경제를 도입하면서 정치, 경제적인 발전과 개방이 이뤄지고 있다. 실크로드의 중앙 거점이었던 곳인 만큼 우즈베키스탄, 타지키스탄, 카자흐스탄, 몽골계, 투르크, 이란, 러시아, 유대인, 고려인 등 여러 민족이 공존하고 있다. 초대 대통령 시절 추방되었던 많은 선교사들이 이런 분위기와 함께 돌아올 정도로 급변의 시기를 맞고 있다. 선교사들이 떠나기까지 흘렸던 수고는 오늘날 그루터기가 되어 현지인 회중 모임으로 어느 정도 정착했다고 볼 수 있다. 그러나 이런 실정은 오로지 고려인을 비롯한 소수 민족으로 제한된다. 한 사람이 기독교인 되면, 일가친척이 공직에 진출할 수 없는 탄압이 여전히 자행되고 있다. 선교사들의 귀국은 느헤미야의 성전 재건축처럼 무너진 예배 처소와 제자들을 다시 회복시키고 있다. 다시 주어진 선교의 기회이기에 보다 전략적인 선교정책이 요구된다. 선교사들의 협력과 도움의 손길이 끊이지 않도록 기도가 필요하다.

기도 제목

1) 다양한 인종이 거주하다 보니 인종적인 차별과 갈등이 보이지 않게 이뤄지고 있는데, 자유와 기회의 균등과 함께 사회적 평등이 확립되게 하소서.
2) 미국이 우즈베키스탄을 종교 자유 특별감시국에서 제외했다고 발표했지만, 아직은 감시와 경계가 심한데, 자유롭게 신앙 생활할 수 있게 하소서.
3) 수많은 우즈베크인에게 복음이 전해지게 하시고, 차별받으며 지하 처소에서 모임을 갖고 있는 극소수의 신자들을 보호해 주소서.
4) 현지인 리더십 양성 및 재양성의 맥이 끊기지 않도록 인프라 구축이 잘 되게 하시고, 초교파적으로 선교사들의 협력이 지속되게 하소서.

이하종

Day 91   4월 1일   Republic of Kazakhstan

카자흐스탄

언어: 카자흐어, 러시아어
종족: 73
인구: 18,777,000명
GDP: 180,162(US$/백만) (0.84%)
1인당 GDP: 9,731(US$)

선교적 필요와 과제

중앙아시아의 거인 카자흐스탄은 중앙아시아에서 선도적인 역할을 하는 국가로, 16억 이슬람 선교의 핵심 관문이다. 과거 실크로드를 따라 동서양 문명의 교차 지점으로 많은 민족의 흥망성쇠가 있었던 지역으로, 70여 민족이 살고 있다. 이 실크로드를 따라 아랍의 이슬람과 네스토리우스파 기독교, 인도의 불교가 서로 오갔다. 지금은 토착 신앙과 결합해 천신 신앙이 강한 약 70%의 무슬림이 사는 나라이다. 몽골과 중국의 지배가 있었고, 러시아가 지난 200년 동안 지배한 아픈 역사가 있다. 구소련에서 독립한 1991년 이후 10여 년 동안 카자흐스탄에 온 초기 선교사들을 통해 교회 개척이 강력하게 일어났었다. 그러나 지금은 카자크 민족 중심의 국가 운영과 이슬람 영향력이 증가하면서 교회 부흥이 쇠퇴하고 있어 다시 영적 부흥 운동이 필요하다. 카자흐스탄에는 수많은 디아스포라가 있다. 과거 강제 이주로 온 민족들과 생계와 더 나은 미래를 위해 카자흐스탄에 온 아프가니스탄인, 중국의 위구르족, 우즈베크인과 카라칼파크인, 키르기스인, 타지크인 등 여러 민족은 복음의 통로이다. 카자흐스탄을 통한 중앙아시아와 중동의 무슬림, 그리고 세계 선교를 위해 카자흐스탄은 반드시 우리가 섬겨야 할 곳이다. 이를 위해 이 땅에 더 많은 추수할 일꾼과 기도가 필요하다.

기도 제목

1) 이슬람 근본주의가 확산되는 상황에서 정부와 지도자들이 국민을 사랑하고 하나님을 두려워하게 하시고, 산업 구조의 다양성과 경제의 다각화가 이뤄지게 하소서.
2) 정부가 교회를 감시하고 통제하며 개척 교회 설립에 대한 규제를 대폭 강화하고 있는데, 정부 고위 공직자들의 마음을 변화시켜 주소서.
3) 가정 교회와 개척 교회들이 지속적으로 생겨나고, 지속적인 제자 양육이 일어날 수 있도록 지도자들이 잘 세워지게 하소서.
4) 선교사 간 협력이 잘 이루어지고, 선교사들과 현지 지도자들이 한마음으로 주님께서 주신 사명을 감당하기 위해 함께 기도하며 연구하게 하소서.

김명관

Day 92　4월 2일　　　　　　　　　　Kyrgyz Republic

키르기스스탄

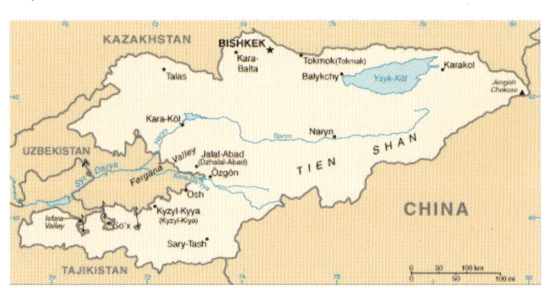

언어: 키르기스어, 러시아어
종족: 39
인구: 6,525,000명
GDP: 8,455(US$/백만) (0.04%)
1인당 GDP: 1,309(US$)

선교적 필요와 과제

키르기스 공화국은 중앙아시아 내륙의 공화국으로 소련의 구성 공화국이었다가 1991년에 독립한 국가이다. 이때 한국 선교사들이 들어왔고, 한국어를 하는 고려인들 중심으로 교회가 세워졌다. 우즈베키스탄, 타지키스탄, 카자흐스탄, 중화인민공화국과 마주하고 있으며, 국토 대부분이 산이어서 중앙아시아의 스위스라고 부르기도 한다. 2005년, 2010년, 2020년 3번의 혁명으로 대통령이 사임하며 정치적으로 중앙아시아에서 유일하게 민주적인 정부를 이루었다. 그러나 일각에서는 오히려 주변국과 비교해 민주적인 정부가 들어선 후에 키르기스스탄의 경제가 도약하지 못 하게 되었다고 보기도 한다. 자원은 없지만 물이 많은 지리적 이점을 살려 우즈베키스탄과 투르크메니스탄에 물을 수출하면서 석유와 가스 자원을 들여오고 있다. 대외적으로는 종교의 자유를 표방하지만, 자국민 우월주의와 민족주의의 영향, 그리고 전통적 종교와 삶의 방식으로서 이슬람을 신봉하고 있기 때문에 중앙아시아 각국의 현지인을 대상으로 하는 선교에 큰 어려움이 있다. 5세기에 네스토리우스파 기독교가 전래되어 부흥을 누렸다. 이후 중앙아시아에서 이슬람의 발흥과 영향력 확대, 여러 정치적 이유로 교회가 위축되기 시작했으나, 이제 다시 교회가 세워져야 한다.

기도 제목

1) 여러 번의 혁명을 거치면서 정치적 불안으로 말미암아 경제가 성장하지 못해 국민의 불안감이 큰데, 정치가 안정되게 하소서.
2) 기독교가 확장되는 것을 막기 위해 종교법을 강화하고 있는데, 어려운 상황에서도 믿음을 지키며 복음을 전하고 받아들이는 영혼들이 생겨나게 하소서.
3) 이슬람이 80% 이상이고 기독교는 1% 미만인데, 어떤 탄압에서도 굳건한 믿음으로 사회에 영향력 있는 교회와 성도들이 되게 하소서.
4) 고려인들이 다른 민족에게 복음을 전할 수 있도록 한국 선교사와 협력하고, 각 민족의 성향에 따른 교회들이 세워지고 체계적으로 복음을 전할 수 있게 하소서.

박 다니엘

Day 93 4월 3일 Osh and Fergana

키르기스스탄-남부 오쉬와 페르가나 분지

인구: 800,000만(오쉬)+11,342,000명 (페르가나)
종족: 키르기스, 우즈벡
언어: 키르기스, 우즈벡
종교: 이슬람
복음화율: 0.1%

선교적 필요와 과제

키르기스스탄 남부 오쉬는 키르기스스탄의 제2의 도시로, 3000년의 역사가 있는 고대 도시이다. 인구 28만 명의 오쉬시와 주변 지역을 합치면 약 50만 명의 인구가 있으며, 약 70% 키르기스 민족과 약 20%의 우즈벡 민족이 가장 큰 민족을 이루고 있다. 지난 1990년과 2010년에 키르기스 민족과 우즈벡 민족이 2번의 민족 분규로 많은 사상자가 나왔고, 현재는 두 민족의 공존을 위해 노력 중이다. 그러나 아직 민족 간의 갈등이 내재돼 있다. 우즈베키스탄과 타지키스탄, 중국과 국경을 맞대고 있는 교통의 요충지로, 고대로부터 실크로드의 중간 기착지 역할을 했다. 오쉬는 페르가나 분지의 시작점에 위치해 있다. 이 분지는 우즈베키스탄과 키르기스스탄, 타지키스탄 세 나라를 가로지르는 거대한 지역으로 중앙아시아 동부에 위치해 있다. 최대 길이는 300km, 최대 넓이는 70km, 면적은 22,000km, 인구는 11,342,000명이다. 우즈베키스탄 인구 1/3이 페르가나 분지에 집중돼 있고, 이들 대부분이 무슬림이다. 이곳에 인구가 집중되어 있지만 복음에는 소외되어 있어, 현재 정부에 등록된 교회는 대부분 대도시를 중심으로 한두 개 교회와 가정 교회가 있을 뿐이다. 이 지역에 많은 사역자들이 필요하다.

기도 제목

1) 2번의 민족 분규를 겪은 키르기스와 우즈벡 민족 간의 화해가 이루어지게 하시고 남부와 북부 지역의 차별과 내재된 갈등, 불안이 정치적인 문제로 이용되지 않게 하소서.
2) 오쉬의 무슬림들의 강한 종교성이 복음으로 향하게 하시고 진리를 갈망하는 자들이 진리 되신 예수님을 발견하게 하옵소서.
3) 오쉬 교회가 복음 전도와 연합 사역에 역동적으로 참여하고, 여호와 증인이나 구원파 등 이단의 공격 앞에 약해지지 않고 복음과 진리 위에 바로 서게 하소서.
4) 오쉬가 주변 도시와 주변 나라 복음 전파와 선교를 준비하는 베이스 캠프 역할을 감당하게 하소서.

칭기스

Day 94　　4월 4일　　　　　　　　Republic of Tajikistan

타지키스탄

언어: 타지크어, 러시아어
종족: 39
인구: 9,538,000명
GDP: 8,117(US$/백만) (0.04%)
1인당 GDP: 871(US$)

선교적 필요와 과제

타지크의 기독교인은 러시아 정교회와 가톨릭을 포함해도 0.5% 미만이다. 개신교는 침례교를 중심으로 오순절, 장로교와 선교 단체 등이 있고, 안식교, 여호와 증인, 구원파 등 이단들도 다양하게 활동 중이다. 이단들은 대부분 기존 신자들을 대상으로 활동하는데, 기존 신자들은 이단에 대한 지식이 부족하다. 특히 안식교는 사회적으로 좋은 이미지(의료, 지역 개발 등)를 활용해 현지 목회자들과 함께 활동하기도 한다. 타지크는 침례교 영향이 강해서 대부분 교회들이 직간접적으로 도움을 받고 있다. 공산주의와 무슬림들에 의해 순교자를 배출한 타지크 교회지만 안타깝게도 시간이 지나면서 세속화되어 가고 있다. 침례교를 제외하고 선교사들에 의해 세워진 교회들이 개교회주의가 강해 이단들의 연합 공격에 어려움을 당하고 있다. 러시아에 있는 타지크 디아스포라 교회들과 연합해 정보를 공유하며 전도와 선교 전략을 개발할 필요가 있다. 목회자의 열정과 헌신에 비해 신학적, 목회적 소양과 리더십이 부족하므로 체계적인 신학 교육을 담당할 목회자 양성 기관이 필요하다. 선교사들이 팀으로 해야 할 사역이 많은데 신학교 사역과 목회자 재교육 사역이 개인 사역화돼서 지속성과 양질의 교육을 감당하기가 쉽지 않다.

기도 제목

1) 1994년에 당선된 대통령이 지금까지 철권통치하고 있는데, 타지크의 정치가 개선되고, 이주 노동에 의지하고 있는 경제 체제가 안정을 찾게 하소서.
2) 이슬람 세력 억제를 위해 종교 전체에 대한 탄압이 있는데, 완화되게 하시고, 민속-온건 무슬림인 타지크인이 극우 무슬림으로 전향하지 않게 하소서.
3) 교회가 정부 당국과 종교청의 종교법으로 어려움 속에 있는 가운데, 등록되지 않는 가정 교회가 위축되지 않고 지혜롭게 활동할 수 있게 하소서.
4) 타지크 디아스포라 교회가 본국 교회와 긴밀하게 협력하여 전도와 선교가 동시에 이루어지게 하시고, 무엇보다 목회자들이 잘 준비되어서 리더십을 발휘하게 하소서.

윤성환

Day 95   4월 5일   Uzbek

타지키스탄-우즈베크

인구: 1,123,000명
종족: 우즈벡
언어: 우즈벡
종교: 이슬람
복음화율: 0.01%

선교적 필요와 과제

소련의 운명이 다 해 가던 시기에 소련 구성 공화국들에서는 민족 정체성 회복에서 주권 국가로 분리 독립에 이르는 다양한 목적을 추구하는 민족주의 운동이 지식인 중심으로 활발하게 전개되었다. 그러한 분위기 속에서 타지키스탄에서도 1989년 9월 15일 '라스토헤즈 운동(The Rastokhez Movement)'이라는 민주주의 단체가 결성되었다. 이들 저항 세력은 타지키스탄 공산당 정부의 퇴진과 정치, 경제의 민주화 등의 요구는 물론, 타지크어의 국어 인정, 나아가 우즈베키스탄으로 편입된 타지크인들의 역사적 영토인 사마르칸트와 부하라 등의 환수 등 매우 민족주의적인 요구를 내걸고 싸웠다. 타지키스탄 공산당 지배 집단을 배출했던 레나바드 지역은 소비에트 시대를 거치며 가장 러시아화(우즈베크화)가 진행된 지역이라고 할 수 있다. 우즈베크인과 타지크인 간 명확한 민족적 구별에 대해서 논쟁의 측면이 있지만, 두 공화국 자체는 철저히 인위적으로 만들어진 민족 국가이다. 이들을 위해 선교적 접근을 한 레나보드의 순복음 현지 교회는 큰 영향력을 끼치며 적극적인 사역을 했다. 현재는 국가의 견제와 종교적 핍박으로 어려움이 있지만 복음의 결실을 이루었기에 타지크 선교 역사에 큰 의미가 있다.

기도 제목

1) 타지크와 우즈베크 사이의 반목과 다툼의 잔재들이 사라지고 함께 동질성을 찾는 우호 국가로 거듭나게 하소서.
2) 중앙아시아의 강성 무슬림을 대표하는 타지키스탄(페르시아)과 우즈베크(투르크) 속에 선교의 작은 열매들이 더욱 충실하게 성장하고 현지 등록 교회들이 더욱 자생력을 갖게 하소서.
3) 타지크의 소수 등록 교회 속에 예배마다 회복과 치유의 은혜가 임하고 주변국에 흩어진 타지크 민족들 속에 전도자가 세워지게 하소서.
4) 키르기스스탄의 파흐타 지역, 타지크의 투르순조다 지역, 우즈베크의 사마르칸트, 부하라 지역의 타지크 디아스포라 선교를 위해 애쓰는 선교사와 현지 동역자들이 잘 세워지게 하소서.

최관섭

Day 96　4월 6일　Republic of Turkmenistan

투르크메니스탄

언어: 투르크멘어, 러시아어
종족: 49
인구: 6,032,000명
GDP: 40,761(US$/백만) (0.2%)
1인당 GDP: 6,967(2018/US$)

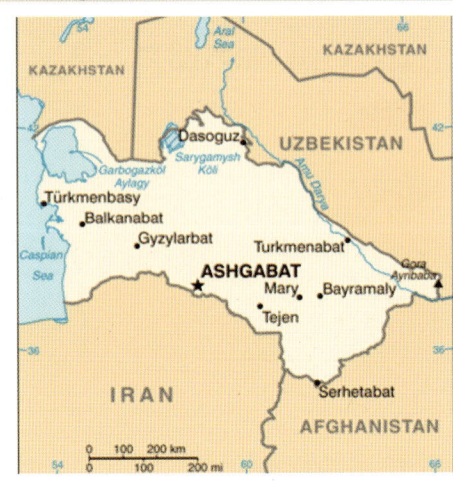

선교적 필요와 과제

투르크메니스탄은 석유와 천연가스 채굴로 빠른 경제 성장을 이룬 나라다. 수도 아슈하바트는 모든 건물이 하얀 대리석으로 지어지도록 설계돼 '대리석의 도시'로 불린다. 그러나 소수만이 이득을 취하게 되는 석유와 가스 수출 산업에 대한 국가 경제 의존도가 높아지면서 부정부패와 빈부 격차 등 문제가 두드러지고 있다. 정부가 허가하고 직접 관리하는 종교 기관 외에는 어떠한 종교 활동도 허락되지 않는 나라이다. 무슬림 96.1%, 무교 2%, 기독교 1.8%, 그 외 종교가 0.1%이다. 대부분의 기독교인은 소수 민족에 속하며, 대부분 러시아인이다. 잦은 무허가 종교 활동으로 인해 개신교가 여호와의 증인과 마찬가지로 "극단주의"로 분류되었다. 개신교인들은 기존 정치 체제를 무너뜨리려고 하는 이방 종파의 추종자들로 간주돼 통제될 뿐만 아니라 근절해야 하는 대상으로도 여겨진다. 경찰은 "극단주의자"들을 색출해내기 위해 개신교인들의 대화를 도청하기도 한다. 복음을 전하기 위해 사람을 만나고 교제할 기회들이 많지 않다. 이런 선교의 어려움 속에서 복음을 효과적으로 전할 수 있는 방법을 찾아야 한다.

기도 제목

1) 중앙아시아에서 국가 통제가 가장 높아 정부의 결정권이 크기 때문에 실업률이 높고 가난한 사람들이 많은데, 시민들의 생활 수준이 향상될 수 있는 체제로 바뀌게 하소서.
2) 법으로는 종교의 자유가 보장되어 있지만 실제로는 잘 적용되지 않은 상황에서 시골 지역 공동체 핍박이 심한데, 투르크멘인들에게 복음의 문이 속히 열리게 하소서.
3) 비밀경찰과 다양한 정부 기관의 지속적인 검열과 감시를 받는 상황에서도 믿음으로 예배하는 교회들이 굳건히 서게 하소서.
4) 4개의 선교 단체가 좀 더 발전하고, 더 많은 사역자와 복음전파의 도구들이 개발되고, 미디어를 통해 투르크멘인이 복음을 들을 기회가 창출되게 하소서.

박 다니엘

Day 97   4월 7일   Western Asia

서아시아

레바논, 바레인, 사우디아라비아
시리아, 아랍 에미레이트, 예멘
오만, 요르단, 이라크, 이란
이스라엘, 팔레스타인
카타르, 쿠르드, 쿠웨이트
키프로스, 북키프로스, 터키

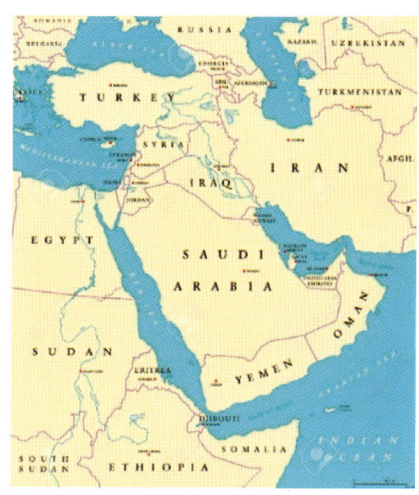

선교적 필요와 과제

서아시아 지역(17개 나라)은 히브리어권인 이스라엘, 페르시아어권인 이란, 터키어권인 터키와 북키프로스, 헬라어권인 키프로스를 제외하고 나머지 12 나라는 모두 아랍어권이다. 아랍어권은 곧 아라비아반도의 7나라(바레인, 사우디아라비아, 예멘, 아랍 에미레이트, 오만, 카타르, 쿠웨이트)와 (지중해) 동편의 뜻을 지닌 샴 지역의 4개 나라(레바논, 시리아, 요르단, 팔레스타인)와 이라크다. 키프로스와 이스라엘을 제외하고, 이슬람권이다. 히브리어와 아람어, 헬라어가 성경 언어라고 해도 그것들은 절대화되지 않았다. 그러나 이슬람의 경전인 꾸란의 아랍어는 절대화되었다. 그리하여 아랍어권인 샴 지역과 이라크, 그리고 콥틱어권인 북아프리카가 각각 이슬람화되면서 아랍화가 되었다. 그런데 페르시아어권과 터키어권 등은 이슬람화되면서 아랍화까지는 되지 않고, 아랍어 글자와 이슬람 어휘들만이 활용되었다. 그 어순에 있어 아람어와 콥틱어는 아랍어와 비슷하고, 페르시아어와 터키어는 아랍어와 크게 달랐기 때문이다. 이스라엘 경우에도 고어로 남아 있던 히브리어를 현대화하였다. 한편, 쿠르드족 경우에는 아직 독립 국가를 이루지 못했지만, 구별하여 다루었다.

기도 제목

1) 수니파 이슬람 국가와 시아파 국가 간의 화해, 그리고 아랍 국가들, 특히 팔레스타인과 이스라엘 간의 화해가 이루어지게 하소서.
2) 유대인과 무슬림 모두 아브라함의 자손이라고 하는데, 진정한 아브라함 자손은 예수 그리스도이심과 그의 보혈로 세워진 교회가 하나님 나라를 유업으로 이어받을 자임을 깨닫게 하소서.
3) 아라비아반도 지역, 북아프리카 지역, 샴, 이라크, 이집트 등으로 분류된 아랍권 지역의 교회들이 생명력이 넘치는 교회가 되어 복음화의 주역이 되게 하소서.
4) 이라크와 시리아 등에서 계속되는 전쟁으로 이슬람에 대한 회의가 일어나고 있고, 주변국에 수많은 난민이 발생했는데, 적극적인 난민사역이 이슬람권 선교의 기회가 되게 하소서.

정형남

Day 98　4월 8일　Republic of Lebanon

레바논

언어: 아랍어, 프랑스어
종족: 26
인구: 6,826,000명
GDP: 53,367(US$/백만) (0.25%)
1인당 GDP: 7,784(US$)

선교적 필요와 과제

정치 상황은 정치 엘리트들이 주도하고 있어서 개혁의 기미가 보이지 않는다. 시민 결혼법이라는 독특한 제도가 있어서 타종교인과 결혼할 수 있고, 그들의 자녀들은 성장 후 자기 부모 중 한 사람의 종교를 선택할 수 있다. 200여 년의 개신교 선교 역사로 인해 비교적 많은 선교적 인프라가 구축되어 있다. 또한 제한적이지만 중동에서 종교의 자유가 있으므로, 회심자들이 이곳으로 도피해 믿음을 지킬 수 있고 원하면 신학 교육을 받고 지도자로 세워질 수도 있다. 팔레스타인, 이라크, 시리아 등지에서 난민이 많이 유입돼 이 난민들을 대상으로 전도와 구제, 교육 등 다양한 사역이 활발히 진행되고 있다. 그러나 레바논 현지인들과 팔레스타인 난민을 대상으로 사역하는 사역자와 단체는 많지 않은 것 같다. 레바논 교회, 현지인 사역자들, 기독 단체 등이 중동 복음화를 위해 귀한 사명을 감당할 필요가 있다. 레바논 현지인들과 이 땅에 머물고 있는 난민들과 외국인 노동자들에게 복음이 전해져야 하며 체계화된 영적 훈련이 필요하다. 사역의 사각지대와 같은 그룹들(헤즈볼라, 팔레스타인, 가톨릭 등)에도 복음을 전하기 위해 노력해야 한다.

기도 제목

1) 경제 파탄, 코로나 확진자 폭증, 베이루트 항구 폭발 등 총체적인 문제들에서 회복되게 하시고, 시민 결혼 제도를 통해 회심자 자녀들이 합법적인 기독교인으로 살아가게 하소서.
2) 종교적 유화 정책을 펴고 있는 레바논이 회심자들에게 도피처가 되고, 난민들과 중동의 복음화를 위해 전략적 요충지로 쓰임 받게 하소서.
3) 레바논과 중동 전역에 헌신자들이 일어나고, 신학교가 건전한 지도자를 길러내 중동 전역에 사역자를 파송하고, 개신교 내 모든 교파가 서로 연합하게 하소서.
4) 현지 교회와 기독 매체들과 신학교가 믿음의 사람들을 길러내고, 사회의 빛과 소금이 되고, 난민들과 외국인 노동자들에게 복음이 전해지게 하소서.

세계와 열림, 아브라함, 레사모 자문단

Day 99　4월 9일　Refugees

레바논-난민

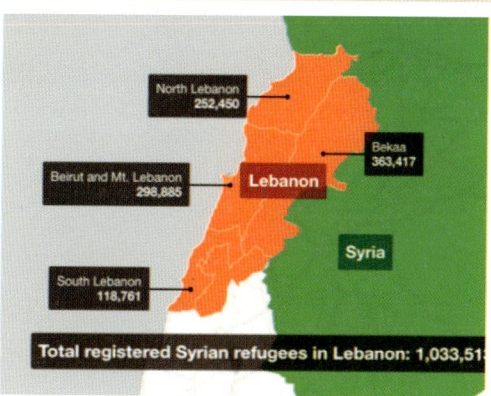

인구: 시리아 914,648명, 이라크 13,604명, 수단 2,323명, 팔레스타인 633,000명, 기타 2,044명
종족: 시리아, 이라크, 팔레스타인 등
언어: 아랍어 등
종교: 이슬람

선교적 필요와 과제

레바논은 서쪽은 지중해, 남쪽은 이스라엘, 동쪽과 북쪽은 시리아에 둘러싸여 있다. 이러한 지리적 요인과 다양한 역학 관계들, 그리고 레바논의 정치·종교적 틈새가 주는 자유들로 인해 많은 난민이 레바논에 유입되고 있다. 레바논 내 거주하는 난민들은 크게 종교 난민(회심자 그룹)과 전쟁 난민(팔레스타인 난민, 시리아 난민, 이라크 난민)으로 분류해 볼 수 있다. 1960년대와 70년대에 유입된 팔레스타인 난민은 대략 50만 명 정도로, 자신들만의 게토를 형성하고 살아가고 있다. 이라크 전쟁과 시리아 내전의 여파로 엄청난 난민들이 대거 유입되었다. 시간이 지나면서 여러 규제로 동부 레바논 산악 지대가 난민이 유입되는 비공식 통로가 되었고, 이들은 유엔에 등록되지 않은 불법 체류 신분이다. 난민의 연령 분포는 17세 이하가 55.3%, 성인은 44.7%이다. 시리아 난민들은 레바논 전역에 퍼져 있는데, 전체 난민의 38%가 베까 평야에 수백 개의 난민촌을 형성하고 살아가고 있다. 레바논 난민촌은 국가 주도가 아닌 수십 명에서 수백 명 규모로 자생적으로 만들어졌다. 이들은 저렴한 임금으로 생계를 유지하거나 구걸하며 살아가고 있다. 난민 아이들의 교육 환경 수준이 매우 열악한 상황이다.

기도 제목

1) 레바논 정부가 인도주의 차원에서 양질의 교사를 확보하고 적극적이고 책임감 있게 난민 교육을 감당하게 하소서.
2) 사역에 위협을 주는 여러 세력이 예수님을 만나 변화되게 하시고, 강성 지역(트리폴리, 바알벡, 하르멜 등)에 거주하는 난민들에게도 복음이 전해지게 하소서.
3) 시리아 난민 교회와 쿠르드 난민 교회들 안에 성령님의 강력한 임재와 역사로 놀라운 영적 부흥이 일어나고, 그들 가운데 영적인 지도자들이 세워지게 하소서.
4) 레바논에서 복음을 접하고 믿음을 가진 형제자매들이 시리아나 제3국으로 가서도 믿음을 지켜 복음의 증인으로 세워지고, 난민 디아스포라 네트워크가 형성되게 하소서.

세계와 열림, 모세, 박모, 레사모 자문단

Day 100 4월 10일 Kingdom of Bahrain

바레인

언어: 아랍어
종족: 17
인구: 1,702,000명
GDP: 38,574(US$/백만) (0.18%)
1인당 GDP: 23,504(US$)

선교적 필요와 과제

아라비아반도 오른쪽에 위치한 작은 섬나라로, 사우디의 수니파와 이란의 시아파 사이에서 종교적, 정치적 갈등을 겪고 있다. 최근에 이스라엘과 수교하면서 중동의 평화 정착에 주도적인 역할을 위해 노력 중이다. 역사적으로 이란과 밀접한 관계가 있었으나 1970년대 수니파가 정권을 잡으면서 주변국 수니파 사람들을 유입시켜 80%에 달하던 시아파 비율이 현재는 약 60% 정도로 줄었다. 시아파 반정부 운동이 2011년에 절정에 달했고 강력한 제재로 현재는 안정을 찾은 것처럼 보이지만, 시아파 국민의 불만과 갈등이 여전히 계속되고 있다. 이스라엘과의 수교도 국민의 공감과 지지를 얻지 못하고 있는 현실이다. 그러나 왕세자가 수상의 지위를 병행하면서 그가 추진해 오던 2030년까지 경제 개발 계획들이 활발하게 진행되고 있어 정치적으로도 국민들이 새로운 기대를 하고 있다. 인구 약 150만 명 중 외국인 비율이 50% 이상인데, 그들의 종교 생활이 허용되기 때문에 현지인들도 이슬람교가 아닌 다른 종교에 개방적인 편이다. 그래서 예배도 언어별로 드릴 수 있고, 외국인들은 각자의 신앙을 인정받고 있다. 기독교인은 약 1,000명 정도인데, 대부분은 정교회에 속해 있으며 개신교인은 소수이다.

기도 제목

1) 종교의 자유를 허용하는 현 왕권이 국민의 지지와 화합을 위한 정치를 하고, 근면 성실의 국민성이 강화돼 현지인 고용이 활발해져 경제적 안정을 얻게 하소서.
2) 진리를 추구하는 현지인들이 많아지고, 자연스럽게 퍼져 있는 기독교 문화들과 기독교 신앙을 가진 외국인들이 현지인들의 영적 필요를 알고 접촉하는 기회가 많아지게 하소서.
3) '무슬림 선교의 사도'로 알려진 사무엘 즈웨머 목사와 동료들이 세운 NEC 개신교회를 안전하게 지켜 주시고 예배가 끊임없이 드려지게 하소서.
4) 각 지역에서 허가받아 예배를 드리는 외국인 교회들과 전문인 선교사들을 통해 바레인 주재 외국인들과 현지인들에게 예수 그리스도의 복음이 선포되게 하소서.

하리임

Day 101 4월 11일   Kingdom of Saudi Arabia

사우디아라비아

언어: 아랍어
종족: 44
인구: 34,814,000명
GDP: 792,967(US$/백만) (3.7%)
1인당 GDP: 23,140(US$)

🔶 선교적 필요와 과제

사우디아라비아(이하, 사우디)는 이슬람의 종주국이다. 사우디에는 이슬람의 탄생지로서 "탄생지"의 대명사가 된 메카가 있다. 사우디에는 자국인 교회나 교인이 공식적으로 없음은 물론이며, 외국인들을 위한 교회마저 공식적으로 허락되지 않는다. 그러나 2018년부터 왕세자 무함마드 빈 살만이 이슬람 원리주의에서 벗어나는 파격적인 개혁 정책을 과감하게 펼쳐가고 있다. 통제와 규제의 상징이던 종교 경찰이 사라졌고, 극장이 세워지고 영화가 상영되며 커피숍이 성업 중이다. 심지어는 사막의 베두인족 거주 지역까지 인터넷을 사용할 수 있게 되었다. 이와 같은 변화는 젊은 세대들의 환영으로 이어지고 있다. 한편, 사우디 안에는 세계 여러 나라에서 온 외국인 기독교인들로 구성된 지하 교회 모임이 오래전부터 활성화되고 왔고, 그들 나름대로 선교 사역이 은밀히 펼쳐지고 있다. 그들 중에는 기독교가 공인된 여러 아랍 국가에서 온 아랍 기독교인들의 모임들도 있다. 또한, 아랍어 위성 TV 방송이나 다양한 방법들로 예수 그리스도의 복음이 전파되어 생명의 역사가 계속되고 있다. 해외에서 복음을 듣고 예수 그리스도를 영접한 후 국적을 포기하고 신앙생활을 하는 이들도 있다.

🔶 기도 제목

1) 왕세자의 개방과 포용 정책으로 변화하는 사회 속에서 사우디 현지인들이 인터넷과 여러 미디어를 통해 복음에 계속 노출되게 하소서.
2) 변화하는 상황 속에서 기독교가 인정받게 하시고, 해외에서 복음을 영접한 현지인들 역시 자국 민족의 구원에 목말라하게 하소서.
3) 지하 교회 성도들을 보호해 주시고, 외국인 중심의 교회들이 자민족 중심주의에서 벗어나 연합사역을 통해 사우디 현지인들을 위한 지역 교회가 탄생하게 하소서.
4) 해외에 거주하는 사우디 성도, 사우디 내 비밀 성도, 사우디에 있는 외국인 교회들이 연합해 선교 운동이 일어나게 하시고, 인터넷과 미디어를 통해 복음이 전해지게 하소서.

아부가람(메즈디), 베두인

Day 102 4월 12일   Kaulan

사우디아라비아-카울란

인구: 400,000명
종족: 카울란 빈 아미르
언어: 아랍어
종교: 이슬람
복음화율: 0%

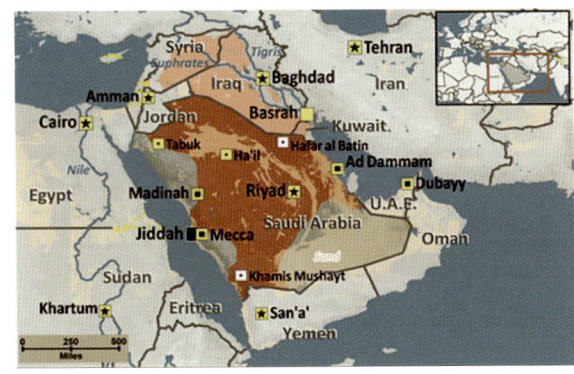

선교적 필요와 과제

카울란 빈 아미르 부족이라 일컫는 이들은 사우디 남부 사라와트 산악 지대와 예멘 북부에 거주하는 종족으로, 약 13개의 부족과 소수 부족들로 구성되었고, 인구는 약 40만 명이다. 수 세기 동안 외부 세계와 차단된 채 자신들만의 언어와 문화, 생활 방식을 지키며 살아왔다. 이들은 산지에서의 삶에 강한 정체성과 자부심을 가지고 있다. 이곳은 지난 몇 십 년 동안 바깥세상에 노출되어 도로, 전기, 학교, 의료 시설들과 함께 순니 이슬람이 전파되어 꾸란 교육, 남녀 차별, 샤리아 종교법이 보급되었다. 남자들은 군인, 경찰, 정부 관계 직장에서 일하게 되었고, 인터넷 등 현대적 문화가 들어오면서 과도기적 상황에 놓이게 되었다. 이들은 공용어인 아랍어보다는 자신들의 언어를 일상에서 사용하고 있다. 최근 사우디와 예멘 후티족과의 전쟁으로 국가 간 유혈 사태가 발생했다. 수백 년 동안 두 국가의 국경에서 살아오던 이들은 땅과 재산을 잃었고, 사망자도 발생해 국경이 봉쇄되었다. 공동체는 강제로 이주하게 되었고, 남자들은 사우디 군대에 입대하게 되었다. 이로 인해 이산가족이 생기게 되었고, 예멘 쪽의 부족에선 다수의 피난민이 발생하기도 했다.

기도 제목

1) 하루빨리 사우디와 예멘의 전쟁이 종식되어 귀중한 생명이 희생되지 않게 하시고, 스마트 폰과 인터넷을 통해서 복음이 그들의 삶 속으로 흘러가게 하소서.
2) 오래전부터 그들의 삶에 뿌리박힌 정령에 대한 두려움과 악령을 믿는 미신 숭배와 이슬람의 지배적 종교의 영향에서 벗어나게 하소서.
3) 아직 교회가 존재하지 않지만 극소수의 신자가 존재하고 있는데, 주께서 이들을 보호하여 주시고 이들을 양육할 수 있는 사역자를 보내 주소서.
4) 성경이 그들의 언어로 번역되고, 말씀이 미디어를 통해 전달되게 하시며, 앞으로 세워질 카울란 교회를 통해 사우디와 예멘에 복음이 전파되게 하소서.

아부 가람(메즈디)

Day 103　4월 13일　　　　　　　　　　　Mecca

사우디아라비아-메카

인구: 2,000,000명
　　　(메카 주 인구는 약 900만 명)
종족: 아랍인
언어: 아랍어
종교: 이슬람
복음화율: 0%

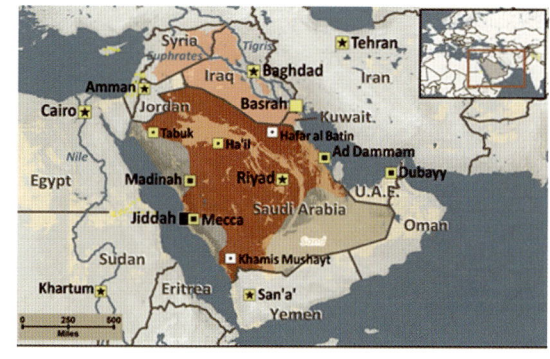

선교적 필요와 과제

메카는 이슬람의 창시자 무함마드의 출생지이며, 이슬람의 태동지이다. 무슬림은 메카를 향하여 매일 5번씩 기도한다. 아랍어로 '핫지'는 메카에서 행하는 이슬람의 대축제인 이둘 아드하에 참여하는 행위 또는 참여하는 자를 뜻한다. 축제 기원은 아브라함의 아들 제사에서 출발한다. 성경에서 숫양을 대체 제물로 바쳤던 예루살렘의 모리아산에 하나님의 성전이 세워졌고, 그 성전에서 유월절을 비롯한 3대 축제 때 수많은 대체 제물이 바쳐졌다. 꾸란의 아브라함도 아들을 바치려 할 때 나타난 "한 훌륭한 희생 제물"을 대체 제물로 바쳤다(꾸란 37:107). 이슬람에 따르면, 그 장소는 메카의 하람 사원이며, 모든 무슬림은 평생에 1회 이상 핫지가 되어 대체 제물을 바쳐야 한다. 또한 최후 심판 날에 메카의 하람 사원의 카바가 모든 핫지와 함께 예루살렘으로 오게 된다. 이 카바는 하람 사원의 중앙에 위치한 정육면체 건물로서 검은 천으로 덮혀 있는데, 이는 아브라함이 이스마엘과 함께 지었던 집의 기초(꾸란 2:127-129)라고 무슬림들은 믿고 있다. 그러나 우리는 "세상 죄를 지고 가는 하나님의 어린 양"(요 1:29)으로 선포되고, 십자가에 못 박혀 죽임당하셨던 예수님이 곧 그 대체 제물의 실체임을 증거해야 한다.

기도 제목

1) 매년 열리는 이슬람의 대축제인 이둘 아드하에 참여하는 자들이 예수 그리스도께서 십자가에 못 박히심으로 그 제사가 성취되었음을 깨닫게 하소서.
2) 유대교와 친 유대교적 기독교가 통곡의 벽을 붙들고 성전 재건을 희망하고 있는데, 이는 이슬람에 대한 선전 포고나 다름이 없음을 알고, 혈과 육의 싸움이 아닌 영적 싸움에서 승리하게 하소서.
3) 무슬림들이 부활하신 예수 그리스도와 그의 교회 공동체가 진정한 성전임을 깨닫도록 해 주소서.
4) 유대교는 그림자이고, 이슬람은 그림자의 모방이며, 예수 그리스도와 그의 교회 공동체가 실체임을 깨닫게 하여 주소서.

정형남

Day 104　4월 14일　　　　Syrian Arab Republic

시리아

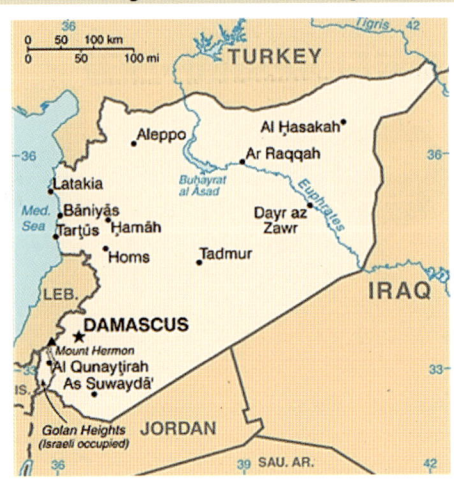

언어: 아랍어
종족: 38
인구: 17,501,000명
1인당 GDP: 2033(2007/US$)

선교적 필요와 과제

2011년 3월에 시작된 시리아 내전이 10년째로 접어들었다. 전쟁으로 인해 2,200만 명에 육박했던 인구는 1,750만 명으로 감소했다. 국외 난민이 560만 명, 국내 이재민도 600만 명에 달한다. 내전 초기에 실각 위기까지 내몰렸던 바샤르 아사드 정부는 이란과 러시아의 군사 지원에 힘입어 국토의 80%까지 통치권을 회복하였다. 그러나 이슬람 종파(순니파-시아파) 분쟁과 주변국들의 이해관계가 여전히 맞물려 있어 휴전이 쉽게 이루어지지 않고 있다. 터키가 시리아 북부 국경 지역을 점령하면서 쿠르드족과의 분쟁이 발생했고, 반군 내부의 분열도 심화되었다. 기독교인은 전체 인구의 10%이며, 정교회와 가톨릭 배경의 전통 기독교인들이 대부분을 차지한다. 내전이 종식되고 전후 복구 사업이 시작된다면, NGO 단체를 중심으로 선교사들이 접근할 수 있고, 사역을 재개할 수 있을 것이다. 특히 레바논과 요르단에 거주하는 난민들을 대상으로 이루어지는 교육 사역과 제자 훈련 사역을 통해 시리아 복음화를 위한 영적인 지도자들을 양성하는 일이 시급하다. 명맥을 유지하고 있는 시리아 내부 교회들을 위한 지원과 레바논과 요르단을 왕래하는 현지 기독교인들을 통해 무슬림을 향한 구제 사역도 필요하다.

기도 제목

1) 오랜 내전으로 이재민과 이산가족이 발생하고, 높은 인플레이션과 전기·가스 등 에너지난에 시달리고 있는데, 내전이 평화적으로 종식되고 안정을 되찾게 하소서.
2) 순니파와 시아파 사이의 갈등, 아랍인과 쿠르드인과의 민족적 이질감 등을 통한 분열과 찢긴 상처들이 예수 그리스도의 사랑의 복음으로 치유되게 하소서.
3) 북부 국경 지역의 유서 깊은 전통 기독교 마을들이 반군의 점령으로 위협에 놓여 있는데, 보호해 주시고, 전통 기독교 교회들이 생명력 있는 복음으로 새롭게 변화되게 하소서.
4) 전쟁으로 인해 복음의 수용성이 높아진 상황을 하나님께서 주시는 기회로 선용하게, 기독교인들이 전쟁의 아픔과 위협을 이기고 이웃들을 돌아보게 하소서.

윤바울, 시리아 사역자들

Day 105　4월 15일　　Syrian Refugees Scattered

흩어진 시리아 난민들

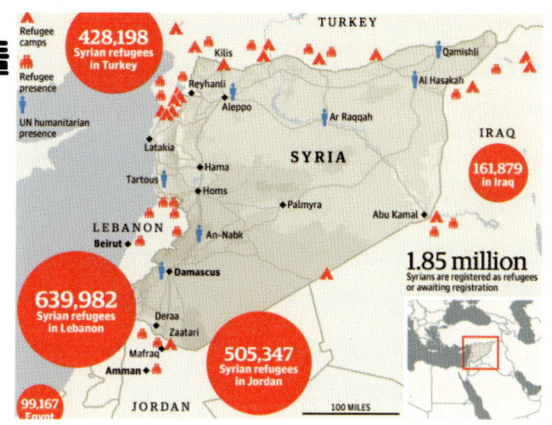

인구: 5,600,000명
종족: 아랍 시리안
언어: 아랍어
종교: 이슬람
　　(6-10%는 타 종교인으로 추정)

선교적 필요와 과제

10년에 걸친 시리아 내전으로 약 560만 명의 국외 난민이 발생하였다. UNHCR 등록 난민은 터키 360만 명, 레바논 92만 명, 요르단 66만 명(요르단 정부 통계 140만 명)에 달하며, 독일의 난민 수용 정책으로 2015년 이후 88만 명의 시리아 난민이 정착했다. 난민들 대부분은 빈곤과 열악한 환경에 살고 있고, 주민들로부터 물가 상승과 노동 시장을 교란한다는 눈총을 받기도 한다. 시리아 정부는 난민들 귀환을 권고하고 있지만, 내전이 종식되지 않은 상태에서 보복과 사회 불안이 여전하고, 사회 인프라 시설이 복구되지 않아 귀환하지 못하는 실정이다. 다행히도 터키, 레바논, 요르단 등 시리아 접경국에 거주하는 난민에게 구호 사역과 함께 복음을 나눌 기회가 계속 열리고 있다. 난민 상황이 장기화되고 코로나 사태까지 겹치면서 국제 사회의 관심과 도움이 급격히 줄어든 상황이라 교회의 꾸준한 도움과 사랑이 요청된다. 난민 가운데 17세 이하가 45%를 차지하는데, 이들을 대상으로 교육 인프라 구축을 위해 교단과 단체 차원의 지원이 필요하다. 서구 사회에 정착한 난민들은 세속화 영향으로 성공을 추구하는데, 이들을 전도하고 제자로 훈련해 고국 복음화를 위한 일꾼으로 세우는 일이 중요하다.

기도 제목

1) 주변국에 거주하는 난민들 대부분이 최저 생계비 수준에서 빈곤과 생활고를 겪고 있는데, 생활 여건이 개선되게 하소서.
2) 폭력성과 종파 분쟁으로 이슬람에 대해 회의를 품게 된 난민과 유럽의 세속화에 영향을 받은 정착 난민들이 느끼는 영적인 공백을 적극적인 복음 전도로 메울 수 있게 하소서.
3) 시리아 난민 사역을 감당하는 교회들을 통해 난민의 필요가 공급되고 복음이 전파되고, 주변국과 유럽 지역에 형성된 난민 공동체들에 부흥이 일어나게 하소서.
4) 복음을 접한 난민들이 소셜 미디어를 비롯해 온라인을 통해 다양한 기독교 콘텐츠를 가족과 고국에 나눔으로써 복음화를 꿈꾸게 하소서.

윤바울, 시리아 사역자들

Day 106 4월 16일 United Arab Emirates(UAE)

아랍 에미레이트

언어: 아랍어
종족: 36
인구: 9,891,000명
GDP: 421,142(US$/백만) (1.97%)
1인당 GDP: 43,103.30(US$)

선교적 필요와 과제

세계에서 가장 높은 빌딩 부르즈 칼리파, 세계 최대 규모의 두바이몰, 기네스북에 등재된 수족관, 세계 최대 규모의 인공섬 프로젝트 등 전 세계가 주목할 정도로 수많은 수식어를 만들어 낸 두바이는 미래의 도시, 꿈의 도시라 불리며 많은 사람의 기대를 모았었다. UAE는 아부다비, 두바이, 샤르자, 아즈만, 움알퀘인, 라스알카이마, 후자이라 등 7개의 토후국으로 이루어진 연방 국가다. 수도는 아부다비이며, 두바이는 경제 수도 역할을 한다. 중동과 북아프리카, 유럽과 중앙아시아를 잇는 거점 및 허브 역할을 하고 있다. 우리나라 남한보다 적은 면적(83,600㎢)인 이곳에 세계 수많은 회사의 지상사들이 세워져 있고, 200여 개국 이상 나라들에서 온 사람들 약 천만 명이 함께 살아가고 있다. 석유와 천연가스로 얻은 부를 이제는 관광, 무역, 쇼핑, 건축 등 다양한 부가가치로 바꾸는데 주력하고 있다. 현지인의 경우, 99.99%가 무슬림(순니파 85%, 시아파 15%)이고, 외국인을 포함할 경우 76%가 무슬림, 9% 기독교인(정교회, 가톨릭 포함), 15%의 힌두 및 기타 종교인들이 있다. 현지인 교회는 전무하고, 외국인들의 경우 허가된 종교 부지에서 예배를 드리고 있다. 무슬림에게 전도는 엄격히 금지된다.

기도 제목

1) 이 땅의 위정자들이 하나님을 두려워하는 마음으로 공의로 통치하게 하시고, 지도자들이 온전히 연합하고 협력하여 안정적이며 평화로운 나라가 되게 하소서.
2) 종교적 관용 정책들이 개인의 종교적 자유에까지 확대되게 하시고, 교회가 곳곳에 건축될 수 있게 하시고, 구원받는 사람들이 많아지도록 강력한 성령의 역사가 있게 하소서.
3) 예배 처소가 없는 민족 교회 가운데 처소를 허락해 주시고, 국제 교회들과 민족 교회들이 부흥하여 연합과 섬김 속에 그리스도의 한 몸을 이루고, 복음이 곳곳으로 흘러가게 하소서.
4) 이 땅에서 복음을 들은 하나님의 사람들이 주님의 제자로 양육되게 하시고, 주님의 일꾼들이 많아지게 하시고, 연합 속에 여러 선교적인 시도들이 아름답게 자리매김하게 하소서.

아퀼라, 제오든, 김오미

Day 107 4월 17일

Republic of Yemen

예멘

언어: 아랍어
종족: 30
인구: 29,826,000명
GDP: 27,591(US$/백만) (0.13%)
1인당 GDP: 968(US$)

선교적 필요와 과제

예멘은 지구상에서 가장 가난한 나라 중에 하나이며 5년이상 지속된 수니파와 시아파의 내전으로 인해 전 국토가 피폐하여졌고 경제가 붕괴되어 수많은 사람들이 기아에 죽어가고 있다. 이슬람 근본주의적 사상을 가진 나라로 기독교를 가장 박해하는 국가 중에 하나이며 2000년 이후 선교사 13명이 순교하였다. 고대부터 유대교기 들어와 예멘 유대인이 존재하는 나라이기도 하다. 2015년 내전으로 인해 후티 반군에 패하여 아덴을 중심으로 예멘 정부(유엔 인정)가 세워졌다. 하지만 현재의 내전은 사우디와 이란의 대리전 양상으로 변모했다. 이러한 내전의 영향으로 인해 예멘 국민들은 이슬람에 대한 회의가 깊어져 예멘 무슬림들이 기독교로 개종하는 역사가 남부지방을 중심으로 일어나고 있다. 믿을 수 있는 소식통에 의하면 2019년 12월 10만 명 이상의 기독교인이 존재한다고 보고되었다. 이러한 상황 가운데 예멘 선교는 내전 가운데서도 이슬람에서 개종한 기독교인(MBB)들이 안전하게 신앙생활을 할 수 있도록 보호가 필요하다. 지하교회 지도자들의 신변보호와 원격 신학 훈련이 필요하다. 지하 교회들이 연합하여 교단을 세워서 예멘 복음화를 할 수 있는 그날을 소망한다.

기도 제목

1) 기아 상태의 국민들에게 식량이 잘 조달되고, 질병 퇴치와 전쟁이 종식되고, 다시 민주주의 국가로 회복되어서 삶의 터전들이 복구되고 마약인 까트 복용이 근절되게 하소서.

2) 개종자들이 증가하고 있는 예멘 기독교 상황이 핍박과 박해를 받지 않고 성장 부흥되어 복음 전도자의 활동이 안전해져서 복음이 아라비아반도 전체로 확산되게 하소서.

3) 내전 중에도 10만 명 이상으로 증가한 기독교인들이 안전해지고, 지하교회 지도자들이 원거리 신학 교육을 받고 목회하는 전도자들이 안전하게 활동하고 연합해 복음화에 힘쓰게 하소서.

4) 각국으로 흩어진 디아스포라 예멘 난민들에게 복음이 전해져 그들이 예멘 본토로 돌아가서 예멘 복음화에 힘쓰고, 소셜 미디어를 사용하는 원격 복음 전파도 이루어지게 하소서.

임바울

Day 108 4월 18일   Huthi Insurgency

예멘-후티 반군

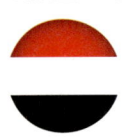

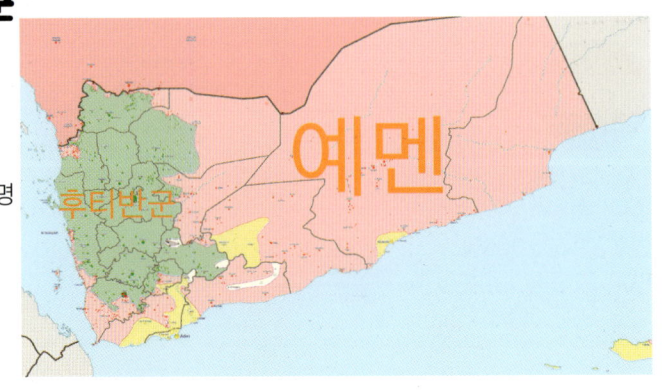

인구: 180,000-200,000명
종족: 아랍 예멘인
언어: 아랍어
종교: 이슬람(시아파)
복음화율: 0%

선교적 필요와 과제

북부 사다 지역의 시아 이슬람 자이드파인 무하마드 알후티와 후세인 알후티가 자이드파의 부흥을 선전하고자 1992년에 "믿음의 청년 연합"을 세워 이슬람 학교와 여름 캠프를 시작했다. 이들은 사우디와 종교적 이념의 갈등과 부패한 예멘 정부의 친미 정책을 비난하며, "알라는 위대하다, 미국에게 죽음을"이라는 슬로건을 걸고 반정부 투쟁과 외국인 테러를 자행했다. 2004년 후티 부족의 지도자 후세인 후티가 정부군에 의해 사망하자 정부에 대한 반란을 일으켰다. 2011년 시민 혁명에 참여한 후티 반군은 수도 사나를 장악했으며, 2015년 사우디와 손잡은 예멘 부통령 압도 라부 몬술 하디와 내전 양상으로 확전되었다. 정권을 다시 찾으려는 살레 전 대통령은 후티와 연정하였으나 도리어 그들에게 살해당하게 되었다. 2015년부터 현재까지 사망자가 9만 명 이상이고, 식량 부족으로 국민 대부분이 기아 상태에 놓여있다. 후티 반군의 핍박 가운데서도 복음의 역사가 불타오를 수 있도록, 그리고 내전으로 인한 깊은 상처와 고통을 안고 있는 예멘 사람들이 회복되도록 기도하고, 예멘을 위해 일할 예멘 출신 선교사들이 일어나도록 기도하자.

기도 제목

1) 반군에 의해 자행되는 약탈과 폭정이 멈추고, 물 공급을 위한 우물 파기가 이루어지고, 기아로 죽어가고 있는 어린이들을 위한 식량이 지원되게 하소서.

2) 시아파와 수니파의 종교 갈등으로 내전이 발생한 후 타종교에 대한 핍박이 심하지만 신앙의 자유가 선포되어 기독교인(MBB)들이 신앙생활을 자유롭게 하고, 지하교회가 확산되게 하소서.

3) 후티 반군들의 기독교 핍박으로 무슬림 배경 개종자(MBB)들이 순교하고 있는데, 투옥된 성도들이 풀려나와 신앙생활하고, 지하 교회들이 안전하게 성장하는 날이 속히 오게 하소서.

4) 후티 반군 점령하 지역에서 전도하는 전도자들이 안전하게 사역을 진행하며, 지하 교회가 핍박을 받지 않고 믿음을 지켜 성장하며 복음을 나눌 전도자들이 더 많이 나오게 하소서.

임바울

Day 109 4월 19일

Sultanate of Oman

오만

언어: 아랍어
종족: 35
인구: 5,107,000명
GDP: 76,983(US$/백만) (0.36%)
1인당 GDP: 15,474(US$)

선교적 필요와 과제

오만은 석유 자본이 만든 높은 장벽에 둘러싸여 선교의 불모지라고 불리는 중동 걸프 지역 GCC 7개국 중 하나이다. 정치적으로 실용주의 노선과 중립국의 모습을 띠지만, 종교적으로 아주 보수적인 이바디 이슬람의 종주국이다. 여전히 대가족 중심이며, 자국민의 비율이 상대적으로 높은 국가이고, 한때 동아프리카까지 지배했던 해양 제국의 후예답게 자신들의 종교와 문화에 대한 자부심이 크다. 19세기 초반부터 1970년까지 제도적이고 합법적인 기독교 선교가 확장되고 있었지만, 술탄 까부스의 즉위 이후 모든 것이 막혔었다. 그러나 2020년 1월 오만의 근현대화를 이루고 50년간 통치하던 국부 술탄 까부스가 서거하고 새로운 술탄이 즉위하면서 변화의 시점에 서 있다. 새로 즉위한 술탄 이후 오만인이 자유롭게 기독교로 개종하지 못하도록 법과 규제들이 조금 더 강화되고, 반이슬람적인 문화 검열들이 지속되는 상황이다. 현재 현지인이 공개적으로 기독교로 개종하기는 어렵다. 그럼에도 하나님의 일하심을 볼 수 있고, 계속해서 영혼들이 주께 돌아오고 있다는 소식은 매우 고무적이다. 오만 복음화는 걸프 지역 복음화에 크게 기여하게 될 것이다.

기도 제목

1) 반이슬람적인 문화 검열들이 지속되는 상황에서 하루속히 법과 규제가 완화되어 기독교로의 개종과 타 문화 수용 정책들이 세워지게 하소서.
2) 왕권 교체와 코로나 사태 등으로 많은 일꾼들이 보안, 비자, 재정 문제 등을 겪으며 철수하는 상황인데, 하루속히 상황이 안정되고 이전처럼 선교의 장이 열리게 하소서.
3) 정부가 공식적으로 인정한 외국인 예배 모임과 비밀리에 모이는 현지인 공동체 가운데 하나님의 보호하심과 담대하심을 허락하시고, 생명력 있는 교회 공동체로 성장케 하소서.
4) 교회와 선교사들을 통해 실제적인 회심자와 신실한 현지인 제자들이 세워지게 하시고, 그들을 통해 오만 전역에 교회가 세워지고 복음이 전파되게 하소서.

오만 지킴이들

Day 110 4월 20일 The Hashemite Kingdom of Jordan

요르단

언어: 아랍어
종족: 20
인구: 10,203,000명
GDP: 43,744(US$/백만) (0.2%)
1인당 GDP: 4,330(US$)

선교적 필요와 과제

요르단의 종교 분포는 이슬람이 96.3%이고, 기독교가 2.3%이다. 기독교는 정교회 61.8%, 가톨릭 18.4%, 개신교 10.7%, 성공회 3.6%이며, 전체 인구에서 개신교인의 비율은 0.27%이다. 복음주의 기독교는 연간 3.3%의 성장을 하고 있다. 요르단 복음주의 신학교(JETS)를 비롯한 여러 신학 교육 기관을 통해 배출된 사역자들이 교회와 성경 공부 모임을 섬기고 있다. 요르단의 5개 복음주의 교단이 복음주의 협의회를 이루었다. 2011년 시리아 사태 이후, 요르단으로 이주한 시리아 난민들은 66만 명, 2014년 극단주의 이슬람 세력인 IS의 영향으로 이주한 이라크 난민 7만 명이 유엔난민기구에 등록되어 있다. 이러한 상황 가운데서 요르단 선교는 목회자들의 재교육과 더불어 신학 교육과 목회 훈련을 통한 차세대 목회자 리더십을 세우고, 성도들의 예배 참석, 성경 교육, 제자 훈련을 통해 교회 사역자로 세워 나가는 것이 필요하다. 이슬람에서 회심한 자들(MBB)의 자유로운 신앙 생활을 위해 법적 처우를 개선하고, 회심자 가족들의 공동체 형성을 통해 신앙적, 사회적, 경제적 결핍이 채워지도록 돕는 것이 필요하다. 이슬람에 대한 기독교 변증이 효과적으로 이뤄지도록 코란, 이슬람법 등 이슬람 전문가를 통해 현지인들을 교육 시키고 훈련하는 것이 필요하다.

기도 제목

1) 기존 정치에 대한 실망으로 변화에 대한 열망이 가득한데, 관료들의 부패와 행정절차의 비효율이 개선되고, 위축된 경제 활동이 활성화되게 하소서.
2) 회심자들은 법적으로 기독교인이 될 수 없는 상황인데, 근본주의적 이슬람 사회가 변화되고, 회심자들을 위한 인권이 개선되게 하소서.
3) 예배, 말씀 묵상과 성경 읽기, 성경 교육과 제자 훈련을 통해 성도들이 사역자로 서고, 복음주의 교회들이 공식 교단으로 등록돼 법적 지위가 개선되게 하소서.
4) 선교사들이 아랍 목회자들과 협력해 아랍 교회의 필요를 채워주고, 회심자들이 사역자로 훈련받아 전도자의 삶을 살고, 요르단 교회들이 난민들을 복음으로 잘 섬기게 하소서.

한동희, 요한선(요르단한인선교사협의회)

요르단-난민과 이주민

Day 111   4월 21일   **Refugees and Migrants**

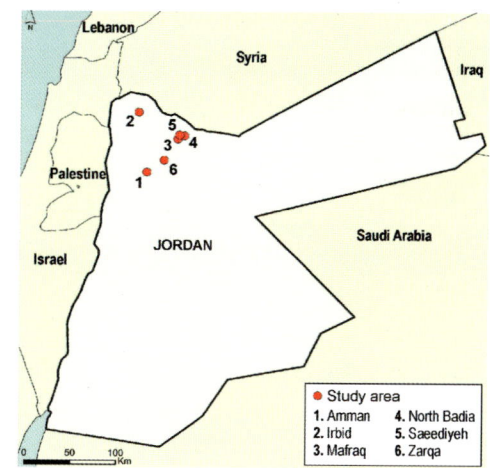

인구: 1,400,000명
　　　(최근 발생한 난민과 이주민)
종족: 시리아, 이라크, 예멘, 리비아, 수단 등
언어: 아랍어 등
종교: 이슬람, 기독교

선교적 필요와 과제

요르단은 오래전부터 난민들이 존재해 왔다. 1991년 걸프전을 시작으로 2003년 이라크전, 수단의 다르푸르 내전, 2011년 시리아 내전과 2014년 IS의 핍박으로 인한 이라크 기독교 배경의 난민, 소말리아, 예멘을 비롯하여 다양한 국적의 난민들이 모두 이곳 요르단을 찾는다. 팔레스타인 난민을 제외하고, 대다수 난민은 요르단을 다른 나라로 가기 위한 거점으로 삼는다. 요르단은 난민을 받는다는 이유로 UN을 비롯한 미국, 유럽으로부터 원조를 받고 있다. 그러나 그 원조가 100% 난민들한테 흘러가는 것은 불가능하다. 오히려 요르단은 자국민 노동 보호 정책으로 난민이 생계를 위해 일하는 것을 불법으로 간주한다. 그러나 먹고 살기 위해 추방이나 감금을 무릅쓰고 노동하는 난민들도 많다. 이들에게 있어 제일 큰 문제는 생존의 문제로 육적, 영적으로 무척 가난한 상태에 있다. 부유한 나라로 이주하기 전에 이들 난민을 향한 복음 사역은 하나님 나라 확장의 기회가 된다. 과거 1400년 동안 막혀있던 이슬람의 강력한 진이 무너지고 영육의 가난함으로 인해 오히려 그리스도 사랑을 알 수 있는 기회가 점점 많아지고 있다.

기도 제목

1) 정부가 난민의 노동 허용 정책을 허락해 난민들이 최소한의 생계를 유지할 수 있게 하고, 난민 사역을 하는 기독교 NGO 단체에 비자가 허락되게 하소서.

2) 1400년 동안 닫혀 있던 이슬람의 견고한 진이 하나님의 사랑을 실천하는 그리스도인들을 통해 무너지게 하시고, 그들 가운데 하나님 나라에 대한 소망이 생겨나게 하소서.

3) 교회가 하나님 나라의 법을 우선순위에 두고 현지 실정법에서 지혜롭게 행하여 복음을 전함으로 아랍 민족을 치유하고 아랍 세상을 변화시키는 사역을 감당하게 하소서.

4) 선교사들이 물질적 필요를 공급하는 사역뿐만 아니라 영적 필요를 공급하는 사역을 감당하고, 그들을 안전하게 지켜 주시고, 난민들을 위한 지원이 지속적으로 공급되게 하소서.

메즈디(아부가람)

Day 112 4월 22일   Republic of Iraq

이라크

언어: 아랍어, 쿠르드어
종족: 35
인구: 40,223,000명
GDP: 234,094(US$/백만) (1.1%)
1인당 GDP: 5,955(US$)

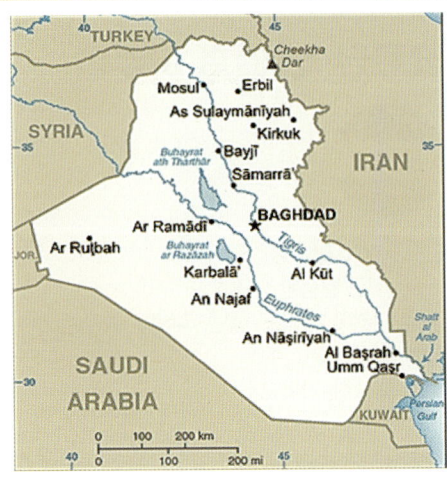

선교적 필요와 과제

인구 4천만 명의 이라크는 98%가 무슬림이지만 헌법상 종교의 자유를 보장한다. 그러나 현재 가톨릭 0.8%, 복음주의 크리스천 0.2% 수치가 보여 주듯이 선교가 절실히 필요한 지역이다. 2017년 IS로부터 승리를 선포했지만, 테러는 아직도 간헐적으로 전국에서 행해지고 있어 선교 활동 여건이 매우 열악한 상황이다. 또한 오랜 전쟁과 테러의 후유증으로 지금도 국민들이 안정을 찾지 못하고 있고, 미래에 대한 불안감은 여전하다. 더욱이 정치적, 경제적으로 이란의 영향권 안에 있는 이라크는 그동안 미국과 이란의 분쟁 장소가 되어왔고, 이 상황은 앞으로도 지속될 전망이므로 미래에 대한 불확실성은 오히려 가속화되고 있다. IS 테러 종식과 34개 소수 민족 중 가장 큰 쿠르드족 자치 정부와 분계선 논쟁이 잘 해결돼 안정될 수 있도록 기도가 필요하다. 영적인 차원에서 보면, 이 현실의 고통은 국민들로 하여금 새로운 참 진리를 갈망하는 마음을 갖게 하고 있다. 실제로 젊은이들 사이에서 평화와 사랑과 소망을 중요시하는 기독교에 대한 호감도가 상승하고 있다. 이곳에 신학교가 세워져 부족한 현지인 사역자들이 세워지고, 서구 선교 단체의 도움에서 벗어난 자치, 자전, 자조하는 교회가 필요하다.

기도 제목

1) 이란과 미국의 갈등이 해소되어 사회적으로 안정이 되고, 부패와 실업률이 낮아지고 공공 서비스가 회복되게 하소서.
2) 개신교회가 가톨릭 교단의 핍박으로부터 보호받게 하시고, 부패한 이슬람 종교 지도자들의 위선이 드러나고, 참 진리가 선포되게 하소서.
3) 이슬람과의 공존이라는 이유로 전도를 금기시해왔던 교회들에게 복음에 대한 열정을 부어주시고, 분열된 복음주의 교회들이 연합하여 중동 선교에 앞장서게 하소서.
4) 한국 정부가 이라크 여행 비자를 재개하여 한국 선교사들이 들어오고, 치안이 속히 안정되어 해외 선교사들이 들어올 수 있게 하소서.

한상철

Day 113　4월 23일　Kurdistan

이라크-쿠르디스탄

인구: 5,200,000명
종족: 쿠르드
언어: 쿠르드어
종교: 이슬람
복음화율: 0.01%

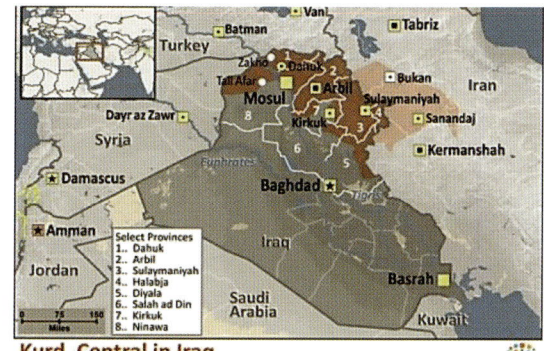

선교적 필요와 과제

쿠르드인들은 약 4천 3백만 명이며, 시리아, 터키, 이란, 이라크로 나뉘어 주권 없이 살고 있는 비운의 민족이다. 이라크에는 약 5백 2십만 명이 있으며, 대부분이 수니파이다. 무슬림은 99%, 개신교는 0.01%에 그치고 있다. 쿠르드족 중 유일하게 자치권을 인정받고 있지만, 독립을 저지하는 이라크 정부와 주위의 이슬람 국가들의 오랜 핍박으로 인해, 이슬람에 대한 회의적인 분위기가 깊게 깔려 있다. 반면에 평화와 사랑을 중요시하는 기독교에 대한 호감이 비교적 높은 편이다. 한 나라로서 지명도가 없고 여러 곳으로 흩어져 있는 관계로, 이들을 위한 구체화된 선교 정보와 전략 그리고 통계는 매우 미비한 상태이다. 또한 아랍어가 아닌 쿠르드어를 사용하고 있고, 그중에서도 소라니와 바디니 방언을 사용하고 있어 이들 언어로 된 성경책과 성경공부 재료가 절대적으로 필요한 상황이다. 현재 쿠르디스탄 지역의 인구 중 28%가 난민들이다. 국내 난민(IDP)을 제외한 시리아 난민은 약 25만 명으로 추정하고 있다. 이란과 미국과의 분쟁이 해결되어 이 땅에 안정과 평화가 유지될 수 있도록 기도가 필요하다. 또한 소수이지만 분열된 복음주의 교회들의 연합을 위해서도 함께 기도해야 한다.

기도 제목

1) 이라크 정부와 자치령 경계선 분쟁을 평화적으로 해결하여 안정을 찾고, 자치권을 잃지 않으며, 타국에 흩어져 있는 쿠르드인들과 연합해 평화적으로 독립 국가를 형성하게 하소서.
2) 폭력적인 이슬람에 대해 회의적인 반응과 동시에 상대적으로 사랑과 평화를 중요시하는 기독교에 대한 호감도가 높아지고 있는 상황을 잘 활용하여 복음을 효율적으로 전하게 하소서.
3) 헌법에 명시된 종교의 자유를 바탕으로 개신교회들이 중동 선교에 참여하게 하시고, 신학교 설립을 통해 현지인 사역자들이 세워지게 하소서.
4) 이라크 치안이 안정을 찾고 현재도 간헐적으로 일어나고 있는 IS 테러가 완전히 종식되어 타국 선교사들이 들어올 수 있게 하소서.

한상철

Day 114　4월 24일　Iraqi Diaspora and Refugees

이라크-디아스포라/난민

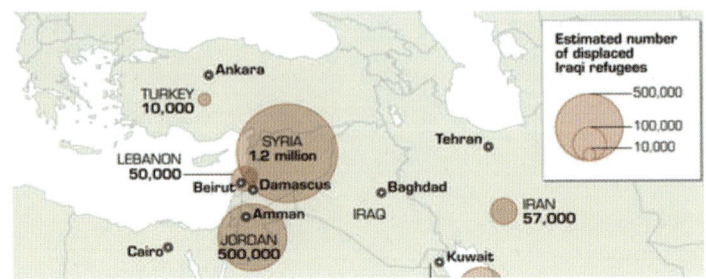

인구: 2,400,000명
종족: 아랍 이라크인
언어: 아랍어
종교: 이슬람

선교적 필요와 과제

이라크인 디아스포라 현황은 호주 8만, 터키 6만, 레바논 5만, 영국 25만, 독일 25만, 이스라엘 25만, 이란 20만, 스웨덴 18만, 미국 15만, 캐나다 15만, 이집트 14만, 요르단 13만, 아랍에미레이트 10만, 예멘 10만, 그리스 4만, 기타 나라에 2만~ 3만 명까지 있다. 디아스포라 역사는 1990년 8월 수니파 무슬림인 사담 후세인의 쿠웨이트 침공으로 시작된 걸프 전쟁 직후로 거슬러 올라간다. 당시 유일하게 열린 요르단 국경을 통해 시아파 무슬림과 쿠르드족과 기독교인이 이라크를 떠났다. 요르단 교회와 선교사들, 그리고 요르단복음주의신학교(JETS) 등의 사역을 통해 많은 이라크인 디아스포라 목회자들과 일꾼들이 양성되었다. 걸프 전쟁 발발 12년 후 미국이 이라크 전쟁을 일으켜 독재자 후세인 체제를 붕괴시켰다. 그러나 이라크 상황은 악화됐고, 시아파 득세로 수니파 무슬림, 기독교인, 세례 요한 추종 집단인 사비인(Sabians) 가운데 탈이라크 현상이 일어났다. 바그다드의 일부 기독교인은 이슬람 세력과 충돌을 피해 모술과 그 주변 기독교 마을로 이사 갔는데, 바로 그 지역에 IS가 출현하였다. 기독교 인구는 1987년에는 이라크 전체 인구 약 1,750만 중 8%로 140만 명이 넘었지만, 지금은 50만 명도 되지 않는다.

기도 제목

1) 이라크 정부가 IS 축출 이후 이라크 기독교인 디아스포라가 돌아와 이라크 재건에 참여해 줄 것을 적극 제안하고 있는데, 이라크 재건을 위해 앞장서는 기독교인들이 많아지게 하소서.
2) 아랍인 디아스포라 교회 공동체들이 이슬람에 회의를 느끼는 자들과 세속화의 유혹에 빠진 이들을 예수 그리스도께로 인도하게 하소서.
3) 터키, 레바논, 요르단 등에서 최소한의 생계유지와 자녀들의 학업과 장래를 염려하는 이라크인 난민들을 상대로 다양한 사역이 진행돼 예수 그리스도의 생명의 역사가 일어나게 하소서.
4) 많은 목회자들의 해외 이주로 이라크에 남아 있는 기독교인들을 목양할 목회자들과 지도자들이 부족한 상황인데, 이라크 교회의 부흥과 선교를 위해 헌신하는 자들이 많아지게 하소서.

정형남, 한상철

Day 115   4월 25일   Islamic Republic of Iran

이란

언어: 페르시아어
종족: 94
인구: 83,993,000명
GDP: 445,345(US$/백만) (2.1%)
1인당 GDP: 5,520.3(US$/2017)

선교적 필요와 과제

인류사의 3개 정복 전쟁으로, 알렉산더 대왕의 동방정벌과 이슬람 정복 전쟁과 몽골의 정복 전쟁이 있다. 이 3대 정복 전쟁의 최대 피해자가 바로 페르시아로, 지금의 이란이다. 근대 100년의 역사만 보더라도 너무나 많은 모순과 예상치 못한 일들이 일어났던 곳이기도 하다. 인류의 역사가 늘 그렇듯이 일반 백성들이 그 아픔들을 고스란히 받아내야 했다. 부유한 산유국임에도 정제된 휘발유를 비싸게 사다 쓰고 있고, 몇십 년째 세계에서 가장 강력한 미국을 상대로 외부적인 지렛대 없이 온몸으로 버티고 있다. 이슬람의 종주국이라 주장하는 아랍 국가조차 왕족이 나라를 다스리지만, 이란은 신정 일치를 기준으로 '이맘'이라는 이슬람 사제가 다스린다. 이맘은 종신직으로 무소불위의 힘을 지닌다. 자신들을 철저히 파괴하고 문화를 약탈해간 이슬람에 종속하여 신정 일치를 따르도록 삶을 희생당하고 있다. 산유가 풍성함에도 불구하고 한 달 월급을 받아서 우유 몇 개도 제대로 살 수 없는 모순을 겪고 있는 나라이다. 그러나 이란인 가운데 부흥이 일어나고 있고, 한 마을에 약 30%가 가정교회를 비밀리에 다니고 있으며, 정관계 사람들이 주님을 영접해 신앙을 지키는 일이 일어나고 있다.

기도 제목

1) 이란이 다른 서방 국가 특히 미국과 타협점을 찾아 실타래처럼 얽힌 문제들을 하나하나 풀어나가고 서민들의 궁핍한 삶이 회복되게 하소서.
2) 이슬람에 대한 실망으로 인해 주님을 영접하고, 많은 이들이 꿈과 환상을 통해 주님을 만나고 치유를 경험하고 있는데, 이러한 놀라운 성령의 역사가 계속 일어나게 하소서.
3) 꾸준히 증가하는 가정교회에 준비된 사역자들이 세워지고, 이단에 빠지거나 성경을 편협하게 가르치지 않게 하시고, 순수한 믿음을 유지하며 신앙생활을 하게 하소서.
4) 각국으로 흩어진 이란 디아스포라들이 한마음으로 잘 연합하여 이란 내 가정교회들을 잘 섬기고, 앞으로 다가올 이슬람 선교에 중추적 역할을 담당하게 하소서.

요나단 태

Day 116   4월 26일   Azerbaijanis in Iran

이란-아제르바이잔

인구: 16,530,000 명
종족: 아제르바이잔
언어: 아제르바이자니
종교: 이슬람
복음화율: 1.5%

선교적 필요와 과제

1200년대에 몽골족과 셀죽키족을 포함한 다양한 정복 군대로 인해 많은 종족이 이동했다. 그 당시 아제르바이잔인의 조상은 오구즈 투르크 부족에 속했는데, 그중 일부는 아나톨리아(현재 터키가 있는 곳)로 이주하여 수니파 무슬림이 되었다. 다른 사람들은 코카서스 지역인 아제르바이잔과 현재 이란으로 이주하여 시아파 무슬림이 되었다. 이들이 결국 이란에 거주하는 아제르바이잔인(Azerbaijanis) 또는 아제르인(Azeris)이다. 그들은 언어가 페르시아어가 아닌 튀르크어를 기반으로 한다는 점에서 이란인 다수와 구별된다. 이 종족은 이란에서 가장 큰 소수 집단이다. 과거에는 약간의 마찰도 있었지만, 이란의 주요 민족인 페르시아인처럼 정치, 종교, 경제, 사회, 문화 모든 분야에 널리 진출하고 있다. 그러나 이란 코미디 등이 소수 민족으로서 그들을 종종 웃음거리로 삼아 그들을 자극하기도 한다. 정부에 의해 시아파 이슬람에 속하도록 강요된 상황이다 보니 많은 사람이 이슬람에 대해 환멸을 느끼며 종교심이 강하지 않다. 이란의 아제르바이잔인들은 그리스도 안에서 영적 자유를 찾고 평생 그분을 섬길 기회가 필요하다.

기도 제목

1) 오랫동안 여러 제국의 압제하에 살아왔던 이란의 아제르바이잔인들이 그리스도 안에서 영적 자유를 찾고 그리스도를 만왕의 왕으로 평생토록 잘 섬기게 하소서.
2) 정치 세력 결탁으로 부패 지수가 높아 이슬람에 대해 환멸을 느끼는 자들이 예수 그리스도의 복음을 듣고 생명력이 넘치는 그리스도인들이 배출되고 잘 양육되게 하소서.
3) 이란인 교회 안에 분열과 다툼이 너무 많은데, 성도들이 종의 모습으로 오신 예수 그리스도의 심정을 깊이 알 수 있게 하소서.
4) 인터넷 신학 강의가 잘 진행되고 있는데, 올바른 신학을 갖춘 하나님의 일꾼들이 배출되고 건전한 교회의 틀 안에서 주님의 복음이 잘 전파될 수 있게 하소서.

요나단 태, 존 정

Day 117   4월 27일   Krud in Iran

이란-쿠르드

인구: 7,245,000명
종족: 쿠르드
언어: 쿠르드어
종교: 이슬람
복음화율: 0.07%

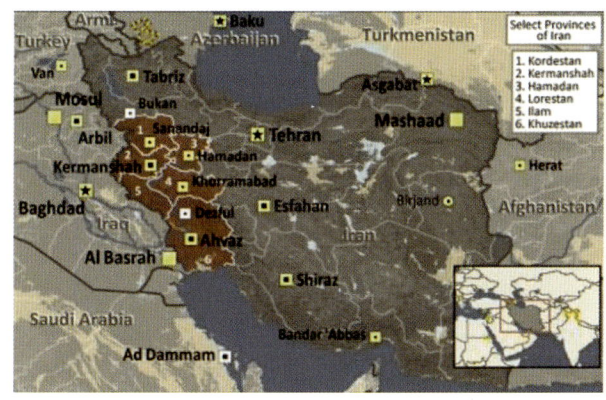

선교적 필요와 과제

제2차 세계 대전 직후 이란의 쿠르드족은 소련의 지원을 받아 최초의 독립 쿠르드 국가(마하바드 쿠르드 공화국)를 북부 지역인 이란과 터키 국경 지역에 수립하는 데 성공했다. 그러나 이 국가는 이란 군대에 의해 빠르게 분쇄되어 1946년 끝났다. 쿠르드족의 염원은 곧 그들의 독립 국가 건설이다. 1989년 7월에 이란 쿠르드 민주당의 지도자가 오스트리아 비엔나 호텔 방에서 암살당했다. 이란을 그 배후로 추정하고 있다. 이란의 북부 쿠르드족이 사는 지역은 이란의 나머지 지역보다 인구 밀도가 두 배나 높다. 한편, 이란의 남부 쿠르드족은 이라크-이란 국경을 따라 살고 있다. 두 그룹 모두 물이 부족하고 결핵이나 말라리아와 같은 질병에 고통받고 있다. 또한, 북쪽의 수니파 무슬림 쿠르드족과 남쪽의 시아파 무슬림 쿠르드족 사이에도 끊임없는 적대감이 있다. 남부 쿠르드족은 특히 토지 소유와 관련하여 터키의 쿠르드족보다는 상황이 더 낫다. 그러나 그들은 여전히 문화적으로 억압받고, 언어가 금지되었고, 자녀들은 학교에서 페르시아어를 배워야 하는 상황이다.

기도 제목

1) 쿠르드족의 독립 국가 건설의 꿈을 이루어 주시고, 또한 하나님 나라의 백성이 되게 하소서.
2) 이란 내 마약 사범이 많고 마약에 노출된 사람도 많은데, 예수 그리스도의 복음으로 변화된 그리스도인들이 이란 사회 속에서 소금과 빛의 역할을 잘 감당할 수 있게 하소서.
3) 이란 청년들의 탈이슬람화 현상이 심화되고 있는데, 이슬람의 위기 속에 예수 그리스도의 복음이 왕성하게 선포되어 교회의 부흥이 일어나게 하소서.
4) 청년들이 다수인 교회에 올바른 성경적 리더십이 세워져서 작은 일에 충실한 자가 큰 자라는 하나님 나라의 원리를 잘 이해하고 늘 주님과 동행하는 교회 지도자들이 세워지게 하소서.

요나단 태, 존 정

Day 118   4월 28일   Gilaki

이란-질라키

인구: 2,913,000명
종족: 질라키
언어: 질라키
종교: 이슬람
복음화율: 0.00%

선교적 필요와 과제

질라키인들은 카스피해를 따라 북쪽 이란에 살고 있다. 그들의 조상의 언어가 각 가정에서와 지역 사회에서는 모국어로 사용되지만, 글자가 없다. 공적으로는 이란의 공용어인 파르시어를 사용한다. 1977년에 한 대학이 질란 지역에서 가장 큰 도시인 라쉬트에 지어졌다. 질란 지역은 엘브르즈산맥과 카스피해 사이의 평원이다. 카스피해에서 불어오는 바람과 함께 온 수분으로 촉촉하고 따뜻한 기후가 만들어 숲이 형성되었다. 질라키 경제의 기본은 농업(벼, 차, 담배, 누에 등)이다. 다른 주요 산업으로는 어업으로 철갑상어 알 수출과 실크 생산으로 유명하다. 또한, 관광과 상업, 이란의 다른 지역의 공무원과 행정 및 정부 직책을 수행하는 자들도 있다. 엘부르즈산맥으로 인해 외세 침략으로부터 보호를 받았다. 1921년 평화 협정으로 이란에 귀속되었다. 질라키 지역 주민들은 보통 이란의 이익과 자신들의 이익을 일치시킨다. 그렇지만 1차 세계 대전 후에는 개혁과 독립을 요구하기도 하였다. 주후 50년경에 사도 바돌로매가 질라키인들에게 복음을 전하였다는 역사 기록이 있다. 한때 기독교가 강성했지만, 지금은 지극히 약하다. 절대다수가 시아파 무슬림이다.

기도 제목

1) 매년 비합법적인 낙태가 30만 건 넘게 자행되고, 이혼 증가로 테헤란 가정 중 1/3이 이혼 상태인데, 예수 그리스도 안에서 깨어진 가정들이 은혜와 회복을 누리게 하소서.
2) 잘라키인들이 사도 바돌로매의 영성을 이어받아 시아파 이슬람 대국인 이란을 복음화하는 데 귀히 쓰임 받게 하소서.
3) 약 400만 명의 그리스도인이 있는데, 이란 교회를 눈동자처럼 보호해 주시고, 교회 지도자들이 잘 훈련받아 교회들을 성장시켜 주시고 성숙시켜 주소서.
4) 라디오와 위성 TV, 그리고 인터넷과 방송을 통해 많은 사람이 그리스도께 나아오고 있는데, 그들을 잘 훈련하고 양육할 수 있는 교회와 교회 지도자들이 연결되게 하소서.

요나단 태, 존 정

Day 119   4월 29일   The State of Israel

이스라엘-유대인

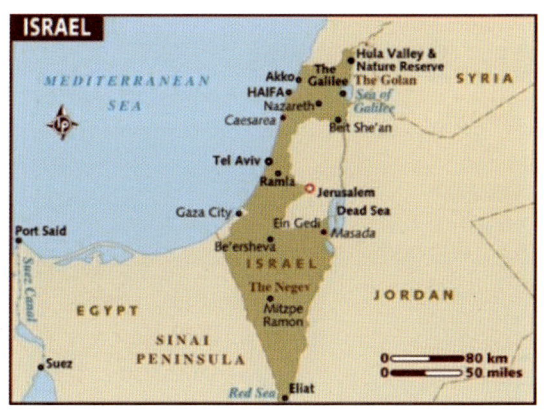

언어: 히브리어
종족: 49
인구: 9,254,000명
GDP: 395,099(US$/백만) (1.84%)
1인당 GDP: 44,474(US$)

선교적 필요와 과제

이스라엘(건국 1948. 5. 14)은 2020년 현재, 종교적으로 무신론자들이 다수를 차지하는 가운데, 세계 3대 유일신교인 기독교, 유대교, 이슬람교가 공존하고 있다. 2020년 9월 말 기준으로 인구가 9,254,000명이며, 주요 인종별로 보면, 유대인 6,845,700명(74%), 아랍인 1,948,100명(21%), 기타 460,200명(5%)이다. '메시아닉 쥬'라고 일컬어지는 유대인 기독교인은 적게는 3만 5천 명, 많게는 약 5만 명으로 추산되며, 기독교는 정부가 인정하는 공식 종교가 아니다. 1948년의 이스라엘의 독립 전쟁과 1967년 전쟁에서의 승리로 팔레스타인에 분배된 영토 점령 등으로 인해 양국 간의 영토와 국경은 미해결 상태이다. 경제적 상황(2020년 명목상 1인당 GDP $44,474, 세계 19위)은 양호하지만 심각한 양극화를 겪고 있다. 유대인은 종교인, 즉 유대교인(20%), 전통인(30~40%), 세속인(40~50%)으로 구분된다. 2017년 추산 약 300개의 교회가 있지만 대체로 약하다. 유대인 기독교인들만으로는 아랍 무슬림들은 물론이고, 이스라엘 내 타종교인들을 선교하는 것도 벅찬 상황이다. 이스라엘 성서대학(ICB)과 나사렛 성서대학(NEC)이 전도와 교회 개척을 위한 학생들을 잘 양성하도록 기도가 필요하다.

기도 제목

1) 하나님의 정의에 기초해 팔레스타인과의 평화와 협력이 이루어지고, 의회 중심제 국가로서 수많은 정당의 난립으로 정치적으로 불안정한데, 정치적으로 안정되게 하소서.
2) 극단적 정통 유대교인에 의한 박해가 사라지고, 학교에서의 반기독교 교육이 중단되고, 기독교 정당이 결성돼서 기독교인들의 이익을 대변할 수 있게 하소서.
3) 신자들이 담대하게 복음을 전하고 인구 만 명당 최소한 한 개의 교회가 세워지고, 미디어를 통해 전도가 효과적으로 이루어지게 하소서.
4) 차세대 기독교인들을 잘 양성하고, 이스라엘을 방문하는 아랍 국가 무슬림들에 대한 효과적인 선교 전략과 방법들이 수립되고 시행되게 하소서.

정규채

Day 120　　4월 30일　　　　　　　　　　Arab people in Israel

이스라엘-아랍인

인구: 1,900,000명
종족: 아랍인
언어: 아랍어
종교: 이슬람
복음화율: 5%(복음적 기독교 1.85%)

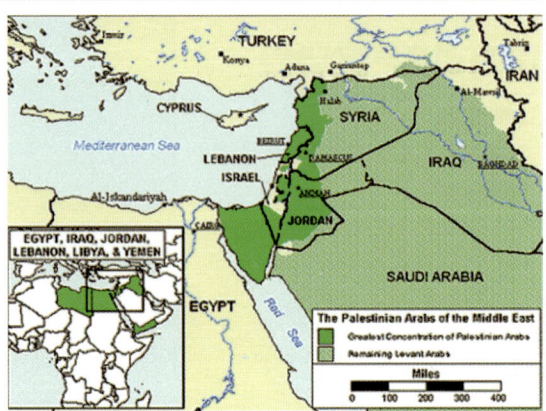

선교적 필요와 과제

유대 국가 이스라엘 전체 인구 900만 명 가운데 대략 190만 명은 유대인이 아닌 아랍 인구이다. 이스라엘 의회 120석 가운데 아랍 정당은 통상 12-15석 정도 확보한다. 대부분의 이스라엘-아랍인들은 무슬림이고, 소수가 가톨릭과 정교회 등 구교 배경에 속한 그리스도인이다. 이 가운데 극소수의 복음주의 신앙인이 있다. 정치, 경제의 중심지는 '예루살렘'과 '텔 아비브'이며, 이스라엘 아랍 사람에게는 '나사렛'이 그 역할을 한다. 이스라엘 북쪽, 갈릴리 지역에 인구 대부분이 모여 살고 있고, 이스라엘 남쪽에 20여만 명의 아랍 베두인 무슬림이 있다. 이에 따라 100여 년의 복음주의 선교 사역도 바로 이 지역에 집중돼 있다. 이스라엘 내 아랍인은 유대인과 같이 시민권을 갖고 있지만, 정치적, 사회적 차별에 대한 저항 의식이 크다. 일부는 극단적 정치 투쟁의 방식으로, 다른 이들은 가족과 개인만의 이익을 추구하는 방식으로 대응하고 있다. 근본주의적 이슬람 원리주의가 유대 국가에 대한 극단적 저항의 표현으로, 일부 아랍 마을에 영향을 주고 있다. 또 다른 측면에서 일부 젊은 층은 무신론적 태도에 호의를 보이며, 개인주의적 안락과 편안함만을 추구하는 흐름도 있다.

기도 제목

1) 이스라엘 내에 유대인과 아랍인 간의 사회적 장벽이 낮아지고, 상대방을 서로 이해할 수 있게 하소서.
2) 갈릴리 지역의 복음주의 교회 등을 통해 예수 그리스도를 구원자로 고백하는 이들이 증가하고 있는데, 지속적으로 주님을 찾는 이들이 늘어나게 하소서.
3) 복음주의 교회가 외부의 경제적 지원에 지나치게 의존하지 않고, 자력으로 성장, 성숙하여 복음에 매진하는 신앙 공동체로 거듭나게 하소서.
4) 갈릴리에 집중돼 있는 선교 사역이 이스라엘 중부와 남부로 확장될 수 있도록 현지 교회 지도자들이 담대하게 헌신하고 외국에서 온 사역자들과 잘 협력하게 하소서.

김정환

Day 121　5월 1일　　　　　　　　　　　Jewish Diaspora

이스라엘-디아스포라

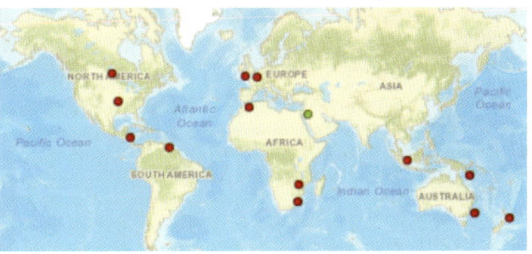

인구: 14,606,000명
종족: 유대인
언어: 영어, 프랑스어, 스페인어
종교: 유대교

선교적 필요와 과제

2018년 초 전 세계의 유대인은 111개국에 14,606,000명으로 추산되었다. 이 중 6,558,100명(44.9%)이 이스라엘 시민이었다. 이스라엘 외에 유대인이 많은 국가는 미국 570만 명, 프랑스 약 50만 명, 캐나다 약 40만 명, 영국 약 30만 명, 아르헨티나 약 25만 명, 러시아 약 20만 명, 독일 약 15만 명 등이다. 유대인이 많이 사는 도시들은 뉴욕, 마이애미, 로스엔젤레스, 샌프란시스코, 시카고, 보스톤 등이다. 이들은 이스라엘의 유대인에 비해 엄격한 유대교 전통에 덜 얽매이며, 복음에 대한 개방성이 상대적으로 높다. 2012년 기준, 전 세계 유대 기독교인은 약 35만 명으로, 이 중 약 20만 명이 미국에, 약 15,000명(2019년에는 약 3~5만 명)이 이스라엘에 있는 것으로 추산되었다. 특별히 1960년대부터 증가하기 시작한 미국 내 유대인 신자들의 증가를 가속화하는 일에 가장 잘 쓰임을 받을 수 있는 교회 중 하나는 유대인들과 같은 도시에 있는 한인 교회이다. 양국 간의 역사적, 지리적, 문화적 유사성, 상호 간의 호의적 태도, 유대 청년들의 높은 한류 수용성, 한국 기독 청년들의 이스라엘에 대한 호기심과 사랑이 있다는 것과 자유 무역 협정과 워킹 홀리데이 비자 협정이 체결된 점도 청신호라 할 수 있다.

기도 제목

1) 한인 교회들이 인근의 유대인들에게 문화적 유사성과 한류를 통해 적극적으로 접근하게 하소서.
2) 한인 교회들이 한인 유학생들을 잘 지원해, 이들이 유대인 학생들을 전도하고 양육하게 하소서.
3) 한국 교회가 이스라엘의 회복에 대한 성경적 관점을 갖고, 한국 거주 유대인들을 전도, 양육하게 하소서.
4) 한국 정부가 이스라엘과의 우호 관계를 심화, 확대하게 하시고, 하나님께서 '유대인의 충만한 수'가 채워지도록 준비하신 한국 교회가 귀한 사역을 잘 감당하게 하소서.

정규채

Day 122   5월 2일   **West Bank, Palestine**

팔레스타인-서안 지역

언어: 아랍어
종족: 19
인구: 3,500,000명
GDP: 14.75(US$/백만)
1인당 GDP: 3,199(2018/US$)

선교적 필요와 과제

1993년 이스라엘과 체결한 '오슬로 협정'은 독립 국가 팔레스타인이 곧 실현될 것이라는 희망을 주기도 했지만, 현재는 그 희망이 거의 사라진 상황이다. 팔레스타인 서안 지역(350만 명)과 가자 지구(200만 명)는 온건주의 파타당과 강성주의 하마스가 각각 통치하고 있다. 팔레스타인에 국제공항이 없으므로 서안 지역 팔레스타인은 요르단 암만의 국제공항을, 가자 지구 팔레스타인은 이집트 카이로 공항을, 아랍계 이스라엘인은 텔아비브 공항을 이용한다. 팔레스타인 전체 국민의 98%가 이슬람 수니파이며, 나머지는 구교(가톨릭, 정교회 등)와 개신교이다. 개신교는 몇십 개의 교회와 성도는 몇백 명에 불과해 교세가 약한 편이다. 그러나 그들 중에는 팔레스타인을 구약의 블레셋 후손들로 저주 받아야 할 민족이라는 그릇된 편견을 가진 사람마저 있어 문제가 되고 있다. 서안 지구의 베들레헴 성경대학교(교장 잭 사라)는 신학과 2-30명, 미디어과와 관광학과(가이드 양성)에 약 100여 명의 재학생이 있고, 검문소의 그리스도(Christ at the Checkpoint)라는 국제 대회를 격년으로 개최하고 있다. 팔레스타인 개신교 지도자 모임에 따르면, 최근 한국발 이단 문제로 팔레스타인 교회가 갈등 중에 있다.

기도 제목

1) 정치 경제, 사회 문화 전 삶이 이스라엘의 군 통제하에 있는데, 자유로운 통행이 가능해지고, 부패를 일삼는 정치 지도자들이 청렴해지게 하소서.
2) 인구의 절대 비율을 차지하는 젊은이들에게 은혜를 허락하셔서 이들이 삶을 자포자기하지 않고, 희망을 품고 삶의 목표를 제대로 찾게 하소서.
3) 정부로부터 공식적인 종교로 인정받은 팔레스타인 복음주의 교회 연합 모임을 통해 헌신된 젊은 지도자들이 세워지고, 외부 후원에 의존하기보다 먼저 주께 드리는 신도가 되게 하소서.
4) 서안 지역 내의 사역이 중부와 북부 지역에까지 확장되게 하시고, 현지인 사역자들과 외국인 일꾼들이 참된 파트너십을 이루게 하소서.

강태윤, 정형남, 김정환

Day 123   5월 3일   Gaza Strip, Palestine

팔레스타인-가자 지구

인구: 2,047,969명
종족: 팔레스타인
언어: 아랍어
종교: 이슬람
복음화율: 1%(복음적 기독교인 0.04%)

선교적 필요와 과제

가자 지구는 지중해와 이집트와 이스라엘로 둘러싸인 가로 50km, 세로 10km 직사각형 모양의 팔레스타인 자치 지역이다. 이 좁은 지역 안에 200만 명 이상의 인구가 모여 사는 세계에서 인구 밀도가 가장 높은 곳 가운데 하나이다. 팔레스타인 강성 정치 조직인 '하마스'가 2007년부터 이 지역을 통치함에 따라, 미국과 이스라엘의 전에 없는 봉쇄 조치로 최악의 생존 여건 속에 있다. 절대다수가 무슬림이고, 십여 명의 그리스도인이 있다고 알려졌다. 2008년 이래 이스라엘과 크고 작은 무력 충돌로 인해 적게는 수십 명에서, 많게는 수천 명의 인명피해가 발생했다. 세계 최고의 인구밀도, 국토 이용의 제한, 엄격한 국내외 감시 체제, 예측 불가능한 이스라엘의 군사 행동 그리고 삼엄한 이스라엘 입출국 등의 문제 등으로 가자 지구는 지구상 최대, 최악의 집단 수용소라 할 수 있다. 가자를 침략한 이스라엘에 저항해야 한다는 정치적, 극단적 이슬람 세력이 모든 문제를 빨아들이고 있다. 평화와 정의의 왕으로 이 땅에 오신 예수님의 은혜가 이들의 마음을 위로하시고, 권면하시기를 기도해야 한다. 200만 명의 인구 가운데, 단 십여 명만이 복음주의 교회의 명맥을 이어오고 있다.

기도 제목

1) '네가 죽어야 내가 사는 인간적 생존 방식'이 아닌 '서로 존중하며 함께 사는 하나님의 존재 방식'으로 정치 지도자들의 생각이 변하게 하소서.
2) 출구가 보이지 않는 정치적, 경제적 상황에서 극단적 행동에만 몰입하지 않고, 진리와 궁극적인 평화를 주시는 주님을 찾는 이가 많아지게 하소서.
3) 단 한 곳의 복음주의 교회만 있는 이곳에 테러의 위협 속에서도 헌신적으로 사역하는 한나 마사드 목사와 같은 사역자들을 세워주시고, 성령의 역사가 왕성하게 일어나게 하소서.
4) 가자 지구의 입출입이 자유롭게 되고, 믿음의 일꾼들을 안전하게 지켜주시고, 각종 미디어 등을 통한 복음의 역사가 일어나게 하소서.

김정환

Day 124　5월 4일　　　　　　　　　　　　State of Qatar

카타르

언어: 아랍어
종족: 24
인구: 2,882,000명
GDP: 183,466(US$/백만) (0.86%)
1인당 GDP: 64,782(US$)

선교적 필요와 과제

근본주의와 세속주의의 중간 형태의 이슬람 왕정 국가이다. 현재 국왕은 국민과 사회적 계약을 충실히 이행하며, 언론의 개방으로 아랍 세계의 민주화를 선도하고 있다는 자부심을 가지고 있다. 2022 월드컵 유치, 세계 유명 대학의 카타르 분교 유치, 메디컬 단지를 완성함으로 국민의 복지를 향상시켰다. 중동의 다른 국가들과 달리 아랍의 봄으로 인한 혼돈과 폭력 사태가 미치지 않았다. 국민의 타종교로의 개종 및 자국민에 대한 포교를 금지한 100% 이슬람 국가라고 천명하고 있다. 원유와 많은 천연가스를 앞세워 세계 부국의 대열에 들어섰다. 인도, 스리랑카, 필리핀을 비롯한 아프리카, 유럽, 중앙아시아, 유럽까지 많은 국가의 사람들이 카타르에서 외국인 노동자로 일하고 있고, 카타르 인구의 90%가 이런 외국인 노동자들로 이루어져 있다. 다양한 국가의 인종이 모인 만큼 복음 사역자들이 많이 들어와 사역해야 할 곳이다. 2022년 카타르 월드컵을 전후로 복음의 씨앗이 심기어 물질의 풍요를 넘어서는 복음의 풍요로움이 맺히는 기회로 삼아야 할 것이다.

기도 제목

1) 경제가 무너지고, 사회적 계약이 지켜지지 않으면 왕정이 무너지게 되므로 아랍 경제 자유 지역이 성공할 수 있게 하소서.
2) 개종 금지법과 같은 불의한 종교법이 폐지되고, 지혜롭고 순결한 사역들이 일어나 많은 카타르 국민들과 외국인 노동자들에게 복음이 증거되게 하소서.
3) 카타르 및 GCC(Gulf Cooperation Council 걸프 아랍국 협력 회의) 국가 안에 비인가된 한인 교회와 종교 단지 내 허가받은 예배 처소에 성령께서 역사하셔서 구원 받은 현지인 성도들이 핍박 가운데서 신앙을 잘 지켜내게 하소서.
4) 잘 준비된 선교사와 복음으로 무장한 사업가와 전문인들을 보내어 주시고 하나님 나라의 완성을 위해 카타르가 선교의 허브 국가로 쓰임 받게 하소서.

Avramyun, 정희국

Day 125 5월 5일 Kurd

쿠르드

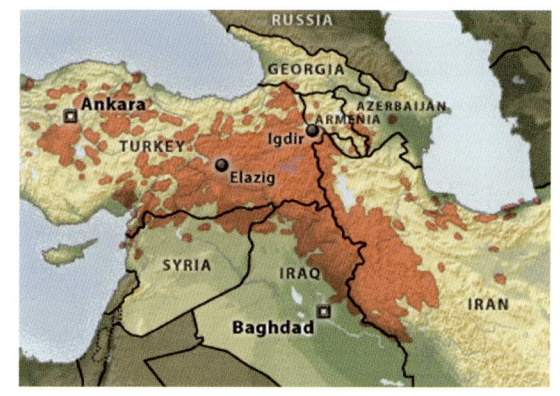

인구: 43,000,000명
종족: 쿠르드
언어: 쿠르드어
종교: 이슬람, 야지디교

선교적 필요와 과제

쿠르드인은 터키의 아나톨리아 반도 동남부와 이란, 이라크, 시리아 등에 사는 성경의 메데, 즉 미디안의 후손으로 알려져 있다. 인구는 약 4천 300만 명으로, 독자적인 국가를 갖지 못한 민족 중 가장 큰 민족이다. 위의 지역 이외에도 독일에 80만 명 등 150만 명이 유럽에 거주하고 있다. 쿠르드인들은 이슬람 정복 시기에 이슬람으로 강제로 개종을 당했다고 한다. 이후 역사 속에서 무슬림으로 동화된 쿠르드인들도 있지만 많은 쿠르드인들은 명목상의 무슬림으로 살아왔다. 종교는 대부분 수니파 이슬람에 속하고, 소수는 야지디교를 따르고 있다. 지역마다 쿠르드인을 위한 사역자가 필요한 상황이다. 쿠르드인들은 오랫동안 독립 국가를 꿈꿔왔으나 번번이 좌절해야 했다. 그들은 속해 있는 나라에서 소수 민족으로 살아왔다. 최근 시리아의 쿠르드인들은 시리아 내전 동안 IS 격퇴에 많은 기여를 했음에도 불구하고, 오히려 그들의 주거주지인 아프린과 동북부 터키 국경 지역을 터키군에 점령당했다. 이후 터키, 레바논, 이집트 등에 난민 신세로 전락했다. 또한 극히 일부는 유럽, 미국, 캐나다 등으로 흩어졌다. 그들은 쿠르드 국가가 건설되면 자기들이 보호를 받으며 평화를 누릴 것으로 생각한다.

기도 제목

1) 정치적 박해를 받는 쿠르드인들이 진정한 자유를 주시는 주님을 만나고, 소수 민족의 소외감을 이겨내고 진정한 믿음의 공동체를 이루게 하소서.
2) 이슬람을 받아들이지 않는다는 이유로 IS의 핍박 대상이 되어야만 했는데, 이들에게 법적으로 종교를 바꿀 수 있는 자유가 주어지게 하소서.
3) 시리아 내전으로 명목상 무슬림이었던 쿠르드인이 개종하면서 쿠르드 교회가 세워지게 됐는데, 이 안에서 교회 지도자들이 일어나고, 자립, 자전하는 교회가 되게 하소서.
4) 터키와 시리아의 쿠르드 기독교인들이 이슬람 당국으로부터 핍박을 받고 있는데, 믿음으로 잘 이겨내게 하시고, 말씀 안에서 성장해 소그룹 가정 교회들이 곳곳에 세워지게 하소서.

레바논 쿠르드 섬김이들

Day 126 5월 6일

State of Kuwait

쿠웨이트

언어: 아랍어
종족: 28
인구: 4,271,000명
GDP: 134,761(US$/백만) (0.63%)
1인당 GDP: 32,032(US$)

선교적 필요와 과제

즈웨머 선교사를 통해 석유 시대 이전에 아메리카 의료 선교가 시작되었다. 그 결실로 지금의 쿠웨이트 다국적 복음주의 교회 NECK(The National Evangelical Church of Kuwait)가 열매 맺혔다. 현재 NECK에는 다양한 나라와 언어의 80여 개의 교회가 속해 있으며, 종교의 자유를 법적으로 누리고 있다. 현재 걸프 지역의 국가 중 기독교에 대해 가장 크게 관용을 베푸는 나라이다. 현재 8개 가문에 263명의 쿠웨이트 기독교인들이 있는데, 그들 대다수는 1920년대 이전에 쿠웨이트로 이주해 왔고, 아메리카 의료 선교사들의 병원 사역을 돕는 일을 했다. 쿠웨이트는 현재 저유가의 장기화로 인해 젊은이들의 실업이 증가하면서 외국 인력을 쿠웨이트인으로 대체하는 자국민화(공공 부문 + 민간 부문) 정책을 강력하게 추진하고 있어 외국인에 대한 관용이 희박해지는 상황이다. 이로 인해 외국인 근로자들의 수를 급격히 감소시키는 추세다. 정치적으로 볼 때, 민주화와 여성의 인권이 상대적으로 발전되어 있고, 교육을 크게 강조하는 나라이다. 이러한 정치적 사회적 분위기에서 쿠웨이트는 이슬람 선교를 위한 전초 기지로서, 좋은 여건들을 갖추고 있다. 특히 NECK가 그 구심점이 될 수 있을 것으로 기대된다.

기도 제목

1) 저유가의 장기화로 젊은이들의 실업률이 증가하면서 자국민을 위하려는 정책으로 인해 외국인에 대한 관용 정신이 희박해지고 있는데, 외국인 근로자의 권리가 보장되게 하소서.
2) 세속화된 무슬림과 보수적 무슬림이 공존하고, 종교의 자유를 인정하면서 무슬림의 개종은 금지하고 있는데, 이런 상황에서 기독교인들이 더 적극적으로 전도할 수 있게 하소서.
3) 쿠웨이트의 여러 교회 중 특히 263명의 쿠웨이트 그리스도인들과 아랍어로 예배드리는 아랍교회가 자기 민족의 복음화를 꿈꾸게 하소서.
4) NECK 산하에 있는 교회들이 예배 공동체로 머물러 있는데 그 한계를 넘어서서 이웃과 세상을 위해 사역하게 하시고, 교육 사역에 관심 갖게 하소서.

윤상원

Day 127   5월 7일   **Republic of Cyprus**

키프로스(사이프러스)

언어: 그리스어, 터키어
종족: 30
인구: 1,208,000명
GDP: 24,565(US$/백만) (0.11%)
1인당 GDP: 27,858.40(US$)

선교적 필요와 과제

키프로스는 분단국가로 통일을 위한 협상을 오랫동안 해오고 있다. 하지만 언어와 종교가 다르고 정치적 이해관계가 복잡해 여전히 통일을 이루지 못하고 있다. 통일 문제는 키프로스의 미래를 결정짓는 중요한 사안이다. 국가 수입의 많은 부분을 관광과 서비스, 그리고 해상 관련 사업에 의존하고 있다. 남과 북키프로스의 경제 격차는 크다. 북키프로스는 유엔으로부터 국가로 인정받지 못해 국제 무역이 제한되고 산업 기반이 부족하여 터키로부터 많은 원조와 도움을 받고 있다. 1974년 이후 남키프로스는 그리스계 정교회 국가로, 북키프로스는 터키계 이슬람 국가로 나뉘었다. 남키프로스는 국민의 90% 이상이 정교회 교인인 기독교 국가이기 때문에 선교 대상지로 여기지 않는다. 하지만 관습과 형식적인 신앙생활, 젊은이들의 교회 이탈 현상, 사회의 급속한 세속화는 남키프로스와 교회에 큰 도전이 되고 있고 이제는 키프로스를 위한 사역자의 요구가 증가하고 있다. 그리고 북키프로스는 이슬람 국가이기에 터키 선교와 맥락을 같이한다. 키프로스는 아시아, 아프리카, 유럽을 연결하는 전략적 요충지로, 아랍권 선교사들이 열심히 사역하고 있다.

기도 제목

1) 남과 북의 경제 교류가 활성화되어 서로에게 재정적인 이익을 주고, 화해하는 분위기로 이어져 평화적인 통일과 함께 영국과의 영토 분쟁(Akrotiri와 Dhekelia에 남아있는 영국령 공군기지)에 대한 문제도 평화적으로 해결되게 하소서.
2) 정교회가 전통과 관습에 의존하는 신앙에서 벗어나 구원의 확신을 갖는 신앙으로 거듭나고, 북키프로스에 사는 무슬림들에게도 복음이 전파되게 하소서.
3) 개신교 교회의 목회자 양성이 체계적으로 이루어져서 이단에 대한 대처가 되게 하시고, 교회가 믿음과 말씀 위에 굳건히 서게 하소서.
4) 터키 사역자들이 북키프로스에 와서 사역을 할 수 있는 길이 열리게 하시고, 키프로스가 자국의 복음화와 아울러 주변 아랍권 선교를 잘 감당하는 나라가 되게 하소서.

이반아바

Day 128 5월 8일 Turkish Republic of Northern Cyprus

북키프로스

언어: 터키어
인구: 326,000명

선교적 필요와 과제

오늘날 세계에서 분단국은 두 나라이다. 한국과 키프로스다. 1974년 분단 이후 북키프로스는 터키계 이슬람 국가이고, 남키프로스는 그리스계 정교회 국가다. 북키프로스 섬에 터키계가 98.7% 거주하고, 터키로부터 이주해 온 터키인이 전체 터키계 인구의 99%를 차지한다. 북키프로스의 선교적 필요와 과제는 두 가지 관점으로 이해할 필요가 있다. 첫째, 북키프로스계 터키인과 터키계 터키인과의 갈등이 있다. 터키계 터키인들은 터키의 도움으로 국가 경제가 움직이는데(국가 공무원 급여, 수자원 등), 터키계 터키인들은 차별 대우를 받는다고 생각하다. 북키프로스계 터키인들은 터키가 내정 간섭을 한다고 터키 정부를 싫어한다. 둘째, 북키프로스에 중동 및 여러 지역에서 온 다민족들이 살고 있다. 무엇보다도 중동, 아프리카 전역에서 온 유학생들이 2만여 명(2020년 통계)을 상회하고 있다. 특히 유럽 대학으로 가기에는 경제적으로 어려운 아프리카 학생들에게 북키프로스는 저렴한 학비로 영어로 공부할 수 있는 매력적인 곳이다. 개신교가 여러 곳에 있고, 국제 교회와 다민족 교회들이 있다. 거듭난 그리스도인들의 헌신적인 삶이 요구된다. 북키프로스에는 자체 지도자가 목회하는 교회는 없고, 외국 사역자들이 모임을 인도하고 있다.

기도 제목

1) 키프로스는 남북통일 협상을 오랫동안 추진해 왔지만 언어와 종교, 역사적 이해관계로 통일을 이루지 못하고 있는데, 키프로스의 미래를 결정짓는 평화적 통일이 이루어지게 하소서.
2) 형식적 그리스도인이 많은 정교회가 전통적 신앙에서 벗어나 구원의 확신이 있는 신앙으로 변화되고, 무슬림들에게 복음이 전파되게 하소서.
3) 터키계 터키인들과 키프로스계 터키인들과 관계 회복이 일어나 하나가 된 개신교회가 일어나게 하소서.
4) 최근 T국에서 추방된 선교사를 대대적으로 수사 중인데, 이들의 신변 안전이 확보되고, 분단된 남북키프로스가 통일을 이루어 아랍권 선교의 플랫폼 역할을 감당하게 하소서.

조용성

Day 129 5월 9일

터키-튀르크인

Republic of Turkey

언어: 터키어
종족: 68
인구: 84,339,000명
GDP: 754,412(US$/백만) (3.52%)
1인당 GDP: 9,042.50(US$)

선교적 필요와 과제

터키인들은 과거 튀르크의 원조로 알려진 흉노와 돌궐의 후손이다. 이후 셀주크와 오스만 튀르크의 서진 과정에서 11세기에 아랍 무슬림들을 만나 13세기에 이슬람화가 완성되어 오늘날까지 복음을 접하지 못하고 있다. 그로 인해 지금 터키인들에게는 복음에 관한 잘못된 인식과 편견 그리고 기독교에 대한 증오의 징벽이 높다. 중고등학교 교과서인 '종교와 도덕'에서는 "성경은 인간이 만든 작품으로 변질되고 왜곡되었으며, 예수는 십자가에 죽지 않았고 하나님의 아들이 아니라 마리아의 아들이며 단지 선지자 중 하나"라고 가르친다. 비잔틴 시대부터 지금까지 터키에 존재하는 가톨릭교회와 그리스 정교회 내 많은 장식과 아이콘으로 인해 기독교를 자신들이 증오하는 우상 숭배자들로 인식해 왔다. 따라서 터키인 대부분은 기독교인들에 대한 오해와 편견을 가지고 있기 때문에 이들을 향한 복음 전도에 어려움이 많다. 지금의 터키 사회는 이슬람 문화와 거기에서 파생한 남성 위주의 사회로 인해 수많은 무슬림 여성이 상한 심령을 가지고 살아가고 있어 이들에 대한 주님의 치유가 필요하다. 역기능적인 가정에서 상처받고 자란 아이들과 억눌린 무슬림 여성들을 향한 가정 사역과 상한 심령의 치유 사역이 절실하다.

기도 제목

1) 장기집권 중인 현 집권당이 하나님을 두려워하며 공의로운 정치를 하게 하시고, 중공업과 제조업 등 2차 산업 취약으로 인플레이션이 길어지고 있는데, 경제 난항을 극복하게 하소서.
2) 이슬람과 기독교에 대한 깊은 오해와 편견이 예수 그리스도의 복음을 통해 사라지게 하시고, 터키인들이 복음에 반응하며, 무너진 교회들이 새롭게 세워지게 하소서.
3) 터키인들에 의해 세워진 터키 개신교회들을 보호해 주시고, 교회들이 더 많은 터키 젊은 개종자들을 받을 영적인 준비가 되게 하소서.
4) 무슬림 안에 존재하는 음란의 영, 살인의 영, 분열의 영, 거짓의 영, 두려움의 영들이 모두 사라지게 하시고, 가정에서 억압받으며 살아가는 여성들이 예수 그리스도를 만나게 하소서.

터키어권선교회

Day 130 5월 10일   Christians in Turkey

터키-교회와 그리스도인

인구: 약 10,000명
종족: 투르크
언어: 터키어
종교: 이슬람
복음화율: 0.01%
       (복음적 기독교인 0.0016%)

선교적 필요와 과제

터키에서는 대도시를 시작으로 전국적으로 현지 교회들이 계속 세워지고 있다. 현재 이스탄불에만 약 40개가 넘는 개신교회가 있고, 앞으로도 새로운 교회들이 계속 세워질 예정이다. 수도 앙카라(갈라디아)에는 쿠르툴루쉬교회, 바트켄트교회 외에도 가정교회들을 포함해서 15개, 이즈미르(서머나)에는 10개, 셀주크(에베소)와 그 주변에 5~6개, 부르사와 에스키쉐히르에 9~10개의 교회가 있고, 앞으로 몇 개의 교회가 더 개척될 예정이다. 동부의 디야르바크르와 가지안텝 교회들도 빠르게 성장하고 있고, 남부의 아다나교회, 안타키야(수리아안디옥)교회, 타르수스(다소)교회, 이스켄데룬교회, 메르씬교회, 안탈랴(앗달랴)교회, 북부의 삼순과 존굴닥 지역에도 교회가 세워져 있다. 이 외에도 터키 중심부에 갑바도기아 지역과 카이세르 지역에도 교회가 세워졌다. 현대 선교가 시작된 1960년도에는 10명의 신자밖에 없었으나 지금은 만 명 이상의 기독교인이 있고, 터키어로 예배하는 기독교 공동체가 전국적으로 거의 150개에 달하며, 지하 교회들이 지상으로 모습을 드러내는 변화가 일어나고 있다. 기독교인이 존재한다는 것이 공식적으로 알려지기 시작하면서 선교가 더 활발히 진행될 것으로 기대한다.

기도 제목

1) 기독교에 대한 편견과 오해로 빚어진 기독교인에 대한 핍박에서 지켜주시고, 새롭게 예수님을 만난 젊은 기독교인들이 터키 국민으로서 법의 평등과 권리 안에서 살아가게 하소서.
2) 터키 안에서 새로 기독교인이 되었을 때 전반적으로 보이는 내적인 장벽과 수용의 어려움을 이겨내게 하시고, 강하고 담대한 믿음과 인내로 환난과 핍박을 이기는 교회 되게 하소서.
3) 터키 현지 교회들이 복음 전하는 일뿐만 아니라 사랑으로 섬겼던 예수 그리스도의 모습을 터키 무슬림들을 향해 실천하며 빛과 소금의 역할을 감당하게 하소서.
4) '모든 가정에 한 권의 성경'이라는 표어로 진행 중인 성경 배포 사역을 인도하시고, 소셜미디어 등을 통해 많은 이들이 하나님을 만나게 하소서.

터키어권선교회

Day 131 5월 11일   Kurd in Turkey

터키-쿠르드인

인구: 20,000,000명
종족: 쿠르드
언어: 쿠르드어 터키어
종교: 이슬람
복음화율: 0.01%

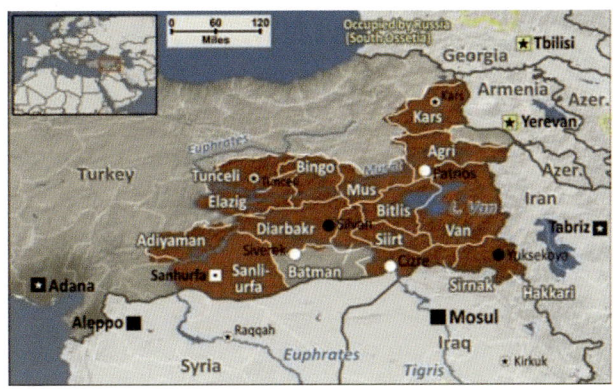

선교적 필요와 과제

쿠르드인들은 지구촌에서 살아가는 수많은 민족 중 나라를 찾지 못한 채 유리하는 가장 커다란 민족이다. 현재 터키에만 2천만 명에 가까운 쿠르드인들이 살고 있으며, 터키 주변 이란, 이라크, 시리아와 유럽 등까지 합치면 거의 3천만 명에 달한다. 1948년 이스라엘의 건국으로 살 곳을 잃어버린 팔레스타인인들이 팔레스타인해방기구(PLO)를 통해 자신들의 땅을 되찾고자 투쟁했다면, 터키 내 살아가는 쿠르드 보수 민족주의자들은 1978년부터 터키 동부 지역 디야르바크르를 중심으로 쿠르드노동자당(PKK)을 세우고 압둘라 외잘란을 지도자로 무장 저항 활동을 시작했다. 이러한 PKK의 테러 활동은 터키 사회를 어둡게 만들었고, 터키 내에서 아픈 가시가 되었다. 이로 인해 터키 내 동서 지역의 균형적인 발전이 지연되었고, 지금까지 수십 년 동안의 충돌로 수많은 사람이 희생되었다. 터키 내 쿠르드 사태는 국민들에게 두려움과 증오 그리고 분열을 만들어 왔다. 이들 역시 하나님의 잃어버린 자녀로 복음이 필요하다. 이들을 향한 선교 사역은 정치적 사안과 연결되어 매우 민감한 사안이지만, 누군가는 그들에게 다가가서 하나님의 사랑을 전해야 한다.

기도 제목

1) 터키 국내 쿠르드 사태로 인해서 발생한 갈등과 비극이 종식돼 진정한 샬롬이 찾아오게 하시고, 터키 정부로부터 받아 온 비인권적인 대우가 사라지게 하소서.
2) 종파적으로 이슬람 수니 종파에 속하는 터키 쿠르드인들이 창조주 하나님을 만남으로써 이들의 진정한 나라는 이 세상에 있는 것이 아니라 영원한 천국임을 깨닫게 하소서.
3) 터키 동부 지역에 터키 쿠르드인들에 의해 세워진 개신교회들을 눈동자처럼 지켜주시고, 다른 쿠르드 무슬림들 사이에서 살아갈 때 빛과 소금의 직분을 감당하며 살아가게 하소서.
4) 터키 내 쿠르드인들에게 복음을 전하는 복음 전도자들을 지켜주시고, 이들을 위한 쿠르드어 성경 제작과 쿠르드인들의 예배가 활성화되게 하소서.

터키어권선교회

Day 132　5월 12일　Minorities in Turkey

터키-소수 민족

인구: 5,200,000명
종족: 아바자, 라즈, 쿠믹 등
언어: 아바자어 쿠믹어 라즈어 등
종교: 이슬람, 기독교
복음화율: 유럽인를 제외한 소수민족은 이슬람 99.9%

선교적 필요와 과제

역사 속에서 지금의 터키는 로마 제국의 영토가 되기 이전부터 지역적으로, 전략적으로 결코 놓칠 수 없는 매력적인 땅이었다. 로마, 비잔틴, 오스만이라는 거대한 제국들이 주인이 되는 동안 수많은 민족이 다양한 문화를 가지고 나타났다가 사라졌다. 이로 인해 터키공화국 안에는 다양한 민족이 공존한다. 주류인 튀르크 민족을 제외하고라도 라즈, 러시아, 몽골, 보스니아, 브리타니아, 세르비아, 시리아, 아랍, 아르메니아, 알바니아, 유대, 자자, 조지아, 집시, 카바르디안, 쿠르드, 크림, 페르시아(가나다순) 민족들이 자신들의 이름을 가지고 살아가고 있다. 이중 기독교인들로는 아랍, 시리아, 아르메니아 기독교인들이 예수 시대부터 지금까지 신앙을 유지하며 살아가고 있다. 여기에 이란-이라크 전쟁 당시에 들어온 이란과 이라크 난민들과 사담 후세인 정권 붕괴로 발생한 IS 사태로 시리아인 약 400만 명이 들어와 살아가고 있다. 터키 내 소수 민족들의 다양한 문화와 전통을 존중하며 인정하는 가운데 이들이 창조주 하나님의 피조물임을 깨닫고, 예수 그리스도가 진정한 구원자이심을 믿고 따르도록 복음을 전파해야 하는 과제를 안고 있다.

기도 제목

1) 터키의 유럽 연합 가입에 장애 요소 중 하나가 터키 내 다양한 소수 민족들의 인권 문제인데, 터키 정부가 이들 소수 민족의 인권을 존중하며 법적, 사회적으로 평등하게 대우하게 하소서.
2) 소수 민족 대부분이 거의 다 무슬림으로 살아가고 있는 현실 속에서 터키 개신교회와 그리스도인들을 통해 민족과 전통을 초월해서 창조주 하나님과 예수 그리스도를 만나게 하소서.
3) 터키 현지 개신교회가 터키인들에게만 복음을 전하는 것이 아니라, 다양한 전통과 문화를 가지고 살아가는 소수 민족에게도 복음을 전하게 하소서.
4) 최근 시리아 난민이 터키로 대거 유입되었는데 이들에게 복음이 증거되게 하시고, 이 땅에 아랍 선교 부흥이 일어나며, 난민 선교를 위해 터키 교회와 복음 전도자들을 일으켜 주소서.

터키어권선교회

Day 133 5월 13일 North Africa

북아프리카

리비아
모로코
사하라 아랍 민주 공화국
알제리
이집트
튀니지
마데이라, 아소르스 제도(포르투갈령)
세우타(스페인령)
카나리아 제도(스페인령)

선교적 필요와 과제

이 책에서는 리비아, 모로코, 사하라아랍민주공화국, 알제리, 이집트, 아소르스 제도, 마데이라 제도(포르투갈령), 세우타(스페인령), 카나리아 제도(스페인령)를 북아프리카로 정하였다. 남쪽으로 사하라 사막이 있고, 북쪽으로는 지중해를 접하고 있거나 지중해에 있는 섬들을 포함한다. 북아프리카 지역은 세계에서 복음화율이 가장 낮은 지역 중 한 곳으로 복음이 급하게 필요한 땅끝 선교지이다. 7세기 이전만 해도 기독교가 널리 전파된 곳이었지만, 그러나 7세기 중반 아라비아반도에서 아랍 무슬림들이 들어오면서부터 이슬람화되기 시작하여 지금은 대부분 국가가 99% 이상 이슬람 국가이다. 언어도 모두 바뀌어 아랍어를 사용하고 있다. 이집트만이 유일하게 기독교 인구가 1천만 명에 이른다. 이집트 교회는 중동과 북아프리카 선교를 위해서 하나님께서 남겨놓으신 그루터기와 같다. 선교사가 마음대로 들어갈 수 없는 지역들이기 때문에 직업(학생, 교사, 미디어 관련 종사자, 전문 분야 기술자, 사업가 등)을 통해 들어갈 수 있도록 다양한 사역을 개발해야 한다. 북아프리카에 널리 흩어져 있는 베르베르 종족과 베두인 종족 등 미전도 종족 선교를 어떻게 할 것인가가 과제로 남아 있다.

기도 제목

1) 북아프리카 지역의 정치, 경제가 안정되고, 각 나라들이 종교의 자유와 민주주의가 실현되는 나라들이 되게 하소서.
2) 예수님을 믿고 따른다는 이유로 핍박을 감수해야 하고, 명예살인이란 이슬람법 때문에 신변이 매우 위험한데, 위험 속에서 지켜 주시고, 하나님의 구원 역사가 일어나게 하소서.
3) 먼저 믿은 자들에게 복음의 불모지에 대한 비전을 주셔서 생명의 복음 전하게 하시고, 가정 교회, 소그룹 교회에 은혜를 주시고 날마다 주께 돌아오는 영혼들이 많아지게 하소서.
4) 회심자들을 양육할 사역자들을 보내주시고, 위성방송과 인터넷을 통한 미디어 사역이 활발하게 개발되게 하시고, 한국 교회에서 다양한 직업의 사역자를 훈련하여 파송하게 하소서.

무사 김

Day 134　5월 14일　State of Libya

리비아

언어: 아랍어
종족: 44
인구: 6,871,000명
GDP: 52,076(US$/백만) (0.24%)
1인당 GDP: 7,684(US$)

선교적 필요와 과제

로마 시대에는 기독교 지역이었던 이 땅이 7세기에 이슬람화된 이후로 오늘날까지 이슬람의 영향력 아래 놓여 있다. 이는 100% 이슬람을 믿고 따르는 자들이라고 확신하는 그들에게 복음이 가장 절실히 필요하다는 선교적 당위성을 말해 준다. 42년간 지속되어 온 카다피의 장기 집권과 철권통치에 대한 반발로 인하여 2011년 2월 15일에 내전이 발생했고, 10월 20일 카다피가 사망했다. 그 이후에 동서로 분열된 무장 세력의 장기 대치로 2차 내전이 지속되어, 이러한 상황은 사회의 불안정을 가져왔으며, 그 결과 수많은 난민이 발생하였다. 1/4이 넘는 사람들이 국외로 탈출하여 낯선 나라에서, 남아 있는 자들은 불안정한 상황으로 인해 고통의 삶을 살고 있다. 리비아의 선교적인 과제는 아직도 진행 중인 내전의 고통 속에서 무질서와 암흑의 시기를 겪고 있는 이들에게 누군가가 복음의 빛으로 생명과 진리를 전해야 하는 일이 시급하다는 사실에서부터 시작된다. 이들에게 복음을 전하고 양육하여 건강하고도 신실한, 그리스도를 따르는 제자들로 세워가야 할 사역자들이 절실히 필요하다. 이곳에서 예수 그리스도의 제자들이 잘 자라 지도자들로 세워지고, 교회 공동체를 섬기고, 또 다른 제자를 양육하는 사역자들로 서는 것이 필요하다.

기도 제목

1) 동부 중심의 리비아 국민군(LAN)과 서부 중심의 국민 통합 정부(GNA)의 평화 협정 체결과 내전 종식 및 안정적인 정부 수립과 경제 발전 도모를 위해 서로 협력하게 하소서.
2) 숨은 신자들과 회심한 지체들이 담대함을 갖고 복음의 능력으로 삶 속에서 그리스도의 제자로 증인의 삶을 살아내며 자신과 가족의 안전이 확보되게 하소서.
3) 소수의 그리스도인들이 모여 함께하는 예배와 말씀 공부 및 교제를 통해 가정 교회가 건강해지고 리비아 전역에 가정 교회가 세워지게 하소서.
4) 추수할 일꾼들을 보내주시고, 다양한 사역(미디어 방송, 문서, 인터넷, 성경 번역, 기도, 제자훈련, 비즈니스 및 교육과 의료 영역 등)을 통해 하나님 나라의 복음이 확장되게 하소서.

이순종

Day 135 5월 15일   Kingdom of Morocco

모로코

언어: 모로코 아랍어, 베르베르어
종족: 31
인구: 36,911,000명
GDP: 118,725(US$/백만) (0.55%)
1인당 GDP: 3,204(US$)

선교적 필요와 과제

모로코 선교의 필요성은 3천 7백만 명의 인구 중, 기독교 개종자가 2만에서 5만 명 정도로 추정되는데, 복음화율이 0.05-0.1%로, 현저히 낮다는 점에서 그 시급성을 알 수 있다. 이슬람 왕국으로 99%가 무슬림이고, 나머지 1%에 개신교, 유대교, 가톨릭 등이 있다. 따라서 모로코 안에서 다른 종교로 바꾸는 것은 원천적으로 불가능하다. 이슬람 왕국인 모로코는 왕이 매우 안정되게 나라를 잘 다스린다고 알려져 있지만, 나라 살림살이는 코로나 때문에 많이 어려워지고 있다. 외국에 나가 있는 모로코인들이 보내오는 돈으로 경제적 도움을 받고 있는 실정이다. 이곳에 예수님의 복음이 전해지고, 주님을 믿는 사람과 주님의 교회가 더 세워져야 한다. 어린이, 청소년, 그리고 청년들에게 복음이 전해져야만 한다. 평균 수명이 60세를 겨우 넘는 모로코는 30세 이하의 사람 수가 모로코 모든 사람의 60%에 이르고 있다. 모로코 아마지그(Amazigh, 베르베르족이라 불리기도 함)들에게 복음이 전해져야 한다. 이들의 오랜 조상들은 예수님을 믿는 사람들이었다. 모로코 교회는 현재 모두 지하 비밀 가정 교회 모임 형태이다. 감사하게도 최근 들어 방송을 통해 복음을 듣고 믿는 이들이 늘어나고 있다.

기도 제목

1) 위정자의 마음을 바꾸셔서 복음을 나누는 자유가 허락되게 하시고, 대다수 사람들이 하루하루를 카페에서 보내고 있는데, 많은 일자리가 창출돼 경기가 회복되게 하소서.
2) 이슬람 왕국인 이 땅이 종교의 자유가 인정돼 모든 모로코 사람들이 자유롭게 복음을 듣고 믿을 수 있게 하소서.
3) 복음 방송과 성경을 통해 많은 이들이 주님께로 돌아오게 하시고, 지하 가정교회가 하나되게 하셔서 사랑의 공동체로서 믿음을 지켜나갈 수 있는 둥지가 되게 하소서.
4) 어린이와 청소년, 대학생들에게 복음이 전해지고, 가난한 사람들을 주께서 돌보아 주시고, 선교사들의 안전을 지켜 주셔서 충성스럽게 사역하게 하소서.

이 아브라함

Day 136 5월 16일 Berbers

모로코와 북아프리카의 베르베르

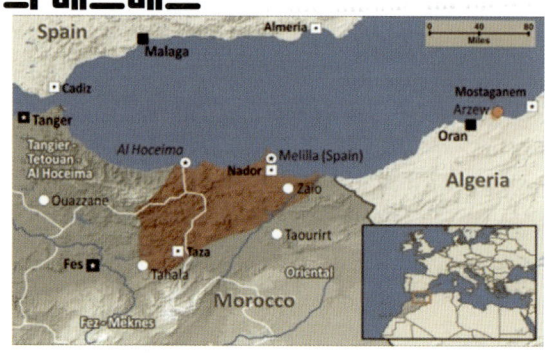

인구: 25,000,000명
종족: 베르베르
언어: 베르베르
종교: 이슬람
복음화율: 0.02%

선교적 필요와 과제

베르베르 종족은 사하라 사막을 끼고 있는 북아프리카의 원주민(aborigine)이라고 할 수 있다. 베르베르인은 지금도 스스로를 '자유인'이라는 뜻의 아마지그(Amazigh)라 부른다. 신약 성경에서 야만인(롬 1:14, 골 3:11)이나 자유민들(행 6:9)이 언급되고 있는데, 바로 북아프리카 베르베르 종족으로 이해할 수 있다. 북아프리카는 로마와 카르타고(지금의 튀니지 땅) 간의 포에니 전쟁 때 로마에 점령되었으나, 초대 기독교가 발흥한 지역으로서 터툴리안, 키프리안, 어거스틴 등이 사역한 땅으로 유명하다. 그러나 지금은 7세기 말에 아라비아반도에서 북아프리카 땅으로 건너온 아랍 무슬림 때문에 이슬람 국가가 되었다. 모로코의 베르베르 종족은 북아프리카에 고루 분포돼 있는 토착 원주민(2500만 명)으로, 그중에 가장 많은 수가 모로코(1200만 명)와 알제리(800만 명)에 거주하고 있다. 특히, 모로코의 베르베르 종족은 지리적으로 접근성과 친절로 인한 관계성 그리고 복음에 대한 수용성, 그 밖의 복음을 전할 도구들이 구비돼 있고, 10년 비자까지 가능한 상황으로 사역하기에 비교적 양호한 조건을 지니고 있다. 그러므로 북아프리카 복음화는 반드시 베르베르 종족 복음화를 전략적으로 고려해야 한다.

기도 제목

1) 높은 실업률로 인하여 어려움을 겪고 있는 베르베르 종족 젊은이들에게 복음을 전할 일꾼들을 보내주시고, 위성TV와 인터넷 등 미디어를 통해 부족 공동체 깊숙이 복음이 들어가게 하소서.

2) 국가가 법적으로 종교의 자유를 허락하게 하시고, 핍박 가운데 있는 믿음의 가정들이 승리하게 하시고, 늘고 있는 회심자들이 자유롭게 공동체를 형성할 수 있게 하소서.

3) 모로코 내 현지인 가정 교회와 교회 사역자들이 베르베르 종족 복음화에 비전을 품고 협력하게 하시고, 북아프리카 각국에 흩어져 있는 베르베르 종족을 위한 교회가 세워지게 하소서.

4) 진행되고 있는 베르베르어 성경 번역 사업과 오디오 제작이 순조롭게 완성되게 하시고, 복음을 들은 베르베르족 신자들이 믿음을 지키고 공동체를 이루어 밀알로 서게 하소서.

북아프리카 베르베르 종족 섬김이

Day 137　5월 17일　Sahrawi Arab Democratic Republic

사하라 아랍 민주 공화국

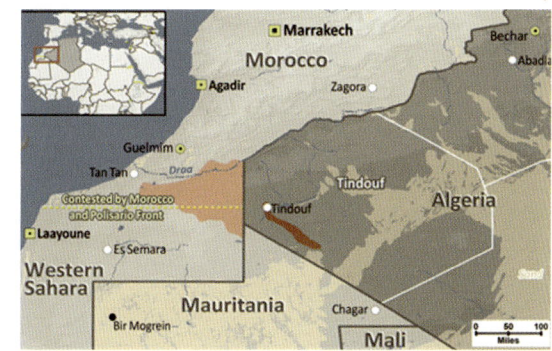

언어: 모로코 아랍어, 스페인어
종족: 10
인구: 597,000명

선교적 필요와 과제

모로코와 서사하라 원주민 독립 단체인 폴리사리오 전선(Polisario Front) 사이에 독립을 둘러싼 분쟁은 아직 끝나지 않은 상태로 현재 진행형이다. 유엔의 중재로 지금은 유엔 평화 유지군이 서사하라에 머물고 있는 상황이다. 이러한 팽팽한 정치적인 줄다리기 속에서 모로코가 정치적인 주도권을 쥐고 있어서 모로코인들이 서사하라로 와서 그곳 거주민들에게는 여러 가지 도움을 주고 있다. 모로코가 이 땅을 얻기 위해서 밤낮으로 모든 곳을 물 샐 틈 없이 살피고 지켜보고 있다. 이곳에 사는 이들은 예부터 이슬람을 신봉하고 있다. 모로코의 법이 그대로 이루어지는 곳이기도 하다. 지상 교회는 아예 없고 지하 교회만 있다. 이 때문에 복음을 나누는 일이 결코 쉽지 않은 곳이다. 그러나 정치적으로 흔들리고, 경제적으로 어려움을 겪고 있는 상황이기 때문에 오히려 복음을 전할 수 있는 가장 좋은 기회이기도 하다. 이 땅에 복음이 퍼져 나갈 수 있도록 여러 가지 길들을 모색해야 한다. 그중 하나가 방송이나 사회관계망 서비스(Social Networking Service; SNS)를 가지고 이들에게 나아가는 것이 필요하다. 많은 지하 가정 교회가 세워질 수 있도록 관심을 갖고 기도해야 할 때이다.

기도 제목

1) 모로코 정부가 대부분의 경제와 무역을 손에 쥐고 있기 때문에 경제적으로 열악한데, 경제의 회복과 정치적인 안정을 이루게 하소서.
2) 이슬람 지역인 이곳이 복음을 듣고 예수 그리스도께로 돌아올 수 있게 하소서.
3) 어려운 상황 속에서 지하 교회를 섬기는 선교사들의 섬김을 통해 교회가 더 강건하게 세워지게 하소서.
4) 성경을 읽고 예수님을 바르게 알고 믿을 수 있는 길이 열리고, 방송을 통해 전도가 효율적으로 이루어지게 하시고, 현지인들이 예수님을 믿고 훈련된 일꾼으로 세워지게 하소서.

이 아브라함

Day 138 5월 18일 People's Democratic Republic of Algeria

알제리

언어: 아랍어, 베르베르어
종족: 40
인구: 43,851,000명
GDP: 169,988(US$/백만) (0.79%)
1인당 GDP: 3,948(US$)

선교적 필요와 과제

알제리는 성 어거스틴이 태어나고 사역했던 곳이다. 반달족의 침입과 이슬람의 도래로 기독교가 거의 전멸되었지만, 레이몬드 룰(Raymond Lull, 1232-1316)을 비롯한 가톨릭 선교사들의 순교가 이어졌다. 프랑스 식민 지배(1830-1962) 시절 가톨릭 인구는 100만여 명에 이르렀지만, 알제리 독립과 함께 본국으로 되돌아가 현재는 거의 남아 있지 않다. 1990년대 이후 아마지그(베르베르)인을 중심으로 회심자가 빠르게 늘었으나 정확한 통계는 없다. 종교법 개정으로 지난 2-3년 동안 20개 이상의 교회가 폐쇄되었다. 이슬람(99%)은 순니 말리키파가 절대다수이며, 므잡 지역에 이바디파도 있다. 알제리 선교는 폐쇄적이고 보수적인 사회에서 그리스도인이 된 성도들이 어려운 가운데서도 민족과 국가를 복음화하는 데 앞장서고 있다. 알제리, 북아프리카와 아랍 국가들의 복음화를 감당할 수 있도록 지원과 훈련이 필요하다. 프랑스의 식민 지배와 내전(1991-2002)의 상처 극복을 위해, 소망을 잃고 나라를 떠나려고 하는 젊은이들이 참 소망을 가질 수 있도록 복음이 필요하다. 난민들에게도 복음이 전해져야 한다. 선교가 어려운 이 나라 사람들에게 하나님께서 친히 일하시도록 기도가 필요하다.

기도 제목

1) 국가 권력이 군대와 소수의 정치인에게 집중돼 있어 부패 인식 지수와 언론 자유 지수가 낮고, 부의 분배가 불균등하고, 대통령 유고 상황이 잦은데, 정치적으로 속히 안정되게 하소서.

2) 기존 세대와 젊은이들 간의 세대 갈등이 해소되고, 교육을 통해 자유와 다양성을 인정하는 문화가 자리잡히고, 기독교를 식민주의나 분리 세력으로 보지 않게 하소서.

3) 핍박 중에도 교회들이 믿음을 잘 지켜 지속적인 양육이 이루어지고, 장기적인 교회 폐쇄로 인해 개종자들의 신앙이 흔들리지 않도록 지켜 주시고, 외국인 교회를 안전하게 지켜 주소서.

4) 비즈니스, 문화 사역, 인터넷 사역 등 창의적 접근을 통해 준비된 일꾼들이 알제리로 오게 하시고, 각국의 선교사들이 네트워크를 형성하고 협력할 수 있게 하소서.

싸우산 리

Day **139**　5월 19일　　　　　　　　　　　　　Arab Republic of Egypt

이집트

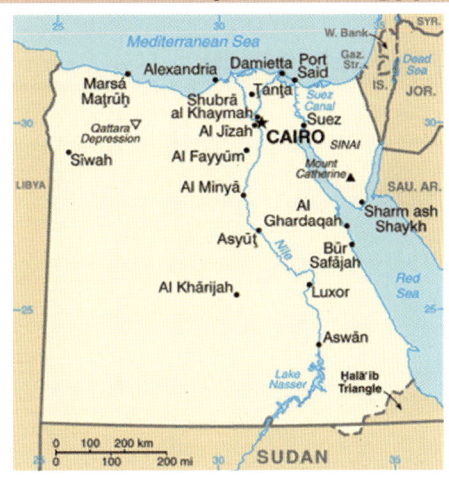

언어: 아랍어
종족: 42
인구: 102,334,000명
GDP: 303,175(US$/백만) (1.41%)
1인당 GDP: 3,020(US$)

🟧 선교적 필요와 과제

'아랍의 봄' 이후 정치적, 사회적 혼란 과정을 겪으면서 종교적 사상과 정체성에 대한 혼란을 겪고 있다. 그 결과 무신론자들이 급격히 증가하고, 예수 그리스도를 따르는 사람들이 증가하고 있다. 이집트 기독교 인구는 전체 인구의 약 11%(1천 1백만 명)로, 이중 개신교인은 약 1백만 명이고, 콥틱 정교회(Coptic Orthodox) 교인은 1천만 명 정도이다. 기독교 국가였던 이집트에 7세기 이슬람 군대의 침략으로 인해 지난 14세기 동안 기독교와 이슬람의 갈등은 계속되고 있다. 이슬람 교도가 90%로 11만여 개의 모스크가 있으며, 4천여 개의 교회가 공존하지만, 여전히 갈등과 폭력과 핍박이 끊이지 않고 있다. 비교적 온건한 이슬람 정권으로 인해 정치적으로 안정을 찾아가고 있지만, 높은 실업률과 심한 빈부 격차로 서민들의 삶은 더욱 어려워진 상황이다. 사상의 혼란을 겪고 있는 지금이 복음의 수용성이 매우 높은 시기이다. 이집트는 문화와 교육을 통해 중동 지역에 지대한 영향을 끼치고 있다. 종교적으로는 카이로 '알아즈하르(Al Azhar)' 대학을 통해 이슬람 학문과 신앙을 전 세계에 전파하고 있다. 영적 전투의 최전방이 된 이집트 복음화는 중동과 전 세계 이슬람권 복음화에 큰 동력으로 기여하게 될 것이다.

🟧 기도 제목

1) 세상의 권력과 부를 좇아가는 삶이 아닌 참 자유와 영원한 삶을 위해 새길을 생각할 수 있는 은혜를 이 땅에 부어주소서.
2) 하나님의 사랑으로 이집트 내 종교적 갈등이 해결되게 하시고, 화목의 역할을 감당할 일꾼들을 보내주소서.
3) 전통에 치우친 콥틱 교회가 복음으로 새롭게 되어 성경을 가르치는 운동이 일어나게 하시고, 개신교회가 두려움을 떨치고 담대하게 복음을 전하게 하소서.
4) 위성 방송과 미디어를 통해 유래를 찾아볼 수 없는 회심의 역사가 일어나고 있는데, 이들을 양육하고 체계적으로 성경을 가르칠 수 있는 일꾼들을 보내 주소서.

무사 허

Day 140　5월 20일　　　　　　　　　　　　　　Nubian

이집트-누비안

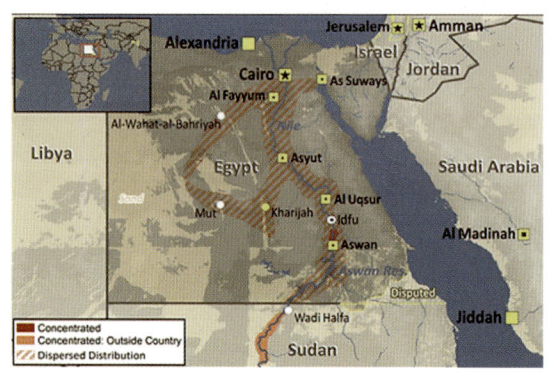

인구: 1,046,000명
종족: 누비안
언어: 아랍어, 누비안어
종교: 이슬람
복음화율: 0.02%

선교적 필요와 과제

6천여 년의 역사를 가진 누비안 종족은 독특한 문화와 전통을 자랑한다. 현대의 누비안은 주로 이집트 남부 아스완 인근 콤 옴보 지역부터 수단 북부 동골라 인근까지 이르는 지역에 흩어져서 살고 있다. 대부분의 누비안들은 농부들이지만 관광업과 상업에 종사하기도 한다. 더 나은 직장을 찾아 대도시나 다른 나라로 이주하는 사람들이 많다. 부족의 정체성이 강하지만 21세기 문명으로 인해 점점 약화되는 추세이고, 여성들의 활동은 자유로운 편이어서 그들 마을에 들어가면 여성들과 쉽게 대화를 할 수 있다. 인구는 약 100만 명이고, 99.9%가 무슬림이며, 기독교 신자는 극소수이다. 누비안은 수니파이지만 수피 이슬람과 민속 이슬람이 혼합된 종교적 형태를 띠며, 기독교에 열려 있는 사람들도 있다. 누비안은 이집트에 이슬람이 전파되기 이전까지는 기독교인들이었다. 현재는 단 하나의 기독교 공동체도 보고된 바가 없다. 누비안들도 이집트 아랍어와 수단 아랍어를 사용하지만, 그들의 문화 속으로 들어가 복음을 전하기 위해서는 그들의 주요 언어인 파지키와 켄지를 익히는 것이 필요하다. 사역자가 절대적으로 부족한 이들에게 아랍어와 누비안어를 할 수 있는 사역자가 필요하다.

기도 제목

1) 상대적으로 접촉하기 쉬운 여인들과 도시에 사는 누비안을 대상으로 복음 사역을 할 일꾼들을 보내 주소서.
2) 미디어 매체를 통해서 복음을 접하게 하시고, 소망의 복음, 생명의 복음으로 이들의 삶이 새롭게 변화되게 하소서.
3) 위성방송 사역과 미디어 사역을 통해 예수님을 따르게 된 소수의 회심자들을 잘 양육할 일꾼들을 보내 주시고, 누비안들이 함께 예배드리는 누비안 교회가 세워지게 하소서.
4) 이집트 교회에 미전도 종족인 누비안에 대한 선교 비전을 허락해 주시고, 다양한 직업(의료, 교육, 비즈니스, 스포츠, 농업 개발 등)을 가진 일꾼들을 보내 주소서.

이집트 누비안 섬김이들

Day 141 5월 21일 Bedouin

이집트-베두인

인구: 1,116,000명
종족: 베두인
언어: 아랍어, 이집트 베다위어
종교: 이슬람
복음화율: 0%

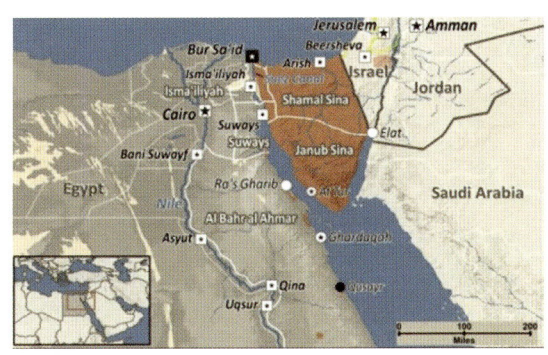

선교적 필요와 과제

광야 혹은 사막에서 낙타와 양 염소 등 목축을 하며 유목민(Nomadic)으로 살아가는 사람들을 베두인이라 한다. 베두인은 아라비아반도와 이집트, 요르단, 이스라엘, 시리아, 레바논 등에 흩어져 살고 있다. 이집트의 베두인들은 약 120만 명 정도로, 마르사 마트루흐를 중심으로 한 북서부, 바하리야 오아시스 지역의 남서부, 마르싸알람 지역의 동남부, 그리고 시나이반도 전 지역 등 크게 4개 지역에 거주하고 있다. 거의 100% 무슬림이며, 오늘날 대부분의 베두인들은 정착 생활을 한다. 3% 미만이 유목 생활을 하고 있으며, 5% 정도가 반유목(semi-nomadic) 생활을 하고 있다. 미전도 종족 혹은 미접촉 종족(unengaged people group)으로 남아 있는 이들은 한 번도 복음을 들어보지 못한, 복음이 절실히 필요한 사람들이다. IS 출현 이후 위험 지역으로 분류돼 통제가 심해져서 사막에 살고 있는 이들 지역에 들어가는 것이 힘든 상황이다. 복음 전파의 길이 열리기 위해선 테러 위험이 줄어들어 관광 제한이 풀려야 하지만 미디어를 통한 접촉은 언제든지 가능하다. 따라서 미디어를 통한 효과적인 접촉으로 복음을 소개하고 양육할 수 있는 콘텐츠 개발 사역이 시급하다.

기도 제목

1) 수 세기 동안 폐쇄적인 문화와 부족 중심의 사회였지만, 위성TV 방송과 미디어의 발달로 복음의 문이 열리게 되었는데, 이 기회를 잘 살려 복음 전파가 이루어지게 하소서.
2) 강력한 이슬람 문화로 인해 여성의 활동이 제한적인데, 이들에게 여행의 자유와 종교의 자유가 주어지게 하소서.
3) 교회가 없는 이들 지역에 믿는 사람들이 생겨나고, 지역마다 교회가 세워지는 그 날을 믿음으로 바라보게 하소서.
4) 베두인 방언으로 된 오디오 성경 앱이 개발되게 하시고, 명예 살인의 위협 때문에 비밀리에 믿는 신자만 있는데, 이집트 교회가 베두인에게 복음을 전할 수 있는 비전을 품게 하소서.

이집트 베두인 섬김이

Day 142   5월 22일   Refugees

이집트-난민들(수단, 에티오피아, 에리트레아 등)

인구: 250,000명
종족: 시리아, 수단, 에리트레아,
      에티오피아, 소말리 등
언어: 아랍어 등
종교: 이슬람, 기독교

선교적 필요와 과제

종교, 정치, 경제적 이유로 본국을 떠나 난민으로 살고 있는 다양한 아프리카 종족들(특히 수단, 에리트레아)이 이집트에 살고 있다. 수단에서는 30년간 이슬람 군부 정권에 의해 탄압을 겪던 많은 기독교인이 이집트로 들어왔고, 수단 이슬람 정부군과 내전을 겪던 다르포 종족의 젊은이들도 난민이 되었다. 이 젊은이들은 이슬람을 떠나 무신론자들이 되었고, 또 상당수가 복음을 받아들이고 주님을 따르고 있다. 2020년 수단 임시 정부가 이슬람의 샤리아에 의거한 통치를 버리고 근대 시민법에 근거한 통치로 전환을 선포한 만큼 종교적 자유와 경제적 회복에 대한 소망이 생기고 있다. 에리트레아에서도 독재 정권의 탄압으로 종교와 정치적인 이유로 난민들이 들어와 있다. 핍박을 이겨낸 에리트레아 교회 성도들이 무슬림들을 향한 복음증거에 적극적이어서 그 열매들이 나타나고 있다. 난민들은 본국에서보다는 종교와 정치적인 면에서는 자유를 누리고 있으나, 경제적으로는 이집트 사회 내에 저임금 노동자들로 생활을 영위하고 있다. 난민 승인까지의 시간이 길어짐으로 인하여 자녀들을 위한 교육 및 안정적 생활에 대한 문제들을 안고 살고 있다.

기도 제목

1) 수단과 에리트레아가 정치, 경제, 사회적으로 안정돼 난민들이 본국으로 돌아갈 수 있는 길이 열리게 하소서.
2) 난민 중 기독교인들은 비교적 자유롭게 예배하며 신앙 생활을 하고 있는데, 이 난민 교회들이 목회자 훈련을 비롯해 성도들을 위한 건강한 성경 교육을 할 수 있는 여건을 주소서.
3) 난민 교회들이 선교적 마음으로 깨어 일어나 무슬림들을 향해 복음을 증거하여, 활발한 복음 증거와 교회 개척이 이뤄지게 하소서.
4) 수단에서 복음 확장의 기회가 열리는 것을 대비해 난민 교회 지도자들이 새로운 팀을 준비하게 하시고, 수단 부흥을 위해 사역할 사람들을 훈련하고 파송하게 하소서.

이집트 내 수단 난민 섬김이

Day **143**   5월 23일   **Republic of Tunisia**

튀니지

언어: 아랍어
종족: 15
인구: 11,819,000명
GDP: 38,798(US$/백만) (0.18%)
1인당 GDP: 3,318(US$)

선교적 필요와 과제

아랍의 봄 격동 속에 민주주의의 불씨가 아직 남아 있다. 초기에 이슬람당이 득세했지만, 전문성 부족과 부정부패로 세속 정부로 정권이 넘어갔다. 하지만 정치 개혁과 경제 정책이 실패하여 다시 이슬람 정권으로 회귀하였다. 정당 간의 협치 부재로 정치적 혼란을 겪고 있다. 민주주의에 대한 기대가 무너지면서 원리주의로 회귀할 우려가 있다. 복음화율이 가장 낮은 국가 중 하나이므로 집중 선교가 시급하다. 인터넷 자유화로 무신론자와 구도자가 양산되고, 민주화 영향으로 종교적 대화의 자유가 조성되고 있다. 수도에는 정기적인 예배 모임이 있지만, 지방에 있는 신자들은 고립된 채 신앙을 지켜가고 있다. 현지 교회들은 주로 외국인 예배당을 빌려서 예배를 드리거나 가정 교회 형태로 모이고 있다. 현지인 교회 지도자 양성을 위한 성경 학교들이 운영되어 왔지만 수준이 열악해서 양질의 신학 교육과 리더십 훈련이 제공될 필요가 있다. 증가하고 있는 구도자를 위해 아랍어로 전도와 양육이 가능한 선교사들이 필요하고, 미전도 종족 베르베르(2%)와 혁명 이후 유입된 리비아인(약 50만 명)을 위한 선교와 기도가 필요하다. 나라와 교회를 위한 교회 연합 기도 모임이 일어나고 있어서 고무적이다.

기도 제목

1) IS와 알카에다의 테러 위협 때문에 사회적으로 불안하고, 외국 자본 유치와 관광업의 저해 요소가 되고 있는데, 사회적으로 안정되고, 경제가 회복되고, 민주주의가 발전하게 하소서.
2) 무신론 구도자를 향한 전도 전략이 개발되고, 사회관계망 서비스(Social Networking Service; SNS)를 활용한 전도 사역이 활성화되게 하소서.
3) 교회 지도자들이 하나되게 하시고, 성숙한 교회 리더십이 세워져서 민족 복음화에 서로 협력하는 공동체가 되게 하소서.
4) 공격적이고 비인격적인 선교 방법이 지양되고, 건전한 신학과 성숙한 신앙으로 현지 교회를 섬기게 하시고, 24개 지방에 복음이 편만하게 전해져 무슬림들이 복음에 반응하게 하소서.

김열방

Day 144 5월 24일   The Azores & Madeira

마데이라, 아소르스 제도(포르투갈령)

인구: 254000명+243000명
종족: 포르투갈인
언어: 포르투갈어
종교: 기독교
복음화율: 마데이라 84%,
           아소르스 89%

선교적 필요와 과제

마데이라는 포르투갈의 자치령으로, 1976년 포르투갈 본토로부터 자치권을 받은 후 나름 안정을 누리고 있다. 전체 인구 25만여 명 가운데 가톨릭 신자가 대부분이다. 이들 중 예수님을 믿고 거듭난 그리스도인이 많아져야 하고, 개신교 교회들이 세워져야 한다. 휴양차 이곳을 방문하러 오는 다른 나라 사람들에게도 예수 그리스도의 복음을 나눌 수 있는 기회가 열리도록 기도해야 한다. 아소르스 제도는 포르투갈 본토에서 1400km 떨어진 곳에 있다. 이곳이 16세기에 처음 알려졌을 때만 해도 사람이 살지 않았으나 나중에 많은 사람이 들어와 살았다. 그러나 스스로 먹을 것을 채울 수 없어 많은 이들이 다시 돌아가기도 하였다. 총 9개의 섬으로 이루어져 있고, 섬 모두 화산섬으로 형성되어 있다. 이곳에 사는 사람들은 다 합쳐 24만 명에 이른다. 정치는 포르투갈로부터 자치주로 인정을 받아 비교적 안정을 누리고 있다. 이곳 역시 주로 가톨릭이 주를 이루고 있다. 두 곳 모두 주님의 교회가 더 많이 세워지고, 거듭난 그리스도인들이 생기도록 복음이 풍성하게 나누어져야 한다. 또한 성경을 배우고 훈련하는 센터가 세워지고, 방송을 통한 선교가 활발히 일어날 수 있도록 단계적인 준비도 필요하다.

기도 제목

1) 마데이라와 아소르스가 정치, 경제적으로 계속 안정을 이루고, 이웃과 풍성함을 나누는 곳이 되게 하소서.
2) 마데이라와 아소르스에 거주하는 이들 대부분 가톨릭 신자들이 많은데, 이들이 예수님을 영접하고 거듭나게 하시고, 이곳에 많은 개신교 교회가 세워지게 하소서.
3) 거듭난 그리스도인이 많아져서 주님의 몸 된 건강한 교회가 많이 생겨나게 하시고, 주님의 일꾼들이 많이 세워지게 하소서.
4) 휴양차 이곳을 찾은 각국에서 온 사람들이 주님을 만나게 하시고, 포르투갈에 있는 선교사와 현지 교회가 정기적으로 방문해 교회를 개척하고, 현지 지도자를 훈련하도록 하소서.

이아브라함

Day 145   5월 25일   Ceuta

세우타(스페인령)

인구: 85,000명
종족: 멜리타노스(Melitamos),
      스페인, 베르베르
언어: 스페인어, 베르베르어, 아랍어
종교: 기독교 60%, 이슬람 37%
복음화율: 60%

선교적 필요와 과제

모로코에 있는 이 섬은 스페인령으로, 인구 대부분이 모로코 사람들과 스페인 사람들로 구성돼 있다. 그러므로 모로코와 스페인이 공존하는 곳이라고 할 수 있다. 날마다 많은 모로코 사람들이 이곳에 드나들면서, 일을 하고, 많은 물건을 사면서, 경제적으로는 본토 스페인보다 훨씬 여유로운 곳이기도 하다. 종교적인 면에서는 바로 옆에 있는 모로코는 이슬람 지역으로 선교가 안 되는데, 이곳은 상대적으로 자유로운 곳이어서 아무런 어려움 없이 복음을 나눌 수 있는 이점이 있다. 따라서 이름뿐인 가톨릭을 믿는 수많은 스페인 사람에게 참 복음을 나눌 수 있는 곳이기도 하다. 그리고 복음을 제대로 들을 수도 없고, 복음을 나눌 수도 없는 모로코 사람들에게 자유롭게 복음을 전할 수 있는 곳이기도 하다. 이러한 지리적, 문화적 이점을 살려서 더 많은 개신 교회가 세워져야 할 필요가 있다. 교회가 복음을 듣고 거듭난 사람들을 잘 훈련해 그들을 다시 스페인 본토와 모로코에 보내는 선교 정책이 필요하다. 이를 위해 성경 학교가 세워져야 하고, 효율적인 성경 보급을 위해 방송 사역 전진 기지를 세워서 스페인과 북아프리카에 복음 방송을 보내야 하는 과제도 시급하다.

기도 제목

1) 세우타가 지닌 정치적 안정과 경제적 여유가 이점으로 작용해 많은 이들이 예수 그리스도를 찾을 수 있게 하소서.
2) 명목뿐인 가톨릭 신자들이 주의 복음을 듣고 마음을 돌이켜 예수님을 인격적으로 만나게 하소서.
3) 거듭난 그리스도인들과 교회가 주님 은혜 가운데 많은 열매를 맺고, 교회들이 하나 되어 건강하게 잘 세워지고, 선교적 교회로 거듭나게 하소서.
4) 이곳을 찾는 모로코인들에게 자유롭게 전도하고, 스페인 사람들을 위한 개신 교회가 많이 세워지고, 회심자들을 위한 공동체들이 많아지게 하소서.

이아브라함

Day 146　5월 26일　Canary Islands

카나리아 제도(스페인령)

인구: 2,153,389명
종족: 카나리아인, 스페인인
언어: 스페인어
종교: 기독교
복음화율: 76%

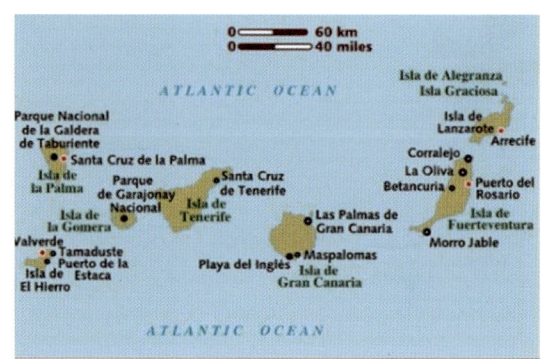

선교적 필요와 과제

북아프리카 모로코에서 서쪽으로 100km, 본토인 스페인에서는 1400-2200km 떨어진 이곳은 관광지로 많이 알려져 있다. 1341년 포르투갈이 차지했다가 1406년 이래 스페인령이 되었다. 언어와 생활양식은 스페인 본토와 별로 다른 점이 없다. 한때 카나리아 제도의 독립을 지향하는 단체 MPAIAC(Movimiento por la Autodeterminación e Independencia del Archipiélago Canario, 카나리아 제도 독립운동)가 있었던 적도 있었으나, 1982년 스페인 정부가 카나리아 제도의 자치권을 보장하면서 조직의 활동은 중단되었다. 많은 화산이 있으며, 경제는 농업이 중심이며, 대서양의 해공(海空) 정기항로의 요지이다. 이곳 원주민은 베르베르 사람들이다. 베르베르는 북아프리카 원주민들의 후손들인데, 이들을 위해 헌신할 선교사와 유럽과 스페인, 라틴 아메리카 이주민들을 위한 교회가 시급하다. 스페인령으로 남아 있는 7개의 섬 대부분은 다 가톨릭 교회다. 이들을 위해 복음주의 교회가 많이 세워져야 하고, 이를 위한 선교 기지를 세워서 선교사가 목회자와 현지 지도자들을 양육하여 보내는 일이 필요하다. 더불어 이곳을 찾는 수많은 관광객들이 이 아름다운 땅에 와서 하나님과 예수님을 만날 수 있도록 선교적인 준비가 필요하다.

기도 제목

1) 정치적인 안정이 지속되고, 관광객 유치로 경제적인 여유를 누리고, 관광객들에게 복음을 전하게 하시고, 여유로운 삶이 오히려 하나님께 나아가는 데 걸림돌이 되지 않게 하소서.
2) 이곳에 거주하는 이들 대부분이 가톨릭인데, 주님의 말씀과 성령님 안에서 거듭나는 일이 더 많이 일어나게 하소서.
3) 그리스도인들의 삶을 통해 복음의 능력이 나타나고, 교회가 하나 되어서 이 땅을 위해 기도하며 전도하는 교회가 되고, 선교적 교회로서 역할을 감당하게 하소서.
4) 원주민들을 위해 헌신할 선교사들과 유럽과 스페인, 라틴 아메리카 이주민들을 위한 교회가 세워지고, 관광객들에게도 복음이 전해지고, 다 민족 국제 교회가 세워지게 하소서.

이아브라함

Day 147 5월 27일   East Africa

동아프리카

남수단, 르완다, 마다가스카르
모리셔스, 부룬디
세이셸, 소말리아
수단, 에리트레아
에티오피아, 우간다
지부티, 케냐
코모로, 탄자니아
레위니옹(프랑스령)
마요트(프랑스령)

선교적 필요와 과제

동아프리카는 대체로 광활한 평원으로, 아프리카 대륙에서 가장 높은 지대에 위치해 있다. 기후는 열대성이지만 높은 고도 때문에 다른 지역보다 비교적 기온이 낮다. 인구는 대략 4억 3천만 명이며, 이들은 약 850여 종족으로 구성되어 있다. 큰 언어군으로 쿠샤이트(Cushite)와 반투(Bantu)를 들 수 있다. 이곳은 내전이 빈번하게 발생하고, 종족 간의 살상이 지속되고 있다. 더군다나 대통령과 정치인들이 집권의 야망에 관심을 집중하다 보니 정치적인 안정과 평화가 무엇보다 필요한 지역이다. 19세기 식민 통치 동안 데이빗 리빙스톤(David Livingstone)을 필두로 1840년대부터 많은 선교사들이 이 지역으로 들어와 선교 사역을 시작하였고, 현재도 활발하게 선교가 진행되고 있다. 이곳에는 아직 복음이 필요한 종족들이 남아 있고, 그들 중에는 선교사 접근이 어려운 지역도 있다. 이슬람의 공격적인 포교 활동과 정부의 기독교 탄압과 개종자에 대한 핍박 등은 복음 전파를 더 어렵게 하고 있다. 여기에 이단 종파 세력이 난무하고, 뿌리 깊은 아프리카 전통 종교 세계관으로 혼합 종교가 두드러지고, 명목상 기독교인도 많다. 기복 신앙적 거짓 복음에 미혹된 성도들에 대한 바른 신앙 교육이 필요하다.

기도 제목

1) 국가 간 분쟁이 종식되고, 위정자들이 국민의 안녕과 국가의 평화를 도모하게 하시고, 심화되는 빈부 격차와 높은 도시 인구 실업률과 청년 실업률이 해결되게 하소서.
2) 정부의 기독교 탄압이 중단되게 하시고, 종교 지도자들 간 갈등과 목회자들의 신학 교육 부재, 각 분야의 성숙한 기독교인 지도자 부재 등의 문제들이 해결되게 하소서.
3) 미자립 교회 사역자들의 필요를 채워 주시고, 목회자로서의 소명을 잘 감당하고, 지역 교회마다 복음 전도와 제자 양육에 대한 비전을 갖게 하시며, 교회가 영적으로 부흥하게 하소서.
4) 지역 교회들이 선교의 비전을 갖고 선교사를 발굴하고 훈련하며, 재정적으로 후원할 수 있게 하시고, 미전도 종족들과 무슬림들에게 나아갈 사역자들을 세워주소서.

강병권

Day 148　5월 28일　Republic of South Sudan

남수단

언어: 영어
종족: 78
인구: 11,194,000명
GDP: (US$/백만)
1인당 GDP: 303(US$)

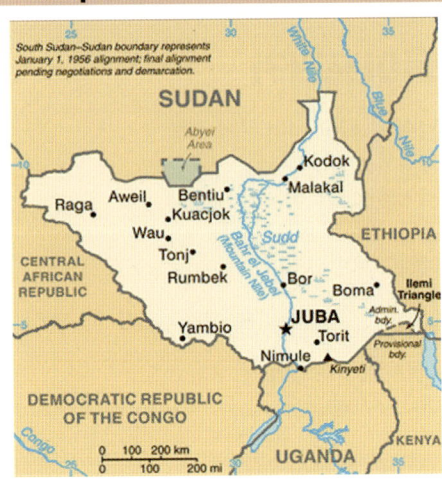

● 선교적 필요와 과제

1956년 1월 1일에 독립한 수단은 아랍(북수단) 아프로(남수단) 문화권 하에서 아랍 연맹 국에 속한 이슬람 국가로, 40여 년간 남북 내전을 겪었다. 2011년 7월 11일에 분리 독립하여 193번째 신생국이 되었다. 내전의 주 접전지였던 남수단은 나라가 제대로 갖추어지기 전인 2013년 12월 15일에 시작된 내전으로 약 40만 명 이상의 사망자를 냈고, 인구의 30% 이상이 난민이 되었다. 거듭된 내전과 평화 협정 끝에 2020년 2월 22일에 부분적으로 연합 정부가 수립되었다. 석유를 비롯하여 풍부한 자원이 있고, 아랍어권에 있었던 나라이고, 주변 국가에 같은 부족이 분포하고 있어서 역량 있는 좋은 지도자가 세워지고, 교회가 복음의 진리로 견고하게 세워진다면, 아프리카에서 경제적, 선교적으로 영향력을 끼칠 잠재력이 충분한 나라이다. 그러나 지금의 남수단은 중국 및 우간다, 케냐, 에디오피아 등 주변국에 기회를 빼앗기고 있다. 게다가 오랜 남북 내전과 독립 후 기대를 저버린 또 다른 내전과 노마드 부족 간의 보복 전쟁으로 인해 전 세계에서 가장 가난하고, 쉴새 없이 전쟁의 소식이 들려오는 나라이다. 모든 분야의 회복이 필요한 남수단은 영육을 어우르는 총체적 선교와 함께 복음의 일꾼이 절실하게 필요한 상황이다.

● 기도 제목

1) 새로운 연합 정부가 전체적으로 확립되고, 남수단 자원의 개발과 발전이 이루어지고, 정부군과 반군 사이에 용서와 화해가 조성돼 평화가 임하게 하소서.
2) 검증되지 않은 교회, 전통 종교와 이슬람이 섞인 혼합 종교, 명목상 기독교인이 많은데, 현지 교단과 교회가 참된 복음의 진리를 선포하여 교회를 견고하게 세워가게 하소서.
3) 재정적 문제로 대부분의 교회 지도자들이 파트 타임으로 일하는데, 예수님과 교회와 양 떼를 우선으로 섬기는 헌신된 지도자들이 세워지고, 교회가 자립하게 하소서.
4) 복음을 전할 일꾼들을 보내주시고, 현지인들이 잘 훈련되어 원시 부족과 주변의 같은 부족, 그리고 수단 및 이슬람 교인들에게 복음을 전하게 하소서.

정은희

Day 149 5월 29일   Republic of Rwanda

르완다

언어: 키냐르완다, 프랑스어, 영어
종족: 12
인구: 12,952,000명
GDP: 10,122(US$/백만) (0.05%)
1인당 GDP: 802(US$)

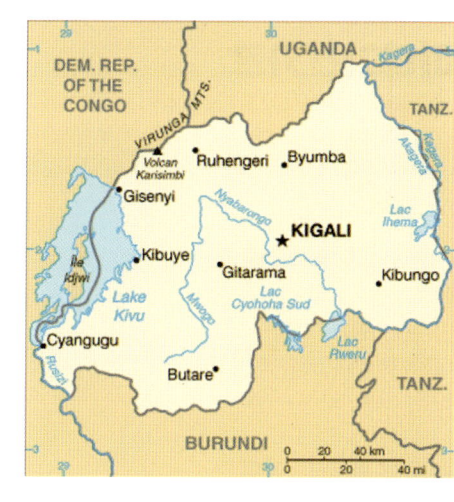

선교적 필요와 과제

벨기에는 2차 세계 대전 기간 이전 독일의 식민지였던 현재의 르완다 부룬디 지역을 식민 통치하였다. 그들은 후투족과 투치족의 부족 간 갈등을 조장하고 심화시켜 간접 통치에 이용하였다. 르완다는 1962년 독립 이후에도 수차례 내전을 겪어야만 했다. 특히 1994년 인종 학살(Genocide)은 당시 6백만 명 인구에서 80만 명이나 된 희생자를 낸 비극의 역사이다. 가톨릭을 포함해 인구 80%가 기독교를 믿고 있으며, 1994년 내전 이후 활발한 선교 활동으로 안식교가 가장 빠른 증가세를 보이고 있다. 교단을 불문하고 번영신학과 혼합주의가 팽배하다. 내전 승리 후 집권한 투치족 정권은 폴 카가메 대통령이 20년 이상 실권을 쥐고 있으며, 정치적 안정을 이루어 아프리카에서 가장 빠른 경제 성장을 이루어냈다. 그러나 여전히 세계 최빈국 중 하나로, 사회 간접 자본이 취약하며, 교육 인력이 절대적으로 부족하다. 예를 들면, 의료 분야의 경우, 인구 만 명 당 의사 숫자는 0.6명(한국 22명)에 불과하다. 전쟁 이후 사회 각 계층의 훈련된 인력은 매우 부족한 형편이다. 현 정부는 코로나 사태 이전부터 위생과 안전뿐만 아니라 교역자들의 부족한 자질들을 이유로 교회에 많은 규제를 가하고 있다.

기도 제목

1) 후투와 투치 두 부족 간의 오랜 갈등의 골이 극복되고, 서로 화해와 용서의 길을 걸을 수 있게 하소서.
2) 현 정부가 교회에 많은 규제를 가하고 있는데, 어려움 속에서도 믿음을 지켜내고 더욱 내실을 다져 성숙한 교회로 거듭나게 하소서
3) 르완다 교회가 양적 성장은 이루었지만 참다운 목회자들이 절실하게 요청되는 상황인데, 목회자들이 소명 의식으로 지원하고, 훈련을 받게 하소서.
4) 르완다의 취약한 지역과 다양한 사회 영역에서 활동하는 각국의 선교사들과 단체들이 좋은 성과를 거두게 하소서.

Day 150　5월 30일　Republic of Madagascar

마다가스카르

언어: 말라가시아어, 플라테우어, 프랑스어
종족: 40
인구: 27,691,000명
GDP: 14,084(US$/백만) (0.07%)
1인당 GDP: 522.2(US$)

선교적 필요와 과제

기독교는 가톨릭이 22%이고, 루터란, 성공회와 기타 개신교를 합쳐 20%, 총 42%이다. 이슬람은 2005년에 2% 미만이었는데, 2015년에 8%로 가장 빨리 성장하는 종교 중 하나이다. 근래 사우디 펀드 혹은 중동 펀드의 재정적 지원으로 이슬람의 포교가 확장되었다. 나머지 50% 정도는 전통적인 주술 신앙인이다. 문제는 기독교 42%의 인구 중 90% 이상이 강한 토속적 신앙을 배경으로 가지고 있다. 이들의 세계관은 신이 사람을 창조하였지만, 인간이 죄를 짓게 되자 인간을 떠났고 그의 자리에 사탄, 천사, 조상신이 자리를 차지하였다고 믿고 있다. 그래서 조상이 정해 놓은 전통이나 터부가 이들의 삶을 조정하는 가장 중요한 근거가 되고 있다. 1897년부터 1960년까지 프랑스의 식민지를 경험했고, 이 기간 기독교는 식민 정부의 지원을 받으며 협력하는 관계였기 때문에 반민족적이며 세속적인 신앙 태도가 성장했다. 전국적으로 8000여 개의 개신교 교회가 있지만, 목사나 교회 지도자들의 90%는 정규적인 신학을 경험해보지 못한 사람들이다. 교회 목회자나 지도자의 역량을 강화하기 위한 신학교 건립과 신학의 재교육이나 연장 교육이 필요한 상황이다.

기도 제목

1) 소수의 권력자들이 국가의 부와 외부의 지원을 독점하지 않게 하시고, 코로나19로 더욱 어려워진 중 하층 주민들의 정상적인 경제 활동이 회복되게 하소서.
2) 조상들의 유전과 터부에 매어 있는 말라가시들에게 바른 신학 교육을 받은 목회자들을 통해 복음이 전해지게 하소서.
3) 교회 공동체가 반민족적이고 이기적인 행태의 신앙을 버리고, 애국 애족하며 자기희생적인 성도의 삶을 살아가게 하소서.
4) 말라가시 교회가 선교의 주체가 되고, 외국 선교사들은 보조가 되는 선교 연합이 일어나게 하소서.

이재훈

Day 151 5월 31일

Republic of Mauritius

모리셔스

언어: 영어, 프랑스어, 모리셔스 크레올어
종족: 19
인구: 1,272,000명
GDP: 14,180(US$/백만) (0.07%)
1인당 GDP: 11,203.50(US$)

선교적 필요와 과제

아프리카의 동부, 인도양에 위치한 나라로, 수도는 포트루이스며, 마다가스카르에서 동쪽으로 약 900km 정도 떨어져 있다. 본 섬 이외에 카르가도스 카라호스 제도, 로드리게스 섬, 아갈레가 제도로 구성되어 있다. 1598년에 네덜란드가 식민지로 만든 이후 프랑스령을 거쳐 1810년부터 영국의 직할 식민지가 되었다. 1968년에 영 연방 내의 입헌군주국으로 독립하였으며, 1992년에 대통령 중심제의 공화제가 성립되었다. 인구의 약 68%가 인도계이며, 크레올이 27% 정도이다. 중국과 유럽인이 나머지를 구성하고 있다. 종교 분포는 힌두교 48%, 기독교 32%, 이슬람 17% 정도이며, 중국계 이민자들 중심의 소수 불교 인구도 있다. 공용어로는 프랑스어와 영어가 사용되고 있으나, 프랑스어가 토착화 및 변형된 모리셔스 크레올어가 주로 사용된다. 지리적으로 고립돼 있어 선교 사역이 쉽지는 않다. 선교사와 현지인 사역자와의 효과적인 동역, 성경 학교와 통신 과정을 통한 교회 지도자 교육 및 훈련이 필요하다. 모리셔스는 아프리카에서 1인당 인터넷 접속률이 높은 편인데, 인터넷을 통한 복음 전파를 위해 인터넷용 기독 자료, 특히 모리셔스 크레올어 인터넷 자료가 필요하다.

기도 제목

1) 많은 젊은이들이 경제 성장에서 소외되어 사회적 박탈감으로 인해 마약에 빠져 있는데, 이들이 마약의 유혹에서 벗어나게 하소서.
2) 힌두교를 신봉하는 인도계가 열정적인 기독교인들의 전도를 통해 예수님을 영접하는 일들이 일어나고 있는데, 다양한 전도 방법을 사용하여 이들에게 복음이 더 많이 전해지게 하소서.
3) 가톨릭은 명목상 신자가 많고, 성장하는 교회는 은사를 강조하는 교회가 많은데, 교회가 성경의 가르침에 기초하여 부흥 성장하고, 성도들이 경건한 삶으로 사회에 모범을 보이게 하소서.
4) 청년들이 폭력, 성적 방종, 전통적 가치 상실 같은 도전에 직면해 있고, 마약 정맥 투약률이 아주 높은데, 이 젊은이들이 복음을 듣고 그리스도에게로 인도되게 하소서.

정혜란

Day 152　6월 1일　　Republic of Burundi

부룬디

언어: 룬디어, 프랑스어
종족: 12
인구: 11,891,000명
GDP: 3,012(US$/백만) (0.01%)
1인당 GDP: 262(US$)

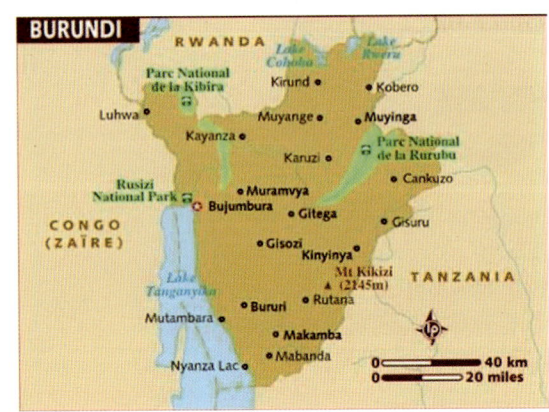

🔸 선교적 필요와 과제

아프리카 대륙 중동부에 위치한 부룬디는 르완다, DR콩고, 탄자니아에 둘러싸인 내륙국이다. 영토의 절반 이상이 해발 1500m 이상이고, 세계에서 두 번째로 담수량이 많고 수심이 깊은 탕가니카 호수를 접하고 있다. 주요 수출품은 커피, 차(茶), 철광석 등이고 현지인 대부분이 1차 산업(농수산업)에 종사하고 있다. 1차 세계 대전부터 벨기에의 식민 통치를 받았기 때문에 가톨릭교회가 사회 전반에 큰 영향을 끼치고 있다. 상당수 사회 지도자들과 62%의 국민이 가톨릭 신자로, 오랜 기간 가톨릭교회는 정부의 보호와 사회적 특권을 누려왔다. 지난 20년간 개신 교회가 빠르게 성장해 전체 인구의 약 25%를 차지하고 있다. 이 교회들은 교회의 전통과 신학보다는 강한 카리스마를 가진 목회자에게 의존하고 있어 성경에 뿌리내린 체계적인 신학 교육이 시급하다. 독립 이후 후투족(85%)과 투치족(14%)의 내전으로 발생한 난민과 과부, 전쟁고아, 장애인들을 위한 도움이 필요하다. 부룬디는 인종 갈등과 정치적 불안정으로 경제 발전이 더디고, 국제 사회로부터 소외되어 있다. 두 종족이 진정한 화해를 하고 피해자들이 회복될 수 있도록, 경제적으로는 젊은이들을 위한 일자리가 생겨나도록 하는 선교가 필요하다.

🔸 기도 제목

1) 전임 대통령이 2011년부터 추진해오던 정책 국가 발전 전략 'Vision Burundi 2025'를 신임 대통령이 잘 이어받아 부룬디가 안정되고 발전되게 하소서.
2) 최근 이슬람이 학교와 병원을 세워서 포교 활동을 확장하고 있는데, 현실적인 필요로 인해 기독교 신앙을 버리지 않고, 세계 교회가 부룬디 선교에 관심 갖게 하소서.
3) 성도들이 영적 체험과 물질적 축복보다 성경 말씀에 기반한 신앙을 갖도록 각 교단에서 체계적이고 성경적인 신학 교육을 제공하고, 목회자들이 전적으로 목회 사역에 전념하게 하소서.
4) 종족 분쟁으로 선교사와 NGO 활동이 열악한데, 현지인들의 현실적이고도 영적인 필요를 채워줄 수 있는 일꾼들을 보내주시고, 부룬디 교회가 선교적인 소명을 품고 선교사를 파송하게 하소서.

한상훈

Day 153   6월 2일   **Republic of Seychelles**

세이셸

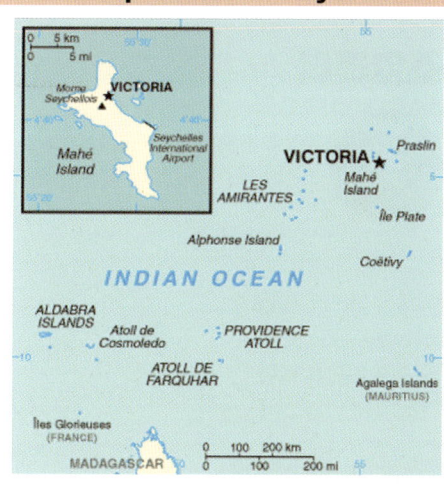

언어: 세이셸크리올어, 프랑스어, 영어
종족: 5
인구: 98,000명
GDP: 1,699(US$/백만) (0.01%)
1인당 GDP: 17,401.70(US$)

선교적 필요와 과제

115개의 섬으로 이루어졌고, 케냐에서 동쪽으로 1,600km 정도 떨어진 인도양에 위치한다. 1756년 프랑스가 당시 재정 장관인 장 모로 드 세셸(Jean Moreau de Sechelles)의 이름을 따 이 섬을 세이셸로 명명하였다. 1794년부터 1811년까지 영국과 프랑스는 이 섬의 통치권을 두고 경쟁했으나, 나폴레옹의 몰락으로, 1814년에 영국에 할양돼 영국 식민지로 있다가 1976년에 독립하였다. 종교 통계에 따르면, 인구의 95%가 기독교인이며, 힌두교인 2%, 무슬림 1.1%, 불교인 1%, 기타 이단들이 있다. 주민들은 유럽인, 아프리카인, 인도인, 중국인 간의 혼혈이 많다. 오랜 시간을 거치면서 다양한 인종과 문화가 융화돼 이들만의 독특한 문화를 형성했다. 세이셸은 인적, 물적 자원이 부족하고 자체 생산 능력이 빈약해 국가 세입과 국민 소득 대부분을 관광 수입에 의존한다. 정부는 호텔과 기타 서비스업을 발전시키기 위해 외국의 투자를 촉진하는 한편, 관광에 대한 지나친 의존도를 줄이기 위해 농업, 어업과 소규모 제조업을 장려하고 있다. 많은 기독교인이 미신에 사로잡혀 있거나 형식적인 신앙생활을 하는데, 한 조사에 따르면, 기독교인 95%가 기독교와 정령 숭배 신앙을 혼합하여 믿고 있다고 한다.

기도 제목

1) 관광업의 발달로 1인당 국민 소득은 1만 5000달러가 넘지만 빈부 격차가 큰 탓에 마약에 빠지는 사람들이 많은데, 주님을 만나 참 기쁨을 얻게 하소서.
2) 많은 기독교인이 행운을 가져오거나 악으로부터 자신을 지켜준다고 믿는 부적에 의지하며 살아가는데, 우상의 무익함을 깨닫고 참 능력이신 예수 그리스도만을 의지하게 하소서.
3) 미신에 얽매인 자와 명목상 기독교인이 많고, 도덕적 나태함이 심한데, 성령의 역사로 회개와 열매 맺는 삶을 살아가게 하시고, 신학과 성경 교육을 잘 받은 목회자들이 세워지게 하소서.
4) 세이셸 군도의 외곽 섬에 사는 사람들의 경우 회심과 그리스도에 대한 개인적인 헌신에 대해 들어본 경험이 적은데, 은혜의 복음이 전해져 개인적 헌신이 일어나게 하소서.

강병권 정혜란

Day 154 6월 3일 Federal Republic of Somalia

소말리아

언어: 소말리어, 아랍어
종족: 22
인구: 15,893,000명
1인당 GDP: 127(US$)

🔶 선교적 필요와 과제

내전으로 인해 아직 위험적 요소가 남아 있는 나라로, 연방 정부가 세워졌지만 독립을 주장하는 몇 개 지역에서는 영향력이 미비하다. 본토보다 이주자 인구가 더 많은데, 특히 케냐 및 에티오피아에 거주하는 소말리아인은 약 900만 명에 이른다. 헌법에 이슬람 국가로 명시할 정도로, 국민의 99%가 무슬림이다. 이슬람 무장 세력인 알샤밥이 계속 나라를 혼란스럽게 하고 있다. 0.1% 정도의 기독 소말리아인들은 서양 선교회들을 통해 개종하고 신앙을 유지하며 삶의 도움을 받고 있다. 케냐와 에티오피아 라디오 방송 선교를 통해 케냐로 넘어가는 소말리 크리스천들이 발생하고 있다. 다양한 직업 훈련을 받고 비즈니스 선교사로 소말리아에 들어가 삶 가운데 복음을 전하고, 크리스천들을 훈련할 필요가 있다. 소말리아 선교는 본토와 더불어 주변국 이주자들을 대상으로 하는 선교가 필요한 상황이다. 난민으로 흩어진 소말리인들에게 다양한 방법으로 복음을 제시하고 제자로 훈련해야 한다. 또한 지하 교회를 건강하게 세울 수 있는 계획을 준비해야 한다. 지하 교회 목회자와 리더들을 주변국으로 불러내 목회자 재교육과 리더 교육 등의 프로그램들을 통해 교회를 건강하게 성장할 수 있도록 도와줘야 한다.

🔶 기도 제목

1) 20여 년간 지속된 내전이 속히 종식돼 온 국민이 안정된 삶을 살고, 조금씩 활기를 되찾고 있는 시장 경제가 활성화되게 하소서.
2) 혼란스럽고 힘든 상황 속에서 현지인들이 진리되신 예수 그리스도를 발견하고 주께로 돌아오는 역사가 일어나게 하소서.
3) 지하 교회가 존재하지만 그 수가 미미한데 하나님께서 소말리아 지하 교회들을 붙잡아 주셔서 힘든 상황 속에서도 더욱 주를 붙들고 믿음을 지킬 수 있게 하소서.
4) 라디오 선교를 비롯해 소말리아인들을 위한 간접 선교를 감당하고 있는 에티오피아, 지부티, 케냐 등의 선교사들을 위로해 주시고, 함께 사역을 감당할 동역자들을 보내주소서.

에노스

소말리아-라한웨인

Day 155　6월 4일　Rahanweyn

인구: 2,016,000명
종족: 라한웨인(Rahanweyn)
언어: 마아이(Maay)
종교: 이슬람
복음화율: 0.01%

선교적 필요와 과제

라한웨인 부족은 디길(Digil)과 미리플(mirifle)이라고 알려진 주요 씨족들의 넓은 이름이다. 라한웨인 부족은 중부와 남동부 쥬바강과 세벨레강 사이 널리 분포되어 있으며, 주요 거점은 키스마요, 바라위, 마르카 지역이다. 라한웨인 부족은 주요 부족인 소말리 부족과 소말리아 내 많은 소수 민족 사이의 부족이라 볼 수 있다. 전통적으로 유목 생활을 하며 농업과 가축을 기르는 일을 하고, 남성 중심의 씨족 사회를 이루고 있다. 소말리아에 거점을 두고 있는 "알 샤밥"이라는 극단 이슬람 원리주의 무장 단체가 자행하는 테러로 인하여 많은 인명이 살상된 사건들이 자주 발생하고 있다. 주님의 사랑이 필요한 땅이다. 테러가 더 이상 자행되지 않기를 위해서 기도해야 한다. 오랜 내전으로 인하여 치안이 불안정하고 정부군이 약하여 혼란한 상황에서 수에즈 운하를 통과하는 배들을 나포하는 해적들이 많이 생기면서 해적의 나라라는 오명을 갖고 있다. 많은 사람들이 소말리아를 떠나 에티오피아와 케냐, 그리고 전 세계에 난민으로 흩어져 살고 있다. 소말리아 밖에서 난민으로 살고 있는 라한웨인 부족들에게 복음을 들을 수 있는 기회가 주어지도록 기도할 필요가 있다.

기도 제목

1) 연방 정부가 안정적으로 국민을 보호하고, 오랜 내전으로 인해 피폐해진 사회가 회복되고, 소수 민족의 인권 침해와 핍박, 여성 차별과 아동 착취 등의 사회 문제가 해결되게 하소서.

2) 종교의 자유를 보장하는 헌법이 제정되고, 이슬람 원리주의 단체인 알샤밥 같은 무장 단체들의 활동이 중단되고, 소수인 기독교가 차별과 핍박에서 보호받게 하소서.

3) 라한웨인들의 교회가 소말리아 땅에 세워지고, 소말리아 밖에 있는 라한웨인들에게 복음이 전해져 이들의 믿음이 잘 성장해 라한웨인 부족에게 복음을 전하는 사역자로 서게 하소서.

4) 선교사가 들어가기 어려운 환경이지만, 미전도 종족인 라한웨인을 위한 사역자를 일으켜 세워주시고, 이들을 위해 기도로 동참하는 사람들이 많아지게 하소서.

무사허

Day 156　6월 5일　Republic of the Sudan

수단

언어: 아랍어
종족: 162
인구: 43,849,000명
GDP: 18,902(US$/백만) (0.09%)
1인당 GDP: 442(US$)

선교적 필요와 과제

1956년 영국과 이집트의 공동 통치 식민 지배를 벗어난 수단은 이슬람 근본주의를 표방하며 샤리아법을 시행하였다. 이에 반발하는 남부 수단과 오랜 내전을 치르다가 2011년 7월에 남수단이 독립하자 수단은 이슬람 근본주의 정책을 더욱 강화했다. 기독교 탄압으로 이어져 교회들이 파괴되고, 활동 중이던 600여 명의 기독교 선교사와 NGO 등 기독교 기관들이 재산을 몰수당하고 추방됐다. 유전 지대 대부분이 남수단에 있기 때문에 천연자원의 공급이 끊기면서 수단은 외화 부족 등 경제적인 어려움을 겪고 있다. 빵값이 폭등하고 항의 시위가 이어지자, 2019년 4월, 30년 동안 철권 통치를 이어오던 오마르 바시르 대통령이 군부 쿠데타로 축출되었다. 새로운 정권은 아직 과도기적 상태이고, 경제적인 어려움은 지속되고 있고, 선교적으로도 공황기이다. 원래 수단은 이집트 정교회(콥틱 교회)가 굳건히 뿌리내리고 있었고, 성공회와 천주교도 어려움 속에서도 신앙을 지키고 있었다. 그러나 교회 구성원 대부분이었던 남부인들이 독립한 자기 나라로 돌아가고, 지도자들이 핍박을 받고, 선교사들과 단체들의 추방으로 존폐 위기를 겪고 있다. 교회가 어려움을 극복하고 믿음 가운데 굳게 서는 것이 선교적 과제이다.

기도 제목

1) 독재 정권 축출 후 속히 정세가 안정돼 온건한 정부가 들어서게 하시고, 백성들의 피폐해진 삶이 안정되고 평화가 정착되게 하소서.
2) 이슬람 근본주의 정책 시행 가운데서도 종교의 자유가 허락돼서 진리를 추구하는 자들에게 참 생명의 빛이 전해질 수 있게 하소서.
3) 핍박과 어려움 가운데서도 더욱 순결한 주님의 신부들로 준비되어 지도자들을 정결케 하시고, 십자가 복음 앞에 더욱 굳게 서는 교회들이 되게 하소서.
4) 선교사들의 추방으로 생긴 선교의 공백들이 속히 메꿔지고, 선교의 문들이 다시 열려서 새로운 부흥이 일어나게 하소서.

강갈렙

Day 157 6월 6일   Fur, Beja, Nuba

수단-푸르, 베자, 누바

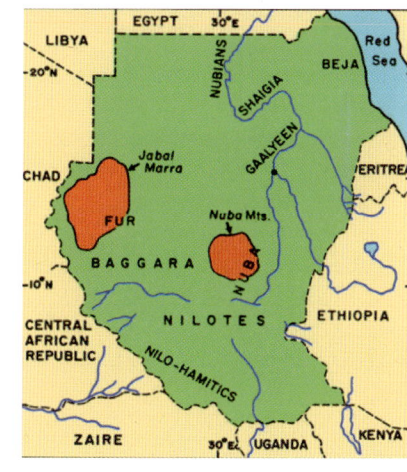

인구: 푸르 1,182,000명, 베자 2,385,000명,
      누바 1,515,000명
종족: 푸르, 베자, 누바
언어: 푸르(푸르), 베다위예트(베자), 아랍어,
      헤이반, 코아립 등 40여 언어(누바)
종교: 이슬람, 부족종교
복음화율: 13%

선교적 필요와 과제

남수단이 분리되었지만 여전히 수단은 거대한 땅에 다양한 부족이 살아가고 있다. 그중에서 지역적으로 강력한 배경을 지녔지만, 정치적으로 소외된 부족들을 위한 관심이 절실히 필요하다. 푸르족(Fur)은 수단의 서부 다르푸르 지역을 중심으로 세력을 형성한 부족인데, 자녀들에게 아주 강한 이슬람식 교육을 시키는 것으로 유명하다. 대부분 아이들이 코란을 줄줄 암송할 수 있다. 아랍 정권의 인종 청소 정책으로 핍박 가운데 있다가 차드 용병 지원으로 수단의 수도 중 한 부분인 옴둘만을 기습 공격하기도 했다. 베자족(Beja)은 유목 생활을 하는 부족으로, 수단의 동부 지역을 중심으로 분포한다. 이들을 위해 정착 지원책으로 집을 지어 주었는데, 집 안에 낙타와 짐승들을 들이고 자신들은 집 앞에 천막을 치고 생활하는 전형적인 유목민으로 이슬람을 신봉하고 있다. 산지의 누바족(Nuba)은 이슬람이 수단으로 처음 들어올 때 개종을 피하고 인두세를 납부하지 않으려고 산지로 피신했다. 그러나 시간이 지나면서 부족 대부분, 특히 서부 산지가 이슬람화했고, 동부 중심으로 남아있는 기독교인도 혼합 종교화된 상태이다. 누바 산지가 한반도 크기이지만 무차별적 벌목으로 인해 사막화가 진행되는 위기에 처해 있다.

기도 제목

1) 같은 무슬림에 의한 인종 청소를 피해 이웃 나라로 피난 간 푸르족(Fur)에게 복음이 전해지면서 폭발적인 개종의 역사가 일어나고 있는데, 이들에게 말씀 양육의 기회가 허락되게 하소서.
2) 베자족(Beja)의 특성상 그들에게 복음으로 접근할 수 있는 통로가 아주 제한적인데, 복음을 접할 문들이 열리고 그들을 향한 사역자들이 일어나게 하소서.
3) 누바(Nuba) 산지족에게 신앙의 자유가 허락되고, 서부와 동부로 갈라진 산지족 간의 갈등이 해소되고, 성경 번역 작업이 완수되게 하소서.
4) 같은 이슬람권 안에서도 핍박받고 소외되는 이들에게 진리를 향한 갈망이 일어나게 하시고, 그들이 이미 알고 있는 지식이 참 진리 앞에 굴복되고 회복되는 역사가 일어나게 하소서.

강갈렙

Day 158 6월 7일 — State of Eritrea

에리트레아

언어: 티그리냐어, 아랍어, 영어
종족: 18
인구: 3,546,000명
1인당 GDP: 585(US$)

선교적 필요와 과제

에리트레아는 동부 아프리카의 뿔(Horn of Africa)에 위치해 있고, 홍해 바다인 아삽과 인근 항구를 통해 쉽게 접근할 수 있다. 인구는 350만 명이고, 국토의 면적은 117,600km²이다. 수도는 아스마라이고, 주로 고산 지대이다. 이슬람이 50.26%, 에리트레아 정교회가 47%, 개신교 복음주의 교회가 2.1%로 구성되어 있고, 공용어는 티그리어, 아랍어와 영어도 널리 사용되고 있다. 1991년 에티오피아로부터 독립해 민주주의 국가이지만 종교의 자유가 제한되어, 정교회와 가톨릭만 인정된다. 현지 개신교인들이 예배 집합의 이유로 감옥에 갇히고, 수많은 개신교인들이 인근 나라들로 종교의 자유를 찾아 떠났다. 지난 1998년부터 2년 동안 에티오피아와 국경 인근에서 전쟁으로 80,000여 명이 목숨을 잃었고, 이후 18년 동안 적대 관계로 국경을 막고 살아왔는데, 2018년 아흐메디(Abiy Ahmed Ali) 에티오피아 총리와 이사이아스(Isaias Afewerki) 에리트레아 대통령이 양 국가를 상호 방문해 냉전 종식을 선언했다. 홍해 바다 인근에 있어 선교 초창기 1900년대에는 개신교 선교 부흥을 이루어 30%까지 성장했는데, 최근 30여 년 동안은 이슬람의 성장과 정교회의 발전과 부흥이 이루어지면서 개신교는 쇠퇴했다.

기도 제목

1) 이 땅에 민주주의가 실현되고, 에티오피아와의 전쟁 후유증에서 벗어나 서로 용서하고, 양 국가가 국제무대로 다시 진출해 경제적으로 부흥하게 하소서.
2) 모든 선교 단체와 선교사가 철수되었고, 1종교에 1교단 정책과 탄압으로 신앙생활이 제약받고 있는데, 종교의 자유가 보장돼 자유롭게 신앙생활을 하게 하소서.
3) 복음주의 교단 연합회와 교회와 교단 목회자들이 잘 연합하게 하시고, 지하교회에서도 말씀과 기도 운동이 활성화되고, 해외 교회와 교단들과의 교류도 활발하게 진행되게 하소서.
4) 해외 디아스포라 성도들과 선교 단체들의 연합 사역과 온라인 등을 비롯한 다양한 간접 선교가 잘 이루어지고, 에티오피아 내에 사는 티그리 부족의 성도들과 협력으로 사역도 하게 하소서.

박종국 장은혜

Day **159** 6월 8일 Federal Democratic Republic of Ethiopia

에티오피아

언어: 암하라어
종족: 127
인구: 114,964,000명
GDP: 96,108(US$/백만) (0.45%)
1인당 GDP: 857.5(US$)

선교적 필요와 과제

아프리카 동쪽 '아프리카의 뿔(Horn of Africa) 지역에 위치한 에티오피아는 아프리카 55개국의 연합 본부인 아프리카 연합(Africa Union)과 유엔 아프리카 경제 위원회(United Nations Economic Commission for Africa, UNECA)가 있으며, 정치, 경제, 교통의 허브로 뜨고 있다. 아프리카 제4의 인구 대국(1.1억 명)으로서 한반도 5배에 달하는 넓은 국토를 보유하고 있다. 다양한 종족(약 80개로 추정)으로 구성되어 있는 에티오피아는 종족 간의 정체성 및 정치, 경제적 이해 대립 요소가 늘 내재해 소요 사태가 빈번했고, 지난 몇 년 동안(2016-2020) 국가 비상사태가 선포되는 등 혼란스러운 정국이 지속되었다. 지난 10년간(2007-2017) 도로, 산업 단지, 댐 건설 등 정부 주도의 개발 사업 중심으로 연평균 10% 이상의 성장률을 기록했지만, 1인당 국민 소득은 여전히 857달러 수준에 머물러 UN이 지정한 최빈국 그룹에 속해 있다. 정교회(43.5%), 이슬람(33.9%), 개신교(18.6%), 전통 종교(2.7%), 가톨릭(0.7%), 기타(0.6%) 종교 분포를 보여준다. 4세기에 이집트를 통해 정교회가 들어왔고, 1994년까지 에티오피아 정교회가 국교로 자리 잡아 정치, 사회, 경제, 문화, 교육 모든 분야에 깊이 영향을 미쳤다. 최근에는 이슬람의 영향력이 급성장하고 있다.

기도 제목

1) 최근에 계속되는 반정부 시위, 쿠데타 시도 진압, 티그리주 독립선언 진압을 위한 내전 발발로 사회 통합 노력이 진통 중인데, 지혜롭게 평화 정국을 세워가게 하소서.
2) 지역적인 종교 분포도가 있지만 종교 간 화합과 융합으로 큰 어려움은 없으나 지역에 따라 이슬람과 개신교, 정교회와 개신교 등 종교적 충돌이 있는데, 이 문제가 잘 해결되게 하소서.
3) 기성세대와 젊은 세대 간의 갈등 고조, 독립교회 중심의 교회 개척 패턴 변화, 무분별한 위성 텔레비전 채널 등장, 예언과 표적 중심의 신앙 흐름 등의 문제를 교회가 잘 대처하게 하소서.
4) 선교의 주도권이 국제 선교 단체에서 현지 교단과 지도자들에게 실제적으로 잘 이양되고, 현지 교회가 글로벌 선교에 동참할 수 있는 기초가 세워지게 하소서.

박종국 장은혜

Day 160   6월 9일   Bale Oromo, Hararghe Oromo, Jima Omoro

에티오피아-오로모

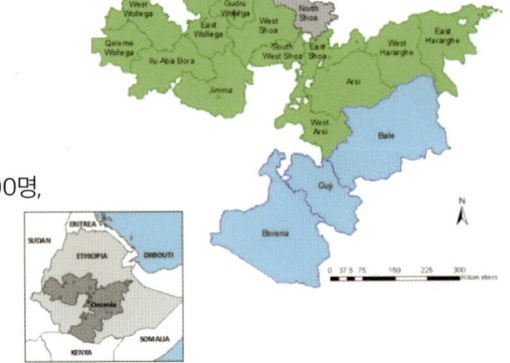

인구: 발레 2,086,000명, 하라 7,036,000명,
　　　짐마 3,645,000명
종족: 오로모
종교: 이슬람
복음화율: 발레 1.5%, 하라 5%, 짐마 2%

선교적 필요와 과제

발레, 하라, 짐마 부족은 모두 에티오피아 최대 인구를 가진 종족인 오로모인으로서, 오로모어를 사용하고 있다. 수도에서 400여 킬로미터 떨어진 중동부, 동부, 남부에 위치해 있고, 이슬람 지역들이다. 하라의 커피가 유명하고, 커피의 원산지인 짐마가 있다. 인근에 발레(Bale) 산이 있어 교통의 요지이자 관광 지역 중의 하나이다. 주로 농업과 목축을 하고 있다. 소수의 개신교가 들어가 복음 사역이 이루어지고 있고, 현지 교단에 의해서 교회 개척이 이루어지고 있다. 젊은이들이 복음과 신학에 관심이 많다. 성경 학교가 세워져 있다. 이 지역은 대부분이 이슬람의 영향을 받고 있고, 강한 이슬람의 영향으로 복음을 받은 젊은이들이 믿음으로 살 수 없는 환경이다.

기도 제목

1) 교육과 농업이 잘 세워지게 하시고, 더위와 말라리아로부터 안전하게 하시고, 아이들과 젊은이들을 위한 복음 센터와 성경과 기독교 교육 자료가 지원될 수 있게 하소서.
2) 교회 공동체가 세워져 당당하게 믿음으로 서게 하시고, 다양한 교회 공동체가 세워지게 하소서.
3) 현지의 일부 교단이 지교회를 세우고 현지 교역자를 파송해 현지화를 위한 노력을 하고 있고, 소수의 선교 관심 단체가 프로젝트를 시도하고 있는데, 이것들이 안전하게 진행되게 하소서.
4) 개척되는 현지 교회가 시작부터 선교를 잘 배워 인근 지역에 선교적 교회를 세우게 하시고, 선교의 모델을 세울 수 있는 교회와 성경 학교가 세워지게 하소서.

박종국 장은혜

Day 161 6월 10일   Somali in Ethiopia

에티오피아-소말리

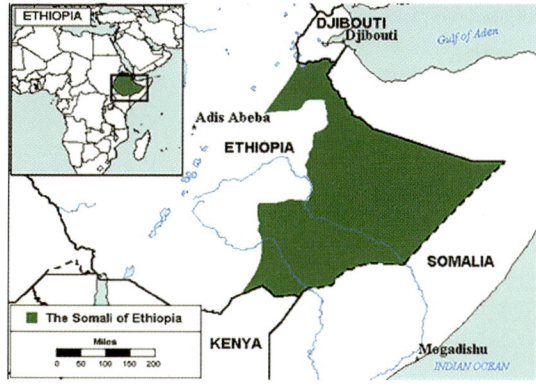

인구: 7,280,000명
종족: 소말리
언어: 소말리
종교: 이슬람
복음화율: 0.14%

선교적 필요와 과제

에티오피아에는 각기 다른 문화와 언어를 가진 80종족과 120여 부족이 있다. 어느 지역에 사느냐에 따라 문화와 언어는 많은 차이를 보인다. 에티오피아 안의 소말리아계는 에티오피아 동부(수도에서 700킬로) 즉 소말리아 서쪽 국경 지역에 살고 있다. 이들은 소말리어와 아랍어를 사용하며 열악한 사막 지대에 살고 있고, 도시화가 전혀 이루어지지 않았다. 에티오피아와 소말리아는 역사적으로 오가덴 전쟁(Ogaden War; 1977년 12월-1978년 3월), 또는 에티오피아-소말리아 전쟁을 치렀고, 또 1988년에도 두 나라의 국경 지대에서 무력충돌이 있기도 했지만, 에티오피아 내에 소말리 사람들이 오랫동안 살고 있다. 신분증에도 '에티오피아_소말리아'로 이중 국적이 기록되어 있고, 두 나라를 자유롭게 이동할 수 있다. 인구는 약 300만 명이며(에티오피아 내의 소말리아인 총 인구는 7백만 명), 주로 목축을 주업으로 살고 있다. 이 부족은 두 나라의 경계에서 살면서 에티오피아의 법을 따르지만 종교와 문화는 이슬람과 소말리아에 더 근접해 있다.

기도 제목

1) 이중 문화와 언어 속에 살고 있는데, 교육과 문화 도시의 기반 시설이 발전되어 두 문화 사이에 평화가 이루어지게 하소서.
2) 이슬람 역사와 문화 속에서 사는 소수의 기독인들이 사업을 하면서 복음을 전하고 있는데, 사업과 교회 개척, 믿음의 공동체가 이뤄지게 하소서.
3) 교회 안에 복음 공동체가 이루어지고, 서로 격려하며 사업 아이템의 다양화가 이루어지고, 도시의 복음적인 교회들과 교류를 통해 교회들이 든든하게 서게 하소서.
4) 소수의 현지인들과 타부족의 신앙인들이 선교를 위해 헌신하고 있는데, 외부에서 적극적인 복음 사역을 위해 나눔을 갖게 하시고, 성경과 교육 자료, 그리고 훈련팀이 지원되게 하소서.

박종국 장은혜

Day 162　6월 11일　　　　　　　Republic of Uganda

우간다

언어: 영어, 스와힐리어
종족: 69
인구: 45,741,000명
GDP: 34,387(US$/백만) (0.16%)
1인당 GDP: 776.8(US$)

선교적 필요와 과제

기독교인이 전체 인구의 85%에 달하며 성공회, 가톨릭, 오순절교회 등이 주류를 형성하고 있다. 높은 기독교 인구에도 불구하고 사회에 만연한 부정부패, 낮은 윤리 의식, 신학 교육의 부재, 지나친 기복 신앙, 전통 종교와의 혼합 등으로 이름뿐인 기독교라는 오명을 쓰고 있다. 그뿐만 아니라 이슬람의 공격적인 포교는 교회의 위기를 더욱 부추기고 있는 형편이다. 우간다 교회가 20세기 초 동아프리카 부흥 운동의 주역이었다는 점을 생각하면 가슴 아픈 현실이다. 이 땅이 처한 사회적, 정치적, 경제적 문제와 재난들이 심각해 모든 종류의 구제와 사회사업도 필요하겠지만, 우간다의 미래와 참된 복음화를 위해 가장 중요한 것은 스스로의 힘으로 교회를 세우고 사회를 지도해 줄 수 있는 자국인 지도자들을 세우는 일이다. 또한 세속주의, 물질주의, 신비주의 등을 극복하고 참된 성경적 신앙의 회복(부흥)과 구체적으로 나타나는 새로운 삶을 통한 사회 변화도 우간다 선교의 중요한 과제이다. 우간다가 진원지였던 동아프리카 부흥의 결과는 선교 운동이었다. 그러므로 오늘날 우간다 선교의 궁극적 과제는 현지인에 의한 자발적 선교 운동이 되어야 할 것이다.

기도 제목

1) 코로나19 대유행, 메뚜기떼 출몰, 기후 변화, 대통령 선거, 남부 수단으로부터의 난민 유입 등 해결해야 할 과제들이 많은데, 이 땅에 평화와 안정 그리고 경제가 회복되게 하소서.
2) 신학교를 포함 우간다 내의 모든 유치원, 초중고 및 대학 사역의 교육 선교를 통해 사회 각 분야에서 영적 지도자들이 세워지게 하소서.
3) 우간다 교회가 다시 한번 새로운 부흥의 때를 맞이하게 하소서.
4) 우간다 현지 교회 실정에 알맞은 선교 모델이 계발되고, 현지인들이 우간다 국내외의 선교에 적극적으로 참여하게 하소서.

박영웅

지부티

Day 163   6월 12일   **Republic of Djibouti**

언어: 아랍어, 프랑스어
종족: 11
인구: 958,920명
GDP: 3,319(US$/백만) (0.02%)
1인당 GDP: 3,409(US$)

선교적 필요와 과제

지부티는 크게 두 종족으로 구성되어 있다. 에티오피아 동부와 에리트리아 남부에 분포하는 아파르(Afar)족과 소말리아계 이사족인데 둘 다 미전도 종족이다. 94%가 무슬림이고, 나머지는 가톨릭과 에티오피아 정교회 등이다. 현 대통령이 25년간 독재를 하고 있는데, 혈연과 지연으로 관계된 사람들과 고위 권력자들의 부정 축재로 인해 빈부 격차가 심화되고, 서민 경제는 더욱 어려워진 상황이다. 지부티 선교는 미전도 종족을 대상으로 하는 전방 개척 선교가 이루어져야 한다. 이슬람 국가라 교회 개척이 공식적으로는 불가능하지만, 소말리아 커뮤니티, 에티오피아 정교회와 개신교 커뮤니티가 구성되어 있다. 그러나 이들의 신앙이 건전히 보수적이라고 말할 수는 없다. 신사도적 예언 중심과 이적 중심의 신앙관이 강하기 때문에 하나님의 은혜로 개혁주의적인 올바른 신앙을 위한 재교육이 요청된다. 이적과 기적, 예언자의 말에 끌려 다니며 성경을 왜곡하는 잘못된 신앙에서 떠날 수 있도록 성경적 교육이 절실히 필요하다. 사역자가 없는 미전도 종족인 아파르족에 사역자가 간절히 필요한 상황이다. 종족별 커뮤니티를 담당하는 영적 리더들을 참 신앙으로 교육하는 목회자 재교육도 필요하다.

기도 제목

1) 2021년에 있을 대통령 선거가 공정하게 행해져 국민을 위한 대통령이 선출되게 하시고, 정치가 안정되고 서민 경제가 살아나게 하소서.
2) 종교의 자유가 보장돼 그리스도임을 밝히며 살아가게 하시고, 사회적으로 기독교인들이 불이익을 받지 않게 하소서.
3) 교회와 기독교인들이 선교적 열정을 품어 지방 도시에 교회를 세우고, 복음의 삶을 살고, 말씀과 기도를 최우선으로 여기는 초대교회의 신앙을 품게 하소서.
4) 높은 물가로 인한 재정적 어려움, 힘든 자연환경, 지부티에 대한 한국 교회의 인지도 부족 등으로 인해 선교사의 새로운 유입이 없는 상황인데, 추수할 일꾼들을 보내주소서.

에노스

Day 164　6월 13일　　　　　　Republic of Kenya

케냐

언어: 영어, 스와힐리
종족: 110
인구: 53,771,000명
GDP: 95,503(US$/백만) (0.45%)
1인당 GDP: 1,817(US$)

선교적 필요와 과제

케냐는 아프리카 대부분의 나라들이 독립한 시기인 1963년에 영국 식민지에서 독립한 이후 자유 민주주의 정치 체제를 갖춘 나라이다. 약 5천 3백만(2020년 기준)의 인구를 가진 나라로 세계에서 27번째로 많다. 인구의 급증, 도시로 대이동, 정치적인 후진성 등으로 구조적인 가난 속에서 도시의 슬럼화가 가속되고 있다. 45개 종족으로 구성된 다종족 국가로서 "나의 종족이 타 종족보다 우월하다"는 종족주의가 사회 전반에 뿌리내려있고, 이 종족주의는 사회발전에 큰 장애물이 되고 있다. 이 종족주의가 정치 분야에서 두드러지게 나타나 부의 분배와 고용 기회 등 나라의 발전에 큰 갈등 요인이 되고 있다. 다종교 국가로, 개신교가 전 국민의 약 35%를 차지하고, 천주교가 25%, 이슬람이 전 국민의 33%를 차지하고 있다(세계이슬람인구통계, 2018). 그러나 기독교인의 7%만이 교회에 규칙적으로 출석하고 있을 정도로 명목상 기독교인이 많다(Daystar 대학교 자료). 그래서 아프리카 신학자 토쿤보 아데예모는 아프리카 교회의 영성을 가리켜 "1마일의 길이에 1인치 깊이를 가진 영성"이라고 했다. 기복적 신앙이 강해 가난을 해방시켜 주는 방편으로 신앙 생활을 하는 이들이 많다고 할 수 있다.

기도 제목

1) 사람들 의식 속에 깊이 스며있어 심각한 사회 갈등의 요인인 종족주의를 극복하고, 정부가 구조적인 가난과 도시의 슬럼화를 적극적으로 해결해 나가게 하소서.
2) 일부 이슬람 과격 단체가 사회 불안을 조장하는 불씨가 되고 있는데, 종교 지도자들이 사회 갈등에 앞장서기보다 평화로운 공존을 위해 앞장서게 하소서.
3) 다종교 사회 속에서 기독교가 자기중심적인 기복 신앙에서 벗어나 다른 종교와의 차이를 드러내고 성숙한 영성을 소유하여 사회를 올바르게 선도해 나가는 건강한 기독교가 되게 하소서.
4) 급격히 증가하는 이슬람의 도전 앞에 케냐 교회가 긴급성을 인식하고, 서구 교회 의존에서 벗어나 세계 복음화의 사명을 스스로 책임지는 교회가 하소서.

이종도

Day 165 6월 14일   Somali in Kenya

케냐-소말리

인구: 3,050,000명
종족: 소말리
언어: 소말리
종교: 이슬람
복음화율: 0.11%

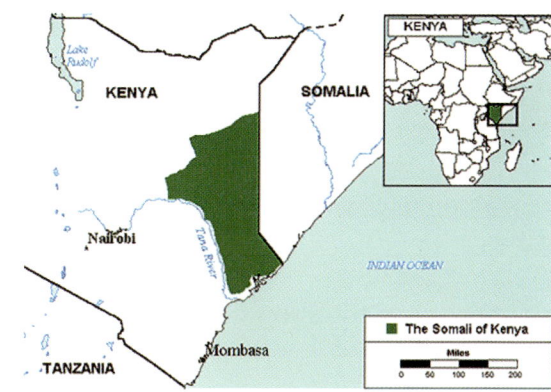

선교적 필요와 과제

케냐와 소말리아는 가깝고도 먼 나라이다. 케냐 땅에 소수 부족으로 소말리아인들이 산재하였으나 영국 식민 통치 중 케냐 동부의 가리사, 만델라, 와지르 등이 편입되면서 많은 소말리인들이 유입되었다. 1991년 소말리아 내전으로 인하여 수많은 난민이 케냐로 넘어오면서 난민촌, 정착촌, 소말리 마을 등이 형성되었다. 다답 난민촌에만 20여만 명의 난민들이 생활하고 있다. 수도 나이로비 근교에는 50만 명의 난민이 사는 것으로 추산된다. 케냐 소말리아인을 크게 구별하여 나누면, 전쟁 전 편입된 이주민과 전후 유입된 난민으로 나눌 수 있다. 이주민은 안정된 생활을 하고 있으며, 이슬람 공동체의 후원자가 되고 있다. 나이로비의 이슬리 지역을 중심으로 정착한 이들은 장사를 통해 이슬람 공동체를 형성해 나가고 있다. 시민증이나 거주증, 난민증 없이 체류하는 난민들이 복음을 잘 받아들인다. 케냐 정부는 2019년 3월 소말리아 난민촌을 폐쇄한다고 공헌한 바 있다. 케냐 소말리아인은 거의 무슬림이다. 약 400만 명의 소말리 인구 중 기독인은 100여 명으로 추산되며, 목회자는 10명 미만이다.

기도 제목

1) 이주민은 안정된 생활을 하지만 난민은 차별을 받고 불안하며, 궁핍한 삶을 살고 있는데, 민족적인 차별 없이 경제적으로 안정된 삶을 살게 하소서.
2) 무슬림이 대부분인 지역에서 소수의 기독교인들과 10명 미만인 목회자들만 있는 열악한 상황인데, 목회자들이 자기 민족을 위해 헌신할 수 있게 하소서.
3) 케냐엔 소말리아인들이 모이는 유형 교회 없이 가정 교회와 지하 교회에서 명맥을 유지해 가고 있는데, 이들의 신앙을 지켜 주시고, 급진 테러리스트 알샤밥이 속히 소멸되게 하소서.
4) 난민들에게 자립 사업장을 마련해 그들에게 복음 훈련을 해 파송하고, 기독 방송이 확장되어 방송으로 복음을 전할 수 있는 상황이 준비되게 하소서.

김덕실

Day 166　6월 15일　Union of the Comoros

코모로

언어: 코모로어, 마오레어, 프랑스어
종족: 13
인구: 870,000명
GDP: 1,186(US$/백만) (0.01%)
1인당 GDP: 1,393.50(US$)

선교적 필요와 과제

코모로 제도는 수도 모로니(Moroni)가 있는 은가지자(Ngazidja)와 모헬리(Moheli), 안주안(Anjuan) 등 3개의 섬으로 이루어져 있다. 원래는 4개의 섬이지만, 네 번째 섬 마요트는 코모로가 아닌 프랑스령이다. 코모로는 '달'을 뜻하는 아랍어에서 유래한 것으로, '달의 섬들'을 의미한다. 인구는 약 70만 명 정도이며, 많은 사람이 프랑스 마르세유로 이주해 거주하고 있다. 코모로는 1975년 프랑스로부터 독립했고, 그 이후로 민주적인 정부가 이어져 오고 있다. 무슬림 국가이며, 코모로인들에게 있어 코모로 사람이 된다는 것은 곧 무슬림이 되는 것을 의미한다. 선교 사역은 프랑스에서 독립하기 전부터 시작됐다. 이슬람에서 개종하는 것이 불법인 나라여서 예수님에 대해 관심을 보인 사람들은 매우 조심하는 상황이고, 개종한다고 해도 종종 자신들의 신앙을 비밀리에 이어간다. 아직 지역 교회는 없지만 세 섬 모두 신자들이 있다. 그들은 어려운 상황 가운데서도 자주 모임을 한다. 섬마다 그들만의 방언이 있는데, 현지 번역가의 도움을 받아 하나님의 말씀을 각 방언으로 번역하는 번역 프로젝트가 있다. 지역 주민들이 번역된 말씀을 자주 접할 수 있도록 이를 돕는 열정 있는 교회 개척자들이 많이 필요하다.

기도 제목

1) 사회 전반적으로 부패가 만연해 있는데 지혜롭고, 정직하고, 자신의 행동에 책임을 지는 겸손한 지도자들이 배출되게 하시고, 불의를 경험한 사람들이 정의로운 하나님을 만나게 하소서.
2) 많은 이들이 믿음 때문에 박해를 받아왔는데, 신자들이 이 박해를 통해 더욱 강해지고, 두려움이 이들의 마음을 지배하지 않게 하소서.
3) 교회 공동체에 지속적인 모임들이 생겨나고, 형제자매들이 함께 모여 기도하고 하나님의 말씀을 공부하며, 일치, 사랑, 교제 가운데 성장하게 하소서.
4) 섬 전역에 성경 번역 프로젝트가 활발하게 진행되고, 더 많은 '모국어 번역자'가 양육되고, 하나님의 말씀을 접할 수 있는 보다 창의적이고 접근 가능한 방법들이 생겨나게 하소서.

알리시아

Day 167 6월 16일 — United Republic of Tanzania

탄자니아

언어: 스와힐리어, 영어
종족: 156
인구: 59,734,000명
GDP: 63,177(US$/백만) (0.3%)
1인당 GDP: 1,122(US$)

선교적 필요와 과제

기독교인은 35-40% 정도로 파악되며, 가톨릭, 루터란, 성공회 등이 주류 교단을 형성한 가운데, 오순절 교회가 크게 성장하고 있다. 세속주의와 물신주의의 영향으로 명목상의 기독교인들이 증가하고 있으며, 윤리 의식이 약화되고, 목회자들 또한 번영 신학에 노출돼 있는 상황이다. 탄자니아 사람들의 '신은 한 분'이라는 생각은 타종교의 신 역시 이름만 다를 뿐 기독교의 하나님과 동일한 신이라는 종교 다원주의와 쉽게 결합한다. 그러므로 이러한 상황 가운데서 탄자니아 선교는 전통 종교와 기독교 복음의 무분별한 혼합으로 인한 종교적인 혼합주의를 방지하고, 십자가의 복음을 증거하기 위해 복음주의 신학과 구령의 열정, 그리고 목회 지도력을 겸비한 목회자를 양성하는 것이 필요하다. 내륙으로 진출하는 이슬람의 공격적인 선교에 대응해 교회/교단의 연합, 연대된 선교 전략 개발이 필요하며, 동시에 주변의 이슬람권 국가에 선교사를 파송하는 교회가 되도록 해야 한다. 목회자의 신학적 소양의 향상과 기독교인들의 신앙 함양을 위하여 현지어(키스와힐리어)로 된 신학과 신앙 서적의 저술, 번역, 출판이 필요하다.

기도 제목

1) 정치적 불안, 빈부 격차 심화, 높은 도시 실업률과 청년 실업률로 인한 범죄 증가, 에이즈(AIDS), 관료주의로 인한 행정의 비효율성 등의 문제들이 개선되고 국가가 발전하게 하소서.
2) 종교 간 갈등이 해소되고, 극단적인 무슬림의 위협으로 인해 해안 지역에 거주하는 기독교인들의 신앙이 위축되지 않게 하소서.
3) 교회와 기독교인들이 미신적이고 기복적인 신앙 형태를 지양하고, 숙명론과 패배주의적인 삶에 익숙한 이웃들에게 복음의 능력을 말과 행동으로 증거하는 신앙 공동체가 되게 하소서.
4) 선교사들의 사역을 통해 신실한 목회자와 평신도가 세워지고, 이들을 통해 자치, 자전, 자조할 수 있는 책임감 있는 교회가 세워져 성장하게 하소서.

한용승, 박숙경

Day 168　6월 17일　　Eastern Coastal Regions

탄자니아-동부 해안 지역

인구: 14,460,000명(해안 지역 전체 인구)
종족: 스와힐리, 마콘데, 자라모, 지구아 등
언어: 키스와힐리
종교: 이슬람
복음화율: 10%(도시를 제외한 해안 지역)

선교적 필요와 과제

탄자니아는 한반도의 4.5배 정도로 큰 국토와 천혜의 자연환경, 가스를 비롯한 풍부한 자원을 자랑한다. 종족 분규가 없고, 종교적 갈등이 적고, 온화한 성품을 가진 인적 자원이 풍성한 국가이다. 정치적으로도 비교적 안정된 연합 공화국(탕가니카+잔지바)이다. 역사적으로 7세기부터 시작된 이슬람의 발흥과 이들이 시작한 정복 전쟁으로 무슬림 왕국을 세우며 포교한 결과, 잔지바 98%, 동부 해안 90% 이상이 무슬림이 거주하는 중요한 선교 대상 지역이 되어왔다. 포르투갈, 독일, 영국 등의 식민 지배로 가톨릭과 개신교가 많이 증가했지만, 다레살람 인근 지역과 큰 도시를 제외하고는 기독교가 자리 잡기에는 아직도 많은 어려움이 남아 있다. 먼저, 오랜 세월 열강들의 침략으로 생긴 "안 된다는 의식"을 말씀을 통해 깨우치는 의식 개혁 운동이 일어나야 하고, 자신들이 새 역사의 주인공이라는 정체성 확립이 요청된다. 둘째, 탄자니아 남쪽과 모잠비크 북부 해안에 매장된 석유와 가스를 차지하고자 이 지역을 장악한 이슬람 무장 단체가 참수와 방화 등으로 주민들을 쫓아내고 새로운 기지를 건설하고 있다. 이에 따른 기독교 선교 기지의 준비(거점 선교)가 절실히 요청된다.

기도 제목

1) 여당인 혁명당과 소수 야당들이 본토와 잔지바 지역 간 우호적으로 협력해 정부 주도의 경제 성장과 자주적인 국가관을 확립하고, 이념과 종교가 아닌 하나님 나라를 건설하게 하소서.
2) 이슬람 국가로 바꾸고자 하는 여러 번의 시도들이 무산된 것에 감사하며, 종교 혼합주의와 주술 신앙이 제거되어 신앙의 본질을 회복하게 하소서.
3) 말씀의 진리를 깨닫고, 큐티와 함께 삶에 적용하는 훈련이 약한 목회자들과 성도들이 말씀으로 무장하여 힘 있고 도전적인 교회가 되게 하소서.
4) 자립할 수 있는 생활 기반이 구축되고, 전도를 기피하는 관습을 버리고, 학교를 통해 이슬람 지역 복음화에 앞장설 이슬람 사역 전문 제자가 많이 세워지게 하소서.

이진동, 신순임

Day 169 6월 18일   Zanzibar

탄자니아-잔지바르

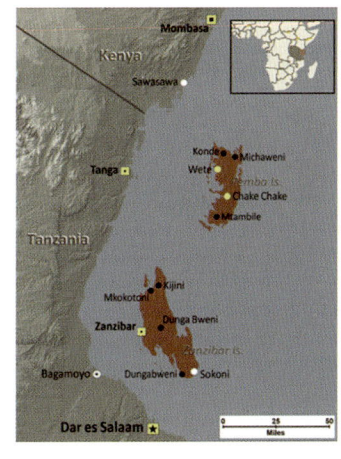

인구: 1,679,000명
종족: 스와힐리, 쉬라즈, 아랍
언어: 키스와힐리, 아랍어, 영어
종교: 이슬람
복음화율: 8%

선교적 필요와 과제

잔지바르 섬은 2개의 큰 섬과 여러 개의 작은 섬들로 이루어져 있고, 인구가 총 160만 명 정도로 이루어진 자치 국가이면서 탄자니아 연합공화국에 속해 있다. 인도양의 무역풍은 걸프만에서부터 페르시아와 아랍인들을 이곳에 오게 했다. 그들은 이곳에 살면서 이 지역의 사람들과 상업적, 종교적, 정치적인 교류를 하며, 이곳 원주민과 결혼하여 정착히면서 독특한 문화를 발전시켰다. 포르투갈인들은 16세기 초부터 약 150년 동안 이곳의 해안 지방을 통치하였고, 1840년에는 오만(아랍의 한 국가)의 군주 싸이드(Said bin Sultan, Sultan of Muscat and Oman)가 오만의 수도를 무스카트(Muscat)에서 이곳으로 옮겼다. 노예 무역이 크게 성행했고, 일부 노예들은 향신료 농장 강제 노역에 종사하기도 했다. 이곳은 이슬람 국가들의 후원으로 지은 모스크들이 많은데 아직도 계속 세워지는 중이다. 아프리카에서 가장 심한 영적 전쟁터이지만 온건한 수니파 무슬림이 대다수를 차지하고 있어 겉으로 보기에는 평안하다. 그렇지만 무슬림이 그리스도인이 되는 개종률은 희박하다. 이곳의 그리스도인들은 대부분 내륙에서 이주해온 사람들이다. 다음 세대에 하나님의 말씀과 생기를 불어넣는 전략이 필요한 상황이다.

기도 제목

1) 그동안 관광 수입에 의존했던 경제가 코로나19로 인해 많이 위축되었는데 다시 관광객이 들어와 경제가 회복되고 사회 전체에 도움이 되게 하소서.
2) 새로 취임한 대통령이 공무원들에게 종교의 자유를 허락함으로 말미암아 기독교가 많은 자유를 얻게 되었는데 공무원들이 예전의 상태로 돌아가지 않게 하소서.
3) 하나님의 놀라운 역사가 계속 일어나서 교회가 건축되게 하시고, 교회가 더 부흥하여 주님의 재림을 대비하게 하소서.
4) 잔지바르 선교를 위해 해외 선교사들과 잔지바르 교회가 잘 연합하게 하시고, 곳곳에 복음, 교육, 구제 사역 등이 활발하게 일어나게 하소서.

공성윤

Day 170 6월 19일   Réunion

레위니옹(프랑스령)

언어: 프랑스어, 레위니옹 크리올어
종족: 19
인구: 895,000명

선교적 필요와 과제

레위니옹(Reunion)의 교회들은 타 교단을 존중하며, 서로를 이해할 필요가 있다. 특히 이미 진행된 선교 사역을 고려해 장기 사역을 목표로 하는 선교사들이 필요하다. 무엇보다도 어린이와 청년들 전도가 시급히 요청된다. 현지인들을 훈련해서 그들이 각양 은사를 따라 실질적인 책임을 감당할 수 있게 할 필요가 있다. 이들은 학문적인 훈련보다 실제적인 훈련과 코칭이 필요하다. 또한 훈련 받은 이들이 자기 교회에 돌아가 정착할 필요가 있다. 레위니옹은 경제적으로 프랑스와 유럽연합(EU)에 의존하며 살아가고 있다. 실업률, 특히 청년(15~24세) 실업률은 41.7%로 매우 높다.

기도 제목

1) 정치인들이 자신의 이익과 경력보다 사람들의 유익을 도모하고, 지방 정부가 은행 대출을 못 받는 젊은이들에게 재정적인 도움을 줄 수 있는 사회적 시스템을 갖추게 하소서.
2) 우상을 섬기다가 개종한 이들이 가족 친지들의 핍박을 받기도 하는데, 주님의 능력과 평강으로 채워 주소서.
3) 믿는 자들이 성령과 살아 있는 말씀으로 변화돼 거룩한 삶을 살게 하시고, 교회들이 타 교단을 존중하고 교단을 뛰어넘는 선교의 비전을 갖게 하소서.
4) 선교사들이 청년들의 창업을 구체적으로 도울 수 있는 코칭을 하고, 그들의 고단한 삶을 격려할 힘과 지혜를 주소서.

Denis Kouame(데니스 쿠아메)

Day 171 6월 20일 Mayotte

마요트(프랑스령)

언어: 프랑스어
종족: 8
인구: 273,815명

선교적 필요와 과제

마요트섬 사람들은 마오레(Maoré)라고 부른다. 그중 주요 종족 집단으로 시마오레(Shimaoré)와 시부시(Shibushi)가 있다. 시마오레는 동아프리카로에서 왔고, 스와힐리어 방언인 시마오레어를 사용한다. 반면에 시부시는 마다가스카르에서 왔고, 말라가시 계통의 방언인 키부시를 사용한다. 두 종족 모두 미전도 종족으로, 최근에 기독교인이 된 소수의 신자들만 있다. 마요트는 2011년 프랑스의 101번째 데파르트망(departement, 지방자치단체)이 되었다. 그 이후 무상 의료, 학교 교육, 취업 기회 등으로 인해 주변 섬들과 아프리카에서 온 이민자들이 불법으로 들어오고 있으며, 유럽으로 가기 위한 진입로가 되었다. 마오레인은 자신들의 프랑스 국적을 자랑스러워한다. 동시에 널리 퍼져 있는 민속 이슬람의 세계관과 자신들의 아프리카 문화 및 종교적 뿌리에 대한 자부심이 크다. 주변 아프리카 섬들과 밀접한 관계, 다른 문화권에서 온 노동자들에 대한 개방, 영적인 필요의 증가로 마요트에서의 기독교 선교는 시급하다. 주변 국가들에 비해 풍요롭지만, 빈곤층과 이민자, 실업자와 부유한 마오레인과 프랑스인들 사이에 빈부 격차도 커지고 있다. 이들 미전도 종족에게 복음을 전하는 노력이 시급하다.

기도 제목

1) 마오레 현지인들과 불법 이민자들 사이에는 사회 불안, 치안 부재 및 폭력 사태가 발생하고 있는데, 평화로운 곳이 되고, 정부의 좋은 통치가 이루어지게 하소서.
2) 프랑스의 일부이지만 이슬람이 섬 전역에 퍼져 있어 기독교로 개종시 지혜와 세심함이 요구되는데, 예수 그리스도에 대한 믿음을 자유롭게 표현할 수 있는 날이 속히 오게 하소서.
3) 주요 3개 교단(개신교, 하나님의 성회, 은사주의 교회)이 연합하여 마오레인들에게 복음을 전하고, 그리스도의 제자로 양육하게 하소서.
4) 프랑스어를 구사할 줄 아는 더 많은 선교사와 일꾼들이 파송받아 마오레의 미전도 종족 가운데 함께 살면서 일하게 하소서.

크리스

Day 172 6월 21일   West Africa

서아프리카

가나, 감비아, 기니
기니비사우, 나이지리아
니제르, 라이베리아
말리, 모리타니
베냉, 부르키나 파소
세네갈, 시에라리온
카메룬, 카보베르데
코트디부아르, 토고

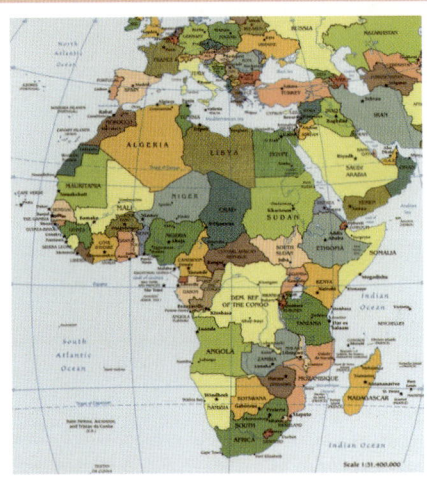

선교적 필요와 과제

15세기 이후 약 400여 년간 노예무역이 가장 번창했던 서부 아프리카는 국가 형성 과정이 19세기 서구 제국들의 식민지 지배와 깊이 연관되어 있다. 종족을 고려하지 않고 서구 제국들의 정치적 이해타산에 의해 국경선이 그어져 20세기 중반에 독립한 후에도 같은 종족이 두 나라, 세 나라에 걸쳐서 퍼져 있는 경우가 많다. 또한 수많은 종족이 한 나라에 섞여 살고 있어서 복음 전파의 개념도 국가 개념이 아닌 종족 복음화에 맞출 필요가 있다. 수많은 종족이 자신들의 언어로 된 성경이 없거나 신약 성경만 번역된 상태이다. 문맹률도 높고 북아프리카와 중동의 무슬림들의 공격적인 포교와 무슬림 극단주의자들의 테러가 수시로 발생해 교회가 위험에 노출돼 있다. 많은 국가의 수도에는 교회들이 세워져 있고, 대형교회도 많지만 종족주의적인 성향이 강해 말씀 기반이 약한 교회가 많아 미전도 종족을 향한 선교적인 관점이 미흡한 상태이다. 미전도 종족 선교를 위해 교회를 일깨우고 네트워크를 형성하는 등의 선교 전략 수립이 필요하다. 성경 번역과 문맹 타파 사역, 전도와 교회 개척, 제자 훈련 사역, 직업 훈련과 지역 개발 사역 등이 필요하며, 무엇보다 한국교회의 적극적인 관심과 기도가 필요하다.

기도 제목

1) 서부 아프리카의 모든 나라가 정치적으로 안정되고, 경제가 성장하여 지독한 가난에서 벗어나게 하시고, 국민들에게 신망받는 참된 기독교인 기업가들이 많이 나오게 하소서.
2) 이슬람교의 공격적인 포교와 이슬람 극단주의자들의 테러와 공격 속에서 교회와 성도들을 지켜 주시며, 모든 악한 계획이 무너지고 주의 진리가 빛을 발하게 하소서.
3) 말씀을 잘 가르치는 교회가 되어 성도들의 삶과 가치관이 아프리카의 주술과 이슬람적인 사고의 틀에서 벗어나게 하시고, 이슬람 극단주의자들의 위협과 테러에서 안전을 지켜 주소서.
4) 서부 아프리카의 기존 교회와 대형 교회들이 종족주의를 뛰어넘는 선교적 시각을 갖고 미전도 종족을 향한 복음화에 동참하고, 이곳을 향한 선교에 한국교회들이 더욱 힘을 쏟게 하소서.

장두식

Day 173　6월 22일　　　Republic of Ghana

가나

언어: 영어
종족: 111
인구: 31,073,000명
GDP: 66,984(US$/백만) (0.31%)
1인당 GDP: 2,202(US$)

선교적 필요와 과제

111종족으로 이루어진 다종족 국가로, 약 70개의 언어가 사용되고 있다. 경제적, 사회적 재난과 자연재해가 1983-84년에 절정에 달하면서 영적인 갈급함이 생겼고, 이것은 교회의 부흥과 성장을 가져왔다. 가나인들 64% 이상이 자신을 기독교인이라 말하지만, 이는 대부분 남부 지역에 해당한다. 12%만이 정기적으로 교회에 출석할 뿐 명목상 신자가 대부분이다. 북부 지역의 수많은 소수 종족은 아프리카 주술 문화와 섞인 이슬람교가 맹위를 떨치고 있다. 강한 종족주의 때문에 남부 지역 교회들이 북쪽 소수 종족들을 향한 선교적 역할을 하지 못하고 있다. 개척자 정신으로 사역할 선교사들이 필요하다. 특히 전도와 교회 개척, 제자 훈련, 청년 사역, 어린이 사역, 여성 사역, 지역 개발 사역, 기술 훈련 사역, 지도자 양육 등을 통해 복음을 전하고 교회를 세울 사역자가 있어야 한다. 가나에서 가장 복음에 소외된 그룹은 풀라니 종족으로, 이들은 서부 아프리카 전반에 걸쳐 있지만, 가나에서는 소수에 불과하다. 대부분 타국에서 이주해 정착한 사람들로, 주로 벌판에서 소 떼를 기르며 살며 매우 가난하다. 종교는 이슬람이며 독특한 문화 때문에 접촉하기가 쉽지 않다. 하지만 이들에게도 복음은 꼭 전해져야만 한다.

기도 제목

1) 관료들의 부패가 정화되어 정치적으로 안정되고, 남부와 북부 지역이 균형 있게 경제 발전이 이뤄지고, 젊은이들을 위한 일자리가 더 많이 창출되게 하소서.
2) 이란의 오일 머니를 지원받아 이슬람이 '한 마을에 한 모스크'를 지어주는 공격적 포교를 하고 있고, 나이지리아 보코하람이 북부 지역에 들어오려고 하는데, 모든 악한 계획이 무너지게 하소서.
3) 아프리카 주술과 혼합된 교회들이 많은데, 교회들이 말씀의 진리 위에 굳게 서고, 예수 그리스도 중심의 교회, 삶 속에서 복음을 살아내는 성도들이 되게 하소서.
4) 남부 지역의 대형 교회들이 선교적 시각을 갖고 북쪽 지역을 향한 선교에 인적, 물적으로 동참케 하시고, 가나의 교회들이 온 땅을 향한 선교에 눈을 뜨게 하소서.

장두식

Day 174　6월 23일　　Republic of the Gambia

감비아

언어: 영어
종족: 30
인구: 2,417,000명
GDP: 1,764(US$/백만) (0.01%)
1인당 GDP: 751(US$)

선교적 필요와 과제

감비아는 이슬람이 98%이고, 기독교는 로마가톨릭을 포함해 2%가 되지 않는 이슬람 국가이다. 감비아 기독교의 주축인 로마 가톨릭의 경우, 현지의 주술 신앙과 혼합돼 행사 외에는 교인들이 거의 교회 출석하지 않는다. 현재 주변에 있는 나이지리아나 가나 같은 아프리카 국가들의 신자들이 들어와서 자신들의 교회를 형성하고 있지만, 감비아의 복음화에는 별 영향을 미치지 못하고 있다. 감비아 선교를 위해 가장 시급한 것은 먼저 감비아 교회 지도자들의 변화된 삶이 중요하다. 재교육을 통한 영성 회복이 무엇보다 시급한 상태이다. 그리고 일반적인 성경 학교가 아닌 정식 신학교가 세워져 바른 교회 지도자 양성이 필요하다.

기도 제목

1) 어떠한 소요 사태도 없이 안정적으로 대통령 선거가 치러지고, 세계이슬람협력기구 (Organization of Islamic Cooperation;OIC) 정상회담이 감비아에서 열리는데, 교회들이 위축되거나 교인들이 혼란을 겪지 않게 하소서.
2) 동네마다 세워진 많은 코란 학교와 학교 정규 과목인 종교 시간을 통해 코란 교육이 학생들에게 집중된 반면에, 기독교 교육은 거의 전무한데 공평하게 종교 교육이 이뤄지게 하소서.
3) 감비아 교회가 프로그램 위주가 아닌 말씀과 기도로 재무장하고, 제자 훈련을 통해 교회 지도자와 교인들의 삶에 변화가 일어나게 하소서.
4) 서방 선교사들이 철수한 빈자리를 아프리카 주변 국가와 한국 선교사들이 채우고 있는데, 선교사들이 구령의 열정으로 계속 불타오르게 하소서.

김일수

Day 175 6월 24일

Republic of Guinea

기니

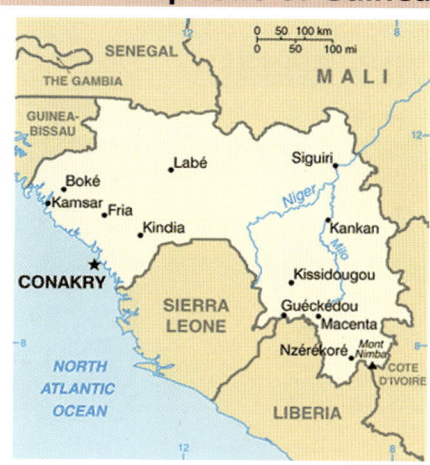

언어: 프랑스어
종족: 48
인구: 13,133,000명
GDP: 13,590(US$/백만) (0.06%)
1인당 GDP: 1,064.10(US$)

선교적 필요와 과제

이슬람이 88.2%로 대다수이고, 기독교 비율은 6.8%이다. 이중 가톨릭과 이단을 제외하면 약 1.6%의 개신교인이 있다고 추정하지만, 이는 복음을 받아들인 남부 지역 소수 종족들의 복음화율이 반영된 결과이다. 3대 주요 종족인 풀라(Fula, 34.6%), 마닝카(Maninka, 29.4%), 수수(Susu, 17%) 종족의 복음화율은 0.01%이다. 각 종족 간의 언어와 문화가 완전히 다른 상황에서 소수 종족 개신교인들이 자발적으로 다수 종족에게 복음을 전하는 것은 같은 기니 사람이라고 하더라도 타 문화권에 들어가 선교사의 삶을 사는 것과 같다. 주요 종족 중, 수수 종족의 성경 번역이 완성되어 2019년에 배포를 시작했고 풀라, 마닝카 종족은 신약 성경만 번역된 상태이다. 문맹률이 65.7%로 전체 인구의 1/3만 글을 읽고 쓸 수 있어 복음 전파와 기존 신자들의 영적 성장에 걸림돌이 되고 있다. 문맹률을 낮출 수 있는 교육 개선이 시급하다. 또한 구전 문화권인 기니에 복음과 말씀을 쉽게 전할 수 있도록 각 종족어의 오디오 성경과 오디오 복음 자료, 동영상 개발이 필요하다. 기니의 미전도 종족의 수는 30여 종족에 이른다. 2021년 현재 한국 선교사는 4유닛으로, 직접 복음을 전하며 기니교회와 함께 선교의 문을 열 일꾼들이 많이 필요하다.

기도 제목

1) 부정부패, 빈부 격차의 심화, 종족 갈등으로 파생된 문제들이 사회에 만연한데, 이 땅이 정치 사회적으로 안정되고, 종족 간 화합되고, 투명하고 건강한 국가로 발전하게 하소서.
2) 성경 번역이 정확하게 속히 이루어져 모든 종족이 자기의 언어로 복음을 읽고 들을 수 있게 하시고, 오디오와 동영상을 이용한 복음 자료가 잘 개발되게 하소서.
3) 목회자와 성도들이 하나님 말씀 안에 바로 서며, 부정부패가 만연한 이 땅에서 빛과 소금의 역할을 잘 감당하여 예수 그리스도의 제자의 삶을 힘있게 살아가게 하소서.
4) 개신교인들이 선교적 마음을 가지고 다른 종족들에게 복음을 전하는 자로 세워지게 하시고, 이들을 격려하고 함께할 수 있는 선교사들을 많이 보내 주소서.

변성철

Day 176 6월 25일   Maninka

기니-마닝카

인구: 3,555,000명
종족: 마닝카
언어: 마닝카칸
종교: 이슬람
복음화율: 0.02%

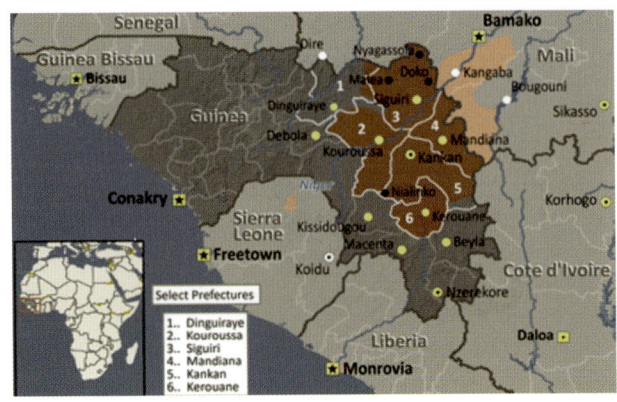

선교적 필요와 과제

마닝카는 기니에서 두 번째로 큰 종족(29.4%)이며, 상카란(Sankaran), 콘얀케(Konyanka) 등을 포함한다. 현 알파 콩테(Alpha Condé)대통령이 마닝카 종족 출신이다. 기니 동쪽을 중심으로 살아가고 있고 그중 칸칸이 제일 큰 거점 도시이다. 1920년 캐나다의 CMA(Christian and Missionary Alliance)를 통해 마닝카 종족을 위한 복음주의 선교 사역이 시작되어 그 역사가 100년이 넘었지만, 여전히 이슬람 98%, 토속 종교가 1.98%이며, 복음주의 기독교인을 거의 찾아보기 힘들다. 마닝카 종족이 대다수인 작은 가정 교회가 칸칸에 있고, 신약 성경과 마닝카어로 된 예수 영화가 있다. 2016년 쿠르사에서 기독교인으로 회심한 젊은이를 그 가족들이 죽이는 일이 있었고, 2018년에는 만디아나에서 꿈을 통해 예수님을 만나고 회심한 노인의 집과 밭에 동네 사람들이 불을 지르는 일도 있었다. 그만큼 이들 안에서 기독교인이 된다는 것은 쉽지 않은 선택이다. 선교사들을 통해 복음을 듣고 예수님을 영접한 자들도 핍박이 두려워 신앙을 숨기며 살거나 가족들의 회유로 다시금 이전의 삶으로 돌아가는 경우도 있다.

기도 제목

1) 거짓된 이슬람의 영과 사상과 두려움과 악습 등이 예수 그리스도의 이름으로 끊어지고, 그들의 눈과 귀와 마음이 열려 빛 되신 예수 그리스도를 보게 하소서.
2) 핍박이 두려워 자신의 신앙을 밝히지 못하는 관심자들이 회개하고, 하나님의 큰 사랑과 위로를 깊이 경험하여 어떠한 상황 속에서도 흔들리지 않는 담대한 믿음을 갖게 하소서.
3) 칸칸의 마닝카교회가 말씀 안에서 더욱 성장하고, 성도들이 삶 속에서 거룩하게 구별된 하나님 자녀라는 정체성을 갖고 신실하게 살아가며, 이들을 통해 영광의 복음이 흘러가게 하소서.
4) 마닝카 미전도 종족에게 예수그리스도를 전할 하나님의 일꾼들과 기도로 마닝카 종족의 영적 흐름을 변화시킬 기도 선교사들이 세워지게 하소서.

바울과 바나바

Day 177 6월 26일　　Republic of Guinea-Bissau

기니비사우

언어: 포루투갈어
종족: 35
인구: 1,968,000명
GDP: 1,340(US$/백만) (0.01%)
1인당 GDP: 697.8(US$)

선교적 필요와 과제

1973년에 포르투갈로부터 독립했고, 1990년대에 들어서 오랜 사회주의에서 민주 체제로 전환했지만, 1990년대 중반 이후 여러 차례 내전을 겪으면서 현재까지도 온전한 정치적 안정을 찾지 못하고 있다. 인구가 2백만 명도 되지 않은 작은 나라지만 종족으로는 풀라(Fula, 24%), 발란타(Balanta, 23%), 만딩가(Mandinka, 14%), 만자코(Manjaco, 12%), 빼뻴(Papel, 10%), 그리고 망카냐, 비아파다, 비주구 등 대략 27개 이상의 종족 집단이 있다. 종교적으로는 이슬람이 전체의 절반을 차지하고, 가톨릭과 개신교를 포함한 기독교는 20% 정도이며, 나머지 대부분은 토속 신앙의 정령 숭배자들이다. 내륙에 많이 분포되어 있는 풀라와 만딩가는 무슬림이며, 개신교인들은 주로 발란타와 빼뻴 종족에서 많다. 개신교는 1940년 WEC선교부가 처음 발을 디뎠고, 1990년도까지는 사회주의 체제에서 WEC을 제외한 어떤 개신교 단체의 활동도 허용하지 않았으나, 1990년대 이후부터는 단체나 교파에 상관 없이 종교 활동이 자유롭게 되었다. 활동의 자유가 보장된 만큼 사이비와 이단 종파 활동도 늘었고, 무슬림 세력도 나날이 확장되고 있다. 영혼 구원에 대한 열정과 사명감을 지닌 사역자와 복음 사역에 대한 현지 교회의 노력이 부족한 상태이다.

기도 제목

1) 부정부패가 만연한 사회적 부조리가 사라지고, 불안하게 흔들리는 정치가 안정되며, 어려운 경제적 상황이 호전되게 하소서.
2) 현지 교회들이 믿음 위에 바로 서서 온전한 복음의 열정으로 계속 확장되는 이슬람 세력과 세속적인 악한 영의 세력을 강하게 제어하며 영적으로 승리하게 하소서.
3) 현지 사역자들이 올바른 전도의 사명감으로 무장되어 영혼 구원 사역에 담대하고 헌신적으로 나아가게 하소서.
4) 복음 사역이 활성화되어 하나님의 말씀이 제대로 미치지 못하는 많은 소외 지역에 꾸준히 생명의 말씀이 전파되게 하소서.

이인응

Day 178　6월 27일　　Federal Republic of Nigeria

나이지리아

언어: 영어
종족: 537
인구: 206,140,000명
GDP: 448,120(US$/백만) (2.1%)
1인당 GDP: 2,230(US$)

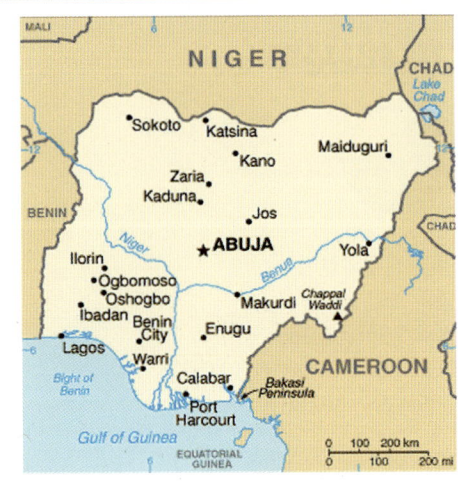

선교적 필요와 과제

아프리카에서 가장 많은 원유 생산국이자, 넓은 면적과 많은 인구를 가진 나라, 그리고 영어를 공용어로 사용하는 경제적으로 잠재력이 매우 큰 나라이다. 그러나 국민의 1/3이 극빈자의 삶을 살고 있다. 이러한 경제적 불균형에서 오는 부작용으로 사회적으로 치안이 불안정한 상태이다. 정치적으로는 독재에서 벗어나 민주화가 되었지만, 부정부패가 만연돼 있어 세계적인 사기 사건이 이 나라에서 발생해 많은 이들이 피해를 입기도 했다. 나이지리아는 아프리카에서 가장 많은 인구와 가장 많은 무슬림을 보유하고 있고, 500개 이상의 부족들로 구성된 거대한 선교지이다. 무슬림들은 주로 이슬람법이 지배하는 북쪽에 거주하고, 기독교인들은 주로 남쪽에 거주하고 있다. 서로의 지역으로 진출하려고 해서 영적 충돌이 일어나기도 한다. 종교적 폭동으로 많은 이들이 사랑하는 가족과 재산을 잃기도 하고, 고향을 떠나 다른 곳으로 이주했다. 그러나 고난 가운데서도 기독교는 성장하는 추세이며 특히 복음주의 교회에서 건강한 선교 운동이 일어나고 있다. 현지 교회들의 후원으로 현지인 선교사들이 북쪽 무슬림 지역에서 선교 활동을 하고, 국경을 넘어 이웃 나라에도 복음을 전하기 시작하였다.

기도 제목

1) 지도자들이 좋은 리더십을 발휘해서 나라에 만연된 부정부패가 사라지고, 빈부의 양극화가 좁혀져 사회적인 안정과 치안이 회복되게 하소서.
2) 무슬림과 교회 사이에 벌어지는 영적 갈등과 폭동 속에서 성도들이 뱀같이 지혜롭고 비둘기같이 순결하게 처신함으로 그리스도의 향기가 되어 불신자들이 주님 앞에 돌아오게 하소서.
3) 번영 신학에 젖은 많은 교회가 성경으로 돌아와서 말씀대로 사는 경건 운동이 일어나 빛과 소금의 역할을 감당하게 하소서.
4) 경제적으로 어려운 여건 속에서 현지 교회들이 지속적으로 선교사들을 발굴하고, 선교 후원이 중단되지 않고 국경을 넘어 주변 나라까지 복음을 증거하는 일에 최선을 다하게 하소서.

이능성

Day 179 6월 28일   Housa-Fulani

나이지리아-하우사 풀라니

인구: 51,000,000명
종족: 하우사 풀라니
언어: 하우사, 훌훌데, 영어
종교: 이슬람
복음화율: 0.1%

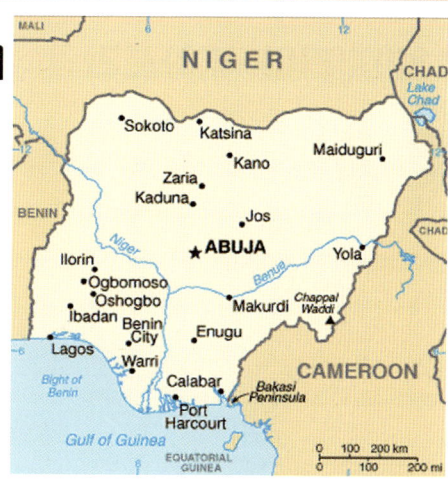

선교적 필요와 과제

하우사 문화권에 사는 사람들 대부분은 무슬림이며, 샤리아법이 지배하는 지역에 살고 있다. 이 지역에서 무슬림이 기독교로 개종하는 것은 고난을 각오해야 한다. 종교 폭동이 일어날 경우, 기독교인은 생명의 위협까지 받을 수 있다. 하나님께서는 특별한 방법, 즉 꿈이나 환상으로 택한 백성을 부르시기도 한다. 하우사 지역은 위험해서 외국 선교사들보다 현지인 선교사들이 주로 활동하는데, 이들은 많은 사람을 살해하고 납치한 보코하람이 활동하는 북동 지역에서조차도 복음을 전하며 교회를 개척하고 있다. 풀라니 부족은 나이지리아와 니제르와 카메룬 지역에 널리 퍼져있는 큰 미전도 종족 중 하나로, 900만 명이 이상이 북동쪽과 중부 지역에 퍼져있다. 이 부족은 유목민이었으나 점차 정착해 농사를 지으면서 소 떼를 키우고 있다. 소가 중요한 생계 수단이므로 소가 죽으면 문상가서 위로하기도 한다. 그래서 가축 특히 소에 대한 예방접종 지식이 있으면 좋은 선교 접근 방법이 될 수 있다. 이들은 자신들의 전통을 중요시하며 자존감이 매우 높고, 96% 이상이 무슬림들이다. 마을 주민과 풀라니 사람들 사이에 갈등이 자주 일어나며 최근에는 풀라니 부족의 폭동으로 많은 사람이 희생되기도 했다.

기도 제목

1) 하우사 사람들과 플라니 사람들이 강력한 이슬람 조직과 연관돼 정치적인 힘을 발휘하는데, 이 연결 고리가 끊어져서 정치적 영향이 더 이상 종교 폭동으로 연결되지 않게 하소서.

2) 꿈과 환상을 통해 주님께로 돌아오는 사람들이 있는데, 성령님의 역사로 특별한 기적이나 선교사들의 사역으로 많은 사람이 마음을 열고, 복음을 받아들이게 하소서.

3) 하우사 지역의 교회들이 잠재적인 위험을 안고 있지만 복음을 증거하는 등대 역할을 하고, 성령께서 지혜를 주셔서 그들의 말이나 삶이 불신자들에게 그리스도를 나타내도록 하소서.

4) 교회가 현지 선교사들을 지속적으로 후원하고, 이 지역에서 사역하는 선교사들과 가족을 보호해 주시고, 이들이 성령의 능력으로 담대하게 복음을 잘 전하게 하소서.

이능성

Day 180 6월 29일 Biafra

나이지리아-비아프라

인구: 약 50,000,000명
종족: 약 60개
언어: 이보(Igbo), 영어
종교: 가톨릭
복음화율: 약 40%

선교적 필요와 과제

비아프라 지역 60-70%의 거민은 3천만 명의 이보족이다. 이보(Igbo)는 남서쪽의 요르바(3천 5백만 명), 북쪽의 하우사(3천 5백만 명)와 함께 나이지리아의 삼대 부족이다. 이외에 비아프라의 주요 부족은 6백 2십만 명의 이비비오(Ibibio), 4백 7십만 명의 이조(Ijaw), 4백 5십만 명의 티브(Tiv), 2백 9십만 명의 아낭(Anaang) 등이 있다. 2년 반 동안(1967-1970년), 비아프라 독립 전쟁이 있었다. 중앙 정부 진압 시, 10만 명 정도의 군인이 죽고, 50만에서 2백만의 민간인이 아사했던 상흔이 있다. 현재, 독립을 꿈꾸며 투쟁하는 단체들이 있지만, 중앙정부는 테러 단체로 규정해 억압하고 있다. 다른 갈등과 혼란의 원인이 되는 유전 지대가 이 지역에 몰려 있다. 2천여 만 명의 나이지리안 가톨릭의 본거지로, 가톨릭교회가 왕성하다. 하지만 무교회 지역도 많다. 아프리카 전통 종교(Africa Traditional Religion)에서 이보의 하나님은 치니케(추쿠)다. 사람 안에 치(chi)라는 개인의 신성을 인정한다. 다른 아프리카 전통 종교처럼, 조상신을 포함한 중간 신들을 믿는다. 신학적 혼합주의가 심하다. 순수한 복음의 회복과 교회의 건강한 신학이 필요하다. 성경적이고 개혁적인 신학 교육을 통해 건강한 교회를 세우게 하는 것이 중요한 선교적 과제다.

기도 제목

1) 계속되는 정치 사회 경제적 다툼과 갈등이 그치게 하시고, 사회가 세속주의와 물질만능주의 풍조에서 벗어나게 하소서.
2) 복음의 생명력이 약화된 혼합주의적 형태의 교회 모습을 벗고, 오직 성경, 오직 그리스도의 복음으로 무장된 교회의 본 모습을 회복하게 하소서.
3) 오직 하나님의 말씀과 그리스도 예수 중심의 바른 신학으로 세워지는 교회가 되게 하시고, 세상에 빛과 소금의 역할을 감당하는 교회가 되게 하소서.
4) 소수의 선교사들과 현지 교회들이 긴밀하게 협력하게 하시고, 선교적 교회들이 되게 하셔서, 나라 안팎의 수많은 무슬림 미전도 종족들에게 선교할 수 있게 하소서.

성남용

Day **181**   6월 30일   Kanuri Yerwa

나이지리아-카누리 예르와

인구: 7,186,000명
종족: 카누리 예르와
언어: 카누리 예르와, 하우사, 영어
종교: 이슬람
복음화율: 0.01%

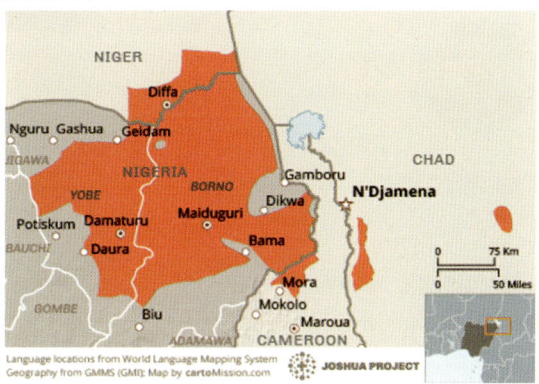

🟧 선교적 필요와 과제

8백 십만 명의 카누리 예르와는 99.9%가 무슬림이다. 7백 2십만 명(89%)이 북동부의 보르노 주(Borno state)에 살고 있고, 19만 명은 니제르, 18만 명은 챠드, 17만 명이 카메룬에 각각의 접경 지역에 거주하고 있다. 2009년, 보르노의 주요 도시, 마이두구리(Maiduguri)에서 보코 하람(Boko Haram)이 결성되었다. 이 단체는 '서구 교육 금지'란 뜻의 이슬람 테러 조직이다. 이들은 2020년까지 3만 6천 명을 살해했고, 2백 5십여 만 명의 난민을 발생케 했다. 그래서 이 지역에 난민과 난민 캠프들이 많다. 이들은 보코 하람을 이슬람 국가(IS)의 서아프리카 지부(ISWAP)라 칭한다. 카누리는 1804년 풀라니족의 우스만 단 호디오(Usman dan Fodio)가 일으킨 지하드(Jihad)을 통해서 이슬람을 받아들였다. 1907년 시작된 영국의 식민 정부는 소코토의 술탄(Sultan)을 통해 북부 이슬람 지역을 통치했다. 따라서 이 기간에 이슬람 세력은 더 강화되었다. 지금도 이슬람이 지역의 정치, 사회, 경제를 지배하고 있다. 교회나 선교사가 거의 없다. 따라서 이 지역에 복음을 전할 수 있는 방송이나 문서 선교 등의 다양한 선교적 접촉이 필요하다.

🟧 기도 제목

1) 계속되는 보코 하람의 무고한 민간인에 대한 테러와 살상 행위가 종식되게 하시고, 그들의 반사회적 행동을 보고 돌이켜서 그 땅의 무슬림들이 예수 그리스도의 복음을 갈망하게 하소서.

2) 지난 200여 년 동안 이들의 정신세계를 지배하고 있는 이슬람의 모순을 카누리 무슬림들이 깨닫게 하시고, 참 진리이신 예수 그리스도를 찾게 하소서.

3) 이방인들을 위해 세워진 소수의 교회들이 이 어둠의 땅에 복음의 빛을 비추는 등대 역할을 감당하게 하시고, 하나님의 영광을 보여주는 도구가 되게 하소서.

4) 이 지역을 품고 기도하는 기도 선교사, 방송 및 문서 선교사, 그리고 몸으로 복음의 씨앗을 뿌리는 소수의 교회 개척 선교사들의 사역이 활성화되게 하소서.

성남용

Day 182　7월 1일　Republic of the Niger

니제르

언어: 프랑스어
종족: 37
인구: 22,440,000명
GDP: 12,928(US$/백만) (0.06%)
1인당 GDP: 555(US$)

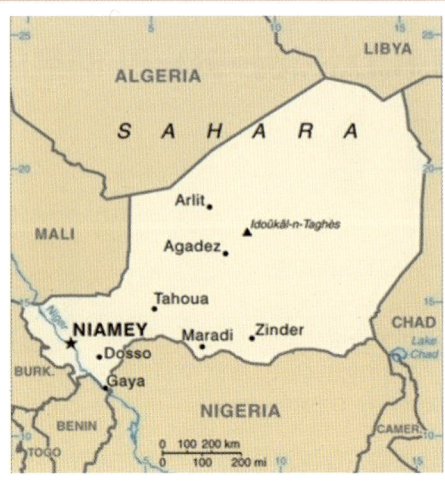

선교적 필요와 과제

인구 98%가 무슬림이지만 종교의 자유를 보장하는 나라이다. 수도 니아메이(Niamey) 등 대부분 도시와 마을에서 기독교인들이 평화롭게 예배를 드릴 수 있다. 하지만 1%도 되지 않는 복음주의적 교회의 힘은 매우 미약하다. 무슬림을 향해 종교의 자유가 보장될 때 적극적으로 복음을 전해야 할 필요성이 대두되고 있다. 그 이유는 최근 일부 지역에서 급진 이슬람 단체의 세력이 커지고 있어서이다. 이들 때문에 선교사들과 기독교인의 예배와 복음 선포의 자유가 위협을 받으며, 시골 지역의 선교사들은 비교적 안전한 수도 니아메이로 사역지를 옮겨야만 하는 상황이다. 선교사들이 들어가기 힘든 지역에 라디오 방송과 미디어 사역이 좋은 대안으로 떠오르고 있다. 129만 명이 거주하는 수도에는 젊은이들이 많이 있는데, 대부분 무슬림이다. 반감을 주는 일회성 전도 집회나 프로젝트성 사역보다는 무슬림과 관계를 형성하며 일대일 복음 전도가 바람직하다. 무슬림들은 친구 관계에 많은 가치를 둠으로 친구가 되어 복음을 전할 때 반감을 줄일 수 있다. 이웃에게 기독교인의 사랑과 정직을 보여주고, 지역 교회와 연합해 무슬림 이웃에게 복음의 필요성을 설명하며 전도하고 양육해서 지역 교회와 연결해 줘야 한다.

기도 제목

1) 대통령 선거 이후 정치적으로 안정을 찾고, 니제르의 경제적 발전을 가로막는 부정부패에 범시민적 자정 노력이 일어나게 하소서.
2) 국경 지역에서 활동하는 급진 이슬람 단체가 니제르의 기독교인과 선교사들에게 큰 위협이 되고 있는데, 교회와 선교사들을 안전하게 보호해 주소서.
3) 주님의 제자를 만들어 복음에 헌신할 수 있는 참된 일군을 만드는 데 교회가 관심을 가지고 힘을 쓰게 하소서.
4) 프로젝트성 선교 또는 전시 효과를 노리는 선교가 아닌, 현지 교회가 스스로 할 수 있도록 도와주고, 복음을 전해 사람을 키우는 선교가 더 많이 일어나게 하소서.

김민선

Day 183 7월 2일 Zarma

니제르-제르마

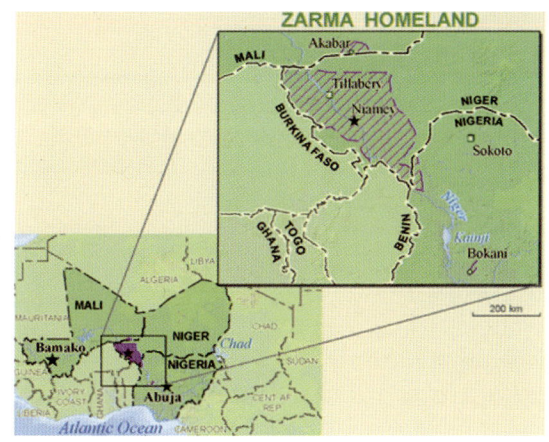

인구: 4,393,000명
종족: 제르마
언어: 제르마
종교: 이슬람
복음화율: 0.2%

선교적 필요와 과제

제르마 종족은 아프리카 내에서 큰 종족도 아니지만, 이들이 가장 많이 살고 있는 니제르에서도 하우사 종족보다 인구수(하우사 55-65%, 제르마 30-35%)가 적다. 하지만 정치적으로나 상업적으로 하우사보다 훨씬 큰 힘을 가지고 있다. 니제르라는 나라가 원래 농업을 경시하는 문화가 있다. 특히 제르마는 상권을 중심으로 크고 작은 사업을 하는 것을 업으로 삼을 정도로 대부분 시장이나 무역 쪽에서 종사한다. 그러므로 이를 기반으로 정치권에서도 다른 종족보다 더 큰 영향력을 행사하고 있다. 하지만 서쪽(틸라베리 주)을 기반으로 살고 있는 제르마는 상권도 있지만 최근 10년 전부터 농업 쪽에도 두각을 나타내고 있다. 이들은 경작지를 계속 넓혀가면서 절대 부족한 식량 공급에 큰 도움을 받고 있다. 그런데 최근 몇 년 사이 IS를 비롯한 각종 테러 단체가 틸라베리 주를 강하게 압박하는 상황이어서 정부군의 보호를 받지 못하는 지역이 넓어졌다. 테러 단체들은 틸라베리의 생산지 생산물을 탈취하거나 점령하고 있어서 서쪽에 거주하고 있는 제르마 종족은 현재 안정성은 물론이고 식량 생산에도 어려움을 겪는 상황이다.

기도 제목

1) 정치적 영향력이 큰 종족임에도 자기 종족과 개인의 이익만을 추구하는 제르마종족이 다른 종족들에게도 긍정적인 영향을 미치는 종족이 되게 하소서.
2) 서쪽 지역(틸라베리 주)에서 무슬림 테러 단체와 관련된 문제가 해결되어 복음을 전할 수 있는 안정적인 환경이 준비되게 하소서.
3) 제르마 종족 안에서 하나님을 위한 일꾼이 생겨서 그들의 문화와 환경을 고려한 토착인 교회가 세워지게 하소서.
4) 상업적 이익만 생각하는 성향 때문에 가까워지기 쉽지 않은데, 이들에게 영향력을 끼치며 복음을 전할 수 있는 새로운 방법이 마련돼 무슬림에게 복음의 빛이 임하게 하소서.

김준욱

Day 184　7월 3일　　　　　　　　　　　　　　　　Tuareg

니제르-투아레그

인구: 2,268,000명
종족: 투아레그
언어: 타마자크(Tamajaq), 아랍어
종교: 이슬람
복음화율: 0.2%

선교적 필요와 과제

투아레그 종족은 북아프리카 베르베르의 후손으로, 사하라 사막의 오아시스 마을에서 유목민으로 살아가고 있다. 인구는 약 2,268,000명이고, 고유 문자가 있으며, 여러 주요 정치 집단 또는 부족 단위로 나누어져 있다. 7세기 초에 일련의 이주로 북아프리카에서 내려와 1300년대 말, 자신들의 거주지 가운데 가장 남쪽에 위치한 나이지리아 국경 먼 남쪽까지 자신들의 위치를 확장했다. 1972년, 사하라 사막을 강타한 50년 만의 최악의 가뭄으로 엄청난 이주가 시작되었고, 지역 주민과 정부 간의 권리와 의무에 대한 분쟁도 발생했다. 많은 동물이 긴 여행 동안 갈증이나 굶주림, 피로로 죽었으며, 수천 명이 도시로 흘러 들어가서 자신들만의 쉼터를 세우고 변두리 생활을 하게 되었다. 투아레그족은 대부분 수니파 무슬림인데 신앙이 미온적이라고 알려져 있다. 그들은 민중 신앙과 마술로 가득한 민속 이슬람을 따르고, 대부분은 가장 중요한 무슬림 금식월인 라마단 조차 중요하게 여기지 않는다. 그러나 강력한 부족 내 전통을 철저히 지키며, 무슬림으로서 자부심과 긍지가 있고, 타 인종, 타 종족에게 배타적인 성향을 보이기 때문에 복음을 쉽게 받아들이지는 않는다.

기도 제목

1) 수도에 정착하고 있는 사람들 가운데 대학을 위해 지방에서 온 젊은 엘리트들에게 복음이 전해지고 이들을 통한 재생산이 이루어지게 하소서.
2) 고넬료와 같이 담대하게 복음을 선포할 종족 내 주요 지도자를 세워 주시고, 투아레그 종족에 초점을 맞춘 사역자들에게 하나님께서 지혜와 은사를 강력히 부어 주소서.
3) 먼저 그리스도를 따르기로 작정한 신자들이 그들의 종족에게 복음을 전하는 통로로 쓰임 받고, 이 강력한 도전에 반응하게 하소서.
4) 사역자들이 구전 문화 중심인 투아레그 종족에게 그들의 언어로 번역된 성경을 가지고 복음을 전하는 일에 큰 도전을 받게 하소서.

손정원

Day 185   7월 4일   Republic of Liberia

라이베리아

언어: 영어
종족: 39
인구: 5,058,000명
GDP: 3,071(US$/백만) (0.01%)
1인당 GDP: 622(US$)

선교적 필요와 과제

선교사가 새로운 세계에 적응하고 정착해 목적을 달성하기 위해 준비해야 할 요소 중 제일 중요한 사항은 그들의 역사와 문화를 이해하는 것이다. 라이베리아는 1816년 미국 노예 해방후, 미국 식민지 협회 도움으로 아프리카로 돌아온 350만 명 가운데 2%에 해당하는 '아메리코 라이베리안'들이 1847년에 세운 아프리카 최초의 공화국이다. 이러한 이유로 라이베리아에서는 아프리카 전통 종교 속에서 자연스럽게 기독교가 전파되게 되었다. 라이베리아인들에게는 건국 이래 한 번도 강대국의 지배를 받은 적이 없다는 역사적 우월감이 있다. 반면에 현재 그들의 기독교 신앙 바닥에는 여전히 뿌리 깊은 전통 종교의 폐습이 자리 잡고 있다. 예를 들면, 성탄절이 되면 흑인 아기 예수상을 장식하거나 아프리카의 주술사가 환자를 치유하는 등 유사 예수가 등장한다. 또한 전통적으로 행하여지던 엑스타시 상태에서의 노래와 춤을 교회 행사와 접목하여 축제를 여는 교회를 쉽게 볼 수 있다. 이러한 상황에서 선교사가 보는 선교적 필요와 과제는 아프리카 선교지의 역사와 문화, 그리고 현지인들의 의식 세계와 정신 문화에 관해 상당한 연구와 성찰이 되어야 한다는 점이다.

기도 제목

1) 기아와 질병의 고통, 그리고 재난 등 현실적으로 당면한 문제가 잘 해결되고, 위기 대처 극복에 대한 제도들이 잘 구축되게 하소서.
2) 정부 요인들과 종교 지도자들이 자신의 권위를 이용하여 개인의 영달을 꾀하는 사례가 반복되고 있는데, 이러한 행동이 중지되고 미래에 대한 성경적 내세관이 확립되게 하소서.
3) 목회자의 간음 사건도 오히려 교회법을 악용하여 무마시키려는 경우들이 있어왔는데, 미비한 신학적 체계가 정립되게 하시고, 교회가 하나님의 말씀에 근거하여 바르게 세워지게 하소서.
4) 복음적 세계관이 온전히 잘 정립되게 하소서.

조형섭, 오봉명

Day 186　7월 5일　Republic of Mali

말리

언어: 프랑스어
종족: 74
인구: 20,251,000명
GDP: 17,510(US$/백만) (0.08%)
1인당 GDP: 891(US$)

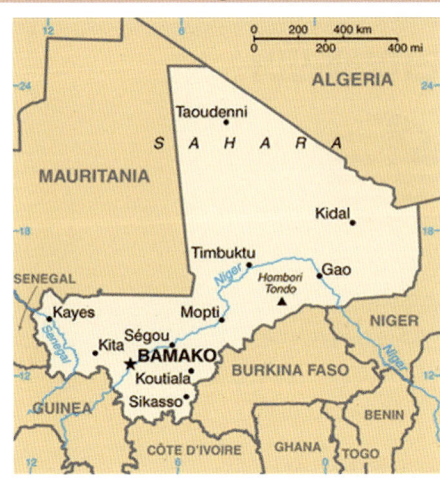

선교적 필요와 과제

말리는 기독교 인구가 1%도 안 되는 무슬림 국가이다. 2012년도 쿠데타 이후 북쪽 사막 지역으로 들어온 알카에다로 인해 정치, 경제, 교육 등이 총체적 어려움에 빠졌고, 북쪽은 금지 구역이 돼버렸다. 그들은 신교육은 안된다며 모든 학교를 폐쇄하고 이슬람 교육 외에는 그 어떤 교육도 시키지 못하게 해서 북쪽의 상황이 아주 심각하다. 지금은 알카에다가 말리 중부 지역까지 내려와 위협하고 있으며, 외국인 납치도 심심치 않게 자행되고 있다. 말리 군인들도 많은 희생을 당했고, 그나마 유엔군이 들어와 있어서 어느 정도의 안전을 보장 받고 있는 상황이다. 그 와중에 2020년 8월 다시 쿠데타가 일어나서 현재는 과도기 정부가 나라를 이끌어 가고 있다. 이 기회를 틈타 모든 노동조합이 시위하고 있어서 나라의 행정은 마비 상태라 할 수 있다. 게다가 오래전부터 공립 학교 교사들이 복지 문제로 시위를 하여 공교육이 거의 멈춘 상태이다. 초등학교부터 대학교에 이르기까지 제대로 된 교육이 이루어지지 않고 있다. 그렇지만 지상 명령인 복음 전파 사역은 쉴 수가 없기에 이곳은 선교사가 시급하다. 이미 철수해버린 그들의 빈자리를 하나님께서 채워주시도록 기도가 절실히 필요하다.

기도 제목

1) 연속적으로 일어난 쿠데타로 인해 혼란을 거듭하고 있는 나라가 안정되고, 북쪽에 자리 잡은 알카에다로 인해 닫힌 전도의 문이 다시 열리고, 교육의 현장이 정상화되게 하소서.
2) 무슬림의 영향으로 기독교가 부정적으로 인식되고 있는데, 굳게 닫힌 마음의 문들이 성령의 역사로 활짝 열리게 하소서.
3) 목회자들이 바른 신학에 근거하여 바른 말씀을 전하게 하시고, 이단들이 행하는 눈에 보이는 현상들에 현혹되지 않고 말씀을 늘 상고하는 교회가 되게 하소서.
4) 예수님의 지상 명령을 준행하고자 하는 마음들이 교회 안에 일어나게 하시고, 선교사들이 아골 골짜기를 두려워하지 않고 많이 올 수 있게 하소서.

안창호

말리-밤바라

Day 187   7월 6일   Bambara

인구: 6,026,000명
종족: 밤바라
언어: 바마난칸, 프랑스어
종교: 이슬람
복음화율: 4%(복음적 기독교인 1%)

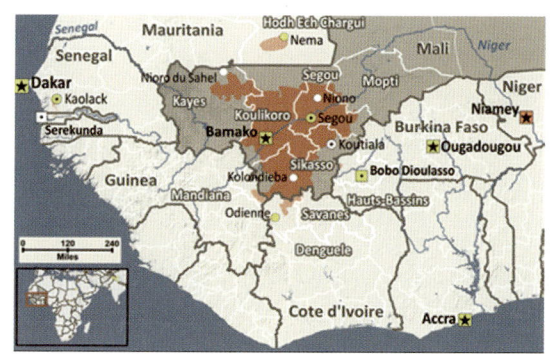

선교적 필요와 과제

말리 인구 절반 이상이 만데계 종족 계열인데, 만데계 종족 중 밤바라인은 말리 전체 인구의 36.5%(6백만 명)를 차지하며 사회 계급이 높은 종족이다. 말리에서 가장 강력하고 영향력 있는 그룹 중 하나로, 니제르강 중간 계곡에 산다. 공용어가 프랑스어이나 인구의 30% 정도만 프랑스어를 이해하고 보통 다른 종족끼리는 밤바라어로 소통한다. 인구 91%가 이슬람이며, 기독교인은 4%에 불과한데, 이들의 75%는 가톨릭이다. 실제 개신교는 밤바라족 전체의 1%에 불과하다. 이들의 이슬람은 온건하고 관용적이며 현지 문화와 잘 조화되어 있다. 수피즘의 영향을 받았고 토착 신앙의 영향도 받았다. 이들은 조상의 영혼이 동물이나 심지어 채소의 형태를 취할 수 있다고 믿는다. 특별한 의식에서는 영혼을 숭배하고 밀가루와 물을 바친다. 혈통의 장남은 산 자와 죽은 자 사이의 '중개자' 역할을 한다. 이들은 교육을 소중히 여기며 아이들은 서양 교육을 받을 수 있도록 학교에 다닐 것을 권장한다. 학교가 없는 곳이 많아 일부 마을의 경우 완전히 문맹인 곳도 있다. 종족 언어를 배워서 복음을 전할 헌신된 선교사들이 필요하다. 특히 기독교 의사들과 교사들이 필요하다.

기도 제목

1) 투아레그족의 분리독립 요구로 촉발된 말리 내전은 외부의 극단적 이슬람 반군까지 껴들면서 정부군-이슬람 반군-투아레그족 3자간의 분쟁으로 확대되었는데, 밤바라 종족도 피할 수 없는 상황에 직면해 있다. 이러한 분쟁 상태가 속히 해결되고 진정되어 평화가 회복되도록

2) 밤바라를 묶고 있는 어두움의 영적 권세인 이슬람과 아프리카 전통 종교의 강력한 진이 무너지고, 테러를 자행하는 이슬람 극단주의자들의 세력이 무너지게 하소서.

3) 밤바라 신자들이 예수님의 사랑을 동족들과 나누고, 주의 이름의 영광을 위해 승리하는 밤바라 교회가 세워지게 하소서.

4) 선교 단체들에게 하나님께서 지혜와 은혜를 주시고, 밤바라 사람들이 예수 영화를 통해 주를 알게 하시며, 기독교 라디오 방송을 들을 때 영적 귀가 열려 진리를 깨닫게 하소서.

안창호

Day 188 7월 7일 — Islamic Republic of Mauritania

모리타니

언어: 아랍어, 프랑스어, 하싸니아
종족: 19
인구: 4,650,000명
GDP: 7,594(US$/백만) (0.04%)
1인당 GDP: 1,678(US$)

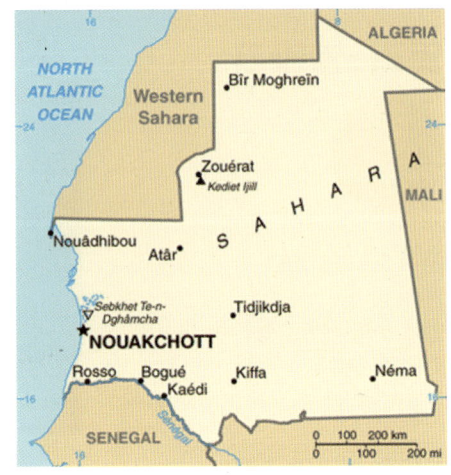

선교적 필요와 과제

남부 국경 지역의 세네강 유역을 제외하고는 전 국토가 사막인 모리타니는 주 종족 무어(백인 무어와 흑인 무어) 70% 그리고 플라, 소닌케, 월로프 외 서부 사하라 이남 종족 30%로 구성된 약 4,650,000명의 인구가 살아가고 있다. 공용어는 아랍어와 프랑스어이지만 실생활에서는 무어족의 언어인 아랍어 방언 하싸니아와 각 종족의 고유 언어들이 사용된다. 어류와 철광석 금 등 상당한 지하자원이 있지만 부패와 오랜 가뭄으로 인한 사막화 등 자연환경의 어려움은 발전에 어려움을 주는 요인이다. 1960년 프랑스로부터 독립 후 나라가 세워진 후에 쿠데타에 의해 정권이 바뀌기를 거듭했다. 많은 역사적 기록들이 있지는 않지만, 이슬람이 들어온 후 약 1000여 년 동안 이곳은 이슬람이 지배했고, 기독교 역사에 대한 자료는 그 어디에도 찾아볼 수가 없다. 지리와 기후적인 여건으로 외부 세계와 철저히 단절되었으나 근래에 인터넷의 발달로 모리타니 사람들에게 세계를 향한 시각을 크게 열어주는 계기가 되었다. 선교의 역사는 약 50여 년 전 세네갈에 거주하던 선교사들이 간간이 방문하던 것에서 시작하여 약 30여 년 전 거주 선교사들에 의해 시작되었다.

기도 제목

1) 각 종족 안에 특히 무어족과 사하라 이남 흑인 종족 간의 분열과 미움이 교회 성도들 안에서 먼저 회복되고, 그리스도의 사랑으로 연합이 일어나게 하소서.
2) 이슬람법인 샤리아법과 98.7%의 절대다수를 차지하는 무슬림들 속에서 신앙을 고백하며 살아가는 성도들에게 하나님 사랑에 매여 핍박을 넉넉히 이겨나가는 믿음을 주소서.
3) 기후, 자연, 사회적 배경, 선교 상황 등 어느 것 하나 쉽지 않은 이 땅에서 성도들이 오직 그리스도로 힘입게 하시고, 드러나는 사역의 열매보다 주님과의 교제 안에 살아가게 하소서.
4) 모든 미디어 매체(방송, 라디오, 인터넷 등)와 도서, 예수 영화, 성경 번역 등등 복음을 들을 수 있는 통로가 활짝 열려 각 지역과 세대 안에 복음이 편만하게 퍼지게 하소서.

바나바

Day 189 7월 8일   Moor

모리타니-무어

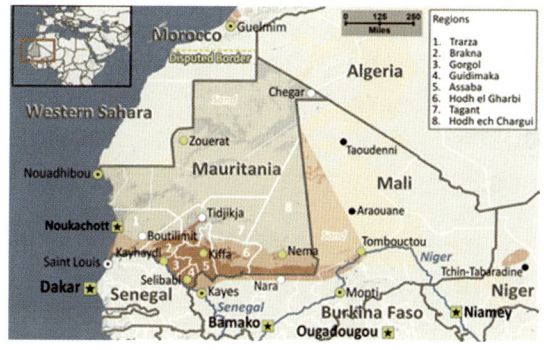

인구: 3,200,000명
종족: 무어
언어: 하싸니야
종교: 이슬람
복음화율: 0.1%

선교적 필요와 과제

모리타니 국민(4,650,000명)의 70%(3,200,000명) 이상이 무어족이다. 무어족의 51%가 비단/사라위(Bidhan/Sahrawi)라 불리는 아랍과 베르베르의 혼혈 백인들이다. 36%의 마라브(Marabouts) 귀족 그룹, 15%의 전사 그룹이 사회 상층부를 구성한다. 나머지 49%는 하라틴(Haratin)이라 불리는 흑인과 베르베르의 혼혈족 흑인들이다. 3세기부터 서부 아프리카에서 유입되어 정착했다. 하라틴은 열등한 노예 계급으로 여겨 왔다. 하지만 1981년 법적으로 노예제가 철폐되었다. 2007년에는 하라틴 출신이 국회 의장에 선출되기도 했다. 큰 변화지만, 노예제의 전통도 여전히 남아 있다. 무어족의 84%는 모리타니에 있다. 직간접적으로 국경을 접하는 북쪽의 모로코에 30만 명(6.7%), 북동쪽의 알제리에 20여 만 명(4.9%), 남서쪽의 세네갈에 17만 명(3.7%), 북서쪽의 서사하라와 동쪽의 말리에 각각 5만 명(1.2%), 프랑스와 스페인 등의 유럽에 3만여 명이 있다. 7백여 년(711-1492) 이베리아반도를 지배한 흔적이다. 셰익스피어의 오델로가 베네치아의 무어인이었다. 대부분(99%) 순니 무슬림이다. 현지인을 위한 교회는 없다. 종교의 자유가 없기 때문이다.

기도 제목

1) 40% 이상의 사람들이 빈곤층이며, 아직 노예가 남아 있는데, 정치, 사회, 경제계의 무어인 지도자들 마음이 복음과 기독교인들을 향해 열리게 하소서.

2) 법적으로 현지인의 개종이나 외부인의 복음 전파가 금지되어 있는데, 이 땅에 변화가 일어나 복음이 전해질 수 있게 하소서.

3) 외국인들을 위한 소수의 교회를 제외하곤 무어인들을 위한 교회는 없는데, 무어인들이 꿈을 통해서라도 복음을 듣게 하시고, 무어인들을 위한 교회가 세워지게 하소서.

4) 사역이 불가능하지만, 창의적인 방식으로 무어인들을 품고 기도하며, 선교하는 일꾼들이 일어나게 하셔서, 복음의 불모지에 복음의 씨가 뿌려지게 하소서.

YSung

Day 190 7월 9일 Republic of Benin

베냉

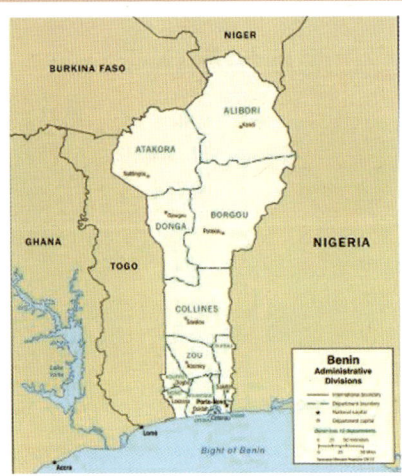

언어: 프랑스어
종족: 63
인구: 12,123,000명
GDP: 14,391(US$/백만) (0.07%)
1인당 GDP: 1,219(US$)

선교적 필요와 과제

통계상으로는 이슬람이 27.7%, 가톨릭이 25.5%, 개신교가 13.5%, 기타 종교가 27.5% 정도로 파악되지만, 실제로는 부두교를 기반으로 하는 전통 종교가 가장 영향력이 큰 편이다. 개신교 숫자에는 베냉의 가장 강력한 기독교 이단인 celeste를 비롯해서 많은 이단을 포함하고 있어 실제 복음주의 기독교는 10% 미만으로 추정된다. 개신교는 감리교, 순복음, 침례교가 주류 교단을 형성하고 있으며, 그 외에 수많은 군소 교단들이 난립한 상황이다. 거기에 타종교와의 혼합주의와 기복주의 문제, 자격을 갖춘 신학교의 부재와 이로 인해 배출되는 신학생들의 자질 문제 또한 불거지고 있다. 베냉 북쪽에 기반을 두고 외부의 전폭적 지원을 받는 이슬람의 급성장도 강력한 도전이 되고 있다. 복음 전파의 방해 요소는 이들의 삶 속에 깊숙이 뿌리내린 전통 종교에 기반을 둔 가치관과 천주교, 이단 등 다른 복음을 전하는 자들이다. 현지 자생 이단, 한국의 이단 등 종교 행위를 통해 복 받기를 원하는 사람들의 마음을 현혹하려는 종교 단체가 성행하고 있다. 전통, 형식, 예절을 중요하게 여기는 동시에 지극히 비타협적인 개인 이기주의가 다양한 형태로 이들의 삶 속에 자리 잡고 있어서 복음 전파에 어려움을 겪고 있다.

기도 제목

1) 2021년에 예정된 대통령 선거가 공정하게 진행돼 정치적으로 안정되고, 사회 기반 시설의 보급이 확대되고, 학교 교육이 모두에게 공평하게 이루어지게 하소서.
2) 이슬람 세력의 성장과 포교 전략이 무너지고, 전통 종교와 전국적으로 기승을 부리는 자생 이단, 한국에서 유입된 이단 및 사이비 종교(구원파인 IYF(국제청소년연합), 통일교, 하나님의교회 등)에 미혹 받지 않게 하소서.
3) 교회가 다음 세대 신앙 교육에 관심을 갖고 헌신하게 하시고, 실력과 영성을 겸비한 목회자 배출을 위한 정규 신학 과정의 수립과 말씀과 삶이 분리되지 않게 하소서.
4) 선교사들이 북쪽의 미전도 종족을 향한 선교의 모델을 제시하고, 교회와 협력하여 선교 인력 공동 발굴, 공동 후원 및 공동 파송을 위한 시스템을 개발하게 하소서.

최성우

Day 191   7월 10일   Burkina Faso

부르키나파소

언어: 프랑스어
종족: 80
인구: 20,903,000명
GDP: 15,746(US$/백만) (0.07%)
1인당 GDP: 775(US$)

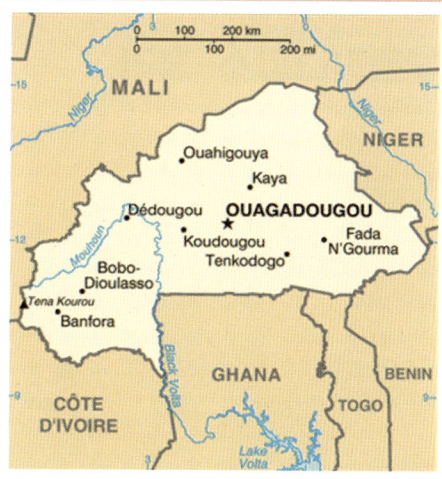

선교적 필요와 과제

부르키나파소는 사하라 사막에 붙어 있는 나라이다. 그래서 자연적인 혜택이 거의 없고, 절대적 빈곤이 존재하는 땅이다. 약 70개의 부족이 나라를 이루고 있고, 종교성이 강한 나라이다. 이슬람이 약 60%, 가톨릭이 약 16%, 개신교가 약 4%, 토속 신앙이 약 20%이다. 도시를 중심으로는 가톨릭과 개신교가 강하고, 지방과 북쪽과 시골로 가면 이슬람과 무속 신앙이 강하다. 그런데 가톨릭은 복음과는 거리가 멀고, 무속 신앙과 혼합되었고, 무슬림도 상당수가 전통 종교와 혼합된 상태로, 주술사에게 가서 점도 치고 제사를 지낸다. 그러므로 이들 모두에게 복음을 전해야 한다. 개신교는 나름대로 열심히 활동하고 있지만, 복음과 말씀에 약하고 기적과 기복을 구하는 신앙이 두드러진다. 목회자들이 성경의 가르침으로 잘 훈련받고, 복음으로 재무장하는 것이 당면 과제다. 최근 테러리스트들의 활동이 급증했다. 그들은 북쪽 사하라 사막에 거주하면서 관공서, 학교, 경찰서, 심지어 시장에 있는 사람들을 무차별적으로 공격했다. 최근 5년 동안 수천 명이 희생되었고, 백만 명의 국내 이주민이 생겼다.

기도 제목

1) 테러 활동이 근절되어 국가가 안정되고, 치안이 확보돼 이주민들이 다시 자기들의 고향으로 돌아갈 수 있게 하소서.
2) 70개 부족이 함께 생활하는데 부족 간에 분쟁이 발생하지 않고, 서로 평화롭게 생활하게 하시고, 큰 빈부 격차와 많은 실업자가 있는데 절대적인 가난에서 벗어나게 하소서.
3) 개신교 목회자들이 복음에 대한 명확한 개념과 확신과 능력을 알고, 교회 성도들이 거듭나고, 영적으로 잘 무장해 그리스도의 군사와 일꾼으로 성장하게 하소서.
4) 선교사들에게 현지의 필요성을 분별하는 능력을 주시고, 현지 목회자와 교회와 협력해 복음을 전파하고 그리스도의 제자와 일꾼들을 세우게 하소서.

김철수

Day 192   7월 11일   Jula

부르키나파소-줄라

인구: 2,132,000명
종족: 줄라
언어: 줄라
종교: 이슬람
복음화율: 0.08%

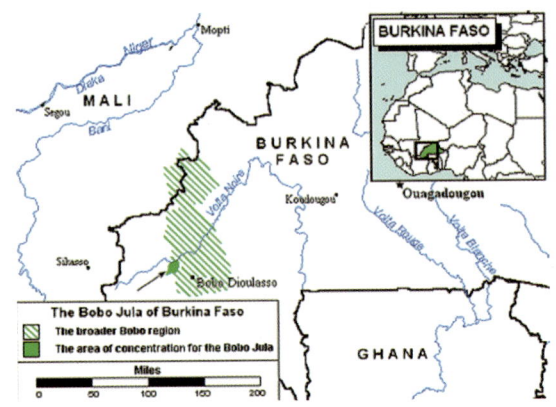

선교적 필요와 과제

대부분의 줄라(Jula, 또는 디울라 Dyula) 부족은 코트디부아르의 무역로를 따라 거주한다. 그 외에 가나, 부르키나파소, 말리 그리고 기니비사우 등지에 거주하는데, 부르키나파소의 줄라족은 본국의 남서부 지역 무역로에 걸쳐 살고 있다. '디울라(dyula)'는 '행상인'을 뜻하며, 실제로 줄라족의 교역 기술은 정평이 나 있다. 농부, 전문인, 노예 계층으로 이루어진 고대 신분 제도는 노예 제도가 폐지되었을 때 붕괴되었다. 그럼에도 불구하고 부락 내의 신분 제도 가운데 노예는 여전히 존재한다. 부르키나파소에서 두 번째로 큰 종족인 이들의 인구수는 213만 명에 달하며, 99% 이상이 수니 무슬림들이다. 줄라족 그리스도인은 지극히 적으며, 5개의 선교 단체가 줄라족을 향한 사역을 하고 있지만 거의 진전이 없다. 줄라족 고유 언어인 디울라어로 된 기독교 자료들도 거의 마련되어 있지 않다. 감사하게도 예수 영화와 성경은 그들의 언어로 번역되었다. 그들의 언어를 사용하는 기독교 방송이 세워진다면 복음을 광범위하게 전할 수 있을 것이다. 기도야말로 이 종족의 복음화를 위한 첫 번째 단계이며, 종족 선교를 위해 개척자 정신을 갖고 이들의 언어와 문화를 배우며 헌신할 더 많은 선교사가 필요하다.

기도 제목

1) 부르키나파소의 정치가 안정되어 줄라족이 이웃 국가로 이주하는 일들이 없이 생활의 안정을 이루고, 이들의 생활 기반인 교역이 활발하게 이루어지게 하소서.
2) 극단적인 이슬람 테러 단체들의 위협으로부터 보호해 주셔서 소수의 기독교인들이 생명에 위협받지 않게 하소서.
3) 소수 그리스도인들의 변화된 삶과 이웃 사랑의 실천을 통해 복음을 전하며, 말씀을 깊이 있게 가르쳐 예수님의 제자가 세워지게 하소서.
4) 줄라어로 진행되는 기독교 라디오 방송이 개통돼서 더 광범위하게 복음 전파가 이루어지며, 더 많은 선교 헌신자들이 이 줄라 종족을 향해 갈 수 있게 하소서.

티움바

Day 193 7월 12일   Republic of Senegal

세네갈

언어: 프랑스어
종족: 55
인구: 16,744,000명
GDP: 23,578(US$/백만) (0.11%)
1인당 GDP: 1,447(US$)

선교적 필요와 과제

세네갈의 이슬람 인구는 1840년대에 20%, 프랑스로부터 독립한 1960년에 80%, 현재는 93% 정도이며, 가톨릭은 4%, 개신교는 0.18%이다. 1968년 정부로부터 인가 받은 세네갈 복음주의 협의회(FES)는 교단과 교회, 그리고 46개의 선교 단체가 가입돼 있고, 200여 개의 현지 교회가 있다(FES 2010년 통계). 신학 교육은 교단 목회자를 배출하는 하나님의 성회 신학교와 선교 단체의 연합으로 1994년에 시작한 세네갈 복음주의 신학교(ITES) 등 20여 개의 성경 교육 기관에서 이루어지고 있다. 정치적으로 안정되어 높은 경제 성장률(2017년, 7%)을 유지해 왔지만, 인구 60%가 25세 미만이며 대학을 졸업해도 취업이 어려운 상태이다. 코로나19로 인하여 경제 상황이 더 어려워져 청년뿐 아니라 어린아이, 여성들까지 유럽으로 불법 이주하려는 사람들의 배가 난파하여 목숨을 잃는 사고가 계속되고 있다. 자생 민속 이슬람이 강하여 이맘보다 마라부(코란 교사 및 영적 지도자)가 사회 전반 영향력의 중심에 있으며 시골구석까지 코란 학교를 세워 이슬람 교육을 강화해왔다. 그러므로 현지 교회와 선교 단체들이 사역자들을 효율적으로 양성할 수 있는 신학교 연합 사역 활성화가 무엇보다도 절실히 필요하다.

기도 제목

1) 주변국에서 일어나고 있는 급진주의 과격 이슬람의 영향력으로부터 보호해 주시고, 청년 실업, 불법 이민, 마약 밀매 등의 문제가 잘 해결되게 하소서.
2) 이슬람이 주류인 사회에서 개종한 성도들이 핍박 속에서도 그리스도의 용기 있는 증인들이 되게 하소서.
3) 사역자들이 삶의 현장에서 영향력을 발휘하며, 성도들이 말씀과 기도로 성숙하고, 경제적인 어려움에서 벗어나 자립, 자치, 자전하는 교회로 성장하게 하소서.
4) 수도권, 열린 종족의 교회들과 선교 단체들이 헌신된 일꾼들을 발굴하여 제자 훈련과 신학 교육을 하고 미전도 종족에 파송하여 복음화를 앞당기게 하소서.

노금석

Day 194　　7월 13일　　　　　　　　　　　　　　Wolof

세네갈-월로프

인구: 5,846,000명
종족: 월로프
언어: 월로프, 프랑스어
종교: 이슬람
복음화율: 0.02%

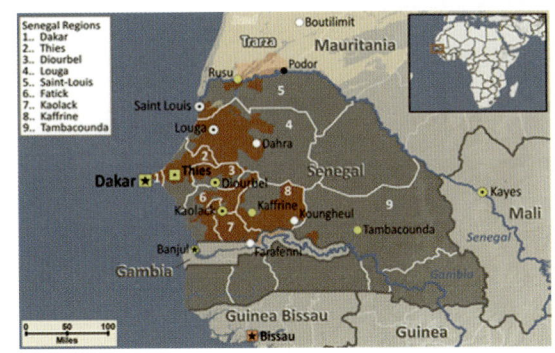

선교적 필요와 과제

세네갈의 종족 분포는 월로프(Wolof) 37.1%, 풀라(Fula) 26.2%, 쎄레르(Serer) 17%, 만딩고(Mandingo) 5.6%, 졸라(Jola) 4.5%, 쏘닌케(Soninke) 1.4%, 기타 8.3%이다. 쎄레르족, 졸라족이 복음에 열려있고, 그 외 주종족이 미전도 종족으로 남아 있다. 월로프족은 90% 이상이 세네갈에 살며 감비아강 북쪽, 모리타니 남부, 유럽과 미주 지역에 분포한다. 대도시를 중심으로 해안가에 정착해 상업, 공무원으로 사는데, 몇 년 전부터 눈에 띄게 시골 지역에도 정착해 그 영향력이 더 커지고 있다. 땅콩을 주로 경작하며 사는 월로프족은 최근 큰 프로젝트가 들어서면서 도시 간 농작물 무역이 확장되고 있다. 세네갈의 무슬림은 무리드파, 띠잔파, 꽈다리파로 나뉜다. 월로프족은 언어, 문화, 정치, 경제적으로 세네갈의 지배 종족으로, 강력한 무슬림 공동체인 무리드파에 속한다. 창시자는 아마드 밤바(Amadou Bamba)이며, 해마다 그의 출생일을 기념해 뚜바라고 하는 도시에 2-3백만 명이 순례한다. 세네갈의 무슬림은 마라부라고 하는 영적 지도자가 이맘보다 영향력이 크고, 딸리베(학생)라고 부르는 제자에게 코란을 가르치고 있다. 공용어는 불어지만 최근 종족어 보급 정책으로 인해 월로프어가 전국적으로 사용되고 있다.

기도 제목

1) 세네갈의 언어, 문화, 정치, 경제에 월로프족이 많은 영향을 끼치고 있는데, 긍정적인 영향을 끼치게 하소서.
2) 무리드파라는 종교 및 경제적인 무슬림 공동체와 특히 마라부의 영향력에 사로잡혀 있는 월로프족들에게 진리와 생명되신 예수 그리스도의 복음을 들을 수 있는 문이 열리게 하소서.
3) 주변국에서 온 이민자들과 열린 종족들(쎄레르, 졸라족 등)로 구성된 기존 교회들이 월로프 종족 교인들과 조화를 이루며 그들과 함께 복음 전도자들을 훈련시켜 파송하게 하소서.
4) 현재 사역 중인 선교 단체와 현지 교회가 사역자들을 훈련할 수 있는 신학교의 연합 사역과 사역자들의 자립을 위한 농업 교육 등을 종합적으로 훈련해 자립 선교를 해나가게 하소서.

노금석

Day 195   7월 14일   Sierra Leone

시에라리온

언어: 영어
종족: 28
인구: 7,977,000명
GDP: 3,941(US$/백만) (0.02%)
1인당 GDP: 505(US$)

선교적 필요와 과제

시에라리온은 서부 아프리카에서도 교육, 경제, 사회 등 전반에 걸쳐서 많이 낙후된 나라이다. 기독교 인구는 오랫동안 10%를 유지하고 있으나 이슬람은 30-40%에서 최근 70%를 넘고 있어 이슬람화의 위험성이 높아지고 있다. 안타깝게도 교회들이 이에 적극적으로 대처하지 못하고 있다. 기독교 선교 역사가 240년으로, 오랫동안 선교 해왔던 서구 선교 단체들이 완전히 철수하면서 현지 교회들이 스스로 일어서려고 노력하고 있으나 쉽지 않은 상황이다. 교회를 섬기는 목회자가 되려는 사람들이 줄어들고 있어 몇 개 안 되는 신학교마다 신학생 확보가 어려운 실정이고, 신학 훈련 없이 목회자가 되어 교회를 섬기는 자들이 많아 지도자들의 수준 저하가 문제 되고 있다. 교회의 각성과 부흥이 시급한 상황이다. 형식주의와 세속주의가 만연한 상황이라 영적으로 힘을 잃고 있어서 교회와 지도자들을 깨우는 일이 시급하다. 신학교들이 개혁주의/복음주의 토대 위에 서 있지 못하고, 오순절주의와 자유주의 신학이 주를 이루고 있어 바른 신학 운동이 매우 필요하다. 이슬람화될 위기상황에 있기 때문에 교회들 가운데서 이슬람에 대한 이해와 그들에게 복음 전하는 훈련이 시급하다.

기도 제목

1) 정치인들이 개인주의를 버리고 책임감 있게 신실하게 정치하여 나라가 안정을 찾음으로써 경제가 살아나게 하소서.
2) 현지 교회들이 스스로 서기 위해 힘들게 몸부림치는 상황에서 이슬람 세력이 이 나라를 이슬람화시키려고 집중 공략하고 있는데, 이 위기상황에서 주님의 긍휼을 구하게 하소서.
3) 교회 지도자들이 영적으로 깨어 교회를 바르게 섬기며 교인들을 바르게 인도하게 하시고, 교회가 다음 세대 교육에 관심을 가지고 적극적으로 교육하고 훈련하게 하소서.
4) 현지 교회들이 선교적 교회로 거듭나고 훈련되어 자국 내 미전도 종족 전도와 주위 이슬람 국가에 선교사를 파송하는 책임을 감당하게 하시고, 한국 장기 선교사가 파송되게 하소서.

이순복

Day 196　　7월 15일　　　　Republic of Cameroon

카메룬

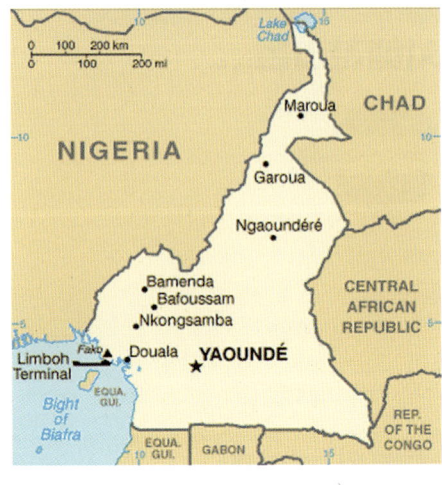

언어: 프랑스어, 영어
종족: 292
인구: 26,546,000명
GDP: 38,760(US$/백만) (0.18%)
1인당 GDP: 1,497.90(US$)

선교적 필요와 과제

공식적으로는 기독교 70%, 이슬람교 20%, 토속 종교와 기타 10%(2013)라고 되어 있지만, 오랫동안 프랑스 식민지 지배를 받았기에 로마 가톨릭이 지배적이다. 북부 카메룬 지역은 무슬림 지역으로, 복음이 전파되기 어려운 상황이다. 근래 나이지리아와 카메룬을 왕래하며 소요를 일으키고 납치와 살인 등을 자행하는 보코하람의 영향으로 기독교 박해가 일어나고 있다. 분리 독립을 주장하는 북서부와 남서부에 위치한 영어권에서는 진압하려는 정부군과 대치한 일로 수많은 인명 피해가 발생해 수도 야운데로 피난 온 이주민들이 많다. 동부 카메룬을 비롯해 수도 야운데에 이르기까지 중앙아프리카 난민들이 대거 유입돼 유엔과 국제 NGO 단체들의 구호 활동이 활발하다. 이 점을 고려할 때 선교가 좀 더 적극적으로 이루어질 필요가 있다. 실제적으로 복음주의 신자들은 5%에서 많게는 10% 정도로 보고 있다. 이미 영성을 상실한 가톨릭은 형식주의에 빠져 종교 생활을 할 뿐 구원과 상관이 없고 말씀이 없는 신앙인으로 전락한 상태이다. 샤머니즘과 토테미즘의 영향을 받은 전통종교는 지방에서 대세를 이루고 있다. 오직 성령의 능력으로 이루어지는 복음 전파가 절실한 상황이다.

기도 제목

1) 영어를 사용하는 북서부와 남서부의 분리 독립 문제가 속히 해결되고, 이슬람 무장 세력인 보코하람이 완전 진압되고 코로나19로 어려워진 경제 상황이 회복되게 하소서.
2) 가톨릭을 기반으로 형성된 종교계에 개혁이 필요한 상황인데, 복음주의 개신교에 새 바람이 불어 하나님의 나라가 건설되게 하소서.
3) 목회자들이 혼합주의 신학의 영향을 받고, 또 경건이 생활화되지 않아서 교회가 복음의 빛을 상실하였는데, 말씀을 중심으로 한 교회로 개혁되고 부흥되게 하소서.
4) 복음의 장애가 되고 있는 가톨릭과 이슬람의 장벽을 뛰어넘어 능력의 복음이 전파되게 하소서.

박충석

Day 197 7월 16일   Fulani

카메룬-풀라니

인구: 2,564,000명
종족: 풀라니
언어: 풀풀데(Fulfulde)
종교: 이슬람
복음화율: 1.3%

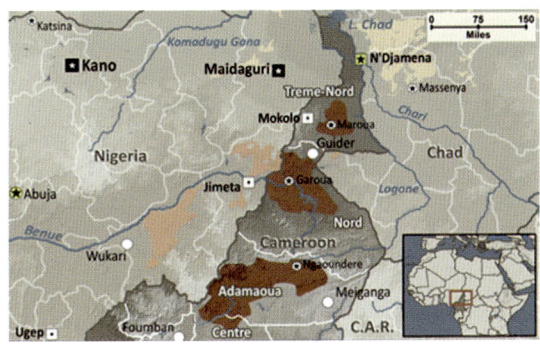

선교적 필요와 과제

북부 아프리카를 동서로 주름잡는 유목민으로서 풀라니족은 수년 전 북부 카메룬에 주로 유입되어 들어 와 있다. 이들은 주로 목축을 하는 유목민으로서 계절과 환경에 따라 이동하며 무리 지어 생활한다. 그런데 근래에는 이들이 토착 농업을 주로 하는 농경민들과 잦은 씨움으로 인해 많은 희생자가 나오고 있다. 늘 이동하는 것이 생활화된 유목민들은 한곳에 정착해서 살아가는 농경민들에게는 영원한 이방인일 수밖에 없다. 풀라니족은 자신들의 재산인 가축을 지키기 위해, 즉 생존을 위해 총기를 소지하는데 이로 인해 발생하는 사건 사고가 빈번하다. 이제는 외교 문제로까지 발전해 말리, 중앙아프리카 공화국, 니제르, 부르키나파소, 나이지리아를 거쳐 카메룬과 코트디부아르에까지 점점 영향이 퍼져가고 있다. 풀라니족이 서아프리카 지역에 분쟁을 촉발시킬 위협적 존재로 떠오르고 있으며, 이들의 폭동으로 인한 어려움은 각국이 시급히 해결해야 할 과제가 되고 있다. 풀라니족의 종교는 이슬람으로, 나이지리아 풀라니족이 이동해 온 것으로 보며, 이들은 카메룬뿐만 아니라 챠드에까지 널리 퍼져 있는데 약 250만 명에 달한다고 한다. 복음화율은 1.30%에 불과하다.

기도 제목

1) 풀라니족 유목민과 농경민 사이에 발생하는 문제들이 쉽게 해결하기 어려운 상황인데, 유일한 길인 복음으로 이 관계가 변화되게 하소서.
2) 이슬람이 대부분인 풀라니족의 복음화가 요원한데, 성령의 바람이 불어와 복음화가 확산되게 하소서.
3) 아직 이들 가운데 교회가 세워질 수 있는 환경이 아닌데, 개인 전도를 통해 한 알의 밀알처럼 복음이 전해져 가족 단위로 구원을 받게 하시고, 가정 교회가 세워지게 하소서.
4) 복음의 최대 장애 중의 하나인 이슬람의 장벽을 넘어서서 능력의 복음이 전파되게 하소서.

박충석

Day 198   7월 17일   Republic of Cabo Verde

카보베르데

언어: 포루투갈어
종족: 5
인구: 556,000명
GDP: 1,982(US$/백만) (0.01%)
1인당 GDP: 3,604(US$)

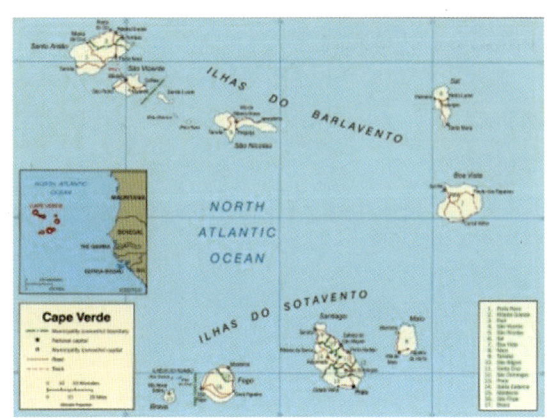

선교적 필요와 과제

서아프리카 카보베르데는 인구 50만 명의 10개의 섬으로 이루어진, 헌법에 가톨릭을 국교로 명시한 나라이다. 섬이라는 특성상 이들의 가톨릭은 정통이 아닌 정령 숭배와 혼합된 가톨릭이다. 이미 120여 년 전에 모르몬교(Molmon), 제칠일안식일예수재림교회(Aventista)가 자리를 잡고 그 이후 여호와 증인, 하나님의왕국우주교회(Universal Church of the Kingdom of God) 같은 이단 및 사이비 종교가 들어왔다. 나사렛 교단과 침례 교단이 세워지기는 했지만, 교인 수는 미미하여 5% 미만이다. 하지만 세계 연감에 등재된 카보베르데의 개신교는 위의 모든 이단 종교를 포함한 숫자이기 때문에 실제 복음주의 교회는 그 규모가 크지 않다. 경제는 100% 수입 의존이기 때문에 코로나19 이전에는 관광 수입과 해외 거주 카보베르데인들의 송금으로 경제가 유지됐지만, 현재는 경제적 어려움과 함께 이상 기후로 인해 최악의 경제 상태에 놓여 있다. 모든 교단이 교인들에게 주입하는 것은 세속적 가치관과 함께 기복 신앙이 중심이 되고 있고, 약한 신학적 배경으로 인해 이단에 많은 교인을 뺏기고 있는 실정이다. 선교사 정착이 쉽지 않은 외로운 섬나라이고, 소명을 갖고 들어온 선교사들마저 도심 밖의 열악함으로 인해 모두가 도심 안에서만 정착하기 때문에 복음이 편만하게 전파되지 못하고 있다.

기도 제목

1) PAICV 당의 경험과 MPD 당의 청렴이 잘 조화를 이루어 4년간의 가뭄과 식량난, 그리고 코로나19에 지친 국민들의 삶의 질을 높여줄 수 있게 하소서.
2) 이단과 사이비 종교의 허황됨이 드러나게 하소서.
3) 복음주의 교회가 코로나19로 좌절하지 않고 더 열심을 내게 하시고, 비대면화가 증가하는 사회적 환경 변화로 인해 중요해진 전화기나 컴퓨터 등에 물질적 탐욕의 유혹에 물들지 않게 하소서.
4) 불어, 영어, 중국어 등 다양한 언어로 사역할 수 있는 장점과 거주 비자를 받을 수 있는 이 나라에 섬의 특성상 외로움을 이길 수 있는 충성되고 헌신된 선교사들이 들어오게 하소서.

조남홍

코트디부아르

언어: 프랑스어
종족: 109
인구: 26,378,000명
GDP: 58,792(US$/백만) (0.27%)
1인당 GDP: 2,286.20(US$)

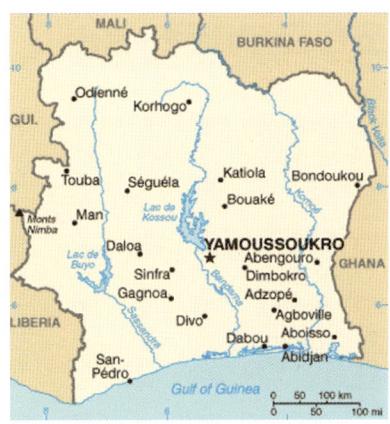

선교적 필요와 과제

서부 아프리카 대서양 연안에 자리하고 있는 코트디부아르(Cote D'Ivoire)는 동쪽은 가나, 북쪽은 부르키나파소와 말리, 서쪽은 기니와 라이베리아 등 5개 국가와 국경을 접하고 있어 교통의 요지이다. 풍부한 강수량과 고온 다습한 기후, 국토 대부분이 농경이 가능한 평야 지대로 세계 최대의 카카오 생산국이기도 하다. 1960년 프랑스에서 독립 후, 36년간 1당1인 대통령이 집권했다. 그 이후 다당제 하에서 다양한 세력들이 집권을 목적으로 일으킨 쿠데타와 내전 등으로 혼란을 겪으면서 정치, 경제적으로 다소 위축된 면이 있지만, 인구 30%가 주변국에서 온 생계형 농업, 취업 이민자들인 만큼 여전히 서부 아프리카의 중심 국가라고 할 수 있다. 선교 학자들의 통계에 의하면, 기독교 21%, 이슬람교 40%, 나머지는 기타 전통 부족 종교로 분류된다. 기독교 21%는 천주교(15%)와 개신교(6%)를 합한 숫자이다. 개신교 안에는 감리교, 하나님의 성회, 침례교, C&MA(Christian and Missionary Alliance) 및 기타 교단들로 분류되는 다양한 명칭의 토착 교회들로 구성되어 있다. 이 중에는 하리스트(Harrist)교회, 크리스천 셀레스트(Celeste) 등 서부 아프리카 배경의 이단들과 모르몬교, 안식일교회 등 외부에서 유입된 유사 기독교 이단들을 모두 포함한 통계이다.

기도 제목

1) 정치적 혼란과 장기화되고 있는 코로나 19로 인해 위축된 경제가 속히 해결되어 안정과 평화가 정착되게 하소서.

2) 사하라를 남하하는 이슬람, 식민지 때부터 기득권 세력이 된 천주교, 64개 부족들의 토속 신앙, 다양한 종류의 유사 기독교 이단들이 편재된 이곳에 참 구원의 복음이 선포되게 하소서.

3) 기복주의와 신비주의 등의 미신적 신앙에서 벗어나 오직 믿음, 오직 은혜, 오직 말씀을 믿음의 근간으로 삼는 본래의 교회 모습을 회복해 참된 부흥을 일으키는 교회가 되게 하소서.

4) 쿠데타와 내전으로 철수했던 서구 선교 단체와 선교사들이 다시 이 땅을 찾게 하시고, 이곳에서 선교하는 11가정의 한국 선교사들이 충성스럽게 사역하게 하소서.

곽기종

Day 200 7월 19일   Jula

코트디부아르-줄라

인구: 2,644,000명
종족: 쥴라
언어: 쥴라
종교: 이슬람
복음화율: 0.6%

선교적 필요와 과제

줄라(Jula, 일명 Dyula) 종족은 1500년대에 금과 콜라 너트의 거래자였고, 수 세기 동안 상인으로서 높은 지위를 유지해 왔다. 그들의 교역소는 이제 시장 마을과 도시로 바뀌었다. 일부는 농업에 종사하지만, 대부분은 여전히 상거래에 종사한다. 줄라족은 자신의 종족에 매우 충성스럽고, 춤과 이야기의 구전 전통을 통해 문화 역사를 유지한다. 이러한 방식을 통해 복음을 전하면 효과적일 것이다. 사회 구조는 가부장적으로, 노인 남성이 가장 높은 지위와 대부분의 의사 결정권을 가진다. 따라서 이들을 타깃으로 복음을 전하면 효율적일 것이다. 이들은 1400년대부터 무슬림이었다. 무슬림이 아닌 이웃과 좋은 관계를 맺음으로써 강제보다는 좋은 본보기를 보여줌으로써 그들을 이슬람으로 개종시키려고 노력했다. 아프리카 대부분의 무슬림과 마찬가지로 부적 및 복잡한 영의 세계를 포함한 선사 이슬람 신앙을 유지해 왔다. 부르키나파소, 코트디부아르, 가나, 말리 등 5개국에 거주하는 줄라 종족은 4,928,000명이며, 그중 반 이상인 2,644,000명이 이 땅에 거주한다. 종교는 이슬람 94.4%, 기독교 0.6%(이 중 복음주의 0.5%), 종족종교가 5%이다. 언어는 줄라로, 성경 전체가 줄라 언어로 번역돼 보급되고 있다.

기도 제목

1) 줄라 종족이 이슬람 극단주의 테러 집단에 휘둘리지 않고 코트디부아르 북쪽 지역의 평화에 기여하게 하소서.
2) 신자들이 줄라 종족을 위한 그리스도의 대사가 되고, 대학이나 직장 때문에 수도나 대도시에 거주하는 젊은이들이 그리스도의 지상명령에 순종하여 본토에 복음 전달자가 되게 하소서.
3) 집, 마을, 심지어는 모스크에까지 그리스도의 복음이 전파되며, 그들 가운데 예수 그리스도의 제자 삼는 운동이 일어나게 하소서.
4) 줄라 언어로 번역돼 보급되고 있는 예수 영화, 선지자들의 이야기와 예수님과 동행 오디오 등을 통해 복음이 편만하게 전파되고, 많은 그리스도인들이 전도 자료 개발에 헌신하게 하소서.

장진호

Day 201　7월 20일　Togolese Republic

토고

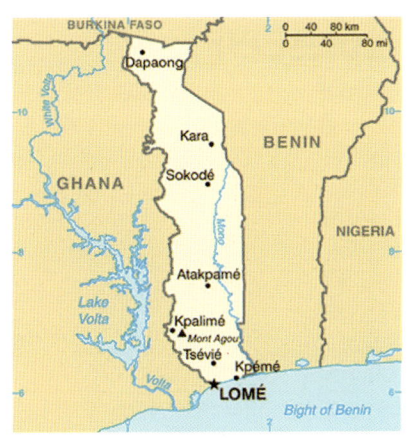

언어: 프랑스어
종족: 56
인구: 8,279,000명
GDP: 5,460(US$/백만) (0.03%)
1인당 GDP: 675.5(US$)

선교적 필요와 과제

한반도의 1/4 크기로 산지가 많아 '아프리카의 스위스'라는 별칭이 붙은 토고는 인구가 8,279,000명이며, 1인당 국민 소득은 675달러이다. 38년간 통치한 아버지 에야데마(Gnassingbé Eyadéma)를 이어 아들인 포르 에소짐나 냐싱베(Faure Essozimna Gnassingbé)가 2020년 연임 선거를 통해 3선에서 승리했다. 하지만 국민들은 가족 통치에 반발하여 통치 50주년을 전후해 반대 시위를 2년 동안 해왔다. 종교 분포는 토착 신앙 51%, 기독교 29%(대부분 가톨릭, 유사 기독교 포함, 개신교는 9% 정도), 이슬람은 20%(수니파) 정도이다. 43개의 부족 언어가 존재하며, 성경 번역이 활발히 이루어지고 있다. 2020년에는 이슬람교 종족인 템 종족어로 창세기와 신약이 번역 출간되었다. 이슬람은 각 집에 우물 파고 펌프 달아주기, 각 집에 모스크 세우기, 사립 교육 기관 세우기, 고아원 설립 등을 통해 활발하게 포교 활동을 진행하고 있다. 토고를 전진 기지로 삼아 해안가 불어권 지역의 포교 활동을 위해 이슬람 대학과 고등 교육 기관을 세우려고 노력하고 있다. 현재 토고 대학생 전도를 위해 한국 CCC에서 적극적으로 활동하고 있는데, 한국의 이단도 이곳 대학교에서 미디어를 통해 활발하게 움직이고 있다.

기도 제목

1) 어린이들 납치와 매매가 빈번한데, 아동 인권이 보호되고, 아동의 노동력을 악하게 사용하는 업주들이나 어린이들의 신체 일부를 주술적인 능력에 사용하는 악습들이 근절되게 하소서.
2) 이슬람 도시 지역들이 이슬람 국가들의 원조로 경제, 사회, 문화적으로 세력을 확장하고 교회와 성도들을 위협하고 있는데, 영적으로 깨어 잘 대처하게 하소서.
3) 교회가 말씀 중심적이며 영적인 부흥 성장을 이루는 토착화한 교회가 되게 하시고, 비전 있는 영적 지도자가 세워져 청년, 학생 복음 전도 사역과 제자 훈련 사역이 잘 이뤄지게 하소서.
4) 교회 연합과 관심, 기도 그리고 헌신자들을 통해 전략적이고 효과적인 방법으로 복음이 전해지고, 성경이 번역된 곳에 문맹 퇴치와 더불어 성경 읽기와 성경 공부가 열정적으로 되게 하소서.

바울과 바나바

남아프리카

나미비아
남아프리카 공화국
레소토
말라위
모잠비크
보츠와나
앙골라
에스와티니
잠비아
짐바브웨
대서양에 있는 영국 해외 영토들

선교적 필요와 과제

남아프리카 국가들은 몇 국가를 제외하고는 국가 발전계획의 실패와 HIV/에이즈와 말라리아 등의 질병, 의료 시설과 사회 기반 시설의 부족, 열악한 위생 환경 등의 문제로 고통받고 있다. 2020년 세계식량계획(WFP)에 따르면, 기후 변화와 신종 코로나바이러스 감염증, 경제난으로 남아프리카에서만 약 4천 500만 명의 식량 수급이 불안하다고 밝혔다. 남아프리카 교회의 당면 문제 중 하나는 얕은 영성과 신앙이다. Joshua Project에 따르면, 이들 국가의 인구 대다수가 기독교인이지만, 기독교인들이 일상생활과 공동체 속에서 얼마나 예수 그리스도를 말과 행동으로 증거하고 선한 영향력을 끼치고 있는지는 의문이다. 교회가 관심을 가져야 할 부분은 교회 지도자와 목회자의 교육과 훈련이다. 국가적 문제는 부정부패, 빈부 격차의 심화, 범죄의 증가와 치안 불안, 여성과 아동 같은 사회적 약자에 대한 안전 장치의 결여이다. 이에 대해 교회의 역할을 찾고 선지자적 목소리를 낼 필요가 있다. 복음과 아프리카 문화에 대한 신학적 성찰이 필요하다. 성경 교육이 필요하고, 목회 상담, 제자 훈련, 지도력 개발, 어린이 및 청소년 사역, 목회자와 교회 지도자 훈련 및 재훈련, HIV/AIDS 사역 등이 필요하다.

기도 제목

1) 정치적 안정을 바탕으로 한 경제 발전이 지속적으로 이루어지고, 기아와 질병의 퇴치를 위한 기반 시설과 의료 체계가 확보되고, 아이들과 여성들에 대한 보호가 이루어지게 하소서.
2) 한국으로의 여행 기회를 제공하거나 선물 제공, 대규모 콘퍼런스 등을 미끼로 적극적 활동을 펼치는 이단들의 잘못된 가르침에 기독교인들이 미혹되지 않게 하소서.
3) 명목상 신자들이 말씀으로 훈련받아 성숙한 그리스도인으로 변화되고, 올바른 신학으로 훈련받은 목회자들이 배출되고, 건강한 교회, 책임 있는 교회, 자립하는 교회가 세워지게 하소서.
4) 무슬림 영향력이 커지고 있으며, 특히 남아프리카 공화국에서는 이슬람의 성장이 두드러지고 있는데, 무슬림에 대한 전략적 접근을 통해 참 하나님이신 예수 그리스도를 증거하게 하소서.

Yohanson Han

Day 203 7월 22일   **Republic of Namibia**

나미비아

언어: 영어, Oshiwambo
종족: 33
인구: 2,541,000명
GDP: 12,367(US$/백만) (0.06%)
1인당 GDP: 4,958(US$)

선교적 필요와 과제

나미비아는 남아공으로부터 완전히 독립한 지 31년째를 맞이하였다. 다당제 민주주의 체제를 따르고 있지만, 반(半)사회주의 정치를 하고 있다. 90%를 차지한 SWAPO 당은 정치, 경제 중심으로 나라를 이끌고 있다. 최근 들어 독립 1세대와 젊은 층 사이에 충돌이 잦다. 기독교인은 85%이지만 55%가 루터교파, 그 외 개신교는 8%, 천주교 17%, 토착화된 종교는 15%이다. 과거 32년 동안 독일의 식민지였는데, 독일이 이 지역을 통치하던 1904-1907년 사이에 헤레로 부족 80%가 독일에 의해 학살당했다. 그래서 선교사에 대한 이미지가 안 좋고 복음에 대해 부정적이다. 장례식과 결혼식을 하기 위해서 교회에 등록을 해야 하는 문화 때문에 루터교회에 등록된 신자들이 많다. 그러나 실질적인 기독교인들은 10% 미만이다. 종교 혼합주의 신앙으로 다른 종교에도 구원이 있다고 믿는 사람들이 대부분이다. 나미비아는 원조를 받을 수 없는 나라이다. 그로 인하여 빈부 차이가 많이 난다. 토착화된 종교(독립교단)를 믿는 사람들과 신유 은사를 강조하는 사람들로 인하여 복음의 진실성이 퇴색되고, 잘못된 구원관을 가진 목회자들의 영향으로 옳바르지 못한 신앙을 가진 기독교인들이 많다. 그래서 목회자의 신학 교육이 절실히 필요하다

기도 제목

1) 나미비아가 반(半)사회주의 정치에서 벗어나 미래의 비전을 가진 정치인과 국회 의원들이 바로 세워지게 하소서.
2) 토착화된 신앙에서 올바른 신앙인으로 세워지고, 물질의 필요를 채우기보다 구원의 확신을 중요하게 생각하고, 바른 말씀 가운데 진정한 그리스도인으로 성장하게 하소서.
3) 주일학교 사역을 통해 젊은 리더들이 잘 세워지고, 그 리더들이 복음을 통해 다음 세대를 잘 양육하게 하소서.
4) 목회자와 평신도가 팀 사역을 통하여 하나님의 나라를 세워가며, 혼자의 사역이 아닌 서로 돕고 나누고 베풀며 사랑을 전하는 선교를 하게 하소서

나미비아 김

Day 204　7월 23일　Republic of South Africa(RSA)

남아프리카 공화국

언어: 영어, 아프리칸스어
종족: 65
인구: 59,309,000명
GDP: 351,432(US$/백만) (1.64%)
1인당 GDP: 6,001(US$)

선교적 필요와 과제

아프리카 최남단에 위치한 다인종, 다부족 국가이다. 17세기 중반부터 네덜란드 동인도 회사에 의해 식민지로 개척되면서 역사에 본격적으로 등장하기 시작했다. 기독교 시작도 17세기 중반부터 시작되었지만, 식민지 이주민이 주대상이었다. 19세기 초 영국 식민지로 바뀌면서 영국을 비롯한 유럽의 여러 선교회에 의해 선교가 본격적으로 시작되었다. 이 시기 선교사들은 교육 선교를 통해 많은 흑인 목사를 배출했고, 아울러 흑인 자의식이 싹트기 시작했다. 2번의 보어 전쟁과 인종 차별 정책은 지금의 정치, 사회, 경제, 종교적 모습을 만들어 냈다. 정부 통계상 기독교인은 전체 인구의 80%이지만, 실질적으로는 종교 혼합주의에 빠진 아프리카 독립 교회와 이단이 대부분을 차지한다. 사회적으로 심각한 가정 붕괴를 경험하고 있다. 광물 혁명으로 흑인 남성 이주 노동자가 많아 가정은 아버지의 부재를 겪고 있고, 이주 노동자들 집단 거주 지역에서는 성적 문란함이 나타나고 있다. 경제적으로는 실업률 증가로 큰 어려움에 처해 있다. 코로나 이전인 2020년 1분기 실업률은 30.1%였지만, 코로나 이후인 2020년 3/4분기는 43.1%로 증가했고, 그중 청년 실업률은 코로나 이전에도 63%를 기록한 상태이다.

기도 제목

1) 아버지상의 부재와 정부의 부당한 정책으로 파괴되어버린 가정이 참 아버지 되신 하나님 아버지의 사랑으로 회복되고, 경제적 어려움을 겪고 있는 청년들이 꿈과 비전을 갖게 하소서.
2) 아프리카 전통 종교와 혼합된 기독교인 아프리카 독립 교회들 안에 예수 그리스도의 유일성이 회복되게 하소서.
3) 기복적 신앙에서 벗어나 성경 말씀을 통한 예수님과 인격적 교제가 이루어져 파괴된 가정과 사회를 회복시키시는 성령의 능력이 넘치는 교회가 되게 하소서.
4) 인종 차별 정책으로 신학 교육에서 소외된 흑인 목회자들을 위한 신학 교육이 이루어지고, 젊은 세대를 위한 온라인 기독교 콘텐츠가 개발되게 하소서.

김경래

Day 205　7월 24일　Kingdom of Lesotho

레소토

언어: 영어, 소토어
종족: 10
인구: 2,142,000명
GDP: 2,460(US$/백만) (0.01%)
1인당 GDP: 1,158(US$)

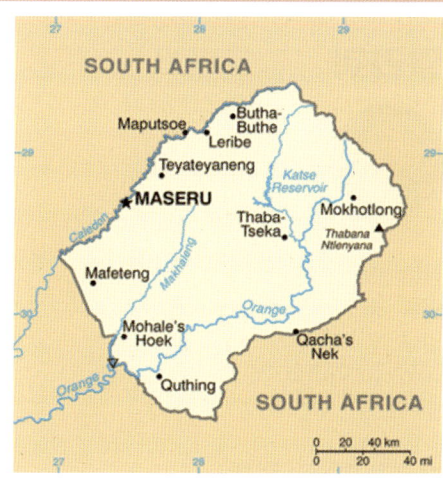

선교적 필요와 과제

1865년에 영국 보호령이 되었다가 1966년에 독립했다. 왕정 형태를 띠는 입헌 군주제 국가로, 수상이 다당제 의회를 이끌고 있다. 남아프리카 공화국에 둘러싸여 있으며, 전 국토의 10%만이 경작지이다. 실업률이 24%에 이르고, 인구의 49%가 최소 소득 수준 이하에서 생활하고 있다. 경제는 농업, 축산, 직물 산업, 다이아몬드 채굴, 남아프리카 공화국에서 일하는 노동자들이 본국으로 송금하는 돈에 의존하고 있다. 기독교가 89%, 전통 종족 종교 10% 정도이며, 가톨릭이 그 규모 면에서 가장 크다. 그러나 조상 숭배가 광범위하게 행해지고 있다. 아프리카 독립 교회에 속한 여러 교회가 전통적인 조상 숭배(balimo)와 종교 의식을 예배와 접목/혼합하여 복음의 정수를 흐리고 있다. 그러므로 종교적 혼합주의와 싸우기 위해 목회자가 성경에 근거한 신학적 훈련을 받을 수 있는 여건 조성이 시급하다. 또 현지어인 소토어(Sesotho)로 된 신앙, 신학 서적 저술, 번역, 그리고 출판이 필요하다. 에이즈(HIV 감염률 24%)에 대한 교육과 예방, 치료 등 에이즈 문제 해결을 위한 다양한 노력이 이루어지고, 의료 선교 사역이 활발히 펼쳐져 국민의 보건 상태가 향상되도록 노력할 필요가 있다.

기도 제목

1) 농작물 수확량 감소, 에이즈, 가난과 높은 실업률, 상수도 시설 부족, 저조한 경제 성장률 등 국가적 과제를 지혜롭게 해결할 책임 있는 지도자들을 세워 주소서.
2) 병 고침이나 물질적인 번영 등을 지나치게 강조해 복음을 왜곡하고 있는데, 목회자들에게 영적 분별력과 지혜를 주셔서 무엇이 옳고, 성경적인지 잘 판단하게 하소서.
3) 종교적 혼합주의, 비기독교적인 신앙과 의식들을 교회에서 뿌리 뽑고, 교회가 복음의 순수성을 회복할 수 있게 하소서.
4) 산지에 거주하는 60만 명의 주민들에게 복음을 전하고, 교회가 세워지고, 에이즈 보균자들에 대한 사회적, 의료적 보살핌뿐 아니라 예수 그리스도의 복음을 전할 수 있게 하소서.

YSH

Day 206　7월 25일　Republic of Malawi

말라위

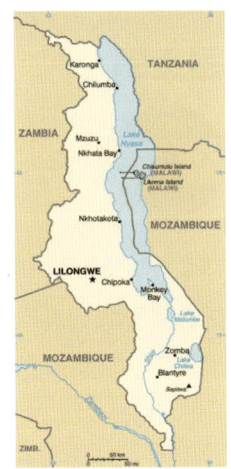

언어: 영어, 체와어
종족: 26
인구: 19,130,000명
GDP: 7,667(US$/백만) (0.04%)
1인당 GDP: 411.6(US$)

선교적 필요와 과제

종교 분포 현황은 기독교 77%(천주교 17% 포함), 이슬람 14%, 그리고 토속 종교를 포함한 기타 9%이다. 국민 10명 중 8명이 기독교인이며, 아프리카에서 기독교가 가장 강한 나라 중 하나다. 이 땅에 선교가 여전히 필요한 이유는 기독교가 말라위 사람들의 삶과 문화의 전반에 걸쳐 넓게 자리하고 있는 만큼 명목상의 기독교인이 많기 때문이다. 그래서 "말라위 기독교의 넓이는 2km이지만 그 깊이는 2인치이다"라는 말이 있다. 이를 극복하기 위해서는 무엇보다도 잘 배우고 훈련된 목회자들이 교회를 이끌어 가야 한다. 그러나 세계에서 가장 가난한 나라 중 하나인 말라위의 궁핍한 경제적 형편으로 인해 정규 신학 교육을 받은 목회자는 극소수이다. 국가의 경제적 발전과 재정의 공정하고 투명한 관리로 국민들이 굶주림과 문맹에서 벗어나는 것이 필요하다. 이들에게 삶의 주요 과제 중 하나는 굶지 않고 사는 것이다. 따라서 말라위 선교를 위해 '떡과 복음'이 함께 전해져야 한다. 말라위 전체 문맹률이 대략 60%이다. 많은 교회와 선교사들이 선교적 관점에서 말라위 사람들이 더 많은 교육의 기회를 가질 수 있도록 돕고 힘써야 할 것이다.

기도 제목

1) 새로 세워진 대통령과 정부가 자신의 권력과 이익을 추구하는 것이 아닌 하나님의 지혜로 국민들이 가난과 굶주림에서 벗어나고, 교육의 기회가 확장되는 정책을 실행하게 하소서.
2) 미신과 이단 교회들의 거짓 술수와 가르침에 빠지지 않고 진리를 잘 분별하고, 무슬림들이 복음을 듣고 예수님께 돌아오게 하소서.
3) 목회자들이 신학 교육을 잘 받아 성경을 바르게 전하며 성도들이 균형 잡힌 말씀을 배워 기복 신앙과 번영 복음에서 벗어나게 하시고, 교회가 세상에서 빛과 소금 역할을 하게 하소서.
4) 선교사들이 맡겨진 사명을 충실하게 잘 감당하고, 선교사 가족들이 영육이 건강하고, 자녀들이 말씀과 믿음 안에서 바르게 자라고, 하나님께 영광 돌리는 하나님의 선교를 하게 하소서.

오천식

Day 207 7월 26일 Muslim Yao

말라위-무슬림 야오

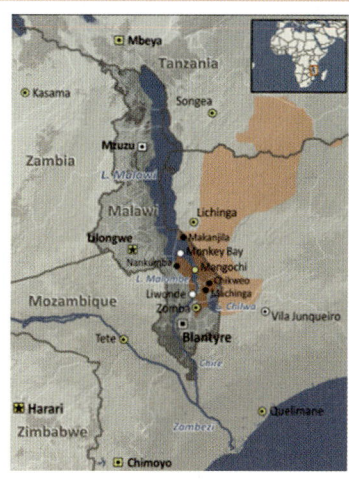

인구: 1,999,000명
종족: 야오(Yao)
언어: 야오
종교: 이슬람
복음화율: 1%

선교적 필요와 과제

야오 종족의 역사는 동남 아프리카 해안에 위치한 모잠비크의 북쪽 '야오'라는 산에서 시작한다. 1800년대에 반투(Bantu)족의 두 주요 종족인 야오족의 많은 수가 마쿠아(Makua)족과의 갈등에서 벗어나고자 탄자니아와 말라위로 이동하였다. 야오 종족이 잔지바(Zanzibar; 탄자니아 본토에서 15마일 정도 떨어진 인도양에 위치한 큰 섬으로 탄자니아에 속한 자치령) 출신의 아랍인들과 코끼리 상아와 노예 무역을 통해 축적한 재산으로 인해 마쿠아 종족과 대적 관계가 되었다. 야오 종족의 무슬림으로 개종은 1870년경에 야오 종족 지도자들이 전통 신앙인 정령 신앙보다 무역 파트너였던 아랍 사람들의 이슬람을 따르기로 결정하면서 시작되었다. 야오 종족 수는 전체 280만 명 정도 되며, 말라위에 190만 명, 탄자니아에 60만 명, 모잠비크에 20만 명, 그리고 일부 소수가 잠비아에 거주하고 있다. 야오 종족도 가난으로 인한 물질적 필요와 에이즈, 말라리아, 영양실조 등으로 어려움을 겪고 있다. 이들에게는 물질적 필요보다 더 중요한 것이 영적 필요인데, 그 이유는 야오 종족이 가장 복음화되지 않은 미전도 종족 중 하나이기 때문이다. 이들이 표면적으로는 기독교를 받아들이는 듯하지만 신앙적 뿌리가 이슬람에 있기에 실제로 복음을 받아들이는 일이 쉽지 않다.

기도 제목

1) 야오족에게 교육의 기회가 열려서 문맹과 가난의 굴레에서 벗어나 새로운 삶과 사회를 만들어 갈 수 있게 하소서.
2) 지역마다 그 비율에 있어 약간의 차이는 있지만 거의 모든 야오 종족이 무슬림으로, 가장 복음화되지 미전도 종족인데, 이들에게 복음의 기회가 주어지게 하소서.
3) 야오 종족이 복음을 듣고 예수님을 영접하기 위해 개인 또는 가정교회 형태의 지속적인 접촉과 관계를 통해 성경 공부와 제자 양육이 진행되게 하소서.
4) 무슬림인 야오족이 성령의 능력과 역사로 복음을 듣고 참 믿음을 갖게 하시고, 추장들의 마음이 열려 예수님을 구주로 영접하고, 공동체 내 다른 이들에게 예수님을 전하게 하소서.

오천식

Day 208   7월 27일   Republic of Mozambique

모잠비크

언어: 포르투갈어
종족: 61
인구: 31,255,000명
GDP: 14,934(US$/백만) (0.07%)
1인당 GDP: 492(US$)

선교적 필요와 과제

모잠비크의 선교의 당위성은 예방 선교에서 찾고자 한다. 오랜 세월 동안 포르투갈의 식민지, 독립과 내전, 그리고 사회주의로부터의 고립된 삶의 무게는 말로 다 표현할 수 없을 정도이다. 개발 도상국 중 가장 빠르게 성장하는 나라 중 하나지만 여전히 부정부패로 인해 백성들은 혼란 속에 있고 삶의 질은 나아질 기미가 보이질 않고 있다. 사회적 부정부패, 정치적 혼란, 고용 부족으로 사회 혼란과 고통은 국민의 삶 속에 그대로 묻어나고 있다. 토속 종교와 시온주의 독립교회 그리고 가톨릭과 기독교의 혼합은 순수한 기독교를 훼방하고 있다. 성경적인 교회를 세우기 위해서는 현지 지도자들의 재교육이 절실한 상태이다. 교회 지도자들 대부분이 신학 교육은 고사하고, 초등학교 교육을 받지 못한 경우도 부지기수다. 따라서 재교육을 통해 건강한 목회를 할 수 있도록 돕고 협력하는 일이 필요하다. 북으로부터 남하하는 이슬람으로부터의 예방 교육이 필요하다. 신학의 뿌리가 없고 전문적인 교육을 받지 못한 사역자들이 이슬람의 유혹에 너무 쉽게 넘어가는 모습을 바라보면 가슴이 무너진다. 이들로 하여금 기독교 신학의 정체성을 갖고 신앙을 고백할 수 있도록 반복적인 훈련이 필요하다.

기도 제목

1) 무장 단체와 테러리스트들의 공격이 잦아 주민들이 불안에 떨고, 상대적으로 낮은 급여와 높은 물가로 인해 국민의 삶이 피폐한데, 정치와 백성들의 삶이 안정되게 하소서.
2) 오랫동안 가톨릭의 다원주의적 신학에 노출된 이 땅에 십자가의 사랑과 보혈의 복음을 통해 복음주의적인 교회, 주님께서 기뻐하시는 교회가 세워지게 하소서.
3) 코로나19 팬데믹이 장기화됨에 따라 많은 이들이 일자리를 잃고 사회적 불안이 극에 달해 범죄로 이어지고 있는데, 이때 교회가 교회다운 모습으로 바로 세워져 사회의 등불이 되게 하소서.
4) 선교사들의 팀 사역을 통해 오지에서 배움의 기회를 갖지 못한 채 사역하는 목회자들을 재교육하고, 주일학교가 활성화되고, 셀그룹을 통해 교회가 성장하게 하소서.

김창길

Day 209   7월 28일

Republic of Botswana

보츠와나

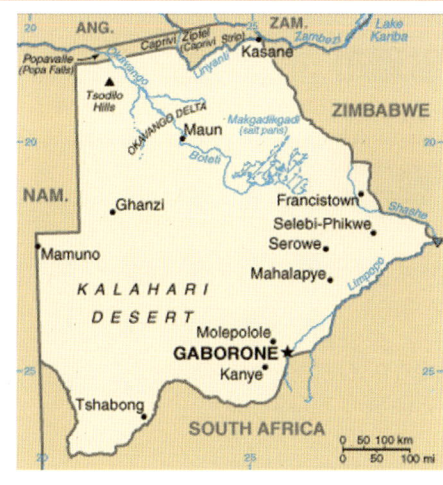

언어: 영어, 츠와나어
종족: 46
인구: 2,352,000명
GDP: 18,341(US$/백만) (0.09%)
1인당 GDP: 7,961(US$)

선교적 필요와 과제

보츠와나는 1966년 영국으로부터 독립하였다. 아프리카에서는 드물게 선거를 통해 정권이 평화롭게 이양되며 내전도 발생하지 않은 모범적인 민주 국가로 평가받고 있다. 정부가 다이아몬드, 구리, 니켈, 금, 관광업 등 국가 자원에 의해서 발생하는 이익을 교육과 사회 기반 시설을 위해 사용하고 있다. 지난 20년간 아프리카에서 안정적으로 발전해 온 나라로, 중산층의 수입이 늘어나고 있지만, 실업률은 19%로 높은 편이다. 음주, 도덕적인 나태로 전통적인 가족 구조가 붕괴하고 있다. 한편 국민 전체의 HIV/에이즈 감염률이 높아, 정부는 공공 부문을 통해 HIV/에이즈 감염으로 인한 사망률을 낮추는 항레트로 바이러스제를 사용할 수 있게 하는 프로그램을 시행하고 있다. 복음을 접한 지 150년이 넘었지만, 전통 종교의 가치관과 신념이 기독교인들 사이에 많이 남아 있다. 서구 선교 단체에 의해 세워진 주류 교단은 쇠퇴하고, 명목상 기독교인이 증가하고 있다. 목회자 가운데 교육 수준이 낮고, 신학 훈련을 제대로 받지 못한 이들이 많다. 이들을 위한 기초적인 신학 교육 과정의 운영이 필요하다. 에이즈의 효과적인 예방을 위한 청년 교육 프로그램, 에이즈 희생자와 고아를 위한 사역도 필요하다.

기도 제목

1) 정부가 실업률을 극복해 지속 가능한 성장을 이어가고, HIV/에이즈 보균자들이 정부가 시행하는 항레트로 바이러스제 보급 프로그램을 잘 수행하여 치료 효과를 보게 하소서.
2) 바른 복음을 통해 신앙이 회복되게 하시고, 신앙 회복을 통해 붕괴된 가족이 새롭게 세워지게 하소서.
3) 지역 교회와 교단 모두 혼합주의적 형태를 배격하고, 진정한 회개를 경험한 기독교인으로 거듭나게 하소서.
4) 교회가 오카방고 삼각주의 예이족(5만 3천 명), 소수 종족인 한다족, 쿠아족, 쿵족, 누산족에게 복음을 전하고, 사회적으로 소외돼 고통받는 에이즈 환자들을 잘 돌보게 하소서.

YSH

Day 210 7월 29일 Republic of Angola

앙골라

언어: 포루투갈어
종족: 63
인구: 32,866,000명
GDP: 94,635(US$/백만) (0.44%)
1인당 GDP: 2,974(US$)

선교적 필요와 과제

아프리카 남서부, 남대서양 해안에 위치한 연안 국가로, 1974년 포르투갈로부터 독립했다. 독립과 함께 부족 간 반목과 갈등으로 내전 상태에 돌입했으며, 내전은 앙골라의 자원을 둘러싼 인접국과 열강의 개입으로 국제화, 장기화되었다. 2002년 4월에 정부군과 반군 간에 휴전이 체결돼 30여 년간 지속되던 내전이 종식되었다. 내전으로 약 50만 명의 사망자와 400만 명의 난민이 발생했고, 국토는 황폐화되었고, 국토 전역에 남아 있는 대인 지뢰로 피해가 속출하고 있다. 원유, 다이아몬드 등 천연자원을 통한 무한한 성장 잠재력이 있지만, 석유에 대한 경제 의존도가 높아 국제 유가 등락이 경제 전반에 지대한 영향을 미친다. 이전 산토스 정부가 장기 집권하면서 권력층의 부정부패가 심했으나, 2017년 로렌수 대통령 취임 후, 경제 다변화 정책과 규제 개혁 조치 등을 통해 위기를 극복하려고 노력 중이다. 포르투갈의 식민지였기 때문에 포르투갈어가 공용어고, 국민 대다수가 기독교인으로, 가톨릭이 65%, 개신교가 18%를 차지한다. 정상적인 신학교육과 훈련 받은 목회자가 부족해서, 지역별로 이동하며 교육하는 프로그램과 TEE, 그리고 실질적인 제자도/훈련 프로그램 운영을 통한 목회자 교육이 필요하다.

기도 제목

1) 내전 중 파괴된 집, 학교, 병원, 교회, 그리고 도로 등 사회 기반 시설이 속히 재건되고, 내전 기간에 부설된 대인지뢰를 제거하여 더 이상의 인명 피해가 발생하지 않게 하소서.
2) 다양한 색깔의 신앙과 잘못된 교리, 기독교와 전통적인 종교가 혼합된 가르침으로 인해 교인들의 신앙에 나쁜 영향을 미치고 있는데, 영적인 전쟁에서 승리하게 하소서.
3) 교회가 내전으로 상처받은 사람들을 그리스도의 사랑으로 치유하고, 농촌에서 대도시로 몰려든 도시 빈민들과 거리의 아이들에게 복음을 전하게 하소서.
4) 앙골라에 거주하는 약 5만 명의 중국인들에게 복음을 전할 수 있는 길이 열리게 하소서.

YSH

Day 211　　7월 30일　　　　　　　　　　　　Kingdom of Eswatini

에스와티니(구. 스와질란드)

언어: 스와티어, 영어
종족: 10
인구: 1,160,000명
GDP: 4,405(US$/백만) (0.02%)
1인당 GDP: 3,837(US$)

선교적 필요와 과제

기독교인은 약 85%(개신교 10%, 독립 교회 50%, 가톨릭 5%, 기타 35%) 정도이며, 신자들 대부분이 매주 예배에 참여하는 편이다. 특별히 왕의 명령으로, 모든 공립 학교(초, 중, 고등학교)가 정기 예배를 드리며, 종교 수업 시간이 있을 정도로 기독교 국가를 표방하고 있다. 그럼에도 불구하고 일부다처제, 조상 숭배 사상, 전통문화와 가치관을 포함한 기독교 혼합주의 성격인 ZCC(Zion Christian Church)는 성령의 은사 운동과 함께 적지 않은 영향력을 기독교인들에게 끼치고 있다. 이러한 상황 가운데 에스와티니 선교는 올바른 십자가 복음을 전하고, 성경적 세계관 및 윤리 교육에 힘을 쏟아야 한다. 이를 위해 기독교의 기초 교리뿐 아니라 복음의 본질과 실천적 삶을 가르치는 성경적 목양 중심의 신학교 설립과 이를 통한 목회자 배출이 시급하다. 아버지 부재 현상, 일부다처제, 조상 숭배, 주술사, 우상 숭배 등의 근본 문제를 해결하기 위해 체계적인 다음 세대 교육 사역이 절실하다. 미래지향적 국가 발전과 소득 증대를 위해 지역 특산물 개발 및 재배, 직업 학교 설립, 신앙적 인재 양성을 위한 전략적인 유학 프로그램 등이 필요하다. 그리고 남부 아프리카와 무슬림권에 선교사 파송을 위한 인적 지원 시스템과 연합 기도 전선 구축 또한 필요한 사역이다.

기도 제목

1) 국가 행정 통합 서비스가 구축돼 효율적 행정이 이뤄지고, 해외 인력 파견, 유학 프로그램이 활성화되고, 이슬람권과 중화권 자본에 의지하지 않고 경제가 건전하게 회복되게 하소서.

2) 은사와 기적 그리고 비성경적 가르침에서 말씀과 십자가 복음 중심으로 돌아오고, 무슬림의 영적 세력 확장을 막아서는 전략적 연합 사역이 이뤄지게 하소서.

3) 기복 신앙과 예언과 기적 중심의 신앙이 건전한 말씀 훈련을 통해 균형 잡힌 신앙으로 바뀌고, 개교회 목회자들이 교회 정체성을 회복하고, 다음 세대 제자 훈련이 활성화되게 하소서.

4) 교육, 복지, 보건 중심의 해외 선교 단체 사역이 목양과 교회 발전 사역으로 확대되고, 십자가 복음에 기초한 목회자 개발을 통해 남부 아프리카와 무슬림권에 선교사가 파송되게 하소서.

박재춘

Day 212　　7월 31일　　　　　　　　　　**Republic of Zambia**

잠비아

언어: 영어
종족: 74
인구: 18,384,000명
GDP: 23,065(US$/백만) (0.11%)
1인당 GDP: 1,291(US$)

선교적 필요와 과제

잠비아는 선교 역사가 제법 오래된 나라이다. 그리고 영국 식민지 통치를 받는 입장이었기에 기독교 문화의 이식과 정착은 현지인들의 의사와 상관없이 이루어졌다. 그래서 개인적 신앙의 회심보다는 제도적인 영향과 필요에 의한 기독교인이 초기에는 많았고 그 영향은 지금까지 이어져 내려오고 있다. 이러한 이유로 기독교 통계는 높게 나오지만, 명목상 기독교인이 대부분이고, 실제로 교회 출석하며 기독교인으로 신앙생활을 하는 비율은 아주 낮다. 그리고 오랜 식민지 시절의 영향이 아직도 깊숙이 남아 있어서 외부 지원에 의존하는 비율이 높다. 잠비아 국민들 대부분이 토속 종교인 애니미즘과 토테미즘의 영향을 받고 있고, 주술사와 미신은 교회 안에 들어와 혼합되어 존재한다. 그동안의 선교 활동은 그리스도의 십자가로 구원받는 회심의 과정과 그리스도의 제자로 살아가는 성장은 강조되지 못했고, 개종에만 집중되었다. 현재 잠비아의 선교 초점은 명목상 신자들을 그리스도의 진정한 제자가 되도록 이끄는 것이며, 그들이 그리스도인답게 살아가도록 격려하는 목회적 돌봄에 있다. 그리고 기초가 튼튼하지 못한 그리스도인들이 각종 이단과 사이비 유혹에서 신앙을 지키도록 훈련하는 데 중점을 두어야 한다.

기도 제목

1) 2021년 8월 예정된 대통령 선거를 앞두고 부족 간의 갈등과 정당들과의 첨예한 대립으로 크고 작은 소요가 일어나고 있는데, 안정적으로 대통령 선거가 잘 치러지게 하소서.
2) 모든 종교에 열려 있는 나라여서 한국 이단인 구원파와 신천지 등이 물량 공세 등 공격적인 포교 활동을 하고 있는데, 교회에 영적 분별력을 허락하여 주소서.
3) 그동안 교회들 대부분이 외부에 의존해 왔는데, 영적 리더들의 변화로 잠비아 교회가 자립할 수 있게 하소서. 교회 사역자들이 복음의 기초를 다지는 데 최선을 다하게 하소서.
4) 프로젝트와 건물 위주의 보여주기식 선교를 지양하고, 잠비아 교회를 건강하게 변화시키는데 기여하는 선교가 이뤄지게 하소서.

박성식

Day 213 8월 1일

Republic of Zimbabwe

짐바브웨

언어: 영어 외 16개 언어
종족: 41
인구: 14,863,000명
GDP: 21,441(US$/백만) (0.1%)
1인당 GDP: 1,464(US$)

선교적 필요와 과제

1965년 남 로데지아 정부가 종주국인 영국에 대해 로데지아 독립을 선언했다. 이에 반발해 흑인 민족주의자들이 무장 독립 투쟁을 전개, 1980년 짐바브웨라는 국명으로 독립했다. 1990년대 후반, 2차례의 가뭄과 경제적 궁핍으로 민심(특히 재향군인들)의 이반이 나타나자, 토지 개혁 정책을 실시했다. 정부가 백인 소유 농장을 환수해 흑인들에게 재분배했는데, 오히려 흑백 간 갈등과 영국 등 서방 국가와 갈등으로 비화되었다. 서방의 경제 제재, 재분배된 농지 운영 및 관리 실패, 농산물 생산량 감소, 경제 상황 악화로 외국인 투자와 관광 산업 추락, 대규모 실업 발생, 교육과 보건 체계 마비 등 문제가 지속됐다. 여당 내 후계 갈등의 심화와 권력 투쟁으로, 2017년 11월 15일 군부 쿠데타가 발생해 37년간의 무가비 대통령 시대가 종식되었다. 이후 음난가과(Mnangagwa) 정부는 국제 사회와 관계 개선을 추진하면서, 해외 투자 유치와 경제 개혁을 통한 경제 회생을 추진 중이다. 이슬람은 1.1%로 아직 소수지만 이들의 전도도 시급하다. 교회 사역자를 위한 신학 교육과 제자 훈련 사역, 에이즈 예방 교육과 돌봄 사역, 일자리를 찾아 대도시로 이주한 이들에게 전도와 돌봄 사역이 필요하다.

기도 제목

1) 경제 상황 악화로 국민이 어려움을 겪고 있고, 여성을 대상으로 한 범죄가 증가하고 있는데, 정부가 경제적 난관을 잘 극복하고, 여성과 취약 계층의 인권을 보호하게 하소서.
2) 주술 같은 부족 신앙과 결합된 혼합주의적 신앙 형태가 복음의 순수성과 교회의 순결을 침해하지 못하게 하소서.
3) 교회가 사회적, 경제적, 신체적으로 고통받는 사람들의 필요를 채워주고, HIV/에이즈 확산 방지를 위한 교육을 하고, 농촌 지역에서 목회와 교회 개척을 하는 사역자가 많아지게 하소서.
4) 말라위 출신의 야오(Yao)족, 남아시아에서 온 이민자들, 소수의 쇼나 부족들로 이루어진 짐바브웨 내 무슬림과 미전도 종족인 도마족과 마라티족을 전도하게 하소서.

YSH

Day 214 8월 2일 British overseas territories in Atlantic Ocean

대서양에 있는 영국 해외 영토들

세인트 헬레나, 어센션, 트리스탄다큐냐
(Saint Helena, Ascension and
Tristan da Cunha) 7,000명,
포클랜드 제도(Falkland Islands) 3,100명,
사우스 조지아와 사우스 샌드위치 제도
(South George & South Sandwich Islands) 30명

선교적 필요와 과제

세인트헬레나, 어센션, 트리스탄다큐냐는 남대서양에 위치한 영국의 해외 영토다. 세인트 헬레나는 나폴레옹이 유배 왔던 섬으로 유명하다. 인구는 7000여 명으로, 기독교 94%, 무종교 5%, 바하이교 0.2%로 기독교 비율이 높다. 사람들 대부분이 세인트헬레나섬에 거주하며, 어센션섬의 공군 기지에 영국과 미국 행정부, 과학·군사 요원이 거주하고 있다. 남대서양에 위치한 포클랜드 제도 인구는 3100여 명으로, 주로 어업에 종사하며, 목양업과 관광업, 그리고 영국 군대 주둔으로 부수적인 수입을 얻는다. 인구 중 기독교인 비율은 65% 정도이다. 포클랜드 제도 영유권 분쟁으로 1982년 영국과 아르헨티나 사이에 전쟁이 발발, 영국 승리로 끝났다. 그러나 이 섬을 중심으로 대서양과 남극에 매장된 지하자원을 두고 여전히 갈등 중이다. 사우스조지아와 사우스샌드위치 제도 인근 해상에 석유가 매장돼 있고, 이 제도가 남극으로 가는 전진 기지 성격을 띤다. 이 때문에 아르헨티나도 영유권을 주장한다. 영국은 사우스조지아섬에 남극 해양 기지를 세우고, 공무원과 남극 관련 연구원 등 30여 명을 거주하게 했다. 침체된 지역 교회 내 사역의 활성화와 영적 부흥을 위해 헌신할 사역자가 필요하다.

기도 제목

1) 세인트 헬레나섬의 지역 경제 상황이 나아지고, 영유권 분쟁 중인 영국과 아르헨티나가 상호 이해와 공정한 협의를 통해 화해의 장을 열어갈 수 있게 하소서.
2) 명목상 기독교인의 증가에 경각심을 가지고, 기독교인의 영적 부흥을 위해 기도하게 하소서.
3) 기독교 전통은 오래되었으나 신앙에 대한 헌신도와 교회 출석률이 떨어지고 있는 상황인데, 지역 교회의 기독교인들이 활력이 넘치는 교회를 만들어 갈 수 있게 하소서.
4) 어센션과 트리스탄다큐냐 사람들에게 효과적으로 복음을 증거하고 영적으로 돌볼 헌신된 사역자가 세워지고, 포클랜드 제도에 주둔한 기독교 군인들이 동료들에게 복음을 전하게 하소서.

YSH

Day 215　8월 3일　　　Central Africa

중앙아프리카

가봉
상투메 프린시페
적도 기니
중앙아프리카 공화국
차드
콩고공화국
콩고 민주 공화국

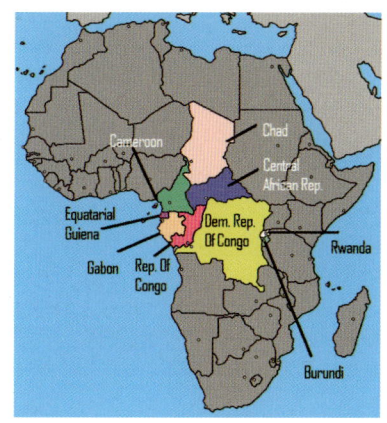

선교적 필요와 과제

가봉, 상투메 프린시페, 적도 기니, 중앙아프리카 공화국, 차드, 콩고 민주 공화국, 콩고 공화국 등이 중앙아프리카로 분류된다. 다른 아프리카국가들처럼 이 지역 국가들도 1960년대 서구 열강으로부터 독립하였다. 그러나 독립 후 각국은 장기 독재나 쿠데타로 인해 정치적, 경제적 불안정에 시달려왔다. 또 부족주의와 자원에 대한 이권을 취하려는 주변국들과 서구 열강들의 이해관계가 뒤얽혀 내전이 발생하기 일쑤였다. 특히 1998-2003년에 일어난 제2차 콩고 내전은 콩고민주공화국, 나미비아, 짐바브웨, 앙골라, 차드, 우간다, 르완다, 부룬디까지 개입된 아프리카 판 세계대전이었다. 콩고 동부가 많은 피해를 입었고, 지금도 자원 확보와 지역에서 지배권을 유지하려는 반군/민병대가 이 지역을 위협하고 있다. 장기간 이어진 내전과 부족주의는 국민들 사이에 심각한 증오를 심었다. 자원을 통한 이익은 권력을 가진 소수가 독점함으로써 빈부 격차는 날로 커지고 있고, 사회적 약자인 여자들과 아이들의 안전은 심각하게 위협받고 있다. 그러므로 그리스도의 화해의 복음이 들려지고, 어둠을 밝히는 진리의 말씀이 선포되고, 경제적, 사회적, 영적 어려움을 당한 사람들에게 그리스도의 사랑이 증거되어야 한다.

기도 제목

1) 정의롭고 전쟁과 갈등을 막을 수 있는 지도자들이 세워지고, 주변국들과 협의를 통하여 내전의 상처를 치유하며 각 국가가 함께 발전을 이루어 가게 하소서.
2) 종교 혼합주의로 인해 복음의 순수성이 훼손되고 영적 성장이 저해되고 있는데, 기독교인들이 말씀을 깊이 이해하고 말씀에 순종하는 그리스도의 제자로 살아가게 하소서.
3) 교회가 내전과 부족주의 등으로 상처 입은 자들에게 그리스도의 사랑을 전하고, 화해와 평화의 대사 역할을 하게 하시고, 올바른 신학과 말씀으로 훈련받은 목회자들이 세워지게 하소서.
4) 중앙아프리카에서 증가하고 있는 무슬림들에 대해 교단과 교회들이 연합해 장기적인 선교 전략을 세우고, 그들에게 복음을 전하며, 주변 이슬람 국가들에 선교사를 보내게 하소서.

Yohanson Han

Day 216　8월 4일　Gabonese Republic

가봉

언어: 프랑스어
종족: 52
인구: 2,226,000명
GDP: 16,658(US$/백만) (0.08%)
1인당 GDP: 7,667(US$)

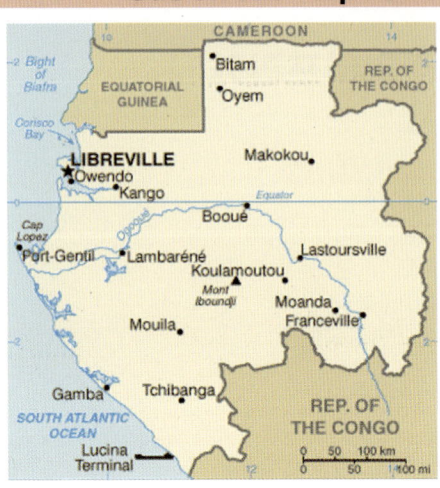

선교적 필요와 과제

가봉은 1960년 프랑스로부터 독립했다. 공용어는 프랑스어이고, 기독교인이 전체 인구의 76%, 전통 종교는 14%, 이슬람은 8% 정도이다. 마호가니와 코코아가 많이 나며, 석유, 우라늄, 등 광산 자원도 풍부하여 아프리카에서는 부유한 나라에 속한다. 그러나 여전히 많은 사람이 농업에 종사하며, 국민은 수출로 벌어들이는 부에서 직접적인 혜택은 받지 못하고 있다. 1967년부터 2009년까지 41년간 가봉을 통치한 오마르 봉고 온딤바 대통령의 뒤를 이어 그의 입양한 아들 알리벤 오마르 봉고 온딤바가 통치하고 있다. 가톨릭이 지배적이지만 영향력은 약해지고 있고, 주변국의 무슬림이 이주해 오면서 최근에 이슬람으로 개종하는 사람들이 증가하고 있다. 전 대통령이 1973년에 무슬림으로 개종했고, 아들인 현 대통령도 무슬림으로 개종할 정도로 이슬람교 포교 활동에 호의적이다. 증가하는 무슬림에게 복음을 전하기 위한 선교적 대응 전략이 필요하다. 먼저 목회자들이 소명에 투철한 사역자로 재무장해야 한다. 일부다처제와 도덕적 문란으로 상처받은 가정을 회복하기 위해 청년과 여성을 교육하는 사역이 요구된다. 그리고 성경을 체계적으로 가르치기 위한 교재 편찬 사역도 필요하다.

기도 제목

1) 정치적 상황이 안정돼 민주적인 국가로 변화되고, 소수에 의한 부의 독점이 아니라 국가의 부가 사회 기반 시설에 투자되고, 국민에게 분배되어 많은 국민이 가난에서 벗어나게 하소서.
2) 정령 숭배와 조상 숭배 신앙과 의식이 기독교와 혼합되어 교회에 악영향을 미치고 있는데, 기독교인들이 이러한 혼합주의를 이겨내고 온전한 복음을 회복하게 하소서.
3) 명목상 기독교인들이 십자가 복음으로 거듭난 기독교인이 되고, 목회자들이 번영 설교가 아닌 성경적인 방법으로 책임감 있게 살아가도록 가르치게 하소서.
4) 서아프리카 주변국에서 입국한 무슬림과 가봉 내 무슬림인 아랍인, 풀라니족, 하우사족, 올로프족, 그리고 부족 종교를 신봉하는 반두무족에게 복음을 전하게 하소서.

Yohanson Han

상투메 프린시페

Day 217 8월 5일 Democratic Republic of São Tomé and Príncipe

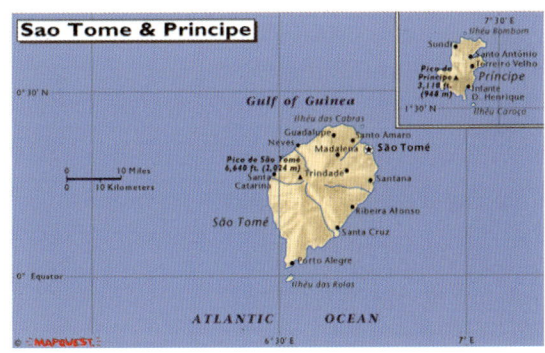

언어: 포루투갈어, 크리올어
종족: 6
인구: 219,000명
GDP: 429(US$/백만) (0.002%)
1인당 GDP: 1,995(US$)

선교적 필요와 과제

적도 근방의 대서양에 위치하며, 가봉의 북서 해안에서 300km 정도 떨어져 있다. 아프리카에서 세이셸에 이어 두 번째로 작은 국가로, 상투메와 프린시페 두 섬과 부속 도서로 이루어져 있다. '상 투메'는 포르투갈어로 '성 토마스'를 뜻하며 '프린시페'는 왕자를 뜻한다. 영문으로 '세인트 토마스 앤 프린스(St. Thomas and Prince)'로 부르기도 한다. 원래는 무인도였지만 15세기 말 포르투갈이 죄수와 노예들의 유형지 겸 플랜테이션 강제 노동 기지로 활용했고, 이후에는 노예 무역 중계 기지로 이용되었다. 19세기 코코아 생산으로 번성했다. 1951년 다른 포르투갈 식민지와 함께 포르투갈령 해외 주가 되었다. 1960년대 아프리카 해방 운동의 기운을 얻어 독립 운동이 시작됐고, 1975년에 포르투갈로부터 독립했다. 1991년 1월 다당제 민주주의를 도입했고, 주력 산업은 농업(카카오, 커피 등)이며, 관광과 어업이 그 뒤를 잇고 있다. 카카오를 수출하는 가난한 농업 국가로, 식량 대부분을 수입하는 실정이다. 외국의 원조를 받아 식량 증산에 나서지만 항상 부족한 상황이다. 토착어와 함께 포르투갈어를 사용하고 있으며, 종교 분포는 기독교 86%, 종족 종교 9%, 이슬람교 3.6%인데, 명목상 기독교인이 많다.

기도 제목

1) 최근 석유가 발견되어 경제적 발전의 기대가 높아지고 있는데, 지속적인 경제 성장과 정치적으로 안정된 나라가 되게 하소서.
2) 상투메 프린시페에서 통일교가 활동 영역을 넓혀가는 추세인데, 교회가 사이비와 이단들의 미혹에 넘어가지 않게 하소서.
3) 가톨릭 신자가 많지만 정령 숭배를 하고, 경쟁자로부터 자신을 안전하게 지키고 부자가 되기 위해 주술사를 찾는 환경 가운데서 거듭난 그리스도인들이 영적인 영향력을 행사하게 하소서.
4) 프린시페섬의 주민들, 상투메섬에서 농업과 어업에 종사하는 앙골라(Angolar) 사람들, 그리고 계약 노동자들의 구원과 구제 활동이 잘 이루어지게 하소서.

YSH

Day 218　8월 6일　Republic of Equatorial Guinea

적도 기니

언어: 스페인어, 프랑스어, 포루투갈어
종족: 18
인구: 1,403,000명
GDP: 11,027(US$/백만) (0.05%)
1인당 GDP: 8,132(US$)

선교적 필요와 과제

적도 기니는 카메룬과 가봉 사이에 있는 대륙 부분인 리오무니(Río Muni)와 수도인 말라보가 있는 비오코섬(Bioko), 그리고 작은 섬인 안노본섬(Annobón)으로 이루어져 있다. 기독교는 89%, 전통 종교는 4.5%, 이슬람은 3.3% 정도다. 스페인어를 공용어로 사용한다. 이름과는 달리 적도가 본토를 통과하지 않고, 안노본섬과 나머지 영토 사이 바다로 적도가 통과한다. 1778년에 스페인이 비오코섬을 점령하고 식민 정책을 시작했고, 19세기 초반에는 유럽의 노예 무역을 위해 이용되었다. 1968년 10월 12일 스페인으로부터 독립했다. 프란시스코 마키아스 응게마가 대통령에 당선된 후, 야당 활동을 불법화하고, 1972년에는 종신 집권을 선언했다. 결국 1979년 군부 쿠데타가 발생, 그의 조카인 테오도로 오비앙 은게마 음바소고가 대통령으로 추대돼 지금까지 통치 중이다. 잘못된 국가 운영으로 1979년까지 경제적 폐허 상태였지만 1995년 유전이 발견돼 석유로 인한 소득으로 국가가 엄청난 부를 획득하게 되었다. 다만 경제의 97%를 석유 관련에 의존하고 있어 국제 유가에 따라 해마다 국내 총생산의 변화 폭이 심하다. 부의 불균등한 분배로 일반 국민들에게는 혜택이 돌아가지 않고 있고 부패가 심각하다.

기도 제목

1) 민주주의가 발전해 부정부패가 방지되고, 부의 균등한 분배를 통해 일반 국민들의 삶의 질이 향상되게 하소서.
2) 정령 숭배 신앙과 부족의 전통적인 세계관을 가지고 있는 이들이 성경적인 세계관을 갖게 하소서.
3) 명목상의 기독교인들이 예수 그리스도에 대한 참 복음을 듣고 회심하는 역사가 일어나게 하소서.
4) 이슬람을 믿는 하우사 부족(28,000여 명)과 힌두교를 신봉하는 남아시아에서 온 사람들(1,400여 명)에게 복음이 선포되게 하소서.

한용승

Day 219 8월 7일   Central African Republic(CAR)

중앙아프리카 공화국

언어: 프랑스어, 상고어
종족: 82
인구: 4,830,000명
GDP: 2,220(US$/백만) (0.01%)
1인당 GDP: 467.9(US$)

선교적 필요와 과제

지리적으로 아프리카 중앙에 위치한 내륙 국가로 공용어는 프랑스어이며, 상고 (Sango)어를 통상어로 사용한다. 종교 분포는 기독교가 70%, 전통 종교는 11%, 이슬람은 18% 정도이다. 1889년 프랑스가 식민지 경영을 하였으며, 1960년 8월 독립하였다. 독립 이후 최소 8차례 이상의 쿠데타가 있었으며, 2012년 이후 정치 세력 간의 다툼, 기독교와 무슬림 무장 단체들의 충돌 등으로, 휴전과 전투를 반복하는 내전 상태를 이어오고 있다. 지속되는 내전으로 인해 60만 명 이상이 카메룬과 차드, 그리고 콩고민주공화국에 있는 난민 수용소들에서 생활하고 있으며, 이 외에도 58만 명의 내부 난민들이 있는 것으로 알려져 있다. 정부도 족벌주의와 부패 등의 문제로 제 기능을 발휘하지 못하며, 민주주의 발전 또한 더디다. 안정적인 사회 기반 시설의 부족으로 경제 회복도 어려운 상황이다. 한 보고서에 의하면, 전체 인구의 59.6%가 영양 결핍을 겪고 있으며, 영유아 사망률도 12.2%에 달한다. 분쟁의 장기화로 아이들이 생업 전선에 뛰어들거나 거리의 아이들로 전락하기도 하고, 무장 단체에 가담하는 경우도 있다. 청소년과 어린이를 위한 사역이 필요하다.

기도 제목

1) 쿠데타와 역쿠데타로 경제와 기반 시설이 파괴되고, 민병대들 간의 전투로 국민들의 삶은 피폐해지고 있는데, 내전이 속히 종식되어 평화가 찾아오고 사회 통합이 이루어지게 하소서.
2) 무슬림 반군 세력과 기독교 민병대 사이의 상호 간 보복과 재보복의 악순환을 끊어 내고, 기독교인과 무슬림들이 서로를 존중하고 평화적인 관계를 만들어 가게 하소서.
3) 대부분의 기독교인들이 지역의 정령 숭배와 결합되어 있고, 복음에 대한 헌신이 결여되어 있는데, 말씀을 생활에서 실천하며 높은 도덕적인 기준을 가진 기독교인들이 많아지게 하소서.
4) 무슬림의 수적 증가는 완만하지만, 도시에서의 영향력 확대는 엄청난데, 기독교인들이 무슬림들에게 복음을 전하는 일에 열심을 내게 하소서.

YSH

Day 220　8월 8일　Republic of Chad

차드

언어: 아랍어, 프랑스어
종족: 141
인구: 16,426,000명
GDP: 11,315(US$/백만) (0.05%)
1인당 GDP: 709.5(US$)

선교적 필요와 과제

차드는 북부 아프리카에서 남진과 서진하는 이슬람 세력이 사헬 지역에서 멈춘 지역으로, 영적 전투가 치열한 곳이다. 정치는 이디리스 대통령(Idriss Déby Itno)이 1990년 군부로 정권을 잡고 여러 번 헌법을 수정하여 현 정권을 유지하고 있다. 이슬람 국가들의 지원으로 많은 마을들에 학교와 우물들을 통해 사람들을 이슬람화하고 있다. 또한 자연 숭배와 조상 숭배를 강요하는 전통 종교들이 존재하고, 마리아와 많은 성인의 이름으로 기도하는 가톨릭이 있다. 무엇보다도 심각한 것은 전통 종교가 기존의 이슬람과 가톨릭에 많이 혼합되어 존재한다는 것이다. 불어권 아프리카에서 제일 많은 미전도 종족을 가지고 있으나 선교사들이나 현지 교회들이 미전도 종족과 이슬람 마을에서 복음을 전하는 것은 아직 미흡한 실정이다. 차드는 약 200개 부족이 있으며, 약 120개의 언어 중 신구약 성경이 번역된 부족은 8개 부족이고 쪽 복음이 번역된 부족들도 있다. 차드에는 소망이 있다. 교회들과 성도들이 말씀에 서고자 하고, 전도에도 힘쓴다. 동기 부여가 되면 그들은 헌신한다. 나라가 못사는 것은 덥고 게을러서라기보다는 일자리가 없기 때문이다. 열악한 환경에도 잘 적응하는 이들에게 하나님 나라에 대한 도전과 비전이 필요하다.

기도 제목

1) 산유국이지만 국민들은 석유의 혜택을 받지 못하고 있고, 국토 대부분이 비포장도로이고, 인프라 구축이 거의 없는 상태인데, 위정자들이 국민을 위한 경제에 힘을 쓰게 하소서.
2) 오일 달러를 갖고 남진과 서진을 하면서 차드의 부족들을 이슬람화시키고, 모든 상권을 무슬림들이 갖고 있는데, 기독교인들이 빛과 소금의 역할을 잘 감당하게 하소서.
3) 차드의 교단들과 교회들과 성도들이 매일의 삶 속에서 그리스도의 증인으로 살아가고, 교회가 관료주의 빠지지 않게 하시고, 성도의 자녀들을 악의 세력들로부터 지켜주소서.
4) 현재 52개 미전도 종족이 복음을 듣지 못하고 죽어가고 있는데, 이들에게 복음을 전할 사역자들이 많이 일어나고, 이 일을 위해 교단들과 교회들이 협력하게 하소서

김영섭

차드-바가라

Day 221   8월 9일   Baggara

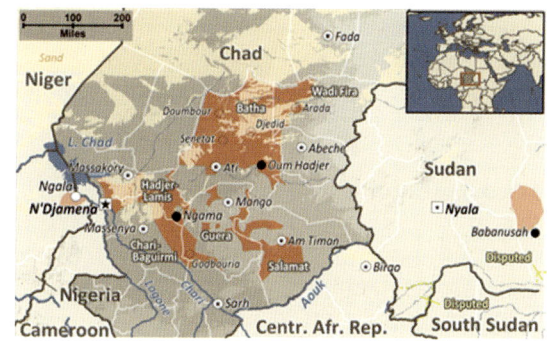

인구: 31,35,000명
종족: 바가라
언어: 차드 아랍어
종교: 이슬람
복음화율: 0.5%

선교적 필요와 과제

바가라 부족은 아랍 종족 그룹의 한 부류로, 차드 호수와 코르도판 남쪽 아프리카 사헬존에 거주한다. 카메룬, 나이지리아와 서부 차드에서는 '슈아 아랍'으로 불리기도 한다. '슈아'란 용어는 카누리에서 기원했다. 대부분 차드 아랍어로 알려진 고유한 방언을 사용한다. 집단적으로 바라가 부족이나 단일 민족으로는 생각하지는 않는다. 유목생활을 하며 소 떼를 거닐고 다닌다. 일반적으로 그들은 한곳에 정착하고, 수수, 깨, 콩을 재배한다. 일부다처제 결혼 제도이고, 남자와 여자가 엄격히 구분되어 산다. 바가라 부족은 여자들에 의해 지어진 간단한 돔 모양의 텐트에 사는데, 휴대용 구조로 되어 있어 쉽게 짐을 꾸릴 수 있고 가축과 함께 떠난다. 대부분의 "바가라 아랍"은 차드와 수단에 살고 있고, 나이지리아, 카메룬, 니제르, 중앙아프리카 공화국 및 남수단에 흩어져 살고 있다. 우기에는 방목지, 건기에는 하천 지역을 계절에 따라 소 떼, 양 떼, 낙타 떼를 이끌고 이동한다. 바가라 부족은 13세기부터 무슬림이 되었다. 그들은 무슬림 옷을 입으며 사람이 죽으면 머리를 메카로 향해 묻는다. 그들은 악령의 존재를 믿는다. 이슬람 신앙에 헌신하고 있어서 그들 가운데 개종자가 드문데, 선교가 시급하다.

기도 제목

1) 차드와 주변의 나라들이 정치적으로 안정화되어서 생활하는데 어려움이 없게 하시고, 유목민들과 정착민들과의 갈등이 많이 야기되고 있는데, 평화롭게 잘 지내게 하소서.
2) 유목민이라 그들과 동반해서 사역하기 쉽지 않아서 사역자 찾기가 쉽지 않은데, 이들에게 복음을 전할 좋은 사역자를 보내 주소서.
3) 차드와 다른 이웃 나라 교회들이 이 부족을 입양하고 이들을 위해 정기적으로 기도하고 사역자를 보내게 하소서.
4) 바가라 부족을 위해 신구약 성경이 번역되었고 예수 영화와 가스펠 레코드도 바가라 언어로 나온 상태인데, 이런 매개체들을 통해 바가라 부족들이 예수 그리스도를 만나게 하소서.

김영섭

Day 222 8월 10일　Republic of the Congo

콩고 공화국

언어: 프랑스어
종족: 71
인구: 5,518,000명
GDP: 10,821(US$/백만) (0.05%)
1인당 GDP: 2,011.10(US$)

선교적 필요와 과제

아프리카 중서부 대서양 연안에 있는 공화국으로 콩고민주공화국 서부에 위치해 있다. 19세기 말 프랑스인 브라자(Brazza)가 콩고 일대를 탐험한 이래 1902년 프랑스의 식민지로 되었다가 1960년 8월 15일 독립하였다. 불행하게도 독립 후 쿠데타가 계속되었다. 1968년에 쿠데타로 정권을 잡은 공산 정권은 국호를 콩고 인민 공화국으로 바꾸었다. 연이어진 쿠데타로 집권자는 바뀌었지만 공산 정권은 1991년까지 유지되었다. 1992년 총선에 의해 응게소 대통령이 축출되고 민선 정부가 출범하면서 국호를 콩고 공화국으로 환원했다. 그러나 다시 내전이 발생, 1997년 응게소가 재집권하였고, 현재까지 대통령으로 집권 중이다. 1997년 공식적인 내전 종결 이후에도 정부군과 반군 간 무력 충돌이 있어 왔고, 2003년 평화 협정 체결에도 불구하고 치안의 불안은 상존하고 있다. 공용어는 프랑스어이고, 통상어는 링갈라어와 투바어(키투바)다. 종교는 기독교가 86%(가톨릭 53%, 개신교 12%, 독립교회 15%, 기타 기독교 20%), 전통 종교가 13%, 이슬람 0.6%이다. 낮은 문맹률, 풍부한 자원, 원유로 인한 막대한 수입에도 불구하고 인구 절반이 농사, 어업, 사냥 같은 불안정한 생계 수단에 의지하여 가난에 시달리고 있다.

기도 제목

1) 가난에 시달리고 있는 국민들을 위해 정부가 경제 정책을 잘 운용하여 국민들의 삶이 개선될 수 있게 하소서.
2) 대부분이 기독교인이지만 전통적인 정령 신앙을 버리지 못하고 피상적인 믿음을 가지고 있는 사람들이 많은데, 성령의 역사로 콩고 공화국에 큰 부흥이 있게 하소서.
3) 거짓된 믿음과 의식들이 교회 내에서 많은 사람에게 나쁜 영향을 미치고 있는데, 교인들을 양육할 성경적 믿음을 가진 목회자들이 많이 나오고, 교회가 복음 전파의 비전을 품게 하소서.
4) 도시 지역에 거주하는 무슬림 상인과 콩고에 거주하며 일하는 유럽인들, 그리고 이슬람을 믿는 하우사 부족(11,000명)에게 복음이 전해지게 하소서.

YSH

Day 223　8월 11일　Democratic Republic of the Congo(DRC)

콩고 민주 공화국

언어: 프랑스어
종족: 229
인구: 89,561,000명
GDP: 47,320(US$/백만) (0.22%)
1인당 GDP: 545.2(US$)

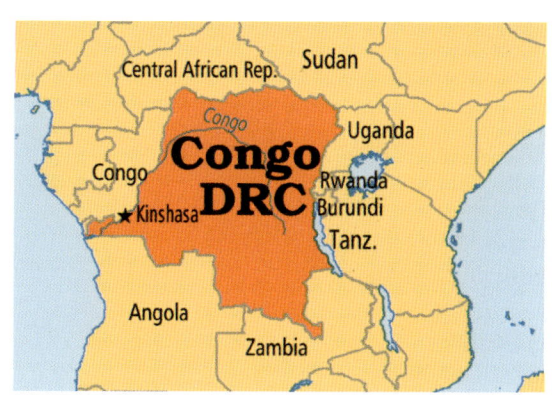

선교적 필요와 과제

1960년 벨기에서 독립한 후 수년간 폭력과 무정부 상태, 내전이 지속되었다. 1965년 모부투 세세 세코가 쿠데타로 정권을 장악했다. 장기 집권으로 인한 부패, 인권 침해, 국가 경제 침체 등으로 1차 콩고 내전(1996~97)이 일어났고, 1997년 반정부군 로랑 카빌라가 집권했다. 그러나 주변국들의 이해관계가 얽히면서 반정부군과 정부군 사이에 2차 콩고 내전(1998~2003)이 발생했다. 이 기간에 4백만 명 이상이 사망하고, 약 2500만 명의 난민이 발생했다. 2001년 1월, 카빌라가 암살되고, 그 아들 조제프 카빌라가 대통령직을 승계했고, 2006년에 최초로 시행된 자유 선거에서도 당선돼 2019년까지 대통령직을 수행했다. 프랑스어가 공용어이고, 국민의 43%가 로마 가톨릭, 24%가 개신교 신자이다. 현 대통령인 펠릭스 치세케디(Félix Antoine Tshisekedi Tshilombo)가 민주적인 복지 국가 건설, 부정부패 척결, 반군 집단 소탕, 정치범 석방 등을 약속했지만, 반군과 다수의 민병대가 여전히 활동하고 있다. 그리고 이슬람 급진 무장 반군 단체에 의해 기독교인을 포함한 민간인이 희생되는 등 치안 상태가 불안하다. 특히 콜탄 매장지인 동부 지역에 이웃한 르완다, 우간다 등 주변국이 지역 주도권과 자원 확보를 위해 반군과 연계할 경우 내전이 발생할 가능성이 크다.

기도 제목

1) 오랜 내전으로 인한 국민들 간의 적대감이 사라지고 평화가 자리 잡게 하시고, 정부의 안정된 국정 수행을 통해 경제가 회복돼 그 혜택이 국민들에게 분배되게 하소서.
2) 사람들이 주술에 대한 공포에 억눌리지 않게 하시고, 예수 그리스도 안에서 참 자유를 누리게 하소서.
3) 내전 중 살인, 강간, 신체 절단, 아동 학대 등 온갖 범죄가 발생했는데, 기독교인들이 회개하고, 이런 행위들의 배후에 있는 악한 영의 세력을 묶어주시고, 구원의 빛을 비춰 주소서.
4) 전통 종교를 신봉하는 세례족, 힌두교를 믿는 남아시아인, 이슬람을 믿는 아랍인과 스와힐리어를 사용하는 무슬림 공동체에게 복음이 전해지게 하소서.

YSH

Day 224 8월 12일

Eastern Europe

동유럽

루마니아, 몬테네그로
몰도바, 벨라루스
보스니아 헤르체고비나
북 마케도니아
불가리아, 세르비아
슬로바키아, 슬로베니아
알바니아, 우크라이나
체코, 코소보
크로아티아
폴란드, 헝가리

선교적 필요와 과제

동유럽은 지리적인 의미보다 정치적인 의미로 구분된다. 유럽에서 주로 구 공산권에 속했던 국가들이 여기에 속하며, 북쪽의 폴란드에서 남쪽의 알바니아까지를 포함한다. 동유럽 한인 선교사 대회에서는 독일 중에서 공산주의 기간에 동독에 속했던 도시들은 동유럽으로 간주하고, 오스트리아도 동유럽으로 간주했다. 가톨릭과 정교회가 주로 전통 종교로 자리 잡고 있지만, 이들 중 보스니아, 알바니아, 코소보와 같이 이슬람이 주 종교인 국가들도 있다. 역사적으로 동유럽 민족의 아픔은 종교 간 갈등에서 야기된 것으로, 현재를 사는 동유럽 사람들은 표면적으로는 종교 간의 관용을 강조하고 있다. 이 나라들은 세르비아와 코소보의 전쟁과 유고 연방 국가가 해체되는 과정에서 겪은 전쟁 때문에 경제적으로 손실을 많이 입었다. 국가 내부에서도 민족 간의 불신이 존재하며, 이웃 국가 간에 아직도 해결되지 못한 갈등들이 존재하고 있다. 이들 국가 대부분이 이미 유럽연합(EU)에 가입했고, 국가 간 이동이 자유로워졌다. 동유럽의 크리스천들이 직업을 찾아 서유럽으로 가면서 그곳에서 복음을 전하며, 교회를 개척하는 디아스포라 사역을 통해 무너져 가는 서유럽을 복음으로 다시 회복시킬 수 있을 것으로 전망한다.

기도 제목

1) 국가 간 갈등이 완전히 해소되어 경제적으로 성장하고, 정치적으로 안정이 되게 하시고, 코로나에 취약하게 노출된 동유럽 국가들이 방역 체계를 강화하여 희생자들이 줄어들게 하소서.
2) 동유럽에 편만해진 세속화가 전통적인 종교보다 더 많은 영향을 미치고 있는데, 젊은 이들이 세속화에서 벗어나게 하소서.
3) 동유럽의 교회들이 전통 종교의 영향으로 인해 복음화율이 저조한데, 현지 교회가 더 성숙하게 하시고, 현지 지도자들이 복음의 능력으로 사역하게 하소서.
4) 몬테네그로와 슬로베니아 같은 전통적인 기독교를 배경으로 하는 국가들에 비즈니스 선교와 같은 창의적인 전략을 통해서 복음이 더 많이 전해지게 하소서.

이용범

Day 225 8월 13일   Romania

루마니아

언어: 루마니아어
종족: 33
인구: 19,238,000명
GDP: 250,077(US$/백만) (1.17%)
1인당 GDP: 12,919.50(US$)

선교적 필요와 과제

86%의 국민들이 정교회 교인으로 등록되어 있으나 4%만 정규적으로 예배에 참여하는 명목상 신자들이며, 복음이 아닌 선행과 교회의 전통으로 구원을 얻고 천국에 갈 수 있다고 믿는다. 가장 큰 문제는 자신들이 신앙의 정통(Orthodox)을 고수하고 있다고 믿는다는 점이다. 아직 12,000개 마을에 개신교회가 없고, 도시 주변 시골 교회들은 목회자가 없어 도시교회 목사가 3-5개 교회들을 돌보고 있다. 잦은 내각 교체로 정부에 대한 신뢰가 바닥이며, 관료들의 부정부패와 뇌물 관행으로 서민들 생활이 피폐하다. 때마침 서유럽이 개방되면서 일자리를 찾아 수백만 명이 이주하게 돼 경제적으로 나아졌지만, 반면에 인구 감소와 어린 자녀들 방치와 교육 부재, 가정이 붕괴되는 등의 결과를 초래했다. 또한 미성년자와 여성 납치 증가, 범죄자와 관료들의 결탁으로 서방의 섹스 산업 최대 공급처가 되었고, 마약과 낙태율이 증가했다. 천대받는 약 300만 명의 집시들이 가난으로 인해 쉽게 범죄 조직과 연루되고, 아동 교육 부재는 가난의 악순환이 되고 있으며, 가부장적 전통과 조기 결혼(12-13세) 풍습으로 여성과 어린이들이 학대를 당하고, 특히 거리에서 구걸하거나 노동으로 돈을 벌어 오도록 강요당하고 있다.

기도 제목

1) 물질주의와 자유화 영향으로 순수한 신앙을 희석시켜 복음 전도의 동력을 상실하였는데, 지도자들이 정직성과 도덕성을 회복하고 말씀을 잘 가르치고, 기도의 능력을 회복하게 하소서.
2) 교회 지도자들과 성도들이 건전한 신학과 신앙의 기초 위에 굳게 서서 최근 한국 문화 콘텐츠를 앞세워 활발하게 포교 활동을 하고 있는 이단들을 바르게 대처하게 하소서.
3) 복음 전도를 위해 교회와 교단 이기주의에서 벗어나 연합하여 사회적 영향력을 발휘하는 교회가 되고, 교회와 가정 안에서 세대 간 격차를 줄이고 갈등이 해소돼 소통이 이뤄지게 하소서.
4) 서유럽(스페인, 이탈리아, 영국, 독일 등)에 세워진 많은 디아스포라 교회가 선교적 사명을 잘 감당하고, 유입된 난민과 무슬림에게 복음을 전하고, 순수 복음 방송이 잘 송출되게 하소서.

이성헌

Day 226　8월 14일　　　　　　　　　　Montenegro

몬테네그로

언어: 세르비아어, 보스니아어, 크로아티아어
종족: 16
인구: 628,000명
GDP: 5,495(US$/백만) (0.03%)
1인당 GDP: 8,832.00(US$)

선교적 필요와 과제

개신교의 복음화 진행률이 0.3%도 채 되지 않는 몬테네그로에는 현재 총 4개의 미자립 교회가 있다. 기독교(가톨릭, 동방 정교회, 개신교)는 통계적으로 60% 정도로 파악되며, 나머지는 이슬람이 주류를 이루고 있다. 몬테네그로는 역사적으로 통치하는 국가의 종교에 따라(기독교 혹은 이슬람) 도시의 종교가 정해지곤 했다. 현재 몬테네그로는 동방 정교회가 이슬람보다 비율이 조금 앞서고 있는 실정이다. 흥미로운 것은 두 종교(동방 정교회와 이슬람) 간의 갈등이 전혀 없다는 사실이며 서로의 종교를 인정하며, 시위나 전도 혹은 직접적인 포교 활동이 이루어지지 않고 있다. 몬테네그로의 현지 교회들이(4개의 초교파 교회, 출석 교인 약 180명) 국제 선교 단체의 지원 및 협력을 받아 자치 및 자립하고자 하는 상황에 있다. 다른 선교지와는 달리 이곳 몬테네그로에는 사람들의 문화 및 정서가 폐쇄적인 동시에 우크라이나계 러시아인들이 많이 살고 있다. 그래서 현지 교회에 현지인인 몬테네그로인이 거의 없고, 러시아인들이 교회 구성의 대다수를 이루고 있다. 교회의 자립, 자치와 함께 몬테네그로 현지인들이 모이는 교회 공동체의 구성이 필요하다.

기도 제목

1) 관광 산업을 기반으로 하는 몬테네그로가 코로나19로 경제 시스템이 더욱 열악한 상황에 놓이게 되었는데, 경제 활동이 조속히 다시 진행될 수 있게 하소서.
2) 개신교의 미미한 성장세와 달리 이슬람 활동이 급격하게 증가하면서 현지인에 대한 이슬람 영향력이 커지고 있는데, 성령 하나님께서 그들의 마음을 조명하시고 영안을 열어주소서.
3) 몬테네그로 현지 교회에 많은 현지인 성도가 구성되고, 기쁨과 감사를 잃지 않고 신앙 생활하게 하소서.
4) 몬테네그로 교회가 잘 세워질 수 있도록 수고하는 모든 선교사님의 영육 간의 강건함과 이들의 삶을 통해 더 많은 열매가 맺어지게 하소서.

김창훈

Day 227　8월 15일　Republic of Moldova

몰도바

언어: 몰도바어(루마니아어),
　　　러시아어, 가가우스어
종족: 25
인구: 4,034,000명
GDP: 11,955(US$/백만) (0.06%)
1인당 GDP: 4,498.50(US$)

선교적 필요와 과제

정치적으로는 구소련의 영향으로 부패가 심한 편이며, 나라 안에 1개의 연방주(가가우지아)와 1개의 자치주(실질적인 미승인 국가-트란스니스트리아)가 존재한다. 경제적으로는 유럽 최빈국으로 비옥한 땅과 많은 인력이 있음에도 인구의 72%가 빈곤선 이하이며, 70%의 성인 인구가 실업자로 살고 있는 복잡한 나라이다. 이러한 복잡한 상황은 국가와 국민간의 불신을 야기하였고, 다수의 젊은 계층이 자신의 자녀 양육을 조부모에게 맡긴 채 타국으로 떠나는 아픈 현실을 보게 한다.

　몰도바의 종교는 전체 인구 중 93%가 동방정교회 기독교인이다. 하지만 정교회 모임에 참여하는 사람은 거의 없으며, 제대로된 복음을 들어본 일은 전무하다. 이러한 위기는 오히려 복음주의 교회가 빠른 성장을 보이는 배경이 되었다. 현재까지 총 1670개의 마을 중 400여 마을에 700여 개의 교회가 세워졌으며, 여전히 교회가 없는 1,200여 개의 마을에도 건강한 교회가 계속하여 개척 되길 소망하고 있다. 전체 인구의 1% 정도가 복음주의 기독교인으로 소수이지만, 열정적이고, 역동적으로 복음을 나누고 있으며, 교회와 신학교에서 지도자를 양성하고 있으며, 남은 마을에도 교회를 개척하고자 한다.

기도 제목

1) 위정자들에게 지혜와 인도하심을 주셔서 경제적 위기를 잘 극복하고, 가난한 자들의 기본적인 필요가 채워지는 자비가 베풀어지고, 위기에 처한 자들이 소망을 품게 하소서.
2) 정교회의 편향된 가르침과 복음주의 교회를 향한 핍박 가운데서도 복음이 전해질 때 믿음으로 반응할 수 있는 열린 사람들이 곳곳에서 일어나게 하소서.
3) 주께서 교회를 사랑으로 하나되게 하신 것처럼 긴장과 갈등 속에 있는 교회가 잘 연합하여 하나되게 하소서.
4) 전도와 선교의 비전이 세워지고 있는 몰도바에 이들을 훈련하고 재정과 기도로 후원해 줄 교회들이 많아져서, 몰도바 안팎으로 많은 몰도바 사람들이 전도하고 선교할 수 있게 하소서.

Vladimir Chicus, 문형식

Day 228 8월 16일

Republic of Belarus

벨라루스

언어: 벨라루시아어
종족: 26
인구: 9,449,000명
GDP: 63,080(US$/백만) (0.29%)
1인당 GDP: 6,663.30(US$)

선교적 필요와 과제

고대 키예프 공국의 영토였다가 1240년 몽골 침략으로 키예프가 약해진 틈을 타 리투아니아 대공국의 점령지가 되었다. 18세기에 강대해진 러시아가 폴란드-리투아니아 연방국을 분할 후 러시아 제국의 지배하에 들어갔다. 소련 붕괴 후, 1991년 독립을 선언하기 전에는 한 번도 자체적인 국가의 면모를 가져보지 못했다. 현재 대통령은 1994년 민주적 방식으로 선출됐지만, 지금까지 재임하여 독재자로 낙인찍혔다. 장기 집권으로 시장 개혁과 사유화는 느리게 진행 중이다. 러시아 정교회 58%, 가톨릭 11%, 개신교 1.3%인데, 명목상 기독교인이 많다. 인구가 현저히 감소 중이지만 진실한 믿음을 가지고 하나님을 찾는 교인이 늘고 있어 선교의 필요성에 고무적이다. 종교의 자유가 있지만, 국가 안보법에 따라 여러 제약을 둬 종교 단체의 활동을 제한하고 있다. 당국의 허가받지 않은 모임과 예배를 할 경우, 체포, 구금, 벌금 등의 처벌을 받는다. 이에 '종교 탄압 반대' 대규모 시위도 있었는데, 주동자들과 다수 참가자가 연행, 고문, 사법 처리됐다. 현재는 외부 국제 기독교 단체 등이 종교 박해, 인권 문제를 거론해 다소 느슨해졌지만, 합법적으로 개신교가 선교 사역을 허가받는 것은 쉬운 상황이 아니다.

기도 제목

1) 우크라이나 체르노빌 원전 사고 여파로, 질병 및 사망으로 인해 폐해가 극심한데, 이 상처가 회복되고, 민주 정부가 들어서서 서방 세계와 활발한 교류로 다방면의 문이 열리게 하소서.
2) 종교의 자유라는 기본적 가치가 제한받지 않고, 족쇄를 채우는 법과 규정이 속히 폐기되게 하소서.
3) 허가받지 못한 개신교 교회들이 핍박 가운데서도 믿음을 굳게 하여 가정교회에서 예배를 드리고 있는데, 이들이 하나님의 선한 손길에 보호되고, 믿음으로 인내하며 승리하게 하소서.
4) 더 많은 기독교 문서 출판과 기독교 방송을 통해 전역에 복음이 퍼지고, 이를 위해 사람과 재정 등의 운영 자원이 충족되게 하소서.

미르선교회

Day 229 8월 17일 Bosnia and Herzegovina

보스니아 헤르체고비나

언어: 보스니아어, 세르비아어, 크로아티아어
종족: 15
인구: 3,281,000명
GDP: 20,048(US$/백만) (0.09%)
1인당 GDP: 6,073.30(US$)

선교적 필요와 과제

보스니아 헤르체고비나는 연방 공화국이다. 이슬람의 보스니안들은 중부의 보스니아에, 정교회의 세르비아인들은 동쪽의 스릅스카에, 가톨릭의 크로아티아인들은 서쪽의 헤르체고비나에 많이 산다. 보스니아족(1,650,000명), 세르비아족(1,013,000명), 크로아티아족(508,000명)이 주요 종족들이다. 국민 51.3%가 무슬림이다. 발칸의 축소판답게, 천 년 이상 영향을 끼친 서로마와 동로마, 그리고 14세기에 들어온 오스만 튀르크의 영향이 짙게 채색되어 있다. 지금도 보이지 않는 전쟁과 혼란이 계속되고 있다. 유고 내전을 통해서, 분리 독립된 유고슬라비아(남 슬라브족의 땅)의 일곱 나라 중 하나다. 유고는 가톨릭의 크로아티아(1991)와 슬로베니아(1991), 정교회의 세르비아(2006)와 몬테네그로(2006)와 북마케도니아(1991), 이슬람의 보스니아 헤르체고비나(1992)와 코소보(2008)로 나뉘었다. 갈등으로 병든 민족주의, 생명력 없는 종교, 이데올로기 등이 나라를 혼란과 분열로 이끌었다. 최근 전쟁과 함께 개신교 선교가 본격화되었다. 하지만 종교가 종족 문화화되어 개종이 쉽지 않다. 현지인 교회들이 너무 약하고 준비된 일꾼들이 거의 없다. 복음적인 교회를 세우는 것이 주요한 선교적 과제다.

기도 제목

1) 모든 사회 체제가 세 민족 집단에 의해 나뉘어 있어 발전의 저해 요소가 되고 있는데, 갈등과 분열이 치유되고, 공의로운 통치와 경제 정의가 이루어지게 하소서.
2) 점점 강화되는 종족별 민족주의와 그 종교들에 의해 복음이 배척되고 있는데, 소수의 개신교 성도들이 복음을 부끄러워하지 않고 삶으로 복음을 증거하게 하소서.
3) 소수의 성도들이 자발적인 예배자가 되고, 제자화돼서 자국 복음화의 소명의식을 갖게 해 주시고, 교회 학교가 만들어지고 사역자들이 세워져 어린이 전도의 문이 넓게 열리게 하소서.
4) 그동안 NGO 활동과 교회 지원 활동 같은 간접 선교에 치중했는데, 이제부터는 담대하게 말씀을 전하는 직접 선교가 활성화되어, 건강한 교회들이 많이 세워지게 하소서.

박순남, YSung

Day 230 8월 18일 Republic of North Macedonia

북마케도니아

언어: 마케도니아어, 알바니아어
종족: 22
인구: 2,084,000명
GDP: 12,695(US$/백만) (0.06%)
1인당 GDP: 6,093.10(US$)

선교적 필요와 과제

마케도니아는 발칸반도 내륙 중부 지역에 위치한 작은 나라이다. 늘 주변 국가들과 평화를 유지하고 싶지만, 유럽연합(EU) 가입 문제를 놓고 주변 국가들과 복잡하게 얽혀 있고 정치, 경제, 사회적으로도 불안정한 상황이다. 높은 실업률과 빈곤 문제, 젊은 이들의 부재로 심각한 상황이다. 정교회가 64.7%로, 종교적 의식, 전통과 형식을 중요시하고 자부심도 대단하다. 특히 성상이나 성화, 정교회 교회 숫자, 수도에 있는 산 위에 세워진 66m 높이의 대형 밀레니엄 십자가는 정교회 국가의 정체성을 드러낸다. 이들은 다른 종교에 대해 배타적일 뿐 아니라, 자신들이 정통 크리스천이기 때문에 개신교도 이단으로 취급하거나 정교회로부터 배워야 한다고 주장하며 자부심을 드러낸다. 그러나 실제로 믿음의 본질에 대하여 질문하면 명확히 대답하지 못할 뿐 아니라, 예수님과 인격적인 관계가 형성돼 있지 않다. 이슬람교는 33.3%로, 주로 알바니안, 터키, 로마니인(집시)들이 많으며, 최근 이슬람 세력은 급성장해 활발하게 활동하고 있다. 기타 종교는 0.3%(개신교 0.2%, 가톨릭 외 0.1%)이다. 한국 이단들이 교회와 선교사들이 양육했던 젊은이들을 한류와 물질로 현혹하고 있어 목회자와 선교사들의 영적 무장이 필요하다.

기도 제목

1) 유럽연합(EU) 가입을 앞두고 주변 국가와 정치적으로 갈등 중인데, 지도자들이 지혜로운 결정을 하고, 비행 청소년들을 보호해 주시고, 코로나19 팬데믹으로 어려운 경제가 회복되게 하소서.
2) 정교회가 형식주의, 예식주의, 전통주의, 우상숭배, 그리고 자신들이 정통이라는 교만, 우월 의식에서 벗어나 진리의 말씀을 깨닫게 하시고, 이슬람과 이단들의 포교 활동이 중단되게 하소서.
3) 코로나19 인해 예배와 모임과 사역 활동이 제한받고 있는데, 더욱 영적 부흥을 사모하게 하시고, 교회 개척 사역이 활발히 일어나며, 다음 세대 지도자 양성에 교회가 깨어 있게 하소서.
4) 알바니아, 터키 등 무슬림선교를 하는 선교사에게 지혜를 주셔서 사역을 잘 감당하고, 비자 문제가 순조롭게 열려 많은 이들이 동참하게 하소서.

정한나

Day 231　8월 19일　　　　　　　　　Republic of Bulgaria

불가리아

언어: 불가리아어
종족: 31
인구: 6,949,000명
GDP: 67,927(US$/백만) (0.32%)
1인당 GDP: 9,737.60(US$)

선교적 필요와 과제

BC 148년경부터 로마 제국 영토였던 불가리아는 그 후 오스만튀르크의 지배를 받기 시작했다. 19세기에 들어서면서 유럽 열강의 내정 간섭으로 독립을 바라는 민족주의 의식이 팽배해지면서 동유럽의 여러 나라가 하나씩 독립했다. 이들 신생 독립국의 국경선은 유럽과 러시아 열강들이 임의로 그었기 때문에 단일 민족 국가가 아니라 다민족 국가의 형태로 탄생했다. 한 국가 내에 여러 민족이 혼합되어 있어 민족 간의 분쟁과 갈등이 생겨나게 되었다. 불가리아에서 종교는 자기 민족과 타민족을 구분 짓는 민족성을 나타낸다. 기독교인은 1.1% 정도로 극소수이고, 불가리아 동방 정교회(82.6%), 이슬람(12.6%), 가톨릭(0.8%) 등이 주류 교단을 형성하고 있다. 1954년까지 정교회가 국교였으며, 다당제 민주주의 체제로 바뀌면서 모든 교단에 자유를 주고 있지만, 여전히 우선권은 정교회에 주고 있다. 불가리아 민족주의적인 정교와 정통적 이슬람이 아닌 개방된 이슬람과 기독교 복음의 무분별한 혼합이 이루어지고 있다. 이러한 종교적인 혼합주의를 방지하고 그리스도의 복음을 증거하기 위해 복음주의 신학과 목회 지도력을 겸비한 전임 목회자 양성이 시급하다.

기도 제목

1) 코로나 팬데믹을 잘 이겨내 사회적으로 안정되게 하시고, 유럽연합(EU) 가입에서 발생한 빈부 격차와 부정부패 등의 사회 문제가 잘 해결되게 하소서.
2) 현 정부가 10% 이상의 종교에만 종교 지원금을 지원하고 있어 종교 간 갈등이 증가하고 있는데, 이 갈등이 조속히 해결되고 개신교인들의 신앙이 위축되지 않게 하소서.
3) 비대면 예배 속에서 기쁨을 누리게 하시고, 청년들이 기독교 세계관으로 예수님의 제자가 되어 나라의 기둥이 되고, 6개 개신교 교단이 서로 연합해 복음을 능력을 전하게 하소서.
4) 한인 선교사들의 사역을 통해 현지에 신실한 목회자와 평신도가 세워져서 자치, 자전, 자조하는 교회가 세워지고, 현지 지도자들에게 영적, 물적으로 이양이 순조롭게 이루어지게 하소서.

양기동

Day 232   8월 20일   The Republic of Serbia

세르비아

언어: 세르비아어
종족: 35
인구: 8,738,000명
GDP: 51,409(US$/백만) (0.24%)
1인당 GDP: 7,402.40(US$)

선교적 필요와 과제

세르비아는 정치적으로 코소보의 독립 인정 여부를 놓고 러시아 혹은 미국과 유럽 노선 중 어디를 따라야 하는지 갈등 중이다. 경제적으로 아주 극한 상황으로서 유럽 공동체의 기준에 크게 미치지 못하고 있고, 국가 내 부패가 심각한 상태이며, 불법과 검은 경제가 판을 치고 있다. 이로 인해 국민들이 좀 더 나은 삶을 위하여 독일이나 유럽 국가로 이주하고 있는 상황이다. 15세기에 기독교가 들어오면서부터 기독교 국가로 불리지만 예수님을 구주로 영접한 사람은 지극히 적은 수에 불과하다. 대부분 형식적인 기독교인에 불과하고, 오히려 오래전부터 이어져 온 정교회가 운명과 점술을 믿는 샤머니즘과 혼합되어 있다. 남쪽 세르비아는 이슬람을 신봉하며, 북부 지방에는 다른 민족들이 섞여 살면서 그들의 종교들을 가지고 있으므로 세르비아는 혼합된 종교국이라고 할 수 있다. 그러나 대개는 정교회가 주를 이루고 있으며, 이들이 모든 개신교와 복음적 교회들을 이단으로 몰아붙이고 있다. 세르비아는 선교가 필요한 지역이다. 현지인 선교사가 부족하고, 아직도 많은 도시와 시골에 개신교회가 없고, 정기적으로 드리는 예배도 없고, 전도를 전혀 못하는 곳도 많다.

기도 제목

1) 정치인들이 점쟁이나 마법, 점성술 등을 의지하여 그들의 충고나 말에 휘둘리지 않고 하나님을 찾게 하시고, 젊은이들이 자국에서 자기의 전공을 살려 일할 수 있는 직장을 갖게 하소서.
2) 개신교 목회자 설교를 하나님의 말씀으로 들으며 그 안에서 성령의 역사가 일어나고, 성경에 기록되지 않은 것들을 버리고 하나님 뜻을 분별하게 하소서.
3) 교인들이 예배의 중요성을 알고 예배에 참석하며, 팬데믹 이후의 삶을 잘 예비하게 하시고, 교회 목회자들이 더 많은 사랑과 겸손으로 교회를 세우며 교인들을 돌보게 하소서.
4) 더 많은 선교사가 교회가 없는 지역에 파송되어 그들이 복음을 듣고 성경을 읽게 하시고, 어린이를 비롯해 젊은이들이 복음을 통해 올바른 그리스도인의 삶을 살아가게 하소서.

Peter Plice 제공, 황복환 번역

Day 233 8월 21일   Slovak Republic

슬로바키아

언어: 슬로바키아어
종족: 20
인구: 5,460,000명
GDP: 105,422(US$/백만) (0.49%)
1인당 GDP: 19,329.10(US$)

선교적 필요와 과제

국교는 가톨릭이고, 새벽 기도회를 하는 지역 성당들이 많이 있다. 국민 대부분이 신앙에 대한 열정이 있기 때문에 정치인들도 신앙인에 대해 비판을 함부로 하지 못한다. 그러나 국가가 성직자들의 월급을 매달 지급하고 있어서 교회는 국가가 요구하는 정책들을 별 저항 없이 순응하는 편이다. 교회 대부분이 경제적으로 국가에 귀속돼 있기 때문에 영적인 열심과 독립 의지가 약하다. 하나님께서 국가, 단체, 개인을 사용하시지만, 먹을 것과 입을 것의 공급자가 하나님이심을 분명하게 고백할 수 있는 신앙과 도전이 필요하다.

기도 제목

1) 국민과 통치자들이 나라, 사람, 물건의 주인되신 하나님을 보게 하시고, 이 땅에 자유민주주의가 지속되고, 특정 국가에 의존하지 않고 균형 있는 경제 발전을 하도록 지혜를 주소서.
2) 물질과 하나님을 겸하여 섬길 수 없음을 고백하며, 이단이나 정치적 목적으로 유입되는 자금에 좌지우지되지 않고, 세상 사람이나 정치에 종노릇하지 않고 하나님만 섬기게 하소서.
3) 교회가 가톨릭 성인들이 아닌 예수님 중심의 신앙의 틀을 세울 수 있도록 기도와 말씀으로 무장하고, 어린이들과 청년들이 가톨릭 신앙에서 벗어나 말씀과 성령으로 거듭나게 하소서.
4) 선교사가 영혼 구원과 말씀 연구와 복음 전파의 열정으로 거듭나고, 언제 어디서든 복음을 전할 수 있는 진리의 말씀으로 무장되게 하소서.

J. Jeong

Day 234   8월 22일   Republic of Slovenia

슬로베니아

언어: 슬로베니아어
종족: 16
인구: 2,079,000명
GDP: 53,742(US$/백만) (0.25%)
1인당 GDP: 25,739.20(US$)

선교적 필요와 과제

기독교인은 54% 이상을 차지하지만 대부분 가톨릭과 동방 정교회 등이다. 무슬림들이 4%이고, 무신론자들이 갈수록 증가하면서 41%를 차지하고 있다. 정작 복음주의 교회는 40여 곳에 불과하며, 기독교인은 인구의 0.2%로 4천 명 정도이다. 16세기 개신교 개혁에 의해 슬로베니아 표준 언어와 문학적 유산이 역사적으로 중요했으나 합스부르크 왕조가 시행한 반개혁으로 소멸되었다. 오늘날 소수의 루터교에 속한 개신교인들은 동북 지역에 거주하고 있다. 가톨릭과 동방 정교, 이슬람과 뉴에이지 등 동양의 신비적 영적 경험으로 인한 종교 혼합주의에 대해 복음주의 개신교회들이 영적 대각성을 하고, 복음 전파의 사명을 회복하는 것이 우선되어야 한다. 세속화와 무신론의 확산 속에서 방황하는 젊은이들에게 교회와 그리스도인들이 맞춤형 전도와 제자훈련 사역을 실시하고, 선교사들과 협력을 통해 지역교회들이 선교적 교회로 변화해 가도록 그 길을 모색해야 한다. 알프스산맥과 대자연 속에 살아가는 슬로베니아인들을 위한 스포츠와 문화적 접근도 필요하다. 그리고 슬로베니아 언어와 문학 속에 나타난 기독교 문학의 출판이 중요한 선교 전략이 될 수 있다.

기도 제목

1) 장기 실업률과 고령화와 출산율 저하 등이 지속되고 있고, 동성애와 세속화로 인한 범죄가 가중되고 있는데, 이 땅의 정치와 경제가 안정적으로 발전하고 성장하게 하소서.
2) 가톨릭과 동방 정교, 이슬람과 이단이 득세하는 가운데 복음주의 교회들이 담대하게 복음을 선포하게 하시고, 이곳에 거주하는 발칸 지역의 다양한 인종이 복음화되게 하소서.
3) 수적으로 미약한 교회 이미지에서 벗어나 복음의 능력을 믿고 전도와 예배가 회복되고, 교회들과 연합을 통해 교회가 없는 도시에 교회가 개척되게 하소서.
4) 현지 교회 지도자 양성을 위한 제자 훈련 사역이 체계화되고, 지역교회와 협력을 통해 젊은 세대를 겨냥한 전문인 사역과 스포츠를 통한 선교가 전략적으로 이루어지게 되소서.

한정훈

Day 235 8월 23일   **Republic of Albania**

알바니아

언어: 알바니아어
종족: 15
인구: 2,878,000명
GDP: 15,278(US$/백만) (0.07%)
1인당 GDP: 5,352.90(US$)

선교적 필요와 과제

이슬람과 로마 가톨릭, 그리스 정교, 벡타시(이슬람의 한 분파)와 함께 개신교도 종교로 공인되어있다. 주류인 관습적 이슬람이 60%를 차지하며, 가톨릭과 정교를 포함한 기독교 인구가 약 30%를 이루고 있다. 개신교는 2003년 공식 조사 이후 전체 인구 0.6%에 정체되어 있다. 현지 교회를 중심으로 이루어진 복음주의연합회(Albanian Evangelical Alliance, VUSH)가 전체 사역을 주도하고 있다. 현재 약 50명의 한인 선교사들이 300명 정도의 다국적 선교사들과 함께 복음주의연합회와 선교사 공동체인 Albanian Encouragement Project의 일원으로 교회 개척과 다양한 보조 사역들을 감당하고 있다. 종교적 배경으로 인해 창조주인 유일신에 대한 고백은 쉽게 하지만 다른 종교에 관용적인 태도가 오히려 복음을 전하는데 장애가 되고 있다. 1990년대 공산주의 몰락 이후 경제 상황은 좋아졌지만, 빈부 격차가 심해졌고, 정치, 사회 분야의 갈등은 끊이질 않는다. 향상된 생활로 인해 복음에 대한 관심과 반응이 급속히 줄어들었다. 개척 교회들의 경제적 자립에 대한 의지와 실현 가능성도 희박하다. 복음 사역의 주도권이 현지인들에게 넘겨졌지만 현지 지도자들 사이에 분쟁과 갈등이 계속되고 있다.

기도 제목

1) 유럽 연합에 들어가는 과정이 순조롭게 진행되어 국제 사회로의 통합과 함께 국내 정치도 안정되게 하소서.
2) 현지 교회 지도자들이 서로를 존중하게 하시고, 이단들의 공격에 잘 대처하며 선명한 복음이 선포되게 하소서.
3) 선교사들이 세운 교회가 현지인 목회자들에게 이양되고 있는데, 이들이 신학적으로 더 깊이 준비되고, 겸손한 마음으로 사역하게 하소서.
4) 유럽과 다른 지역들, 그리고 흩어진 알바니아인들을 위해 선교사를 파송하는 교회가 되게 하시고, 이를 위한 선교 기관들과 훈련원들이 세워지게 하소서.

박성태

Day 236　8월 24일　Ukraine

우크라이나

언어: 우크라이나어
종족: 78
인구: 43,734,000명
GDP: 153,781(US$/백만) (0.72%)
1인당 GDP: 3,659(US$)

선교적 필요와 과제

1991년 구소련으로부터 독립했으며, 2003년 오렌지 혁명이 있었고, 2013년에 또 한 번 반러/친러 시위 집회가 있었다. 이로 인해 크림반도는 러시아에 빼앗겼고, 동부는 내전 중이다. 각 가정의 남자들이 전쟁에 나가서 전사하고 있다. 경제적인 어려움과 더불어 내전이 사회를 불안하고 어렵게 한다. 종교로는 정교회, 가톨릭, 개신교 순이다. 개신교는 3% 정도이다. 정교회는 성경과 함께 전통적인 경전들과 이교적인 문화, 예배 의식이 있어 개신교와는 다르다. 구원의 확신을 가질 수 없다. 정교회 교인들은 그들의 신화나 교회 내의 계층, 그리고 주변 사람들의 영향으로 개종이 힘들다. 그래서 이들이 전통이나 의식보다는 성경을 통해 하나님의 구원 진리를 정확히 알도록 기도가 필요하다. 수도 키예프를 중심으로 지방 큰 도시에까지 많은 무슬림이 들어와 장사하고 있다. 아랍 문화 센터를 세우고 이슬람 사원들을 세워 큰 행사도 한다. 비공식 추정으로는 무슬림이 10만 명이 된다. 그러나 교회들은 이슬람에 대해 아는 바가 적다. 교회들이 이런 사회적인 변화를 보고 대처하는 능력(전도, 교육)을 갖추도록 기도가 필요하다. 더불어 목회자들의 세계선교에 대한 비전 고취와 신학 교육의 향상도 절실하다.

기도 제목

1) 정치인들이 하나님을 두려워하며 정직한 정치를 하고, 심각한 빈부 격차가 해소돼 경제가 안정되고, 이 땅이 하나님께 복을 얻는 나라가 되게 하소서.
2) 정교회 내에서 성경을 공부하는 역사가 일어나고, 교회와 성도들이 이슬람에 대해 바로 알고, 이들을 향해 전도를 준비할 수 있게 하소서.
3) 교회와 성도들이 빛과 소금으로서 사회적인 역할을 잘 감당하고, 성도들의 선한 행실을 통하여 하나님을 증거하고, 교회들이 자립할 수 있게 하소서.
4) 현재 세워지고 있는 러시아어, 우크라이나어로 예배하는 공동체 모임들이 부흥해서 서유럽의 재복음화에 한 축을 담당하게 하시고, 우크라이나가 세계선교를 감당하는 나라가 되게 하소서.

김정신

Day 237　8월 25일　Czech Republic

체코

언어: 체코어
종족: 38
인구: 10,709,000명
GDP: 246,489(US$/백만) (1.15%)
1인당 GDP: 23,101.80(US$)

선교적 필요와 과제

개혁의 선구자 얀 후스가 1415년 순교하고 개신교회가 처음 설립된 이후, 체코 개신교회는 500년 가까이 핍박을 받아왔다. 후스로부터 개혁의 정신을 이어받은 개신교 신앙 유산을 자랑스러워하며, 고풍적이고 찬란한 기독교 문화유산을 보유하고 있다. 이렇게 교회사적으로 중요한 위치를 차지하지만, 역사의 소용돌이 속에서 체코는 동구권 중 가톨릭의 권역에 들어간 나라가 되었다. 합스부르크가에 속했던 체코와 헝가리에 속했던 슬로바키아 두 나라가 1918년에 체코슬로바키아로 건국된 이후 1948년부터는 공산주의에 점령되었다. 동유럽에서 제조업이 발달한 나라로 경제적으로 부유했으나 공산당 정권하에서 점점 쇠퇴했다. 1989년 벨벳 혁명 이후 정치적 합의 불발로, 1993년 1월 1일부터 체코와 슬로바키아 두 나라로 분리됐다. 현재 체코는 자유민주주의 체제에 유럽연합(EU) 중에서도 극빈자 비중이 가장 낮고 실업률 역시 최저 수준으로 슬로베니아와 함께 동구권에서는 GDP가 높은 국가 중 하나다. 그러나 구 동구권에서도 에스토니아 다음으로 무신론이 심하다. 2000년대에 26%를 차지했던 가톨릭은 현재 10%, 개신교회는 2.3%, 복음주의는 0.3% 이하이다. 한국에서 온 이단이 포교에 열심을 내고 있다.

기도 제목

1) 체코인들이 상대적 빈곤감에서 해방되어 세속주의와 물량주의 풍조에서 탈피하고, 관료들이 행정적 투명성을 보이므로 국민들의 신뢰도가 높아지게 하소서.
2) 문화로 침투하는 힌두교 분파들과 이단들을 기독 교회가 연합해 한목소리로 대처하면서 신자들을 복음으로 세워 이교, 이단으로부터 보호하고, 기독교가 사회 전반에 영향력을 끼치게 하소서.
3) 교회가 바른 신학, 복음 진리에 서게 하시고 신자들이 성경 교육과 제자 훈련을 통해 그리스도인으로서의 확고한 정체성을 갖게 하시고, 이웃들에게 복음의 증인이 되게 하소서.
4) 교회가 선교의 사명과 필요성을 깨닫고, 선교사들과 현지 교회가 협력하게 하시고, 교회가 필요한 지역에 교회 개척이 이루어지고 세계선교에도 동참케 하소서.

유정남

Day 238　8월 26일　　　Republic of Kosovo

코소보

언어: 알바니아어, 세르비아어
종족: 10
인구: 1,880,000명
GDP: 7,926(US$/백만) (0.04%)
1인당 GDP: 4,417.50(US$)

선교적 필요와 과제

21세기 들어 세계에서 유일하게 독립을 선포한 나라가 코소보다. 대부분의 세계 지도에는 국경 표시도 제대로 되어 있지 않지만, 동유럽의 끝자락에 위치해 있다. 주변 국가로는 세르비아, 마케도니아, 알바니아, 몬테네그로가 있다. 전체 인구 중 96% 이상이 무슬림이지만 이 나라의 헌법은 가톨릭(2.2%), 정교(1.5%), 개신교(0.1%)를 타종교로 인정하고 있다. 코소보에는 다양한 인종이 사는데, 전체 인구 90% 이상이 알바니아계이고 나머지는 세르비아계, 터키계, 보스니아계, 롬(Rom, 집시) 등 다양하다. 1998년부터 1999년 6월까지 있었던 코소보 사태로 마침내 세르비아의 탄압으로부터 해방되어 자유를 누리게 되었는데, 이때부터 코소보는 영적으로 급격한 변화의 바람을 겪게 되었다. 복음주의 선교사만이 아니라, 중동의 이슬람 선교사들도 코소보로 들어왔기 때문이다. 이로 인해 대다수가 명목상 무슬림이었던 코소보 알바니아계 이슬람 신앙이 점점 근본주의화 되어가고 있다. 코소보 교회의 취약점은 지도자들의 신학적 소양이 부족하다는 점이다. 그래서 외국으로부터 유입된 이단 사상이나 비성경적인 영향에 대한 경각심이 없다. 이들에 대한 재교육이나 바른 교리에 대한 자료를 지원하는 일이 필요하다.

기도 제목

1) 독립했지만 세르비아가 아직도 코소보를 국가로 인정하지 않고 있어서 여전히 긴장의 요소가 남아 있는데, 세르비아가 코소보를 국가로 인정함으로써 평화와 안정이 정착되게 하소서.
2) 지도자들이 부정부패를 근절하고 청렴함으로 국민들의 지지를 얻어 나라가 안정되게 하시고, 낮은 임금으로 인해 실업률이 높은데 경제 성장이 이루어지게 하소서.
3) 교회와 신자들이 선한 영향력을 끼침으로 더 많은 사람이 복음을 받아들이고, 신자들을 보호해 주셔서 두려움 없이 믿음의 길을 걸어가게 하소서.
4) 코소보를 위해 헌신할 선교사들을 많이 세워 주시고, 코소보 교회가 여러 나라(세르비아, 몬테네그로, 북마케도니아 등)에 흩어져 있는 자민족인 알바니아계 선교를 위해 쓰임 받게 하소서.

이성민

Day 239 8월 27일

Republic of Croatia

크로아티아

언어: 크로아티아어
종족: 25
인구: 4,106,000명
GDP: 60,416(US$/백만) (0.28%)
1인당 GDP: 14,853.20(US$)

선교적 필요와 과제

크로아티아를 비롯한 발칸 반도의 국가와 민족들은 역사상 단 한 번도 종교 개혁의 영향을 받은 적이 없다. 가톨릭, 정교회 그리고 이슬람 사이 전쟁과 민족 간의 대립으로 세계 1차 대전이 일어났고, 2차 세계 대전에서도 수십만 명을 서로 죽이기도 하였다. 또 1990년대에는 유고 연방의 붕괴와 함께 20세기 최악의 내전이 일어난 곳이기도 하다. 한편, 공산주의 잔재와 전쟁의 상흔이 채 아물기도 전에 관광객의 급증으로 세속주의가 만연하게 되면서 가치관의 격변 속에 있는 나라이기도 하다. 개신교는 인구 420만 명 중에서 0.4%로, 약 2만 명이 되지 못한다. 이 중 1/4인 4500명 정도만 주일예배에 출석하는 것으로 추정된다. 교회 숫자가 3개 교단을 합해 150여 개로, 이는 인구 3만 명당 교회가 한 곳으로, 인구 대비 교회 숫자가 극히 적다. 대부분 교회들이 크로아티아 북부와 도시들을 중심으로 세워졌다. 100명이 넘으면 초대형 교회에 속하며, 90%의 교회가 30명 이하이다. 교회 개척이 미진한 가운데 기존 교회들도 높은 생활비와 성장의 문제로 목회자와 선교사가 안정적으로 사역하지 못하고 떠나는 실정이다. 목회자들의 이중직이 일반적이다. 크로아티아 상황에 맞는 새로운 교회 개척과 선교적 돌파구가 필요한 시점이다.

기도 제목

1) 높은 세율과 실업률, 관광객 유입으로 인한 물가 상승, 코로나로 인한 경제적 타격, 무엇보다 그 이면에 부정부패가 심각한 상황이다. 정치적 변화로 인해 사회와 경제가 안정되게 하소서.
2) 코로나로 인해 교회가 없는 곳에서도 크로아티아어 온라인 예배를 드리게 되었다. 온라인 콘텐츠들로 개신교에 영적 변화가 일어나고, 나라 안에서 개신교의 인식이 달라지게 하소서.
3) 기존 성도 중심의 폐쇄적인 교회 문화가 사라지고, 새 신자들이 정착하고 잘 양육되며, 교회가 개척되고 자립하여 사역자들의 생활이 가능해지게 하소서.
4) 현지 교회와 선교사들이 연합해 교회들이 성장하고, 교회가 없는 지역에 교회들을 개척하게 하시고, 주변 발칸 국가로 선교사를 파송하는 국가가 되게 하소서.

강민구

Day 240   8월 28일   Republic of Poland

폴란드

언어: 폴란드어
종족: 32
인구: 37,847,000명
GDP: 592,164(US$/백만) (2.76%)
1인당 GDP: 15,595.20(US$)

선교적 필요와 과제

2018년 16세 이상을 대상으로 한 조사에서 94%가 종교를 가지고 있다고 답했다. 그 중 91.9% 가톨릭, 개신교 0.3%, 여호와증인 0.2%, 기타 0.2% 등이다. 도시마다, 지역마다 규모가 큰 가톨릭교회들이 항상 중심에 자리 잡고 있다. 하지만 실제로 주일에 미사를 드리는 숫자는 많지 않다. 1000년이라는 가톨릭의 역사를 자랑하지만, 삶 속에서 보여주는 영향력은 크지 않다. 기득권 종교 지도자들의 타락 및 부패가 젊은이들에게 가장 큰 반감을 주고 있다. 가톨릭교회와 개혁교회의 확실한 구별을 위한 신학적인 확립이 무엇보다도 필요하고 성경 66권 기초 위에 바른 신학이 신앙으로 이어지고, 젊은이들에게 선한 영향력을 끼칠 수 있는 영적 지도자들의 양성이 필요하다. 가톨릭교회가 샤머니즘화 되어 있고 하나의 문화로 자리 잡은 이 땅에 삶의 현장 가운데 영적 부흥이 절실히 필요하다. 오직 말씀만이 이들을 변화시킬 수 있음을 깨닫고 비교적 부유한 개혁교회에 전도의 열정이 부어지도록 기도가 시급하다. 한국에서 유입된 사이비 이단인 박옥수 계열의 기쁜소식선교회, 통일교, 하나님의교회 등이 활동하고 있는데, 가톨릭교회 외에는 어느 교회가 이단인지 정통인지 사람들이 구분을 전혀 하지 못한다.

기도 제목

1) 생명 존중, 동성애 반대를 주장하는 국민과 낙태 허용 및 동성애를 찬성하는 젊은이들 간에 많은 갈등이 야기되고 있는데, 지혜롭게 해결하게 하소서.
2) 가톨릭이 국교로 된 지 1000년의 역사라서 국민들의 자부심이 대단한데, 가톨릭에 만연한 의식주의, 형식주의, 행위를 강조하는 잘못된 구원론 문제에 대해 바른 신학이 세워지게 하소서.
3) 13개 교단의 개혁교회가 국민들에게 영향력을 끼치지 못하고 복음화율도 매우 낮은데, 개혁교회가 국민들에게 더 선한 영향력을 끼치게 하소서.
4) 가톨릭의 영향권 아래 있는 이 땅이 '오직 성경, 오직 믿음, 오직 은혜, 오직 예수 그리스도, 오직 주께 영광'을 외치며, 껍데기만 있는 가톨릭에 맞선 제2의 종교 개혁을 경험하게 하소서.

신미순

헝가리

언어: 헝가리어
종족: 25
인구: 9,660,000명
GDP: 160,967(US$/백만) (0.75%)
1인당 GDP: 16,475.70(US$)

선교적 필요와 과제

헝가리는 서기 1000년에 로마 가톨릭을 공식적으로 받아들인 이후 기독교 문화를 중심으로 역사가 이어져 온 기독교 국가이다. 루터와 칼빈의 종교 개혁 때는 90%가 개신교로 개종했다가 가톨릭의 탄압으로 다시 구교화 되었지만 약 30%는 개신교로 남아 있다. 10년마다 있는 인구 조사 통계(2011년)에 따르면, 기독교인은 점점 줄어들어 54.3%이다. 가톨릭 39%, 개혁교회 11.6%, 루터교회 2.2%, 침례교 등의 작은 교단들 1.5%이다. 어떤 교회에도 소속되지 않은 사람은 점점 늘어 18.2%이고, 종교에 응답하지 않는 사람이 27.2%인데 이들 대부분은 30세 이하의 젊은이들이다. 기독교인 중에서도 거듭난 그리스도인은 약 3% 정도로 보고 있어서 헝가리는 복음이 다시 전해져야 하는 나라이다. 무종교와 무신론자들이 늘어나고 있는 상황에서, 기독교회의 각성과 전도의 열정이 필요한 시기이다. 힌두교나 불교 등 동양의 신비주의 종교를 믿는 사람들과 이단들이 점점 늘어나고 있기 때문에 그리스도 십자가 복음의 귀중함을 일깨워 주어야 한다. 한류 영향과 한국 기업들의 진출과 투자로 한국 문화에 대한 관심이 높아졌는데, 이러한 흐름이 복음 증거에 좋은 영향을 줄 수 있도록 해야 있다.

기도 제목

1) 국민의 지지를 받는 현 정부와 여당이 교만하지 않고 깨끗하고 투명하게 정치하며, 경제와 사회적으로 안정을 유지해 사회 통합을 이루고, 기독교 교육이 지속적으로 이루어지게 하소서.
2) 동양 신비주의 종교와 이단에 빠지지 않게 하시고, 기독교회가 복음의 소중함을 깨닫고 적극적으로 전도하고, 성도를 복음으로 무장시켜 거듭난 그리스도인과 제자들로 양육하게 하소서.
3) 교회와 성도들이 맹목적이고 소극적인 신앙생활에서 벗어나 가정과 사회에서 영향력 있는 그리스도인으로 살아가며, 소망과 꿈이 없는 이웃에게 복음의 능력을 삶으로 증거하게 하소서.
4) 선교사들의 사역을 통해 신실한 지도자와 평신도가 세워지고, 젊은이들이 복음에 마음을 열어 예수님을 인격적으로 만나 진정한 삶의 의미를 깨닫고, 더 나아가 선교에 헌신하게 하소서.

신기재

Day 242　8월 30일　　　　　　　　　　　　　　Western Europe

서유럽

네덜란드
독일
룩셈부르크
리히텐슈타인
벨기에
스위스
아일랜드
영국
오스트리아
프랑스

선교적 필요와 과제

네덜란드, 독일, 룩셈부르크, 리히텐슈타인, 벨기에, 스위스, 아일랜드, 영국, 오스트리아, 프랑스는 비록 좁은 의미지만, 소위 서구 사회(Occident Society)를 구성하는 주요 멤버 국가이다. 서유럽은 선교 차원에서 다른 대륙과 전혀 다른 새로운 시각에서 이해되어야 한다. 과거 기독교 대륙답게 서유럽 각국의 신구교 기독교 인구 비중은 최저 41%~최고 80%를 차지하고 있기 때문이다. 물론 신앙을 적극적으로 실천하는 자는 10%~24%로 떨어진다. 통계치보다 더 중요한 것은 기독교 유산이 여전히 서유럽의 사회 문화에 영향을 주고 있다는 점이다. 믿지만 소속하지 않는 교회 밖 기독교인이 많다. 실천적 교인은 줄어들었지만, 뿌리 깊은 기독교 문화, 오직 기독교만을 당연시하는 위임 종교관, 기독교인의 적극적인 사회 참여 등이 서유럽의 특징이며, 여전히 기독교 가치관을 존중하는 사회임을 증명해 준다. 그럼 한국교회는 유럽에 대해 어떤 자세로 선교에 동참해야 하는가? 첫째, 유럽의 재복음화보다는 유럽교회가 재활성화되도록 선교해야 한다. 둘째, 이슬람의 유럽화를 위해 선교해야 한다. 셋째, 디아스포라 선교를 활성화하는 선교를 해야 한다.

기도 제목

1) 코로나19로 마이너스 경제 성장, 국내 총생산 급감, 자영업과 중소기업 파산, 실업률 증가, 신뢰를 잃은 정치권, 깨진 사회 연대감, 소수 민족 차별 등 전반적인 위기에서 회복되게 하소서.
2) 이슬람을 위시한 타종교, 영성과 교리가 왜곡된 기독교의 탈을 쓴 이단, 동양 신비주의, 뉴에이지, 사탄교, 아프리카 혼합 종교 등의 범람 속에서 교회가 선한 영적 싸움을 하게 하소서.
3) 종교 개혁 정신을 본받아 자체 개혁을 이루어 실추된 권위를 회복하고, 세속 문화 속에 흡수되거나 포로가 되었던 교회가 본연의 사명인 예배와 전도를 회복하여 부흥하게 하소서.
4) 한국에서 파송된 선교사들이 유럽 문화, 역사, 교회 영성, 언어를 배워 유럽을 유럽 관점에서 보며, 교회와 선교 단체와 직간접적인 협력 관계를 유지하게 하소서.

채희석

Day 243　8월 31일　　　　　　　　　　Netherlands

네덜란드

언어: 네덜란드어
종족: 101
인구: 17,135,000명
GDP: 909,070(US$/백만) (4.24%)
1인당 GDP: 52,447.80(US$)

선교적 필요와 과제

'네덜란드'의 의미는 '낮은 땅'으로, 국토의 25%가 해수면보다 낮다. 그래서 댐을 건설해서 바다를 막고 국토를 만들어서 네덜란드를 건설한 강인한 민족이며, 높은 GNP를 소유한 강소국이다. 네덜란드는 다음과 같은 이유로 유럽과 세계선교를 위한 매우 중요한 요충지라고 할 수 있다. 첫째, 네덜란드의 화란개혁교회는 17세기부터 개신교 세계선교를 주도했다. 중세 시대에 로마 가톨릭 국가인 스페인의 지배를 받았다. 16세기 유럽의 개신교 종교 개혁을 통해서 프랑스의 위그노 개신교인들이 네덜란드로 피신을 와서 화란개혁교회를 세우게 됐다. 네덜란드는 인도네시아를 350년 동안 지배하면서 많은 개혁교회를 세우기도 했다. 둘째, 네덜란드는 선교 전략적 요충지에 위치하고 있다. 즉, 네덜란드는 유럽의 3대 강국에게 둘러싸여 있어서 쉽게 접근할 수 있다. 북쪽으로는 베링해협 건너 영국이 있고, 동쪽으로는 독일, 그리고 남쪽으로는 가톨릭 국가라 할 수 있는 벨기에와 프랑스와 맞대고 있다. 셋째, 네덜란드에는 미전도 지역으로부터 많은 디아스포라(이주민들, 국제 유학생들, 무슬림 난민)가 몰려들고 있다. 그래서 네덜란드의 교회들을 깨운다면 이 디아스포라들을 복음으로 품을 수 있다.

기도 제목

1) 네덜란드 정부가 이주민, 난민, 국제 유학생들을 관대함으로 받아들이고 환대하게 하소서.
2) 네덜란드의 백인 교회들과 무슬림 이주민들 간에 종교적 대화가 일어나고 화해하게 하소서.
3) 네덜란드의 화란개혁교회와 기타 교회들이 부유함과 세속화에 물들지 않고 영적으로 깨어나게 하소서.
4) 교회들이 일어나 영국, 독일, 벨기에, 프랑스 그리고 유럽 전역에 전문인 선교사를 파송하고 그들의 언어 재능을 사용하여 복음을 전하고, 글로벌 디아스포라 선교에 동참하게 하소서.

안성호

Day 244　9월 1일　　　Federal Republic of Germany

독일

언어: 독일어
종족: 91
인구: 83,784,000명
GDP: 3,845,630(US$/백만) (17.95%)
1인당 GDP: 46,258.90(US$)

선교적 필요와 과제

종교 개혁과 경건주의의 영향력으로 인해 교회와 선교, 정치, 사회, 문화 등 모든 영역에 놀라운 변화와 부흥이 일어났다. 교회와 국가의 관계가 신학적으로, 철학적으로, 그리고 정치적으로 발달된 곳이다. 하지만 불행하게도 제1차, 2차 세계 대전이 발발하는데 주역을 담당했고, 반면에 교회는 제 역할을 하지 못했다. 이 세계 전쟁의 결과가 아직도 독일의 정치와 문화 그리고 종교에 많은 영향을 미치고 있다. 전쟁의 결과로 독일은 분단되었다가 통일 후 독일교회는 회복이 필요한 상태이다. 독일교회는 신앙이 삶과 사회에 많이 녹아 있는 것이 특징이다. 그러나 2017년 동성혼 합법화 통과로 기독 문화의 영향이 독일 사회에 많은 문제를 일으키고 있다. 개신교회 내부에서도 동성 결혼에 대한 찬반 여론이 갈리고 있다. 성경의 권위와 복음주의 신앙의 상실, 인본주의와 계몽주의로 인한 자유주의 신학의 등장, 세속화 등으로 교회가 침체하고 있다. 다음 세대들도 점점 교회를 멀리하고 있다. 현재 개신교와 가톨릭 교인의 비율은 거의 동등한데, 각각 2천 5백만 명의 신자가 있다. 하지만 개신교 통계에는 복음주의가 아닌 진보주의 연합교회이고, 연로하신 분들이 대부분이며, 절기 때만 교회에 출석하는 이들도 많다.

기도 제목

1) 독일의 16개 지방 자치가 모든 면에서 균형 있게 성장하고, 각종 범죄와 도난, 이혼, 알코올 중독, 마약, 음란, 동성애, 동성혼, 우울 등이 복음으로 치료되고 회복되게 하소서.
2) 자유주의 신학과 계몽주의, 합리주의, 인본주의가 무너지고, 성경의 권위가 교회 안에서 확립되고, 종교 개혁의 정신이 회복되게 하소서.
3) 복음이 잘 전수되어 영적 부흥이 다음 세대에서 놀랍게 일어나게 하시고, 강단의 영광과 설교의 권위가 회복되어 거룩하고 말씀과 성령으로 충만한 목회자들만 세워지게 하소서.
4) 침체된 말씀이 회복되어 참된 교회를 세우고 참된 선교를 하게 하시고, 독일 신학교에 신학생들이 점점 많아져서 참된 목회자들과 선교사들이 많이 배출되게 하소서.

김현배

Day 245   9월 2일   Migrants

독일-이주민

인구: 21,300,000명
종족: 터키인, 폴란드인, 카자흐스탄인, 러시아인,
     루마니아인, 아프리카계, 아시아계 등
언어: 영어, 터키어, 폴란드어, 카자흐어,
     러시아어, 루마니아어 등
종교: 이슬람교 등

선교적 필요와 과제

유엔 통계 따르면, 오늘날 전 세계 8천만 명의 난민이 국내 또는 외국에 체류하고 있다. 이와 같은 지구촌 현실에 독일은 난민 체류국으로 깊게 참여하고 있다. 2019년 한 해 동안 134만 명의 외국인이 독일에 입국했다. 동시에 약 94만 명의 외국인들이 독일에서 타국으로 또는 자국으로 대다수 타의에 의해서 출국했다. 이 숫자에는 난민 적격 심사에서 탈락하여 강제 추방을 당한 외국인도 포함된다. 2019년 당시 독일 내 이주민과 외국인 중에 다수가 터키인이고, 이슬람 국가에서 온 무슬림이 다수를 차지한다. 현재 독일 내 무슬림은 약 5백만 명 이상으로 추정되며, 이들 이슬람 종파 비율은 수니파 78%, 알라비파 10%, 시아파 9% 그리고 아흐마디야와 살라피스파 순이다. 2019년 현재 독일에 거주하는 2130만 명의 이주민들은 독일 전 국민 8200만 명의 약 25%에 해당하는 인구이다. 이는 이주민 전방 개척 선교의 필요성과 긴급성을 잘 표현해 준다. 세계의 땅끝이 유럽으로 이동하는 것 같은 현 상태에서 유럽과 독일은 미전도 종족처럼 복음이 필요한 민족들로 전락했다. 지금의 독일 현지인들과 이주민들은 그리스도인들과 선교사들에게 선교적 과제와 선한 부담감을 주고 있다.

기도 제목

1) 독일 내 이주민들이 그리스도를 통해서 삶의 비전을 품게 하시고, 사회에 책임감이 있는 삶을 살아가게 하소서.
2) 이주민들이 진정 필요로 하는 것은 독일의 산업 기술과 정돈된 제도가 아니라 그리스도를 통해 하나님의 자녀가 되는 영적 시각이 열리는 것임을 깨닫게 하소서.
3) 교회 공동체가 난민을 포함한 이주민들을 손과 발로 섬기며, 동시에 바른 복음을 전달할 기회를 놓치지 않는 사역자들이 되게 하소서.
4) 오늘날 유럽에서 열방의 이주민들에게 복음을 전하는 나라로 독일을 다시 쓰시는 주님의 섭리에 교회와 사역자들이 적극적으로 반응하며 순종하게 하소서.

나승필

Day 246　9월 3일　Grand Duchy of Luxembourg

룩셈부르크

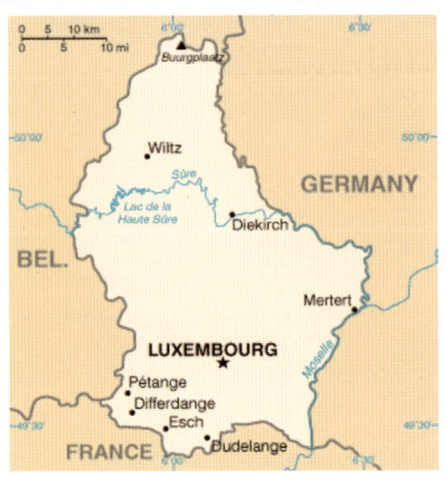

언어: 룩셈부르크어, 프랑스어, 독일어
종족: 20
인구: 626,000명
GDP: 71,105(US$/백만) (0.33%)
1인당 GDP: 114,704.60(US$)

선교적 필요와 과제

서유럽의 중심에 위치한 나라로, 주변에 프랑스, 벨기에, 독일과 국경을 접하고 있다. 사용하는 언어는 공식 관공 용어로 프랑스어, 독일어를 사용하고, 룩셈부르크어, 영어, 포르투갈어, 스페인어, 이태리어도 사용한다. 다국적자들이 모여 있고, 다국가 언어를 사용하는 국가이다. 상업권은 주로 프랑스어를 사용한다. 국민소득 세계 1위 국가로 부유한 나라이며, 생활 수준이 아주 높다. 따라서 직장인들의 수입 수준도 주변국의 두 배가 된다. 이 나라는 국제적인 금융 중심지로, 세계 각국의 은행, 투자 회사 등 금융 기관들이 모여 있다. 국경을 넘어 회사를 다니는 직장인들이 많다. 많은 이웃 국가 노동력이 룩셈부르크에 거주하며 일한다. 이곳에 있는 한인교회는 1개로 1996년 창립 이후, 교우들의 신앙생활의 구심점으로 꾸준히 성장해 가고 있다. 초교파 교회이므로 교회의 신앙적 방향은 대부분 시무하는 담임 목사의 교단 지침에 따르는 예가 많다. 그동안 6대에 걸쳐 각 교단 목사들이 시무하였다. 한인교회를 중심으로 이 지역에 사는 한인들을 전도하고, 현지인들과 외국인들에게 선교 정책을 가지고 나아가고 있다. 세계 여러 국가에서 사역하는 선교사와 선교 사역을 위해 기도하며, 선교 헌금 등 재정적으로 후원하고 있다.

기도 제목

1) 가톨릭 교인이 대부분인 이 땅 국민들이 형식적인 종교 생활에서 벗어나 매일의 삶 속에 말씀과 기도가 있는 삶을 살아가며 진정한 기독교 신앙을 갖게 하소서.
2) 유럽 전체의 성적 타락 분위기와 맞물려 이 나라도 동성혼을 국가가 헌법으로 제정하여 성경에서 완전히 벗어난 죄악을 행하고 있는데, 동성애, 동성혼이 없어지게 하소서.
3) 교회가 룩셈부르크 국민들이 처해 있는 어두운 영적 상태를 깨우고, 말씀으로 돌이킬 수 있는 역할을 감당하게 하소서.
4) 현재 룩셈부르크에 들어와 살고 있는 이주민 대부분이 무슬림인데, 이들을 향한 적합한 선교 정책이 세워지게 하소서.

윤혜숙

Day 247 9월 4일 Principality of Liechtenstein

리히텐슈타인

언어: 독일어
종족: 8
인구: 39,000명
GDP: 6,553(US$/백만) (0.03%)
1인당 GDP: 173,356.1(US$) (2017)

선교적 필요와 과제

리히텐슈타인 공국은 유럽 중부 오스트리아와 스위스 사이에 있는 작은 도시 국가이다. 아름다운 자연환경과 높은 국민 소득으로 인해 매우 풍요로운 생활을 하고 있다. 인구는 약 39,000명으로, 기독교인은 인구의 80% 정도이며, 이 중 가톨릭교인이 70%, 루터교인이 9% 정도이다. 다른 유럽 국가와 마찬가지로 이들의 신앙은 매우 전통적이고 형식적이다. 이주민 노동자들의 유입에 따라서 이슬람 인구가 7%로 점차로 늘고 있다. 따라서 말씀과 성령의 사역으로 살아있는 인격적인 신앙의 회복을 위해 기도가 필요하다. 1% 미만의 자유 복음주의 교회의 성장을 위해 기도가 요구된다. CCC 등 학생 선교 단체의 전도로 인해 일어나기 시작한 부흥의 불꽃을 살려야 할 때이다. 독일어가 공용어이므로, 독일 선교사들의 파송이 절실히 필요하다.

기도 제목

1) 영국, 노르웨이, 스위스 성도들의 조직적인 복음 전도 캠페인으로 1985년 리히텐슈타인에서 최초이자 유일한 복음주의 집회가 열렸는데, 이런 복음 집회가 자주 열리게 하소서.
2) 왕족과 토착인들은 명목상 가톨릭 신자이고 최근 무신론자와 무슬림들이 급속히 늘고 있는데, 이 땅에 성령의 새바람이 강하게 불어오게 하소서.
3) 대다수가 게르만족인 리히텐슈타인 사람들이 예수님을 인격적으로 만나게 하시고, 토착인 복음주의 교회들이 이 땅에 세워지고 부흥케 하소서.
4) 대부분 외국인인 복음주의 교인 수가 늘고 있는데, 토착인들에게 복음이 지속적으로 전해지고, 캠퍼스 선교회인 CCC의 아침 전도 모임을 통해 지성인 복음화가 이루어지게 하소서.

권영진

Day 248　9월 5일　Kingdom of Belgium

벨기에

언어: 네덜란드어, 프랑스어, 독일어
종족: 92
인구: 11,590,000명
GDP: 529,607(US$/백만) (2.47%)
1인당 GDP: 46,116.70(US$)

선교적 필요와 과제

벨기에의 종교 분포는 로마 가톨릭 62.72%, 개신교 1.2%, 무종교 32.05%, 이슬람이 4.40%이다. 로마 가톨릭교회는 매우 빠르게 쇠퇴하고 있는데, 현재 주일 미사 참석률은 전체 신자의 1% 미만이다. 아프리카 이주민을 중심으로 오순절 복음주의 계통의 교회들이 성장하고 있다. 3개의 개신교 신학교가 있다. 이러한 상황 가운데서 벨기에 선교는 첫째, 유럽연합(EU) 본부와 북대서양 조약기구(NATO) 본부 등 많은 국제기구가 수도 브뤼셀에 있기 때문에 외국인 거주자들이 많이 있는데, 이들을 위한 장단기 선교가 필요하다. 둘째, 이슬람권에서 유입된 이주민과 난민들을 위한 선교가 필요하다. 그들은 이슬람 국가를 떠나 비록 명목상이지만 기독교인이 많은 국가로 왔다. 그들의 정착을 돕기 위해 사회적, 경제적 도움을 기반으로 한 선교가 필요하다. 셋째, 세속화되고 인본주의인 벨기에 사람들을 설득할 수 있는 변증학, 성경 공부 교재, 문화 사역을 기반으로 한 전도 초청 집회 등이 필요하다. 과거에 르완다를 식민지로 다스린 적이 있다. 따라서 벨기에와 르완다 사이의 화해를 위한 기도가 필요하다. 또한 동성 간의 결혼, 안락사 허용 등 인본주의적이고도 비성경적인 법들을 통과시켜 시행 중인데, 하나님께서 기뻐하시는 나라가 되도록 기도해야 한다.

기도 제목

1) 과거 식민지 지배 역사로 인해 불편한 관계에 있는 르완다와 화해가 이루어지게 하시고, 동성결혼 허용, 안락사 허용 등 인본적이고 세속적인 법률들이 폐지되거나 개정되게 하소서.
2) 브뤼셀 공항 테러범들의 거주지였던 이슬람 밀집 지역이 해체되고, 이슬람 근본주의자들의 테러들이 중지되고, 난민들이 최종 목적지로 갈 때까지 신변 안전이 확보되게 하소서.
3) 복음주의 교인이 전체 인구의 1.2% 밖에 되지 않는데, 복음주의 교단이 성장하고, 복음주의 신학교인 CTS와 Biblical Institute in Leuven에 신학생들과 교수진이 채워지게 하소서.
4) www.pray4belgium.be, www.gebedsplatform.be, www.brusselshouseofprayer.be 등 벨기에의 기도 단체가 활성화되게 하소서.

최규환

Day 249 9월 6일 Switzerland

스위스

언어: 독일어, 프랑스어, 이탈리아어
종족: 41
인구: 8,655,000명
GDP: 703,082(US$/백만) (3.28%)
1인당 GDP: 81,993.70(US$)

선교적 필요와 과제

역사적으로 스위스교회는 16세기 종교 개혁 중심축의 하나로, 당시 3명의 위대한 종교 개혁자들의 활동 무대였다. 독일의 루터(Martin Luther, 1483-1546)와 동시대에 스위스의 종교 개혁을 주도한 취리히의 츠빙글리(Ulrich Zwingli, 1484-1531), 제네바의 칼빈(Jean Calvin, 1509-1564), 바젤의 외콜람파디우스(Johannes Oecolampadius, 1482-1531)가 그들이다. 당시의 츠빙글리 신앙과 신학은 루터보다 훨씬 더 급진적이고, 훨씬 더 성경적이었다. 또 프랑스의 젊은 종교 개혁자 칼빈은 박해를 피해 바젤로 망명 와서 외콜람파디우스의 신학과 교리학을 연구한 후, 이를 토대로 기독교강요 초판을 저술해서 출판했다. 이처럼 스위스교회는 역사적 기독교회의 복음적 신앙과 신학의 확립에 결정적으로 기여했다. 그러나 작금의 스위스교회는 자유주의 신학의 득세로 세속화되었고, 복음에 충실한 설교자들이 발붙이기 어려운 나라가 되고 말았다. 그러다 보니 스위스 주민들 가운데 주일 예배 참석자들이 전 인구의 1% 미만에 불과하다. 지금 스위스교회는 복음적 신앙과 신학의 회복을 위해 19세기 화란의 아브라함 카이퍼(Abraham Kuyper, 1837- 1920)와 같은 개혁자의 출현이 절실한 가운데 있다.

기도 제목

1) 포스트 모더니즘적인 자유분방한 사고로 동성애와 프리섹스 같은 온갖 악한 문화가 확산되고 있는데, 스위스교회의 복음적 신앙과 신학이 회복되고, 성경적 윤리관이 회복되게 하소서.
2) 이 시대에 칼빈과 루터와 츠빙글리 같은 복음적인 개혁자가 출현하고, 조나단 에드워드, 무디, 아브라함 카이퍼처럼 강력한 복음적 메시지를 전할 능력 있는 설교자가 세워지게 하소서.
3) 초창기 파독 간호사들과 광부들에 의해 시작된 스위스 한인교회들에 이민 1세대의 순수하고 뜨거웠던 신앙의 열정을 계승해 나갈 젊은 사역자들이 세워지게 하소서.
4) 스위스 한인교회에 선교 센터가 세워져 스위스와 유럽과 세계를 향한 선교 기지의 역할을 수행하게 하소서.

김정효

Day 250　9월 7일　　　　　　　　　　　　　　　　Ireland

아일랜드

언어: 영어
종족: 45
인구: 4,938,000명
GDP: 388,699(US$/백만) (1.81%)
1인당 GDP: 78,661.00(US$)

선교적 필요와 과제

1542년 아일랜드는 영국의 식민지로 전락했고, 1800년 영국은 연합법을 제정하여 아일랜드를 합병했다. 아일랜드는 1921년 영국으로부터 독립했다. 북아일랜드는 대부분 스코틀랜드와 영국에서 이주한 영국 출신의 후손들이 주류였다. 종교는 성공회와 장로교이며, 개신교를 믿는 사람들이 대다수였다. 반면에 아일랜드는 가톨릭 국가이다. 95%가 로마 가톨릭교도이고, 그밖에 장로교, 감리교, 유대교 등은 약 3%이다. 식민 통치와 내전을 겪어 상처가 많지만, 분단의 아픔을 딛고 일어섰다. 아일랜드 국기 초록색은 가톨릭, 주황색은 개신교를 의미하고, 중앙의 흰색은 두 종교 간의 평화와 화합을 상징한다. 1인당 GDP 78,660달러로 재산, 금 보유, 농업 산업 등 어느 나라에도 뒤떨어지지 않는다. 유럽의 빛나는 등불이었지만 오래전 수도원에서부터 성직자들의 음란과 타락이 일어나 술과 담배, 성적인 방종에 빠졌다. 2015년 5월 23일, 보수적 성향이 강한 아일랜드는 세계 최초 국민 투표를 통해 찬성 62%로 동성 결혼을 합법화했다. 젊은이들 상당수가 동성애의 삶을 누리고 있고, 술과 마약과 스포츠와 오락, 노는 문화와 개인주의에 빠져 게으름과 함께 영육이 망가지고 있다. 선교가 시급하게 필요한 이유이다.

기도 제목

1) 사회 전반적으로 빠져 있는 인본주의에서 벗어나 기독교 가치관으로 변화되게 하시고, 알코올과 마약과 향락과 동성애로 찌든 사람들이 회개하고 하나님께로 돌아오게 하소서.
2) 참된 회개 운동이 일어나 가톨릭 국가에서 개신교의 나라, 진정한 기독교 나라로 변화되게 하시고, 동성애 법이 다시 무너져 젊은이들이 정상적인 가정생활을 하게 하소서.
3) 주일이면 교회에 나와 하나님을 예배하고, 말씀과 교회 공동체가 무너진 아일랜드에 참된 부흥이 임하여 예수 그리스도의 보혈의 능력과 종교 개혁을 통해 참된 교회가 세워지게 하소서.
4) 보수적 개혁신학을 가르치는 신학교들이 세워지고, 수많은 청년과 은혜받은 성도들이 목회자로, 선교사로 헌신하며, 세계선교를 하는 나라가 되게 하소서.

김위식

Day 251 9월 8일   Great Britain

영국

언어: 영어
종족: 113
인구: 67,886,000명
GDP: 2,827,113(US$/백만) (13.19%)
1인당 GDP: 42,300.30(US$)

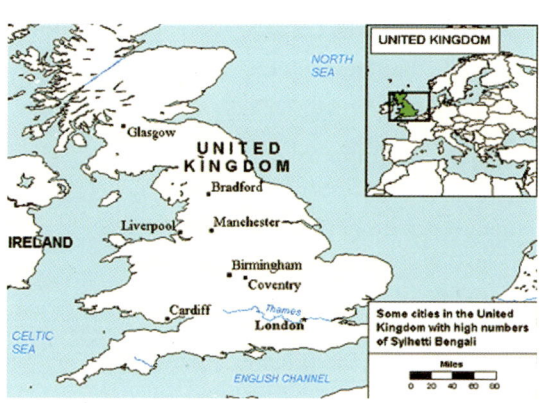

선교적 필요와 과제

영국은 그동안 유럽 복음화를 감당하며 유럽의 교두보요, 정신적 지주 역할을 해왔다. 그런데 1800년 넘게 찬란하고 화려했던 영국이 이제는 선교지(Mission Field)로 변하고 있다. 인구 약 6,800만 명이며, 크기는 한반도의 1.1배이다. 성공회가 국교로, 구체적인 수치를 보면, 기독교 59.3%, 이슬람교 4.8%, 힌두교 1.5%, 기타 종교 2.1%, 무교 25.1%, 무응답 7.2%이다. 유럽의 관문인 영국은 정치, 언어, 문화, 사회, 지리적으로 선교의 모판이다. 하지만 지금은 종교적 포용력과 수용력을 추구하며 불교, 힌두교, 유대교, 이슬람교, 시크교 등을 비롯한 모든 종교의 자유를 보장하는 다종교, 다문화, 다중언어의 사회로 변했다. 현재 수도 런던만 해도 850만 명의 인구에 130여 개국의 500여 민족이 살면서 300여 개의 언어가 통용되는 다민족 메트로폴리탄 구조의 수도가 되었다. 대륙과 떨어진 섬나라 영국은 유럽의 많은 국가 중에서도 꽤 독자적인 자존심을 유지하는 나라이다. 브렉시트(Brexit/EU 탈퇴) 결정으로 불확실한 미래와 역이민 정서, 반세계화, 세대 간 갈등, 신고립주의 사이에서 긴장과 갈등으로 앞으로 10-20년이 여러 면에서 최대의 고비가 될 것이다.

기도 제목

1) 부요한 기독교 선진 국가'라는 인식에서 국제 사회에 이바지하며 건전하게 발전하고, 각계각처의 영향력 있는 기독교 지도자들이 제자의 사명을 다하며 전도의 도구로 쓰임받게 하소서.
2) 경험주의와 개인주의 그리고 세속화된 영국에 복음의 생명력이 다시 뿌리내려서 기쁨으로 그 열매 맺고 신앙이 위축되지 않게 하소서.
3) 인간의 경험과 이성을 숭상하므로 인해 영적으로 피폐해진 영국이 복음의 열정이 있는 역선교가 일어나고, 다음 세대들이 하나님께 돌아오고, 신실한 교회 공동체가 세워지게 하소서.
4) 선교의 동력을 되살리기 위해 열정 어린 기도와 후방 지원이 준비되고, 훈련받은 사역자들이 선교에 헌신하고, 성도들이 선교적 삶으로 소금과 빛의 책무를 감당하게 하소서.

서정일

Day 252 9월 9일   Scotland

영국-스코틀랜드

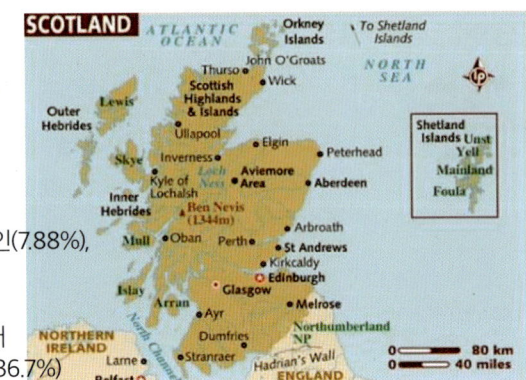

인구: 5,463,300명
종족: 스코틀랜드인(83.95%), 잉글랜드인(7.88%),
      아시아계(2.66%), 폴란드인(1.6%),
      아일랜드인(1.02%), 흑인(0.7%)
언어: 영어, 스코트어, 스코틀랜드 게일어
종교: 기독교(57%), 이슬람(1.4%), 무교(36.7%)

선교적 필요와 과제

수많은 순교자를 배출했던 피의 땅으로, 종교 개혁자 패트릭 해밀턴(Patrick Hamilton, 1504-1528)과 조지 위샤트(George Wishart, 1513-46)의 영향을 받은 존 낙스(John Knox, 1513?-1572)를 통해 장로교 형태의 개혁교회가 세워졌다. 칼빈주의적 개혁 신학의 전통을 지켜온 언약도들은 교회를 지키기 위해 순교의 제물이 되었다. 스코틀랜드 교회의 영적 유산인 기도 모임(prayer society)으로 인해 18-19세기에 스코틀랜드의 여러 지역과 섬에서 놀라운 부흥이 일어났다. 최초로 한글 성경 번역을 했던 존 로스(John Ross 1842~1915) 선교사뿐만 아니라 전 세계에 많은 선교사들을 파송했다. 또 1910년 에딘버러에서 세계 복음화의 실제적 방향과 전략을 점검하기 위한 세계선교대회가 개최되었다. 개신교 선교 100년의 역사를 돌아보게 했던 중요한 선교 대회로 교회사를 바꾼 사건이었다. 하지만 현재는 영적으로 매우 쇠퇴해있다. 한때 모든 학교가 채플을 드렸지만, 지금은 크리스천 스쿨이 사라져가고 있다. 이미 각 고등학교에서는 종교 다원주의 교육을 가르치고 있고, 채플이란 이름도 오래전에 사라졌다. 최근에 스코틀랜드장로교 교단 총회에서 동성혼 법이 통과됐다. 40-50년 전부터 교회들이 술집과 극장, 디스코 장, 레스토랑 등으로 팔려 넘어간 실정이다. 현재 스코틀랜드의 복음화율은 3% 정도이다.

기도 제목

1) 영국이 유럽연합(EU)과 완전히 결별하자 스코틀랜드는 곧 유럽으로 돌아갈 것이라고 말했는데, 스코틀랜드의 정치, 경제, 사회, 교육, 가정에 안전과 평화를 주소서.
2) 다음 세대를 이어갈 신학교와 미션스쿨이 다시 회복되어 영적 부흥이 일어나게 하시고, 마약과 동성애, 다원주의에 물든 학교들이 복음으로 치유되게 하소서.
3) 예배와 말씀이 살아나게 하시고, 종교 개혁자들과 언약도들의 개혁 신앙으로 충만한 설교자들이 많이 배출되어 스코틀랜드 땅에 놀라운 부흥이 일어나게 하소서.
4) 1910년 세계선교대회를 개최했던 뜨거운 선교의 영성이 다시 살아나게 하시고, 수많은 선교사를 배출했던 교회와 사역자들이 성령 충만하여 온 열방에 다시 선교사를 파송하게 하소서.

김위식, 김현배

Day 253 9월 10일 Migrants

영국-이주민

인구: 약 11,000,000명
종족: 인도, 파키스탄, 아랍, 중국,
　　　소말리아, 터키 등
언어: 영어, 중국어, 터키어 등
종교: 힌두교, 이슬람교 등

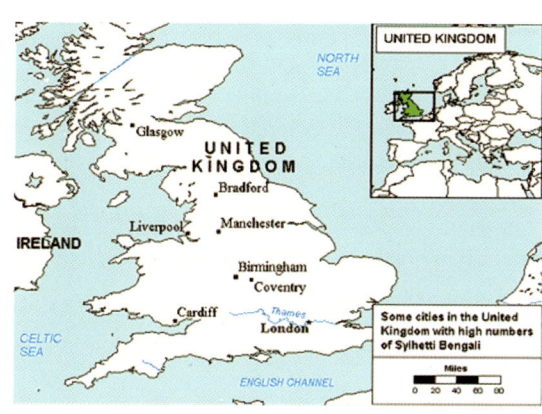

선교적 필요와 과제

영국의 이주민에 대한 로마 제국 이후의 기록은 브리타니아에 대한 로마의 지배가 끝나던 5세기 이후 이 지역에 들어오기 시작한 게르만족의 일파인 앵글족과 색슨족의 이주를 들수 있다. 그리고 8세기 스칸디나비아반도의 바이킹의 침략과 이주도 있었다. 그 후 18세기 대영 제국의 식민지 확장과 함께 항해 기술자였던 예멘인, 아프리카 노예, 인도인, 중국인이 영국으로 강제 이주되었다. 아일랜드 대기근(1847-1852) 당시 아일랜드인들이 기근을 피해 영국으로 이주해왔다. 2차 세계 대전이 끝난 후, 1950-1960년대의 산업재건을 위해 영국 연방으로부터 많은 이민자를 받아들였고, 이민자 대부분은 인도 군인 출신과 영국 무역 어선의 선원들 그리고 파키스탄인과 방글라데시인이었다. 이들은 철강과 직물 산업, 자동차 산업, 의료 기관, 운송 사업 등 사회 전반에서 필요한 일손을 대신했다. 최근에는 이라크 전쟁 이후 중동 및 아프리카의 각종 내전으로 인한 이라크인, 아프가니스탄인, 이란인, 시리아인, 소말리아인 등의 난민들이 영국으로 이주해 왔다. 현재 영국 인구의 약 20%가 비백인 이주민이며, 이들 중 아시아인(인도인, 파키스탄인)이 전체 인구의 7.5%, 흑인(아프리카인, 카리비안인)이 3.3%, 기타 아시아인이 2.2%를 차지한다. 영국에 113개 종족이 거주하며, 이중 미전도 종족이 33개 종족이다.

기도 제목

1) 자영업, 소매업, 노동자인 이주민들은 유럽 연합 탈퇴로 경기 침체에 직접적인 영향을 받게 되었는데, 정부가 장단기적인 경제 정책을 지혜롭게 수립하고 집행해 나가게 하소서.

2) 이민자들이 영국 사회에 잘 적응하게 하시고, 특별히 무슬림이 기독교로 개종함으로 인해 가족과 공동체의 반대와 위협이 심각한데 이를 잘 극복하게 하소서.

3) 이민자 교회들이 다른 언어와 문화, 사회적 배경에서도 잘 적응하게 하시고, 같은 이민자들에게 복음을 전하며, 제자 훈련에 많은 열매가 있게 하소서.

4) 현재 33개 종족에 달하는 영국 내 미전도 종족을 위한 사역자 파송이 어려움을 겪고 있는데, 선진국 영국에 대한 고정 관념을 버리고, 많은 사역자가 이 땅에 파송되게 하소서.

정명선

Day 254　9월 11일　　Republic of Austria

오스트리아

언어: 독일어
종족: 46
인구: 9,007,000명
GDP: 446,315(US$/백만) (2.08%)
1인당 GDP: 50,277.30(US$)

선교적 필요와 과제

인구 천만이 채 못 되는(9,007,000명) 오스트리아는 유럽 어느 나라에 내놓아도 뒤지지 않을 정도로 교육 복지를 비롯한 총체적인 사회 복지가 잘 되어 있다. 그럼에도 불구하고 건강한 소시민으로 자리매김하지 못하고 알코올과 마리화나 등 각종 약물에 중독되는 사태가 갈수록 확산되고 있다. 이미 중고등학교에도 깊게 침투한 것으로 보인다. 가톨릭 인구가 2019년 통계로 498만 명이며, 철저히 가톨릭 월력에 따라서 공휴일이 안배되어 있지만, 복음과는 무관한 휴가를 즐기는 학생들과 학부모 그리고 시민들을 보면 정말 안타깝다. 세상 재미를 최우선 순위로 쫓는 오스트리아에 바른 복음이 더 널리 깊이 확장되어야 이 문제가 해결될 것이다. 잘 된 복지만으로 질 좋은 삶을 누리는 것에는 한계가 있다. 바른 복음 안에서, 바른 믿음을 가지고, 바르게 주 예수님을 따르는 사람이 삶을 더 가치 있게 살아낼 수 있을 것이다. 오스트리아의 개신교는 무척 열세이다. 2019년 통계로 개신교인이 28만 5천 명인 반면에 무슬림은 2016년 통계로 70만 명에 달한다. 그러기에 이 땅에도 전도와 선교가 절실히 필요하다.

기도 제목

1) 70년 이상 지속된 평화와 사회 복지에 감사하며, 하나님을 찬양하며 의지하며 살게 하시고, 군관민이 각자의 책임을 다하고, 특히 의료 서비스와 교육 정책 실무가 잘 이행되게 하소서.
2) 낙태가 부당하다는 것을 인식하고, 헌법재판소가 안락사의 합법화를 반대하고, 온라인 예배에만 참여했던 사람들이 대면 예배의 필요성을 느끼고 예배에 참석하게 하소서.
3) 복음주의 신학 사립대학인 Campus Danubia의 인가 신청이 승인되고, 이곳을 통해 열정적으로 복음을 전파하는 사역자가 양성되고, 젊은 세대가 교회의 사역을 계승하게 하소서.
4) 기독교 정치인들이 세상에서 하나님 말씀의 편에 서서 기독교적 가치를 위해 싸울 힘과 용기를 얻을 수 있게 하소서.

라이문드, 로버트 얀사, 귄터

Day 255 9월 12일   Refugees/Migrants

오스트리아-난민과 이주민

인구: 1,726,844명[난민 520,680명(1999-2019)
+이주민 1,206,164명(1999-2019)]
종족: 중동, 아시아, 동유럽, 아프리카 등
언어: 아랍어, 페르시아어, 벵갈어 등
종교: 이슬람, 힌두교 등

선교적 필요와 과제

오스트리아는 여타 유럽 여러 나라처럼 사람이 살아가기에 좋은 환경을 갖추고 있다. 교육 복지와 주거 복지, 고용 복지 등등 전반적인 사회 복지가 잘 구비되어 있다. 그래서 지난 10년 동안 유입된 이주민 숫자는 계속 증가하는 추세이다. 외국인 유입 수는 2019년 통계에 의하면 1,206,164명이다. 그뿐만 아니라 1999-2019년까지 유입된 난민은 520,680명이다. 무척 다양한 인종이 들어와 살고 있는데, 특히 예수님의 십자가 대속을 통한 하나님의 참사랑을 전혀 모르는 무슬림들이 대거 유입되었다. 참고로 무슬림은 70만 명(2016년 통계)인 반면, 정교회를 제외한 개신교인은 28만 5천 명(2019년 통계)이다. 그동안 테러를 막기 위하여 경찰이 수고했지만 2020년 11월 2일, 결국 이곳에서도 테러가 일어났다. 테러를 꿈도 꾸지 않는 소위 착한 무슬림의 대부분이 자기들의 종교 문화를 고수한다는 것을 간과하면 안 된다. 이들은 난민 시기와 초기 정착기에 복음뿐만 아니라 현실과 정서적인 도움을 절대적으로 필요로 한다. 난민과 이주민들은 복음만 전할 대상이 아니라, 사랑으로 품고 섬겨야 할 '이웃인 사람'이기에 이 사역 역시 무척 소중하다. 비록 가시성이 없음에도 말이다.

기도 제목

1) 유로 강세와 오스트리아의 고물가에 시달리는 난민 사역자들의 체류와 생활비 그리고 사역비가 잘 보장되고 공급되게 하소서.
2) 오스트리아에 있는 현지인 교회와 한국교회들이 난민과 이주민들에게 가졌던 적대적인 마음을 돌이키며 그리스도의 사랑으로 난민과 이주민 사역에 적극적으로 동참하게 하소서.
3) 오스트리아에 살고 있는 모든 가정이 무슬림 난민이나 이주민들과 1대 1 가족을 맺어 실천적으로 하나님을 예배하며 평화를 만들어 가게 하소서.
4) 난민과 이주민들의 다음 세대에 관심을 가지고 물심양면으로 지원하는 돈독한 관계를 유지하는 사역이 이루어지고, 자기 동족들에게 예수 그리스도를 전달하는 역할을 하게 하소서.

도마학

Day 256 9월 13일 French Republic

프랑스

언어: 프랑스어
종족: 113
인구: 65,274,000명
GDP: 2,715,518(US$/백만) (12.67%)
1인당 GDP: 40,493.90(US$)

선교적 필요와 과제

과거 기독교 국가라고 자처해 왔던 유럽의 여러 국가가 지난 수십 년간 교회가 급격하게 감소하는 추세와 동일하게 프랑스 역시 교회와 기독교인의 숫자가 감소했다. 세속화 영향으로 교회와 종교로부터 해방을 요구하는 탈신앙화에 이르렀다. 과거에는 신앙심이 깊고 종교 생활에 충실했지만, 오늘날에는 무기력한 소수 종교로 전락했기 때문에 다시 한번 재복음화가 필요하다. 세계 여러 나라로부터 이주해온 이주자들이 급증하여 다인종, 다문화, 다종교 사회가 되어 이들에게 복음을 자유롭게 전할 수 있는 기회이기도 하다. 전통적으로 가톨릭 국가인 데다가 북아프리카 중심의 이슬람권 이민자들이 급증하면서 이슬람화되어가는 상황에서 어떻게 효과적으로 선교를 해야 할 것인가에 대한 방안을 찾는 것이 중요하다. 이들은 대부분 불어를 사용할 줄 알고, 폐쇄적인 자신들의 국가를 떠나와 이미 프랑스 문화와 사회에 상당히 적응되어 있고, 마음이 많이 열려있는 사람들이다. 이들에게 복음을 전하고 선교하기 위해서는 교회들이 먼저 부흥하고 강해져야 하며, 복음주의 신학과 선교의 열정을 구비한 목회자들이 많이 배출되어야 한다.

기도 제목

1) 실업 문제 등으로 사회 계층 간 격차가 벌어지면서 불안정이 초래되고 연금 시스템 단일화 반대 파업으로 혼란스러운데, 경제 사회적으로 안정되게 하소서.
2) 프랑스에서 소수에 불과한 개신교가 선교적 삶과 증거를 통해 타종교와의 갈등을 지혜롭게 해결하게 하시고, 세속화와 무신론이 팽배한 현실에서 개신교가 다시 부흥하게 하소서.
3) 세속주의와 다원화되어 가는 세상 속에서 교회가 복음의 야성을 회복하고, 건강하게 성장하여 사명을 잘 감당하며, 차세대 목회자 양성에 힘쓰게 하소서.
4) 프랑스는 불어권 아프리카 선교를 위한 중요한 나라인데, 국내 전도와 이슬람 이민자들을 위한 전도와 불어권 선교의 교두보 역할을 잘 감당하고, 선교 파트너십을 잘 이루게 하소서.

박용관

Day 257　9월 14일　　　　　　　　　　　Migrants

프랑스-이주민

인구: 6,700,000명(2019)
종족: 터키, 스페인, 알제리, 모로코, 튀니지,
　　　베트남, 라오스, 캄보디아 등.
언어: 영어, 터키어, 아랍어, 베트남어 등
종교: 이슬람 등

선교적 필요와 과제

프랑스는 지난 1세기 전부터 이민을 수용하며, 난민을 보호한 대표적인 유럽 국가 중 하나다. 특히 1960년대와 1970년대 초반 경제 부흥에 따른 대규모 경제 이민을 수용한 적이 있다. 그 이후에는 제한된 범위에서 이민을 수용했는데, 현재 총인구의 10%가 이민자이다. 그 결과 오늘날 프랑스 사회는 다문화 사회로 서서히 변해가고 있다. 작금 이민 세대 구성은 프랑스에서 출생한 2세대, 3세대들의 비중이 상대적으로 높아짐에 따라, 젊은 세대의 사회 동화 및 취업이 중요한 사회적 이슈가 되고 있다. 21세기 주된 선교적 이슈가 되고 있는 디아스포라 현상을 사회 경제적 차원과 선교학적 차원에서 관찰하고 연구할 때, 프랑스는 전 세계 지표가 될 만한 근거를 제시해 주는 핵심 국가가 된다. 과거 프랑스는 50여 군데가 넘는 세계 각 지역을 식민지, 보호령, 위임 통치령으로 지배하였다. 프랑스는 서유럽 국가 중에서 가장 많은 무슬림 인구(약 5백만 명)를 가진 나라이다. 프랑스는 무슬림 인구의 99%가 이민자 출신이라는 구성인 특성과 정부가 체계적이고 강력한 대 이슬람 정책 입장을 취한다는 특성이 있다. 이런 면은 프랑스가 유럽의 이슬람을 이해하는데 결정적인 정보를 제공할 뿐만 아니라, 오늘날 이슬람권 선교를 글로벌하게 접근하는데 전략적 위치에 있다고 해도 과언이 아니다.

기도 제목

1) 정체성 위기를 맞고 있는 이민 2세대와 3세대들이 안정적으로 사회에 동화하고, 정부의 이민자 통합정책이 획일적인 모델 정책보다는 관용과 포용주의에 입각한 정책이 되게 하소서.
2) 이슬람 포비아 현상이 최근 현정부의 분리주의 및 극단주의 배격 명분하에 더욱더 심화되고 있어 정부가 종교 및 집회의 자유를 근본적으로 존중하게 하소서.
3) 다양한 형태의 이민자 교회가 형성되고 있는데, 이들이 고립되기보다 프랑스 교회와 유기적 관계를 유지하고, 교회 예배 장소의 부족 현상이 해결되게 하소서.
4) 프랑스 개신교가 지속적으로 성장하고, 이민자 가운데 소수 민족 복음화와 무슬림 전도가 활발하게 이루어지고, 다민족 디아스포라가 현지 교회와 협력하여 공동 선교할 수 있게 하소서.

채희석

Day 258 9월 15일   Southern Europe

남유럽

그리스
모나코
몰타
바티칸시국
산마리노
스페인
안도라
이탈리아
포르투갈

선교적 필요와 과제

북유럽 국가들은 사회 보장 제도가 잘된 나라로 알려졌지만 인구가 상대적으로 적은 편이다. 그에 비해 남유럽 국가들은 기계 공업보다는 농업이 대부분이므로, 경제적으로 북유럽만큼 수준이 높지 않고, 넉넉하지 못한 삶을 살아간다. 게다가 아프리카와 중동에서 남유럽으로 난민들이 필사적으로 넘어오기 때문에 문제가 심각하다. 중동에서 키프러스는 아주 가까운 곳이고, 터키 코앞에 있는 수많은 그리스령 섬들은 마음만 먹으면 쉽게 갈 수 있다. 또한 육로로 터키에서 그리스로 건너가는 길도 어렵지 않다. 요즈음 난민(보트피플)을 받아주지 않아서 한 달 이상 지중해를 떠돌다가 배 안에서 환자가 생기고 인권 문제가 부각되자, 몰타에서 임시 하선을 허락하기도 했다. 해안선을 맞대고 있는 이탈리아, 프랑스, 스페인 등의 나라도 보통 문제가 아니다. 일단 이들이 상륙하면 먹이고 재워주고 용돈도 지불해야 하기 때문이다. 서아프리카 청년 사역 선교사에 의하면, 아프리카 청년들의 꿈은 수단과 방법을 가리지 않고 유럽으로 건너가는 것이라고 한다. 중동도 정치적으로 불안하기에 유럽으로 건너오려고 한다. 이 상황을 악용해 마피아가 돈벌이 수단으로 보트피플을 운용하고 있기에 난민 유입은 줄어들지 않을 것이다.

기도 제목

1) 아프리카와 중동이 정치적으로 안정되고 경제적으로 발전하게 하시고, 유럽연합(EU) 국가가 난민들을 지원하는 일에 잘 협력하게 하소서.
2) 남유럽 사람들이 기독교적 정체성을 다시 회복하고, 성경과 경건한 삶으로 돌이키게 하소서.
3) 남유럽 교회가 다시 성경 말씀을 사모하고, 성령 충만함을 갈망하게 하소서.
4) 경제적으로 어려움을 겪고 있는 이들과 이 땅으로 유입된 난민들에게 복음이 전파되게 하소서.

한평우

Day 259 9월 16일

Hellenic Republic

그리스

언어: 그리스어
종족: 51
인구: 10,423,000명
GDP: 209,853(US$/백만) (0.98%)
1인당 GDP: 19,582.50(US$)

선교적 필요와 과제

남유럽 발칸반도 남쪽에 위치한 그리스는 유럽 공동체에 속한 나라로, 그리스 정교회가 주 종교를 이루고 있다. 그리스 로마 문화의 발상지로 많은 신이 있었다. 4백여 년 동안 오스만 제국의 이슬람 지배하에서도 생존하여 명맥을 유지한 정교회는 독립 이후 현재까지 계속해서 2백여 년간 국교로 이어오고 있다. 전 국민 대다수가 그리스 정교회에 속해 있다고 믿는데, 오랫동안 전통적으로 지켜 온 예전과 형식에 따른 종교 관습에 굳어져 있다. 유럽 공동체에 속하고, 인근 터키와 국경을 이루고 있어서 최근 여러 이슬람 국가에서 무슬림 난민들이 몰려들고 있다. 이곳은 난민들이 크리스천으로 개종할 수 있는 최고의 선교 현장이며, 황금 어장이다. 이들과 거주민들에게 복음이 전해지고 새로운 생명을 얻게 되기를 함께 기도해야 한다. 해마다 전체 인구의 3배 이상이 관광객으로 몰려드는 곳으로, 경제 위기 이후에 회복세를 보이다가 코로나로 인해 다시 어려움을 겪고 있다.

기도 제목

1) 높은 실업률과 유입되는 난민들로 인해서 어려운 형편이지만 이러한 상황 속에서도 창조주 하나님을 찾고 주님께 나아갈 수 있게 하소서.
2) 관습에 젖은 종교 생활에서 벗어나 창조주이자 생명이신 주님만을 바라보게 하시고, 무슬림 난민들이 복음을 듣고 주께로 돌아올 수 있게 하소서.
3) 그리스 정교회가 역동적으로 살아 움직이는 교회가 되게 하시고, 이주민들과 난민들로 구성된 다문화국제교회, 난민교회 등이 성장하고 독립하여 주의 영광을 나타내게 하소서.
4) 해마다 죽음을 무릅쓰고 몰려드는 난민들에게 복음을 전하고 주의 사랑을 나눌 수 있도록 계속해서 기도와 후원, 그리고 동역자들이 늘어나게 하소서.

김모세(상효), 양에스더(정미)

Day 260　9월 17일　　　　　　　　　　　　　　Lesbos

그리스-레스보스섬

인구: 114,880명(2020)
종족: 그리스인
언어: 그리스어
종교: 그리스정교회 등

선교적 필요와 과제

레스보스섬은 터키 국경에 인접한 그리스 섬으로, 많은 난민이 죽음을 무릅쓰고 유럽으로 건너오는 최초의 관문이다. 최근 키오스섬, 사모스섬과 함께 수많은 무슬림 난민들이 새로운 삶을 찾아서 들어 오고 있는 현장이다. 난민들이 복음을 접하고 주의 사랑을 알게 되는 첫 선교 현장으로, 이들이 크리스천으로 개종할 수 있는 최고의 황금어장이다. 이들 무슬림 난민들이 새롭게 창조주 하나님을 인식하는 계기가 되고, 절박한 어려움 속에서 가난한 심령으로 주를 간절히 찾게 되고 주의 사랑을 알게 되어 복음을 접하게 된다. 해마다 많은 수의 난민과 가족, 여성과 어린이들이 자유와 생존을 위해 넘어와서 몸부림치지만, 이곳 사정은 그들의 기대 이하로 절망 가운데 있는 현실이다. 수용 인원에 비해 넘쳐 나는 난민들로 인해서 이들은 임시로 조성한 아주 열악한 캠프에서 지내고 있는 실정이다. 복음을 전할 수 없는 현실 속에서 기독교 자원봉사자들이 지혜롭게 복음을 전할 수 있도록 기도가 필요하다. 또한 처음에는 이들 난민들에게 우호적이던 이 섬의 거주민들이 이제는 지쳐서 서로 긴장된 상태로 지내고 있는 형편이므로 격려와 도움 그리고 기도가 절실히 필요하다.

기도 제목

1) 난민 캠프가 군사 훈련장에 급하게 설치되어 식수, 음식 등이 절대적으로 부족하고 환경이 열악해 난민들이 추위와 배고픔, 고통으로 어려움을 겪고 있는데, 모든 문제가 해결되게 하소서.
2) 무슬림 난민들이 지옥과 같은 생활을 거치면서 하나님의 절대적인 보호하심과 도우심을 구하고 있는 현실인데, 이들이 예수님의 사랑을 깨달아 소망을 갖고 살아가게 하소서.
3) 난민들에게 복음을 전하며 주의 사랑을 나누는 교회와 돕는 손길 위에 하나님의 보호하심과 성령님의 도우심이 있게 하소서.
4) 죽음을 무릅쓰고 건너온 난민들이 현지의 열악한 환경과 어려움으로 인해 소망을 잃고 자포자기한 상태인데, 이들에게 주의 사랑이 전해지고 복음이 전해져서 새로운 생명을 얻게 하소서.

김모세(상효), 양에스더(정미)

Day 261　9월 18일　Principality of Monaco

모나코

언어: 프랑스어
종족: 14
인구: 39,300명
GDP: 7,188(US$/백만) (0.03%)
1인당 GDP: 185,829.0(US$)(2018)

선교적 필요와 과제

프랑스 남쪽의 작은 도시가 한 나라인 이곳은 꽤 오래전에 세워진 곳이다. 정치적으로는 영세 중립국이다. 따라서 이들은 국방을 포기하고 그 나라의 군대를 두지 않기로 하였다. 경제적으로는 관광과 나라를 이어주는 중계무역으로 국가 수입의 대부분을 충당한다. 세계적으로 유명한 휴양지인 니스라는 곳 옆에 위치하여 수많은 관광객이 이곳을 찾고 있다. 또한 카지노가 합법화 되어서 이를 통해서 국가 경제에 큰 도움을 받고 있다. 정치와 경제가 나름 규모는 작지만 별다른 어려움 없이 넉넉하고 여유로운 삶을 누리고 있다. 많은 관광객과 엔터테인먼트, 도박, 중계무역 등 세상의 많은 즐거움을 사고팔고, 주고받는 일로 인해서 하나님에 대하여 목마름을 잃어버린 곳이다. 이 땅에 주님의 성령께서 힘있게 임하셔서 하늘의 소망을 가진 많은 이들이 일어나기를 기도해야 한다. 또한 진정한 주님의 교회가 많이 세워지기를 기도해야 한다. 많은 방송과 선교 단체들이 이곳을 선교 전진 기지로 삼아 북아프리카를 축복하는 복의 땅이 되기를 기도해야 한다. 복음적이고 생명력 있는 국제 다민족 교회들이 세워지고, 이를 통해 이곳을 찾는 많은 이들이 예수님을 만나기를 기도해야 한다.

기도 제목

1) 정치적 경제적 어려움이 없다는 것이 주님 주신 선물임을 깨닫고, 많은 사람이 주님을 향한 목마름을 갖게 하소서.
2) 프랑스의 영향력 하에 있는 나라답게 가톨릭이 주종교인데, 형식과 예전에만 치우친 가톨릭 안에 진정으로 진리의 복음이신 예수님을 찾는 사람들이 늘어나게 하소서.
3) 이 나라에 진정한 복음주의 교회들이 세워져서 말씀과 성령 안에서 생명을 가지고 하늘의 기쁨을 누리고 나누는 생명과 사랑의 공동체가 되게 하소서.
4) 거듭난 그리스도인들이 모나코인과 프랑스인 가운데 일어나고, 관광객들을 전도하고 섬기는 국제교회가 세워지고, 재정이 이 땅의 즐거움이 아닌 전도와 선교와 구제에 쓰이게 하소서.

이아브라함

Day 262 9월 19일

Republic of Malta

몰타

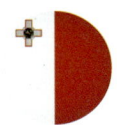

언어: 몰타어
종족: 10
인구: 442,000명
GDP: 14,786(US$/백만) (0.07%)
1인당 GDP: 29,416.20(US$)

선교적 필요와 과제

이탈리아 시칠리섬 아래, 리비아 위쪽에 자리해 '지중해의 진주'라고 불리는 섬나라로, 가톨릭을 주 종교로 한다. 사도행전 28장에 로마로 압송되던 바울이 탄 배가 파선하여 도착하게 된 멜리데 섬이 바로 이 섬이다. 제주도의 1/6 정도인 작은 나라지만 역사, 언어, 문화 및 유럽 대륙과 아프리카를 잇는 해상의 요충지로서 전략적으로 중요하다. 기원전 1000년경 페니키아인들에 의해 정복되고 로마, 아랍의 식민지를 거쳐 세계열강의 각축장 중심에서 영국의 지배를 받다가 1964년에 독립했다. 그 이후 개신교회 복음 전도 활동이 시작되었고, 오늘날에는 작은 규모의 개신교 교회들이 점차 더 생겨나고 있다. 대부분 몰타인에게는 가톨릭 신앙이 강하게 뿌리내리고 있어서 타종교에는 배타적인 성향을 보인다. 배타성이 강한 이들이야말로 예수 그리스도의 사랑 안에서 수용되어야 할 잃어버린 사람들이다. 선교적 필요성은 이곳은 북아프리카 이슬람 나라들에 선교의 중요한 교두보를 마련할 수 있는 전략적 요충지이기 때문이다. 셈어족에 속하는 몰타 언어는 약 70%가 아랍어와 연관이 깊다. 내전으로 불안정한 리비아를 떠나 유럽으로 향하는 수많은 난민이 이 땅에 들어오고 있다는 점에서 더욱 중요하다.

기도 제목

1) 부패가 척결되고 코로나 사태로 인한 경제 둔화 현상으로부터 회복되게 하소서.
2) 가톨릭 안에서도 생명의 말씀을 갈망하는 이들이 많이 일어나며, 복음 진리가 선포되게 하소서.
3) 복음주의 교회들이 연합하게 하시고, 지도자들의 겸손과 섬김, 말씀과 성령을 통한 부흥이 일어나게 하소서.
4) 이 땅에 거하는 많은 무슬림들에게 개인들과 교회가 복음을 전하여 그들을 북아프리카 무슬림들을 섬기는 사역자들로 훈련하여 세우고 보내게 하소서.

김하리

Day 263   9월 20일   Vatican City, San Marino

바티칸시국과 산마리노

언어: 이탈리아어
인구: 바티칸 1,000명
     산마리노 34,000명
1인당 GDP: 48,481(산마리노)(US$)

선교적 필요와 과제

바티칸시국과 산마리노는 세계에서 가장 작은 나라이다. 바티칸시국은 여의도 면적의 1/6 정도이고, 산마리노는 울릉도보다 작은 크기다. 바티칸시국은 로마 가톨릭의 중심지고, 산마리노는 국민의 97%가 가톨릭 신자로 구성되어 있다. 산마리노는 1631년까지 로마 교황령에 속해 있었기에 로마 가톨릭의 영향을 그대로 받았고, 1815년에 독립국으로 인정받았다. 바티칸시국은 가장 작은 나라지만, 세상에서 가장 돈이 많은 나라, 세상에서 가장 땅이 넓은 나라라고 불린다. 바티칸의 1년 국가 재정은 공개한 적이 없지만 전 세계에 흩어진 성당에서 상납하는 헌금은 파악조차 어렵다. 또 바티칸 소유지로 귀속된 전 세계 성당 소유의 땅이 얼마나 되는지 알 수 없다. 전 세계의 성당들이 소유한 건물을 모으면 세상에서 가장 넓은 땅을 차지한 나라라고 불리게 된다. 현재 프란체스코 교황은 종교적인 영향력뿐만 아니라, 정치적인 능력이 뛰어나서 그동안 바티칸의 돈세탁, 사제들의 소아 성추행으로 실추된 가톨릭에 대한 이미지를 새롭게 하는데 많은 역할을 하고 있다. 산마리노는 나라도 작고, 인구도 작지만, 관광 수입을 통해 1인당 GDP는 세계 10위에 머물고 있다.

기도 제목

1) 전 세계에서 바티칸으로 흘러 들어가는 자금이 불법이나 탈세로 쓰이지 않게 하시고, 교황 중심의 신정 정치를 하는 바티칸시국이 성경 앞에 겸손하게 하소서.
2) 교황 무오, 마리아 숭배, 연옥, 성자 숭배, 구원에 대한 가톨릭 교리가 바뀌게 하시고, 비성경적인 전통과 관습이 제거되고 십자가의 복음이 전해지고, 교회사의 잘못을 회개하게 하소서.
3) 산마리노에도 복음주의 교회가 들어가 복음을 전하게 하시고, 조직과 인맥으로 채워진 바티칸에도 성령의 사람, 말씀의 사람이 나오게 하소서.
4) 이탈리아어가 능통한 외국인 중 하나님의 부르심을 따라 사역할 수 있는 목회자들이 나오게 하시고, 가톨릭 전통으로 철벽과 같이 닫힌 곳에도 복음이 들어갈 문이 열리게 하소서.

송영호

Day 264 9월 21일 Kingdom of Spain

스페인

언어: 스페인어
종족: 105
인구: 46,755,000명
GDP: 1,394,116(US$/백만) (6.51%)
1인당 GDP: 29,613.70(US$)

선교적 필요와 과제

서유럽의 남부에 위치하며, 동쪽으로는 지중해를, 서쪽으로는 대서양을, 남쪽으로는 아프리카 대륙을 마주하고 있는 이베리아반도를 포르투갈과 함께 공유하고 있다. 주전 2세기부터 로마에 속해 있던 스페인은 313년 로마가 가톨릭을 국가 종교로 고백하면서 자연스럽게 가톨릭교회를 국가의 정체성으로 삼았다. 스페인은 이그나시오 로욜라(예수회)의 영성이 사상과 문화 속에 깊이 자리 잡고 있으며, 성숙한 선진 문화와 풍부한 역사적 전통 유산을 자랑하는 나라이다. 가톨릭교회는 그들의 정체성에 중요한 한 부분을 차지한다. 신앙의 주체는 예수 그리스도의 사역에 기초한 삼위일체 하나님이다. 그러나 성모마리아가 이 모든 신앙의 중보자이며 대리자임을 믿는다. 21세기 초반 스페인 국민 97%는 자신이 가톨릭 신자라고 고백했지만, 최근에는 국민 67%가 자신이 가톨릭 신자라고 고백하고, 국민의 22%(특히 젊은이)는 자신들이 무신론자라고 밝혔다. 개신교 선교사들에게 무신론자 젊은이들을 복음화할 수 있는 도전의 기회가 주어진 셈이다. 이들이 무신론자라고 말할 때는 자신들이 가톨릭 신자가 아니라는 것을 우회적으로 표현한 것이다.

기도 제목

1) 정치적인 혼란을 겪고 있는데, 정치적으로 속히 안정되게 하시고, 주 정부나 자치주에 속한 모든 정치인이 치우치지 않고 국민을 위해 헌신하게 하소서.
2) 지금의 어려운 상황이 기독교 복음 전파에 도전과 기회가 되고, 참된 복음의 진리 앞에 무릎 꿇은 사람들이 많이 일어나게 하소서.
3) 하나님께서 교회를 지켜주시고, 신실한 교회 지도자들을 준비시켜 주소서.
4) 선교의 길이 막히지 않게 하시며 주의 부르심을 받은 더 많은 선교사를 보내 주시고, 선교사들에게 성령의 능력을 더해 주셔서 맡겨진 말씀과 기도의 사역을 충실히 감당하게 하소서.

현춘남

Day 265 9월 22일   Migrants

스페인-이주민

인구: 약 6,000,000명(2019)
종족: 라틴아메리카계, 북아프리카계(모로코 등),
       러시아, 중국 등
언어: 스페인어, 러시아어, 중국어 등
종교: 가톨릭, 이슬람교 등

선교적 필요와 과제

"스페인은 개신교 선교의 무덤이다." 스페인은 약 1478년부터 1834년까지 350년 이상 로마 가톨릭이 종교 재판이란 이름으로, 유대인을 비롯해 개신교 신자만 30만 명 이상 처형한 역사를 갖고 있다. 2020년 스페인의 총인구, 약 4천 7백만 명 중 로마 가톨릭교회 신자는 전체 인구 80% 이상으로 집계되고 있지만, 54% 정도는 명목상 종교인으로 분류되고 있다. 파이낸셜 타임스는 "스페인은 이주민들이 유럽에서 두 번째로 선호하는 나라다."라고 보도한 바 있다. 1985년 이민법 제정 이후, 이주민 유입이 크게 확대되어 2019년도 이주민은 스페인 전체 인구의 12%로, 계속 증가하고 있다. 스페인 이주민 중에 라틴 아메리카와 모로코인이 가장 많으며, 최근 몇 년 전부터는 북아프리카 지역으로부터 난민자가 급증하고 있다. 현재 스페인 내 이주민을 포함 개신교 신자는 전체 인구의 0.43%에 불과하지만, 무슬림 인구는 전체 인구의 2.5% 정도를 차지한다. 특히 스페인은 모르몬교와 여호와의증인과 같은 사이비 종교와 이단들의 침투가 많아 복음 전파의 장애를 넘어 위험 요소가 되고 있다. 이주민의 증가는 곧 로마 가톨릭과 무슬림, 그리고 이단의 증가로 이어지고 있다는 점에서 대책이 시급하다.

기도 제목

1) 코로나19로 인해 사회 통합 문제, 노동 시장, 빈곤, 자녀 교육 등 이주민들이 겪는 4가지 문제들이 잘 해결되고, 교회가 처한 어려운 상황들이 잘 극복되게 하소서.
2) 스페인 교회와 지도자들이 가톨릭과 이단과 무슬림의 공격으로부터 교회를 잘 지킬 수 있게 하소서.
3) 신학 교육의 부족으로 신비주의적이고 체험적인 신앙이 난무하고 있는데, 교회와 사역자들이 복음적 신앙과 신학을 회복하여 교회가 바른 믿음 위에 굳게 세워지게 하소서.
4) 선교 언어로서 스페인어가 그 역할을 잘 감당하여, 미국을 비롯해 스페인어를 사용하는 22개국의 교회와 사역자들을 통해 세계선교가 확산되게 하소서.

김학우

Day 266 9월 23일   Principality of Andorra

안도라

언어: 카탈루냐어
종족: 10
인구: 78,000명
GDP: 3,154(US$/백만) (0.01%)
1인당 GDP: 40,886.40(US$)

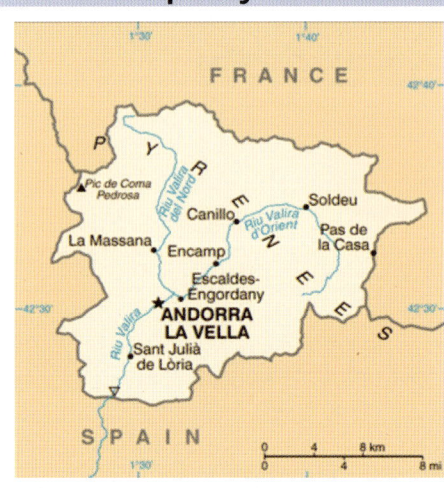

선교적 필요와 과제

"안도라가 어디 있어!", "그런 나라가 유럽에 있어?"라는 말이 나올 정도로, 유럽에 있지만 잘 알려지지 않았다. 국제적으로 인정받은 독립 국가로, 스페인과 프랑스 사이에 있는 평균 고도 1,996m 피레네산맥에 자리 잡고 있다. 프랑스 대통령과 스페인 카탈루냐 우르헬의 주교가 공동 영주(국가 원수)로 겸임하는 특이한 나라이다. 실질적인 행정은 의회에서 선출한 총리가 맡는다. 2020년 기준, 인구는 78,000명으로, 종족은 스페인(카탈루냐인) 43%, 안도라인 33%, 포르투갈인 11%, 프랑스인 7% 등으로 분포되어 있다. 면적은 468㎢, 제주도의 1/4 정도며, 언어는 카탈루냐어를 비롯해 스페인어, 프랑스어, 포르투갈어도 함께 사용한다. 세계에서 유일하게 국가 전체가 면세 지역으로, "유럽의 슈퍼마켓"이라 불릴 정도로 쇼핑 인프라가 잘 구축돼 있다. 국가 수입의 약 80% 이상이 관광과 면세를 통한 상품 판매에 의존하고, 금융과 보험업이 GDP의 19%를 차지한다. 유럽의 많은 기업과 부호들이 조세 피난을 목적으로 서류상 회사(paper company)를 설립해 금융과 보험업에 투자하고 있다. 1993년부터 공식적으로 종교의 자유를 허용했지만, 로마 가톨릭이 98% 이상이며, 개신교는 겨우 0.22%에 불과하다.

기도 제목

1) 안도라가 세계와 유럽의 조세 피난처로 전락하지 않게 하시고, 정치적, 경제적으로 건강한 나라가 되게 하소서.
2) 로마 가톨릭 주교가 국가 공동 영주로 겸임하는 형태로 종교와 정치가 연계되어 있는데, 가톨릭 안도라인의 영혼을 구원해 주소서.
3) 타종교를 인정하지만 개신교회가 거의 없는 미전도 종족에 해당하는 이곳에 복음이 전해지고, 극소수의 헌신된 사역자들이 섬기는 교회와 토착교회 신자들의 믿음이 성장하게 하소서.
4) 명목상 신자가 많고 물질주의에 사로잡혀 있는 안도라인들이 살아계신 하나님을 만나는 역사가 일어나고, 안도라의 복음화를 위해 문화 선교사가 꼭 파송되어 사역하게 하소서.

김학우

Day 267　9월 24일　　　　　　　　　　　Italian Republic

이탈리아

언어: 이탈리아어
종족: 105
인구: 60,462,000명
GDP: 2,001,244(US$/백만) (9.34%)
1인당 GDP: 33,189.60(US$)

선교적 필요와 과제

1984년까지 가톨릭이 국가 종교였고, 현재도 로마 가톨릭의 중심지이기도 하다. 인구 80%는 가톨릭 신자이고, 12%는 종교가 없다. 개신교는 1% 정도로 파악되지만, 이 숫자는 복음주의뿐만 아니라, 그리스 정교회, 러시아 정교회도 포함하며, 여호와의증인, 모르몬교, 제칠일 안식교 등, 크고 작은 사이비와 이단들까지 포함한 숫자다. 순수한 복음적 기독교인은 0.5%에 해당하며, 30만 명 정도로 추산한다. 가톨릭은 삶의 한 부분처럼 생활화되어 있다. 이들은 평생 2번, 즉 태어났을 때와 죽었을 때 성당에 간다고 한다. 로마 제국이 무너진 이후, 1300년 동안 통일을 이루지 못하고, 분열된 나라로 지내다가 1861년에 통일이 되었다. 오랜 기간 분열돼 있었기에 북쪽과 남쪽의 언어가 달라 통역사를 두지 않으면 대화를 나눌 수 없을 정도였다. 초대교회 때부터 시작해 기독교 유적지가 많아 세계에서 수많은 관광객이 찾아온다. 1년에 약 5천만 명 정도가 이탈리아를 방문한다. G7에 속해 있지만, 정치적인 혼란으로 경제는 계속해서 낮아지고 있는 상황이다.

기도 제목

1) 성숙한 정치 지도자가 나오게 하시고, 제조업 침체, 난민 유입, 소득 격차, 일자리 부족, 사회 범죄가 늘어나고 있는 이 땅을 긍휼히 여겨 주소서.
2) 로마 가톨릭이 주류를 이루어 마리아 숭배, 연옥, 성자 숭배, 비성경적인 전통과 관습을 강조하는 이들이 십자가의 복음을 깨닫고, 하나님 영광을 구하는 교회로 회복되게 하소서.
3) 복음주의 교회가 어려운 상황 속에서도 믿음으로 다음 세대를 향한 전도와 선교를 멈추지 않게 하시고, 교회가 성령의 기름 부으심으로 말씀의 권위와 설교의 영광이 회복되게 하소서.
4) 각 교단이 세운 신학교들을 축복하셔서 젊은 목회자들이 일어나고, 이탈리아인뿐만 아니라 이 나라에 들어온 동유럽인들, 아프리카인들, 아랍인들에게 복음을 전하는 통로가 되게 하소서.

송영호

Day 268 9월 25일   Migrants

이탈리아-이주민

인구: 약 5,200,000명(2019)
종족: 루마니아, 이집트, 튀니지, 모로코,
　　　중국, 인도, 파키스탄 등
언어: 영어, 이탈리아어, 아랍어, 중국어 등
종교: 이슬람교, 기독교 등

선교적 필요와 과제

6천만 명의 인구 중 이주민들이 5백만 명이다. 그중 약 130만 명이 중동과 아프리카에서 건너온 사람들로, 많은 사람이 불법으로 들어와 살고 있다. 특히 중동 및 북, 서아프리카에서 보트피플로 들어오는 사람들이 끊이지 않는다. 이 일에 마피아가 상업적으로 관여하고 있어서 끊어내기가 어렵다. 작년에만 1만여 명이 들어왔는데, 유럽연합(EU)에서도 받기를 거절하고 있고, 본국으로 돌려보낼 방법도 없다고 한다. 이들을 돌려보내기 위해서는 양국 간 협정을 맺어야 하는데, 튀니지와 모로코와는 협정을 맺었으나 그 외 서아프리카 국가들은 협정을 맺지 못한 상태이다. 게다가 협정을 맺었어도 복잡한 문제들로 인해 실제로 추방 명령을 받은 사람 중 7% 정도만 돌려보내지는 상황이다. 전에는 유럽연합(EU) 국가에서 일손이 부족하고, 인구의 쇠락을 막기 위한 방법으로 일정 수의 난민을 받아들였다. 지금은 그 수가 계속 증가하고, 국내 사정도 있어서 더 이상 받지 않으려고 한다. 그러나 선교적인 측면에서 보면 이들은 좋은 대상일 수 있다. 북, 서아프리카와 중동 국가는 모두 무슬림 국가들이고, 그 나라에 직접 가서 선교하는 일은 제약이 많고 어렵지만 일단 이곳으로 건너온 사람들을 선교하는 일은 훨씬 쉽기 때문이다.

기도 제목

1) 이주민들을 위한 이탈리아 정부 정책이 좀 더 구체적으로 준비돼서 그들이 사회적으로 안정을 찾게 하시고, 이탈리아에 도움이 되게 하소서.
2) 대부분의 이주민이 무슬림 국가에서 온 이들인데, 이들에게 적극적으로 복음을 전할 수 있는 길들이 많이 마련되게 하소서.
3) 이 땅의 개신교가 부흥하고, 개신교회가 선교적 역량을 갖추고, 뜨거운 영성으로 다시 태어나게 하소서.
4) 난민들에게 복음이 잘 전해지고, 난민들 또한 복음을 잘 받아들이게 하소서.

한평우

Day 269　9월 26일　Portuguese Republic

포르투갈

언어: 포르투갈어
종족: 43
인구: 10,197,000명
GDP: 237,686(US$/백만) (1.11%)
1인당 GDP: 23,145(US$)

선교적 필요와 과제

전통적으로 로마 가톨릭교회가 강해 전 국민의 81% 정도를 차지하나, 이 중 20% 정도만 매주 미사에 참여한다. 수도인 리스본 대학생들 10명 중 1-2명이 로마 가톨릭교회 교인이지만 명목상 교인이며, 대부분이 종교 다원주의나 진화론에 관심을 가진 무신론자들이고, 윤회설에 심취한 불교 신자들도 있다. 무슬림은 국민의 0.5% 정도며, 개신교는 1-2% 정도인데, 하나님의 성회와 은사 중심의 교회들이 빠르게 성장하고 있다. 그밖에 침례교, 감리교, 장로교, 형제단 교회도 있지만 몇몇 대형 개신교회를 제외하면 대부분 담임 목회자에게 포르투갈 최저 임금 수준의 사례를 지급하는 정도로 자립하기에 급급한 형편이다. 모범적인 선교사로는 미국 하나님의 성회 선교부의 제임스 라이머 선교사로, 그는 1987년에 하나님과 교회와 도시와 나라와 전 세계를 품고 사랑하려는 비전을 품고 로고스교회를 개척했다. 1994년에 설립된 OM은 교회 개척과 로마 가톨릭 성지 파티마 순례자들 전도와 초등학교 학생들을 대상으로 한 인형극 전도와 Teen Street 사역에 주력하고 있다. 1949년에 설립된 포르투갈 어린이 전도협회는 주일학교 활성화를 위한 교재 개발과 교사 양성 연중 프로그램과 여름 주일학교 성경 캠프 등을 운영하고 있다.

기도 제목

1) 코로나19 확진자 발생율이 2021년 초에 전 세계에서 가장 높았는데 주님의 긍휼과 능력으로 코로나19가 진정되어 예배와 선교 사역의 문이 열리게 하소서.
2) 포르투갈 국민들이 마리아 숭배를 그치고 예수님을 유일한 구주로 영접하여 구원 얻는 참된 믿음을 갖고 개신교회에 출석하며 신앙생활 하게 하소서.
3) 크게 성장하는 교회들은 오순절 교단인데, 개신교회들이 말씀과 기도로 거룩해져가며 성령님의 은사와 능력으로 진정한 성장과 부흥을 체험하게 하소서.
4) 마약중독자들과 노숙자들을 위한 Teen Challenge 전도, 커피숍, 노방 말씀 전파와 급식 사역(KPM), 캠퍼스 전도와 제자 훈련(UBF), 한류와 한글 강의와 태권도(KPM) 등을 통해 마약 중독자와 대학생들이 구원받고 현지인 지도자 양성의 열매를 맺게 하소서.

강병호

Day 270　9월 27일　　　Northern Europe

북유럽

노르웨이
스웨덴
핀란드
덴마크
아이슬란드
라트비아
리투아니아
에스토니아
러시아

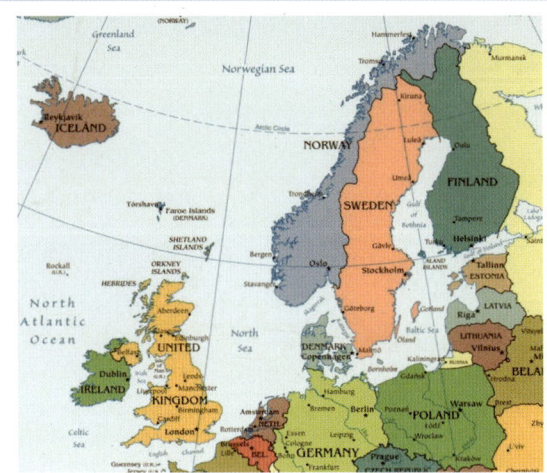

선교적 필요와 과제

북유럽은 스칸디나비아 국가들과 발트 3국 그리고 편의상 러시아를 포함하여 구분하였다. 이들 나라는 발트해를 사이에 두고 오랜 역사 동안 서로 분쟁하며 지배하여 혹독한 환경을 살아왔기에 공동체 의식이 강하고, 사회주의적 특성을 지닌 나라들로 발전하였다. 더불어 전통적으로 교회가 국가 교회로서 국민의 시민의식을 높이고 결속시키는 역할을 하였다. 그러나 교회가 국가 교회로 안주하여 교회 성장을 위한 전도에 열심을 내지 않고, 사회의 세속화로 인해 교인들이 급격하게 감소하고 있다. 이로 인해 국가 교회로서의 지위를 잃어버림으로써 교회가 쇠퇴하고 있는 실정이다. 스칸디나비아 국가들에는 이주 노동자와 난민들의 유입으로 무슬림이 증가하고 있는데, 이러한 현상은 각 나라별 사회문제를 낳기도 한다. 저들을 위한 교회의 각별한 사역이 요청되고 있다. 또한 차별금지법으로 인한 성 소수자의 옹호는 도리어 교회로 하여금 진리의 말씀을 약화시키고 교회 본연의 정체성을 잃게하였다. 반면 러시아와 발트 3국의 교회들은 공산 치하에서 박해받은 교회로 구소련 붕괴 후 교회가 회복되었으나, 영적 지도자의 부재와 함께 영적 힘을 잃어 국민들로부터 큰 관심을 받지 못하고 있다. 어디보다 재선교의 필요성이 시급한 지역이다.

기도 제목

1) 경제적으로 부유한 스칸디나비아 국가들과 경제 발전을 도모하는 발트 3국 국가들 그리고 러시아가 화합하여 지역 경제 공동체로 서로 원윈하게 하소서.
2) 이슬람 난민들의 유입으로 무슬림 인구의 급속한 증가는 인구가 작은 노르딕 국가 교회들에게 중요한 도전이다. 교회의 앞날이 암담한데, 세속화된 교회들이 깨어나 경계하게 하소서.
3) 스칸디나비아 국가들이 모두 십자가 국기를 가지고 있는 것처럼 교회들이 십자가 군기 높이 들고 세속으로부터 떠나 개혁 신앙을 되찾고, 기독교 순수 영성과 믿음을 회복하게 하소서.
4) 발트 지역의 루터교회와 복음주의 교회가 연합하여 선교를 위한 수준 높은 영성을 지니게 하시고, 신학 교육을 위한 목회자 양성 교육 기관이 세워지게 하소서.

류창현

Day 271   9월 28일   Kingdom of Norway

노르웨이

언어: 노르웨이어
종족: 61
인구: 5,422,000명
GDP: 403,336(US$/백만) (1.88%)
1인당 GDP: 75,419.60(US$)

선교적 필요와 과제

노르웨이 루터교회는 2017년 1월 1일부터 국가 교회로서의 지위를 잃어버렸다. 1539년 개신교 신앙을 공식적으로 받아들인 뒤 478년 만에 교회는 국가와 결별, 정교 분리를 했다. 이전에는 성직자들이 준공무원의 신분이었으나, 종교 간 형편성 문제로 이제는 한 종교 법인에 속하게 되었다. 성지자들이 정부 지원의 평안함에 안주해 영성 부재와 선교 활동에 적극적이지 못했고, 변화하는 세계와 세대에 대해 올바르게 대처하지 못했다. 그 결과 전인구의 80%가 루터란 기독교인이라 자부하던 교회가 예배 참석 인구 5% 미만의 교회가 되었다. 동성연애와 동성 결혼 주례를 받아들이는 등 거룩성을 잃어버린 잘못된 신학 노선도 교회를 약화시켰다. 국가는 현재 교회를 성장시키기 위해 출석 교인 숫자에 따라 교회를 지원한다. 이는 교회에 주는 선교적 도전이며, 필요성이다. 반면 십수 년 전부터 무슬림과 가톨릭은 뚜렷한 성장세를 보이고 있다. 2차세계 대전 후 노동력 부족으로 이민을 받아들인 결과, 지난 70년간 이민자와 난민 수는 14%까지 증가했다. 아시아계 이주 노동자와 발칸 반도의 난민 유입은 종종 인종 차별적 범행과 테러가 일어나 사회 문제가 되기도 한다. 이것은 기독교 선교의 과제이다.

기도 제목

1) 최고 복지 국가, 행복 만족도 1, 2위인 나라, 노벨 평화상을 수여하는 나라지만, 대도시는 친절하지 않고, 젊은이들은 바른길을 잃었는데, 하나님을 잃어버린 이 사회를 회복시켜 주소서.
2) 이슬람 지역 난민들과 이주 노동자들에게 기독교의 사랑으로 그들을 품을 수 있는 사회가 되게 하소서.
3) 영적 재무장과 강력한 성령의 역사가 나타나는 교회가 되게 하소서.
4) 교회 지도자들이 깨어나, 영적으로 닫혀있는 차세대 청년들을 양육하는 모임들이 일어나게 하소서.

미르선교회

Day 272　9월 29일　　　Kingdom of Sweden

스웨덴

언어: 스웨덴어
종족: 87
인구: 10,099,000명
GDP: 530,833(US$/백만) (2.48%)
1인당 GDP: 51,610.10(US$)

선교적 필요와 과제

복음주의 루터교 전통을 따르는 스웨덴 교회가 주류 교단을 형성했다. 중세 시대 이후, 국가 교회로 유지되어 왔으나 정교 분리(2000년)로 국가 교회로서의 지위가 사라졌다. 전체 인구의 약 58% 가 스웨덴 교회 회원으로 등록되어 있다. 하지만 최근 교회 회원 수는 급격히 감소하고 있고, 청년층 회원 가입률이 지속적으로 낮아지고 있다. 대부분 명목상 기독교인이며, 정기적으로 예배에 참석하는 기독교인들은 적다. 유럽 연합 국가 중 정기적인 예배 참석률이 가장 저조한 국가로, 전체 인구 중 4-8% 정도만이 매주일 정기적으로 예배에 참석하는 것으로 나타났다. 반면, 최근의 이민 증가로 이슬람은 가장 빠르게 성장하는 종교로 지금까지 스웨덴 내 9개 모스크가 세워졌고, 현재 이슬람 교인수는 약 18만 명으로 추산된다. 이에 스웨덴 교회의 영적 각성, 성경적 복음 전파, 다음 세대를 위한 선교적 전략이 필요하다. 스웨덴 교회는 1960년대 이후, 사회의 자유주의(세속주의)적 변화에 동조하는 경향을 보여왔다. 동성 결혼 합법화에 교회도 동성 결혼식을 교회에서 하도록 결정했고, 차별 금지법을 지지하고 이를 반영한 교회 운영 방침을 발표함에 따라 교회는 국가의 시녀가 되기를 자처하였다.

기도 제목

1) 사회 전반에서 성경적 세계관이 사라져가고, 정부 정책이 반기독교적 경향으로 선회함에 따라 탈기독교적 사회와 문화가 득세하고 있는데, 바른 정책과 국가관을 재확립하게 하소서.
2) 정치와 종교 지도자들이 하나님을 경외하게 하시고, 최근 급성장하고 있는 이슬람에 대해 적극적으로 복음을 전할 수 있는 길이 열리게 하소서.
3) 정부의 반성경적 법제화와 이슬람 세력 득세로 교회의 생명력이 힘을 잃었는데, 다시 한번 교회가 사회적 책임과 하나님 나라 건설에 대한 열망을 회복하게 하소서.
4) "Mercy ships"와 같은 해외 선교에 선한 영향력을 끼치는 선교사들을 통해 세계선교가 확장되게 하시고, 무슬림 선교와 다음 세대를 위한 선교 전략을 수립하게 하소서.

주영찬

Day **273**　9월 30일　　　　　　　　　　　　Republic of Finland

핀란드

언어: 핀란드어
종족: 59
인구: 5,541,000명
GDP: 268,761(US$/백만) (1.25%)
1인당 GDP: 48,685.90(US$)

선교적 필요와 과제

핀란드는 사회 보장 제도가 잘 되어 있어 경제적으로 특별히 어려운 극빈층이 많지 않으며, 평생 정부로부터 지원받는 제도가 잘 정비 되어 있고 사회 정치적으로도 비교적 안정적인 국가이다. 다른 북유럽 국가들과 마찬가지로 기독교 국가로, 루터란 교단이 대표적이다. 루터란 교단과 함께 러시아 정교, 오순절 교단 그리고 자유 교단 등이 대표적인 핀란드의 기독교 교단들이다. 신앙보다는 사회적 관습에 의해 교회에 적을 두고 있는 사람들이 많은데, 그마저도 최근 교회를 떠나는 인구가 늘고 있다. 대부분 교회에서 젊은 사람들은 찾아보기가 어렵고 나이든 노인들로 면면을 이어가는 상황이다. 사회 분위기는 세속화가 거세게 더욱 가속화되어 가고 있고 또한 많은 무슬림 난민들이 들어오면서 도심의 무슬림 인구가 늘고 있다. 이러한 가운데 핀란드의 많은 젊은 층은 기독교든, 이슬람이든 모든 종교를 거부하는 현상이 일어나고 있다고 한다. 그러므로 교단을 초월해 모든 교회가 함께 어떻게 이곳 젊은 층을 품어야 할지를 기도하며 고민해야 하는 때이다. 또한 무슬림 청년들에게 교회가 어떻게 접근해야 하는지도 많은 기도와 고민이 필요하다.

기도 제목

1) 성 소수자에 대한 잘못된 교육, 동성 결혼의 합법화 등 세속화된 사회 정치적 방향성의 위험성이 있는데, 어린 자녀들이 성경의 올바른 가치와 기준을 가지고 커갈 수 있게 하소서.
2) 사회적 어려움 속에서도 교회를 지키고 있는 분들을 위해 기도하게 하시고, 다시 한번 기독교의 부흥을 맞이하게 하소서.
3) 형식에 얽매이거나 한인들에게만 제한된 모습이 아닌 성령의 감동 감화로 지역사회와 이웃을 섬기며 변화시켜 나갈 수 있는 역동적인 교회로 성장해 나가게 하소서.
4) 기독교 국가지만 대부분 사람들이 교회를 떠났는데, 이들이 다시 예배로 나올 수 있도록 교회 프로그램들이 활성화되고, 국내외 선교 현장에 필요를 돕는데, 지원을 아끼지 않게 하소서.

김일수, 김종훈, 이재웅, 임선아, 황희정

Day 274 10월 1일   Kingdom of Denmark

덴마크

언어: 덴마크어
종족: 85
인구: 5,793,000명
GDP: 348,078(US$/백만) (1.62%)
1인당 GDP: 59,822.10(US$)

선교적 필요와 과제

코펜하겐 대학 대학교회 길 건너편에는 덴마크 종교 개혁을 상징하는 기념비가 세워져 있는데, 많은 사람이 둘러서서 열띤 토론을 하는 모습을 보여준다. 절대 왕정이었던 덴마크 종교 개혁은 왕이 상당 부분을 주도하고 이끌었다. 종교 개혁 기념비에 새겨진 사람들의 모습은 교회가 국가와 사회를 위해서 무엇을 할 것인가를 생각하고 논의했다는 것을 보여주고 있는 역사적 증거다. 그 후 유럽 교회는 대부분 국가 교회로 발전하기도 했으나 지금은 국가 교회의 지위를 거의 상실했다. '유럽이 선교지인가'에 대해 한인 목회자와 선교사들이 여러 해 논쟁한 결과 유럽은 선교지라는 결론을 내렸다. 한 발 더 나아가 유럽은 새로운 선교지다라고 주장하는 이도 있다. 이는 유럽이 복음화되었다가 식은 것이라는 주장에 동의할 수 없다는 데서 기인한 것이다. 유럽은 교회가 국가 교회로 제도화되었지만 한 번도 복음화되었다고 판단할 만한 역사가 없기 때문이다. 덴마크 국가와 국민들이 점점 외국인에 대해서 배타적인 국민이 되어가고 있다. 난민들을 앞장서 받아주던 나라가 이젠 앞장서서 난민을 배척하고 있다. 덴마크는 세계적으로 최고 수준의 복지 국가이지만 노인 자살이 많은 나라이다. 이 부분에 연구와 제도 개선이 필요하다.

기도 제목

1) 마약, 알코올 중독자, 홈리스, 도둑들의 증가, 가정의 붕괴로 이혼 증가, 동성애 결혼 허용 등의 사회적 문제와 함께 결혼을 회피하는 사람이 20%에 이르고 있는데, 사회가 안정되고 가정이 회복되게 하소서.
2) 오늘날 덴마크 교회는 국가의 한 부처(키어크 미니스터)의 역할에만 머물고 있는데, 교회가 국가 사회를 이끌어야 한다는 의지와 열정이 다시 살아나게 하소서.
3) 덴마크 교회 성도들은 세례식, 결혼식, 장례식, 성탄절, 입교식 등에만 교회에 모이는 등 예배에 대한 열정이 없는데, 예배가 회복되어 주일 성수를 하고, 모이는 일에 열심을 내게 하소서.
4) 전쟁과 기아 난민들의 유입 현상이 선교를 위한 황금어장임을 깨닫고, 교회가 선교적 열정을 회복하여 연합하고 협력하는 사역을 하게 하소서.

오대환

Day 275 10월 2일   Iceland

아이슬란드

언어: 아이슬란드어
종족: 12
인구: 342,000명
GDP: 24,188(US$/백만) (0.11%)
1인당 GDP: 66,944.80(US$)

선교적 필요와 과제

아이슬란드는 1550년 종교 개혁 말기에 가톨릭에서 루터교로 개종해, 현재 인구의 76.2%(약 25만 명)가 루터교 교파인 "아이슬란드 교회" 한 교구에 소속돼 있다. 이는 종교세를 부과하는 제도에 따라 출생 시 교회에 등록하므로 나타나는 통계이다. 그밖에 11.3%가 기톨릭 및 다른 기독교 종파에 속한다. 통계와는 달리 상당히 세속적인 국가로, 2014년 설문 조사에 의하면 종교를 가지고 있다고 응답한 사람은 50% 이하였으며, 특히 청년층의 40%는 무신론자라고 답했다. 그리고 월 1회 교회에 출석한다고 응답한 사람은 10% 이하였다. 2011년 조사에 따르면, 60%가 종교가 일상생활에 중요하지 않다고 답했다. 자연경관이 뛰어나 관광객이 증가하면서 경제적 풍요를 누리게 되자, 국민들의 신앙은 더 세속화되었다. 기독교 신은 믿지 않지만 자연 속 명상과 요가, 본인의 취향에 따라 초월적 존재의 개념을 믿는 자가 증가하고 있다. 종교 단체로 등록하면 지원을 받을 수 있어, 다양한 단체들이 종교의 이름으로 활동하고 있다. 그중 주이즘(Zuism)은 교구세에 반대하여 핵심 교리로 "교구세로 벌어들인 돈을 개인에게 돌려준다"를 내세우며, 자신들의 교세를 확장하고 있다.

기도 제목

1) 국민을 세속화하는 데 일조하는 종교세가 폐기되게 하시고, 교회가 세속 정치와 분리되게 하소서.
2) 가장 종교적인 나라가 가장 무신론적인 국민이 되는 것은 전통적인 종교의 제도틀 때문인데, 죽은 종교에서 살아 있는 기독교 생명으로 다시 개혁되게 하소서.
3) 교회가 말씀 공부와 제자 훈련을 통하여 기독교 영성의 가치관을 갖게 하시고, 성령을 통한 교회 부흥 운동이 일어나 자연을 초월하시는 하나님의 역사가 나타나게 하소서.
4) 아이슬란드에는 특별히 활동하는 선교사가 없는데, 예수 그리스도의 생명의 영성을 불어 넣어줄 수 있는 선교사가 아이슬란드 교회 개혁에 참여할 수 있게 하소서.

미르선교회

Day 276 10월 3일

Republic of Latvia

라트비아

언어: 라트비아어
종족: 21
인구: 1,887,000명
GDP: 34,117(US$/백만) (0.16%)
1인당 GDP: 17,836.40(US$)

선교적 필요와 과제

북쪽의 에스토니아, 남쪽의 리투아니아와 함께 '발트삼국' 중 하나다. 발트적 문화의 특성을 가장 많이 소유한 나라로, 국적기의 이름도 airBaltic이다. 구소련의 해체로 독립하였으나, 산업 기반이 약하고 자본주의 경험이 없어서 경제 활동이 약하다. 대학을 마친 젊은이들이 직장을 찾아서 서유럽으로 떠나고 있어서 인구가 감소하고 있다. 여성의 비율이 남성보다 8% 정도 더 높아 사회적 문제가 되고 있으며, 대학생 비율도 여학생이 남학생보다 50% 정도 더 많다. 독일 지배와 함께 가톨릭이 들어왔으나 종교개혁 이후에는 루터란이 다수가 되었다. 러시아의 지배로 인해 러시아 정교회 역시 뿌리를 내렸다. 이들이 종교적 삼각 구도를 이루고 있지만, 대부분 명목상 신자들이며, 세속주의가 더 강세고, 무신론자들도 약 20%에 이른다. 침례교와 오순절 등 복음주의 개신교는 1% 미만인 실정이다. 개신교회는 목회자 수급이 심각하다. 전체적으로 목회자 연령이 높고, 시골 지역에는 목회자가 없는 경우가 수두룩하다. 큰 도시의 몇 개 교회를 제외하고는 목회자에게 생활비를 주는 교회는 없다. 구소련 시대부터 내려온 전통으로, 각자 직업을 가지고 신앙 좋은 사람이 설교자가 되는 시스템이기 때문이다.

기도 제목

1) 남녀 비율이 비슷해져서 건강한 가정들을 이루게 하시고, 졸업한 학생들이 일할 직장들이 많아져서 건강하고 균형 잡힌 나라가 되게 하소서.
2) 공산주의, 세속주의, 물질주의로 인해 교회가 약해지고, 성도의 헌신이 희귀하고, 주일 성수와 헌금 생활의 중요성을 모르는데, 말씀 운동과 성령의 역사가 일어나 부흥을 체험하게 하소서.
3) 목회자들의 신학 교육이 부족해 성도들을 돌보는 역량이 부족한데, 목회자 재교육이 준비되고, 젊은 헌신자들을 발굴하여 교역자 수급이 원활히 이뤄지게 하소서.
4) 목회자들이 선교의 하나님을 잘 알게 되고, 선교가 하나님께서 가장 기뻐하시는 일임을 알고, 언어가 통하는 구소련권 나라와 아프리카, 아시아로 선교사들을 파송하는 나라가 되게 하소서.

신성주

Day 277 10월 4일

Republic of Lithuania

리투아니아

언어: 리투아니아어, 폴란드어, 러시아어
종족: 21
인구: 2,723,000명
GDP: 54,219(US$/백만) (0.25%)
1인당 GDP: 19,455.50(US$)

선교적 필요와 과제

1387년 폴란드와 동맹을 위해 왕가의 결혼으로 가톨릭을 뒤늦게 받아들인 후, 가톨릭은 외세에 저항하며 박해받는 교회로서 리투아니아 전통 종교가 되었다. 가톨릭 78%, 정교회 4.1%, 개신교 0.8% 통계에서 보듯이 복음주의 교회의 선교 입지는 매우 좁다. 가톨릭이 국가 교회는 아니지만, 학교에 종교 교육과 군종 교구가 있을 정도로 국민 전반을 지배한다. 그러나 자살률이 OECD 국가 중 한국과 함께 1, 2위를 다투는 나라이다. 가톨릭 교인이 아니면 결혼을 받아들이지 않는 등, 종교와 전통이 너무 현대에 맞지 않게 경색돼 있다. 현재 농민 녹색연합당이 집권당으로, 다당제 내각제는 정당 내 의견 충돌로 정치적 불안 요소는 있으나 국민들의 종교적 애국심이 받쳐주고 있다. 농업과 제조업이 차지하는 비율이 높은 편이고, 최근 생명 공학, IT 등 첨단 산업 육성을 통해 지식 경제로 전환 중이다. 글로벌한 젊은이가 많다는 것은 새로운 복음 전파의 기회이기도 하다. 가톨릭이 아니면 안 된다는 관념이 깨지고 있다. 고대 토착 종교 로무바(Romuva)가 가톨릭과 공산 치하에서 살아남아 발트 민족 전통문화로 육성돼 축제를 하며, 추종 세력을 모아 종교 집단화되며 확장되고 있다.

기도 제목

1) 한때 자신들을 지배했던 러시아, 거주하는 폴란드인에 대한 대우, 국경 가까이에 건설 중인 벨라루스 원전의 안전 문제 등으로 외교적 마찰이 있는데, 주변국들과 우호적 관계를 맺게 하소서.
2) 종교 집단주의로 타종교에 불이익을 주는 규제가 생기지 않고, 과거에 개신교도들이 가톨릭의 핍박으로 나라를 떠난 사실을 상기하며 타종교 간 대화가 평화롭게 이루어지게 하소서.
3) 교회가 위축되지 않고 살아 있는 말씀 위에 굳게 서서, 이웃들에게 빛과 소금의 역할을 감당함으로써 새로운 세대의 젊은 일꾼들을 양육하게 하소서.
4) 하나님의교회, 세계복음선교회 등 이단 사이비가 선교의 장을 흐려 놓지 않도록 발트 지역 복음주의 교회 선교사들이 현지 교회와 연합하여, 복음의 진리를 지켜나가게 하소서.

미르선교회

Day 278 10월 5일 Republic of Estonia

에스토니아

언어: 에스토니아어
종족: 18
인구: 1,327,000명
GDP: 31,387(US$/백만) (0.15%)
1인당 GDP: 23,659.90(US$)

선교적 필요와 과제

구소비에트 연방에서 독립 후 30년, 유럽 연합 회원국이 된 지 16년이 지난 에스토니아는 에스토니아인과 러시아인 인구 비율은 약 70:30이다. 제1차, 2차 세계 대전으로 인한 역사적 상처 때문에 두 민족 사이의 갈등을 줄이고, 상호 간의 평화적이고 우호적인 관계를 유지하며 공존하고자 노력하였다. 종교는 대부분 루터란과 러시아 정교회이며, 8~9%의 개신교(침례 및 자유 교인, 오순절 교인, 감리교인 등), 2~3%의 로마 가톨릭 신자 등으로 구성된다. 종교의 자유가 보장되어 있고 자유로운 선교 활동이 가능하다. 최근 루터란 교회와 침례 교단 소속의 교회가 증가하는 추세이다. 일반 중고등학교에서는 학교 자율에 따라 '종교학' 과목에서 전통적인 기독교 교리 및 역사를 가르친다. 일찍부터 정보 통신 분야에 국가차원의 투자가 이루어져 최근 초국적 전자 정부, 세계 최초 온라인 선거 실시 및 디지털 서비스 대중화 등 IT 분야의 빠른 성장세를 보이고 있다. 이로 인한 청소년들의 이질화 및 세대 간의 마찰도 발생한다. 그리고 심각한 세속화 현상으로 동성 결혼 합법화 움직임이 있다.

기도 제목

1) '동성결혼법'을 국민 투표에 부치려는 움직임이 있는데, 하나님께서 세우신 가족법을 지켜주시고, 슬라브계 주민 비율이 높은 동부 지역과의 격차를 줄이고 지역 갈등이 해소되게 하소서.
2) 무신론적 교육 환경과 디지털 사회로의 급격한 변화로 인해 기독교에 대한 불신의 벽이 있는데, '하나님 사랑 이웃 사랑'의 성경적 가르침이 실천되어 의식의 변화가 이루어지게 하소서.
3) 초신자 및 젊은 부부, 청소년 세미나와 전도 프로그램 활성화로 교회에 대한 신뢰감이 높아지고 있는데, 해마다 5백 명의 참가자들을 성경 학교, 리더십 학교, 신학 세미나에 보내주소서.
4) 탈린성령교회가 한인 유학생들과 한국어에 관심 있는 현지인들과 모임을 갖고 있는데, 2023년까지 12명의 세례교인이 나오고, 현지어 주일예배로 전환해 등록된 교회로 활동하게 하소서.

김정곤

Day 279 10월 6일 Russian Federation

러시아 연방공화국

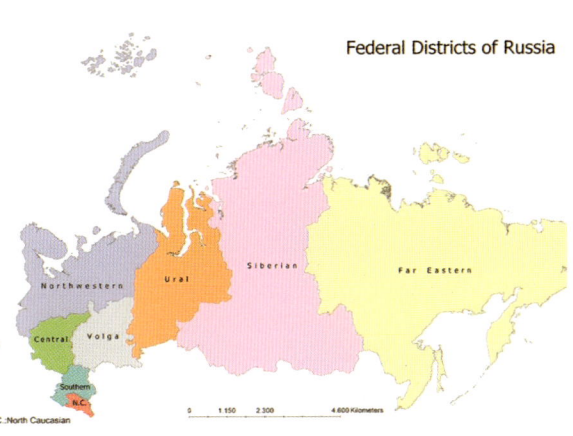

언어: 러시아어
종족: 185
인구: 145,940,000명
GDP: 1,699,877(US$/백만) (7.93%)
1인당 GDP: 11,585.00(US$)

선교적 필요와 과제

러시아는 동서로 11시간대의 넓은 영토에, 185개 민족이 사는 다민족 국가이다. 큰 민족을 중심으로 22개 자치 공화국을 구성하고 있는 연방 공화국이다. 그중 인구의 80%가 슬라브 민족이며, 이들 대부분은 정교회를 자신들의 정통 종교로 인정하고 있지만 명목상 교인이며, 1년에 한 번이라도 교회에 출석하는 교인은 40% 정도이다. 무슬림은 (자치 공화국 포함) 14%, 개신교는 2% 미만이다. 소련 붕괴 후 개혁 개방과 함께, 어려운 생활 환경과 경제적인 이유로 발생한 인구의 도시 집중은 중앙아시아 민족들의 이주 노동자들과 함께 대도시에 무슬림 인구를 크게 증가시켰다. 모스크바에 유럽에서 제일 큰 모스크가 세워질 정도로 이슬람이 세력을 얻고 있다. 개혁 개방 이후 벌써 30년, 그즈음에 태어난 오늘의 젊은이들은 정교회 전통과 거리가 먼 글로벌화 된 신세대로서 저들을 품기 위한 선교 전략이 필요하다. 지난 30년간 한국 선교사들이 곳곳에 세워 놓은 교회들의 지속적 발전과 부흥을 위하여, 또 시니어 선교사들이 떠난 자리를 어떻게 선교적 필요를 따라 채울 것인가 하는 과제가 눈앞에 놓여있다.

기도 제목

1) 크림반도 병합 후, 서방 세계의 경제 제재는 러시아 경제를 묶어놓아, 빈부 격차가 심화됐는데, 하루속히 러시아와 서방 세계가 신냉전에서 벗어나 경제 교류가 활발히 일어나게 하소서.

2) 테러 방지를 위한 "야로보이법"은 공식 허가를 받지 않은 장소에서의 종교 행위와 허락받지 않은 자의 전도, 설교 등의 선교 행위들을 금지하고 있는데, 이 법이 하루속히 폐기되게 하소서.

3) 많은 교회가 미자립 상태라 현지 목회자들이 생활비를 충당하기 위해 경제 활동을 하고 있는데, 교회들의 수적, 영적 부흥의 계절이 오고, 목회자들의 생활비를 돕는 기금이 조성되게 하소서.

4) 러시아 내 수많은 소수 민족에게 복음이 전해지기 위한 문이 활짝 열리고, 은퇴를 앞둔 시니어 선교사들을 대신할 글로벌한 신세대를 품을 수 있는 젊은 선교사들을 보내주소서.

류창현

Day 280　10월 7일　Northwestern Federal District

러시아-서부 지역
(카렐리야, 코미, 칼미크, 크림, 칼리닌그라드)

인구: 카렐리야 644,000명, 코미 901,000명,
　　　칼미크 289,000명, 크림 2,416,856명,
　　　칼리닌그라드 942,000명
종족: 러시아, 핀위그르, 칼미크, 크림타타르,
　　　그외 다수 민족
언어: 러시아어, 코미어, 칼미크어 등
종교: 러시아정교회, 기독교, 불교, 이슬람교
복음화율: 개신교 0.7%

선교적 필요와 과제
러시아는 크림반도 병합으로 인해서 경제 제재(economic sanction)를 당하고 있으며, 석유 값이 내려가서 수익이 별로 없는 셈이다. 푸틴이 거의 20년 이상을 독재를 하고 있는 가운데 지식인들을 중심으로 한 반대가 종종 이루어지고 있다. 칼미크는 자치 공화국으로 불교가 성행하는 나라이며, 극히 소수만 기독교를 믿고 있다. 남쪽은 스텝 지역으로 생산하는 것이 아무것도 없다. 가끔 선교사들이 들르기도 한다. 크림(Cremea)은 우크라이나에서 러시아로 병합된 지역이 되면서 선교사들이 모두 추방되었다. 소수의 타타르 민족이 핍박을 받고 있는 상황이다. 예전에 선교사들이 개척한 교회를 현지 지도자들이 목회를 하고 있는 실정이다. 칼리닌그라드(Kaliningrad)는 예전에는 독일 땅이었지만 2차대전에서 패망한 후 포기한 지역으로 러시아에 병합되었다. 교회는 있지만 드러내지 않는 기독교인들이 있을 뿐이다. 계속적인 선교가 필요한 지역으로 유럽으로 향하는 전진 기지가 될 수 있다.

기도 제목
1) 정치는 거의 독재 체제이고, 사회적으로는 마약이 곳곳에 퍼지고 있어 마약 재활 센터가 많이 세워지고 있는데, 이 땅에 올바른 정치가 펼쳐지고, 마약 중독에서 벗어나게 하소서.
2) 이슬람 세력을 제재하기 위한 종교법에 개신교도 위축되는 상황이고, 정교회로부터 가장 핍박을 많이 받는 종교가 되었는데, 교회가 바람직하게 개척되고 인정받는 종교가 되게 하소서.
3) 공공연한 집회는 할 수 없고, 거리 전도 및 어린이 전도도 금지되어 있다. 십자가가 걸린 정상적인 교회는 보기 힘든데, 전도가 자유롭고 교회가 역동적으로 활동할 수 있게 하소서.
4) 50만 명 이하의 소도시에는 선교사들이 아직 들어가지 않는 곳이 많고, 종교 비자를 받기 어려운데, 새로운 선교사들이 많이 들어오게 하소서.

홍기영

Day 281　10월 8일　North Caucasian Federal District

러시아-북캅카스
(7개 이슬람 자치 공화국: 아디게야, 다게스탄, 잉구세티야, 카바르디노발카르, 카라차예보-체르케스카야, 북오세티야, 체첸)

인구: 아디게야 440,000명, 다게스탄 2,911,000명, 잉구세티야 413,000명, 카바르디노발카르 860,000명, 카라차예보-체르게스카야 478,000명, 북오세티야 713,000명, 체첸 1,270,000명
종족: 러시아 등 약 170개의 종족
언어: 러시아어, 아디게어, 카바르디어, 발카르어, 카라차이발카르어, 오세티야어, 체첸어 등
종교: 이슬람
복음화율: 0.0025%

선교적 필요와 과제

러시아 남부의 흑해와 카스피해를 가로질러 솟아있는 캅카스산맥의 북쪽을 가리켜 북캅카스라고 부른다. 이 지역은 예로부터 동서양의 경계, 기독교와 이슬람의 경계 지역으로 알려져 있다. 특히 이 지역은 7개 이슬람 자치 공화국으로 구성되어 있는데, 북캅카스의 관문인 아디게야를 시작으로 카라차예보체르케스카야, 카바르디노발카르, 북오세티아, 잉구쉬, 체첸, 다게스탄공화국이다. 그리고 그루지야에서 분리 독립한 아브하지아와 남오세티아 공화국, 우크라이나에서 분리 독립한 크림공화국이 이 지역과 바로 연결되어 있다. 정치, 군사적으로 첨예한 대립이 존재하고, 종교적으로는 기독교와 이슬람이 극명하게 대조되어 불안과 긴장감이 감도는 곳이다. 그럼에도 불구하고 170여 종족이 어우러져 함께 생활하고 있는 특이한 곳이다. 이슬람의 다리 역할을 하고 있는 이곳이 복음의 다리가 되어 역으로 이슬람권에 복음을 전하는 통로가 되었으면 한다. 북캅카스 지역은 중앙아시아 무슬림들의 이주로 이슬람 인구가 점점 많아지고 있는 추세다. 이슬람의 서진, 북진을 막지 못한다면 러시아의 이슬람화, 유럽의 이슬람화가 가속화될 것이다.

기도 제목

1) 국가 전략과 이슬람 세력권 사이에 함수 관계가 존재하는데, 캅카스 지역에서 발생하는 이슬람 분리주의 운동을 방지해 연방 국가 지탱의 핵심 토대인 국가적 통합성을 확보하게 하소서.
2) 무슬림들이 형식적인 종교, 하나님을 경배하고 있다는 착각에서 벗어나 예수님을 찾고, 진리를 구하는 갈증을 느끼게 하시고, 복음 전도자들에게 그들의 가정과 마음을 열게 하소서.
3) 북캅카스 지역에 무슬림을 진실로 사랑하는 헌신된 일꾼들을 보내주시고, 회심한 무슬림들이 새로운 민족 공동체를 이끌고 캅카스 무슬림들의 복음 전도자가 되게 하소서.
4) 캅카스에서 복음 전파에 참여하는 모든 사람이 연합하게 하시고, 교파, 교리, 예전, 세대, 전략의 차이가 오해와 갈등의 원인이 되지 않게 하소서.

김인규

Day 282 10월 9일 Turk in Volga Federal District

러시아-볼가강 유역 튀르크
(추바시, 타타르스탄, 바쉬코르토스탄)

인구: 츄바시 1,253,000명, 타타르스탄 3,788,000명,
  바쉬코르토스탄 4,074,000명
종족: 러시아, 타타르, 비쉬키르, 추바시
언어: 러시아어, 츄바시어, 타타르어, 바쉬키르어
종교: 이슬람, 러시아 정교회, 개신교
복음화율: 개신교 1%

선교적 필요와 과제

러시아 내 투르크 민족은 주로 볼가강 유역에 위치하고 있는 타타르스탄과 바쉬코르토스탄 공화국 내에 거주하고 있는데, 각각 타타르인과 바시키르인으로 불린다. 이들은 러시아 내에서 러시아인 다음으로 큰 민족을 구성하고 있으며, 러시아로 복속된 지 오래됐지만, 종교적으로는 이슬람(수니파), 언어적으로는 튀르크어족에 속하는 그들 고유의 언어를 가지고 있다. 러시아로 복속된 이후에는 강제 개종 등의 시기를 거치기도 했지만, 이들 중 대다수는 이슬람을 중심으로 하는 종교적 정체성을 잃어버리지 않았다. 소련이 무너진 이후에는 민족주의의 가치가 대두되면서 이들 속에 이슬람을 기반으로 하는 민족적 정체성을 재발견하고, 그 영향력을 더 확산시키려는 움직임이 강하게 일어나고 있다. 일례로 소련이 해체되는 무렵인 1990년에 이들 공화국 내에 20개 미만이던 이슬람 사원이 2010년경에는 1000여 개에 이를 정도로 폭발적으로 증가하고 있는 추세이다. 이 공화국들 내에 있는 큰 도시에는 복음주의 개신교회들이 있지만, 그 교인 중 대다수는 러시아인으로 구성되어 있으며, 타타르인이나 바시키르인들에 대한 복음 전도 및 선교적 필요성은 매우 크다. 이 민족들의 복음화율은 1%에도 훨씬 미치지 못하고 있다.

기도 제목

1) 다민족 연방 체제 속에서 분리주의나 민족주의로 인한 혼란이 생기지 않게 하소서.
2) 이슬람을 지지하는 정책들이 시행되고, 정교회로부터 견제와 압력 속에서 개신교회들이 위축되는 상황인데, 이런 상황을 주님 주시는 지혜로 잘 인내하며 이겨내게 하소서.
3) 개신교계가 오랜 정체기를 보내고 있는데, 성령의 충만함 속에 더욱더 활발하게 복음을 전하며, 건전한 성경적, 복음적 신학 위에 교회가 든든히 세워지게 하소서.
4) 과거 러시아에 정복당하면서 경험했던 전쟁의 피해와 기독교로 강제 개종 당하면서 겪었던 고통스런 기억이 무슬림으로 하여금 복음에 반응하지 못하게 하는데, 이들에게 사랑의 십자가 복음이 전해지게 하소서.

김문수

Day 283 10월 10일 Finno-Ugric peoples in Russian

러시아-핀위그르계 민족들
(마리엘 공화국. 코미 공화국.
우드무르트 공화국. 모르도비야 공화국)

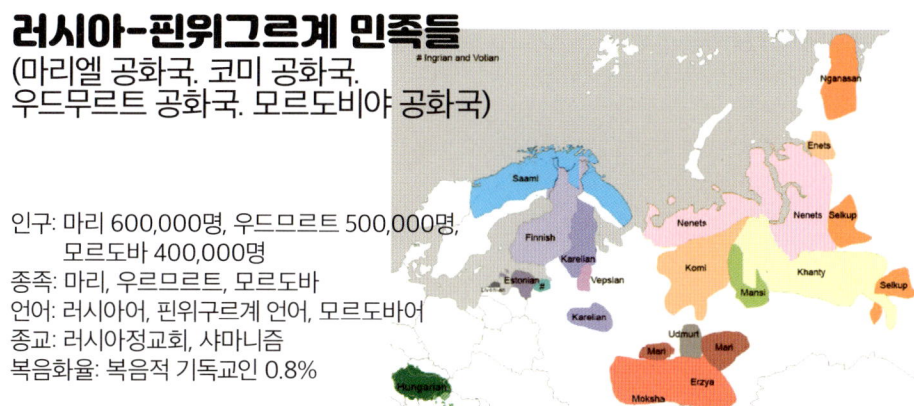

인구: 마리 600,000명, 우드므르트 500,000명,
　　　모르도바 400,000명
종족: 마리, 우르므르트, 모르도바
언어: 러시아어, 핀위구르계 언어, 모르도바어
종교: 러시아정교회, 샤마니즘
복음화율: 복음적 기독교인 0.8%

선교적 필요와 과제

러시아 내 소수 민족 중 하나인 마리족은 핀위그르족으로 구분한다. 국제적으로 핀위그르족은 헝가리, 핀란드, 에스토니아가 포함된다. 언어상으로 우랄 계통이다. 러시아 내 마리족은 위 4개 공화국을 중심으로 약 60만 명이 살고 있다. 이 종족의 복음화율은 러시아 내 소수 민족 가운데 가장 낮을 것이다. 마리엘 공화국 마리족 중 개신교 인구는 0.16% 정도 된다. 개신교를 이단으로 비방하는 정교회는 마을마다 없는 곳이 없다. 전통 무속 종교를 신봉하는 마리족은 매년 대대적으로 우상숭배의식을 거행한다. 전 러시아에서 인구 비율 마약, 자살과 살인 등 형사 사건이 가장 많은 지역이기도 하다. 종교적인 이유로 테러와 방화가 수차례 있었다. 러시아 연방법으로 개신교 선교 사역 활동을 제약하기 때문에 선교가 어려운 실정이다. 러시아 개방 초기 성령의 역사가 있어 복음 증거가 잘되어 많은 사람이 주께 돌아왔으나 지금은 영적으로 침체된 분위기이다. 영적으로 사단의 역사가 심하고 외적으로 정부의 제약이나 정교회의 방해가 심하지만 그래도 선교에 자유가 있다고 볼 수 있다. 더 닫히기 전에 조금 주어진 기회일지라도 잘 활용하여 마리 종족의 영혼들이 구원 얻도록 더 많은 지원이 절실하다.

기도 제목

1) 마리족이 사는 공화국은 가장 가난한 자치 공화국으로 우상 숭배가 심하고 사단의 역사가 강한데, 속히 우상 숭배에서 벗어나 예수님 이름으로 자유를 얻게 하소서.
2) 정교회가 우상 숭배를 통해 사람들을 사로잡고 거짓 종교를 통해 복음 증거를 못하게 방해를 하고 있는데, 정교회 안에서 개혁이 일어나고 성령의 기름 부음이 있게 하소서.
3) 교회에 지도자들이 없는데, 일꾼들이 세워지도록 교회가 힘써 기도하고, 전도의 문이 열리도록 성령의 기름 부음이 넘치게 하소서.
4) 러시아 내 소수 민족 선교에 문이 열려 있지만, 선교사가 거의 들어오지 않고 있는 상황인데, 계속해서 선교사가 파송되게 하소서.

조환희

Day 284　10월 11일　Siberian Federal District

러시아-시베리아
(알타이, 부랴트, 투바, 하카스)

인구: 알타이 206,168명, 부랴트 972,021명,
　　　투바 304,037명, 하카스 532,403명
종족: 러시아, 알타이, 카작, 부랴트, 투바, 하카스 등
언어: 러시아어, 알타이어, 카작어, 부랴트어,
　　　투바어, 하카스어 등
종교: 러시아 정교회, 탄트라교, 이슬람교,
　　　불교(투바 인구의 약 62%) 등
복음화율: 개신교 1% 미만

선교적 필요와 과제
시베리아란 "습지, 빼빽한 삼림지대"을 의미한다. 세계 대륙의 1/10, 러시아의 75%를 차지한다. 시베리아 땅에 살고 있는 알타이권 민족들은 인종적으로는 몽골족이면서 언어적으로는 알타이어를 사용하는 기마 유목 민족이다. 튀르크계, 몽골계, 만주 퉁구스계, 한국 등이 여기에 포함된다. 시베리아에는 150개 이상의 알타이권 민족들이 흩어져 살고 있고, 자치 공화국으로 알타이, 투바, 하카스, 부랴트 등 4개의 소수 민족 공화국이 있다. 이들은 수천 년간 이슬람교와 불교, 샤머니즘, 애니미즘, 토테미즘과 같은 온갖 미신과 우상 숭배와 각종 이념 등 악한 어둠의 영의 지배를 받으며 살아왔다. 미전도종족 공화국들은 복음에서 소외되었고, 70년간의 소련의 무신론 통치 시대에는 예배가 사라졌었다. 하지만 21세기의 IT 기술과 인터넷은 한류 열풍을 일으키며 선교의 필요성을 알려주고 있다. 광대한 시베리아 지역은 더 이상의 혹한과 죽음의 땅이 아니다. 한민족은 알타이권 민족과 비슷한 역사와 문화를 가지고 있어 그들의 언어도 쉽게 배울 수 있다. 또한 한류 열풍으로 인한 접촉점이 있기 때문에 우리가 제사장적인 사명감을 가지고 선교를 해야 한다.

기도 제목
1) 러시아 정교회 신자가 있으므로 미전도 종족이 아닌 것으로 인식돼 선교의 대상에서 제외되었는데, 이제 시베리아의 미전도 종족 공화국에 다양한 형태의 선교가 이루어지게 하소서.
2) 시베리아 전역에 남아 있는 토속 샤머니즘과 러시아 정교회가 개신교의 소수 민족 선교를 막고 있는데, 이런 도전과 핍박에도 선교의 역사가 멈추지 않게 하소서.
3) 모든 종족마다 하나님의 교회가 건축되고, 교회에서 진리가 선포되고, 성도들이 참된 예배로 하나님께 영광 돌리며, 성령의 기름 부으심이 각 지역과 종족에로 확산되게 하소서.
4) 복음에 소외된 소수 미전도 종족들에게 달려갈 수 있는 선교사를 세워주시고, 효과적인 선교를 위한 교두보가 확보되고 필요한 선교의 역량들이 세워지게 하소서.

안영일

Day 285 10월 12일 Far Eastern Federal District

러시아-극동
(사하 공화국, 하바롭스크 시)

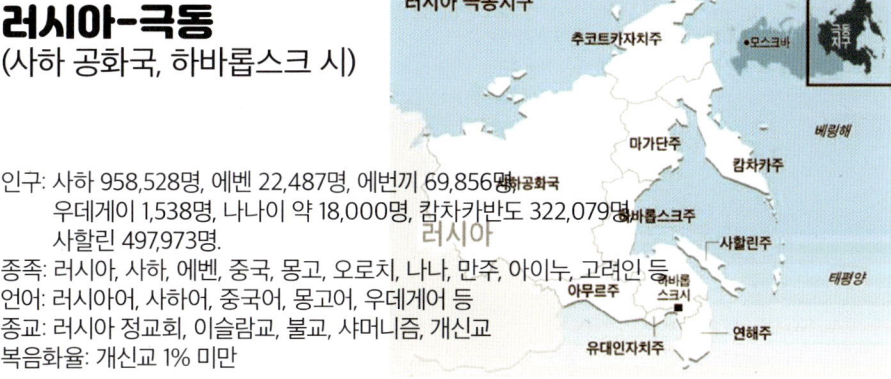

인구: 사하 958,528명, 에벤 22,487명, 에번끼 69,856명, 우데게이 1,538명, 나나이 약 18,000명, 캄차카반도 322,079명, 사할린 497,973명.
종족: 러시아, 사하, 에벤, 중국, 몽고, 오로치, 나나, 만주, 아이누, 고려인 등
언어: 러시아어, 사하어, 중국어, 몽고어, 우데게어 등
종교: 러시아 정교회, 이슬람교, 불교, 샤머니즘, 개신교
복음화율: 개신교 1% 미만

선교적 필요와 과제

현지인 사역자들이 말씀 안에서 더욱 충성스러운 일꾼들이 될 수 있도록 기도가 필요하다. 사하 공화국은 터키 민족과의 연관성으로 인한 터키 문화의 유입이 강하며, 중앙아시아 출신의 노동자 급증으로 인한 무슬림화 경향이 있다. 사하 공화국 자체는 태양신을 섬기는 샤머니즘이지만, 샤머니즘과 이슬람은 그 태생 단계에서 상당한 연관성이 있기에 영향력이 커지는 상황이다. 특히 사하 야쿠트족 가운데 이슬람 사역자들이 세워지고 있다. 러시아 연방법 외에도 사하 공화국 자체의 법률 적용이 강력해 외국 선교사 유입이 쉽지 않다. 이 지역은 비거주 사역이 필요한 지역으로 분류 될 수 있다.

기도 제목

1) 연방의 강력한 지도력이 미치는 지역답게 러시아 종교 단체와의 협력 체제가 세워지고, 추위(영하 50도)를 잘 이겨내게 하소서.
2) 샤머니즘 확산이 민족 정체성으로 연계되는 상황이 끊어지고, 이슬람 확산 방지를 위해 러시아 정교회와 연합하고, 미국 선교 단체 등 외국인 사역자 커뮤니티가 활성화되게 하소서.
3) 모든 성도가 말씀 가운데 세워지고, 말씀과 기도로 충만한 성도들이 되고, 태양의 빛이 아닌 말씀의 빛이 그들을 강건케 함을 깨달아 가게 하소서.
4) 현지 사역자들을 통한 세베르 지역 전체에 복음이 전파되고, 현지어(야쿠트어) 성경이 더 많이 보급되고, 러시아 세베르 및 시베리아 지역의 소수 부족을 향한 선교의 문이 열리게 하소서.

형진성

Day 286　　10월 13일　　North America

북미

미국
캐나다

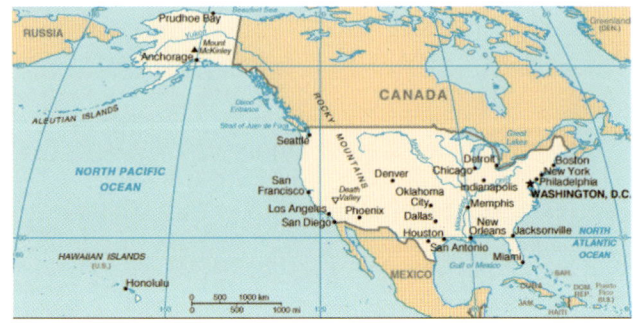

선교적 필요와 과제

미국과 캐나다는 다민족, 다인종이 함께 모여 사는 melting pot(용광로)이다. 이 용어는 특별히 미국을 지칭하는 말이기도 하다. 미국은 가장 많은 다양한 종족으로 이루어진 나라로, 합법적인 이민자와 불법 이민자가 함께 사는 이민 국가이다. 미국은 1776년에 연방 공화국으로 영국에서 독립했고, 캐나다는 1867년 7월 1일 같은 영국으로부터 독립했다. 캐나다는 러시아 다음으로 큰 땅을 가지고 있다. 미국과 캐나다 이 두 나라는 정치 대국이자 경제 대국으로, 역사는 짧아도 이들이 지구상에서 미치는 영향력은 대단하다. 막대한 양의 농산물을 생산하고, 지하자원과 기술적 자원을 가지고 있으며 세계를 선도하고 있다. 캐나다는 프랑스어를 병행해서 쓰고는 있지만, 영어가 모든 선교의 언어이자 비즈니스 언어이고, 교육의 언어로 자리매김하고 있다. 무슬림들은 미국이 기독교의 메카라고 생각하기 때문에 이슬람 극단주의자들이 테러를 자행한다. 특히 할리우드 퇴폐 문화와 미국 자본주의의 허상, 미국의 세속화 때문에 미국은 망해야 할 나라로 점찍고 있다. 미국과 국경을 접하고 있는 캐나다는 미국으로부터 가장 큰 영향을 받고 있으며, 정치 경제 및 무역에 있어서 마치 한 나라인 것처럼 교통하고 있다.

기도 제목

1) 미국이 정치적, 경제적, 그리고 문화적으로 선한 영향력을 끼치게 하소서.
2) 미국에 대한 이슬람의 테러 위험이 급증하고, 많은 흑인들이 이슬람으로 전향하고 있는 이런 상황에서 미국 내에 있는 교회와 그리스도인이 일어나 무슬림을 전도할 수 있게 하소서.
3) 코로나19를 겪으며 사람들이 복음으로 돌아오고 있는데, 교회가 세속적 가치관과 자본주의 속에서 영적 갈급함을 느끼는 사람들 속에 말씀과 성령으로 새롭게 부흥하게 하소서.
4) 미국과 캐나다에서 복음을 들은 사람들 중에 복음을 전하기 위해 중동을 포함하여 자신들의 본국으로 돌아가는 이들이 있는데, 이들의 생명과 사역을 돌봐 주소서.

이재환

Day 287 10월 14일 The United States of America

미국

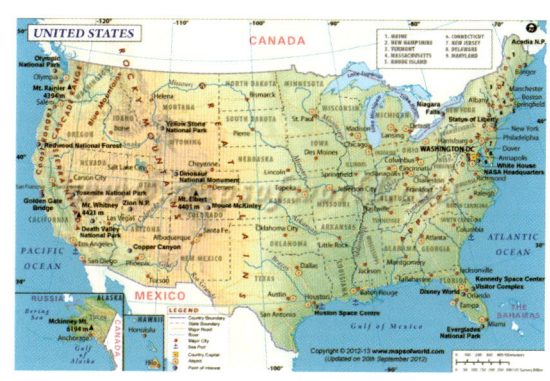

언어: 영어
종족: 507
인구: 331,003,000명
GDP: 21,427,700(US$/백만) (100%)
1인당 GDP: 65,118.40(US$)

선교적 필요와 과제

미국은 세계에서 세 번째로 넓은 국가이고, 세 번째로 인구가 많은 국가이다. 유럽에서 이민 온 백인들이 58.1%, 라틴 아메리카와 카라비안계가 14.7%, 흑인이 12.2%, 유라시아인들이 6.6%, 유대인 1.8%, 동아시아인이 1.6%, 아랍인이 1.4%, 말레이인이 1.1%, 남아시아인이 0.7%, 동남아시아인이 0.7%, 원주민이 0.6%, 기타 1.1%를 차지한다. 사용되는 언어는 영어, 스페인어를 포함해 176개어가 사용되고 있다. 종교는 개신교 47.4%, 천주교 20.8%, 유대교 1.9%, 모르몬교 1.6, 이슬람 0.9%, 여호와의 증인 0.8%, 불교 0.7, 힌두교 0.7%, 기타 1.8%, 무종교가 22.8%, 그리고 무응답이 0.6%이다. 1776년에 수립된 비교적 젊은 나라 미국은 경제적으로, 군사적으로, 기술적으로 세계 지도자 역할을 하며, 세계에서 경제 규모가 가장 크다. 민주주의와 자유의 주창자로서 결정적 역할을 해왔고, 세계의 많은 국가들에 경제적 원조를 제공해 왔다. 2001년 9월 11일 테러 발생 이후, 테러와의 전쟁을 벌이는 중이다. 오늘날 미국은 깊은 정치, 사회적 분열을 겪고 있는데 낙태, 동성 결혼, 의사의 도움을 받는 자살, 인권 유린 등 많은 도덕적 문제들이 사회적 영역에서 정치적 영역으로 번져 갈등상태에 있다.

기도 제목

1) 긍정적으로, 부정적으로 미국이 전 세계에 끼치는 영향력이 지대한데, 앞으로도 정치, 경제, 사회, 문화 각 분야가 안정과 균형을 이루게 하소서.
2) 경건한 그리스도인들이 일어나 종교 갈등 없이 화합하는 가운데 정부와 사회에 선한 영향력을 발휘하게 하소서.
3) 미국 교회가 부흥하고 갱신하여 미국의 정치, 경제, 사회, 문화에 변화를 가져오게 하소서.
4) 하나님의 뜻이 하늘에서 이루어진 것같이 땅 위에 임하도록 미국 교회가 지속적으로 기도하게 하소서.

박기호, 고현종, 황신확

Day 288 10월 15일   The Native Americans

미국-원주민

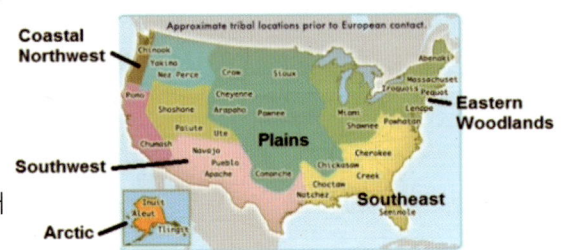

인구: 약 5,000,000명
종족: 574개의 다양한 부족
언어: 나바호, 체로키, 스페인어, 영어
종교: 기독교, 원주민 전통종교
복음화율: 60%(복음적 기독교인 5%)

선교적 필요와 과제
'인디언'이라고 불리는 미국 원주민들은 1492년 콜럼버스가 아메리카 대륙에 도착하기 전부터 그곳에 거주하던 사람들이다. 콜럼버스가 신대륙에 도착했을 때, 인도로 착각해 '인디언'이라고 불렀지만, 아메리카 원주민은 미국의 원주민으로, 때로는 하와이와 미국 영토를 포함하며, 때로는 본토로 제한된다. 미국에는 연방 정부에서 인정하는 574개의 부족이 있다. '미국 원주민'은 원래 미국 대륙 출신의 원주민 부족과 알래스카 원주민이다. 이 원주민들의 조상은 15,000년 전 아시아에서 온 것으로 추정된다. 오늘날 미국에는 5백만 명이 넘는 아메리카 원주민이 있고, 그중 78%는 보호 구역 밖에서 살고 있다. 이들은 캘리포니아, 애리조나, 오클라호마 주에 가장 많이 거주하고 있다. 대부분 아메리카 원주민은 시골 지역이나 작은 마을에 살고 있다. 미국 인디언 부족은 자체 통치 규칙을 통해 자치 국가의 법적 지위를 누리고 있다. 부족과 미국 정부 간의 협정은 미국과 다른 주권 국가 간의 협정처럼 조약이라 한다. 토지 사용과 토지 매매 등 법적 문제는 여전히 논쟁의 여지가 있다.

기도 제목
1) 미국 원주민들은 연방 정부에 속해 세금을 납부하며 미국 시민으로서 책임을 감당하지만 자체적으로 입법. 사법, 행정부를 운용하는데, 연방 정부와 갈등 없이 권리를 누리게 하소서.
2) 574개 원주민 부족이 나름대로 전통 종교를 가지고 있으면서도 다른 주요 종교를 받아들여 생활하고 있는데, 서로 간의 갈등이 없이 지내게 하소서.
3) 순수한 복음주의 교회들이 많이 세워지게 하소서.
4) 원주민들이 상처받은 치유자로서 하나님을 힘있게 의지하며 원주민들의 복음화와 타민족 복음화를 위해 기여하게 하소서.

박기호

Day 289 10월 16일 American Minority Emigrants

미국-소수 이민자들

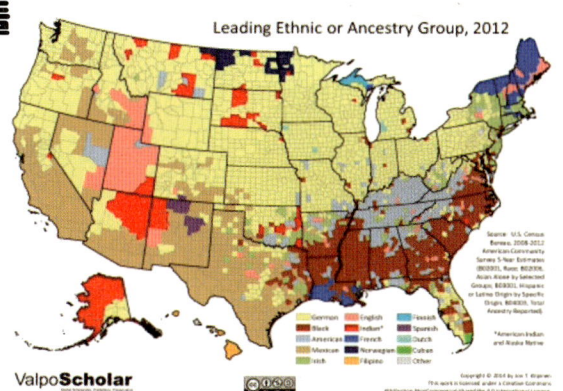

인구: 43,700,000명
종족: 아랍, 아시안, 라틴노 등
언어: 영어, 스페인어, 아랍어 등
종교: 기독교, 이슬람 등

선교적 필요와 과제

미국은 한 마디로 이민자들의 나라라고 할 수 있다. 2016년 현재 미국 인구 가운데 이민자의 비율은 백인과 원주민들을 제외하고 4,370만 명으로 미국 인구의 13.5%를 차지한다. 물론 백인들도 대부분 유럽에서 이민 온 이민자들이다. 대부분의 소수 이민자들은 합법 체류 신분을 가지고 있으나 이민자들의 23.7%를 차지하는 1,070만 명이 불법 체류 신분자들이다. 소수 민족 이민자들의 절반 가까이는 캘리포니아 24%, 텍사스 11%, 뉴욕 10%에 밀집되어 살고 있다. 대부분의 이민자들은 미국 내 대도시 20여 곳에 집중되어 있고, 65%인 약 2,830만 명은 로스앤젤레스, 뉴욕시, 마이애미 등 주요 도시에 살고 있는데, 불법 체류자들도 이 도시들에 가장 많이 살고 있다. 이민자들의 평균 교육 수준은 미국 출생자들보다 낮으며 취업 비율도 본토 출생자들보다 낮다. 이민자들 때문에 일자리를 빼앗기고 더 많은 부담을 안게 된다는 생각에서 이민자들에 대한 본토인들의 부정적 견해가 있지만, 이민자들이 사회에 끼치는 긍정적 평가가 2배 이상이다.

기도 제목

1) 이민자들이 정치, 경제, 사회, 문화계에 끼치는 영향력이 커지고 있는 것을 감사하고, 그들에게 균등한 기회가 주어지고 소수 이민자들이 미국 사회에 선한 영향력을 행사하게 하소서.
2) 소수 민족들 가운데 종교가 활성화되고 있는 바, 소수 민족 종교들이 미국 사회에 불화를 조성하지 않고 봉사 활동을 통해 사회 발전에 기여하게 하소서.
3) 소수 이민자들의 교회들이 크게 부흥하고 있음을 감사하고 이민 교회들이 미국의 교회들과 사회에 큰 변화를 가져오게 하소서.
4) 백인들보다 상대적으로 복음에 더 수용적인 소수 이민자들에 대한 복음화가 활발하게 이루어지고, 소수 이민 교회들이 본국 복음화에 기여하고 다른 민족들에게 선교하는 교회가 되게 하소서.

박기호

Day 290　10월 17일　The Korean Americans

미국-한인들

인구: 2,700,000명
종족: 한국인
언어: 한국어, 영어
종교: 기독교
복음화율: 개신교 61%, 천주교 10%

선교적 필요와 과제

1902년부터 시작된 한인들의 미국 이민은 점점 늘어나 2016년 현재 미국 내 한인들의 인구는 총 270만 명으로 집계되고 있다. 한인이 가장 많이 살고 있는 지역은 로스앤젤레스를 포함한 남가주이며, 애리조나, 네바다, 뉴멕시코 지역에 총 66만 5,185명이 살고있는 것으로 추산된다. 적지 않은 수의 한인들이 언어가 익숙하지 않아 주류 사회 진출에 제약을 받고 있으나 2020년 총선에서 1.5세, 2세 한인 4명이 연방 하원으로 선출되기도 하여 한인들의 정치력이 신장되고 있다. 미국 내 한인교회 수는 3,514개인데, 이 중 캘리포니아주에 1,008개의 교회가 있다.

기도 제목

1) 한인 이민자 기독교 정치가들이 연방 의회와 지방 정부에서 요셉처럼, 다니엘과 세 친구처럼 성경의 가르침과 기독교 정신에 기초하여 봉사함으로 미국 정치, 경제, 사회에 선한 영향을 끼치게 하소서.
2) 미국 내 한국인들의 종교 분포를 보면 61%가 개신교, 10%가 가톨릭, 6%가 불교, 23%가 무종교로 집계되고 있는데 서로 간의 갈등을 잘 극복하게 하소서.
3) 한인의 61%가 개신교인인데, 교회가 한인들에게 친교의 장을 제공하고, 교회 네트워크가 상부상조의 기능을 수행하고, 한인사회와 미국 사회에 빛과 소금의 역할을 하게 하소서.
4) 한인 이민 교회들이 본토 미국인들을 포함한 중남미 복음화와 세계 복음화에 기여하고, 미국 내 한인교회들의 선교 발전을 위해 교회와 선교 단체가 협력과 동반자 사역을 하게 하소서.

박기호

Day 291 10월 18일 Afro-Americans

미국-아프리카계

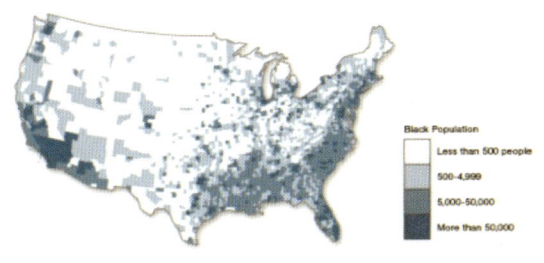

인구: 40,742,000명
종족: Afro-American
언어: 영어
종교: 기독교
복음화율: 85%(복음적 기독교인 35%)

선교적 필요와 과제

Malcom X는 마르틴 루터 킹과 함께 흑인 운동을 주도한 인권 운동가였다. 왜 그는 무슬림이 되었고 그의 성은 X였을까? 그는 방송 인터뷰에서 "나는 노예의 후손으로 우리는 본래 가족의 성을 알지 못한다. 그러므로 내 가족의 성은 없기 때문에 X다"고 말했다. 에전에 어떤이들은 노예들을 "인간의 목소리를 가진 동물"이라고 여겼다. 이들도 하나님의 고귀한 사람들이지만 고귀한 인간의 대접을 받지 못했다. 알렉스 헤일리는 책에서 "우리도 백인처럼 부족함이 없는 온전한 사람들이었다. 그러나 백인들은 아니라고 말했을 뿐이다"라고 말했다. 이들은 헌법에 따라 미국 시민권을 부여받았지만, 아직도 인종 차별을 겪고 있으며, 백인 우월주의는 독버섯처럼 미국 사회에 흐르고 있다. 흑인 사회 안에도 여전히 살인, 마약, 가정 폭력 등의 범죄가 일어나고 있으며, 교육의 빈곤과 경제적 빈곤으로 인한 절망이 이들을 범죄 소굴로 이끌고 있다. 또한 백인들을 향한 증오로 수많은 사람이 이슬람으로 전향하고 있다. 이들의 수가 약 3000만 명 정도인데, 미국의 가장 큰 미전도 종족이자 선교의 대상이다.

기도 제목

1) 사회 속에서 이들이 안정된 교육을 받고 사회의 일원이 되며, 정치적, 사회적, 그리고 경제적으로 영향력을 가진 기독교 흑인 지도자들이 많이 나오게 하소서.
2) 흑인 교회와 백인 교회가 관계를 회복하여 그리스도 안에서 친밀한 교제를 나누게 하시고, 무슬림으로 전향하는 사람들을 복음으로 변화시키게 하소서.
3) 흑인 교회를 부흥의 도구로 사용하셔서 미국 부흥에 영향을 끼친 아주사 부흥 운동과 같은 운동이 다시 한 번 일어나게 하소서.
4) 흑인 교회 안에 선교의 부흥이 일어나고, 선교사로 헌신한 흑인 신자들이 많아져서 아프리카의 선교 현장에서 효율적으로 사역 할 수 있게 하소서.

이재환

Day 292   10월 19일   America-Latino Community

미국-라티노 공동체

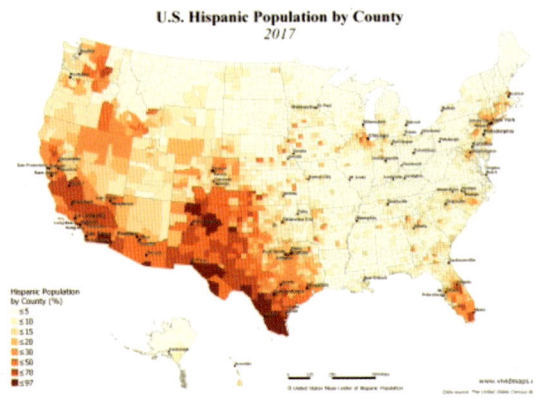

인구: 60,000,000명
종족: 라티노
언어: 스페인어, 영어
종교: 기독교
복음화율: 77%(복음적 기독교인 20%)

선교적 필요와 과제

미국의 라티노 인구는 이제 6천만 명에 달한다. 이 중 30% 정도는 미국 2세 영어권이며, 3천만 정도가 1세 이민자이다. 나머지 1천 200만 명은 이제 3세라고 볼 수 있다. 미국 라티노는 멕시코에서부터 아르헨티나까지 24개국을 대표하는 공동체이다. 많은 중남미 국가 경제는 미국의 라티노 이민자들이 송금하는 돈으로 지탱하고 있는 것이 현실이다. 엘살바도르와 에콰도르는 화폐를 미화(US $)로 바꾸기까지 했다. 미국 라티노 교회는 70년대부터 미국에서 급성장해 미국 교회들이 계속 지탱할 수 있도록 지켜주는 힘이다. 미국의 라티노들 중 개신교 인구는 약 20%-25%로 정도로 추측된다. 라티노 교회의 문제는 지도력의 부재라고 할 수 있으며, 이러한 지도력의 부재는 교육의 부재에 기인한다고 할 수 있다. 그리고 교육의 부재와 함께 미국 라티노 교회는 여러 이단들의 큰 마케팅 대상이 되기도 한다. 라티노 교회의 지속적이고 건전한 성장을 위해서 꾸준한 지도력 계발과 신학교육이 이루어지고, 또 교회 내에 선교 운동이 일어나도록 기도해야 한다.

기도 제목

1) 미국 라티노는 미국 사회의 노동력을 대표하는데, 코로나19로부터 이들의 건강을 지켜주시고, 주님 안에서 비전과 꿈을 가지고 일어서게 하소서.
2) 종교의 세속화와 기독교의 기복 신앙이 라티노 종교의 큰 문제로 부각하고 있는데, 라티노 사회 속에 하나님을 찾는 진정된 운동이 시작되게 하소서.
3) 라티노 교회의 대부분은 비대면 예배를 준비할 여력이 충분치 않는 100명 미만의 소형교회들로, 코로나 상황 가운데서 극심한 어려움을 겪고 있는데, 교회들이 이 시기를 선교적 기회로 삼고 새롭게 태어나게 하소서.
4) 중남미의 급성장하는 선교 운동에 비해 미국 라티노 교회는 미국 내 이민자라는 현실만 바라보며 비전을 갖지 못했는데, 이들 교회에 선교적 비전이 세워지게 하소서.

이준성(Vision800 global mission)

Day 293 10월 20일 Canada

캐나다

언어: 영어, 프랑스어
종족: 283
인구: 37,742,000명
GDP: 1,736,426(US$/백만) (8.1%)
1인당 GDP: 46,194.70(US$)

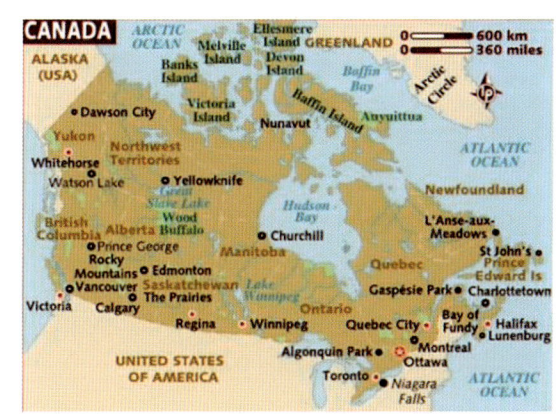

선교적 필요와 과제

건국부터 이민자들에 의해 시작된 캐나다는 영어를 모어(母語)로 쓰는 캐나다인들(English Canadians)이 주류를 이루고 있다. 정교 분리를 명시적으로 규정하지 않지만 종교에 따른 차별을 금지함으로써 종래 통상적으로 기독교가 가졌던 국교의 지위는 공식적으로 사라졌다. 다른 종교를 가진 이민자의 유입과 사회 통합을 위한 포용과 관용, 다양성을 중시하다 보니 개신교의 비율은 점점 줄어들고 있고, 기독교 외의 종교를 신봉하는 백인들이 늘었다. 19세기 말 한국에 복음을 전한 캐나다 선교사는 200여 명으로, 조선에 가장 많은 선교사를 파송한 나라 중 하나이다. 그들은 의료, 교육, 성경 번역, 근대화와 독립 등을 도우며 활동했다. 하지만 20세기에 들어 활발한 다문화 정책과 종교의 자유로 다양한 종교가 함께 어우러져 종교적 다원성을 띠고 있다. 현재 백인들 사이에서는 인권 존중의 미명 하에 인본주의와 기독교적 삶의 양식과 가치가 서로 충돌하고 있다. 캐나다의 복음적 기독교인들에게는 개혁주의 신앙의 회복과 교회가 다시 활력을 되찾아 역동적으로 복음을 전하도록 해야 할 사명이 있다.

기도 제목

1) 전통적 진리를 부정하고 다원적인 기능만을 인정하는 사고에서 벗어나게 하시고, 풍요로움에서 오는 안일함으로 하나님을 의지하지 않는 교만을 버리게 하소서.
2) 종교적 다원성으로 복음이 생명력을 잃지 않게 하시고, 껍데기 신앙에서 벗어나 주일을 거룩하게 성수하는 기독교인이 되게 하소서.
3) 자유주의와 다원주의 신학에서 벗어나 오직 성경을 전하는 교회가 되게 하시고, 복음의 능력으로 사회와 국가에 영향을 끼치는 인정받는 교회가 되게 하소서.
4) 백인교회들이 더욱 선교를 열망하는 선교적 교회들로 세워지고, 언어와 문화에 익숙한 한인 1.5세와 2세들이 말씀으로 잘 양육되어 백인교회와 연합하여 중남미 국가들에 선교를 하게 하소서.

장영훈

Day 294 10월 21일 Québec

캐나다-퀘벡

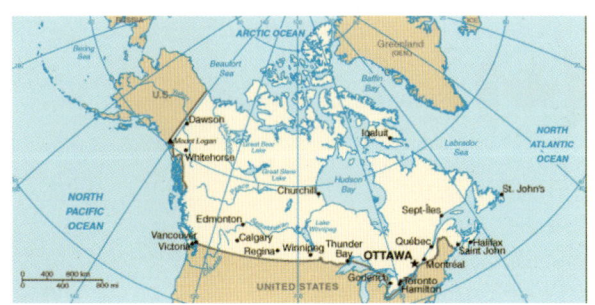

인구: 8,732,000명
종족: 프랑스계 카나다인
언어: 프랑스어
종교: 기독교
복음화율: 75%(복음적 기독교인 0.6%)

선교적 필요와 과제

프랑스가 영국과 전쟁에 패한 후, 영국의 통치를 받았기에 영어 사용에 대한 반감과 탄압이 은근히 있는 지역이다. 과거 가톨릭의 종교적 억압 때문에 가톨릭과 크리스쳔에게 근본적인 적대감을 가지고 있다. 복음주의 크리스쳔은 인구의 0.6% 이하로, 미전도 종족으로 분류되어야 할 정도다. 퀘벡주의 가장 큰 도시인 몬트리올에 4개의 대학이 있어 젊은이들이 많이 거주하고 있고, 마약 중독과 술 취함과 방탕한 삶이 염려되는 지역이기도 하다. 다양한 민족들이 이주해 와서 살고 있기 때문에, 장단기로 시간을 낼 수 없는 선교의 열정을 가진 성도가 멀리 선교를 나가지 않고도 이곳에 거주하는 여러 민족에게 효과적으로 선교를 할 수 있는 장점이 있다. 이곳 몬트리올의 14 한인교회는 4년에 한 번씩 서부 아프리카 불어권 지역의 선교사들을 초대해 선교 대회를 개최하여 불어권 아프리카 선교 현장을 지원하고 있다. 불어권 성도들의 자녀들이 선교에 대한 관심을 가지고 사역에 참여하도록 이 행사가 가장 적절한 시기에 개최될 수 있도록 하는 것 역시 몬트리올의 한인교회의 선교적 사명이다.

기도 제목

1) 사람들이 인종과 민족에 따라서 서로 마음의 거리를 두거나 차별하지 않게 하시고, 마약이나 술과 방탕에 빠지지 않도록 지켜주소서.
2) 0.6% 이하의 복음주의 교회가 복음에 대한 믿음이 희석되거나 정체성을 잃지 않도록 말씀에 굳건히 서 나가게 하시고, 건강하게 성장해 복음의 영향력을 미치게 하소서.
3) 몬트리올 땅의 14 한인교회와 많은 다민족 교회가 주님의 몸이라는 정체성을 가지고 교회를 온전히 세워가고, 죄로 인한 어둠을 복음으로 비추는 빛과 소금의 역할을 감당하게 하소서.
4) 퀘벡인의 굳어진 마음을 열어주시고, 이들에게 불어로 복음을 자유롭게 전할 수 있는 전도자들을 보내 주시고, 이들이 복음을 듣고 하나님의 자녀가 되는 은혜를 부어 주소서.

강승희

Day 295　10월 22일　Indigenous Canadians & Inuit

캐나다-원주민과 이누이트

인구: 원주민 1,673,785명(이중 이누잇 80,000명)
종족: 퍼스트 네이션스, 메티스, 이누잇
언어: 크리, 이누크티투트, 영어, 프랑스어
종교: 기독교, 원주민 전통 종교
복음화율: 73%(복음적 기독교인 17%)

선교적 필요와 과제

우리가 흔히 부르는 원주민들 중 약 절반은 원주민 보호 구역인 밴드 혹은 리저버에서 살며 캐나다 정부의 지원을 받고 있지만, 나머지 절반은 보호 구역 밖의 도시로 나옴과 동시에 정부의 지원에서 제외되었다. 보호 구역 안팎의 원주민들은 공통적으로 마약과 알코올 중독률, 문맹 및 자살율이 높은데, 그 이유는 상대적으로 열악한 경제적 형편에서 찾을 수 있다. 이렇게 된 이유 중 하나는 유럽에서 온 백인들이 원주민들을 열등하게 여겨 유럽인으로 동화시키는 정책으로 소위 기숙 학교(Residential School)를 세워 원주민 자녀들을 강제로 수감해 교육이란 미명 하에 문화적, 정신적, 육체적으로 황폐하게 만들었기 때문이라 여겨진다. 그러기에 이들 원주민은 비록 선진국에 살며 이들 가운데 탁월한 지도자들도 다수 있지만, 땅끝에 거하는 족속들이라 할 수 있고, 이들에게 복음을 전하는 것이 가장 시급하며 중요한 교회의 사명이라 여겨진다. 또한 에스키모인들로 알려진 이누이트(Inuit)족은 전체 원주민의 3.9%로 캐나다 극지방에서 고유의 문화와 생활 양식을 고수하며 산다. 그야말로 땅끝으로 여느 선교지보다도 복음 사역자들이 접근하기 어려운 선교지임은 두말할 필요가 없다.

기도 제목

1) 원주민들에게 안정적인 기반을 허락해 주시고, 마음에 소망을 주시고, 어린이들이 가족들의 사랑 속에서 자라가게 하소서.
2) 원주민들의 삶을 바람직하게 변화시킬 탁월한 영적, 정치적 지도자들이 배출되게 하시고, 마약과 알코올과 경제적 힘이 아닌 주님을 의지하게 하소서.
3) 교회들이 다른 무엇이 아닌, 하나님의 말씀과 성령으로 충만하게 하소서.
4) 원주민과 이누이트를 충분히 이해하고 사역할 훈련된 선교사들이 많이 일어나고, 기도와 물질로 후원해 줄 교회를 세워주시고, 선교사들의 영적 충전과 사역의 필요들을 채워주소서.

김재학

캐나다-이주민과 난민

Day 296 10월 23일 Migrants/Refugees

인구: 약 4,500,000명
　　　(인구 20만 이하 소수 민족)
종족: 162개 이상
언어: 영어, 스페인어, 아랍어 등
종교: 기독교, 이슬람, 힌두 등
복음화율: 비 기독교 배경의 이주민과 난민 1% 이하

선교적 필요와 과제

캐나다는 유럽 문화를 바탕으로 다양한 이민자들의 문화를 법제화한 복합된 다문화주의 사회이자 이민 국가로, 난민도 적극 수용하고 있다. 저출산, 고령화 시대, 노동력 부족 등에 대응하기 위해 이민 수용 정책을 확대 중이다. 유입된 이민 국가는 총 185개국에 달하고, 162개 이상의 소수 민족이 존재한다. 종교 현황으로는 로마 가톨릭 38%, 기독교 29%, 무종교 24%, 이슬람교 4%, 힌두교 1.5%, 시크교 1.4%, 불교 1.1%, 유대교 1.0%, 기타 종교 0.6% 및 최근엔 이단 및 사이비 종파들이 많이 출현하고 있다. 다양한 민족과 인종, 문화와 종교는 역사적으로 깊은 유기적 관련이 있다. 다양한 민족을 이해하고 그들 안에 형성된 문화적 가치관과 종교적 신념을 연구 분석하여 그 핵심을 알고 그들을 도우며, 예수님과 복음으로 그들의 삶에 도전을 주며 가치관과 삶을 변화로 이끄는 선교가 필요하다. 다문화 사회, 국가의 이민자, 난민인 그들과 소통을 위해 복음은 매우 중요한 역할을 한다. 약소국에서의 이민과 정치적으로 불안정한 나라에서 망명하는 난민이 증가함으로 인해 경제적 필요와 도움이 무엇인지를 알고 도울 수 있는 대사회적 돌봄과 구제는 교회와 성도들이 감당해야 할 선교적 사명과 과제이다.

기도 제목

1) 문화 충격으로 인한 인종 차별이 없게 하시고, 다양한 문화 접촉의 부담감을 이겨낼 수 있는 문화적 이해와 전문성을 키우게 하소서.
2) 인종이 다양한 만큼 문화와 종교가 다른데, 커뮤니티 안에서 종교적 갈등이 없게 하소서.
3) 교회 간의 연대를 통한 복음의 통일성과 성경적 문화관의 바른 이해와 정립을 이루어 주소서.
4) 크리스천 자녀들이 다양한 민족과 인종의 문화를 이해하며 이를 품을 수 있는 국제적 시각과 선교적 마인드를 갖게 하시고, 이민자와 난민의 정착을 돕기 위한 전문성을 키우게 하소서.

김지태

중미

과테말라
니카라과
멕시코
벨리즈
엘살바도르
온두라스
코스타리카
파나마

선교적 필요와 과제

중앙아메리카는 지리적으로 아메리카 중앙 지역으로, 북아메리카와 남아메리카를 잇는 교량 역할을 하고 있다. 공용어는 대부분의 나라들이 스페인어를 쓰고 있다. 마야 원주민 부족이 인구의 40%를 차지하고 있는데, 이들은 부족어를 사용하고 있으며 문맹률이 높다. 500여 년 동안 스페인의 지배를 받은 후, 독립한 국가들은 좌우 대립과 군부 독재로 말미암아 장기간 치열한 내전을 겪었다. 따라서 정치가 불안하고, 경제가 낙후되어 있다. 또한 마약과 폭력이 난무하고, 악명높은 폭력조직(갱단)들이 활개치는 탓에 수많은 사람들이 생계와 안전과 미래가 보이지 않아 불안해하고 있다. 가톨릭이 성행하고 있으며, 기독교는 신학적 기반이 미약하고 미신적이고 주술적인 요소가 가미되고 있기에 바른 신앙, 바른 신학을 가진 목회자와 선교사가 필요하다.

기도 제목

1) 중미 각 나라의 정치적 안정을 가져올 참된 지도자를 세워 주시고, 사회적 멸시와 가난까지 물려받은 절대 빈곤층을 기억하시고 축복해 주소서.
2) 복음이 전파된 지역에 신실한 일꾼이 양성되고 훈련으로 참된 지도자들이 양육되게 하소서.
3) 아직 선교사들이 들어가지 못한 미전도 족속에게 복음이 전파되고 교회가 세워지게 하소서.
4) 코로나19로 인한 국경 봉쇄로 생존 위협을 겪는 선교사님들을 보호해 주시고, 사역에 차질이 생기지 않게 하시며, 선교사 간에 네트워크가 형성되어 재난을 잘 극복하게 하소서.

강성철

Day 298 10월 25일

República de Guatemala

과테말라

언어: 스페인어
종족: 60
인구: 17,916,000명
GDP: 76,710(US$/백만) (0.36%)
1인당 GDP: 4,620.00(US$)

선교적 필요와 과제

과테말라는 멕시코 밑에 위치한 나라로 남한보다 조금 큰 면적을 가지고 있다. 인구는 17,916,000명이며, 스페인어를 공영어로 쓰는 가톨릭 국가이나 종교의 자유가 있다. 마야 원주민 부족이 인구의 40%를 차지하고, 22개 부족과 부족 언어가 있으며, 기독교는 인구의 25-30% 정도이다. 문맹률이 40% 정도인데, 인디언의 경우는 80-90%에 육박한다. 마야 문명의 중심지인 마야 문화는 중앙아메리카 멕시코 동남부, 과테말라, 엘살바도르 북부, 벨리즈, 온두라스 서부, 유카탄 반도 지역을 중심으로 번영하였던 메소아메리카(Mesoamerica) 문명이다. 당시 아메리카 대륙에서 가장 발달한 언어 체계와 문화를 향유한 곳이다. 현재 콰테말라는 빈부의 차이가 극심하다. 인구의 10%에 해당하는 소수가 전체 부의 47%를 차지하고 있고, 51%가 빈곤층에 속한다.

기도 제목

1) 지진과 산사태 등과 같은 자연재해에서 구해 주시고, 코로나19로 인한 사망자 증가를 막아 주시고, 봉쇄하고 있는 출입이 자유롭게 되어 전도인의 사명을 잘 감당하게 하소서.
2) 문맹자 퇴치 운동에 교회가 앞장서게 하소서.
3) 개신교 부흥 운동이 활활 타오르게 하소서.
4) 미전도 종족 복음화를 위해 헌신된 선교사들이 많이 세워지게 하소서.

강성철, 김상돈

Day 299 10월 26일

니카라과

República de Nicaragua

언어: 스페인어
종족: 18
인구: 6,625,000명
GDP: 12,521(US$/백만) (0.06%)
1인당 GDP: 1,912.90(US$)

선교적 필요와 과제

니카라과 북동쪽은 온두라스, 남쪽은 코스타리카, 동쪽은 카리브해, 남서쪽은 태평양을 접하고 있다. 수도는 마나과이다. 인종 구성은 메스티소 69%, 백인 17%, 흑인 9%, 인디오 5% 등으로 다양하다. 종교는 가톨릭 75%, 개신교 17.3%, 그 외 인디오 고유의 종교가 있다. 언어는 스페인어가 공용어이다. 그 외에 영어와 크레올어를 사용하는 사람도 있다. 1821년 니카라과는 멕시코에 가입된 상태에서 스페인으로부터 독립을 이루었고, 1823년부터 멕시코에서 분리되어 중앙아메리카 연방에 속해 있었다. 그후 1838년에 중앙아메리카 연방에서 독립하였다. 1937년에 미국의 지원을 받아 정권을 잡은 소모사(Somosa)정부, 1979년에 소모사 정부를 전복한 산디니스타 정부, 그리고 미국의 지원을 받는 反 산디니스타 무장 단체인 콘트라(Contra)와 정부군과의 내전을 겪으면서 니카라과 국민들의 삶과 경제 상황은 점점 어려워졌다. 1990년 선거에서는 산디니스타가 정권을 잃고, 친미성향의 정부가 들어섰다. 그러나 이후 우파정권의 분열로 2006년 산디니스타의 오르테가가 재 집권에 성공해서 지금까지 통치하고 있다. 오르테가 정부에 대한 국민들의 반대도 거세지고 있는데, 유엔난민기구는 2018년 이후 니카라과에서 정권의 박해와 인권 탄압을 피해 10만 3천 600명이 외국으로 탈출했다고 밝혔다. 심각하게 분열되어 있던 지난 29년 동안의 사건으로 정치인, 노조, 교회, 가정들마저 분열되어 있다.

기도 제목

1) 정부의 탄압과 압제가 중단되고, 국제 사회의 영향력을 통해 니카라과의 정치적 상황이 호전되어 빠른 시일에 평화와 정의가 회복되게 하소서.
2) 분열된 교회와 가정이 화합하게 하소서.
3) 십자가의 복음으로 서로 용서하고 화합하는 날이 속히 오게 하소서.
4) 환경과 사람에게 흔들리지 않고 오직 하나님만 의식하며 섬기는 선교사의 삶이 되게 하소서.

전구, 한미경, 강성철

Day 300 10월 27일 United Mexican States

멕시코

언어: 스페인어
종족: 331
인구: 128,933,000명
GDP: 1,258,287(US$/백만) (5.87%)
1인당 GDP: 9,863.10(US$)

선교적 필요와 과제

멕시코 합중국은 미국과 접해 있고, 남쪽은 과테말라와 벨리스, 서쪽은 남태평양, 동쪽은 카리브해가 있다. 인구의 88%는 원주민과 유럽인 사이에서 태어난 혼혈인이다. 10%는 토착인 원주민인 나우아족, 마야족 등 9족이 있다. 전통 종교 의식을 재현하고 따른다. 스페인 점령국으로, 가톨릭이 94%이지만, 2019년부터 개신교가 빠른 속도로 정착하고 있다. 멕시코 일간지 '엘우니버살'은 복음주의 개신교가 중남미에서 권력 네트워크를 확장하고 있고, 경제적, 정치적 영향력이 커졌다고 보도했다. 2014년 조사에서 84%가 가톨릭 집안에 태어났지만, 가톨릭 신자라고 말하는 사람은 69%였다는 통계를 보여 주었다. 반면에 복음주의 개신교 신자 비율은 19%로 늘어 영향력이 점점 커지고 있음을 입증했다. 안드레스 마누엘 로페스 오브라도르(Andrés Manuel López Obrador) 대통령의 지지 단체도 개신교다. 낙태와 동성애 반대 운동을 통해 중산층과 보수층의 공감을 얻고 소외 계층을 지원하면서 영향력이 커지는 추세다. 반면 가톨릭을 떠나 토속 전통 신앙으로 돌아가거나 무신론자 계층이 늘고 있으므로 이에 대한 전략이 필요하다. 현지인 목회자를 위한 복음과 기도 학교를 운영하는 대안도 세워 복음의 확장이 배가가 되도록 힘써야 한다.

기도 제목

1) 코로나19 사망자 급증, 마약과의 전쟁에서 범죄 단체의 조직적 반항, 유괴 사건 등 사회적 불안이 심한데, 주님의 자비와 사랑으로 이 땅을 지켜 보호하여 주소서.
2) 가톨릭과 전통 민속 종교 혼합으로 인해 정령 숭배 제사 의식을 길거리에서도 행하고 있는데, 복음의 비밀을 알고 구원하실 예수님 한 분만을 믿고, 바른 복음이 전파되게 하소서.
3) 이 땅에 세워진 교회들이 등불이 되어 빛과 진리 되신 예수님을 증거하여 허다한 무리들이 예수님을 영접할 수 있도록 교회의 역할을 잘 감당하게 하소서.
4) 선교사들이 밟고 있는 선교지가 복음의 나라가 되게 하시고, 제자들이 선교사로 오지로, 미전도 종족을 향해 파송될 수 있도록 본이 되는 선교사들 되게 하소서.

양주림

Day 301   10월 28일   Belize

벨리즈

언어: 영어
종족: 14
인구: 398,000명
GDP: 1,880(US$/백만) (0.01%)
1인당 GDP: 4,815.20(US$)

🔸 선교적 필요와 과제

벨리즈는 중앙아메리카의 유카탄반도 남쪽에 위치하며, 카리브에 접해 있는 독립국이다. 1981년 영국으로부터 완전 독립을 달성하였고, 독립 이전에는 영국령 온두라스라고 불렸다. 멕시코, 과테말라, 온두라스를 국경으로 하고 있다. 수도는 벨모판이며, 인구는 398,000명이다. 종교 분포도를 보면, 로마 가톨릭교회 40.1%, 개신교 31.8%, 여호와증인 1.7%, 기타 종교 10.3%, 무종교 15.5%이다. 열대 기후가 나타나므로 매우 덥고 습하다. 5월에서 11월에 허리케인이 자주 발생해서 홍수 및 자연재해가 심한 곳이다. 공용어는 영어이지만 스페인어를 함께 사용한다. 정부 형태는 영국 국왕을 국가 원수로 하는 입헌 군주제 국가이자 영국 연방의 일원이다. 현재 벨리즈의 국왕은 영국 여왕 엘리자베스 2세이며, 그 대리인으로 총독이 파견되어 있다. 그러나 총독은 실권을 갖고있지 않다. 경제는 농산물에 의존하는 농업 경제로, 농수산품이 전체 수출 80%를 차지한다. 최근에 관광 산업 붐이 일면서 연간 관광객 수가 100만 명을 넘어 1억 달러의 수입을 올렸으나 현재는 코로나19로 인해 주춤하고 있는 상황이다. 마야 인디언들이 백만 명 이상 모여 살던 곳이기에 오늘날도 적은 수의 인디오들이 살고 있다. 특히 최남단 톨레도(Toledo)지역에 몰려 살고 있다. 이들 인디오들에게 복음의 빛이 비추어져 구령 운동이 일어날 수 있도록 기도가 필요하다.

🔸 기도 제목

1) 농업 국가인 벨리즈가 경제적으로 안정되게 하소서.
2) 이단이 득세하지 않게 하시고, 복음의 능력이 분명하게 드러나게 하소서.
3) 개혁 교회가 안주하지 않고 말씀과 성령으로 충만한 교회가 되게 하소서.
4) 톨레도(Toledo) 지역의 인디오들에게 복음의 문을 활짝 열어 주소서.

강성철

Day 302 10월 29일   Republic of El Salvador

엘살바도르

언어: 스페인어
종족: 10
인구: 6,487,000명
GDP: 27,023(US$/백만) (0.13%)
1인당 GDP: 4,187.30(US$)

선교적 필요와 과제

가장 심각한 문제점은 만성적인 정치 불안과 사회적 치안 부재이다. 정치는 좌우 대립과 부패로 얼룩져 있다. 세계적으로 악명 높은 갱단이 사회 전반을 장악하고 있다. 인구 100명당 1명이 갱단이며, 살인율은 세계 최고로서 지금도 하루 평균 10명이 총기에 살해된다. 죽음과 가난의 위험으로 말미암아 많은 사람들이 불법 이민을 떠난다. 한때 기독교가 발흥하는 추세였으나 현재는 물질주의와 세속주의로 말미암아 성장세가 둔화되고 있다. 사회 불안에 위협을 느낀 나머지 선교사의 진출과 선교적 활동이 위축될 수밖에 없다. 어찌 보면 선교의 사각지대라고 할 수 있다. 순교적 영성과 최전방에 배치된 야전군 같은 전투적 선교 정신을 갖춘 선교적 자원의 진출이 요구된다. 개인 전도와 선교는 사회 구조적인 불의와 불안에 한계가 있다. 선교 단체 또는 NGO 같은 기관과 연합하여 삶의 문제를 해결할 수 있는 인프라를 구축하고 청소년들이 범죄에 빠져들지 않도록 하는 교육적, 경제적인 뒷받침이 필요하다. 중남미 특유의 쾌락주의, 물질주의, 기복 신앙, 세속 사상이 기독교회에 깊이 침투해 있다. 교회 지도자들의 신학적 자질과 영적 소양이 부족하다.

기도 제목

1) 갱단에 의한 살인, 폭력, 강간, 인신매매, 갈취 등이 근절되어 정의와 평화가 깃드는 안전한 나라가 되게 하시고, 갱단이 소탕되어 이 땅에 다시는 무고한 피를 흘리지 않게 하소서.
2) 사회 전반에 침투해 있는 세속주의(물질 만능, 자유연애, 인간 중심주의 등)가 타파되고, 기독교 사상이 전 국민의 생각과 생활에 스며들게 하소서.
3) 현지 목회자들의 신학적 수준이 매우 낮고, 방언, 치유, 기적, 예언 같은 신비주의에 치우쳐 있는데, 성경에 기초한 복음주의 신학으로 무장하고 기도와 바른 윤리로 목회하게 하소서.
4) 갱단이 전국을 장악하고 있어서 선교사가 아무 지역이나 마음대로 들어갈 수 없는 상황인데, 선교지로 이동하고 사역할 때 비둘기처럼 순결하게 뱀처럼 지혜롭게 대처하게 하소서.

황병철

Day 303 10월 30일

Republic of Honduras

온두라스

언어: 스페인어
종족: 22
인구: 9,905,000명
GDP: 25,095(US$/백만) (0.12%)
1인당 GDP: 2,574.90(US$)

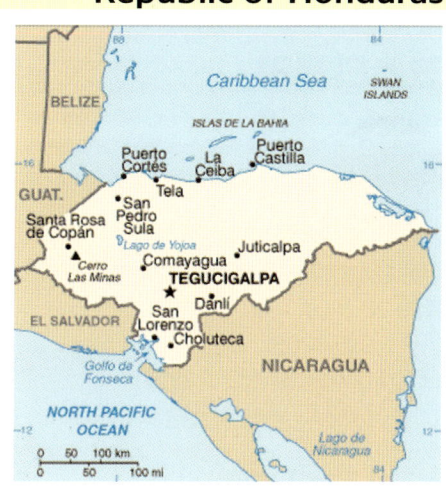

선교적 필요와 과제

수도는 테구시갈파(Tegucigalpa)이며, 인구는 메스티소가 다수를 구성하고 인디오, 흑인, 스페인계 백인이 인구의 나머지를 차지한다. 개신교회의 교세가 급격하게 성장하고 있는 상황이지만, 사역자들이 훈련받을 기회와 장소가 절대적으로 부족한 현실이다. 훈련의 기회 없이 사역 현장에 들어선 목회자들이 사역 현장에서 어려움을 겪을 뿐 아니라 교회도 심각하게 어려움을 당하는 경우들이 많다. 이런 상황 속에서 할 수 있는 가장 최선의 것은 목회자들이 직접적으로 성경을 읽고 공부하도록 돕고 목회 현장에서 적용 가능한 신학적인 기반을 마련해 주는 것이다. 훈련받기를 원하는 사역자들을 모아서 함께 말씀을 공부하고 훈련하며 교회를 보다 효율적으로 섬길 수 있도록 준비시키는 것이 온두라스 선교사역의 핵심 과제다.

기도 제목

1) 사회 전반적인 성장을 통해서 만성적인 가난과 빈부의 격차가 해소되고, 치안이 유지되어서 사람들의 마음속에서 불안이 떠나가고, 정치권의 오래된 부패가 쇄신되게 하소서.
2) 교회가 영적으로 또한 내면적으로 성숙해 가며, 사회의 좋은 모델이 되게 하소서.
3) 23개 지교회의 노후된 부분들이 새롭게 보수되고, 오지에 있는 교회들이 재정적으로 자립이 이루어지고, 각 지교회에 교회를 섬길 수 있는 평신도 지도자들이 많이 양성되게 하소서.
4) '말씀의 집'에서 목회자들의 훈련이 잘 이루어지고, '말씀의 집' 식당이 완비되게 하시고, 각 지교회들이 잘 연합하게 하소서.

김인배

Day 304 10월 31일

Republic of Costa Rica

코스타리카

언어: 스페인어
종족: 21
인구: 5,095,000명
GDP: 61,774(US$/백만) (0.29%)
1인당 GDP: 12,238.40(US$)

선교적 필요와 과제

코스타리카는 전통적으로 가톨릭이 강한 나라이다. 코스타리카 사람들 마음속에 검은 마리아를 향한 신앙이 강하게 자리 잡고 있다. 카르타고의 로스 앙헬레스 대성당에 있는 15cm 크기의 검은 마리아 상은 기적을 일으킨다고 전해져, 중미 각지에서 순례자가 모여든다. 기독교는 2000년대 이후 빠르게 성장하고 있다. 그리고 현지 기독교인들을 통해 교회들이 세워지고 있다. 그러나 그들에게 건전한 성경적인 신학을 가지고 하나님의 말씀을 바르게 전하는 교육받은 목회자들과 지도자들이 부족하다. 또한 그들을 양육할 사람들과 기관 역시 부족하다. 그 결과 말씀과 변화보다는 체험과 기복을 더 강조하는 균형을 잃은 교회들과 목회자들이 많이 있다. 교회가 없는 지역에 교회를 세우는 사역이 우선되어야 할 것이다. 이와 더불어 잘못된 마리아 숭배 신앙에 빠진 사람들에게 바른 기독교 신앙을 전수하고, 신앙의 열정은 있지만 말씀으로 훈련받지 못한 목회자들과 지도자들을 말씀으로 양육하며 그들을 도울 선교 사역이 필요하다.

기도 제목

1) 코로나로 인해 실업자들이 많이 발생하고 가계와 국가의 경제적 어려움이 증가하고 있는데, 이때 정치가들이 하나가 되어 사회적 안정과 경제적 문제 해결을 위해 노력하게 하소서.
2) 널리 퍼져 있는 마리아 신앙에서 깨어나 코스타리카 사람들이 진리되신 하나님께로 돌아오게 하소서.
3) 교회가 없는 곳에 교회가 세워지고 목회자들이 성경과 바른 신학으로 말씀을 선포하고 교인들을 양육하고, 교회가 가난하고 어려운 자들을 도우며 빛과 소금의 역할을 감당하게 하소서.
4) 선교사들이 영적으로 지치지 않고 현지 목회자들을 잘 양육하고 그들을 동역자로 인정하고 함께 하나님의 사역을 잘 감당하게 하시고, 선교사들을 보내는 나라가 되게 하소서.

김기돈

Day 305 11월 1일   Republic of Panama

파나마

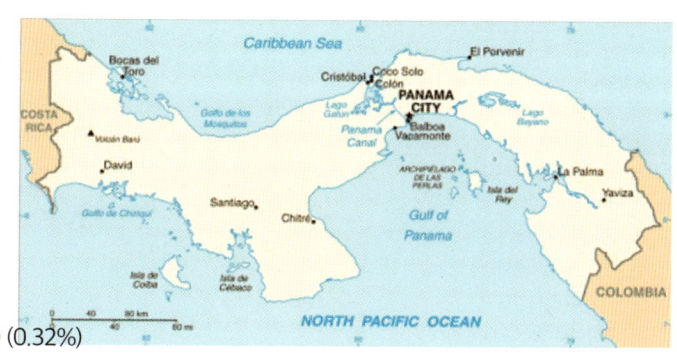

언어: 스페인어
종족: 30
인구: 4,315,000명
GDP: 66,801(US$/백만) (0.32%)
1인당 GDP: 15,731(US$)

선교적 필요와 과제

1999년 12월 31일 파나마 운하의 소유권이 미국 정부에서 파나마 정부로 이전되면서, 파나마는 사회, 정치, 경제적으로 안정적으로 발전해오고 있다. 최근 20년간 중남미가 베네수엘라 대통령 우고 차베스의 사회주의 프로젝트로 혼란을 겪는 가운데에서도 파나마는 차분히 성장 중이다. 현재 파나마시에서 코스타리카 국경까지 철도를 건설 중이고, 수도 파나마시티 중심지부터 서쪽 아라이잔 지역까지 파나마 메트로 3호선, 남쪽으로 콜롬비아 국경까지 연결하는 도로 등이 착공되면 중남미 역사에 많은 변화가 예상된다. 개신교 교회 활동이 매우 활발하고 제일 큰 호산나교회는 교인 만 명이 넘고, 그 외 3천-5천 명 되는 교회들도 많다. 대부분 교회가 파나마시와 위성 도시에 집중되어 있고, 도시 전도에 힘쓰고 있다. 카리브 해안 섬에 사는 쿠나 종족과 코스타리카와 국경을 이루는 치리키 산악 지역 인디언, 콜롬비아와 국경을 이루는 정글 다리엔 지역에 사는 엠베라 인디언 종족을 위한 선교가 필요한 상황이다. 그러나 현지 교회들의 선교에 대한 이해 부족으로 이들을 위한 선교가 전무한 상태이다. 일차적인 이유는 지역적으로 접근이 용이하지 않는 데다가 파나마는 경제적으로 부유한 나라라는 인식이 있어 외국 선교사도 거의 전무한 상태이다. 그러나 약 40만 명의 인디언 영혼 구원도 필요하기에 이들을 위한 기도가 절실하다.

기도 제목

1) 중남미 역사에 변화를 가져올 중미와 남미를 연결하는 도로가 건설 중인데, 코로나로 중단된 건설 공사가 하루빨리 재개되어 정상화되게 하소서.
2) 파나마는 유리한 물질적 조건으로 인해 이단 집단들이 활발하게 활동하고 있는데, 이에 대해 개신교가 적극적으로 대처하고, 선교에 대해 관심을 갖게 하소서.
3) 교회가 물질적으로 풍성해지고 건물이 화려해질수록 영적으로 점점 가난해지고 있는데, 한국교회의 영성 프로그램이 적극적으로 도입돼서 영적으로 잘 거듭날 수 있게 하소서.
4) 파나마교회는 선교적으로 매우 유리한 조건을 갖추었으면서도 아직도 선교는 미국과 한국 같은 몇몇 나라에 주어진 사명으로 생각하는데, 파나마교회가 선교적 사명을 품게 하소서.

김재한

Day 306 11월 2일 União de Nações sul Américanas

남미국가연합

가이아나, 베네수엘라
볼리비아, 브라질
수리남, 아르헨티나
에콰도르, 우루과이
칠레, 콜롬비아
파라과이, 페루
기아나(프랑스령)

선교적 필요와 과제

남미는 북쪽으로는 파나마 지협을 통해 북미와 연결되며, 서쪽은 태평양, 북동쪽은 대서양, 남쪽은 남극해와 접한다. 나라로는 가이아나, 베네수엘라, 볼리비아, 브라질, 수리남, 아르헨티나, 에콰도르, 우루과이, 칠레, 콜롬비아, 파라과이, 페루, 기아나(프랑스령) 등이 있다. 남미국가연합은 13개 국가의 정치, 경제 공동체 조직을 의미한다. 칠레, 우루과이, 브라질, 아르헨티나, 에콰도르, 볼리비아, 파라과이, 베네수엘라는 사회주의 지도자들이 정치를 장악하고 좌파 열풍을 몰고 왔다. 대부분 국가들은 자유 시장 정책을 지키고 있다. 메르쿠수와 안데스 공동체 두 관세 동맹체를 결성해 세계에서 세 번째로 큰 무역 블록을 형성했다. 남미국가연합은 자유로운 인적 교류, 경제 개발, 공동 방위 정책, 관세 철폐를 추진 중이다. 종교적으로는 스페인의 영향으로 가톨릭이 지배적이다. 우루과이, 아르헨티나 동부 및 브라질 남부는 백인 혈통이 우세하고, 메스티소가 대다수인 나라는 브라질, 칠레, 코스타리카 등이며, 아메리카 원주민과 백인 혈통이 반반인 통상적인 메스티소가 많은 나라는 콜롬비아, 에콰도르, 베네수엘라, 파라과이 등이며, 볼리비아, 페루는 아메리카 원주민이 70%로 다수를 차지하고 있다.

기도 제목

1) 우민 정책으로 문맹률이 높고, 빈부 격차가 심하며 경제적으로 어려운데, 코로나19로 인해 더욱 힘들어진 남미 땅에 긍휼을 베풀어 주소서.
2) 메스티소, 백인, 아메리카 원주민 등 인종이 다양하고 문화적으로 다양한 이 땅이 온전한 복음의 순수성을 지키게 하소서.
3) 최근 복음주의 교파, 오순절주의 교파, 성공회, 루터교, 감리교 증가로 개신교 부흥을 가져오고 있는데, 이 공동체들이 하나님의 말씀에 충실한 성경 중심의 교회가 되게 하소서.
4) 정치적인 혼란, 경제적인 혼란, 치안의 불안이 심각하고, 마약 거래를 비롯한 폭력과 범죄가 전쟁 수준인 이곳에 하나님의 말씀과 성령이 충만한 일꾼들을 보내어 주소서.

강성철

Day 307 11월 3일 Co-operative Republic of Guyana

가이아나

언어: 영어, 가이아나 크레올어
종족: 21
인구: 787,000명
GDP: 4,280(US$/백만) (0.02%)
1인당 GDP: 5,468.40(US$)

선교적 필요와 과제

가이아나는 남아메리카에 있는 주권 국가이다. 영국 연방의 일원으로 과거 영국령 가이아나였으나 1966년에 독립하였다. 공용어는 영어를 사용하고 있으나 역사, 문화, 정치적으로도 카리브 제도와 밀접하다. 북쪽으로는 대서양, 서쪽으로는 베네수엘라, 남쪽과 남서쪽으로는 브라질, 동쪽으로는 수리남이 접해있다. 내각 책임제이며, 단원제 의회로 의석 65석이며, 임기는 5년이다. 농업이 주산업이며, 사탕수수와 쌀이 주요 농산물이다. 천연자원으로 보크사이트를 다량 생산하는 국가로, 알루미늄, 다이아몬드, 금, 망간, 몰리브덴 등 풍부한 지하자원을 가지고 있으며, 최근 50억 배럴 가량의 세계 최대 규모의 유전도 발견되어 2020년 경제 성장률이 86% 신장됐다. 주민은 인도에서 건너온 노동자 출신들이 많아서, 인도계 45.9%, 식민지배 시절 건너온 아프리카계 32.4%, 흑백 혼혈인 물라토 11.4%, 아메리카 원주민 7.7%이다. 인종이 복잡해 인종 분규가 심각한 편이다. 종교는 개신교 34.8%, 힌두교 24.8%, 유사기독교 20.8%, 가톨릭 7.1%, 이슬람교 6.8%, 무신론 3.1%, 여호와증인 1.3%, 기타 1.4%이다. 가이아나는 콜롬비아, 베네수엘라를 거쳐 밀반입된 코카인이 서아프리카, 미국, 캐나다 및 유럽 전역으로 전달되는 핵심 경유지 역할을 하고 있다.

기도 제목

1) 가이아나 정부가 마약 유통을 철저히 차단하고, 국제 사회의 지원과 협조를 받게 하소서.
2) 오랜 전통 속에 뿌리박혀 있는 사이비 신앙과 혼합주의, 맹목적인 신앙에서 벗어나게 하소서.
3) 복음주의 교회들이 연합하여 복음화 운동을 펼쳐나가게 하소서.
4) 하나님의 말씀에 충실하고 성령충만한 일꾼들을 보내어 주소서.

강성철

Day 308　11월 4일　Bolivarian Republic of Venezuela

베네수엘라

언어: 스페인어
종족: 66
인구: 28,436,000명
GDP: No data(US$/백만)
1인당 GDP: 16,054.5(US$)(2014)

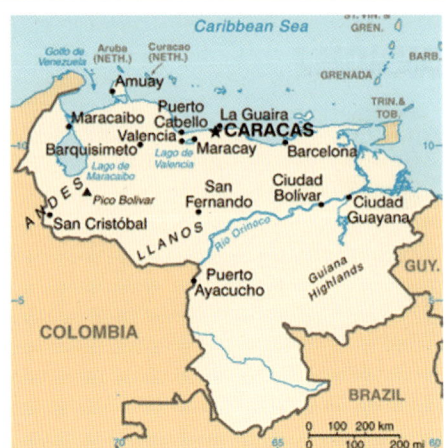

선교적 필요와 과제

극심한 정치적 혼란으로 야기된 경제 및 국가 붕괴를 경험하고 있는 베네수엘라는 코로나 팬데믹으로 인해 더욱 어려워진 삶 때문에 희망을 잃어가고 있다. 이에 복음이 절실히 요구되는 상황이다. 인구 3백만 명의 수도, 카라카스는 복음화율이 가장 낮은 지역 중 하나로, 이 중 백만 명 이상이 슬럼가에 살고 있다. 갱단이나 마약 집단이 통제하고 있지만 겨우 300개 미만의 교회가 있을 뿐이다. 교회와 선교 단체가 도시들과 빈민가를 복음화할 수 있도록 전략적으로 연합해야 할 때이다. 아마존 인디언 30여 부족에 대한 선교는 인류학자, 좌파 정치인, 정부 및 가톨릭 사제들에 의한 반대에 부딪혀 있다. 상류층과 중산층은 복음 전도의 영향권 아래에 노출돼 있지만 사회주의 사상과 가톨릭 및 민속 종교의 영향을 많이 받고 있다. 사회의 중요한 지도층에 그리스도의 복음이 전해지도록 집중적인 노력이 필요하다. 또한 이 나라의 변화된 미래를 위해 새로운 나라를 이끌어갈 대학생들에게 집중적인 선교 활동이 필요하다. 40년 이상의 캠퍼스 사역에도 불구하고 100여 개 대학에 10개 미만의 기독 학생 그룹이 있는 형편이고, 그나마도 사역이 매우 정체된 실정이다.

기도 제목

1) 부정 선거 의혹이 해결되고 합법적이고 하나님을 경외하는 지도자들이 세워져서 붕괴된 사회 전반이 회복되게 하소서.
2) 명목적인 가톨릭 및 다양한 민속 종교에서 벗어나 참된 복음을 만나고, 계속 증가하고 있는 이슬람과 힌두교 및 이단 종파들에 대해 바르게 대응할 수 있게 하소서.
3) 베네수엘라 교회가 먼저 힘을 얻고 일어나 세상을 향한 참된 소망의 메신저가 되게 하소서.
4) 종교 비자가 허락되어 더 많은 선교사가 들어와 현지 교회와 기독 리더십들을 돕게 하시고, 현지 교회와 단체들이 협력하고 네트워크할 수 있는 허브 역할을 감당하게 하소서.

김선근

Day 309　11월 5일　Plurinational State of Bolivia

볼리비아

언어: 스페인어
종족: 48
인구: 11,673,000명
GDP: 40,895(US$/백만) (0.19%)
1인당 GDP: 3,552.10(US$)

선교적 필요와 과제

볼리비아 선교의 거시적 접촉점은 여전히 진행 중인 독립에서 찾을 수 있다. 1차 독립(1825년)은 외교적, 지리적으로 이루어진 스페인 치하에서의 해방이다. 그러나 독립 후 백인계(Criollo) 후손들이 경제력을 기반으로 정권을 장악해오면서 현지인들(Indigena)에 대한 차별과 냉대는 끊이지 않았다. 2006년, 원주민(mestizo, Evo Morales Ayma)이 대통령에 당선되면서 볼리비아는 역사적 정권 교체, 주권적 독립을 비로소 이루게 되었다(2차 독립). 그러나 지난 14년간의 원주민 대통령의 통치에서 드러난 문제점은 주권 의식과 책임감의 결여에서 비롯된 부도덕성이었다. 마약 생산과 유통의 정치적 이용, 권력 남용, 성 상납, 그리고 공금 착복 등 부조리들과 반사회적인 사건들이 끊임없이 발생해왔으나 정권을 추종하는 사람들은 이에 대해 관대했다. 이런 와중에도 정부는 '인간의 존엄'을 강조하고 '인간의 권리'를 주장해 왔지만, 하나님께 지음받은 하나님의 형상으로서의 인간이라는 이해가 없기 때문에, 여전히 죄와 마귀에게 종노릇하며 살아가고 있다. 이곳 원주민들이 3차 독립, 즉 예수 그리스도를 통해 죄와 마귀로부터 벗어나 하나님의 형상을 회복하여 진정한 존재로 나아가는 것이 절실하다.

기도 제목

1) 정부가 마약 생산과 유통을 방임하고, 전통 신앙(대지의 여신과 태양신 숭배)의 장려로 국민들의 영적 세계를 교란하고 있는데, 악이 근절되고, 바른 신앙생활을 하게 하소서.
2) 옳고 그름에 대한 분별력과 해야 할 일과 하지 말아야 할 일에 대한 의지적 선택 대신에 감성적, 기복적, 신비적인 양태를 좇아가는 삶에서 벗어나게 하소서.
3) 하나님의 형상을 추구하는 목회자, 깊이 있는 말씀을 전하는 목회자, 살아 있는 영성의 목회자가 절실히 요청되고, 교인들의 본과 신학생들의 롤 모델이 되는 목회자가 세워지게 하소서.
4) 모든 선교사가 선교 사역의 출발점과 방향을 하나님의 형상을 따라 살아가게 하시고, 성도들이 성경적인 그리스도인, 성경적인 가정과 교회와 국가를 세울 수 있도록 돕게 하소서.

최성일

Day 310 11월 6일 Santa Cruz

볼리비아-산타크루즈

인구: 2,433,602명
종족: 메스티조, 케라츄
언어: 스페인어
종교: 기독교
복음화율: 92%(볼리비아 전체)
         19%(복음적 기독교인)

🔸 선교적 필요와 과제

산타크루즈는 볼리비아 동부에 위치한 주로, 주도는 산타 크루즈 데라 시에라이며, 면적은 370,621km이고, 인구는 2,433,602명이다. 아마존강의 상류(위쪽/ 판도와 베니주)와 인접해 고온 다습한 아열대성 기후를 가지고 있다. 케추아족(잉카 제국의 후손들)이 있으며, 자체 언어가 있으나 스페인어를 공용어로 쓰고 있다. 스페인(유럽)의 영향과 로마 가톨릭의 영향을 받아 문화의 주류를 이룬다고 할 수 있다. 산타크루즈는 일본인 주민들이 많이 정착한 지역으로, 불교인이었던 저들의 60%가 가톨릭으로 개종하였다. 볼리비아 첫 원주민(아이마라족 출신) 대통령인 에보 모랄레스(좌파 성향)는 가톨릭과 대립하는 토속 종교와 토속 문화를 적극적으로 지원하고 홍보하며 법적으로 합법화하려고 하고 있다. 대통령이 토속 종교를 장려함으로써 99,800개의 부족 중에서 정령 숭배가 높은 비율로 확장되었다.

🔸 기도 제목

1) 가톨릭이 문화의 주류를 이루고 있지만 원주민 대통령이 장기 집권하면서 가톨릭과 대립하는 토속 종교가 성행하고 있는데, 이 땅이 예수 그리스도만을 바라보는 나라가 되게 하소서.
2) 오랫동안 집권했던 에보 모랄레스 대통령의 영향으로, 토속 종교를 장려하는 분위기가 이어지면서 정령 숭배 비율이 확대되고 있는데, 복음이 힘을 발휘할 수 있게 하소서.
3) 법적으로 집회의 자유를 억압하려고 합법화 운동을 펼치는 정부에 정면으로 개신교 협의회가 시가행진을 비롯해 반대 운동을 펼치고 있는데, 이 투쟁이 잘 이뤄지게 하소서.
4) 이 땅에 있는 미전도 인구 24,408명(0.3%)이 속히 복음화되게 하소서.

정원남, 강성철

Day 311   11월 7일   La Paz

볼리비아-라파즈

인구: 3,088,000명
종족: 메스티조
언어: 스페인어
종교: 기독교
복음화율: 92%(볼리비아 전체),
         19%(복음적 기독교인)

선교적 필요와 과제

라파스는 볼리비아 서부에 위치한 주로, 주도는 라파스로 볼리비아의 행정 수도이기도 하다. 면적은 133,985km^2, 인구는 3,088,000명이다. 서쪽으로는 페루, 칠레와 국경을 접하고 있다. 라파스는 해발 3640미터에 자리하고 있다. 볼리비아는 한국보다 더 빨리 복음이 유입되었지만, 토속 문화, 샤머니즘, 전통 종교 등과 혼합된 종교로 인해 참 복음이 전파되기 쉽지 않은 곳이다. 가톨릭 문화 속에 있지만, 종교적 상황은 매우 어둡다. 기복 신앙으로 헌금을 많이 하면 복을 받는다고 믿으며, 치유 사역에 중점을 둔다. 구원의 확신은 있지만, 예배 중 말씀이 전무하다. 목회자들이 거의 신학 교육을 받지 못하여 성경 말씀에 대한 체계적인 지식이 없다. 성경의 가르침과 상관없이 가톨릭 국가이니 선택된 이스라엘처럼 구원이 있다고 믿는다. 이 틈에 사이비 종교와 샤머니즘이 왕성해져서 전통 종교가 몇 배나 늘어나 점술사들과 점치는 집들이 곳곳에 세워지고 있다. 사회주의당 집권으로 개신 교회에 대한 탄압이 예상된다. 무엇보다 교회가 말씀 중심의 사역이 이루어지기 위해서 목회자 양육이 절실히 필요하다. 최근 코로나 팬데믹으로 교회들이 무너지고, 목회자들도 사망자들이 많아 교회 유지가 어려운 상태로 기도와 후원이 절실하다. 선교사들이 선교 후원 중단과 건강상의 이유로 본국이나 타국으로 철수하여 볼리비아 선교에 지장이 크다.

기도 제목

1) 사회주의당이 다시 집권하여 사회, 정치, 경제 등 모든 분야가 불안하지만 잘 안정되어서 국민들이 팬데믹에서도 건강하게 하소서.
2) 사회주의가 지배하는 분위기와 타종교와 이단이 혼재된 어려움 속에서도 복음이 왕성해져서 크리스쳔들이 바로 일어서게 하소서.
3) 하나님의 말씀과 성령으로 충만한 목회자를 보내어 주소서.
4) 볼리비아에서 철수하지 않고 남아있는 선교사들이 말씀과 기도로 끝까지 승리할 수 있게 하소서.

이건화, 김성제

Day 312   11월 8일   Federative Republic of Brazil

브라질

언어: 포르투갈어
종족: 323
인구: 212,560,000명
GDP: 1,839,758(US$/백만) (8.59%)
1인당 GDP: 8,717.20(US$)

선교적 필요와 과제

브라질 통계청에 의하면, 인구 2억 1천 200만 명 중에서 가톨릭은 58.54%, 개신교는 19.95%, 이단이 3.20% 그리고 기타 종교와 무종교가 18.31%로 나타났다. 정치, 경제, 사회 및 종교 모든 면에서 총체적 난국에 처해 있어 브라질은 길잃은 배와 같다. 유일하신 우리 주님만이 이들을 구원하시며 도우실 수가 있다. 브라질은 첫째, 도시를 중심으로 한 현지인 선교, 둘째, 복음을 접하기 어려운 인디오 선교, 셋째, 강변에 사는 이들과 접근이 어려운 오지 마을의 선교로 구분할 수 있다. 특히 브라질은 사회 계층에 따라 선교적 접근이 다양하게 이루어져야 한다. 소수의 중상류층을 제외하고는 대부분이 경제적 취약층으로 갖가지 어려움을 안고 있다. 예수님의 재림이 가까운 이때 우리의 선교 책무는 분명하다. 첫째는 사회사업을 통한 간접 선교보다는 순수한 복음 전파에 우선을 두어야 한다. 둘째는 자국민 사역자 양성을 통하여 현지인들을 통한 복음 증거가 이루어져야 한다. 셋째는 지역적 공동 사역을 추진하며 가능한 한 팀 사역이 진행되어야 한다. 넷째는 작은 소모임의 확산을 통하여 평신도들의 사역이 활발해져야 한다. 다섯째는 가장 중요한 기도의 확산이 이루어져야 한다.

기도 제목

1) 팬데믹으로 서민 경제 타격과 실업 등으로 인한 고질적인 생존 문제 해결이 시급한데, 서민들을 배려한 정치인들의 노력이 있게 하시고, 사회 전반에 퍼져있는 불신들이 종식되게 하소서.
2) 우리의 구원을 위한 그리스도의 사역과 역할을 축소하고 오히려 아기 예수를 강조함으로 마리아의 역할을 더 크게 부각하는 혼합주의 가톨릭이 개신교회를 억압하는 일을 멈추게 하소서.
3) 신사도주의와 번영 신학에 빠져있는 교회들이 복음으로 바로 서게 하소서.
4) 복음으로 깨어있는 교회들이 많아져서 마지막 때에 선교에 총력을 다하게 하소서.

박동주

Day 313　11월 9일　　Northeast Brazil

브라질-동북부
(바이아의 살바도르,
헤시피, 죠엉페소아,
나따우, 마세오, 포르탈레자,
성 루이스, 세아라, 벨렝)

인구: 57,966,000명
종족: 브라질 백인, 파르도(혼혈)
언어: 포루투갈
종교: 기독교

선교적 필요와 과제

바이아주의 주도인 살바도르는 1549년~1763년 동안 브라질의 첫 번째 수도였다. 1558년부터는 사탕수수 농장에서 일할 노예들이 아프리카로부터 도착하면서 최초의 노예 시장이 형성되었다. 이곳으로 끌려온 노예들은 주로 건설 현장과 브라질 동북부 전역의 사탕수수 농장에 투입되었다. 아프리카 전통 종교와 아메리카 인디언 문화가 융합되어 독특한 종교문화가 형성되었는데, 이로 인하여 살바도르는 아프로-브라질리안(Afro-Brazilian) 문화의 중심지가 되었다. 브라질 흑인들이 많이 거주하고 있어 흑인 문화가 강한 도시이다. 브라질은 8000km가 아름다운 해변과 해변이 이어져 해변 도시를 형성하고 있으며, 벨렝은 해산물이 풍성한 지역이며, 헤시피, 나따우, 포르탈레자 등 동북부 해변 도시는 유럽을 비롯한 세계의 관광객이 많이 찾는 도시들이다. 그러나 도시를 벗어나면 절대적 빈곤 속에 살고 있다. 부익부 빈익빈 현상이 펼쳐지는 곳이다.

기도 제목

1) 절대적 빈곤에서 벗어나게 하시고, 가뭄으로 사막화되어가고 메뚜기떼 출몰로 피해가 극심한데 각종 자연재해에서 보호하시고, 아동 성매매와 인신매매가 근절되게 하소서.

2) 정령주의자들의 지배 아래 평생 3번, 출생, 결혼, 장례 시에만 교회에 출석하는 형식적인 신앙생활을 버리고 살아계신 주님을 인격적으로 만나게 하시고, 4대 기득권자인 귀족, 군인, 농장지주, 추기경 등이 기득권을 내려놓고 가난한 자를 섬기게 하소서.

3) 미전도 인구(0.3% 425,724명)에게 복음을 전하게 하시고, 침체되어 가는 교회에 부흥의 불길이 일어나게 하시고, 신학교를 통해 건강한 목회자들이 나오게 하소서.

4) 성경 번역(전체번역 1개 언어, 신약번역 40개 언어, 부분번역 31개 언어, 번역 진행 중 55개 언어)이 활성화되고, 세계 각처에서 이민 온 사람들이 선교 지도자로 훈련 양육되어 본국에 선교사로 가게 하소서.

강성철. 강성일

Day 314　　11월 10일　　　　　　　　Moreno

브라질-모레노
(상파울루, 리우데자네이루, 벨로오리존치 등)

인구: 84,500,000명
종족: 브라질 백인, 파르도 등
언어: 포루투갈
종교: 기독교

선교적 필요와 과제

브라질은 미국처럼 연방 공화국(Federative Republic of Brazil)이다. 인종은 원주민 인디오와 침략자인 유럽의 백인과 노예로 끌려온 아프리카에서 온 흑인, 그리고 피가 섞인 혼합인을 지칭한 브라질레이루가 있다. 모레노는 이 지역에 가장 많이 살고 있는 백인과 흑인과 인디오가 섞인 혼혈을 지칭한다. 선교적 필요를 볼 때 무엇보다 이 지역은 사람이 많다. 상파울루는 세계에서 가장 큰 도시이고, 한때 수도였던 리우데자네이루는 국제 관광도시이고, 벨로오리존치는 브라질 내륙을 잇는 가장 큰 산업 도시이다. 인구도 약 4천만 명이 넘는 큰 도시들이다. 세계 각 나라에서 온 이민자들이 많이 살고 있는 도시이다. 이 도시들은 브라질의 정치, 경제, 문화 및 사회 중심 지역이며, 도시 빈민이 가장 많고 청소년 또한 많은 지역이다. 마약, 폭력, 성적 타락, 총기 사고 및 교통사고로 인한 사망자가 늘고 있다. 코로나 팬데믹으로 말미암아 도시 활동이 마비되고 있다. 각종 범죄가 일어나고 있는 도시이기에 선교가 꼭 필요한 지역이다.

기도 제목

1) 코로나 팬데믹, 실업과 경제적 빈곤, 결손 가정의 증가, 꿈과 희망을 잃어가는 청소년, 열악한 환경 속에 설 자리가 좁아지는 노인 문제 등 각종 열악한 상황 속에 있는 이 땅을 회복시켜 주소서.
2) 코로나 팬데믹으로 말미암아 황폐해가는 이 땅을 고쳐 주시고, 불안과 공포 속에 침체된 사회를 이끌어 가는 지도자들에게 지혜와 총명과 청결한 양심을 주소서.
3) 교회 공동체 안에 성령의 충만한 역사로 회개 운동이 일어나게 하소서.
4) 그 어느 때보다 복음이 필요할 때 교회가 회개하고 복음 전파에 힘쓰고, 구제와 봉사 활동, 함께 손 씻기, 거리 두기, 마스크 착용 운동을 펼치며 너그러운 마음으로 선을 행하게 하소서.

강성철. 박동주

Day 315　11월 11일　　Ribeirinho

브라질-아마존 강변마을

인구: 7,105,000명
종족: 히베이린요
언어: 포루투갈
종교: 기독교
복음화율: 87%(복음적 기독교인 10%)

선교적 필요와 과제

강변마을 사람들은 약 1만개의 강변마을 부락에 7백만 명의 인구가 살고있으며, 대부분이 아마존 밀림 내부에 살며, 도시에서 동떨어진 강을 낀 농촌이나 또한 접근하기 어려운 강변 지역에 대가족으로 살든지 간혹 뜨문뜨문 단일 가족으로 살아가고 있다. 접근하기 어려운 깊숙한 곳에 사는 강변 사람들은 아직도 대부분이 문화 혜택을 못 받고 있다. 따라서 문맹률이 높고, 출생증명서가 없는 사람도 있다. 주로 아마존 인디오의 후손들과 아마존 지역 개척자인 포르투갈인, 그리고 고무 추출 노동자로 온 브라질 북부 지역 사람들 사이에서 태어난 혼혈인들이 이 지역 사람들이다. 대부분이 정령 신앙과 병 치료를 중심으로 한 혼합주의에 빠져있다. 강변 도시에는 주로 가톨릭을 신봉하는 사람들이 많고, 개신교를 배척한다. 이러한 요인으로 복음 전도가 이루어지기 어려운 실정이다. 현재 70여 개의 교회 및 선교 단체가 아마존에서 사역하고 있지만, 전체 인구의 20%도 감당하지 못하고 있다. 그러므로 아마존의 깊숙한 강변 마을까지 또는 미전도 인디오 부락까지 복음을 전달할 수 있는 현지 평신도나 외부 평신도, 복음 사역자 훈련과 사역에 필요한 장비와 재정 후원이 필요하다.

기도 제목

1) 인디오 부락과 강변 마을 부락에 학교와 보건소가 세워져 문화 혜택과 건강이 호전되고, 사회 복지 혜택을 정상적으로 받게 하시고, 미전도 지역에 자유롭게 접근해 복음을 전하게 하소서.
2) 가톨릭 배경에 있는 자들이 개신교 선교를 탄압하는데, 이것이 지역감정으로 번져 사회적 문제로 커지지 않게 하시고, 인디오 지역에서도 개신교 선교가 배척당하지 않게 하소서.
3) 극심한 기복 신앙과 물질주의에서 벗어나 참된 성숙과 성장이 이루어지고, 복음의 정신으로 강변 마을 및 인디오 부락 선교를 잘 감당하게 하소서.
4) 미전도 지역에 파송된 선교사 훈련과 활성화를 통해 각 지역에 평신도 사역자와 복음 전도 사역자들이 자존적 교회(자조, 자치, 자전)를 세워나가게 하소서.

지덕진

Day 316　11월 12일　The Green Window

브라질-열대 우림

인구: 원주민 900,000명 중
　　　약 450,000명이 열대 우림에 거주
종족: 야노마노, 카야포, 와자피 등 160여 부족
언어: 195개 언어
종교: 정령숭배와 샤마니즘

선교적 필요와 과제

세계의 열대 우림 지역은 적도에서 남북 위도 23.5에 위치한다. 이 광대한 지역에는 167개로 구분되는 국가 및 영토가 있지만, 특별히 토지의 20% 이상이 녹색 산림으로 덮여 있는 약 35개 국가에 초점을 맞출 필요가 있다. 세계 열대 우림 지역에는 인구가 200~200,000명인 UUTPG(Unreached and Unengaged Tribal People Groups, 비접촉 미전도 종족)이 최소 2,200개나 있다. 이들은 가족 단위로 유목 생활을 하므로 전통적인 선교 방법으로 접근하기가 어렵다. 이곳에 접근하기 위해서는 4가지 도전(지리, 문화와 관습, 재정, 선교적 열매)을 극복해야 한다. 열대 우림 지역은 말 그대로 "정글"이다. 부족 종족이 사는 장소는 종종 멀지 않지만, 강으로만 이동해야 하는 등의 어려움이 있다. 밀림 속으로 들어가는 것 자체가 위험한 일이다. 그들이 원하지 않는데 외부인에게 노출되었다고 느낄 때, 더 깊은 밀림으로 도망치거나 자기들의 지역을 보호하기 위해 공격하기도 한다. 정글 지역을 여행하는 데 더 많은 비용이 든다. 소수의 사람들을 위해 시간과 제반 비용을 들이는 것이 종종 쓸모없는 일로 여겨지기도 한다. 경쟁, 중복, 그리고 자신의 영역을 고수하는 것을 피하고 복음을 전하는 데 집중하기 위해 더 많은 선교사와 단체가 협력할 필요가 있다.

기도 제목

1) 복음의 문이 열리게 하시고, 젊은이들이 알코올 중독, 마약, 매춘의 늪에 빠지지 않게 하소서.
2) 대부분 종족이 열렬한 정령 숭배자이고, 종교를 혼합하고 지배적인 것을 따르고 복종하는 이들도 많은데, 성경적인 교회를 세우기 위해 상황에 맞는 방식으로 복음을 전하게 하소서.
3) 부족 교회가 외국 및 전국 교회와 좋은 동반자 관계를 유지하면서 신앙으로 성장하고, 선교사와 기관에 의존하기보다 하나님을 의지하게 하소서.
4) 선교 방식이 3E(참여/Engage, 권한 부여/Empower, 격려/Encourage) 패러다임으로 바뀌고, 성경적으로 훈련된 사람들이 접근하게 하시고, 2022년 7월에 있을 1회 국제 부족 청소년 선교 대회가 잘 준비되게 하소서.

장현택(Joshua Hyontaek Chang)

Day 317 11월 13일   Republic of Suriname

수리남

언어: 네덜란드어
종족: 24
인구: 587,000명
GDP: 3,985(US$/백만) (0.02%)
1인당 GDP: 6,854.90(US$)

선교적 필요와 과제

수리남은 남미 북쪽에 위치하여 왼쪽에 가이아나, 오른쪽에 프랑스령 기아나 그리고 아래쪽에는 브라질에 둘러싸여 있는 나라이다. 1975년 11월 25일 네덜란드로부터 독립하여 일반인들에게 잘 알려지지 않는 곳으로, 국토의 면적은 남한의 1.6배 정도이다. 침략국인 영국이 아프리카 노예를 들여왔고, 네덜란드로 정권이 바뀐 후에도 계속 노예들이 들어왔다. 또한 동인도 회사를 통해 중국(1853년), 인도(1873년), 인도네시아(1890년)에서 이민자들이 들어왔고 그 후 포르투갈 레바논 유대인 등이 들어왔다. 지금은 아시아 계열이 인구의 50% 넘는 나라가 되었다. 인구의 구성은 인도계가 35%, 크리올(백인과 흑인의 혼혈)이 31%, 인도네시아계가 15%, 아프리카계가 10%, 나머지는 화교 등이다. 그러므로 종교도 다양하다. 기독교, 힌두교, 이슬람교 등이 있다.

기도 제목

1) 다양한 인종들이 화합하여 평화를 지키고 서로를 배려하고 돌아보게 하소서.
2) 수리남은 남미의 첫 번째 이슬람 국가인데, 이들 무슬림에게 복음을 전하게 하시고, 중국인 선교의 길도 열어 주소서.
3) 디아스포라 선교의 사명을 가지고 선교적 교회로서 역할과 사명을 다하게 하소서.
4) 수리남을 위해 사역할 선교사를 보내 주소서.

안석렬, 강성철

Day 318　11월 14일　Argentine Republic

아르헨티나

언어: 스페인어
종족: 84
인구: 45,196,000명
GDP: 449,663(US$/백만) (2.1%)
1인당 GDP: 10,006.10(US$)

선교적 필요와 과제

복음주의 교회는 계속 성장세에 있으며, 인구의 15.3%가 이에 해당하고, 가톨릭은 62.9%, 무종교인은 18.9%에 이른다. 그러나 복음주의 교회는 번영주의 신학과 신비주의에 치우쳐 있어 건강한 성장을 이루어가지 못하고 있다. 특별히 개신교인의 대부분이 빈곤층에 속해 있고, 오히려 중상류층은 복음에 소외되어 있다. 교회는 오래전부터 선교에 특별한 관심을 기울여 왔다. 'Red de Misiones Mundiales'라는 선교 네트워크가 일찍이 만들어져 이베로아메리카 선교 협의회 안에서 활발하게 활동하고 있다. 최근에는 여러 자생 선교 단체들이나 교단들이 선교에 활발한 움직임을 보이고 있다. 아르헨티나 교회는 세계선교에 큰 잠재력을 가지고 있다. 아르헨티나 사회는 좌우익의 이데올로기로 인해 사회가 균열된 상태이다. 그런데 이 상황을 정치적으로 이용하고 있기 때문에 균열의 정도가 더 심해지고 있다. 위정자들의 부정부패와 무능으로 말미암아 계속 침체되어 가던 경제는 코로나 사태로 더 심각한 상황에 빠졌다. 빈곤층은 40%, 인플레이션은 연 40-50%이며, 실업률은 13%를 넘는다.

기도 제목

1) 균열된 사회가 다양성을 인정하고 집단 이기주의를 내려놓으며, 부정부패가 사라지고 풍부한 자원들을 사용해 빈부 격차를 줄이고, 정치, 경제, 사회적으로 안정된 나라가 되게 하소서.
2) 오랫동안 이들의 삶을 지탱하던 기독교적 가치들이 힘을 잃어가고 있고, 많은 교회들이 기복 신앙으로 흐르고 있는데, 이러한 흐름이 변화되고 건전한 신학적 토대가 구축되고 바른 신학이 세워지게 하소서.
3) 예수 그리스도 중심의 교회들이 세워지고, 목회자들이 주님을 전적으로 의지하고 겸손히 섬기는 목회를 하고, 신학교가 올바른 신학과 신앙을 가진 좋은 목회자들을 배출하게 하소서.
4) 최근에 일어나고 있는 선교에 대한 활발한 움직임이 구체적인 선교로 이어지게 하시고, 아르헨티나 교회에 주신 선교 잠재력이 꽃을 피워 맡겨주신 선교 사명을 잘 감당하게 하소서.

나호철

Day 319 11월 15일 Republic of Ecuador

에콰도르

언어: 스페인어
종족: 36
인구: 17,643,000명
GDP: 107,436(US$/백만) (0.5%)
1인당 GDP: 6,183.80(US$)

선교적 필요와 과제

에콰도르는 짐 엘리엇 선교사와 동료들의 순교 사건 이후 많은 선교 재정과 자원이 심긴 곳이다. 특히 북미에서 파송받은 선교사들이 많은 교회를 세우고 선교의 씨앗을 뿌렸다. 1990년대 초중반을 기점으로 북미 선교사들의 본격적인 철수 이후, 지금은 병원, 방송 시설, 일부 국제 선교 단체들이 남아 함께 선교에 헌신하고 있다. 많은 교회가 에콰도르 곳곳에 세워졌지만 목회자들과 지도자들의 부재로 비어 있는 교회들이 너무 많이 있다. 특히 이번 코로나 팬데믹 사태로 도시 교회 역시 문을 닫고 있는 상황이다. 목회자가 없는 교회에 헌신된 목회자가 들어가고 다시 공동체를 세워 나가는 것은 오랜 시간 에콰도르에서 논의되고 있는 중요한 선교적 과제이다. 이곳에는 침례교, 순복음, 얼라이언스, 나사렛 등 여러 현지 신학교들이 있다. 그러나 신학 공부를 마친 후에 실제 목회 사역을 시작하는 목회자는 많지 않다. 각 교단 신학교의 신학생들이 지식적으로 하나님을 찾는 것이 아니라 소명을 묻고 확인하는 과정을 가질 수 있도록 기도가 필요하다. 에콰도르의 토양에 맞는 교회 방향성을 정하고 스스로 교회를 지켜 나갈 수 있도록 기도해야 한다.

기도 제목

1) 베네수엘라 난민의 값싼 노동력 유입으로 에콰도르 현지인 일자리가 줄어들어 실업률이 증가해 난민에 대한 긍휼의 마음이 적대감으로 바뀌고 있는데, 정부가 바른 대안을 내게 하소서.
2) 에콰도르로 무슬림들이 많이 들어오고, 정글 쪽에서는 이슬람 지도자들이 재정적 도움을 줌으로 부족 전체의 개종을 시도하고 있는데, 이슬람을 경계할 수 있는 분별력을 갖게 하소서.
3) 정글, 해안, 산악 곳곳에 목회자가 없는 교회들이 많은데, 신학교를 졸업한 목회자들이 즐겁게 헌신하고, 코로나로 어려움을 겪는 현지인 목회자가 힘을 얻게 하소서.
4) 얼라이언스 교단(C&MA: The Christian and Missionary Alliance)을 중심으로 전 세계에 약 20여 명의 에콰도르 선교사들이 흩어져 사역하고 있는데, 훈련된 선교 훈련생들이 단련되어 하나님의 때에 선교지로 나아가게 하소서.

예준성, 고상희

Day 320 11월 16일 República Oriental del Uruguay

우루과이

언어: 스페인어
종족: 34
인구: 3,474,000명
GDP: 56,046(US$/백만) (0.26%)
1인당 GDP: 16,190.10(US$)

선교적 필요와 과제

인구는 3,474,000명인데, 스페인, 이탈리아 계통의 주민이 가장 많다. 그 외 독일, 폴란드, 프랑스, 러시아인들이 있고, 메스티소가 8%, 흑인이 4%이며, 소수의 인디오들이 있다. 한국인은 50여 가구에 150명이 거주하고 있다. 정치는 대통령제로 수도는 몬테비데오이며, 항구 도시이다. 남대서양 수산물이 풍성한 전진 기지로 한국 어선이 조업하고 있다. 우루과이는 인본적인 것이 너무 많아 복음 전도에 많은 어려움이 있다. 여러 가지 이유가 있지만, 한 예를 들면 정부가 2001년부터 네델란드에서 시작한 동성애 합법화에 동참하면서, 현재 우루과이는 초등교육부터 동성 간에 서로 사랑할 수 있다는 것을 가르치고 있다. 또한 2013년부터 18세 이상 대마초를 피울 수 있다고 합법화했다. 따라서 모든 대학교는 대마초를 피우며 교육을 받고 있다. 많은 사람들이 진리처럼 포장된 거짓에 속고 있다. 그러므로 우루과이의 우선적인 선교 과제는 거짓에 속아 성장하는 어린 영혼들에게 무엇이 바르고 옳은지를 가르치는 복음 학교가 세워지는 것이다. 공공 장소에서 복음 전파가 금지돼 있어 기독교 교육을 가르칠 수 없지만, 정부에서 인정하는 교회는 기독교 교육이 가능한 상황이다.

기도 제목

1) 모든 공산품을 수입해 사용하고 있기 때문에 일자리가 없어 모든 사람이 경제적으로 어려움을 겪고 있는데, 이들에게 일자리가 창출되게 하소서.
2) 이단적 신앙과 인본적인 것이 혼합되어 영적으로 너무 혼탁한 상황이고, 또 오순절 교회는 너무 신비적인 것에 치우쳐 있는데, 올바른 복음이 전해지게 하소서.
3) 교회가 더욱 영적으로 성숙하여 참 제자를 양육할 수 있게 하시고, 주님 나라를 위해 마음을 다하고, 성품을 다하고, 힘을 다해 사역하는 선교사와 교회가 되게 하소서.
4) 교회가 참된 그리스도의 제자들을 세워 복음이 필요한 곳에 선교사를 파송하게 하시고, 빈부 격차가 심한 사회 속에 자립 선교의 기틀을 마련해 주소서.

김정제, 차재홍

Day 321   11월 17일   República de Chile

칠레

언어: 스페인어
종족: 28
인구: 19,116,000명
GDP: 282,318(US$/백만) (1.32%)
1인당 GDP: 14,896.50(US$)

선교적 필요와 과제

칠레는 태평양과 남아메리카 안데스산맥 사이에 남북으로 긴 영토를 가진 나라이다. 북쪽에 페루, 북동쪽에 볼리비아, 동쪽에 아르헨티나, 그리고 국토 최남단에 드레이크 해협이 자리하고 있다. 칠레는 여전히 식민지 시대의 사회 계층 구조가 지속되고, 가족 정치와 로마 가톨릭교회가 큰 영향을 주고 있는 나라이다. 지난 한 해 동안 아이티 난민들 입국자가 10만 4782명으로, 아직까지는 우호적으로 이민자를 수용하고 있으나 이민자 증가로 고용 시장이 악화될 거라는 우려도 나오고 있다.

기도 제목

1) 군부 독재와 인권 유린의 역사를 딛고 일어선 만큼 더욱 자유로운 민주주의 국가로 발전하고, 난민들에게 우호적인 칠레 사회가 경제적으로도 안정되고 복의 근원이 되는 나라되게 하소서.
2) 칠레교회와 선교 단체들이 건강하게 세워져 복음화를 위해 쓰임 받게 하소서.
3) 빠르게 성장하는 토착민들의 복음주의 교회들이 칠레 주류 사회에 영향을 주며, 양적 성장에 걸맞은 내적인 연합과 부흥을 경험하게 하소서.
4) 복음화되지 않은 많은 소수 종족들에게 복음이 전파되게 하시고, 아이티, 베네수엘라 등에서 온 난민들에게 긍휼과 자비와 은총을 내려 주셔서 안정된 생활 터전이 마련되게 하소서.

강성철, 황신제

Day 322　11월 18일　Republic of Colombia

콜롬비아

언어: 스페인어
종족: 122
인구: 50,883,000명
GDP: 323,803(US$/백만) (1.51%)
1인당 GDP: 6,432.40(US$)

선교적 필요와 과제

과거 식민지 시대의 선교는 식민지화를 이루어가는 과정 가운데 함께 진행되어 선교라기보다는 종교화라는 표현이 더 적절하다. 로마 가톨릭이 샤머니즘(부도교 등) 종교와 섞이면서 기복 신앙을 좇는 또 다른 형태의 종교로 변질되었다. 콜롬비아의 개신교의 예배는 말씀을 강조하기 보다는 성령의 은사를 강조하며, 찬양과 기도 중심의 예배를 드린다. 목회자의 80-90%가 신학적 교육이 없이 목회자가 되었고, 교회 건물은 세워져 있지만, 영적 지도자는 세워져 있지 않은 상황이다. 앞으로의 콜롬비아 선교는 선교사가 자신의 정체성을 생명을 살리는 복음사역자(바울의 사역)로 분명히 인식해야 하며, 사람과의 관계 중심의 사역을 중요시하여 제자삼는 사역이 되어야 한다. 그렇게 될 때 현지 동역자를 '믿을 수 없는 현지인'이 아니라 협력해서 사역하는 동역자로 인식하게 된다. 사람을 살리는 선교, 생명을 건지는 선교, 현지인 중심의 하나님의 공동체를 세우는 선교가 되어야 한다.

기도 제목

1) 빈부 격차로 인한 갈등으로 야기된 반정부 시위가 격화되지 않도록, 1등 마약 생산국이라는 불명예에서 속히 벗어나게 하시고, 베네수엘라 난민들이 정착 과정에서 긍휼히 여김을 받게 하소서.
2) 콜롬비아의 교회들이 하나가 되고, 모세와 같은 영적 지도자가 세워지고, 말씀 중심의 멋진 신학교가 세워지게 하소서.
3) 하나님을 더 깊이 알고, 복음에 소망을 품고, 교회 공동체를 섬기는 믿음의 사람들이 되게 하소서.
4) 제자 삼고, 가르치고, 건강한 교회 공동체가 세워지고, 더 많은 말씀 사역자들이 콜롬비아에 들어오고, 현지인 지도력이 잘 세워져 중남미의 영적 지도자로 영향력을 미치게 하소서.

Paul Jung, 정혜진

Day 323   11월 19일   Republic of Paraguay

파라과이

언어: 스페인어
종족: 41
인구: 7,133,000명
GDP: 38,145(US$/백만) (0.18%)
1인당 GDP: 5,414.80(US$)

선교적 필요와 과제

스페인의 점령으로 로마 가톨릭이 국교가 되어 국민의 94%가 로마 가톨릭 교인이다. 가톨릭 교회는 오랫동안 파라과이의 정신적, 정치적 삶을 지배해 왔다. 미신적인 전통주의, 마리아에 대한 강한 헌신, 그리고 기독교 이전의 많은 전통적인 관습에 매여 있다. 에베소의 여신상을 섬기듯 마리아를 우상으로 섬기고 있다. 이러한 관행은 사람들로 하여금 예수님 안에서 참 자유를 얻지 못하게 하고, 영적인 각성을 방해한다. 그리고 복음주의자들의 사역을 적극적으로 반대한다. 개신교회도 많은 이들이 김기동파와 엇비슷한 탈기독교 양상이 많이 나타나고 있다. 박옥수, 김기동 같은 이단뿐 아니라 Univerasl Church 같은 사이비 이단들이 날뛰고 있다. 낙후된 경제난으로 교육 또한 너무 열악한 상황이다. 공공 및 민간 부문의 부패, 자금 세탁, 마약 밀매 등은 여전히 존재한다. 파라과이는 남아메리카에서 가장 큰 대마초 재배국이다. 경제적으로 많은 사람들이 극심한 빈곤 상태에 있다. 진리의 영이 교회를 새롭게 하고 미신의 힘을 깨뜨리도록, 정부 지도자들이 부패 대신에 하나님의 의를 받아들일 수 있도록 기도해야 한다.

기도 제목

1) 국민들의 전반적인 생활 수준 향상과 인성 교육과 지적 교양을 높일 수 있는 교육 시스템이 갖춰지게 하소서.
2) 건전한 신학교가 세워지고, 건전한 복음 교육으로 말씀에 능한 교역자가 양성되게 하소서.
3) 교인들이 복음을 바로 알고, 하나님의 주권을 인정하는 진정한 코람데오의 신앙인이 되게 하소서.
4) 선교사들이 앞장서서 자기 교회뿐만 아니라, 개척한 교회나 지교회 교역자들에게 사도신경, 주기도문, 소요리 문답 교육 등을 잘 훈련시켜서 신앙이 흔들리지 않도록 돕게 하소서.

정금태

Day 324 11월 20일

Republic of Peru

페루

언어: 스페인어
종족: 104
인구: 32,972,000명
GDP: 226,848(US$/백만) (1.06%)
1인당 GDP: 6,977.70(US$)

선교적 필요와 과제

페루는 남아메리카 서부에 있는 공화국으로 북쪽에는 에콰도르와 콜롬비아, 동쪽에는 브라질, 남동쪽에는 볼리비아, 남쪽으로는 칠레와 국경을 접하고 있으며, 서쪽은 태평양 해안과 맞닿아 있다. 스페인어를 사용하지만, 케추아어도 공용어로 사용한다. 유명한 잉카 문명의 유산인 공중 도시 마추픽추가 있다. 지형적으로는 태평양과 안데스산맥이 있고, 정글에는 거대한 아마존강이 지난다. 안데스산맥에 엄청난 지하자원이 매장돼 있어 발전과 개발 이후 부를 창조할 수 있는 여건이 충분하다. 수도는 리마로, 인구의 1/3이 거주한다. 성품과 성격은 온순한 편이지만, 남미 특유의 책임감 결여와 개인주의, 마피아로 인한 불법이 팽배하다. 스페인 침략시 가톨릭이 들어왔는데, 페루 가톨릭은 민속 종교인 토착 종교와 혼합되어 있다. 현재 가톨릭 신자는 약 85% 이상이며, 개신교는 약 13% 정도이다. 많은 개신교 선교사들이 좋은 인상을 남기면서 선교하고 있지만 목회자 신뢰도가 여전히 낮은 편이다. 목회자의 교육 부재로 자신만의 목회 철학을 가진 목회자를 찾기가 어렵다. 교육의 부재가 페루의 발전에 가장 큰 걸림돌이 되고 있다.

기도 제목

1) 2016년 대통령이 당선된 이후, 정치인들이 마피아와 연계돼 있거나 부정부패로 말미암아 정권이 3번 이상 바뀌면서 연일 시위가 계속되고 있는데, 정권이 속이 안정되게 하소서.
2) 가톨릭으로 인해 종교화된 페루 사람들에게 진정한 하나님의 말씀이 선포되게 하소서.
3) 기복 신앙으로 인해 진정한 복음의 의미를 모르고 있는데, 각 교단이 하나가 되어 목회자를 비롯해 항존 직분자와 교사들의 신앙 교육이 이루어지고 페루 복음화에 힘쓰게 하소서.
4) 사역 중인 선교사들이 하나가 되어 사역과 기도를 공유하고, 많은 선교사들이 은퇴 시기에 접어들었는데, 젊은 선교사들이 유입되어 세대교체가 원만하게 이루어지게 하소서.

우웅섭

Day 325 11월 21일 Guyane Française

프랑스령 기아나

언어: 프랑스어
종족: 23
인구: 298,600명

선교적 필요와 과제

프랑스령 기아나는 프랑스의 해외 영토(레지옹)로 수도는 카옌이다. 지리적 특성으로 카리브해권에 포함되지 않는다. 수리남과 브라질을 국경으로 접하고 있으며, 프랑스어를 공영어로 사용하며, 일부 지역은 브라질어를 사용한다. 주민 60%가 이곳 출신이고, 10%는 프랑스 및 프랑스령 출생자이고, 약 30%는 아이티, 수리남, 브라질 등에서 태어난 이민자이다. 프랑스령 기아나는 프랑스의 지원금을 비롯해 경제적으로 프랑스에 상당 부분을 의존한다. 실직률이 20-30%나 되어 큰 문제가 되고 있다. 우주 센터가 GDP 전체의 25%를 차지하고 있으며, 프랑스 상원과 하원에 각각 2명의 대표를 보내고 있다. 현재 국가 원수는 프랑스 대통령이다. 프랑스 대통령이 임명한 총리가 분권형 대통령 중심제로 나라를 다스리고 있다. 대한민국 최초 인공위성 우리별 1호를 비롯해 우리별 2호와 무궁화 1호의 위성이 이곳 기아나 우주센터에서 발사되었다. 낙후된 의료 시설로 말미암아 코로나19 감염률이 가장 높은 나라라는 오명을 얻고 있다. 전 국토의 99%가 열대 우림으로 뒤덮여 있는 나라로, 실업률이 높아 빈부 격차가 심하다.

기도 제목

1) 코로나로 인해 불안에 떨고 있는 종족과 백성들에게 긍휼을 베풀어 주소서.
2) 열대 우림 지역을 위한 선교의 문이 열리게 하소서.
3) 극심한 빈부 격차 중에서도 교회가 역할과 사명을 다하게 하소서.
4) 이 지역의 아메리카 원주민에게 복음이 전파되게 하소서.

강성철

Day 326　11월 22일　　　　　　　　　　Caribbean

카리브

그레나다, 도미니카공화국
도미니카 연방, 바베이도스
바하마, 세인트 루시아
세인트 빈센트 그레나딘
세인트 키츠 네비스, 아이티
앤티가 바부다, 자마이카, 쿠바
트리니다드 토바고 공화국
버진 아일랜드(미국령)
푸에르토 리코(미국령)
카리브에 있는 해외영토들

선교적 필요와 과제

지리적으로 남미와 북미 사이에 위치하며, 경제적으로는 북미 영향권 아래 있으며, 문화적으로는 라틴 아메리카 문화에 가까우면서도 서구 문화, 아프리카 문화, 인디언 문화와 로마 가톨릭 종교가 혼합된 매우 독특한 문화를 형성하고 있다. 과거 영국령, 네덜란드령, 프랑스령이었던 몇몇 국가들을 제외하고, 스페인령이었던 대부분 국가는 로마 가톨릭 종교가 갖는 동질 문화권에 속해있다. 이 지역을 서인도 제도라고도 부르는 이유는 1492년, 이곳에 상륙한 크리스토퍼 콜럼버스가 인도에 도착했다고 믿고 그러한 이름을 붙였기 때문이다. 이 지역을 대표하는 카리브 공동체는 15개 정회원 국가(앤티가 바부다, 바하마, 바베이도스, 도미니카 연방, 그레나다, 아이티, 자메이카, 몬트세랫(영국령), 세인트키츠네비스, 세인트루시아, 세인트빈센트그레나딘, 트리니다드 토바고 외 3개국)이며, 5개의 준회원 국가(영국령 버진아일랜드, 터크스 케이커스 제도, 앵귈라, 케이맨 제도, 버뮤다), 그리고 8개의 참관 국가(아루바, 퀴라소, 도미니카공화국, 푸에르토리코, 신트마르턴 외 3개국)로 구성되어 있다. 그 외에 쿠바, 카리브 네덜란드, 프랑스령 과들루프, 마르티니크, 생마르탱, 생바르텔레미, 생피에르 미클롱 등이 있다.

기도 제목

1) 관광 등을 통한 경제적 수입 증가로 마약, 유흥 등의 범죄가 성행하고, 코로나로 경제적 타격을 입으면서 치안이 불안정한데, 이 지역 국가들이 사회, 정치, 경제적으로 안정되게 하소서.
2) 현대 문명의 세속화, 이슬람교의 포교, 이단 종교 등의 영향으로 혼합주의화 된 교회들이 예수 그리스도의 복음으로 교회의 본질을 회복하게 하소서.
3) 명목상 그리스도인의 지속적인 증가와 전통 교회의 저성장으로 인해 복음의 생명력이 약해진 교회들이 세상의 빛과 소금의 역할을 감당하는 건강한 교회로 변화되게 하소서.
4) 동일 문화권, 유사 문화권을 가진 카리브 지역 국가들의 현지 교회가 중심이 되어 상호 간에 친밀한 협력을 통해 선교적 교회가 되게 하셔서 카리브 지역의 복음화를 이루게 하소서.

장은경

Day 327　11월 23일　　　　　　　　　　Grenada

그레나다

언어: 영어
종족: 6
인구: 113,000명
GDP: 1,228(US$/백만) (0.01%)
1인당 GDP: 10,965.50(US$)

선교적 필요와 과제

그레나다는 카리브의 최남단에 위치해 있다. 섬을 발견한 스페인 사람들이 스페인의 그라나다(Granada)를 생각하며 '그레나다'로 이름 지었다. 그 후 프랑스와 영국의 식민지로 있다가 1974년 영국으로부터 독립했다. 공산주의 혁명으로 나라가 혼란스러울 때, 1983년 미국이 군사적으로 개입하여 의회 민주주의를 회복하게도 했다. 프랑스와 영국의 서구 문화가 저변에 깔려있다. 하지만 국민 92%는 사탕수수 노예로 들어와 주류로 정착한 아프리카 출신들이다. 따라서 아프리카 문화가 왕성하게 퍼져있다. 영국인들이 관리자로 데려온 5%의 인도 출신들과 소수의 남미 출신 원주민들의 문화도 있다. 다양한 사탕수수 제품과 육두구(nutmeg) 같은 향신료, 코코아 등으로 유명하다. 다른 카리브 지역처럼 관광 자원이 풍부하다. 도시화율은 31%이다. 다수(92.4%)가 가톨릭 교인이며, 복음주의자들도 18.82%나 된다. 이곳에는 종교적 흑인 인종 해방을 주창하는 라스타파리아니즘(rastafarianism)이 유행하고 있다. 이 종교는 성경을 가지고 교리화했지만, 백인 문화와 기독교를 거부하는 이단 문화이다. 신학적으로 건강하고 하나님의 영광이 가득한 교회를 세우는 것이 중요한 선교적 과제다.

기도 제목

1) 건물 90%를 무너뜨린 2004년과 2005년의 허리케인과 낙후된 경제적 기반 등으로 인해 해외 이주를 꿈꾸는 젊은이들이 많은데, 사회, 경제적 체제가 안정되게 하소서.
2) 명목상의 가톨릭 교인들, 흑인 자유화 운동과 같은 사회 변혁을 꿈꾸는 이단, 물질만능주의, 쾌락주의 등을 극복할 수 있는 건강한 복음주의 교회들이 세워지게 하소서.
3) 성경적으로 균형 잡힌 신학을 가진 복음주의 교회들이 그리스도 안에서 굳게 연합하여 그레나다에 예수 그리스도의 계절이 오게 하는 일에 쓰임받게 하소서.
4) 복음 전도와 선교에 대한 비전으로 교회와 교인들이 그레나다를 넘어 세계를 복음으로 축복하려는 선교적 열정을 갖게 하소서.

YSung

Day 328   11월 24일   Dominican Republic

도미니카공화국

언어: 스페인어
종족: 15
인구: 10,848,000명
GDP: 88,941(US$/백만) (0.42%)
1인당 GDP: 8,300.40(US$)

선교적 필요와 과제

1492년부터 330년간 스페인의 통치를 받았고 아이티의 점령 후 다시 스페인의 통치를 받았다. 1930년부터 30년간 이루어진 트루히요의 독재 정치는 역사 기록에 남을 만큼 유명하다. 로마 가톨릭 교세가 다른 중남미 국가의 가톨릭 성도 수치가 감소할 때도 증가할 정도로 매우 강하다. 개신교 전통 교단으로는 감리교, 성공회, 루터교 등이 있고, 장로교단은 따로 존재하지 않는다. 그 이유는 1916년 파나마에서 개최된 선교대회에서 '라틴 아메리카 각국에 선교사가 속한 교단을 이식하지 않기로 하다'라는 결의에 근거해 1922년에 장로교, 감리교, 모라비안, 형제교회가 연합해서 도미니카 공화국 복음 교단(IED)을 세웠기 때문이다. 현재 오순절 교회가 가장 빠르게 성장 중이다. 도시 산업화가 빠르게 진행되면서 바로 5G 세대로 진입하다 보니, 문화화된 가톨릭 종교와 21세기 세속주의와 포스트모더니즘 사상이 혼용돼 도시의 개신교단 교회의 청년층 성도 수가 급감하고 있다. 낙후된 내지는 마을 전체를 지배하는 가톨릭교회의 배타적인 영향으로 복음 전도에 어려움이 있다. 선교의 접촉점을 찾는 것이 과제이며, 전문인 선교사를 파송하여 교육 선교, 사회 봉사, 지역 개발 등을 통해 복음을 전할 수 있다.

기도 제목

1) 2020년 8월에 선출된 루이스 아비나데르 대통령을 중심으로 높은 실업률과 국가 부채, 마약, 청소년 임신, 치안 불안정 등의 문제가 해결되어 안전한 나라가 되게 하소서.
2) 급성장하고 있는 이단 종교로부터 교회를 지켜주시고, 성도들이 그리스도의 복음으로 무장된 신실한 제자로 자라가게 하소서.
3) 세속주의와 종교 혼합주의로 인해 상실된 교회의 정체성을 회복하게 하시고, 복음의 능력으로 사회를 변화시키는 선교적 교회가 되게 하소서.
4) 현지 교회들이 건강하게 성장하고, 서로 협력하여 동일 언어와 유사 문화권인 카리브 지역과 중남미 지역에 복음을 전하는 복음의 기수가 되게 하소서.

장은경

Day 329　11월 25일　Commonwealth of Dominica

도미니카 연방

언어: 영어
종족: 7
인구: 72,000명
GDP: 596(US$/백만) (0.003%)
1인당 GDP: 8,282.10(US$)

선교적 필요와 과제

도미니카 연방은 1978년 영국으로부터 독립하였으며, 수도는 로조(Roseau)이다. 경제는 농업, 특히 바나나와 감귤류, 코코넛 재배에 크게 의존하고 있으며, 농산물 가공업과 목재 자원을 이용한 제재업이 발달했다. 1990년대 이후에는 관광업을 주요 산업으로 육성하고 있다. 외국인에게 시민권을 부여하는 프로그램 운영을 통한 수익이 국가 재정의 상당 부분을 차지하고 있다. 아름다운 자연경관은 상당한 관광 잠재력을 제공하지만, 허리케인 같은 자연재해가 잦은 편이다. 허리케인 마리아가 2017년에 상륙했을 때 전체 건물의 95%가 손상되기도 했다. 아프리카계 카리브인(Afro-Caribbean)이 주민의 약 86%를 차지하며, 혼혈인 물라토, 카리브 인디언이 있다. 콜럼버스가 섬을 발견하기 훨씬 전인 13세기부터 살고 있던 카리브(Carib) 인디언은 동쪽 해안의 보호 구역에 거주하며 3천여 명 정도이다. 공용어는 영어이지만, 프랑스의 오랜 지배 영향으로 도미니카 크레올어(프랑스어의 방언인 파트와어(Patois))를 사용한다. 인구의 92%가 기독교인이라고 하지만 대부분은 가톨릭이고, 실제로 신앙을 실천하는 사람들은 감소하고 있고, 이름뿐인 기독교인이 증가하고 있다. 교회가 급속히 세속화되어가고 있다.

기도 제목

1) 허리케인 같은 자연재해를 자주 겪는데, 지도자들이 겸손하며 지혜롭게 지도력을 발휘하고, 자신들의 이익이 아닌 국민의 안정된 생활을 위해 헌신하게 하소서.
2) 말씀이 살아 역사하는 교회가 많아지고 기독교인들이 하나님을 인격적으로 만날 수 있게 하소서.
3) 주일에 모이는 숫자는 많은데 영적으로 힘이 없으며, 개신교회 목회자들이 다른 직업을 가지고 많은데, 목회자들이 복음에 대한 열정을 회복하고 교회에 부흥의 불길이 일어나게 하소서.
4) 고립된 지역에 사는 3000명의 카리브 인디언들이 사회적, 영적으로 단절되어 있고, 이름뿐인 기독교인들이 많은데, 이들에게 복음이 전해지게 하소서.

Yohanson Han

Day 330 11월 26일   Barbados

바베이도스

언어: 영어
종족: 5
인구: 288,000명
GDP: 5,209(US$/백만) (0.02%)
1인당 GDP: 18,148.20(US$)

선교적 필요와 과제

카리브해의 가장 동쪽에 있는 섬으로, 바베이도스는 영국과 아프리카의 다양한 뿌리가 어우러진 관광지로 유명한 곳이다. 그러나 바베이도스는 노예로 팔린 많은 아프리카인에게 고통과 억압의 상징이기도 하다. 바베이도스인들 대부분은 17세기 아프리카에서 온 노예 후손이다. 1627년 영국의 식민지로 편입되어 지배를 받기 시작했다. 바베이도스는 카리브해에서 관광, 설탕, 경공업, 그리고 연안 금융을 기반으로 번영했다. 이러한 번영은 경제적인 안정을 가져다주었지만 이로 인해 나태함과 쾌락의 유혹에 흔들리고 있다. 이 섬은 95%가 기독교 신자인데, 41%는 개신교 신자이며, 32%는 성공회 신자이다. 이런 높은 수치에도 불구하고, 범죄와 폭력이 증가하고 있다. 교회 출석률이 감소하고 물질주의가 증가하면서 영적인 쇠퇴의 진통을 겪고 있다. 교회들은 신뢰와 단결력이 부족하다. 모르몬 교도들과 이슬람 교도들은 기독교 신앙에 환멸을 느낀 사람들을 전도 목표로 삼고 있다. 이들은 하나의 사회를 형성해 문화를 만들어 가고 있다. 또한 유사 기독교인들과 무종교인들이 증가하고 있다. 진정한 교회가 세워지고 어린이들과 청소년들을 위한 사역이 필요하다.

기도 제목

1) 게으름과 쾌락의 유혹에 빠져 있고, 불법 총기, 마약 거래가 계속 적발되고 있지만, 근본적인 문제가 해결되지 않고 있는 상황인데, 국가 안에 자리한 부도덕함이 해결되게 하소서.
2) 세속주의로 인해 신앙에 환멸을 느낀 사람들이 증가하고 있는데, 바베이도스 사람들이 회개하고 주님께 돌아오는 역사가 일어나게 하소서.
3) 물질주의, 신학적 자유주의, 교회 출석률 감소, 증가하는 폭력과 범죄는 영적인 침체를 보여주는데, 복음의 본질이 이들에게 문화가 아닌 생명으로 다가올 수 있게 하소서.
4) 젊은이들 사이에 술과 마약, 동거와 혼외 출산이 만연한데, 교회가 성결과 긍정적인 모습을 보여주게 하시고, 어린이와 청소년들을 위해 일할 수 있는 교회가 되게 하소서.

하지성

Day 331 11월 27일 Commonwealth of the Bahamas

바하마

언어: 영어
종족: 9
인구: 394,000명
GDP: 12,827(US$/백만) (0.06%)
1인당 GDP: 32,933.50(US$)

선교적 필요와 과제

바하마는 700여 개의 섬과 암초들(islets)로 이뤄진 섬나라다. 1492년 10월 12일 콜럼버스가 항해 61일 만에 바하마의 14번째 크기의 섬, 산살바도르(san salvador)에 상륙했다. 그 당시 유럽에 신대륙의 존재를 알린 첫 사건이었다. 1973년에 바하마는 영국에서 독립했다. 하지만 영국 여왕을 군주로 한 입헌 군주제를 택하며, 영연방에 속해 있다. 정치적 실권은 바하마 의회와 총리가 가지고 있다. 카리브의 특성과 인접한 미국의 영향으로 관광업이 많이 발달되어 있다. 방문객 중 85%가 미국인이며, GDP의 80%가 관광 수입이다. 조세 피난처로 알려져 있고, 금융업이 발달되어 있다. 향락 문화로 인해 AIDS 비율이 아주 높다. 국민의 83%가 아프리카 출신이다. 15%의 백인 중 미국인이 3만여 명이다. 700여 개의 섬들이 독자적으로 개발되어 있다. 나사우(nassau) 섬에 수도가 있다. 부자들은 아바코(abaco) 섬에 모여 사는데, 주민의 50%가 백인이다. 면적이 가장 넓은 안드로스(andros) 섬에는 가난한 사람들이 많이 산다. 94.5%가 기독교인이며, 개신교인들이 70%이다. 신학적으로 건전하고 건강한 복음주의 교회들을 세우는 것이 주요한 선교적 과제다.

기도 제목

1) 물질주의, 향락문화 등으로 인해 마약 복용률, 사생아 출생률, 폭력 범죄율 등이 증가하고 있는데, 나라 안에 순결한 그리스도 예수를 아는 지식이 충만하게 해 주소서.
2) 나라를 위한 기도의 날(national day of prayer)이 있을 정도로 기독교적 전통과 문화가 있는데, 명목상 문화가 아닌 사람을 세우고 살리는 기독교 생명 문화가 만들어지게 하소서.
3) 교회들이 성령의 능력과 건강한 신학으로 새롭게 되게 해 주시고, 성도들이 어둡고 부패한 세상에서 빛과 소금의 역할을 감당할 수 있게 하소서.
4) 이 땅의 교회들을 새롭게 하는 사명을 가진 일꾼들이 일어나게 하시고, 현지 교회들은 바하마와 카리브를 넘는 선교적 열정과 비전으로 깨어나게 하소서.

YSung

Day 332 11월 28일   Saint Lucia

세인트루시아

언어: 영어, 세인트루시아 크레올어
종족: 5
인구: 184,000명
GDP: 2,122(US$/백만) (0.01%)
1인당 GDP: 11,611.40(US$)

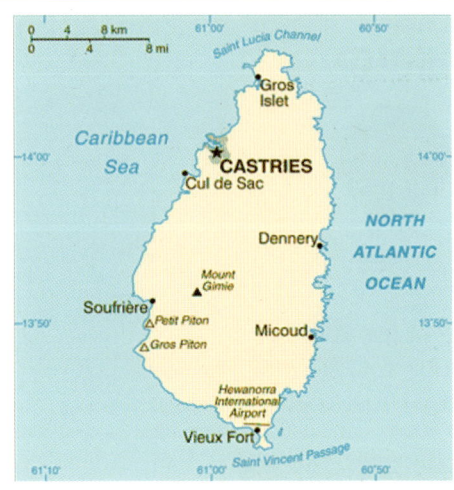

선교적 필요와 과제

카리브해의 섬나라로, 옛날에는 아라와크족(Arawaks) 원주민이 살고 있었다. 9세기 초반 카리브족 공격으로 대다수 원주민 남성들은 죽임을 당하고 여성들은 카리브족에 동화시켰다. 16세기 초 크리스토퍼 콜럼버스에 의해 발견되었으나 스페인의 관심이 남미로 쏠리면서 17세기 중반 이후 프랑스 식민지로 전락하였다. 1814년부터는 영국의 식민 통치를 받으면서 대규모 사탕수수 플랜테이션 사업을 위해 많은 아프리카 흑인 노예들을 이주시켰다. 현재 대부분 주민이 아프리카계 흑인인 것은 그 영향이다. 1967년 3월 1일 영국으로부터 자치권을 획득한 후 1979년 2월 22일 비로소 독립한 영연방 국가 중 하나다. 개신교 신자는 전체 인구의 약 19%이고, 가톨릭 신자가 61%로 주류를 이루고, 10%가 제칠일안식일예수재림교회가 차지하고 있는 것으로 파악된다. 영국의 식민 통치 영향으로 영어를 공용으로 사용하며, 프랑스어 방언인 파투아어(patois)도 사용하나 점차 영어로 대체되는 추세이다. 아프리카 특유의 문화적 상황으로, 이 섬의 어린이 대부분이 혼외자이며 모계로 이루어지는 가정이 거의 절반에 이르고 있어 올바른 기독교 윤리 교육이 필요한 상황이다.

기도 제목

1) 사회적으로 혼외자와 모계 가정들이 숙명론에 순응하지 않고 말씀을 통해 잘 이겨내고, 국가가 현재 직면한 경제적 위기를 지혜롭게 잘 극복해 영적, 물질적으로 타락하지 않게 하소서.
2) 세인트루시아의 기독교인들이 영적으로 각성하고 사회 전반에 복음의 선한 영향력을 끼치는 신실한 이들로 거듭나게 하소서.
3) 교회 수가 약 100여 개, 목회자 수가 약 100여 명인데 영적으로 온전히 회복하여 진정한 복음의 능력을 사회 전반에 힘 있게 전파할 수 있게 하소서.
4) 대부분 직업을 갖고 있어 자칫 목회의 본질이 훼손될 수 있는 세인트루시아 목회자가 열악한 상황 속에서 목회를 잘 감당할 수 있게 하소서.

김동열, 박혜향

Day 333 11월 29일 Saint Vincent and the Grenadines

세인트빈센트 그레나딘

언어: 영어
종족: 8
인구: 111,000명
GDP: 825(US$/백만) (0.004%)
1인당 GDP: 7,463.50(US$)

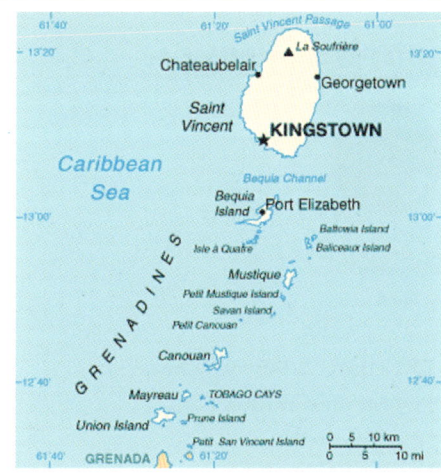

선교적 필요와 과제

1979년 10월 27일 영국으로부터 독립한 영연방 국가로, 카리브해의 섬나라이다. 여타 카리브해의 나라들과 마찬가지로 아프리카에서 노예로 끌려왔던 흑인들이 터전을 잡아 약 70%를 차지하고 있다. 개신교는 약 60%(이단 13%와 가톨릭 7.5%는 제외) 정도로 성공회, 오순절, 감리교, 침례교 순으로 분포하며, 교단을 초월하여 협력이 잘 이루어지는 편이다. 세계적인 정치, 경제적 위기로 자칫 현실과 타협할 수 있는 위기에 놓인 상황에서 세인트빈센트 그레나딘의 선교는 교회와 개인 전체가 말씀을 따라 믿음 안에 거하는 영적 견고함이 필요하다. 또한 복음주의 교회의 지속적인 성장을 위해 훈련된 영적 지도자들이 필요하다. 그리고 교회 부족으로 말씀의 선포가 열악한 그레나딘 섬의 교회 설립을 위해 한국교회와 선교사들의 관심이 필요하다.

기도 제목

1) 관광 산업의 몰락으로 경제적 위기에 놓인 세인트빈센트 그레나딘의 상황을 사회, 정치 지도자들이 지혜롭게 극복할 수 있도록 주께서 지혜를 더하여 주소서.
2) 기독교인들이 영적으로 깨어있어 말씀을 중히 여기게 하시고, 말씀을 따라 온전히 행하고 주 안에서 나태하지 않고 자신들의 믿음을 두렵고 떨림으로 세워나가게 하소서.
3) 교회가 약 110개 정도 있고, 대부분의 목회자가 직업을 가지고 있는데, 목회자들이 영적으로 무장하여 예수님처럼 목회를 준비하고, 예수님처럼 목회할 수 있도록 도와주소서.
4) 한국인 선교사가 전무한 세인트빈센트 그레나딘을 포함한 카리브해 국가들의 목회자들을 돌보고 재교육할 수 있는 한국인 선교사들이 세워지게 하소서.

김동열, 박혜향

Day 334 11월 30일 Federation of Saint Christopher and Nevis

세인트키츠네비스

언어: 영어
종족: 4
인구: 53,200명
GDP: 1,051(US$/백만) (0.005%)
1인당 GDP: 19,896.50(US$)

선교적 필요와 과제

종족 구성은 대부분 아프리카 흑인이며, 영국인, 카리브인 등도 있다. 종교는 성공회가 75%이나 기타 가톨릭교, 감리교 등이 있다. 주된 산업은 농업이며, 약 80%는 사탕수수 재배이고, 나머지는 고구마 등을 경작하고 있다. 여성이 가장인 가정이 무려 45%에 달한다. 10대 출산율이 전체 출산율의 19%를 차지한다. 다른 카리브해 혹은 중남미 국가들과 마찬가지로, 정부에서 자체적으로 시민권을 판매한다. 시민권 취득 조건을 완화하여 전 세계의 부자들과 범죄자들이 돈으로 국적을 취득한다. 이로 인해 정부 입장에서는 매년 수천만 달러 이상의 세수를 안정적으로 거둘 수 있게 되었다. 1인당 GDP가 18,000달러 선으로 카리브해 중에서는 경제가 매우 좋다. 세속주의와 극단적인 물질주의로 인해서 나라의 도덕성이 완전히 타락하고 범죄의 도피성이 되었다. 나라의 도덕성을 회복하고 90%가 넘는 기독교인들이 진심으로 하나님께 돌아오고, 기존의 교회들을 일깨우는 것이 중요한 선교적 과제이다.

기도 제목

1) 하나님의 나라를 세워가는 것에 관심을 집중하고, 기존의 잘못된 정책들을 개선하고, 나라를 그리스도께 이끌어가는 세인트키츠네비스의 정치인들과 국민들이 되게 하소서.
2) 기독교가 단순한 문화적 전통이 아니라 삶의 원동력이 되고, 영원하신 하나님 앞에서 인간의 유한함을 깨닫고, 복음을 위해 살아가는 국민들로 세워지게 하소서.
3) 명목상 기독교인들이 복음으로 회복되고, 회개와 참된 그리스도의 종된 삶을 사회에 보이며, 교회가 성결한 신부로 그리스도인의 참된 모습을 세상에 증거하게 하소서.
4) 고통받는 약자들과 죄에 묶여 살아가는 사람들에게 진정한 기쁨의 소식인 복음이 전파되고, 하나님의 뜻을 구하며 이 땅을 치유하는 하나님의 선교가 이루어지게 하소서.

배성진

Day 335　12월 1일　　　　　　　　　　　　　　　Republic of Haiti

아이티

언어: 프랑스어, 이이티 크레올어
종족: 6
인구: 11,403,000명
GDP: 8,499(US$/백만) (0.04%)
1인당 GDP: 754.6(US$)

선교적 필요와 과제

아이티는 2020년 한국외교부 자료에 의하면, 가톨릭 54.7%, 개신교 28.5%이지만, 대체로 부두교(Voodoo)의 세계관과 혼합된 신앙을 소유하고 있다. 부두교가 아이티에 뿌리를 내리기 시작한 시점은 17세기 초엽이다. 의식은 부두 환상으로부터 신을 불러내는 노래, 북소리, 춤으로 이루어지고, 이것은 선과 악의 영혼에 대한 믿음으로 표현된다. 2010년 1월 12일에 발생한 지진으로 약 20만 명 이상이 목숨을 잃었고 현재까지 사회 전반에 걸쳐 그 후유증이 남아있다. 이 재난의 트라우마를 극복할 수 있는 선교 전략이 지속적으로 요청된다. 이를 위해서 국제 NGO단체들, 기독교 사회봉사단체, 아이티개신교협의회, 아이티성서공회, 찬송가공회 등과의 협력 선교를 통한 유기적 관계를 모색함으로써 선교의 효율성을 높이는 것이 과제이다. 또한 도시로 모여드는 이주민들을 위해 플랫폼 역할을 할 수 있는 교육 선교, 사회봉사, 지역 개발 등이 지속적으로 이루어져야 한다. 개신교 교회 가운데 가장 빨리 성장하는 교회는 오순절 교단이다. 그러나 오순절 운동과 토속 신앙인 부두교와의 혼합주의는 경계해야 한다. 이를 위해서 목회자들을 위한 정규 교육과 그리스도인들을 위한 신앙 교육이 필요하다.

기도 제목

1) 대지진 참사 이후 현재까지 지속되고 있는 사회적, 정서적 어려움을 극복하고, 낙후된 경제 문제가 해결되어 안정된 나라가 되게 하소서.
2) 전통 민속 종교인 부두교의 영향으로 인해 교회가 혼합주의로 변질되지 않게 하시고 본질을 회복하게 하소서.
3) 복음의 핵심인 예수 그리스도가 교회의 중심이 되게 하시고, 바른 신앙관을 가진 교회가 되어 지역이 복음화되고, 대지진의 트라우마를 말씀으로 회복하게 하소서.
4) 대다수 개혁교회가 미자립 교회이기에 물질로 선교에 참여하기가 어려울지라도, 세계를 품고 기도로 선교에 참여하는 교회가 되게 하소서.

장은경

Day 336 12월 2일   Antigua and Barbuda

앤티가 바부다

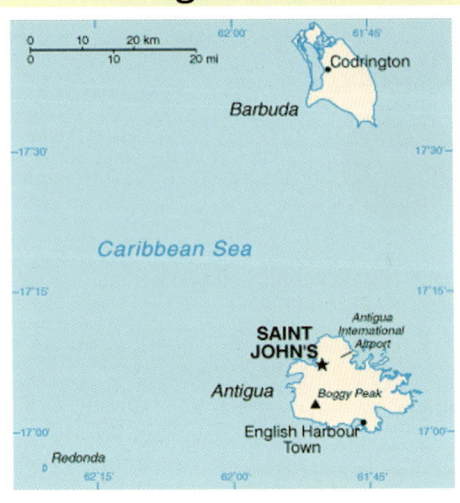

언어: 영어, 앤티가 바부다 크레올어
종족: 5
인구: 98,000명
GDP: 1,728(US$/백만) (0.01%)
1인당 GDP: 17,790.30(US$)

선교적 필요와 과제

1981년에 영국 연방의 일원으로 독립한 입헌 군주 제국이다. 1834년에 노예 제도를 폐지했지만, 인종을 기반으로 한 사회 계층화의 오랜 역사를 이어가고 있다. 114개가 넘는 버려진 설탕 공장이 아직도 남아 있어서 설탕이 한때 경제의 중심이었던 시대를 상기시킨다. 이 나라의 경제는 GDP 60%의 관광 산업과 40% 투자로 이루어진다. 정부는 2010년부터 2012년까지 공공 부채를 크게 줄이는데 성공했지만, 글로벌 경기 침체, 최대 민간 부문 고용주의 붕괴, 관광의 급격한 감소로 경제적인 어려움을 겪고 있다. 이 나라는 자금 세탁과 국제 마약 밀매 혐의를 받았다. 2017년 세계보건기구의 조사 결과, 자살률이 10만 명당 0명으로 가장 낮은 국가이다. 인구 대다수가 기독교인이지만 소수 민족 종교가 증가하고 있다. 교회는 과거에 영국의 식민지 정책에 동조하기도 했으나 지역 전통을 채택해 탈식민주의화에 공헌하였다. 기독교인 중에 현 상황에 안주하는 자들도 많은데, 사회의 개혁과 쇄신을 위해 기독교인들의 적극적인 참여가 절실히 필요하다. 주변 국가들의 기독교 학생 그룹들과 오랜 기간 서로 교류가 없었지만 최근에는 상호 교류 활동을 활발하게 펼쳐나가고 있다.

기도 제목

1) 돈세탁, 마약 거래, 폭력, 도박 등과 같은 죄의 요새가 견고하게 자리잡고 있는데, 정의로운 국가 권력이 세워져 어려운 문제를 지혜롭고 분별력 있게 해결하게 하소서.
2) 로마 가톨릭교회와 영국 성공회 교회가 주류를 이루는데, 복음주의자를 통하여 부흥이 일어나 거듭난 기독교인들이 여러 활동을 통해 사회에 긍정적인 영향을 끼치게 하소서.
3) 가톨릭교회와 영국 성공회 안에 종교 개혁과 같은 역사가 일어나고, 복음주의 교회들이 생명력 있는 교회가 되고, 연합복음주의협회 구성원인 교회와 단체들이 잘 협력하게 하소서.
4) 기독교 라디오 방송국인 '풍성한 삶 라디오'와 '카리브해 라디오 등대'가 하나님 나라를 세우는데 강력한 영향력을 끼치고, 다양한 선교 사역이 펼쳐지게 하소서.

정형남

Day 337　12월 3일　Jamaica

자메이카

언어: 영어, 자마이카 크레올어
종족: 9
인구: 2,962,000명
GDP: 16,458(US$/백만) (0.08%)
1인당 GDP: 5,582.30(US$)

선교적 필요와 과제

카리브 제도에서 대앤틸리스 제도로 분류된 6개의 섬 중, 쿠바, 히스파니올라(도미니카 공화국, 아이티)에 이어 세 번째로 큰 영토를 차지한다. 15세기 말 크리스토퍼 콜럼버스의 항해로 발견되었고, 약 150년 동안 스페인의 지배를 받다가 1655년 영국의 식민 지배하에 놓였고, 노예 매매가 가장 성행했던 곳 중 하나이다. 이후 1962년 8월 6일 영국으로부터 독립하여 영연방국가의 일원이 되었다. 노예 무역의 중심지였던 만큼 아프리카계 흑인이 90% 이상을 차지한다. 영국의 식민 통치 영향으로 인구의 약 70%가 기독교인이며, 그중 대다수가 성공회 교인이다. 2016년에는 15년 이상 자메이카에서 사역해 온 미국의 의료 선교사 2명이 살해당하기도 했다. 코로나 19 선방과 이전까지의 안정적인 경제 성장을 내세워 2021년 2월에 실시할 예정이었던 총선을 앞당겨 2020년 9월에 실시했다. 총선에서 집권 여당이 압승하고 총리가 연임에 성공하면서 정치적으로도 안정적인 위치에 있는 듯 보이지만 관광 산업의 위축이 뇌관이 되고 있다. 자메이카 당국의 노력에도 강력 범죄는 계속 늘어나고 있고 세력을 확장한 범죄 조직이 다수 활동하고 있으며, 수도 킹스턴과 그 주변 지역이 가장 위험한 지역으로 분류되고 있다.

기도 제목

1) 집권당과 총리의 정치적 야욕이 아닌 진정 국가와 국민을 위한 지혜로운 정책으로 앞으로 직면할 사회, 경제적 문제를 극복하는 데 부족함이 없게 하소서.
2) 표면적 기독교의 영적 나태함에 잠식되어가는 기독교인들이 영적으로 새롭게 변화돼 사회 전반에 걸친 부정부패와 타협하지 않고 복음의 선한 영향력을 끼치는 이들로 거듭나게 하소서.
3) 교회에서 시행되는 모든 예배와 선교 단체의 활동들이 온전히 말씀으로 되돌아가 새롭게 되어 중남미 지역에 영적 지도력을 발휘하게 하소서.
4) 자메이카의 어린이와 청소년들을 위한 선교 프로그램들과 문서 선교 활동이 더욱 활발히 일어날 수 있게 하소서.

박혜향

Day 338 12월 4일   Republic of Cuba

쿠바

언어: 스페인어
종족: 17
인구: 11,327,000명
GDP: 100,023(US$/백만) (0.47%)
1인당 GDP: 8,821.8(US$)(2018)

선교적 필요와 과제

카리브의 진주로 불리는 쿠바는 카리브의 다른 나라들과 다르게 백인이 절반을 넘는다. 스페인과 미국의 지배를 받다가 1902년 미국으로부터 독립했다. 긴 혼란기를 거쳐 1959년 피델 카스트로(Fidel Castro)가 공산 혁명 정부를 세웠다. 2008년의 라울 카스트로를 이어, 2018년 미겔 디아즈카넬(Miguel DiazCanel)이 대통령직을 승계했다. 60년 만에 카스트로 아닌 지도자가 세워졌다. 공산당 일당 체제로, 언론의 자유가 없어서 외부 정보를 차단한다. 라울이 제한적이지만 정치 경제적 자유, 휴대 전화, 인터넷 사용 등을 허용했다. 2014년에는 미국과의 관계 개선도 이루었다. 하지만 디아즈카넬은 미국의 정치 경제적 변화 요구를 거절했다. 2020년 미국은 쿠바를 다시 테러 지원국으로 지정했다. 교사나 의사 등의 월급이 $40-50불에 불과하다. 이런 연유로 미국에 180만 명, 베네수엘라 등에 10만 명의 쿠바인들이 살고 있다. 매년 300만 명 이상의 관광객이 쿠바를 찾는다. 변화는 피할 수 없다. 아직 사회주의 체제가 유지되지만, 자유 시장 경제가 퍼지고 있다. 나라가 두 세계에 걸쳐 있다. 젊은이들이 변화를 열망하고 있다. 국민 60%의 가톨릭과 11.34% 복음주의 교회들이 모두 부흥하고 있다.

기도 제목

1) 지난 60년 동안 계속된 공산 사회주의 체제가 아직 견고하고, 향락 문화가 범람하는 가운데, 영적 사회적 변화가 일어나고 있는데, 하나님을 기쁘시게 할 변화가 이뤄지게 하소서.
2) 가톨릭이 생활 문화화되어 있고, 아프리카 전통문화와 종교도 유행하지만, 예수 그리스도의 생명 복음이 나라와 교회들을 새롭게 변화시키게 하소서.
3) 물질적인 극한 가난이 신·구교를 막론하고 성도들을 부흥케 하고, 자발적인 전도자들이 되게 하고 있는데, 성령의 바람이 더 넓고 깊게 임하게 하소서.
4) 쿠바의 복음주의 교회들이 폭발적으로 성장하고 있는데, 이 땅의 교회와 성도들이 쿠바와 카리브를 넘어 열방을 품는 선교적 열정으로 새롭게 되게 하소서.

YSung

Day 339   12월 5일   Republic of Trinidad and Tobago

트리니다드 토바고

언어: 영어
종족: 15
인구: 1,399,500명
GDP: 24,100(US$/백만) (0.11%)
1인당 GDP: 17,276.50(US$)

선교적 필요와 과제

중미 카리브해의 가장 남쪽에 위치하며, 남한 면적의 1/20 크기이다. 긴 이민 역사를 배경으로 다양한 인종과 문화가 어우러진 다민족 국가이다. 석유, 천연가스, 석유화학 제품을 주로 수출하며, 중미와 카리브 지역에서 가장 산업화된 국가 중 하나다. 1인당 GDP가 17,276불로 카리브해 지역에서 가장 높다. 카리브공동체(CARICOM)의 핵심 회원국이면서 카리브·중미 지역 25개국이 참여하고 있는 카리브국가연합(ACS) 본부가 있다. 인구는 1,399,500명으로, 아프리카계 흑인 39.5%, 인도계 40%, 혼혈 18.4%, 백인 1%로 구성되어 있는데, 인종 간 공정하지 못한 정치로 갈등이 있다. 종교는 기독교 32%, 로마 가톨릭 22%, 힌두교 18%, 이슬람 5%, 무종교 3.59%이다. 공용어는 영어이며, 최근 베네수엘라에서 이주하는 사람들 영향으로 스페인어가 널리 쓰이고 있다. 문맹률이 낮은 편이며, 중등학교까지 무상·의무 교육이나 특징적인 부분은 종교 학교가 많다. 문제는 명목상 기독교인이 많다는 점이다. 55% 이상의 가정들이 파괴되고, 많은 청소년이 혼전 아이를 출산하고 있는 상황이다. 사회 전반에 영향력을 미칠 수 있는 신앙인이 절실히 필요하다.

기도 제목

1) 정부가 모든 인종에게 공정하며 부패와 뇌물의 부정한 소득을 취하지 않고, 각종 범죄, 조직 폭력, 불법 마약 거래가 사라지게 하시고, 하나님의 공의가 드러나는 나라가 되게 하소서.
2) 이 나라의 다양한 인종이 서로 조화를 이루지 못하고 인종 간 분열이 있는데, 교회가 인종들 사이에 다리를 놓을 수 있는 화해의 도구가 되게 하소서.
3) 기독교인은 많지만 제자가 적은 이 나라에 평신도뿐 아니라 지도자를 위한 영적 훈련과 올바른 신학 훈련들이 있게 하셔서 교회가 살아나고 교회의 능력이 회복되는 부흥을 주소서.
4) 다음 세대들이 어려서부터 말씀을 제대로 배울 수 있는 길을 열어 주셔서 사회에 선한 영향력을 미치게 하시고, 타 문화 전도 활동에도 적합하고 효과적인 훈련이 이루어지게 하소서.

이정희

Day 340　12월 6일　French overseas territories in Caribbean Sea

카리브에 있는 프랑스 해외 영토들

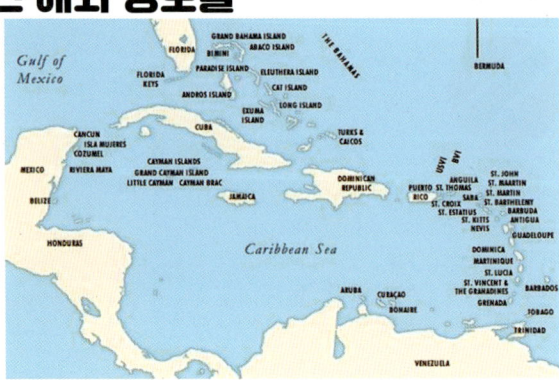

과들루프(392,000명)
마르티니크(375,000명)
생마르탱(35,000명),
생바르텔레미(10,000명)
생피에르 미클롱(6,000명)

선교적 필요와 과제

과들루프, 마르티니크는 카리브해의 서인도 제도에 있는 프랑스의 해외 레지옹이다. 생피에르 미클롱, 생마르탱, 생바르텔레미는 해외 집합체이다. 이 지역 대부분이 식민지와 노예 제도의 역사와 함께 독립운동과 주권을 위한 투쟁의 역사가 있다. 과들루프 총인구는 392,000명이고, 6개 종족이 산다. 대부분은 프랑스어를 사용하지만 과들루피안, 또는 하이티언, 다밀, 아랍어를 약간 사용한다. 크리스천이 90%가 넘고, 소수의 무슬림과 유대교인이 있다. 마르티니크는 총인구 375,118(2021)명으로, 93% 인구가 프랑스와 혼혈인 과들루피안이고, 6개 소수 종족이 살고, 피부색에 의해 계층 사회가 형성되었다. 생마르탱 총인구는 35,000명이고, 8개 종족이 살며, 공용어는 프랑스어이며, 크레올어도 사용한다. 생바르텔레미 인구는 9,892명(2021)이며, 스웨덴령이나 프랑스 식민지 시대에 이주해온 게르만계의 자손인 백인 계열이 많고, 흑인도 약간 있다. 공용어는 프랑스어, 크레올어이고 영어도 사용한다. 생피에르 미클롱은 대서양 북부, 캐나다 영토인 뉴펀들랜드섬 바로 남쪽에 위치해 있다. 인구는 5,780(2020)명이고, 주민은 프랑스 서북 해안 지역 출신자와 그 후손들이고, 언어는 본국 프랑스어에 가깝다. 이들이 주께로 돌아와 주의 제자로 살게 하는 것이 선교 과제이다.

기도 제목

1) 현재 자치적으로 운영되지만, 외부의 도움이 필요한 지역이기에 이들 나라의 권력자들이 정직한 지도력을 갖추어 이 땅의 시민들이 보호를 받게 하소서.
2) 인구 대다수가 가톨릭인데, 이들이 주님께 돌아와 살아 계신 예수님을 체험하게 하소서.
3) 여호와 증인. 모르몬교 등 이단/사이비 종교의 세력이 커지고 있는데, 복음주의 지도자들에게 말씀을 통한 영적 부흥이 있게 하시고, 성경적 믿음에 대한 헌신으로 교회가 사회의 빛이 되게 하소서.
4) 섬으로 구성된 이 지역에 미디어를 통해 복음이 잘 전달되게 하시고, 말씀 훈련이 개발되어 이로 인한 선교의 결실이 있게 하소서,

이정희

카리브에 있는 영국 해외 영토들

Day 341　12월 7일　British overseas territories in Caribbean Sea

버뮤다(61,000명)
케이먼 제도(66,000명)
터크스 케이커스 제도(38,000명)
버진 아일랜드(29,000명)
앵귈라(15,000명)
몬트세랫 (5,000명)

선교적 필요와 과제

카리브의 여섯 섬나라들은 자치권을 가진 영국의 해외 영토이다. 관광, 금융 등이 주 산업이며 풍요롭다. 노예 무역 시대에 아프리카인들이 이주해서 주류가 되었다. 백인들도 소수 민족으로 함께 살고 있다. 모두 기독교적 배경을 가지고 있다. 버뮤다(61,000명)의 국민 소득은 세계에서 두 번째로 높다($106,000). 다수(91.7%)가 기독교인들이며, 26.3%는 복음주의자들이다. 버뮤다, 프에르토리코, 플로리다를 삼각으로 잇는 지역을 마의 버뮤다 삼각지대라 칭한다. 케이맨 제도(66,000명)는 50%가 원주민이며, 26%는 자메이카 출신이다. 생활 수준이 높다($47,000). 기독교인들이 81.9%이며, 21.23%는 복음주의자들이다. 터크스 케이커스 제도(38,000명)는 91%가 기독교인이며, 72.8%는 복음주의자들이다. 이곳 역시 소득이 높다($27,000). 영국령 버진아일랜드(29,000명) 역시 소득이 높고($35,000), 90.6%가 기독교인이고, 28.69%는 복음주의자들이다. 앵귈라(15,000명)는 90%가 기독교인이고, 33.5%는 복음주의자들이다. 앵귈라도 마찬가지로 부요한 곳이다($30,000). 몬트세렛(5,000명)은 잦은 화산 활동으로 인해 중위권 소득이다($14,000). 95%가 기독교인들이고, 복음주의자들은 27.5%다.

기도 제목

1) 정치, 사회, 경제적으로 안정된 풍요로움 때문에 하나님을 부인하지 않게 해 주시고, 영원한 하나님 나라를 향한 꿈과 비전을 잃어버리지 않게 하소서.
2) 물질주의, 세속주의, 쾌락주의가 주민들의 정신세계를 지배하지 말게 하시고, 예수 그리스도 중심의 비전을 품게 하소서.
3) 교회들이 신앙의 매너리즘에 빠지지 않게 하시고, 성도들은 예수 그리스도와의 첫 사랑을 회복하는 영적 부흥을 경험하게 하소서.
4) 이 땅의 교회들이 열방을 품고 기도하며 헌신하는 선교적 비전을 품게 하시고, 선교적 열정을 가진 일꾼들이 일어나게 하소서.

YSung

Day 342   12월 8일   Virgin Islands of the USA

버진아일랜드(미국령)

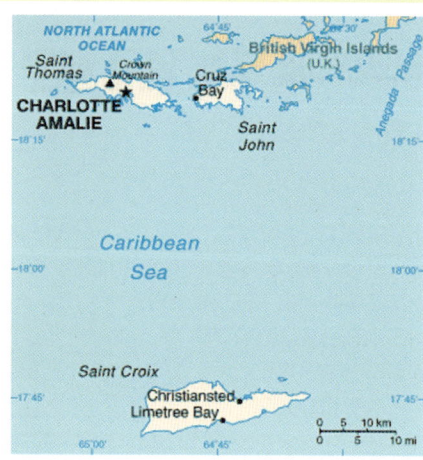

언어: 영어
종족: 7
인구: 102,000명
GDP: 3,855(US$/백만) (0.02%)
1인당 GDP: 35,938(US$) (2017)

선교적 필요와 과제

카리브 지역의 버진 제도 중 미국령에 속하는 섬이다. 세인트크로이 섬, 세인트존 섬, 세인트 토머스 섬 외에 50개의 아주 작은 섬들로 구성되어 있다. 아름다운 하얀 모래 비치와 언덕들로 인해 관광지로 유명하다. 본래 덴마크령 식민지였으나 1917년 금화 2500만 달러에 매각됨으로써 미국 영토가 되었다. 미국 대선에 선거권은 없고, 자치 의회와 정부 수반을 선출할 수 있고, 미국 대통령으로부터 임명장을 받는다. 다른 미국령 섬들과 매우 상이하다. 본토와 마찬가지로 출생한 모든 아이에게 미국 시민권이 부여된다. 미국령이란 말은 미국의 영토이긴 하지만 미국의 주는 아니다. 미국 법의 테두리 안에서 보호를 받지만 거의 독립적으로 자치령이라 할 수 있다. 이 아름다운 섬은 관광 사업으로 인한 부의 유입으로 도덕적으로 타락하고, 범죄가 끊이지 않고 있다. 주민의 3/4이 아프리카 혈통으로, 사탕수수 농장으로 끌려온 노예들의 후손이다. 사회적으로 범죄율이 높고, 살인율도 매우 높은 편이다. 남미계 사람들과 노예의 후손들 그리고 유럽계 아메리카인들이 섞여 살고 있고, 빈부 차이도 높으며 노동 인구의 반 정도는 극심한 빈민이다.

기도 제목

1) 미국의 천국이라는 이 섬은 살인율이 매우 높고, 노동자들의 절반이 빈민층인데, 노동의 기회와 수입이 빈곤을 이기게 하시고, 생명을 존중하는 사회가 되게 하소서.
2) 기독교가 97%라고 하지만, 명목상 그리스도인, 무종교, 바하이 신앙, 뉴에이지나 세속적 타락의 물결 속에 노출된 젊은이들이 진리를 찾게 하소서.
3) 관광으로 인한 퇴폐 풍조나 지상 낙원 같은 환경은 성도들을 영적 게으름으로 몰아가고 있는데, 교회 안에 영적 부흥과 회개 운동이 일어나게 하소서.
4) 제칠일안식일예수재림교회가 주류를 이루고 있는데, 복음주의 교단과 선교사들이 뜨거운 열정과 회개 운동을 통해 각성하고, 천국을 사모하는 영적 부흥 운동이 일어나게 하소서.

이재환

Day 343　12월 9일　Dutch overseas territories in Caribbean Sea

카리브에 있는 네덜란드 해외 영토들

아루바(106,000명)
퀴라소(162,000명)
신트마르턴 (42,000명)
카리브 네덜란드 (26,300명)

선교적 필요와 과제

아루바는 면적 178.91km², 총인구 106,996명(2021), 9종족이 살고 있다. 공용어는 네덜란드어이고, 파피아멘토어는 생활 언어이다. 전체 인구의 45%가 가톨릭이고, 그 이외에 다양한 기독교 종파가 있으나 복음주의는 2.8%에 불과하다. 퀴라소는 면적 444km², 총인구 162,000명, 15종족이 있다. 언어는 파피아멘토어 81.2%, 그 외 네덜란드어, 스페인어, 영어 등을 사용한다. 주민 대부분은 아프리카계 흑인 노예 자손들이고, 네덜란드인, 동아시아인들도 거주한다. 종교는 가톨릭(72.8%), 개신교(16.7%)가 중심이다. 베네수엘라의 정치 경제 위기로 인해 난민이 대거 유입 중이다. 신트마르턴은 면적 37km², 인구 42,000명으로 세인트마틴섬의 남부에 해당한다. 종교는 가톨릭 33.1%, 개신교 30%, 공용어는 네덜란드어, 영어다. 사탕수수 플랜테이션을 위해 노예로 끌려온 흑인이 대부분이지만 크리올과 네덜란드계 백인도 있다. 카리브 네덜란드는 모두 328km²의 3개의 섬, 인구 26,348(2021)명, 언어는 네덜란드어, 영어, 파피아멘토어이다. 빈곤, 범죄율 높고, 마약 거래는 유럽과 미국 소비자 수요를 위해 이곳에 퍼져 있다. 이 섬들의 큰 환경 문제는 빈번한 기후 재난과 자연재해, 해수면 상승 등이 있다.

기도 제목

1) 제한된 천연자원, 불충분한 물 공급 등 환경적으로 여러 어려움이 있는데, 이 지역 국민들이 좀 더 안전한 삶이 될 수 있게 하소서.
2) 동성애 결혼 법안, 청소년 마약 중독 및 높은 혼전/혼외출생률(약 50%)과 같은 문제에 대해 교회가 성경적인 답변을 바르게 제시하고, 기독교가 사회에 긍정적인 영향을 미치게 하소서.
3) 명목상 신앙, 미신이 증가함에 따라 복음 메시지에 대한 오해가 쌓이고 있는데, 예수님이 삶의 중심이 되는 신앙이 세워지게 하시고, 주님께 영광 돌리는 교회 성장이 있게 하소서.
4) 명목상 성도들이 성령의 음성에 귀 기울여 변화 받아서 선교에 동참하는 나라들이 되게 하소서.

이정희

푸에르토리코(미국령)

Day 344 12월 10일 Puerto Rico

언어: 스페인어
종족: 14
인구: 2,861,000명
GDP: 104,989(US$/백만) (0.49%)
1인당 GDP: 32,873.70(US$)

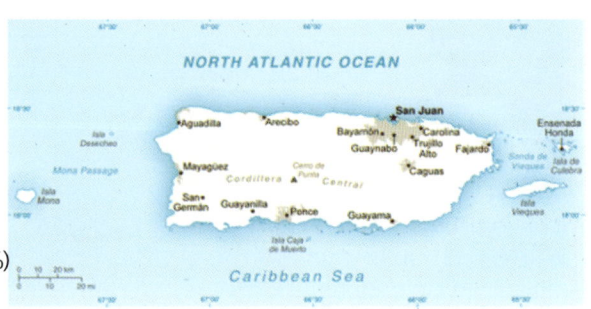

선교적 필요와 과제

카리브해의 미국령이다. 도미니카 공화국과 버진아일랜드 사이의 섬나라이다. 본 섬과 수많은 작은 섬들을 포함한 군도로 구성되어 있다. '부유한 항구'라는 뜻을 가진 나라로, 쿠바, 히스파뇰라섬, 자메이카 섬을 포함하는 대앤틸리스 제도 가운데 가장 작은 섬이다. 이 섬은 오랜 기간 콜럼버스가 도착하면서 스페인 식민지가 되었고, 프랑스, 네덜란드, 영국의 침략을 받았으나 400여 년 동안 스페인의 통치를 받았다. 1898년 미국-스페인 전쟁의 결과, 파리조약으로 푸에르토리코는 미국령이 되었다. 1917년부터 이곳 주민들은 미국 시민권을 받게 되었다. 자치령으로 대통령은 미국 대통령이고 시민들이 행정관을 뽑고 미국 대통령은 이를 임명하는 절차를 밟고 있다. 푸에르토리코가 미국의 자치령으로 남느냐, 미국의 주가 되느냐, 또는 독립 국가가 되느냐와 관련된 문제는 정치적으로 풀어야 할 주제이다. 이 나라의 주민은 미국 헌법에서 규정한 '기본권'만 적용을 받는다. 미국 시민이 되는 제도도 무조건 태어나면 되는 것이 아니라 여러 규정을 통하여 미국 시민 확인증을 부여받는다. 그러나 이들은 미국 여권을 가지고 섬과 미국 본토 사이를 자유롭게 오갈 수 있다.

기도 제목

1) 원주민의 정착과 유럽의 식민지화, 노예 제도, 경제 이민 등은 인구 변화에 큰 영향을 끼쳤지만, 현재는 인구가 축소화되는 현상이 일어나고 있는데, 정치적으로 안정되게 하소서.

2) 가톨릭이 주를 이루고, 개신교는 미국령의 정치적 영향으로 교세를 확장했고, 식민지 영향으로 아프리카 종교가 정착해 혼합주의가 양산되었는데, 이 땅에 바른 믿음이 세워지게 하소서.

3) 경제적으로 안정되면서 많은 교회가 부흥을 경험하게 되었는데, 더욱 말씀과 바른 성령 운동으로 인해 빛과 소금의 역할을 감당하게 하소서.

4) 물질적 풍요로 각종 범죄, 가정 파괴, 마약과 알코올 중독, 자살과 사회악이 넘쳐나고 있고, 이들이 미국 본토로 진입해 빈민촌에 거주하는데, 거룩하신 하나님을 만나게 하소서.

이재환

Day 345 12월 11일   Oceania

오세아니아

호주, 뉴질랜드
태평양에 있는 해외 영토들
바누아투, 부간빌
솔로몬제도, 파푸아뉴기니
피지, 뉴칼레도니아
나우루, 마샬제도
미크로네시아연방, 키리바시
팔라우, 괌, 북 마리아나제도, 사모아
통가, 투발루
폴리네시아(프랑스령)

선교적 필요와 과제

오세아니아(Oceania)는 대양주(大洋洲)라고도 한다. 오세아니아는 오스트레일리아 대륙과 파푸아뉴기니와 뉴질랜드가 큰 섬이며, 미국의 하와이주를 비롯한 태평양의 크고 작은 1만여 섬들로 구성되어 있다. 지역은 인종을 중심으로 오스트랄라시아, 멜라네시아, 미크로네시아, 폴리네시아의 4개 지역으로 구분한다. 인종은 미크로네시아인, 멜라네시아인, 폴리네시아인 외에 유럽인, 중국인, 인도인, 일본인 등이 있고, 혼혈인 상당수가 거주한다. 토착 문화의 상당 부분이 서구에서 이주해 온 사람들의 영향으로 크게 변화되었다. 열악한 경제 구조로 인해 주민들은 주로 자급자족을 한다. 국가적 수입원은 주로 1차 산업인 농축산물과 지하자원 수출, 관광 산업에 의존한다. 과거에 대부분의 나라들이 영국, 스페인, 프랑스, 네덜란드의 지배를 받았으며, 제2차 세계대전 중에는 일본의 지배를 받고, 전쟁 후에는 미국과 영국, 프랑스의 지배와 영향 아래 있다. 현재 유엔에 가입한 주권국은 14개 나라에 불과하다. 개신교와 로마 가톨릭교를 믿는 주민들 대부분은 세속화된 신앙으로 명목상의 기독교인이 되었으며, 모르몬교, 통일교와 같은 이단들의 경제적 지원을 앞세운 적극적인 포교에 큰 영향을 받고 있다.

기도 제목

1) 대부분 나라가 외부 세계와 단절되어 있기 때문에 큰 나라에 의존하여 살아갈 수밖에 없는 경제적 열악함 속에 있는데, 이를 잘 극복하고 나라를 부강하게 이끌 지도자들을 세워 주소서.
2) 최근에 모르몬교와 통일교 같은 사이비 종교와 이단이 극성을 부리고 있는데, 분별력 있는 신앙으로 이단을 배척하고 건강한 복음주의 기독교 국가들이 되게 하소서.
3) 신학 훈련을 제대로 받지 못한 채 사역하는 목회자들과 세속화된 신앙으로 인해 명목상 기독교인들이 늘고 있는데, 교회가 깨어나 성경과 성령으로 새롭게 부흥하게 하소서.
4) 먼 태평양 섬나라들에 있는 이 영혼들을 품고 기도하며 이에 헌신하는 선교사와 복음 전도자들이 많이 일어나게 하소서.

이근택

Day 346 12월 12일 Commonwealth of Australia

호주

언어: 영어
종족: 202
인구: 25,500,000명
GDP: 1,392,681(US$/백만) (6.5%)
1인당 GDP: 54,907.10(US$)

선교적 필요와 과제

호주는 기독교 국가로서의 자부심이 크다. 그래서 세계 선교의 한 축을 감당할 정도로 선교에 헌신적이었다. 하지만 현재 정기적으로 교회에 출석하는 성도는 10% 정도밖에 되지 않는 것으로 추산하고 있다. 사회에 많은 변화가 일어나고 있다. 종교 다원주의 및 세속화가 가속화되고 있다. 선교적 열정도 예전과는 다르게 많이 약화되었다. 많은 이민자, 난민, 불법 체류자 등이 호주에 정착해가고 있다. 하지만 이들에 대한 호주인들의 백호주의(White Australia policy), 즉 비백인 이민 제한 정책이 여전하다. 그 일환으로 소수 민족 출신 이민자들의 유입을 제한시키고 있다. 그럼에도 불구하고 종족 문화 사이의 충돌과 긴장이 잦아지고 있다. 최소 70여 개 국에서 온 50만 명의 무슬림과 시드니와 멜버른 지역에 100개 이상의 모스크와 기도처가 있다. 무슬림 이민을 제한하려는 정부 정책 때문에 한인 교회들 역시 사역자 부족 등의 어려움을 겪고 있다. 지금 호주는 참된 복음의 선포와 함께 말씀 중심의 교회들이 필요하다. 다음 세대들이 세속화된 문화와 사회의 흐름을 거스를 수 있도록 청소년들을 가르치고 훈련하는 사역들이 활성화되어야 한다.

기도 제목

1) 증가하는 이민자들로 인해 호주 사회가 긴장하고 있는데, 호주 교회가 선교의 패러다임 전환을 통해 다양한 종족 출신 이주자들에 대한 선교를 강화하게 하소서.
2) 전통적인 기독교 국가임에도 불구하고 종교 다원주의와 세속주의가 팽배하고 있는데, 호주가 선교하는 나라의 정체성을 회복하게 하소서.
3) 교회가 세속주의의 영향을 받으면서 성장이 정체되고 쇠퇴하고 있는데, 말씀 중심의 교회로 개혁되어 부흥하며 성장하게 하소서.
4) 호주교회가 선교적 교회였던 것처럼 앞으로도 건강한 선교적 교회가 되게 하시고, 호주에 온 이주자들을 그들의 본토 민족과 나라에 재파송하는 일에 힘을 쏟게 하소서.

임성식, 정은찬

Day 347　12월 13일　　　　　　　　　　　　　　Noongar

호주-원주민(눙아)

인구: 544,200명
종족: 탈종족화한 원주민 527,000명,
　　　남서쪽 원주민 10,000명,
　　　혼혈 원주민 7,200명,
언어: 영어, 크리올(Kriol)
종교: 기독교
복음화율: 25%

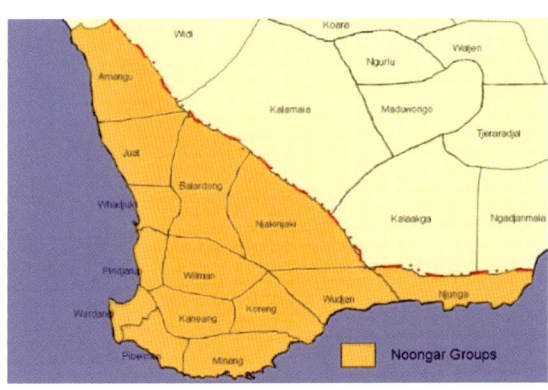

선교적 필요와 과제

호주는 우리에게 캥거루가 뛰어노는 지상 낙원이며 잘사는 선진국, 백인과 이민자들이 공존하며 살아가는 나라로 인식되고 있다. 하지만 소수의 원주민들은 사회로부터 소외된 채 호주 전역에 흩어져 살아가고 있다. 이들 대부분의 가정이 파괴되어 있으며 마약과 술, 싸움, 자살 등 수많은 어려움과 문제 속에서 희망없이 하루하루를 살아가고 있다. 그리스도의 사랑과 복음이 절실히 필요한 참 이웃이다. 복음의 능력과 회개의 역사가 원주민들 안에 다시 시작되어 하나님의 나라와 그리스도의 생명을 나눌 제자들이 세워져야 한다. 현재 교회는 점점 줄어들고 있고, 신학교는 문을 닫고, 영적인 지도자들이 세워지기 어려운 상황이다. 영적 메마름으로 죽어가고 있는 원주민들을 바라보아야 한다. 서부 호주 감옥 수감자들 80-90%가 원주민들이다. 이들과 지속적인 관심과 교제를 나누며 깊은 관계를 형성하는 것이 필요하다. 특별히 그들 자신이 하나님의 귀한 자녀임을 인식하게 함으로 자존감을 세워주고, 내일이 없는 삶 가운데 주님이 참 주인이심을 알게 하는 것이 가장 중요한 선교적 과제다. 그 중심에 그리스도의 사랑이 핵심을 이루어야 한다.

기도 제목

1) 원주민들이 그리스도 예수 안에서 하나님의 형상을 회복하게 하시고, 말씀과 복음의 능력으로 사회 속에서 하나님의 자녀요, 떳떳한 시민, 그리스도의 향기로 살아가게 하소서.
2) 회개와 부흥의 역사가 원주민 가운데서 일어나게 하시고 원주민 목회자와 영적인 지도자들을 세워주시고, 크리스천의 롤 모델을 일으켜 주소서.
3) 원주민 교회 안에 그리스도의 참 제자들과 예배자들이 일어나고, 원주민 사역에 헌신할 교회의 일꾼들과 사역자들을 보내주소서.
4) 다음 세대를 위해 울며 기도할 수 있는 사역자들이 일어나게 하시고, 원주민들을 위한 그리스도인 공동체가 세워져 주일학교와 어린이 학교 등이 활성화되게 하소서.

허유신

Day 348 12월 14일　　New Zealand

뉴질랜드

언어: 영어, 마오리어
종족: 92 유럽인(71.8%), 마오리(16.5%), 아시안(15.3%)
인구: 4,823,000명
GDP: 206,929(US$/백만) (0.97%)
1인당 GDP: 42,084.40(US$)

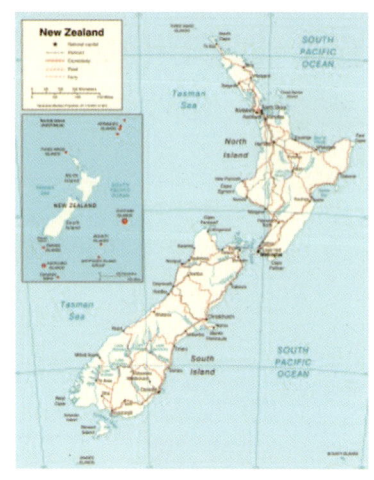

선교적 필요와 과제

뉴질랜드 또는 아오테아로아(마오리어: Aotearoa, 길고 흰 구름의 나라의 뜻)는 북섬과 남섬, 그리고 600여 개의 작은 섬들로 구성되어 있다. 오스트레일리아와 약 2,000km 정도 떨어져 있고, 뉴칼레도니아, 피지, 통가와 같은 태평양 도서와는 약 1,000km 이상 떨어져 있다. 이러한 지리적인 고립으로 인간이 정착한 마지막 땅이 되었다. 현재는 약 200여 종족의 이민자들이 어울려 사는 이민자 나라이다. 인구는 약 4,823,000명으로 대부분 유럽계이고, 원주민인 마오리인과 아시안계와 태평양 섬나라 사람들이 그 뒤를 따른다. 47%가 기독교인이지만 해가 갈수록 비율이 줄어드는 반면에 이슬람교가 급등하고 힌두교와 불교가 성장하고 있다. 2015년에 세계 마약 사용 1위 국가라는 오명을 썼으며, 동성 결혼 합법화를 비롯해 안락사, 낙태 등을 허용하는 법이 통과됐다. 시민권을 수여하는 자리에서 '각 나라의 전통과 풍습을 버리지 말고 가져오십시오. 여러분이 가진 그것이 우리들의 자산입니다.'라고 말하는 뉴질랜드는 다양한 문화와 삶을 중요시한다. 서비스업이 다수를 차지하며, 산업과 농업이 그다음이고, 관광은 뉴질랜드의 중요한 수입원이다. 뉴질랜드 왕국(Realm of New Zealand)은 뉴질랜드의 속령인 토켈라우, 뉴질랜드와 자유 연합 관계인 니우에와 쿡 제도, 그리고 남극에서 영유권을 주장하는 로스 속령이 포함된다.

기도 제목

1) 새롭게 구성된 노동당 정권이 건강한 복지 정책을 통해 선진국의 역할을 바르게 감당하고, 동성 결혼, 안락사, 낙태 합법화 이후 다시 일어나는 마약의 합법화 움직임이 무산되게 하소서.
2) 명목상의 기독교율 47%가 무너지고, 이슬람교와 힌두교 불교 등의 타 종교가 급성장하는 이 땅에 기독교 부흥이 일어나게 하소서.
3) 자유주의 신학보다는 복음주의 교회들이 일어나고 있는데, 이 땅의 교회들이 복음의 능력을 회복하고 부흥을 이루게 하소서.
4) 각 종족에 걸맞은 사역자들이 세워져서 건강한 복음 전도가 이루어지게 하소서.

이근택

Day 349 12월 15일 Overseas territories in Pacific Ocean

태평양에 있는 해외 영토들

호주의 노퍽섬(1,600명)
뉴질랜드의 쿡 제도(17,564명)
토켈라우(1,375명)
체텀 제도(650명)
니우에(1,623명)
영국의 핏케언 제도(50명)
프랑스의 왈리스 푸투나(11,239명)

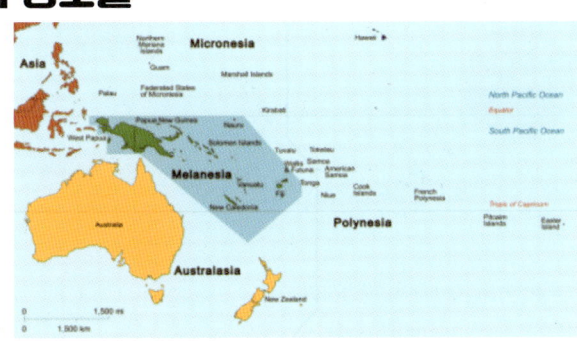

선교적 필요와 과제

노퍽섬은 호주 연방에 속하는 외부 영토 중 하나로, 1856년 핏케언섬에서 이송되어 온 사람들과 그 후 주로 오스트레일리아와 뉴질랜드에서 이주하여 정착한 사람들의 후손이 대부분이다. 쿡제도는 뉴질랜드와 자유 연합 관계에 있는 국가로, 의료와 중등 교육까지 무상으로 지원된다. 주민의 94%가 기독교인이다. 토켈라우는 총면적이 10km²인 뉴질랜드령의 작은 섬나라로, 폴리네시아어로 '북쪽'이라는 의미이다. 현재 기후위기로 인해 가라앉을 위기에 처해 있다. 체텀 제도는 뉴질랜드 북섬의 웰링턴 남동쪽(남태평양) 770km 지점에 있는 10개의 섬으로, 인구는 650여 명으로, 주요 도서인 채텀섬과 피트섬에 거주하고 있다. 니우에는 1,600여 명이 거주하며, 뉴질랜드가 외교 및 국방을 전담하며, 1000년 전부터 원주민이 거주해 왔다. 핏케언 제도는 세계에서 가장 인구가 적은 속령으로 현재 인구는 50명(2020년)이다. 왈리스 푸투나는 프랑스령으로, 1767년 영국인 S. 월리스에 의하여 발견되었으나 1842년에 프랑스의 식민지가 되어 오늘에 이르고 있다. 주민의 대부분은 폴리네시아인이며, 로마 가톨릭교회를 신봉하고 있다. 전체 섬의 5%만이 경작할 수 있다.

기도 제목

1) 안정된 정치와 경제 활동으로 주민들이 건강한 나라가 되고, 기후 위기로 가라앉을 위기에 처해 있는 섬이 안전해지게 하소서.
2) 기독교율이 높지만, 신앙인 대부분이 세속화되어 바른 신앙생활을 못하고 있는데, 그 사이를 파고드는 이단들을 분별력 있게 경계하고, 참된 신앙의 부흥을 누리게 하소서.
3) 주일예배에 참석하는 숫자가 줄어가고 있는데, 제자 훈련과 성경 공부 등을 통한 신앙 훈련이 이루어지고, 기도 운동이 일어나게 하소서.
4) 사람들이 거주하고 있는 섬들에 복음을 전하고, 신앙으로 양육할 복음 전도자들이 많이 일어나게 하소서.

이근택, 최선희

Day 350　12월 16일　Republic of Vanuatu

바누아투

언어: 비슬라마어, 영어, 프랑스어
종족: 111
인구: 307,000명
GDP: 917(US$/백만) (0.004%)
1인당 GDP: 3,058.10(US$)

선교적 필요와 과제

정부 형태는 공화제로 대통령 임기는 5년이다. 장로교 36.7%, 성공회 15%, 가톨릭 15%, 그리스도의 교회 3.8%, 기타 토속 신앙 등이 17.5%이다. 바누아투의 무슬림 공동체는 약 1천여 명으로, 무슬림이 조금씩 증가하고 있다. 기독교 국가를 천명하고 있지만 기독교인 중 명목상 그리스도인들이 많고, 모르몬교, 여호와의증인과 한국의 통일교, 박옥수 구원파와 다락방이 들어온 상태다. 따라서 교회 안에 순수한 복음의 회복과 목회자나 지도자를 위한 바른 교리 교육, 성경적인 신학 교육이 필요하다. 많은 청소년이 교회에 흥미를 잃어 교회 안에 청소년이 감소하고 있으므로 이들을 위한 사역 개발이 필요한데, 전문 사역자들이 전무하다. 정부는 학교 설립이나 운영에 교회들이 참여하기를 요청하고 있는데, 교육 사역이 필요한 상황이다. 주요 83개의 섬으로 이루어진 이곳은 3개의 공용어(비슬라마어, 영어, 프랑스어) 외 110개의 지방 언어가 있다. 비슬라마어로 된 성경이 있는데 라디오를 통한 복음 전도 및 사역의 활성화가 필요하다. 이곳은 추장의 권위가 지배적이므로 추장들의 허락이나 협조가 전도 및 사역에 절실하다.

기도 제목

1) 정치인들의 부정부패와 사회 전반의 거짓 문화가 근절되고, 가정 폭력과 재정 문제, 간음의 문제로 가정이 쉽게 깨지고 있는데, 이들을 위한 가정 상담 사역이 세워지게 하소서.
2) 무슬림의 증가, 모르몬과 여호와의 증인, 한국의 이단들의 주요 교단과 협력 시도, 교세 수 감소, 독립적인 교회나 가톨릭의 수 증가 등 다양한 상황에서 바른 복음이 자리 잡게 하소서.
3) 영적 지도자들이 바른 신학 교육을 받고, 명목상 그리스도인들이 복음으로 회복되고, 기도와 말씀 읽기를 통해 말씀의 권위가 더 세워지게 하소서.
4) 교단과 협력하는 선교사, 성경을 지방 언어로 번역하는 번역 선교회, 문서 사역, 교회 교사 교육과 전도하는 단체들이 바누아투의 복음화를 위해 합심하여 협력하게 하소서.

Aunty Jinny

부건빌

Day 351   12월 17일   Bougainville Islands

인구: 250,000명
종족: 부인, 우이타이, 할리아 외 26개 종족
언어: 영어, 톡피신
종교: 기독교

선교적 필요와 과제

부건빌은 1768년 섬을 발견한 프랑스 탐험가가 자기 이름을 따서 명명했다. 다른 멜라네시아 지역처럼 장대한 체력과 검은 피부를 가진 사람들이 산다. 솔로몬 제도에서 가장 큰 섬인데, 동쪽의 솔로몬 제도와 서쪽의 파푸아뉴기니 사이에 있다. 1975년 호주가 파푸아뉴기니를 독립시킬 때, 부건빌을 포함시켰다. 하지만 부건빌은 지리적, 민족적, 문화적으로 솔로몬 제도에 더 가깝다. 따라서 거민들은 1988년부터 무력으로 파푸아에 저항하는 분리 독립 운동을 시작했다. 30여 년의 게릴라 전투를 치르며 15,000명이 목숨을 잃었다. 2019년 12월 치러진 국민 투표에서 주민 98%가 독립을 지지했다. 2020년 12월 현재 부건빌은 독립을 위한 세부 사항을 파푸아뉴기니와 협상하고 있다. 부건빌에는 26개 종족, 25만여 명이 살고 있다. 섬 동쪽에 있는 44,000명의 부인 우이타이(Buin, Uitai)족과 서쪽에 있는 41,000명의 할리아(Halia)족이 주요 종족들이다. 팡구나는 세계적인 구리 광산인데, 주민들은 그동안 파푸아를 포함한 외세에 의해 광산이 착취를 당해왔다고 생각한다. 대부분 가톨릭 교인들이지만, 15% 정도의 복음주의자들도 있다.

기도 제목

1) 30년 동안의 독립 전쟁 때문에 어릴 때부터 무기를 잡았던 사람들이 많은데, 선출된 대통령(Joseph Kabuir)을 중심으로 26개 부족들이 하나가 되어 평화로운 나라를 세워가게 하소서.
2) 어떤 형태의 교회든지 멜라네시아 전통 토속 신앙과 혼합된 형태의 신앙 전통에서 탈피하게 하시고, 성경과 예수 그리스도 중심의 신앙을 갖게 하소서.
3) 새롭게 세워지는 나라에 새로운 질서를 만드는 향도 역할을 교회들이 감당하게 하시고, 믿음에 덕을, 덕에 지식을, 지식에 사랑을 더하는 교회들이 되게 하소서.
4) 선교사들과 교회 지도자들이 복음의 영광을 위해 긴밀하게 협력하며 사역하게 하시고, 부건빌 교회들도 열방을 축복하는 선교 대열에 참여하게 하소서.

성남용

Day 352 12월 18일   Solomon Islands

솔로몬 제도

언어: 솔로몬 피진어, 영어
종족: 74 멜라네시안(95.3%),
　　　폴리네시안(3.1%), 미크로네시안(1.2%)
인구: 687,000명
GDP: 1,425(US$/백만) (0.007%)
1인당 GDP: 2,127.50(US$)

선교적 필요와 과제

솔로몬 제도는 1978년에 영연방 입헌 군주국으로 독립한 국가로, 수도는 호니아라이다. 코프라, 목재, 수산물 등 1차 산업이 국내 총생산의 70%를 차지하며, 국민 대부분이 저소득층으로 현금 경제권에서 제외되어 있다. 따라서 인구의 90%가 가족 단위로 자급자족하는 전통적 부락 형태를 유지하고 있다. 인종 구성은 멜라네시아인 93%, 폴리네시아인 4%, 미크로네시아인 1.5%, 유럽인 0.8%, 화교 0.3%, 기타 0.4%이다. 약 96%가 기독교인으로, 성공회 45%, 가톨릭교 18%, 침례교 9%, 기타 개신교 5%이다. 다른 4%는 지역 고유의 정령 신앙이다. 약 120개의 언어가 존재하지만, 현지어와 영어가 섞여 형성된 피진어가 부족 사이의 공통어가 되고 있다. 공용어는 영어이지만, 영어가 모국어인 사람은 전 인구의 1%에서 2%에 지나지 않는다. 관광 산업은 관광선을 중심으로 이루어지며, 제2차 세계 대전의 전쟁터를 찾는 사람들도 있다. 성장 추세에 있는 관광업을 더욱 발전시키기 위해 멜라네시아 관광 연맹과 제휴하고 있다. 국제연합(UN), 영연방, 아시아개발은행, 국제통화기금(IMF)의 회원국이다. 국립·사립 중학교가 있으며, 고등 교육 기관으로서 종합 대학 하나와 남태평양대학교(1971)의 분교가 있다.

기도 제목

1) 한때 정치적으로 불안정했던 시기도 있었으나 잘 극복하고 지금은 정부가 안정적으로 다스리고 있는데, 경제적 성장을 도모하고 사회적 안정을 이루게 하소서.
2) 세속주의 신앙으로 명목상 기독교인이 많고, 모르몬교를 비롯한 사이비 종교와 이단이 경제적 지원을 미끼로 사회 전반에 침투했는데, 이 땅에 그리스도가 바르게 증거되고 참된 부흥이 일어나게 하소서.
3) 세속화된 목회자들로 인해 능력을 상실하고 성도들도 출석 교인으로 전락해 명목상의 기독교인으로 살아가는데, 성경과 성령으로 부흥이 일어나고 성도들 신앙이 새로워지게 하소서.
4) 이 땅의 영혼들을 품고 예수 그리스도의 복음을 전하며, 하나님 나라의 확장을 위해 헌신하는 선교사들이 일어나게 하소서.

이근택

Day 353　12월 19일　Independent State of Papua New Guinea

파푸아뉴기니

언어: 피지어, 영어, 모투어
종족: 884
인구: 8,947,000명
GDP: 24,970(US$/백만) (0.12%)
1인당 GDP: 2,845.20(US$)

선교적 필요와 과제

파푸아뉴기니는 연합 교단과 제칠일 안식교, 가톨릭이 주류를 이루고 있다. 통계적으로 기독교인이 90% 이상이라고 하지만 실질적인 기독교인은 1% 정도이고, 나머지는 명목상 교인이라 할 수 있다. 95% 이상이 토속 신앙과 주술을 믿는다. 교회를 다니고 있지만, 마음은 주술과 토속 신앙을 더 숭배한다. 860개가 넘는 부족과 860개의 다른 언어를 사용하며, 석기 문명과 현대 문명이 공존하는 나라이다. 낮은 교육, 불안한 치안, 높은 물가, 80~90%가 고립된 밀림 지대에 거주하는 등 선교사역을 위한 여건이 어려운 상황이다. 교회 목회자는 대부분 마을에서 말 잘하는 사람을 뽑아 세우는 경우가 많다. 주일학교가 활성화되어 있는 교회들이 많지 않아 교회의 미래가 밝지 않다. 이러한 악조건 하에서 현지인 사역자들에게 성경을 가르치고, 제자훈련과 신학 재교육을 할 수 있는 헌신된 선교사가 필요하다. 그리고 어린이 사역에 사명을 가지고 다음 세대를 키우는 일에 헌신할 선교사와 현지인 사역자 또한 요청된다.

기도 제목

1) 2018년도 APEC 정상회의 정상 공동성명의 채택 실패와 코로나19 상황이 겹쳐 경제는 더욱 어려워진 상황인데 부정부패와 권력 다툼으로 물든 현 정부가 변화되어 국민의 안전과 살림을 적극적으로 살피게 하소서.
2) 토속 신앙과 주술 신앙이 마음 깊숙이 자리 잡고 있고, 이단과 타종교에 대한 분별을 못해 모르몬교, 여호와증인, 유대교 등을 모두 기독교로 여기는데, 분별력 있는 신앙을 갖게 하소서.
3) 목회자들이 성경과 신학에 대한 체계적인 교육과 훈련을 받고, 일부다처, 술, 담배, 부아이(마약 종류)를 끊어 변화된 삶으로 본을 보이며 성도들에게 바른 삶을 가르치게 하소서.
4) 선교사들과 교회들이 성도들을 제자화해 각자의 고향으로 보내 자기의 언어로 복음을 전하고, 성경을 가르치게 하소서.

이현호

피지

언어: 영어, 피지어, 힌두스틴어, 바우 피지어
종족: 33 토착 피지인, 이민 인도인, 로루만어
인구: 900,000명
GDP: 5,536(US$/백만) (0.03%)
1인당 GDP: 6,220(US$)
종교: 기독교, 카톨릭, 힌두(복음화율: 64%)

선교적 필요와 과제

오세아니아 멜라네시아 동부에 있는 일련의 제도로 이루어진 섬나라로, 수도는 수바(Suva)이다. 1874년부터 영국의 식민지였으며, 1970년에 독립하였고, 영연방의 일원이다. 산업은 대체로 1차 산업 위주이며 농업에 노동 인구의 70%가 종사하고 있다. 사탕수수를 재배, 가공하여 설탕을 수출한다. 코코넛과 코프라, 목재 등도 피지의 주요 수출품이다. 다민족 국가로 사람들은 다양한 종교적 배경을 가지고 있다. 종교적으로 기독교가 주류를 이루어 의회에서 예수님의 이름으로 기도드린다. 최근에 힌두교와 무슬림도 종교의 자유와 평등을 내세우며, 의회에서 자신의 신에게 기도하도록 허용해야 한다는 목소리를 내고 있다. 외곽 섬의 기독교인들은 과거의 우상숭배와 주술을 믿는 신앙으로 돌아가고 있다. 일부 지역에서는 무슬림이 빠르게 확산하고 있다. 피지는 솔로몬제도, 키리바티, 바누아트, 통가, 뉴칼레도니아 등 주변국들에 정치, 경제, 사회, 문화 등 영향을 끼치지만, 종교적인 영향도 크게 미친다. 피지공화국이 기독교로 거듭나지 않으면 주변의 국가들은 무슬림의 영향을 받아 자칫 힘을 잃어가게 될 것이다. 그러므로 한인 선교사들 간의 긴밀한 영적 네트워크 형성이 중요하며, 순수한 신앙의 회복을 위해 영적으로 바르게 서는 것이 선교적으로 중요한 과제이다.

기도 제목

1) 현재 의회에서 무슬림 정치인의 영향력이 큰 상황인데, 2022년에 실시될 선거에서 정직하고 성실한 기독교인 정치가가 선출되게 하소서.
2) 무슬림, 힌두인, 제칠 안식교인의 보이지 않는 영향력이 커지고 있고, 특히 무슬림 개종자들이 증가하고 있는데, 미혹에 빠지지 않고 참 진리 안에 살아가는 기독인들이 늘어나게 하소서.
3) 교인들이 거짓, 기만, 교활함을 버리고, 교단과 교단이, 성도와 성도가 다툼과 분쟁을 멀리하고, 서로 화평케 하시며, 영혼을 구원하는 일에 열심을 내게 하소서.
4) 한국에서 이단으로 정죄된 은혜로교회(Grace Road Church), 기쁜소식선교회가 활발하게 활동하고 있는데, 선교사들이 이단들과 영적 싸움에서 힘을 잃지 않게 하소서.

박상기

Day 355   12월 21일   New Caledonia

뉴칼레도니아(프랑스령)

언어: 프랑스어
종족: 44
인구: 285,000명
1인당 GDP: 12579.6(US$)(2000)

선교적 필요와 과제

1774년 영국인 탐험가 제임스 쿡(James Cook)이 섬 이름을 지었다. 라틴어로 뉴 스코틀랜드다. 1853년부터 프랑스에 속해 167년의 세월이 지났다. 네 그룹으로 나눌 수 있는 44개 종족, 285,000명이 살고 있다. 다양한 원주민 부족의 카낙(kanaks) 42%, 유럽인 37%, 폴리네시안 12%, 아시아인 5% 등이다. 카낙은 노예를 칭하던 모욕적인 용어였지만, 지금은 원주민을 통칭하는 이름이 되었다. 유럽인은 이주를 통해, 카낙은 다산을 통해 나라의 주도적 위치를 점하려 한다. 프랑스 정부는 매년 15억 불의 경제적 지원과 자치권 확대를 약속하며, 관계를 유지하려고 하지만 카낙은 독립을 요구하고 있다. 혁명 투쟁 그룹(FLNKS)도 있다. 이들은 2020년 독립이 확정된 인근의 부건빌에 의해 고무되어 있다. 2020년 2차 독립을 위한 국민 투표가 있었지만 53.26%의 반대와 46.74%의 찬성으로 부결되었다. 2022년 3차 국민 투표를 준비하고 있다. 세계적으로 알려진 니켈 광산이 있다. 카낙은 이를 근거로 프랑스로부터의 경제적 독립을 확신하고 있다. 부족어가 있지만 불어가 공용어다. 대부분(78.4%) 가톨릭이지만, 7% 정도는 복음주의자들이다. 알제리 후손들과 자바인들을 중심으로 한 무슬림들도 있다.

기도 제목

1) 오랜 외세의 지배에 반발하는 원주민들이 독립을 원하고 있는데, 평화로운 정치, 사회, 경제적 변화가 일어나게 하소서.
2) 서구인들에 대한 원주민(카낙)들의 반발심이 교회나 예수 그리스도의 복음에까지 미치지 않게 하소서.
3) 많지 않은 복음주의 교회들이 성령으로 충만해져서 나라에 영적 혁명을 일으키게 하시고, 이 땅에 그리스도의 계절이 오게 하는 일에 쓰임을 받게 하소서.
4) 하나님의 일꾼들이 이 땅에 복음의 씨를 뿌리는 일에 헌신하게 하시고, 소수 민족들의 고향인 알제리와 자바 등에 복음이 전해지게 하소서.

YSung

Day 356 12월 22일   Republic of Nauru

나우루

언어: 나우루어, 영어
종족: 나우루(58%), 태평양 도서민(26%),
　　　백인(8%), 중국계(8%)
인구: 11,000명
GDP: 118(US$/백만) (0.001%)
1인당 GDP: 9,397(US$)

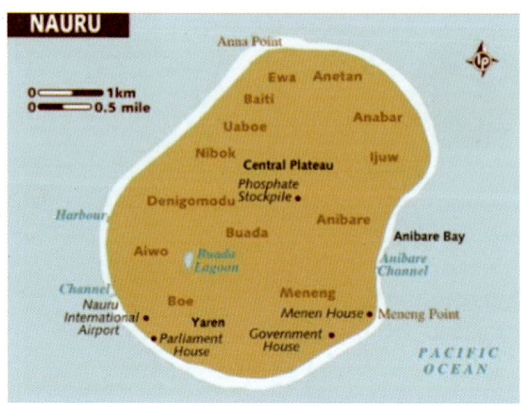

선교적 필요와 과제

나우루 공화국은 단 하나의 섬으로 이루어진 나라로, 특정한 행정 수도가 없다. 세계에서 바티칸, 모나코 다음으로 작은 나라이며, 인구도 바티칸 다음으로 적다. 표면이 인광석으로 된 섬으로, 1907년 채굴을 시작한 이래 세계적인 인광석 수출국이 되었다. 1960-70년대에는 주권국 가운데 1인당 GDP가 가장 높은 나라 중 하나였으나 자연자원이 고갈되고, 무분별한 채광으로 환경이 급속도로 오염되면서 경제난이 심각하다. 돈을 벌기 위해 조세 피난처와 불법적인 돈세탁을 허락했고, 2000년에는 OECD로부터 조세 피난국으로 발표되기도 했다. 2001년부터 2008년까지 호주의 밀입국자들을 위한 수용소를 짓는 조건으로 호주 정부로부터 경제 원조를 받았다. 은행들의 면허가 잇따라 취소되고 2006년에 마지막으로 남은 은행이 문을 닫아 금융 거래 자체가 불가하다. 1999년 UN에 가입했고, 부패가 심해 독재가 시작되었다. 33%가 개신교인이며, 가톨릭이 30%를 차지한다. 이외에 소수인 불교, 토착 종교가 있다. 문해율은 96%이며, 6세~15세까지 의무 교육을 시행 중이다. 세계에서 비만율이 가장 높고, 당뇨병 발병률이 40%로 세계에서 1위며, 기대 수명은 2006년 기준 남자 58세, 여자 65세이다.

기도 제목

1) 국민들의 정신이 깨어나 경제 활동이 활발히 이루어지고, 실업률 90%의 굴레에서 하루속히 벗어나는 나라가 되게 하소서.
2) 국장에 '하나님 뜻 먼저(God's will first)'에서 보듯이 기독교 국가임을 표방하고 종교의 자유를 말하지만, 상황에 따라 종교를 제한하는 이 땅에 진정한 종교의 자유가 보장되게 하소서.
3) 한때 경제적 부요함으로 세속화된 교회가 복음 안에서 새롭게 깨어나며, 이 사회를 이끄는 교회 되게 하소서.
4) 갑자기 닥친 국가적 경제 위기로 심신이 무너진 영혼들을 부여안고 부흥을 이끌 복음 전도자가 일어나게 하소서.

이근택

Day 357　12월 23일　Republic of the Marshall Islands

마셜 제도

언어: 영어, 마셜어
종족: 마셜인(미크로네시아계 카나카족 92.1%),
　　　마셜인과 혼혈인(5.9%), 기타(2%)
인구: 59,100명
GDP: 221(US$/백만) (0.001%)
1인당 GDP: 3,788.20(US$)

선교적 필요와 과제

마셜 제도 공화국은 크고 작은 1,200개의 섬으로 구성되어 있고, 일출을 의미하는 라탁(Ratak)과 일몰을 의미하는 랄리크(Ralik), 2개의 도서군으로 구분되어 있다. 주민은 미크로네시아계의 카나카족이 대부분이며 미국인도 거주한다. 1947년 미국의 신탁 통치하에 놓인 마셜 제도는 1946년부터 1958년까지 비키니섬과 에니웨톡섬이 핵 실험장으로 이용되었고, 현재는 콰잘레인섬이 미국의 미사일 실험 목표물로 제공되고 있다. 1979년 5월 헌법 제정과 함께 자치 정부가 수립되었고, 1982년 10월 미국과 자유 연합 협정을 체결했고, 1986년 10월에 협정이 발효되면서 사실상의 독립국이 되었다. 1990년 12월 2일 유엔 안보리의 결의에 따라 미국은 신탁 통치령 종료를 선언하였고, 1991년 유엔 가입국이 되었다. 인구의 약 60%가 두 개의 섬 마주로섬과 콰잘레인섬에 거주하며, 주민 대부분이 기독교인들이다. 51.5%가 연합 그리스도교회에 속해 있고, 24.2%가 오순절교회, 8.4%가 로마 가톨릭교회, 8.3%가 모르몬교에 속해 있다. 이 나라의 주 수입원은 코프라 케이크와 야자유 수출이며, 그 외에 미국에 제공된 미사일 기지에 대한 콰잘레인섬 토지 임대료가 있다.

기도 제목

1) 비키니섬과 에니웨톡섬에서 핵 실험 이후 정화 작업이 이루어졌으나 아직 사람이 접근하기 어려운 상태로 남아있는데, 고립된 섬나라의 한계를 넘어 세계 속 나라로 성장하게 하소서.
2) 스페인, 독일, 일본, 미국의 식민지와 신탁 통치를 거치면서 기독교 국가로 자리매김이 되었는데, 이곳에 성경 중심의 건강한 복음주의와 영적인 부흥이 일어나게 하소서.
3) 제자 훈련과 성경 공부를 통한 건강한 신앙 훈련이 이루어지며, 다음 세대를 위한 신앙 교육이 왕성하게 일어나게 하소서.
4) 태평양 한가운데 떠 있는 고립된 섬나라 영혼들을 위해 헌신하며 다음 세대를 양육할 선교사를 보내주소서.

이근택

Day 358 12월 24일 Federated States of Micronesia

미크로네시아 연방

언어: 추우키즈어, 코스라이안어,
         폰페이안어, 야피즈어
종족: 추우키즈(48.8%), 폰페이안(24.2%),
         코스라이안(6.2%)
인구: 115,000명
GDP: 402(US$/백만) (0.002%)
1인당 GDP: 3,568.3(US$) (2018)

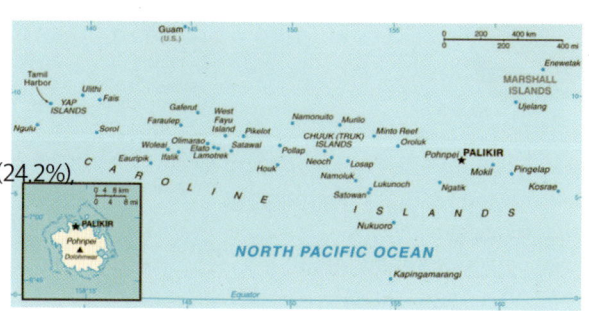

선교적 필요와 과제

미크로네시아 연방국은 북쪽으로 북마리아나 제도, 동쪽으로 마셜 제도, 서쪽으로 팔라우, 그리고 남쪽으로 파푸아뉴기니가 있다. 지리적으로는 캐롤라인 제도라 불리며, 수도는 폰페이섬에 위치한 팔리키르이다. 본래 미크로네시아 연방은 팔라우와 마셜 제도까지 포함하고 있었지만, 1979년 마셜 제도, 1981년 팔라우가 연방에서 탈퇴하면서 4개 지역만이 북마리아나 제도라는 이름으로 연방에 잔류하였다. 1979년 미국 자치령이 되었고, 1986년 11월 3일에 독립국이 되었다. 현재도 경제 및 군사적으로 미국에 의존하고, 미국과의 외교를 중시한다. 주민은 미크로네시아인이고, 카핑아마랑이섬 같은 일부 지역에는 폴리네시아계 주민도 있다. 영어가 공용어이며, 공통어로도 사용된다. 그 외에 추크어, 야프어, 코스라에어, 폰페이어, 누쿠오로어, 카핑아마랑이어 등이 사용되고, 일본어도 약간 사용된다. 대부분이 기독교이며, 가톨릭과 개신교가 절반 정도이다. 바하이교, 여호와의 증인, 재림교, 모르몬교 등 다양한 종교와 교파가 있고, 소수의 불교 신자와 이슬람교 신자도 있다.

기도 제목

1) 600여 개의 흩어진 섬과 다양한 민족이 의원 내각제 아래 대통령제 공화국을 표명하고 있는데, 하나의 통치 아래 안정된 나라가 되게 하소서.
2) 기독교율이 95%이지만 복음주의 신앙은 22%에 불과한 이 땅에 복음주의 신앙의 부흥이 일어나게 하소서.
3) 성령의 능력 안에서 성경 중심의 복음주의 신앙이 교회마다 회복되게 하소서.
4) 태평양에 흩어진 수많은 섬에 거주하는 영혼들을 성령과 말씀으로 깨울 복음 전도자들이 일어나게 하소서.

이근택

Day 359   12월 25일   Republic of Kiribati

키리바시

언어: 영어, 길베르티즈어
종족: 길베르티즈(96.8%), 기타(3.2%)
인구: 119,000명
GDP: 195(US$/백만) (0.001%)
1인당 GDP: 1,655.10(US$)

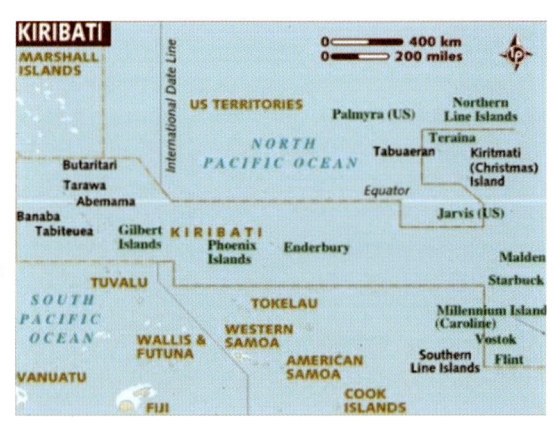

선교적 필요와 과제

수도는 사우스타라와(과거에는 타라와)이며, 공용어는 영어다. 날짜 변경선의 가장 동쪽에 있는 국가로, 일출 시각이 세계에서 제일 빠르다. 1788년 영국 해군 대령 길버트가 길버트 제도에 상륙한 뒤 영국 식민지가 되었다. 1916년 길버트 제도와 엘리스 제도가 영국에 병합되었고 1971년 모두 자치권을 얻었다. 1978년 엘리스 제도가 투발루로 분리된 후, 1979년 7월 12일 영국으로부터 독립했다. 영연방 일원이므로 엘리자베스 2세 영국 여왕이 국가 원수이나 대통령이 정부를 이끌고 있다. 인구는 119,000명이고, 미크로네시아인이 99%이다. 영어와 길버트어를 사용하고, 대부분 가톨릭과 개신교이다. 코프라·어류 등이 주산물이며, 주요 수출품이던 인광석은 1979년에 완전히 고갈되었다. 유엔이 지정한 개발도상국으로 다른 태평양 도서 국가처럼 부존자원 부족과 산업 기반이 빈약해 경제적으로 어렵다. 지구 온난화로 피해가 크며, 지금도 국토가 잠기고 있어 투발루와 같이 2050년경에 국토가 수몰 위기에 놓여 있다. 모르몬교와 통일교가 경제적 지원을 하며 침투 중이며, 전임 아노테 통(Anote Tong) 대통령이 통일교에서 주는 세계평화상을 수상하기도 했다.

기도 제목

1) 지구 온난화로 높아지는 수표면 때문에 긴장감이 커지고 있는데, 국민들이 동요하지 않고 삶의 터전을 지켜나가고, 해외로 이주한 이들이 잘 적응하며 삶의 터전을 세워가게 하소서.
2) 가톨릭과 개신교가 토속화되어 혼합적인 신앙이 되어 있고, 모르몬교와 통일교 등이 적극적인 침투를 하고 있는데, 주께서 영혼들을 깨워 분별력 있는 백성이 되게 하소서.
3) 복음주의 신앙이 일어나 성경을 읽고 가르치는 교회가 되게 하소서.
4) 나라를 잃을 위기에 처한 키리바시 백성들을 품고 복음 전도에 열정을 다할 선교사들이 일어나게 하소서.

이근택

Day 360 12월 26일   Republic of Palau

팔라우

언어: 팔라우어, 영어, 일본어
종족: 팔라우안(73%), 아시안(21.7%),
      카롤라이니안(2%)
인구: 18,100명
GDP: 284(US$/백만) (0.001%)
1인당 GDP: 15,859.4(US$) (2018)

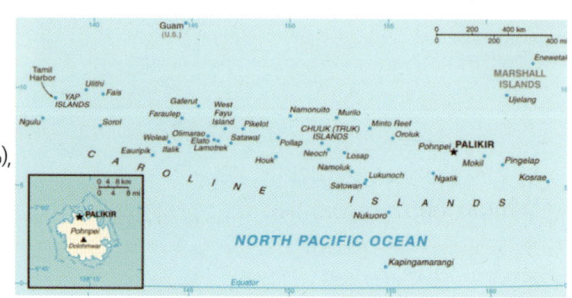

선교적 필요와 과제

팔라우 공화국은 태평양 서부의 연방 국가로, 필리핀의 남동쪽, 인도네시아령 서뉴기니의 북쪽에 인접한 섬나라이다. 2006년에 수도를 인구 대부분이 거주하는 코로르에서 멜레케오크로 옮겼다. 제2차 세계 대전 종전 후, 샌프란시스코 강화 조약에 따라 미국의 신탁 통치령이 되었다. 그러다가 1981년에 자치령이 되었고, 1982년 미국과의 자유연합협정 체결로 미군 기지가 들어서는 대신 미국으로부터 경제 원조를 받아 왔다. 1994년 10월 1일에 공화국으로 독립해 그해 12월에 유엔에 가입하였다. 공용어는 팔라우어(국어)와 영어이며, 2개 주를 제외한 모든 주에서 공용어로 사용된다. 앙가우르주에서는 일본어가 공용어로 지정되어 있지만, 형식적일 뿐이다. 타갈로그어(필리핀어)는 공용어는 아니나, 4번째로 많이 사용되는 언어이다. 국민 대다수는 팔라우어를 쓰지만, 영어도 많이 쓰인다. 인구 70% 정도가 팔라우인이며, 그 밖에 필리핀인이 많이 산다. 대부분의 주민은 주로 팔라우 제도의 바벨투아프섬, 펠렐리우섬, 앙가우르섬, 카양겔 제도, 손소랄 제도, 토비섬 등에 거주한다. 주된 종교는 기독교로, 기독교인이 전체 인구의 65% 정도를 차지한다. 그 밖에 토착 종교인 모뎅게이교가 소수 존재한다.

기도 제목

1) 인구는 18,000명에 불과하지만 1인당 국민소득이 1만 달러가 넘는, 태평양 섬나라에서는 보기 드물게 부유한 국가인데, 대통령 중심제 통치 아래 안정된 나라로 더욱 성장케 하소서.
2) 65%의 기독교율을 가지고 있으나 토착 종교와 혼합된 신앙생활을 하고 있는데, 팔라우인들이 건강한 기독교 신앙생활을 하게 하소서.
3) 복음주의 신앙으로 무장한 교회들이 하나가 되어 사회를 이끄는 중심축이 되게 하소서.
4) 성경 공부, 제자 훈련 등을 통해 성도들을 새롭게 하고, 세속화된 신앙생활을 일깨울 복음 전도자들이 많이 일어나게 하소서.

이근택

Day 361 12월 27일 Guam, Northern Mariana islands etc.

괌, 북 마리아나제도, 아메리칸 사모아

인구: 169,000명(괌)+58,000명(북마리아나)
　　　+55,000명(미국령사모아)
인종: 차모르(괌), 차모르, 캐롤라인(북마리아나),
　　　사모아인, 통가인(미국령 사모아)
언어: 영어, 차모르러(괌), 차모르, 캐롤라인
　　　(북마리아나), 사모아어, 통가(미국령 사모아)
종교: 기독교

선교적 필요와 과제

괌, 북 마리아나제도, 아메리칸 사모아는 모두 미국령이다. 괌은 관광지로 일반에 잘 알려진 대중적인 섬이며, 미국이 1900년에 이 섬을 차지한 이래 동아시아에 미국의 군사력을 투사하기 위한 군사 요충지로서도 기능해왔다. 미국은 국방과 외교, 이민 정책을 제외한 모든 분야에서 괌에 자치를 허용하고 있다. 명목상으로 국가원수는 미국 대통령이지만 괌 주민에게는 미국 본토 대통령에 대한 (피)선거권이 없기 때문에 주민들이 선출하고 미국 대통령이 임명하는 지사(governor, 총독)가 자치 관할하고 있다. 북 마리나 제도 역시 독자적인 자치의회와 정부수반(지사)을 선출하고 독자적인 사법부를 거느린다. 미국 대통령은 이 지역 지사에 임명장을 주는 역할만 한다. 미국령 사모아도 외교권과 군사권을 제외한 모든 분야에서 자치를 누린다. 내정을 관할할 독자적인 의회, 행정부 등이 있고 지역의 수장인 지사(governor)도 주민들의 투표로 선출한다. 미국 대통령은 이 지역 지사에 임명장을 주는 역할만 한다. 그리고 미국 대통령 선거권은 없다. 종교적으로 보면, 괌과 북마리아나 제도는 가톨릭이 65-75%, 개신교는 16-18%이다. 북마리나에는 불교신자(10%)도 다수있다. 미국령 사모아는 개신교가 60%, 가톨릭이 20%정도이다.

기도 제목

1) 미국 시민권과 투표권은 없지만 행정관을 투표할 수 있고 지방 정부에만 세금을 내고, 경제적 이유로 안정된 미국에 편입하길 원하는데, 미국보다 하나님 나라를 먼저 바라보게 하소서.
2) 주로 가톨릭이 우세한 곳이지만 복음주의 교회와 선교 단체들이 어려운 경제적 상황에서도 미국에 기대기보다는 하나님의 손길을 찾는 일이 우선이 되게 하소서.
3) 토착교회와 중국인 교회와 한국인 교회가 복음의 열정을 태워 부흥의 불쏘시개가 되게 하시고, 교회와 선교 단체 간에 협력으로 사역에 큰 역사가 일어나게 하소서.
4) 교회들이 다시 성령의 불로 충만해지고, 모르몬 같은 사이비 종교가 위세를 떨치고 있는데, 젊은이와 복음주의자들이 말씀과 기도 운동으로 부흥하게 하소서.

이재환

Day 362 12월 28일 Independent State of Samoa

사모아

언어: 사모아어, 영어
종족: 사모안(92.6%), 유럽인과 사모안의 혼혈인(7.0%)
인구: 198,000명
GDP: 851(US$/백만) (0.004%)
1인당 GDP: 4,315.90(US$)

선교적 필요와 과제

사모아의 수도는 아피아이며, 동쪽에 접하는 미국령 사모아와 구별하기 위하여 서사모아(Western Samoa)라고도 부른다. 1962년 1월 1일 뉴질랜드로부터 독립하고, 1975년 12월 15일에 유엔에 가입하였으며, 1997년 공식적인 국호를 서사모아(Western Samoa)에서 사모아(Samoa)로 바꾸었다. 말리에토아 타누마필리 2세(1913-2007) 국왕이 서거한 후, 지금의 입헌 군주국이 되었다. 한때 남태평양 원양 어업의 전진 기지로 알려진 사모아에는 현재 한국인이 전혀 거주하지 않는다. 연평균 기온은 27℃ 정도이며, 섬 전체가 열대 식물에 뒤덮여 습도가 높고, 같은 위도상에 있는 타히티나 피지보다 무덥다. 영연방에 속한 나라로, 헌법상 국가원수는 5년 임기의 의회 선출이지만, 말리에토아 타누마필리 2세 전 국왕의 경우는 초대 국가원수로서 특별히 종신 임기가 부여되었다. 주민의 90% 이상이 폴리네시아계의 사모아인이며, 사모아인과 유럽인의 혼혈이 7% 정도이고, 1%에 못 미치는 유럽인이 있다. 주민의 50% 이상이 기독교를 믿는다. 하지만 주일 예배 전 친교실에 가면, 목회자와 교회 지도자들이 카바(알코올의 일종)를 마시고 흡연을 하는 모습을 쉽게 볼 수 있다.

기도 제목

1) 농업 인구가 60% 이상을 차지하며 전반적으로 조용한 섬나라인 이 땅이 총리 투일라에파 아이오노 사일렐레 말리엘레가오이(Tuilaepa Aiono Sailele Malielegaoi)의 통치 아래 건강한 성장을 이루는 나라가 되게 하소서.
2) 50%의 기독교 복음화율이라고 하지만 국민들 대부분이 무교적인 사회 분위기 속에서 살고 있는데, 이곳에 참된 복음화가 일어나게 하소서.
3) 성경을 한 번도 읽지 않은 목회자들이 다수를 이루고 있는 사모아 교회 안에 성경 읽기 운동이 일어나고, 복음주의 부흥 운동이 일어나게 하소서.
4) 이 땅에 세워진 교회들과 목회자들이 복음 안에서 깨어나 살아계신 하나님에 대한 인식이 새로워지고, 믿지 않는 영혼들을 향한 선교의 열정이 일어나게 하소서.

이근택

Day 363　12월 29일　　　　　　　　　Kingdom of Tonga

통가

언어: 통가어, 영어
종족: 5
인구: 106,000명
GDP: 450(US$/백만) (0.002%)
1인당 GDP: 4,364(US$)(2018)

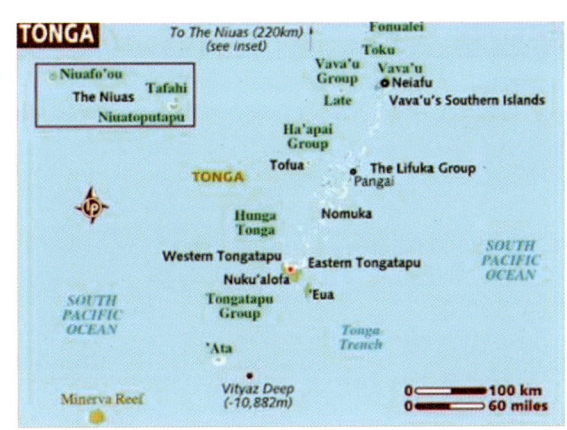

선교적 필요와 과제

지리적으로 남태평양에 위치하며, 서쪽에 피지, 북쪽에 사모아 그리고 남쪽에 뉴질랜드가 있다. 인구 11만 명의 조그만 왕국으로, 수도는 누쿠알로파이며, 주민 대부분이 폴리네시아인들이다. 약간의 유럽인들과 약 1500명에 이르는 중국인과 약 15명 정도의 한국인이 산다. 특별한 자원이나 산업이 없어서 주민들은 대부분 가난한 생활을 하며, 주 수입원으로 해외에 나가 살고 있는 친지들의 송금에 의지하는 경우가 대부분이다. 1800년대 초에 처음으로 복음이 들어왔다. 오래전 실시된 인구 조사에 따르면, 그 해에 "나는 기독교인이 아니다."라고 말한 사람이 고작 6명뿐이었다는 기록이 있다. 즉 통가는 한때 국민의 99.9%가 기독교인이었던 완벽한 기독교 국가였다. 그러나 수십 년이 지난 지금 모르몬교 주장에 의하면, 11만 국민 중 모르몬교인이 6만 5천 명이며, 국민의 60%가 모르몬교도이어서, 전 세계에서 모르몬교 비중이 제일 높은 나라라고 주장한다. 그만큼 기독교가 꾸준히, 급격히 쇠퇴 중이다. 그 이유는 기독교 교회의 타락과 분열, 신학의 부재 및 교인들의 부도덕도 있겠지만, 이단과 사이비 종파, 특히 모르몬교의 공격적이고 전략적인 포교 정책에 따른 이유도 무시할 수 없다. 많은 기도가 필요하다.

기도 제목

1) 심각한 빈곤 문제, 총기나 마약, 음란물과 폭력물을 담은 영상 유입으로 인한 도덕적 피폐, 가정의 붕괴가 심각한데, 건전한 가정이 세워지고, 젊은 세대들을 유혹으로부터 지켜 주소서.
2) 무슬림의 정착, 바하이교를 비롯한 불교, 힌두교도 증가 현상이 나타나고 있는데, 연약한 통가교회와 성도들이 인터넷으로 열린 외부 세계로부터의 유혹과 공격에서 보호받게 하소서.
3) 통가의 많은 교회가 반목, 대립과 분열을 거듭하면서 젊은이들이 실망과 환멸을 느껴 교회를 떠나거나 다른 이단 종파로 옮기고 있는데, 교회가 지역 사회의 빛과 소금이 되게 하소서.
4) 이 땅에 사도행전에 나타난 성령의 역사가 일어나고, 선교사들과 라디오, 텔레비전 방송국 등 복음을 전하는 기관들이 더욱 열심을 내며, 영적 전쟁에서 주의 제자들이 승리하게 하소서.

김인권

Day 364 12월 30일 Tuvalu

투발루

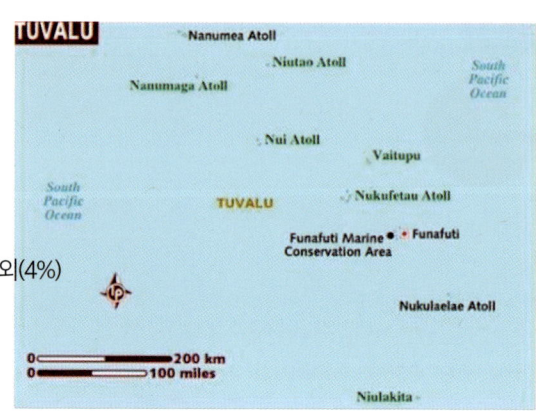

언어: 투발루어, 영어
종족: 투발루인(96%), 미크로네시아인 외(4%)
인구: 11,700명
GDP: 47(US$/백만) (0.0002%)
1인당 GDP: 4,059(US$)

선교적 필요와 과제

태평양의 폴리네시아에 있는 섬나라로, 키리바시, 나우루, 사모아, 피지와 가깝고 하와이와 오스트레일리아 사이의 중간쯤에 위치한다. 4개의 암초 섬과 5개의 환초 섬으로 구성되어 있다. 면적은 대한민국의 부산광역시 남구, 고흥군의 나로도 면적과 비슷하다. 면적으로는 바티칸 시국과 모나코, 나우루 다음으로 세계에서 네 번째로 작은 나라이며, 인구 순으로는 바티칸 시국과 나우루 다음으로 세 번째로 적다. 1974년, 엘리스 제도는 투표를 통해 투발루(8개 섬의 단결이라는 뜻)라는 이름으로 길버트 제도에서 분리되었고, 1978년 10월 1일 영연방에 가입했고, 2000년 9월 5일 189번째 UN 회원국이 되었다. 9개의 큰 섬에는 여러 개의 작은 섬들이 어울려있다. 해발고도는 최대 4~5m이다. 기후 위기로 해수면이 계속 상승하면 2060년에는 수몰된다고 한다. 주민 대부분이 폴리네시아인이며, 약간의 미크로네시아인이 있다. 96%의 투발루인은 개신교 투발루 교회의 신도이다. 기독교이지만, 현지 고유의 종교 요소가 섞여 있다.

기도 제목

1) 국민들은 '섬 대부분이 물에 잠긴다 해도 섬을 떠나지 않을 것'이라는 각오 아래 섬을 지키며 살고 있는데, 투발루를 돕는 세계적인 환경 운동과 인권 운동이 활발하게 일어나게 하소서.
2) 기독교 복음화율이 98%이지만 다른 여러 태평양 섬나라처럼 명목상 신앙인이 많고, 현지의 토착 신앙과 자유주의 신앙이 혼합된 상태인데, 진정한 기독교 부흥이 일어나게 하소서.
3) 성경이 보급되고, 목회자들과 성도들이 깨어 일어나 기도와 말씀 운동을 통한 진정한 부흥이 일어나게 하소서.
4) 국토를 잃어버리는 상실감을 극복하고 그 땅에서 주를 섬기는 영혼들을 일으킬 선교사들이 일어나게 하소서.

이근택

프랑스령 폴리네시아

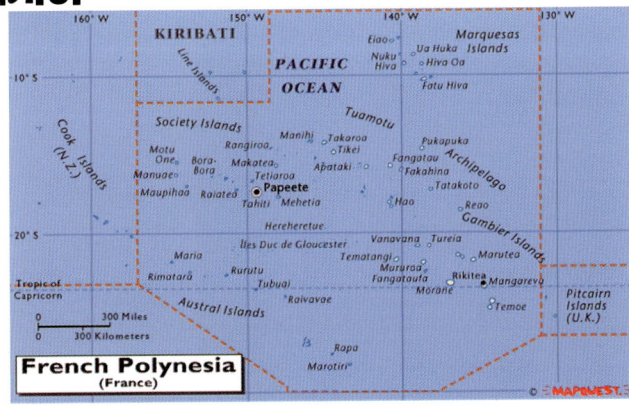

언어: 프랑스어
종족: 13
인구: 280,900명
1인당 GDP: 14,323.80(US$)

선교적 필요와 과제

남태평양에 위치한 프랑스 해외 집합체로 크게 5개의 제도로 분류되는데, 이 제도에 118개 섬이 자리하고 있고 인구 70% 이상이 타히티섬에 거주한다. 해상으로 4백만 ㎢로 되어 있어 유럽 전체 넓이에 버금갈 정도이다. 인구는 280,000명(2020년) 정도이고 프랑스인 52%, 타히티안 24.72%, 유로네시안 9.45%로 총 12종족이 살고 있다. 대부분 프랑스어를 공용어로 사용하지만 각자의 실용어를 가지고 있다. 가장 큰 종교는 가톨릭 65.2%, 프로테스탄트 26.1%이며 토착 종교도 존재한다. 열대 과일이 재정수입의 절반을 차지하고 온화한 기후와 수려한 자연환경 덕분에 관광 산업이 발전해 있다. 주요 수출품은 진주, 코코넛 제품, 바닐라 등이다. 프랑스의 폴 고갱이 타히티섬에서 말년을 보내며 많은 그림을 그린 것으로 유명하다. 1995년 프랑스 정부가 핵 실험을 실시해 많은 환경 피해가 있었지만, 피해를 산정해 달라는 요청을 거부해 프랑스 정부에 대한 현지 주민들의 반감이 심하다. 2004년 현지 원주민이 첫 대통령이 되어 2006년에 가진 프랑스-오세아니아 회의에서 독립을 요구하기도 했다. 대부분 기독교 영향 아래 있지만 물질주의 영향으로 예수 그리스도에 대한 명확한 이해와 증거가 없어 주일예배도 드리지 않는 명목상 신자가 대부분이다.

기도 제목

1) 폴리네시아 자치 정부는 핵무기 실험으로 인한 환경 피해, 쓰레기 무단 투기장 등으로 어려움에 처해 있는데 프랑스가 이 땅에 관심을 가지고 함께 어려움을 해결해 나갈 수 있게 하소서.

2) 기독교가 92%가 넘지만, 생명력 있는 신앙을 가진 기독교인이 드물고 혼합주의와 모르몬교가 늘고 있는데, 기독교인들이 성령으로 거듭나고 온전한 기독교 나라가 되게 하소서.

3) 교회가 분열되고 사회에 아무런 영향력을 미치지 못하고 있는데, 성령의 역사로 교회가 영적 전쟁에서 승리하고 회복시켜 주셔서 복음을 잘 전할 수 있는 능력 있는 교회가 되게 하소서.

4) 적은 숫자가 사는 외각 섬 지역에는 가톨릭 외에 복음주의 교회도 없고 성경이 번역된 곳도 거의 없는데, 소수의 사람들에게도 복음이 증거되도록 하나님의 사람들이 세워지게 하소서.

이정희

지역 찾기 (가나다)

지역	페이지
가나	195
가봉	238
가이아나	329
감비아	196
과테말라	320
괌, 북 마리아나제도, 아메리칸 사모아	383
그레나다	349
그리스	281
그리스-레스보스섬	282
기니	197
기니-마닝카	198
기니비사우	199
나미비아	225
나우루	378
나이지리아	200
나이지리아-비아프라	202
나이지리아-카누리 예르와	203
나이지리아-하우사 풀라니	201
남미국가연합	328
남수단	170
남아시아	79
남아프리카	224
남아프리카 공화국	226
남유럽	280
네덜란드	265
네팔	80
네팔-네와르	82
네팔-타루	81
노르웨이	293
뉴질랜드	370
뉴칼레도니아(프랑스령)	377
니제르	204
니제르-제르마	205
니제르-투아레그	206
니카라과	321
대만	31
대서양에 있는 영국 해외 영토들	236
대한민국	25
대한민국-고려인	27
대한민국-디아스포라	26
대한민국-이주민	29
대한민국-조선족	28
덴마크	296
도미니카 연방	351
도미니카공화국	350
독일	266
독일-이주민	267
동남아시아	47
동아시아	24
동아프리카	169
동유럽	246

동티모르	48	마데이라, 아소르스 제도(포르투갈령)	166
라오스	49	마셜 제도	379
라이베리아	207	마요트(프랑스령)	193
라트비아	298	말라위	228
러시아 연방공화국	301	말라위-무슬림 야오	229
러시아-극동 (사하 공화국, 하바롭스크 시)	307	말레이시아-동말레이시아	51
		말레이시아-서말레이시아	50
러시아-볼가강 유역 튀르크	304	말레이시아-타밀	52
러시아-북캅카스 (7개 이슬람 자치 공화국)	303	말리	208
		말리-밤바라	209
러시아-서부지역(카렐리야, 코미, 칼미크, 크림, 칼리닌그라드)	302	멕시코	322
		모나코	283
러시아-시베리아 (알타이, 부랴트, 투바, 하카스)	306	모로코	157
		모로코와 북아프리카의 베르베르	158
러시아-핀위그르계 민족들	305	모리셔스	173
레바논	120	모리타니	210
레바논-난민	121	모리타니-무어	211
레소토	227	모잠비크	230
레위니옹(프랑스령)	192	몬테네그로	248
루마니아	247	몰도바	249
룩셈부르크	268	몰디브	83
르완다	171	몰타	284
리비아	156	몽골	32
리투아니아	299	미국	309
리히텐슈타인	269	미국-라티노 공동체	314
마다가스카르	172	미국-소수 이민자들	311

미국-아프리카계	313	볼리비아	331
미국-원주민	310	볼리비아-라파즈	333
미국-한인들	312	볼리비아-산타크루즈	332
미얀마	53	부건빌	373
미얀마-라카인	54	부룬디	174
미얀마-로힝야	55	부르키나파소	213
미크로네시아 연방	380	부르키나파소-줄라	214
바누아투	372	부탄	88
바레인	122	북마케도니아	252
바베이도스	352	북미	308
바티칸시국과 산마리노	285	북아프리카	155
바하마	353	북유럽	292
방글라데시	84	북키프로스	150
방글라데시-무슬림	87	북한(조선민주주의인민공화국)	30
방글라데시-짜끄마	86	불가리아	253
방글라데시-치타공 힐트랙	85	브라질	334
버진아일랜드(미국령)	364	브라질-동북부	335
베냉	212	브라질-모레노	336
베네수엘라	330	브라질-아마존 강변마을	337
베트남-남부	57	브라질-열대 우림	338
베트남-북부	56	브루나이	58
벨기에	270	사모아	384
벨라루스	250	사우디아라비아-메카	125
벨리즈	323	사우디아라비아-카울란	124
보스니아 헤르체고비나	251	사우디아리비아	123
보츠와나	231	사하라 아랍 민주 공화국	159

상투메 프린시페	239	슬로베니아	256
서아시아	119	시리아	126
서아프리카	194	시에라리온	217
서유럽	264	싱가포르	59
세계	23	아랍 에미레이트	128
세네갈	215	아르메니아	109
세네갈-월로프	216	아르헨티나	340
세르비아	254	아이슬란드	297
세우타(스페인령)	167	아이티	357
세이셸	175	아일랜드	272
세인트 루시아	354	아제르바이잔	110
세인트빈센트 그레나딘	355	아프가니스탄	91
세인트키츠네비스	356	아프가니스탄-우즈베크	92
소말리아	176	아프가니스탄-투르크멘	94
소말리아-라한웨인	177	아프가니스탄-하자라	93
솔로몬 제도	374	안도라	288
수단	178	알바니아	257
수단-푸르, 베자, 누바	179	알제리	160
수리남	339	압하지야	111
스리랑카	89	앙골라	232
스리랑카-타밀	90	앤티가 바부다	358
스웨덴	294	에리트레아	180
스위스	271	에스와티니(구. 스와질란드)	233
스페인	286	에스토니아	300
스페인-이주민	287	에콰도르	341
슬로바키아	255	에티오피아	181

에티오피아-소말리	183	이스라엘-디아스포라	143
에티오피아-오로모	182	이스라엘-아랍인	142
엘살바도르	324	이스라엘-유대인	141
영국	273	이집트	161
영국-스코틀랜드	274	이집트-난민들(수단, 에티오피아, 에리트리아 등)	164
영국-이주민	275		
예멘	129	이집트-누비안	162
예멘-후티 반군	130	이집트-베두인	163
오만	131	이탈리아	289
오세아니아	367	이탈리아-이주민	290
오스트리아	276	인도네시아	60
오스트리아-난민과 이주민	277	인도네시아-발리	66
온두라스	325	인도네시아-보르네오 깔리만딴	64
요르단	132	인도네시아-수마트라	63
요르단-난민과 이주민	133	인도네시아-술라웨시	62
우간다	184	인도네시아-자바	61
우루과이	342	인도네시아-파푸아	65
우즈베키스탄	112	인도-따밀어권, 말라이얄람어권	99
우크라이나	258	인도-뱅갈리, 아삼미스, 미조, 아오, 카시, 니시	101
이라크	134		
이라크-디아스포라/난민	136	인도양에 있는 해외 영토들	78
이라크-쿠르디스탄	135	인도-중서부 구자라트	97
이란	137	인도-카르나타카, 고아	98
이란-아제르바이잔	138	인도-카슈미르, 펀자브	96
이란-질라키	140	인도-텔루구어와 오디아어 지역	100
이란-쿠르드	139	인도-티베트 난민	102

인도-힌디권	95	차드-바가라	243
일본	33	체코	259
일본 내 이주민	38	칠레	343
일본-오키나와	36	카나리아 제도(스페인령)	168
일본-재일 조선인	37	카리브	348
일본-혼슈, 규슈, 시코쿠	35	카리브에 있는 네덜란드 해외영토들	365
일본-홋카이도	34	카리브에 있는 영국 해외영토들	363
자메이카	359	카리브에 있는 프랑스 해외영토들	362
잠비아	234	카메룬	218
적도 기니	240	카메룬-풀라니	219
조지아(그루지야)	108	카보베르데	220
중국	39	카자흐스탄	113
중국-광서(장족 자치구)	40	카타르	146
중국-서남지역 소수민족	44	캄보디아	67
중국-신장 위그르족 자치구	41	캄보디아-소수 종족과 인종	68
중국-영하 지역(회족)	42	캐나다	315
중국-티베트	43	캐나다-원주민과 이누이트	317
중국-홍콩	45	캐나다-이주민과 난민	318
중국-화교	46	캐나다-퀘벡	316
중미	319	케냐	186
중앙아시아	107	케냐-소말리	187
중앙아프리카	237	코모로	188
중앙아프리카 공화국	241	코소보	260
지부티	185	코스타리카	326
짐바브웨	235	코트디부아르	221
차드	242	코트디부아르-줄라	222

콜롬비아	344	터키-튀르크인	151
콩고 공화국	244	토고	223
콩고 민주 공화국	245	통가	385
쿠르드	147	투르크메니스탄	118
쿠바	360	투발루	386
쿠웨이트	148	튀니지	165
크로아티아	261	트리니다드 토바고	361
키르기스스탄	114	파나마	327
키르기스스탄-남부 오쉬와 페르가나 분지	115	파라과이	345
		파키스탄-남부 신드주	105
키리바시	381	파키스탄-서부 발루치스탄주	104
키프로스(사이프러스)	149	파키스탄-수도권, 서북부 카슈미르, 길기트발티스탄	103
타지키스탄	116		
타지키스탄-우즈베크	117	파키스탄-중부 펀자브주	106
탄자니아	189	파푸아뉴기니	375
탄자니아-동부 해안 지역	190	팔라우	382
탄자니아-잔지바르	191	팔레스타인-가자 지구	145
태국	69	팔레스타인-서안 지역	144
태국-남부	71	페루	346
태국-남부 빠따이 말레이	72	포르투갈	291
태국-무슬림	73	폴란드	262
태국-북부	70	푸에르토리코(미국령)	366
태평양에 있는 해외 영토들	371	프랑스	278
터키-교회와 그리스도인	152	프랑스령 기아나	347
터키-소수 민족	154	프랑스령 폴리네시아	387
터키-쿠르드인	153	프랑스-이주민	279

피지	376
핀란드	295
필리핀	74
필리핀-마귄다나오	77
필리핀-민다나오	76
필리핀-비사야스	75
헝가리	263
호주	368
호주-원주민(눙아)	369
흩어진 시리아 난민들	127